河南省"十四五"普通高等教育规划教材

产业经济学

主　编　李荣华

副主编　刘新同　杨玉珍

中国财经出版传媒集团

经济科学出版社
Economic Science Press

·北京·

图书在版编目（CIP）数据

产业经济学 / 李荣华主编；刘新同，杨玉珍副主编．—北京：经济科学出版社，2024.5
河南省"十四五"普通高等教育规划教材
ISBN 978-7-5218-5927-0

Ⅰ．①产… Ⅱ．①李…②刘…③杨… Ⅲ．①产业经济学－高等学校－教材 Ⅳ．①F062.9

中国国家版本馆 CIP 数据核字（2024）第 105399 号

责任编辑：杜　鹏　常家凤　胡真子　郭　威
责任校对：靳玉环
责任印制：邱　天

产业经济学

CHANYE JINGJIXUE

主　编　李荣华
副主编　刘新同　杨玉珍

经济科学出版社出版、发行　新华书店经销
社址：北京市海淀区阜成路甲 28 号　邮编：100142
编辑部电话：010-88191441　发行部电话：010-88191522
网址：www.esp.com.cn
电子邮箱：esp_bj@163.com
天猫网店：经济科学出版社旗舰店
网址：http://jjkxcbs.tmall.com
固安华明印业有限公司印装
787×1092　16 开　27 印张　600000 字
2024 年 5 月第 1 版　2024 年 5 月第 1 次印刷
ISBN 978-7-5218-5927-0　定价：59.00 元
（图书出现印装问题，本社负责调换。电话：010-88191545）
（版权所有　侵权必究　打击盗版　举报热线：010-88191661
QQ：2242791300　营销中心电话：010-88191537
电子邮箱：dbts@esp.com.cn）

本书编写组

主　编：李荣华

副主编：刘新同　杨玉珍

成　员（按姓氏拼音排序）：

戴润琪　郭艳冰　韩喜昆　姜景军　黎文勇

李忠鞠　鲁玉秀　任　达　任世鑫　宋跃刚

孙小宁　谭　栋　夏会珍　谢超峰　薛豫南

闫雅芬　叶菁菁　张志东　张　磊

序 言
PREFACE

产业经济学是普通高等学校本科专业类教学质量国家标准规定的经济学类专业必修课程,在经济学类专业人才培养、课程建设、教材建设与资源建设中扮演着重要角色。进入中国特色社会主义新时代,产业经济实践丰富多彩,编写一部体现新时代产业发展新理论、新观点与新成果的教材是深化国内人才培养和保障一流专业建设的内在要求,是丰富产业经济学教材供给的必由之路。

本教材是河南省"十四五"普通高等教育规划教材,共十六章,第一部分是绪论,包括第一章产业经济学概述;第二部分是产业发展篇,包括第二章产业发展历程、第三章产业生命周期、第四章产业转移、第五章现代化产业体系;第三部分是产业组织篇,包括第六章市场结构、第七章市场行为、第八章市场绩效;第四部分是产业结构篇,包括第九章产业结构演进与优化、第十章产业关联、第十一章产业布局、第十二章产业竞争力;第五部分是产业管理篇,包括第十三章产业政策、第十四章产业政策类型、第十五章产业规制、第十六章产业安全。

与现有出版的产业经济学教材相比,本教材的创新之处在于:首先,教材框架上,既保持主体内容的连续性、一致性与稳定性,又紧密结合习近平总书记关于现代化产业体系构建、统筹发展和安全的重要论述,新增了现代化产业体系(第五章)和产业安全(第十六章),围绕章节主题,精选延伸阅读文献,从而在教材体系上更好地反映产业经济的发展实践与前沿成果;其次,案例编写上,考虑代表性、典型性,以及结合新时代我国产业经济的重大战略与重要实践,将专业理论知识传授与经济社会实践发展紧密联系起来,突出产业经济的本土化与典型化示例,为课程教学和研讨提供鲜活案例。

本教材编写组人员分工如下:主编李荣华负责章节框架设计、全书统稿与修改完善,黎文勇负责第一章编写,戴润琪负责第二章编写,张志东负责第三章编写,韩喜昆负责第四章编写,薛豫南负责第五章编写,任达负责第六章编写,李忠鞠负责第七章编写,姜景军负责第八章编写,鲁玉秀负责第九章编写,孙小宁负责第十章编写,夏会珍负责第十一章编写,叶菁菁负责第十二章编写,闫雅芬负责第十三章编写，任世鑫负责第十四章编写，谢超峰负责第十五章编写，谭栋负责第十六章编写。副主编刘新同、杨玉珍负责全书章节逻辑、内容体系与文稿完善，张磊负责全书校对、细节优化与出版联系，宋跃刚负责全书编写保障，郭艳冰参与章节内容框架研究。

由于编写组理论功底和文字表述的不足，本教材存在一些不足之处，敬请读者给予批评指正，以便后续版次修订完善。

编者
2024 年 4 月

目 录
CONTENTS

第一部分 绪 论

第一章 产业经济学概述 ········ 3
  第一节 产业经济学的研究对象、意义与方法 ········ 3
  第二节 产业经济学的理论体系 ········ 9
  第三节 产业经济学的产生和发展 ········ 11

第二部分 产业发展篇

第二章 产业发展历程 ········ 39
  第一节 产业的起源与分类 ········ 39
  第二节 农业的发展历程 ········ 48
  第三节 工业的发展历程 ········ 50
  第四节 服务业的发展历程 ········ 53

第三章 产业生命周期 ········ 58
  第一节 产业生命周期理论 ········ 59
  第二节 产业生命周期概述 ········ 62
  第三节 产业生命周期的影响因素 ········ 64
  第四节 产业生命周期分析方法 ········ 69

第四章 产业转移 ········ 75
  第一节 产业转移概述 ········ 75
  第二节 国际产业转移的发展经验和经济影响 ········ 82
  第三节 中国产业转移的实践和政策 ········ 88

第五章 现代化产业体系 ········ 98
  第一节 现代化产业体系概述 ········ 98

第二节 现代化产业结构体系 ……………………………………… 103
第三节 现代化产业特征体系 ……………………………………… 109
第四节 现代化产业支撑体系 ……………………………………… 114

第三部分 产业组织篇

第六章 市场结构 …………………………………………………… 123
第一节 市场结构的类型 …………………………………………… 123
第二节 市场集中度 ………………………………………………… 126
第三节 规模经济与范围经济 ……………………………………… 135
第四节 进入壁垒与退出壁垒 ……………………………………… 142
第五节 产品差异化 ………………………………………………… 148

第七章 市场行为 …………………………………………………… 153
第一节 企业行为概述 ……………………………………………… 153
第二节 企业的广告行为 …………………………………………… 159
第三节 企业的并购行为 …………………………………………… 165
第四节 企业的创新行为 …………………………………………… 170

第八章 市场绩效 …………………………………………………… 179
第一节 市场绩效的衡量 …………………………………………… 179
第二节 市场结构与市场绩效 ……………………………………… 185
第三节 市场行为与市场绩效 ……………………………………… 189

第四部分 产业结构篇

第九章 产业结构演进与优化 ……………………………………… 199
第一节 产业结构的演进 …………………………………………… 199
第二节 产业结构的影响因素 ……………………………………… 205
第三节 产业结构优化升级 ………………………………………… 209

第十章 产业关联 …………………………………………………… 223
第一节 产业关联概述 ……………………………………………… 223
第二节 投入产出分析法的原理 …………………………………… 227
第三节 投入产出分析法的应用 …………………………………… 238

第十一章 产业布局 ………………………………………………… 251
第一节 产业布局理论 ……………………………………………… 251

第二节 产业布局的影响因素 ………………………………………………… 263
第三节 产业布局的一般规律和基本原则 …………………………………… 268
第四节 我国产业布局的实践 ………………………………………………… 273

第十二章 产业竞争力 …………………………………………………………… 279
第一节 产业竞争力理论基础 ………………………………………………… 279
第二节 产业竞争力模型分析 ………………………………………………… 284
第三节 产业竞争力评价 ……………………………………………………… 290
第四节 提升产业竞争力的途径 ……………………………………………… 299

第五部分 产业管理篇

第十三章 产业政策 ……………………………………………………………… 307
第一节 产业政策概述 ………………………………………………………… 307
第二节 产业政策的一般特征 ………………………………………………… 314
第三节 产业政策效果评估 …………………………………………………… 318

第十四章 产业政策类型 ………………………………………………………… 327
第一节 产业组织政策 ………………………………………………………… 327
第二节 产业结构政策 ………………………………………………………… 331
第三节 产业布局政策 ………………………………………………………… 336
第四节 产业技术政策 ………………………………………………………… 340

第十五章 产业规制 ……………………………………………………………… 346
第一节 产业规制概述 ………………………………………………………… 346
第二节 经济性规制 …………………………………………………………… 352
第三节 社会性规制 …………………………………………………………… 359

第十六章 产业安全 ……………………………………………………………… 371
第一节 经济开放与产业安全 ………………………………………………… 371
第二节 产业安全的特征与影响因素 ………………………………………… 375
第三节 产业安全的评价与预警 ……………………………………………… 383
第四节 中国的产业安全 ……………………………………………………… 391

主要参考文献 …………………………………………………………………………… 408

第一部分
绪 论

第一章 产业经济学概述

产业经济学是一门新兴的综合性、应用性较强的经济学科。它是人类社会经济发展到一定阶段的产物。本章主要介绍产业的概念，产业经济学的研究对象、研究意义与研究方法，产业经济学的理论体系，产业经济学理论的产生和发展过程等基本问题，以勾画产业经济学的基本轮廓，为后面深入探讨产业组织理论、产业结构理论、产业政策理论、产业规制理论、产业安全理论等产业经济学具体理论作必要的铺垫。

第一节 产业经济学的研究对象、意义与方法

一、产业经济学的研究对象

（一）产业的概念

产业经济学以产业为研究对象。那什么是产业呢？目前，对产业常见的定义有：（1）产业是指国民经济中的各行各业，大至门类、部门，小至行业，从生产到流通、服务，以至文化、体育、教育等各行各业都可以称之为产业。[①]（2）产业是国民经济中以社会分工为基础，在产品和劳务的生产与经营上具有某些相同特征的企业或单位及其活动的集合，从各类物质生产部门到提供各种服务的各行各业，都可以称之为产业。[②]（3）产业是具有某种同类属性的企业经济活动的集合。[③]（4）产业是生产经营具有密切替代关系的产品或劳务的企业所组成的集合。[④]（5）产业是指营利性的行业，等等。不仅如此，产业往往同"行业""部门"等概念通用；在英文中，产业、行业、工业等都可以称"industry"，这显然比汉语中的概念更模糊。对产业概念的定义过于宽泛，不利于准确把握产业经济学的研究对象，会制约产业经济学的发展。根据产业经济学的理论研究与实践，可以对产业概念作一个界定：产业是由生产经营同类或密切替代关系的产

[①] 杨治. 产业经济学导论 [M]. 北京：中国人民大学出版社，1985.
[②] 简新华，杨艳琳. 产业经济学（第二版）[M]. 武汉：武汉大学出版社，2009.
[③] 苏东水，苏宗伟. 产业经济学（第五版）[M]. 北京：高等教育出版社，2021.
[④] 王俊豪. 产业经济学 [M]. 北京：高等教育出版社，2008.

品或服务，或使用相同原材料、具有相同工艺技术，或产出品的用途相同，在相同或相关价值链上活动的企业所组成的集合。

（二）产业经济学的研究对象

现代西方经济学主要由微观经济学、中观经济学和宏观经济学三个部分构成。微观经济学的中心理论是价格理论。微观经济学的研究对象是企业、家庭等单个经济主体在市场上的行为规律，主要研究内容是：在完全理性、完全竞争、完全信息三个基本假设下，分析以利润最大化为目标的企业生产什么、如何生产、生产多少、为谁生产的决策；分析消费者如何将有限的收入用于消费各种商品或服务以实现效用最大化。宏观经济学的研究对象是国民经济的总体运行规律，它的中心理论是国民收入决定理论，宏观经济学的主要研究内容是：考察和说明一国的国民收入水平、就业水平、失业、价格水平、利率水平、总投资、总储蓄、总消费、净出口、财政收支、货币发行量、国际收支等经济总量是如何决定的、如何波动的，故又被称为总量分析。从以上可看出，无论是以个量分析为主的微观经济，还是以总量分析为主的宏观经济，都没有直接涉及产业这一中间层次。从现实经济来看，产业由许多具有某种同类属性的企业所组成，每个具体的企业都是在特定的产业中生存与发展的，而国民经济又是由各个具体的"产业"构成。这说明在"微观"和"宏观"领域之外，还有很多经济活动发生在"中观"经济领域，即产业领域，这为产业经济学的产生和发展提供了现实基础。

产业经济学以中观层次的"产业"为研究对象，因而属于中观经济学。产业是具有某种相同生产技术或相同产品特征的企业经济活动的集合。产业经济学的研究，通常是从产业出发来揭示产业内部各企业之间相互作用关系的规律（产业组织）、产业与产业之间互动联系的规律（产业关联）、产业在地理空间的分布规律（产业布局）、产业结构演变规律（产业结构）、产业转移规律（产业转移）以及产业发展的一般规律（产业发展）等产业所特有的经济规律。这些不同的规律就是产业经济学研究的具体对象。产业经济学通过对产业所特有的经济规律的研究，可以回答微观经济学和宏观经济学所不能回答的相关问题。

二、研究产业经济学的意义

（一）理论意义

1. 有利于统一的经济学体系的建立

首先，产业是具有某种相同生产技术或相同产品特征的企业经济活动的集合。这种经济集合的行为变量既不属于经济个量，也不属于经济总量，因而其不能被微观经济理论和宏观经济理论所解释。其次，宏观经济学所研究的经济总量由个量整合而成，但是其整合过程是怎样的呢？有些经济总量并没有相应的经济个量，其又是如何从经济个量的相互作用中产生的？对于这些问题，微观经济理论和宏观经济理论都不能给出合理的解释。最后，从学科角度看，宏观经济学与微观经济学无论是研究对象还是研究内容，都有很大不同，二者的分割也造成经济学科体系的破碎，使经济学像是由两个互相独立的部分拼凑而成。产业是介于微观经济与宏观经济之间的中观经济，对产业的研究可以将二者连接起来。对产业经济学的研究有助于解答上述几方面问题，为建立统一的经济学体系奠定基础。

2. 有利于经济学与其他学科交叉融合

20 世纪 50 年代以来，经济学与管理学、数学、概率论、计算机等学科的交叉融合持续深化。以经济学与管理学的交叉融合为例，早期的经济学研究并不深入企业等组织的内部，把企业视为黑箱；早期的管理学研究则局限在组织内部，组织以外的企业行为基本归于经营范畴，在严格意义上不属于管理学的研究范畴。随着新制度经济学的兴起，经济学的研究领域逐渐扩展到组织的内部，而管理学理论始终未能系统地应用于传统的企业组织以外。在产业经济领域，早已存在诸多组织以外的经济管理行为。例如，日本、韩国等通过实施产业扶持、规制等政策促进了经济迅猛发展，这引起了世界各国的关注。事实上，对产业经济学的广泛关注很大程度上来源于对日本、韩国等国家经济腾飞过程中政府经济管理行为的研究。研究产业经济学是为了寻找管理产业发展的更好办法，因此，对产业经济学的研究，有利于加强经济学与管理学的沟通、融合。在产业组织领域对企业的策略性行为的研究中，博弈论几乎重写了整个产业组织的理论框架[①]，促进了产业组织理论的发展。实际应用中，为得到最优策略组合，通常需要进行博弈均衡分析，而这需要数学、概率等方面的知识。因此，对产业经济学的研究有利于经济学与管理学、数学等学科交叉融合。

3. 有利于应用经济学的学科建设

应用经济学很大的一个组成部分就是经济管理。经济管理包含三个部分，分别为微观层面的企业经济管理、宏观层面的国民经济管理以及中观层面的产业经济管理。其中，宏观层面的国民经济管理已经有比较成熟的理论，如财政政策、货币政策、价格管理、国际收支平衡、失业管理等。微观层面的企业经济管理方法也有成型的体系，如财务管理、会计理论等。而对产业经济的管理属于产业经济学的研究领域，主要是产业结构、产业规划与空间布局、产业政策、产业规制、产业安全及预警等的研究。尽管有许多文献对产业经济管理进行了研究，但还未能达到像国民经济管理理论和企业经济管理方法那样公认的成熟程度，研究产业经济学有利于完善应用经济学的学科体系建设。

（二）实践意义

1. 有利于建立有效的产业组织结构

产业组织是指同一产业内企业间的组织或市场关系，其内部结构不仅影响产

---

① 例如，泰勒尔的《产业组织理论》（中国人民大学出版社 1997 年版）第二篇对寡头相互作用的分析全部以博弈论为基础。

业内企业规模经济优势的发挥和竞争活力,还影响整个产业的健康发展。我国的产业组织历来都存在着诸多弊端,例如,企业规模整体偏小,"小而全"和"大而全"的现象很普遍,这严重影响我国某些产业的健康发展,并削弱其国际竞争力。通过对产业经济学的研究,可以分析和比较不同企业规模的优缺点,探讨良好市场结构的标准及其实现,解析企业规模经济的形成原因、基础条件及其影响等,进而找出有利于生产要素合理配置的市场竞争格局、产业组织结构,并结合产业的类型和特点,制定科学合理的产业组织政策。例如:引导和扶持中小企业的发展;鼓励企业通过兼并等途径开拓国际市场;维护市场竞争秩序,反不正当竞争,打击限制竞争的垄断行为;规范平台企业行为等。

2. 有利于产业的结构优化

产业结构优化的内涵较丰富,其包括产业结构的合理化与高度化两个方面。产业结构合理化是国民经济持续稳定协调发展的基础,产业结构高度化是国民经济高质量发展的必由之路。[①] 从产业结构合理化角度看,通过研究提出产业结构合理化的评价基准,探讨产业结构不合理的形成机理及提出化解举措,制定科学合理的政策来优化产业结构,也是研究产业经济学的现实意义。从产业结构高度化角度看,揭示产业结构的演变规律,探寻带动经济起飞的主导产业,再辅以合理的产业政策加以保护和扶持,有助于更快实现产业结构由低水平状态向高水平状态演进,即实现产业结构的高度化。于产业本身而言,能提升其国际竞争力,于国家或地区而言,能加快经济增长方式转变,促进经济高质量发展。

3. 有利于产业的合理布局

由于各地区的软硬基础设施不同,产业的合理布局有利于发挥各地区的资源禀赋、地理区位、人口等方面的优势,促进一国或地区的经济快速发展。探寻产业合理布局的基本原则与实现路径也是促使产业经济学的研究不断深入的重要原因。通过对产业经济学进行研究,探明产业布局层次、产业布局的原则、产业布局的模式、产业布局的影响因素、产业布局的市场机制与计划机制,揭示产业布局的一般规律,制定合理的产业布局政策,将产业布局在最有利于发挥软硬基础设施优势及提高经济效益的地区,实现全国产业最优化布局。

4. 有利于产业的可持续发展

产业发展是指产业的产生、成长和进化过程,这个进化过程是一个具有内在逻辑、不以人们意志为转移的客观历史过程。通过对产业经济学进行研究,探寻并揭示产业发展的一般规律,明确产业所处的发展阶段,归纳和总结产业发展的主要影响因素,制定科学合理的产业发展政策,有利于促进一国的产业可持续发展。例如:跟踪世界产业发展新趋势,明确产业结构调整的方向;把产业发展同生态建设、经济建设融为一体;完善社会保障体系,夯实产业发展基础;发展特色产业、高新技术产业;提升产业链供应链韧性和安全水平等。这些有利于促进

---

① 王孝娣. 产业结构合理化是国民经济持续稳定协调发展的基础 [J]. 辽宁大学学报(哲学社会科学版),1991(1):14-15.

产业的可持续发展。

三、产业经济学的研究方法

（一）实证分析与规范分析相结合

实证分析是对社会经济的实际运行情况进行描述、分析和解释的方法，主要研究社会经济现象"是什么"，其考察人类社会经济活动是如何运作的，但不回答这样的运作效果是好的还是坏的。实证分析分为理论分析和经验分析，前者是通过分析实际经济运作情况，从中归纳经济活动的运行规律，然后提出若干个先验假设，再以严密的逻辑推理演绎证明经济活动的这些运行规律。经验分析是运用数理统计方法和图表资料对理论分析总结出来的经济规律进行实际验证，并指导实际的经济管理。例如，为了加深对产业运行规律的认识，产业经济学研究中常见的做法是将通过调查分析得出的各种产业指标的实际数值与理论规律进行比较，运用理论解释产业指标的变化特征。规范分析是依据一定的经济价值标准对社会经济现象"应该是怎样的"进行分析、判断的方法，评价社会经济活动的利弊得失。例如，市场公平竞争、技术进步、社会福利、经济效率、产品质量等常被作为判定市场结构与市场行为"好"或"坏"的标准和依据。研究产业经济学是为了更好地管理好产业的发展，而想通过某个产业带动产业群乃至国民经济的发展，就不可避免要涉及何谓"好"或"坏"的标准，以及根据这些标准来决定怎样运用经济运行规律来管理经济。

（二）静态分析与动态分析相结合

静态分析主要是考察研究对象在某个时间点上呈现出来的现象和规律。在经济计量分析中，通常将研究某一对象在同一时间点上其内部结构中数量关系指标的方法称为横截面分析法。对产业经济学的静态研究主要是对某个时间点上特定产业和产业间关系的现状所作的分析，以寻求解决现实经济问题的途径。大多数情况下，静态分析是动态分析的起点和基础，但由于产业及其内部结构和产业间关系是不断变化的，对产业经济学的研究应着眼于动态的、发展的观点。从这个角度看，动态分析是产业经济学研究的主要研究方法。动态分析主要考察研究对象随时间推移而呈现出来的各种发展、演化规律。在经济计量分析中，被称为时间序列分析。对产业经济学的动态分析主要是对特定产业和产业间关系的过去、现状和未来发展趋势所做的研究，以期寻找出产业动态变化的规律。产业经济学中的经验性规律，大多是综合运用静态与动态分析相结合的研究方法得到的。

（三）统计分析与比较分析相结合

统计分析与比较分析是产业经济学研究常用的两种方法。产业经济学中的经验性规律，几乎都是建立在对一些国家或地区的产业发展实践的经验总结的基础上归纳得出。但由于每个国家或地区产业发展的内外部条件及所处阶段有很大的不同,产业发展演化的一般规律也寓于特殊规律之中。这就决定了不能将某一个国家或地区、某一个时间阶段的产业以及产业间联系的发展演化过程,当作所有国家或地区产业、产业间联系的必然过程。在具体研究某一国家或地区、某一时间段的产业问题时,需要结合其自身的特点或通过将其与其他国家或地区进行比较以获得更令人信服的答案。从统计学角度来看,选取更多国家或地区、更长时间段的数据样本,利用统计学方法降低单个样本的个体特征带来的影响,在此基础上,归纳总结出具有代表性的一般发展规律,可以使结论建立在科学的基础之上。实际上,分析一个国家或地区的产业及产业间联系并将其与该国或地区的实际情况相结合,比较分析各国家之间或地区之间的这种联系进而得出相关的结论和经验,据此制定科学的产业政策,这对本国产业经济的发展大有裨益。

(四) 案例分析与归纳法相结合

产业经济学研究需要将案例分析与归纳法相结合。案例分析是指应用经济社会中实际发生的案例、定性定量相结合地分析说明某一经济规律的方法。案例分析方法亦称为个案分析方法或典型分析方法,是对有代表性的事物(现象)深入地进行周密而仔细的研究从而获得总体认识的一种科学分析方法。归纳法又称归纳推理,指由考察若干个别事物或个别现象的属性,从而作出一般性结论的推理方法,它是从特殊到一般的推理方法[1]。在产业经济学研究中,尤其是在产业组织理论形成的早期阶段,案例分析方法颇受产业组织研究者青睐,他们通过大量的案例研究,归纳出判断有效竞争的一般标准:市场结构标准、市场行为标准和市场绩效标准。当前,案例分析与归纳法依然被应用于对特殊产业发展的研究中,例如分析新产业革命对传统产业的影响,分析新技术、新业态、新模式涌现对产业发展的影响等,通过对个案研究得出一般性结论。

(五) 博弈论的分析方法

博弈论(game theory)是研究相互依赖、相互影响的决策主体的理性决策行为以及这些决策的均衡结果的理论,是经济学的标准分析工具之一。通常将相互依赖、相互影响的决策行为及其结果的组合称为博弈。在产业经济学研究中,产业组织理论是应用博弈论方法比较早的一个领域,尤其是在寡头垄断、不完全竞争市场的定价、企业兼并、反垄断规制等研究领域,产业经济研究者经常使用博弈论方法进行分析。以寡头垄断企业为例,由于其竞争行为与博弈论关于竞争主体的行为假定基本一致,这就决定了寡头垄断企业的竞争行为大概率会成为博弈论的重要应用领域。随着博弈论方法被引入产业经济理论的分析中,产业组织理论的研究也变得更加规范化和更具科学性。

---

[1] 郑澄. 归纳法的意义及应用 [J]. 安徽教育, 1979 (7): 29-32.

第二节 产业经济学的理论体系

一、理论界两种主要观点的分野

对于产业经济学的理论体系构成,学界存在两种不同观点:第一种观点认为,产业经济学等同于产业组织理论[①],主要以特定产业为研究对象,并以市场结构(structure)、市场行为(conduct)、市场绩效(performance)和产业组织政策(包括反托拉斯政策)为基本理论框架,通过揭示产业组织活动的内在规律性,为经济活动参与者提供决策依据、为产业政策制定者提供建议。这种观点与欧美资本主义国家的情况较一致。欧美大多数著作以产业组织理论(*Industrial Organization*)为书名,即便以产业经济学(*Industrial Economics*)为书名,也主要是以产业组织理论为研究内容。第二种观点认为,产业经济学除了包括产业组织理论,还包括产业结构理论、产业布局理论、产业发展理论、产业转移理论、产业政策理论、产业规制理论、产业竞争力理论等,产业组织理论只是其中的一个部分。这种观点与东亚国家的情况较一致,许多东亚国家的产业经济学著作同时研究产业组织、产业结构、产业政策等理论。

二、中国产业经济学的理论体系

在中国,产业经济学并不等同于产业组织学。从中国的产业经济学研究历史来看,中国对产业结构理论等的研究显然要早于对产业组织理论的研究,早在春秋战国甚至商、西周时期,中国就已经具有农本思想、工商业思想等产业经济思想。在近现代阶段,中国在吸收借鉴国外研究成果的基础上,又进一步发展了产业布局、产业政策等理论。当前,中国的产业经济学已发展为包括产业组织、产业结构、产业政策、产业发展、产业规制、产业安全等较完整的理论体系。

(一)产业组织理论

产业组织理论是产业经济学的主要内容。产业组织理论的出现主要是为了解决所谓的"马歇尔冲突"难题,即解决产业内企业的规模经济效应与其竞争活力不相兼容的问题。产业组织理论着重研究同一个产业内部的市场结构(structure)、市场行为(conduct)、市场绩效(performance)及其三者之间的互动关系。市场结构模块主要研究市场结构的类型、市场结构的影响因素等;市场行为不是单个企业的行为,而是众多企业行为的综合,该模块主要研究企业的并购行为、价格行为、创新行为、广告行为和限制竞争者的行为等;市场绩效模块主要

[①] 于立,王询. 当代西方产业组织学[M]. 沈阳:东北财经大学出版社,1996.

研究市场绩效的衡量指标及综合评价。

(二) 产业结构理论

产业结构理论有狭义与广义之分，广义的产业结构理论包括产业结构优化理论、产业关联理论和产业布局理论。狭义的则主要是指产业结构优化理论。

1. 产业结构优化理论

产业结构优化理论主要从经济发展的视角研究产业之间的资源占有关系、产业结构的演化规律及其对经济发展的影响。该理论的主要研究内容有：产业结构优化内涵研究；产业结构优化的影响因素研究；产业结构的演进规律研究；产业结构合理化与高度化的相关研究；产业结构优化对经济发展影响研究；主导产业及其选择的相关研究；产业结构政策研究等。

2. 产业关联理论

产业关联理论又称投入产出理论，侧重于研究产业之间的以各种投入品和产出品为连接纽带的技术经济联系。利用投入产出理论及投入产出分析工具，可以分析各相关产业之间的关联关系（如前向关联与后向关联、直接联系与间接联系等），也可以精确量化各产业之间技术经济联系的数量比例关系。能较好地反映国民经济各产业的中间投入和中间需求，这是产业关联理论区别于产业结构理论和产业组织理论的主要特征之一。

3. 产业布局理论

产业布局理论主要研究一国或地区产业布局的合理化问题。一般按照统筹规划、因地制宜、分工合作、协调发展等原则，对一国或地区的产业实行合理规划布局，使该国或地区的要素资源得到合理有效的利用。产业布局理论的主要研究内容有：产业布局的影响因素研究；产业布局的规律与原则研究；产业布局机制研究；产业布局政策研究等。

(三) 产业发展理论

产业发展理论主要研究产业发展过程中的发展规律、发展周期、主要影响因素、现代产业体系及产业发展政策等问题。产业发展规律主要是指一个产业在诞生、成长、扩张、衰退、淘汰各个不同发展阶段需要具备怎样的内外部条件和环境，从而应该采取怎样的政策措施。只有深入研究产业发展规律才能对产业发展的全过程及其新趋势有较准确的把握，进而制定科学合理的发展政策，不断增强产业发展的竞争能力。

(四) 产业转移理论

产业转移是指由于资源供给或产品需求条件发生变化，一个产业从一个国家或地区转移到另一国家或地区的过程。产业转移是发生在不同经济发展水平的国家或区域之间的一种非常普遍和重要的经济现象。产业转移理论的主要研究内容有：产业转移的动因研究；产业转移的模式研究；产业转移的影响因素研究；产业转移的效应研究；产业转移的战略与对策研究等。

（五）产业竞争力理论

产业竞争力理论从"比较"的视角研究不同国家或地区同一产业在生产效率、满足市场需求、技术创新、持续盈利等方面的竞争能力差异及原因。研究产业竞争力问题，有助于掌握一国或地区产业的竞争优势和短板，为制定针对性政策提供理论依据。产业竞争力理论的主要研究内容有：产业竞争力；产业竞争力的影响因素研究；产业竞争力的新态势研究；产业竞争力的评价模型研究；提升产业竞争力的对策研究等。

（六）产业政策理论

从"实用"的角度来讲，产业经济学的研究是以支持政府部门制定合理的产业政策为导向的。产业政策不仅研究政策本身的制定、实施、修正和效果的科学性，而且研究根据特定产业的现状，如何制定产业组织政策、产业结构政策、产业规制政策和产业安全政策，在产业内形成规模经济与竞争活力相兼容的竞争格局，促进各产业之间协调发展，实现产业结构的合理化、高度化和生态化。

（七）产业规制理论

产业政策理论实际上是包括产业规制理论的，但从国外的现实情况来看，由于反垄断与管制理论有着越来越重要的作用，国外已有很多教材将产业规制理论独立化。产业规制是政府为了实现一定的社会经济目标，通过制定和执行相关法规和政策对市场经济中的产业经济主体及其行为所做的各种直接或间接的具有法律约束力或准法律约束力的规范和限制，是政府实行产业管理的一种重要方式。产业规制理论主要研究产业规制的目标及模式，介绍政府规制、经济性规制和社会性规制的内容，以及自然垄断产业的特征及其放松规制等问题。

（八）产业安全理论

产业安全理论是产业经济学的重要内容。研究产业安全的相关问题对于指导产业发展实践和推动产业经济学理论的发展具有重要意义。产业安全理论的主要研究内容有：产业安全的内涵特征研究；产业安全的影响因素研究；产业安全的评价体系及预警模型研究；提升产业安全的对策研究等。

可以利用图 1-1 来概括性地描述中国特色产业经济学理论体系。

第三节 产业经济学的产生和发展

产业经济学是人类社会经济发展到一定阶段的产物。作为一门新兴的研究产业经济问题的应用经济学科，产业经济学的理论发展始终与社会实践活动密切相

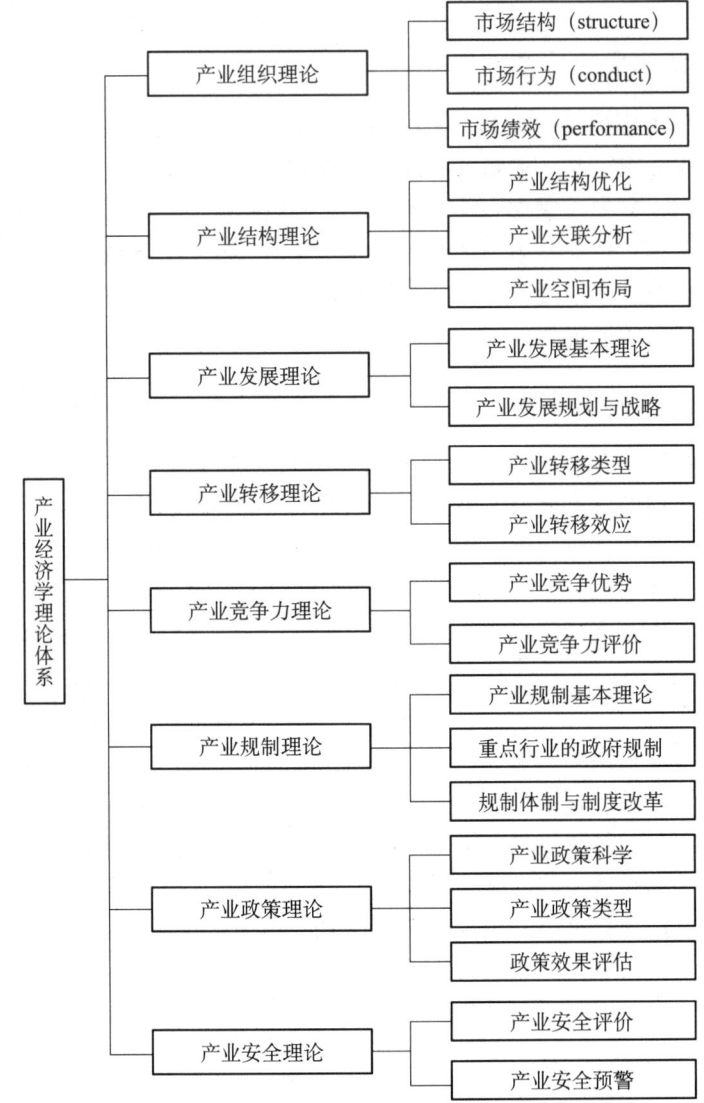

图1-1 产业经济学的理论体系

关。从产业组织理论的形成,到产业结构理论、产业规制理论和产业安全理论等的产生和发展,产业经济学的发展历程无不印证了理论与实践的统一。

一、产业组织理论的演进过程

(一) 产业组织理论的渊源

产业组织是指同一产业内企业之间的组织或者市场关系。由于对产业组织的研究主要是围绕竞争、规模经济与垄断的关系和矛盾进行的,一些学者认为产业组织理论的思想渊源可追溯到亚当·斯密(Adam Smith)在《国民财富的性质和原因研究》中关于市场竞争和垄断的论述。① 然而，大多数学者认为最早把产业组织概念引入经济学的是新古典学派创始人阿尔弗雷德·马歇尔（Alfred Marshall）。马歇尔在与其夫人合著的《产业经济学》一书中，首次将产业内部的结构定义为产业组织。② 其后，马歇尔在《经济学原理》一书中，③ 在让·巴蒂斯特·萨伊（Jean Baptiste Say）的生产三要素（劳动、资本和土地）基础上提出了"组织"这一第四生产要素。马歇尔提出的组织概念包括四种组织形态的内容：一是企业内部的组织形态；二是产业内部企业之间的组织形态（产业组织）；三是产业之间的组织形态（产业结构）；四是国家组织形态。④ 产业组织理论是从研究产业内部企业之间的组织形态的基础上发展起来的。马歇尔在《经济学原理》一书中指出，大规模生产能力企业带来规模经济性，使这些企业的市场占有率提升，结果导致市场结构中的垄断因素不断增强，而垄断的形成又会扼杀自由竞争。人们将规模经济与竞争活力之间的矛盾称为"马歇尔冲突"。

20世纪初，随着生产日趋集中，企业规模不断扩大，卡特尔、托斯拉等垄断组织和形式出现快速发展。英美等国家的经济学家掀起了一场关于"马歇尔冲突"的理论争论，他们以竞争和垄断的关系及矛盾为基本线索，对产业组织的实际状况展开了大量调查分析和理论研究。1932年，阿道夫·伯利（Adolf Berle）和加德纳·米恩斯（Gardiner Means）在《现代公司与私有财产》中对20世纪20～30年代美国的垄断及寡头垄断产业的发展情况作了深入分析，并对股份制的发展将加速资金向大企业集中从而导致经济力量集中、价格刚性、扼杀竞争等问题进行了研究。⑤ 1933年，美国经济学家爱德华·哈斯丁·张伯伦（Edward Hastings Chamberlin）和英国经济学家琼·罗宾逊（Joan Robinson，又称罗宾逊夫人）分别在各自的著作《垄断竞争理论》（张伯伦）和《不完全竞争经济学》（罗宾逊夫人）中，不约而同提出了垄断竞争理论。根据垄断竞争理论，在人们生存的现实世界中，并非完全垄断和完全竞争这两种极端和对立，而是不同程度的垄断与不同程度的竞争交织并存。

（二）产业组织理论的形成

1. 产业组织理论体系的建立

20世纪30年代以后，比较完整的产业组织理论体系在美国哈佛大学开始形成。1938年，美国经济学家爱德华·梅森（Edward Mason）在哈佛大学成立了一个产业组织研究小组，主要成员包括乔·贝恩（Joe Bain）、凯森（C. Kaysen）、麦克尔（J. W. Mckie）、麦克海姆（J. Markham）等。该研究小组采用案例分析方法，解析了若干行业的市场结构，并对市场竞争过程中的组织结

---

① 亚当·斯密. 国民财富的性质和原因的研究 [M]. 北京：商务印书馆，1974.
② 阿尔弗雷德·马歇尔，玛丽·佩利·马歇尔. 产业经济学 [M]. 北京：商务印书馆，2015.
③ 阿尔弗雷德·马歇尔. 经济学原理（上卷）[M]. 北京：商务印书馆，1981.
④ 刘传江，李雪. 西方产业组织理论的形成与发展 [J]. 经济评论，2001（6）：104-106+110.
⑤ 阿道夫·伯利，加德纳·米恩斯. 现代公司与私有财产 [M]. 北京：商务印书馆，2005.

构、企业竞争行为与竞争结果等问题进行了研究。梅森在吸收借鉴已有相关研究的基础上,提出产业组织的理论体系和研究方向,并在1939年出版了《大企业的生产价格政策》一书。

1940年,约翰·莫里斯·克拉克(John Maurice Clark)在《论有效竞争的概念》这部著作中,首次提出了有效竞争的概念。所谓有效竞争是指既有利于维护竞争又有利于发挥规模经济作用的竞争格局。克拉克的研究对产业组织理论的建立有重要影响,但克拉克并没有回答有效竞争的评估标准有哪些以及如何实现的问题。后来,很多产业组织学者围绕有效竞争的评估标准及其如何实现问题进行了诸多研究。

梅森在吸收借鉴已有相关研究的基础上,将有效竞争的条件归纳为两大类标准,即所谓的"二分法"。具体而言:一是将能够维护有效竞争的市场结构的形成条件归纳为市场结构标准;二是将从市场绩效角度来判断竞争有效性的标准归纳为市场绩效标准。后来,一些经济学家在梅森的两大类标准的基础上加入了市场行为标准,至此形成了有效竞争的三大类标准,即市场结构标准、市场行为标准和市场绩效标准(见表1-1)。

表1-1　　　　　　　　　有效竞争的三大类标准

标准类型	具体内容
市场结构标准	①市场集中度不太高;②市场进入容易;③没有极端的产品差别化
市场行为标准	①没有价格共谋;②没有产品共谋;③对竞争者没有压制政策
市场绩效标准	①存在不断改进产品和生产过程的压力;②随成本大幅下降,价格也向下调整;③企业与产业处于适度规模;④销售费用在总费用中的比重不存在过高现象;⑤不存在长期的过剩生产能力

资料来源:苏东水,苏宗伟.产业经济学(第五版)[M].北京:高等教育出版社,2021.

乔·贝恩(Joe Bain)是梅森的学生,贝恩在1959年出版的《产业组织》是第一部系统论述产业组织理论的教科书。这部巨著的问世标志着现代产业组织理论的基本形成。此外,对产业组织理论体系的建立和发展作出重要贡献的学者还有凯维斯(R. E. Cawes)、谢勒(F. M. Scherer)和科曼诺(W. S. Comanor)等。由于产业组织理论的早期研究主要以哈佛大学为中心展开,故又被称为产业组织理论的哈佛学派。

2. 产业组织理论的哈佛学派

哈佛学派基于新古典学派的价格理论,并在吸收借鉴已有相关研究成果的基础上,推导出市场结构、市场行为和市场绩效之间存在着单向的因果联系。这便是产业组织理论的"结构(structure)—行为(conduct)—绩效(performance)"分析范式。根据哈佛学派的SCP分析范式,在不合理的市场结构条件下,市场运行的绩效通常是不好的;如果想获得理想的市场绩效,最重要的是通过实施产业组织政策来调整或直接改善不合理的市场结构。因此,哈佛学派的产业组织理论实际上是由市场结构、市场行为、市场绩效这三个基本部分以及政府的产业组织政策构成。哈佛学派在分析的过程中十分强调市场结构对市场行为和市场绩效的决定作用，故信奉哈佛学派理论的人又被称为"结构主义者"。

市场结构是指某一市场中各种要素之间的内在联系及其特征。罗宾逊夫人在其出版的著作《不完全竞争经济学》中将市场结构划分为完全竞争、垄断竞争、寡头垄断、完全垄断四种基本类型，这是目前得到的较广泛应用的分类。市场行为不是单个企业的行为，而是众多企业行为的综合，常见的企业市场行为包括企业的并购行为、价格行为、创新行为、广告行为和限制竞争者行为等。市场绩效是在特定的市场结构和市场行为条件下市场运行的最终经济效果。已有研究一般从产业的资源配置效率、利润率水平、技术进步状况和产品质量状况等直接或间接衡量市场绩效的优劣。

在SCP框架中侧重市场结构分析和采用实证分析方法为主要手段，是哈佛学派区别于产业组织理论其他学派的两个重要特征。产业组织的哈佛学派把市场集中度（市场结构衡量指标之一）与利润率（市场绩效衡量标准之一）之间关系的研究置于重要地位。根据哈佛学派的理论，在具有高寡占或垄断市场结构的产业中，由于寡头间往往存在共谋、协调等行为，必将削弱市场的竞争性，结果是寡头企业获得较高的利润率，但其所在产业的资源配置效率往往会较低。政策主张方面，为了维护有效竞争的市场秩序，哈佛学派主张对高寡占或垄断市场采取企业分割、禁止兼并等规制政策或反垄断政策。哈佛学派的反垄断政策在1970年前后达到了高潮，但20世纪80年代以后在美国逐渐失去主导地位。

（三）产业组织理论的发展

20世纪60~70年代，越来越多的研究者认为结构主义者所主张的过紧的反垄断政策是造成美国经济不景气的主要原因。从20世纪70年代后期起，关于反垄断政策放松，批判和反对结构主义学派理论的研究日益受到重视。同时，博弈论、计量经济学等的发展使产业组织理论的研究发生了巨大变化，一些新的产业组织理论应运而生。[1]

1. 产业组织理论的芝加哥学派

20世纪60年代以后，芝加哥大学的乔治·斯蒂格勒（George Joseph Stigler）、哈罗德·德姆塞茨（Harold Demsetz）、理查德·波斯纳（Richard Posner）、布罗曾（Y. Brozen）等对哈佛学派的理论及主张进行了激烈抨击，并逐渐形成了一个新的产业组织理论研究中心，即产业组织理论的芝加哥学派。该学派信奉自由市场经济中竞争机制的作用，强调新古典学派价格理论在产业经济活动分析中的适用性，坚持认为产业组织及公共政策问题应从价格理论的视角来研究。

1968年，斯蒂格勒出版了《产业组织》一书。该书的问世标志着芝加哥学派在理论上的成熟。斯蒂格勒特别注重判断市场集中及垄断定价的结果是否提高了效率，而不像哈佛学派那样只重视是否损害了竞争。斯蒂格勒认为，即便是高

---

[1] 苏东水，苏宗伟. 产业经济学（第五版）[M]. 北京：高等教育出版社，2021.

寡占或垄断市场，只要市场绩效是理想的，政府就不应该规制。德姆塞茨等通过实证研究批驳了哈佛学派所提出的"集中度—利润率"假说。布罗曾指出，兼并未必损害竞争；高利润率水平并非完全如哈佛学派认为的是垄断定价的结果，而可能是企业高效率经营的结果。这是因为，只有建立在高效率经营的基础上，才有可能持续获得高利润率，否则会随着潜在进入者的大量进入而迅速降至平均水平。企业之所以能获得高利润率，是其采取了最优行为策略的结果。在优胜劣汰生存法则下，正是由于高效率的企业市场占有率不断提高，才导致了高集中产业市场的出现。基于这一立场，芝加哥学派批判了哈佛学派所坚信的"市场结构决定市场行为，市场行为决定市场绩效"的观点，反而认为是市场绩效或市场行为决定了市场结构。在分析的过程中十分强调效率标准，因而信奉芝加哥学派理论的人被称为"效率主义者"。

芝加哥学派坚信瓦尔拉斯均衡及标准的自由竞争理论仍然有效，认为自由市场竞争秩序和自由企业制度是改善产业资源配置效率、实现消费者福利最大化的基本条件。与结构主义者的政策主张不同，效率主义者强烈反对对高集中的大企业采取分割政策和严格的兼并规制政策。因为政府对高效率企业采取分割政策无疑是等于破坏效率增长的源泉；如果政府反对产业中的高效率企业兼并低效率企业，也必然无益于改善产业资源配置效率。芝加哥学派主张放松反托拉斯法的实施和政府规制政策，并强调竞争政策的任务就是要保持、保证消费者的福利最大化。20世纪80年代，芝加哥学派的政策主张在美国得到了实践应用，这直接推动了美国反垄断政策的重大转变和规制缓和。

2. 可竞争市场理论

可竞争市场理论由威廉·鲍莫尔（William J. Baumol）、约翰·帕恩查（John C. Panzar）和罗伯特·韦利格（Robert D. Willig）等学者在芝加哥学派理论的基础上提出来的。1982年，鲍莫尔、帕恩查和韦利格等经济学家合著的《可竞争市场与产业结构理论》一书的出版，标志着可竞争市场理论的基本成熟。可竞争市场理论认为，在哈佛学派所认为的理想的市场结构以外，也可以使产业获得良好的市场绩效。换言之，即使是高集中度的市场结构，也可以实现高效率。即：垄断市场可以与高效率并存。

可竞争市场理论以完全可竞争市场和沉没成本等概念为分析中心来推导可持续的有效率的产业组织的基本态势及其内生的形成过程。在可竞争市场理论看来，由于完全可竞争市场中的沉没成本为零，潜在的进入者可以快速进入任何一个具有超额利润的产业部门以分享利润，并能够在现存企业对其作出反应之前，快速撤出市场而无须承担特别的成本。潜在的进入者可以多次进入和退出产业市场，直至产业中的超额利润降至平均水平及以下，它才会停止进入。由于潜在竞争压力的经常存在，即使是寡占或垄断市场也不能维持在获得超额利润的价格水平，现存企业只有保持最有效率的生产并把价格始终维持在竞争水平上，才能够避免利润和需求被新的进入者夺走。也就是说，潜在竞争压力的时刻存在，迫使现存企业无论处于何种市场结构中都只能遵循可维持定价原则。在完全可竞争市场条件下，有效率的产业组织成为一种内生的结果。

可竞争市场理论认为，在一个近乎完全的可竞争市场中，实行自由放任政策的效果通常优于政府采取规制政策的效果。在可竞争市场中，最重要的是保持充分的潜在竞争压力，而尽可能降低沉没成本是保持潜在竞争压力存在的关键。可竞争市场理论主张积极研究减少沉没成本的新技术、新工艺，消除人为造成的进入和退出壁垒。尽管可竞争市场理论在适用范围方面存在很大的局限性，但其对管制政策的制定和管制实践产生了重大影响是毋庸置疑的。

3. 产业组织理论的新奥地利学派

新奥地利学派在理论上的成就建立在卡尔·门格尔（Carl Menger）和欧根·冯·庞巴维克（Eugen Bohm-Bawerk）所创始的奥地利经济学派传统思想和方法上。该学派的主要代表人物有路德维希·冯·米塞斯（Ludwig van Mises）、弗里德里希·奥古斯特·冯·哈耶克（Friedrich August von Hayek）、伊斯雷尔·柯兹纳（Israel M. Kirzner）、穆瑞·牛顿·罗斯巴德（Murray Newton Rothbard）等。此外，约瑟夫·熊彼特（Joseph Schumpeter）和哈罗德·德姆塞茨（Harold Demsetz）等对新奥地利学派理论的发展也作出了贡献。新奥地利学派注重个人行为的逻辑分析，在理解市场时强调正在进行的经济过程，而不是新古典主义的均衡分析；研究目标是从个人效用和行为到价格的非线性因果传递，而不是为人熟知的新古典主义数学函数的相互决定；[①] 与产业组织理论的哈佛学派和芝加哥学派在理论上的显著区别，采用独特的方法论对市场过程进行分析，构成了新奥地利学派最主要的特征。

新奥地利学派否定完全竞争概念。哈耶克指出，完全竞争概念的问题在于它描述了一个均衡的状态，却不谈导致均衡的竞争过程。在完全竞争模型中，企业提供同质产品，无广告宣传，不提高或降低价格，也不试图针对其竞争而改变自己的成本结构，或做一些在动态经济过程中企业应做的任何其他事情。新奥地利学派基于不完全信息假设，认为竞争性市场过程是分散的知识、信息的发现和利用过程，并特别强调企业家及其创新精神在这一过程中具有非常重要的作用。竞争源于企业家的创新精神，而企业家的创新精神是其他企业无法夺走的，只要市场上有旺盛的企业家创新精神，那么无论垄断程度有多高，都能形成强大的竞争压力；产业进入壁垒的规模经济性、产品差别化和绝对费用等都不能排除竞争行为，唯一能真正成为进入壁垒的就是进入规制和行政垄断。[②]

新奥地利学派基本上反对哈佛学派的反垄断政策和规制政策，这与芝加哥学派的政策立场有一致之处。新奥地利学派认为，除了政府的进入规制和不必要的行政垄断有害经济绩效，产品差别化、企业兼并等其他垄断因素是竞争的基本要素或重要组成部分。只要不是依赖行政干预，那么生存下来的垄断企业就是最有效率的企业，因为市场竞争过程就是淘汰低效率企业的过程。政策主张方面，新

---

① 夏大慰. 产业组织与公共政策：新奥地利学派 [J]. 外国经济与管理，1999（10）：26-29.
② 李丹，吴祖宏. 产业组织理论渊源、主要流派及新发展 [J]. 河北经贸大学学报，2005（3）：48-55.

奥地利学派彻底否定政府的反垄断政策和规制政策，主张实行自由放任的经济政策；方法论上，反对计量经济学和数量推导，片面强调主观主义的心理分析，使得该学派理论的适用范围存在很大局限性。不过，新奥地利学派注重人类行为科学的研究，强调企业家创新精神的作用，这仍具借鉴意义。

4. 博弈论与新产业组织理论

20世纪70年代后期起，囿于理论自身的缺陷，传统产业组织理论及SCP分析框架逐渐衰微。一些经济学家将博弈论、信息经济学的分析方法引入产业组织理论，使产业组织理论的研究发生了革命性变化。理论界把这种采用新方法来诠释的产业经济学称为新产业组织理论（new industrial organization）。该理论的主要代表人物有迈克尔·斯宾塞（Andrew Michael Spence）、吉恩·泰勒尔（Jean Tirole）、威廉·杰克·鲍莫尔（William Jack Baumol）、奥利弗·伊顿·威廉姆森（Oliver Eaton Williamson）等。新产业组织理论有以下新特点：理论分析层面，强调市场行为而非市场结构，将市场结构视为内生变量；建立了"市场结构—市场行为—市场绩效"双向因果联系的动态分析框架；研究方法层面，引入了博弈论分析方法，运用非合作博弈等分析方法来研究企业的行为；政策主张层面，提倡加强对大企业策略性行为的反托拉斯管制；主张建立激励性管制机制，激励企业通过技术创新来提高效率和降低成本。

新产业组织理论将研究的重点从市场结构转向了市场行为。新产业组织理论认为，由于市场中交易者（企业）的行为有很大的不确定性，企业间的行为也相互影响，而传统的产业组织理论及方法无法对企业间的相互博弈行为进行分析，因此需要引入新的研究方法来分析不同企业间的策略性行为及其产生的影响。威廉姆森指出，需要一种新的效率推理形式以及更为严谨的关于策略性行为的经济学，为诸如掠夺性定价的评价提供一个更为可靠的经济学基础。博弈论正是这样一种更严谨的分析方法。其除了为产业组织理论提供一个正规的理论基础外，还为定价、广告、创新等企业行为和市场绩效的经验性研究提供精确指导。① 有学者指出，新产业组织理论运用非合作博弈模型对限制性定价、共谋与默契、产品差别化、广告行为、创新行为等企业行为进行动态分析，使人们对各种复杂动机和效果的理解达到新的高度。②

随着博弈论方法的引入，产业组织理论在近年来得到了快速发展。未来，非合作博弈、网络博弈以及合作—非合作混合博弈等理论方法将继续在产业组织研究中扮演重要角色。然而，博弈论方法也有其应用上的局限性，美国经济学家施马兰西指出，博弈论方法在分析不完全竞争方面存在两方面不足：一是在不完全信息条件下，即使简单的多阶段博弈也有多重精炼贝叶斯—纳什均衡，但如何进行处理，目前尚不清楚；二是大量使用的非合作博弈模型的多重均衡结果对假设

---

① 刘和旺，王春梅. 西方新产业组织理论述评 [J]. 学习与实践，2013（7）：47-55.
② 李丹，吴祖宏. 产业组织理论渊源、主要流派及新发展 [J]. 河北经贸大学学报，2005（3）：48-55.

的变化非常敏感，使得均衡非常脆弱，对博弈论模型的检验也变得很困难。①

二、产业结构理论的演进过程

（一）产业结构理论的思想渊源

产业结构理论是人们在产业结构的经验分析与产业结构政策实践的探索过程中逐步形成和发展起来的。17世纪中后期，英国古典政治经济学之父威廉·配第（William Petty）就已经注意到了世界各国的国民收入水平差异和经济发展所处的阶段不同，而其中的关键原因便是各国的产业结构不同。配第在1672年出版的《政治算术》一书中指出，"比起农业来，工业的收入多，而商业的收入又比工业多"②。法国古典政治经济学奠基人之一、重农学派的创始人弗朗斯瓦·魁奈（Francois Quesnay）在1758年和1766年先后出版了《经济表》和《经济表分析》两部重要著作。魁奈深入分析了法国社会总产品的流通和再生产问题，并以自创的"纯产品"学说为基础将社会阶级结构划分为三大阶级：生产阶级（从事农业生产的阶级，创造"纯产品"的阶段）、土地所有者阶级（通过地租、赋税从生产阶级那里取得"纯产品"的阶段）和不生产阶级（不创造"纯产品"的阶段）。魁奈在经济理论上的突出贡献是在"纯产品"学说的基础上对社会资本再生产和流通所作的分析。③ 这为国民经济结构及产业经济结构研究奠定了初步的理论基础。

德国历史学派的先驱者弗里德里希·李斯特（Freidrich Liszt）在1841年的《政治经济学的国民体系》中指出，各国经济都必须经过五个发展阶段：原始未开化阶段、畜牧阶段、农业阶段、农工业阶段、农工商阶段。与之相对应，国家产业结构从畜牧业、农业为主，到农工业，再到农工商为主转变。李斯特指出，英国已进入了第五个阶段，德国和美国正处于第四个发展阶段，自由贸易对英国有利，但对德国和美国不利。他认为德国和美国应实行保护关税政策，以尽快过渡到第五个阶段，然后与英国竞争。李斯特的产业演进论及国家干预经济的思想对于产业经济学后来的发展起到了很重要的作用。④

马克思主义创始人卡尔·亨利希·马克思（Karl Heinrich Marx）在《资本论》一书中提出了社会再生产理论、两大部类协调发展理论、生产资料生产优先增长理论等理论。马克思把社会生产各部门划分为生产资料生产和消费资料生产两个类别。其中，第一部类是指生产生产资料的部门；第二部类则是指生产消费资料的部门。同时，在每一部类内部，又包括许多生产部门。两大部类内部和两大部类之间的比例均衡，将影响整个社会再生产的顺利进行。但他也指出，随着技术进步和资本有机构成提高，社会扩大再生产过程中的生产资料生产的增长要

---

① 苏东水，苏宗伟. 产业经济学（第五版）[M]. 北京：高等教育出版社，2021.
② 威廉·配第. 政治算术 [M]. 北京：商务印书馆，1978.
③ 李善明，等. 外国经济学家词典 [M]. 深圳：海天出版社，1993.
④ 李斯特. 政治经济学的国民体系 [M]. 北京：商务印书馆，1961.

比消费资料生产增长快。马克思的产业经济学思想对社会主义国家的产业发展及产业结构调整起直接指导作用。

法国经济学家、洛桑学派创始人里昂·瓦尔拉斯（Léon Walras）在1874年出版的著作《纯粹政治经济学纲要》中提出了边际效用价值论，并以边际效用价值论为基础，从交换、生产、资本积累、货币流通四个方面，创立了一套被人们称为瓦尔拉斯一般均衡的理论（瓦尔拉斯一般均衡模型）。这是着眼于整个经济系统的商品和生产要素的价格及供求量决定的一种经济理论和分析方法。瓦尔拉斯一般均衡模型通过一系列的数学方程式，说明国民经济中各生产部门之间的关系和各部门对生产要素的竞争性需求，同时还考察了各部门的生产费用、商品和生产要素的总供求量。这为华西里·列昂惕夫（Wassily W. Leontief）后来创立投入产出分析法奠定了理论基础。总的来说，一般均衡理论为研究产业结构问题提供了一个重要的理论与方法。

（二）产业结构理论的形成

20世纪30~40年代是现代产业结构理论的形成时期。这一时期对产业结构理论的形成作出突出贡献的代表性人物，主要有德国经济学家沃尔瑟·G. 霍夫曼（Walther Gustav Hoffmann）、日本经济学家赤松要（Kaname Akamatsu）、美国经济学家西蒙·史密斯·库兹涅茨（Simon Smith Kuznets）、华西里·列昂惕夫（Wassily Leontief）、英国经济学家科林·克拉克（Colin G. Clark）等。

霍夫曼对工业结构演变规律和发展阶段作了开创性的研究。霍夫曼于1931年出版了《工业化阶段和类型》这部重要著作。霍夫曼在该书中，深入地分析了各国工业化过程中消费资料工业生产和资本资料工业生产的比例关系。霍夫曼发现，各国的工业结构演变具有相同的趋势，即随着工业化进程的发展，消费资料工业净产值与资本资料工业净产值的比例（后来人们将这一比例被称为霍夫曼比例）是不断下降的。可以根据霍夫曼比例，将一国的工业化进程划分为四个发展阶段。在从第一阶段向第四阶段发展过程中，资本资料工业在制造业中的比重不断上升，并在第四阶段超过消费资料工业的比重。当霍夫曼比例小于1时，意味着进入了重工业阶段。

赤松要（1935）根据产品生命周期理论，提出了著名的"雁行形态理论"。雁行形态理论认为，本国的产业发展要与国际市场紧密地结合起来，使产业结构国际化；后进国家可以通过四个阶段来加快本国的工业化进程，这四个阶段依次为"进口→当地生产→开拓出口→出口增长"；产业发展政策就是要依据雁形形态的特点来制定。后来，日本学者山泽逸平对雁行形态理论进行了扩展，提出了"引进→进口替代→出口成长→成熟→逆进口"五个阶段。

克拉克在1940年出版了《经济发展条件》这部重要著作。在该书中，他对世界上40多个国家和地区不同时期三次产业的劳动投入和总产出等数据资料进行了比较分析。研究发现，劳动力在三次产业中的结构变化与人均国民收入的提高存在一定的规律性：从劳动力流动来看，随着经济的发展，人均国民收入水平的提高，劳动力先从第一次产业向第二次产业转移；随着人均国民收入水平的逐步提高，劳动力便大量向第三次产业移动。从各产业份额来看，在此过程中，第一产业国民收入和劳动力的相对比重趋于逐渐下降，第二产业、第三产业国民收入水平和劳动力的相对比重将先后趋于上升。这验证了配第的发现，因此又被称为"配第—克拉克定律"。

库兹涅茨在1941年出版了《国民收入及其构成》这部重要著作。他在该书中，系统地分析了国民收入水平与产业结构之间的重要联系，并通过对大量历史经济资料的研究分析，得出了一些重要结论：伴随着经济的持续增长，产业结构和劳动力部门结构也处于不断变化之中；政府消费在国民生产总值中的比重呈现上升的趋势，个人消费在国民生产总值中的比重则趋于下降。

列昂惕夫提出的投入产出分析理论推动了产业结构理论的形成。列昂惕夫在1931年就开始研究投入产出技术，并于1936年发表了有关投入产出方法的第一篇论文《美国经济制度中投入产出的数量关系》。这篇论文的发表标志着投入产出理论的诞生。后来，列昂惕夫在1941年出版的著作《1919—1939年美国经济结构：均衡分析的经验应用》中系统地总结了他主持编制的美国1919年、1929年和1939年的国民经济投入产出表的主要成果。

（三）产业结构理论的发展[①]

产业结构理论在20世纪50~60年代得到了较快发展。这一时期对产业结构理论的发展作出了重要贡献的代表性人物，主要有华西里·列昂惕夫（Wassily Leontief）、西蒙·史密斯·库兹涅茨（Simon Smith Kuznets）、简·丁伯根（Jan Tinbergen）、威廉·阿瑟·刘易斯（William Arthur Lewis）、阿尔伯特·赫希曼（Albert Otto Hirschman）、沃尔特·惠特曼·罗斯托（Walt Whitman Rostow）、霍利斯·钱纳里（Hollis B. Chenery）、赤松要（Kaname Akamatsu）等。

1. 基于经济增长的产业结构理论

列昂惕夫利用投入产出分析理论及方法对产业结构进行了深入研究。列昂惕夫在他的《美国经济结构研究》（1953年）和《投入产出经济学》（1966年）等系列重要著作中，建立了投入产出分析体系。列昂惕夫的投入产出分析体系主要包括投入产出分析法、投入产出模型和投入产出表等。列昂惕夫利用这一分析法把封闭型产业结构理论定量化，分析了国民经济各部门之间的投入与产业的数量及比例关系；同时，利用投入产业和投入产出系数推断某一部门经济活动的变化对其他部门的影响，计算为满足社会的最终需求生产的各种产品总量，并分析国民经济发展和结构变化的前景。由列昂惕夫所开创的投入产出分析法是研究产业结构问题的重要工具，目前已得到了广泛应用。1968年，投入产出表被联合国推荐为西方国民核算的一个组成部分，如今世界上有100多个国家和地区运用

[①] 胡红安，常艳. 西方产业结构理论的形成发展及其研究方法 [J]. 生产力研究，2007（21）：113 - 114 + 119.

这一方法编制本国的投入产出表。

库兹涅茨对经济增长中的产业结构问题作了进一步研究。1955年，库兹涅茨在《经济增长与收入不平等》一文中探讨了经济增长过程中收入分布不均等的程度以及哪些因素决定了收入不平等的长期水平和趋势的问题，并分析了从农业向非农业部门的转变过程中收入不平等扩大的原因。库兹涅茨在1966年和1971年又分别出版了《现代经济增长》和《各国的经济增长》两部重要著作。他通过对大量历史统计资料的整理、比较和分析，阐述了人口增长和人口结构、产业结构、收入分配结构、国际依赖关系等经济变量在经济增长过程中的变化趋势、特点及相互之间的联系。库兹涅茨把第一次产业、第二次产业和第三次产业分别称为农业部门、工业部门和服务部门，认为发达国家的国民生产总值在三次产业中的分布趋势是相同的，即农业部门的比重逐渐下降，工业部门的比重逐渐上升，服务部门的比重略微地而不是始终如一地上升。库兹涅茨的研究为经济增长研究领域提供了权威性的统计资料，也解释了现代经济增长的全过程。

荷兰经济学家、计量经济学创始人之一的丁伯根关于制定经济政策的理论蕴含着丰富的产业结构思想。丁伯根认为，经济政策就是有意识地运用一些手段（比如调整结构）以达到某种目标。他把经济政策区分为三种，依次为数量政策、性质政策和改革。其中，性质政策就是改变结构（投入产出表）中的一些元素，改革就是改变基础中的一些元素。他将凯恩斯、哈罗德、多马以及列昂惕夫等的经济增长模型加以混合用于其发展计划理论。此外，他所采用的部分投入产出法，就是一种产业关联方法，它直接从投资计划项目开始，把微观计划简单地加总成为宏观计划。[①]

2. 基于发展经济学的产业结构理论

刘易斯是发展经济学的创始人之一。他在1954年发表的论文《劳动无限供给条件下的经济发展》中提出了用以解释发展中国家经济问题的"二元经济结构模型"。二元经济结构是指发展中国家现代化的工业和技术落后的传统农业同时并存的经济结构。二元经济结构模型把经济发展与国民经济的重心从传统农业向现代工业的结构转换过程联系起来，揭示了传统的农业部门与现代工业部门的消长机制，阐述了二元结构转变为一元结构的进程及路径。刘易斯认为，经济发展就是要扩大现代工业部门，缩小传统农业部门；发展中国家可以发挥劳动力禀赋优势，加速经济的发展。1955年，刘易斯在《经济增长理论》这部重要著作中系统剖析了影响经济发展的经济因素和非经济因素，这些因素包括知识与技术、资本积累、人口增长、经济制度、宗教、社会制度和国际关系等。他对经济结构尤其是产业结构进行了大量研究，论述深刻。

加拿大经济学家本杰明·希金斯（Benjamin H. Higgins）对二元经济结构理论进行了拓展。希金斯在《经济发展：原则、问题与政策》等论著中基于技术二元结构的视角，用生产函数的异质性来表示传统部门和先进部门的差异，进一

[①] 苏东水，苏宗伟. 产业经济学（第五版）[M]. 北京：高等教育出版社，2021.

步描绘了发展中国家二元经济结构的特征。希金斯指出，传统部门和现代部门的生产函数完全不同。传统部门主要的生产要素投入是土地、劳动力和少量的资本；传统部门的生产可在广泛的技术组合条件下进行，生产技术为劳动密集型，生产要素间的替代弹性比较大。现代部门主要的生产要素投入则是大量的资本和少量的土地、劳动力；现代部门的生产在资本密集的技术条件下进行，生产要素间缺乏替代弹性。"技术二元结构"对发展中国家的就业和经济结构转变产生深远的影响。现代部门的技术特点决定了其生产扩张和技术进步将朝着资本密集程度更高的方向发展，但随着现代部门的投资和产出的提高，就业机会的增长会变得很困难；传统部门由于存在大量剩余劳动力而缺少采用节约劳动技术的内在动力，导致生产率不能迅速提高。[①]

美国发展经济学家赫希曼是"不平衡"增长学说的创建者，他在1958年出版了一部名为《经济发展战略》的重要著作。在该书中，他突破了早期发展经济学家限于直接生产部门和基础设施部门发展次序的狭义讨论，而代之以国民经济发展计划是否应优先或重点发展某些部门的广义探讨，并提出了著名的不平衡增长模型。赫希曼认为，经济增长是一种传递的过程，即从主导部门向次要部门传递，从一个产业部门向另一个产业部门传递。由于资源的稀缺性，发展中国家同时投资和发展所有部门几乎是不可能的。发展中国家应把有限的资源有选择地投入那些具有战略意义的产业部门，通过优先发展一部分重要产业，而后再以此带动其他产业的发展。由赫希曼所提出的"关联效应"（包括前向、后向关联效应）理论和"最有效次序"理论，已经成为发展经济学中的重要分析工具。

美国经济史学家、发展经济学的先驱之一罗斯托在其出版的《经济成长的过程》（1951）和《经济成长的阶段》（1960）等系列重要著作中，提出了著名的主导产业扩散效应理论和经济成长阶段理论。罗斯托认为，经济之所以能够保持较快的速度增长，是因为为数不多的主导部门不断扩大的结果。随着主导部门的扩大，又会对其他产业部门产生作用。可将这一现象概括为：主导产业的发展对其他产业产生了扩散效应（包括回顾效应、旁侧效应和前向效应）。罗斯托根据科学技术、工业发展水平和主导部门的演进特征，把经济成长阶段划分为传统社会阶段、起飞准备阶段、起飞进入自我持续增长的阶段、成熟阶段、高额群众消费阶段和追求生活质量阶段六个阶段，各阶段都存在相应的起主导作用的产业部门，主导部门序列不可任意变更，任何国家都要经历由低级向高级的发展过程。[②]

美国发展经济学家钱纳里对产业结构问题进行了拓展性研究。在20世纪50～80年代的30年时间里，钱纳里先后独著或合著出版了多部与产业结构相关的重要著作，这对产业结构理论的发展有着极为重要的影响。这些主要著作为《产业关联经济学》《工业化进程》《发展计划研究》《发展的型式 1950—1970》《结构变化与发展政策》《工业化和经济增长的比较研究》等。钱纳里认为，经济发展

---

① 汪小勤．二元经济结构理论发展述评［J］．经济学动态，1998（1）：73-78．
② 罗斯托．从起飞进入持续增长的经济学［M］．成都：四川人民出版社，1988．

中资本与劳动的替代弹性是不变的。这一观点的提出，也促进了柯布—道格拉斯生产函数学说发展。钱纳里还通过对大量国家的历史资料进行归纳、统计分析，提出了著名的"标准产业结构"，为判断各国或地区产业结构的变动是否合理提供了参照标准。钱纳里还指出，伴随着经济的发展，产业结构处于不断变化之中，对外贸易中初级产品出口将会减少，逐步实现进口替代和出口替代。

3. 基于产业政策的产业结构理论

第二次世界大战之后，日本政府通过实施产业政策使日本在很短时间内便实现了经济恢复。与此同时，许多日本学者立足于日本的国情，对产业结构理论进行了深入研究，形成了一套较为独特的产业结构理论。这些理论，不仅为日本政府制定和实施产业政策提供了理论依据，也推动了产业结构理论的发展。由日本学者提出的比较经典的产业结构理论包括两基准理论、边际产业扩张理论、战略产业优先增长论、技术群体结构论等。

日本经济学家筱原三代平于1955年发展了传统的静态比较成本理论，提出了著名的动态比较成本理论。动态比较成本理论的核心思想强调：后起国的幼稚产业经过政策扶持，其产品的比较成本是可以转化的，原来处于劣势的产品有可能转化为优势产品，即形成动态比较优势。由于该理论与国际贸易理论密切相关，其在第二次世界大战后成为日本产业结构理论研究的起点。[①] 1957年，筱原三代平在《产业结构与投资分配》一文中提出了著名的"两基准"理论。两基准是指收入弹性基准和生产率上升率基准。收入弹性基准，就是要求把积累投向收入弹性大的行业或部门；生产率上升率基准就是要求把积累投向生产率上升最快的行业或部门，同时满足两基准的产业为战略产业。筱原三代平的研究成果还包括《日本经济的成长和循环》《日本经济之谜——成长率和增长率》《产业构成论》《现代产业论（产业构造）》等。[②]

日本经济学家小岛清（Kiyoshi Kojima, 2000）对产业结构问题进行了深入研究。他在1978年出版的《对外直接投资论》一书中剖析了第二次世界大战后日本企业对外直接投资和美国跨国公司对外直接投资的不同特点，并在吸收借鉴西方学者的对外直接投资理论的基础上，提出了符合日本国情的对外直接投资理论——边际产业扩张理论，从而将雁行形态理论推向一个新的高度。边际产业扩张理论认为，对外直接投资应该首先从本国（投资国）已经位于或即将位于比较劣势的边际产业依次进行，虽然这些边际产业对拉动本国经济增长的作用不突出，但却是发展中国家（东道国）具有比较优势或潜在比较优势的产业。小岛清指出，对外直接投资可分为贸易创造型和贸易替代型两种。其中，日本的对外直接投资属于贸易创造型，意味着日本进行对外直接投资可以扩大日本对外贸易；美国的大部分对外直接投资是贸易替代型，不利于扩大美国对外贸易。因此，日本对外直接投资有助于改善投资国（日本）和东道国（发展中国家）的

---

① 胡红安，常艳. 西方产业结构理论的形成发展及其研究方法 [J]. 生产力研究, 2007 (21): 113 - 114 + 119.

② 方甲，等. 产业结构问题研究 [M]. 北京：中国人民大学出版社, 1997.

产业结构，对双方都是有利的。

日本经济学家佐利贯雄从总结日本产业结构迅速实现高度化的秘诀入手得出战略产业优先增长论。1993年，关满博提出产业的"技术群体结构"概念，构建了一个包含基础性技术、中间技术以及特殊技术的三角形模型，并利用该模型对日本与东亚各国（地区）的产业技术结构进行了比较分析。[1] 技术群体结构论的核心思想是：日本应该放弃从明治维新后历经百年奋斗才形成的"齐全型产业结构"，必须促使东亚地区形成网络型国际分工，而日本只有在广泛参与东亚国际分工和国际合作中对其进行产业调整才能保持领先地位。[2]

除了上述学者，马场正雄、宫泽健一、小宫隆太郎和池田胜彦等日本学者也对产业结构理论进行了深入研究。

三、产业规制理论的发展

产业规制理论主要研究为什么要进行产业规制、怎样进行规制、产业规制是否有效以及在规制失灵（regulation failures）的情况下如何通过成本—收益分析比较而选择加强规制（reregulation）或放松规制（deregulation）。产业规制理论的形成和发展大致经历的过程是：由公共利益规制理论转向利益集团规制理论和完善性规制理论；由强调规制的必要性转向注重规制的效果和合理化；由信息完全转向信息不完全等。下面是产业规制形成与发展的主要理论基础。[3]

（一）公共利益规制理论

公共利益规制理论基于市场失灵理论和福利经济学理论，将政府视作公共利益的代表，认为市场存在的缺陷极易导致市场活动的低效率和不公平，政府规制的动因是为了纠正市场失灵，规制目的是在市场经济条件下实现公平与效率的有机统一，提高社会的福利水平。公共利益规制理论主要包括自然垄断规制理论和传统最优规制理论。

1. 自然垄断规制理论

近代自然垄断理论把规模经济作为判别自然垄断的依据。该理论认为，在自然垄断产业中，竞争是不经济的，具有破坏性，竞争的结果是形成垄断，而垄断可能在产品的供给数量、价格及质量等方面损害消费者利益。为了提升市场竞争性，限制市场垄断力量，政府应当对自然垄断产业进行规制。价格规制是自然垄断规制理论的重要内容之一。价格规制存在定价悖论：按照边际成本定价可以保证社会最优，但垄断企业可能会亏损，政府需要对其补贴；按照平均成本定价虽

---

[1] 胡红安，常艳. 西方产业结构理论的形成发展及其研究方法 [J]. 生产力研究，2007（21）：113-114+119.
[2] 汪斌. 经济全球化和当代产业结构研究的新视角：一种新的切入点和研究框架 [J]. 福建论坛（经济社会版），2002（9）：8-11.
[3] 简新华，杨艳琳. 产业经济学（第二版）[M]. 武汉：武汉大学出版社，2009.

然能使企业实现收支相抵,但社会福利可能会遭受损失,政府需要在社会福利和企业利益之间进行权衡取舍。现代自然垄断理论认为,自然垄断的特征不是规模经济或范围经济,而是成本的劣加性。在平均成本递增阶段,边际成本定价悖论不存在,规制政策需要考虑边际成本定价带来的超额利润所引发的问题;在平均成本递减阶段,则无须如此。自然垄断理论得到进一步发展的重要标志是"可维持性理论"被提出。可维持性理论的主要观点是,如果受规制的自然垄断价格是可维持的,垄断的市场结构就可以维持,那么就无须进入限制。① 伯格·桑福德和约翰·奇尔哈特(Berg Sanford & John Tschirhart,1988)把自然垄断细分为强自然垄断和弱自然垄断,提出了强自然垄断理论和弱自然垄断理论,并设计了一套政府规制政策模型。② 基普·维斯库西等(W. Kip Viscusi et al.,1992)提出自然垄断的永久性理论和短暂性理论,认为有些自然垄断产业的规制应该长期存在,而有些自然垄断产业的规制是短期的,应当动态对待自然垄断产业的规制。③

2. 传统最优规制理论

传统最优规制理论基于信息对称假设探讨政府怎样规制自然垄断以实现社会福利最大化,主要涉及边际成本定价、最优偏离边际成本定价和回报率规制等价格规制方案。边际成本定价方案的核心思想是:为了实现社会福利最大化,政府应当对自然垄断产业实行边际成本定价规制,同时以税收弥补企业的亏损。但这可能会造成扭曲性税收,进而加剧资源错配的程度,阻碍社会福利最大化目标的实现。最优偏离边际成本定价方案认为,自然垄断产业的定价应按照最优偏离边际成本的价格来确定。原因在于这是受企业预算平衡约束的帕累托最优价格。相较于需要政府补贴的边际成本定价,最优偏离边际成本定价是一种规制设计上的改进。回报率规制是指规制当局允许企业获得一个基于资本投资的公平回报率,企业在公平回报率下可以自由选择投入产出水平和进行定价。这实际上是一种平均成本定价方式,也是大多数国家规制实践中经常用的定价方式。回报率价格规制的优点包括保证企业收支相抵等,但也存在刺激被规制企业夸大成本而导致不合理定价等不足。综上所述,传统最优规制的几个方案都假设规制的目标是社会福利最大化,规制者与被规制者信息完全,双方进行的是信息对称的博弈。由于未考虑信息不对称,设计的传统最优规制方式存在诸多缺陷。

随着政府规制的范围由经济性规制扩大到社会性规制,公共利益规制理论被用于解释各种规制问题。早期规制理论的研究主题是"市场失灵与政府的矫正措施",后来出现第二个研究主题"检验规制政策的效果,并回答政府干预是否有效"。在对规制政策效果的检验中,公共利益规制理论所坚持的"市场失灵导致规制产生、规制是有效的"等观点遭到实证方面的猛烈批判。事实上,规制的产

---

① 张红凤. 规制经济学的变迁 [J]. 经济学动态,2005 (8):72 – 77.
② Berg S V, Tschirhart J. Natural monopoly regulation: principles and practice [M]. New York: Cambridge University Press,1988.
③ Viscusi W K, Harrington Jr J E, Sappington D E M. Economics of regulation and antitrust [M]. MIT press,2018.

生不完全是因为市场失灵,实践中的规制也并非总是有效率的。对公共利益规制理论的质疑和批判,促进产业规制理论向两个方向发展:一是在为什么规制方面,超越"公共利益"范式,形成了利益集团规制理论;二是在怎样规制、规制的有效性方面,突破信息完全与规制是有效的假设,形成了完善性规制理论。

(二) 利益集团规制理论

利益集团规制理论是理论界对传统规制信念"市场失灵导致规制产生、规制必然有效率"产生质疑并批驳的基础上提出来的比较新的规制理论,主要包括规制俘获理论、规制经济理论和新规制经济理论。利益集团规制理论将规制置于经济学标准的供求分析框架下,强调政治家在规制中的主动作用,并将其纳入理论模型,实现了对政府"为什么规制"理论上的突破,使规制经济学更具解释力。

1. 规制俘获理论

规制俘获的思想渊源可以追溯到马克思关于大企业控制国家机构的观点。规制俘获理论是利益集团规制理论的最早雏形,其建立在经济人假设、理性预期假设、规制没有成本假设的基础上。该理论认为,利益集团在公共政策的形成与实施过程中起着非常重要的作用,规制的供给是应相关产业或利益集团的规制需求而产生的(立法者被产业或相关利益集团俘获),又或者是规制机构被相关被产业或利益集团控制,规制最终是为被规制的相关利益集团服务的。[①] 关于政府规制的目的,与其说是为了实现社会利益最大化,倒不如说是相关利益集团寻租的结果。

相较于公共利益规制理论,规制俘获理论在某种程度上更符合规制的经验观察,因为在产业规制的实践过程中确实存在设租和寻租的情形。不过,规制俘获理论在相关基础理论研究及解释现实中的社会经济现象等方面存在一些不足。例如,没有解释利益集团是如何控制或影响规制的;当单一规制机构去规制有相反利益的不同产业时,规制俘获理论就缺乏预言力和解释力;现实中有大量证据表明,规制机构所采用的规制手段(如社会性规制)维护的是消费者的利益,而不是被规制企业的利益;规制俘获理论无法解释现实中的交叉补贴现象,也很难解释放松规制。[②]

2. 规制经济理论

规制经济理论是芝加哥经济学派的领袖人物乔治·斯蒂格勒(George Joseph Stigler)在批判公共利益理论和扬弃规制俘获理论的基础上提出来的比较新的规制理论。该理论采用供求分析框架来分析规制相关问题,解释利益集团是如何影响或控制规制的。斯蒂格勒指出,规制经济学的中心任务是解释谁获得了规制的利益,谁承担了规制的成本,哪种形式的规制会实行,规制对资源分配有何影响。斯蒂格勒基于政府拥有强制性权力和理性经济行为人两个基本假设,从规制

---

① W. 吉帕·维斯库斯,等. 反垄断与管制经济学 [M]. 北京:机械工业出版社,2004.
② 张红凤. 规制经济学的变迁 [J]. 经济学动态,2005 (8):72-77.

供给角度解释了规制的产生，将规制这一因素内生化。同时，运用曼瑟尔·奥尔森（Mancur Olson，1965）的集体行动理论，推导出产业成员比数量更多的分散的消费者具有更强的激励组织起来影响政府，规制可能会被产业集团俘获。萨姆·佩尔兹曼（Sam Peltzman，1976）发展了斯蒂格勒的理论，提出了最优规制政策模型。佩尔兹曼认为，政府官员在利益的选择过程中并非总是取悦于利益（产业）集团；在竞争性产业中，企业可以从规制中获益，但在垄断性产业中，规制能使消费者获益。加里·贝克尔（Gary S. Becker，1983）进一步发展了规制经济理论。贝克尔认为，规制的实质是用来增加最有影响力的利益集团的福利，强调规制过程中各利益集团之间的竞争有益于纠正市场失灵、降低社会福利损失，其原因在于改善社会福利的规制政策能得到更多人的拥护。[1]

规制经济理论运用经济学标准的供求分析框架来解释规制的产生及影响等相关问题，使利益集团规制理论更规范、简洁，难以被边缘化。然而，规制经济理论也存在一些局限性。比如，利益集团直接影响规制的假设不一定能真正成为现实，因为决定规制程序的有众多参与者，程序非常复杂，要满足利益集团直接影响规制政策，还需要一些适当条件确保立法程序的运行无误。但这些条件在现实中是很难满足的，这也导致了规制经济理论的解释力相对有限。

3. 新规制经济理论

新规制经济理论是美国学者弗雷德·麦克切斯尼（Fred S. McChesney）在批判和发展规制经济理论的基础上提出来的较新的规制理论。麦克切斯尼（1987，1997）认为，规制经济理论有两个基本缺陷：一是虽然意识到政府不是一个"整体"，但未注意到政治家的作用，没有很好地将其纳入模型中，而是把政治家看成处在竞争性的私人寻租（利益集团）之间的被动局中人，自身对租金没有需求；二是只描述规制者为胜出的利益集团创造租金的创租模型，不能很好地解释许多规制现象，例如20世纪60年代末以来的健康、安全、环境和消费者取向的规制法令的颁布。麦克切斯尼认为，政治家既是面对竞争性的私人需求进行财富再分配的中间人，也是自身需求的独立行为人，其不仅创租，还可能抽租。基于此，麦克切斯尼构建了一个抽租模型，并认为创租仅仅是政治家从立法程序中最大化自身利益的一个特例；更为一般的情况是，政治家首先通过威胁，然后通过豁免，抽取已存在的私人租金。其关键点是政治家拥有一种产权，使其不仅能创造政治租金，而且能通过给私人租金施加消灭的威胁来抽取租金。不同于规制经济理论过于强调规制的需求方，新规制经济理论十分强调政治家在规制中的主动作用，而且相较于创租模型，抽租模型不仅更具普遍性，对现实也具有更强的解释力。[2] 但是，根据新规制经济理论，规制将无限扩展到所有的经济领域，这显然与经验不相符。

---

[1] 倪子靖. 规制俘获理论的变迁 [J]. 制度经济学研究，2008（3）：94 – 119.
[2] 张红凤. 规制经济学的变迁 [J]. 经济学动态，2005（8）：72 – 77.

(三) 完善性规制理论

完善性规制理论的产生与规制理论第二个研究主题"检验规制政策的效果，并回答规制是否有效"有关。完善性规制理论主要研究如何完善规制的内容和方式，以提高规制的有效性。其包括特许经营权竞标理论、可竞争性市场理论、激励性规制理论等多个具体理论。

1. 特许经营权竞标理论

特许经营权竞标是一种竞争机制，其有两种方式：一是把竞标总价款一次性付清，将特许经营权授予出价最高者；二是把特许经营权授予能够提供最低单位价格产品或服务的竞标者。采用前一种方式，中标后的经营者将按照垄断价格提供产品，能够把垄断利润资本化，降低消费者福利。因此，无论是理论层面还是实践层面，都主要采用第二种方式。特许经营权竞标一般是指政府将特许经营权通过竞标的方式授予能够以最低单位价格提供产品或服务并保证质量达到特定标准的企业。其目的是通过事前的投标竞争来确保中标者在竞标后的生产和销售阶段无法采取垄断行为，从而将产品价格和企业利润水平保持在竞争性水平上。1968 年，哈罗德·德姆塞茨（Harold Demsetz）发表了题为《为什么管制基础设施产业》的重要论文。在论文中，德姆塞茨认为自然垄断理论不能揭示从生产上的规模经济到市场上的垄断价格之间的逻辑步骤，主张以特许经营权竞标来替代规制。德姆塞茨这一观点的提出，标志着特许经营权竞标理论正式被引入规制经济学领域。其后，威廉姆森等针对德姆塞茨理论模型的缺陷，进一步发展了特许经营权竞标理论。

从理论上看，特许经营权竞标通过引入市场竞争机制，形成一个有效率的市场结构，带来了最小化的成本、社会最优的定价，这无疑是优于规制的。但在实践中，特许经营权竞标能否产生合意的效果，还取决于竞标阶段是否有充分的竞争、中标者在中标之后能否兑现承诺、重新竞标阶段的竞争是否有效等多方面因素。若存在弄虚作假、竞争不充分等情况，特许经营权竞标将难以获得理想的效果。因此，特许经营权竞标不能完全替代规制，只能是规制的补充或完善。①

2. 可竞争性市场理论

可竞争性市场理论又称进退无障碍市场理论，是由美国经济学家威廉·鲍莫尔（William J. Baumol）等学者提出的放松规制理论。《可竞争市场与产业结构理论》这部重要著作的出版标志着可竞争性市场理论的形成。② 可竞争市场理论以完全可竞争市场及沉没成本的分析为中心，把进入和退出看成促进竞争的力量，而能否进入和退出完全自由是判定一个产业是否具有可竞争性的依据。其基本观点是：即使是寡占或垄断市场，只要沉没成本为零，进入者的威胁就能提供充分的市场规则约束产业市场中的在位企业，使其接受或采取竞争性定价，以最低成

---

① 张红凤. 规制经济学的变迁 [J]. 经济学动态，2005（8）：72 – 77.
② Baumol W J, Panzar J C, Willig R D. Contestable markets: An uprising in the theory of industry structure: Reply [J]. The American Economic Review, 1983, 73（3）: 491 – 496.

本来进行有效率生产,最终确保市场效率;可竞争市场是一个进入完全自由、退出完全无成本的市场。可竞争性市场理论的政策主张是:规制机构无须对产业市场中的在位企业进行规制,也无须限制进入,只需减少或消除产业的进入和退出障碍,形成可竞争的市场环境,就可以依靠潜在的竞争压力实现资源优化配置。

可竞争市场理论虽然主张政府减少或消除产业的进入和退出障碍,但并非要求政府完全放弃管制,因此其属于完善或放松规制的理论。可竞争市场理论的出现是规制经济学发展史上的一座里程碑,但该理论也不断遭到批评或质疑,其主要缺陷是:理论假设与现实差距太大,如进入完全无成本和沉没成本为零的假定不现实;缺乏对不确定性、动态变化、企业家才能等的分析;规制不能完全取代竞争,竞争不可能替代规制,可竞争性市场理论也不能完全替代规制理论,二者是互补关系;不存在理想的规制,也不存在理想的竞争,理想的状态是实现二者的协调兼容,这正是各国政府实行规制、促进市场竞争的目标和方向。

3. 激励性规制理论

激励性规制理论的产生与规制理论研究主题"规制中的激励问题"有关。激励性规制理论的兴起是内因与外因共同作用的结果。内因源于传统规制经济学自身发展所面临的危机,主要表现为两个方面:一是传统规制经济学由于忽视了信息不对称,导致设计的最优规制方案在应用于实践时缺乏效率,从而遭到质疑;二是特许经营权竞标理论"引入竞争替代规制,根治规制无效率"的主张在实践中陷入困境。外因同样表现为两个方面:一是在规制经济学的外部,信息经济学及其框架下的委托代理理论等相关理论及方法的快速发展,为分析规制问题提供了新的工具;二是实践层面发生声势浩大的放松规制运动的推动。激励性规制理论将规制经济学的关注重心从为什么规制扭转到怎样规制的轨道上来,从两方面实现了对传统规制经济学的突破:一是通过吸收信息经济学等理论的成就,基于信息不对称等研究假设,将规制置于委托代理理论分析框架下,提出了一系列规制激励方案。由于仍将政府看成社会福利的最大化者,在研究的过程中坚持了"公共利益"范式。可将基于这方面的研究形成的理论称为"公共利益范式下的激励性规制理论"。二是坚持利益集团范式,并吸收政治学中前沿的规制体系非整体观(disaggregated view),打开规制机构这个黑箱,将其分为规制机构和国会两层,承认规制者可能被受规制利益集团俘获并与之合谋,从而创建了包括企业等利益集团、规制机构、国会三层科层结构的利益集团政治的委托代理理论,在更复杂框架下探讨规制激励机制。由于在研究中坚持了利益集团范式,可将这方面研究形成的理论称为"利益集团范式下的激励性规制理论"。[1]

激励性规制理论提出了一系列规制激励理论模型。这里只简要介绍由法国著名经济学家拉丰、梯若尔等学者提出的"利益集团政治的委托代理理论"。[2] 该理论认为,利益集团影响政治决策的根本原因在于政治决策或规制会影响其利

---

[1] 张红凤. 激励性规制理论的新进展 [J]. 经济理论与经济管理, 2005 (8): 63 – 68.

[2] Laffont J J, Tirole J. The politics of government decision-making: A theory of regulatory capture [J]. The quarterly journal of economics, 1991, 106 (4): 1089 – 1127.

益；当切身利益大于或等于用作俘获规制机构的成本时，影响政治决策的行为就会发生。需要制定一套减少或阻止规制机构被俘获的激励机制。这项机制既要描述规制机构的激励和行为，又要描述利益集团的激励和行为，还要描述社会福利的最大化。具体的激励模型有很多种：利益集团与规制机构无合谋的规制模型、利益集团与规制机构合谋的规制模型、多重利益集团存在时的规制模型等。

四、产业安全理论的演进过程

产业安全是国家经济安全的重要内容之一。产业安全思想起源于国家经济安全理论。重商主义保护贸易论与幼稚产业保护论是早期较具代表性的国家经济安全理论，它们也是产业安全经济思想的重要源泉。20世纪以来，随着发展经济学家独立发展本国产业的思想以及当代国际贸易理论的不断成熟与发展，产业安全理论也得到较快发展，并成为产业经济学理论的重要组成部分。

（一）产业安全理论的理论渊源

产业安全理论的思想渊源可以追溯到重商主义的保护关税思想。18世纪初之后，许多国家尤其是资本主义国家大都采取鼓励出口和限制进口的贸易策略。这种做法极具鲜明的保护民族产业的性质。英国古典经济学家亚当·斯密出于国防安全的考虑提出了保护民族经济发展的议题，主张对外国船舶课以重税或绝对禁止，以便本国船舶企业能够垄断国内相关市场。斯密是民族工业保护理论的开先河者，他的上述论点后来被学者们概括为国防需要论。国防需要论所主张的保护民族产业的观点一经提出便被公众广泛接受，也是各国制定产业保护政策的重要理论依据。

除了重商主义，以亚历山大·汉密尔顿（Alexander Hamilton）和德里希·李斯特（Freidrich Liszt）为代表的幼稚产业保护论也是产业安全理论的重要源泉。18世纪末，工业革命在美国迅速发展。出于保护美国利益的立场，美国政治家亚历山大·汉密尔顿在1791年的《关于制造业的报告》中首次提出了幼稚产业保护理论。这是一种对某些产业采取过渡性保护、扶植措施的理论，是贸易保护主义的基本理论。该理论的核心内容是：当某个国家的一个新兴产业处于初创时期时，对该产业采取适当的保护政策，不仅有助于减轻该产业在初创期遭受的来自国外产业的竞争压力，还有助于提升其竞争能力，形成比较优势，进而能够出口并拉动国民经济发展。

德国历史学派的先驱者弗里德里希·李斯特在1841年出版的著作《政治经济学的国民体系》中批驳了古典政治经济学自由贸易理论，并提出了保护幼稚产业的贸易保护学说。保护幼稚产业学说的出现，标志着产业安全经济思想的基本成熟。李斯特提出了"经济发展阶段论""生产力理论"和"国家干预论"这三大理论，用以说明幼稚产业保护和贸易保护的必要性。李斯特将一个国家经济发展的过程划分为五个阶段，即原始未开化阶段、畜牧阶段、农业阶段、农工业阶段、农工商阶段。他认为自由贸易并不适用于每个阶段,在农工商业阶段之前,国家应采用贸易保护政策以扶植和保护本国产业的发展。按照生产力理论,"生产力"是一切创造财富的能力,发展生产力是推动一个国家强盛兴旺的根本途径。发展民族工业是发展生产力最有效的途径,国家应采用关税等手段保护民族工业的发展。

马克思的产业协调思想和产业控制思想对产业安全理论的形成产生了深远影响。马克思在著名的《资本论》一书中提出了社会再生产理论,该理论强调两大部类之间以及社会生产各部门之间的生产和再生产必须按比例协调运行,否则就会严重影响农业、轻工业和重工业等生产部门的安全运行,进而可能引发经济危机。马克思在剖析资本主义饱受经济危机困扰的原因时指出,资本主义经济最大的威胁就是整个社会生产的盲目性,随之带来周期性的经济危机,严重危害产业安全。防止经济危机就必须加强产业控制,最根本的方法就是采用计划手段。马克思还探讨了发达资本主义国家对落后国家的产业控制问题。他认为,发达资本主义国家之所以能够长期对落后国家实施产业控制,根源在于技术垄断。① 除非能突破技术垄断,否则落后国家的产业安全将持续受到影响。

(二) 产业安全理论的发展

20世纪50年代以来,随着产业安全问题越来越受到理论界的关注及各国政府的重视,国内外围绕产业安全问题的研究迅速增多,产业安全理论得到了较快发展。不过,与国内对产业安全的研究起步较晚、较零散不同,国外对产业安全的研究相对比较早,也比较系统,影响力也更大。下面主要介绍国外产业安全理论的发展。

1. 基于发展经济学的产业安全思想②

发展经济学家独立发展本国产业的思想对产业安全理论的发展有着深远的影响。发展经济学家阿瑟·刘易斯在《经济增长理论》一书中探讨了一国发展过程中利用外来资金的问题,认为几乎所有发达国家在其发展的初期阶段,都通过吸收外国资金来补充国内储蓄资金的不足。对于一个发展中国家而言,同样难以完全利用其国内储蓄来支持它的发展计划。要使国外资金发挥推动本国经济发展的作用,就要学会管理,绝不能让国外资本垄断某些重要领域。"如果外国人垄断蕴藏着矿产的土地或者最好的土地,那么当地人民就无法取代他们,无论他们有多大的能力。"③ 在谈到使用外国资金对欠发达国家经济的影响及欠发达国家政府的作用时,刘易斯认为,来自发达国家的商品、资金等会对欠发达国家的工业经济带来冲击,可能使欠发达国家在开始工业化时就面临巨大的困难。刘易斯主张欠发达国家政府要对本国的工业进行适当的保护。他还强调,即使是付出高昂代价,支持本国制造业渡过初期发展过程中的困难是值得的。刘易斯的这些产

---

① 付春光,叶泽樱. 马克思产业安全思想研究 [J]. 学术界,2018 (11):151-161.
② 景玉琴. 关于产业安全问题的经济思想钩沉 [J]. 江汉论坛,2005 (10):15-19.
③ 阿瑟·刘易斯. 经济增长理论. 学术界 [M]. 北京:商务印书馆,1983.

业保护与扶持观点，后来被概括为刘易斯"支持制造业渡过困难阶段"思想。

阿根廷经济学家劳尔·普雷维什（Raúl Prebisch）在《拉丁美洲的经济发展及其主要问题》《欠发达国家的贸易政策》《关于拉丁美洲动态开发政策的探索》等一系列论文和著作中，阐述了其对欠发达国家如何摆脱贫困，实现国家经济繁荣的观点和政策主张。对于欠发达国家工业化问题，普雷维什认为，欠发达国家只有进行工业化才能纠正其受外部限制的发展倾向。欠发达国家进行工业化的实质是建立本国独立自主的工业体系。普雷维什还指出，外国资金对于欠发达国家的经济发展而言是十分重要的，它能补充欠发达国家国内储蓄的不足。但他也强调，欠发达国家应当对外资进行适当管理，因为"在任何情况下，外资政策应符合一国自主决定权的基本原则"。对于如何建立强大的工业体系，普雷维什认为欠发达国家应从结构上改革现存的制度，以使社会能有效使用经济剩余和自身积累。

2. 基于现代国际贸易理论的产业安全思想

现代国际贸易理论中的比较优势陷阱和竞争优势理论对产业安全理论的发展有着重要作用。20世纪中后期，一些以比较优势理论作指导、执行比较优势战略的欠发达国家却落入了"比较优势陷阱"，引发了学者对欠发达国家经济安全问题的关注。比较优势陷阱是指一国（特别是欠发达国家）完全遵照比较优势理论原则，在国际分工中从事初级产品和劳动密集型产品的生产并出口，则该国在与以生产并出口技术和资本密集型产品为主的国家（主要是经济发达国家）的国际贸易中，虽然能获得一定的利益，但由于贸易结构不稳定，其在国际贸易中总是处于不利地位，进而落入"比较利益陷阱"。这意味着，开放条件下的国家经济并不是完全安全的。竞争优势理论认为欠发达国家必须调整自身的贸易发展战略，突破比较优势战略的束缚，代之以竞争优势战略。所谓竞争优势战略是指以技术进步和制度创新为动力，以产业结构升级为特征，全面提高本国产业的国际竞争力，以具有竞争优势的产品参与国际竞争，分享国际贸易利益的一种强调贸易动态利益的贸易发展战略。① 美国哈佛大学教授迈克尔·波特（Michael E. Porter）在《国家竞争优势》这部重要著作中，基于国家的立场，从世界范围和长远视角思考和探讨如何将比较优势转化为竞争优势，并认为一国的产业竞争力决定了该国的国家竞争力。对于欠发达国家而言，竞争优势战略是其扭转在国际贸易中不利地位，充分发挥对外贸易作用的必然选择，同时也是提升欠发达国家产业安全水平的重要途径。

战略性贸易政策理论同样蕴含着丰富的产业安全经济思想，对产业安全理论的发展起着重要作用。20世纪80年代，加拿大的两位经济学家布朗德（James Brander）和斯潘塞（Borbara Spencer）在《潜在进入条件下的关税问题及垄断租金的抽取》一文中提出了战略性贸易政策理论。战略性贸易政策主要包括两种理论，分别是利润转移理论与外部经济理论。利润转移理论是战略性贸易政策理论

---

① 王佃凯. 比较优势陷阱与中国贸易战略选择 [J]. 经济评论, 2002 (2): 28 – 31.

的主体内容,其包括"战略性出口政策""战略性进口政策""进口保护促进出口的政策"三种观点。其中,"进口保护以促进出口"的观点由美国经济学家保罗·克鲁格曼(Paul R. Krugman)提出。根据克鲁格曼的分析,如果本国政府对外国垄断厂商进入本国市场设置进入障碍,那么本国的厂商就可以依托自身的优势扩大其在本国市场中的份额,增加销售量,获得本国市场的规模经济,促使本国生产可能性曲线向外扩展,提升本国的产业竞争力,扩大国际市场份额,最终提高本国的整体福利水平。[①] 外部经济理论包括收益性外部经济和技术性外部经济。外部经济理论认为,有些产业(比如新兴高科技产业)由于外部规模经济效应,这些产业内的厂商无法独享投资带来的全部收益,并且企业投资面临着较大的风险,造成厂商的投资意愿不强,结果是实际产出低于社会最优水平。如果政府能对新兴高科技产业等给予适当的保护和扶持,则能促进这些战略性产业的发展,有利于实现国家的长远利益。

3. 基于国际投资理论的产业安全思想

20世纪50~60年代以来,一些学者从国际投资视角探讨产业安全问题,开始形成外国投资影响东道国产业安全的一般理论。首先,英国著名经济学家邓宁(John H. Dunning)于1977年在《贸易,经济活动的区位和跨国企业:折衷理论方法探索》中提出了国际生产折衷理论。国际生产折衷理论的核心是"三优势模式"理论,即所有权特定优势、区位优势和内部化优势。其中,内部化优势理论认为,跨国公司能通过内部交易安排实现节约交易成本和降低交易风险,这将给跨国企业带来竞争优势。在现实中,规避东道国的关税壁垒与非关税壁垒是跨国公司对外投资的重要动因。如果关税壁垒与非关税壁垒很高,也就是跨国公司进入别国的市场需要面临很高的外部交易费用时,跨国公司对外投资即交易费用内部化的意愿就会越强。这意味着,跨国公司可以通过对外投资的方式绕开东道国的贸易壁垒,使东道国保护民族产业的贸易措施失灵,对东道国民族产业的健康发展造成冲击。正因如此,许多经济民族主义者提出要限制外国直接投资的过多渗入。其次,日本经济学家小岛清在1987年出版的著作《对外贸易论》中提出了边际产业扩张理论。该理论表明,依赖跨国公司的直接投资难以缩小发展中国家与发达国家的产业结构差距,更严重者还会导致发展中国家陷入"利用外资的陷阱"。而在以美国哈佛大学教授雷蒙德·弗农(Raymond Vernon)为代表的产品生命周期理论的基础上发展起来的国际产业转移理论同样表明:在实践中,发达国家向发展中国家转移的产业不是那些高附加值、高效益、低污染的知识密集型产业,而几乎都是那些在国内已淘汰、高能耗或高污染的劳动密集型产业及相关低端产业。这不仅影响发展中国家的产业安全,还可能严重破坏发展中国家的生态环境。

随着国际投资的迅速增长,关于发达国家利用外资及其对发达国家经济安全的影响的研究逐渐增多。针对大量涌入美国的外资,有学者呼吁警惕外资对美国

---

① 孙娟,张坚. 战略性贸易政策理论及其发展 [J]. 商场现代化,2008(34):3-4.

经济安全的影响。1970 年 10 月，美国前国务卿乔治·鲍尔（George Ball）在一次讨论有关外国直接投资的会议上提出要注意外资的挑战。① 1973 年，美国著名经济学家罗伯特·B. 莱福特维奇撰写了一份研究报告，并在报告中系统而详尽地分析了 1962～1971 年外国在美国的直接投资及其变动。莱福特维奇指出，虽然外国对美国的直接投资增长速度很快，但总体而言，直到 1972 年，美国也没有任何一个产业被外国主宰。不过，1988 年美国《纽约时报》的记者马丁·托尔钦（Martin Tolchin）和华盛顿大学教授苏珊·托尔钦（Susan Tolchin）则持不同的意见。他们在《买进美国》（Buying into America）一书中指出，外国对美国日益增长的直接投资正改变着美国，美国必须警惕并采取相应措施，以防止外国人控制美国的经济要害部门。约翰·埃里森和杰弗里·弗鲁姆金（John N. Ellison & Jeffery W. Frumkin）在 1988 年出版的 Mobilizing U. S. industry 一书中探讨了美国市场中的并购问题。他们建议政府加强对国外企业并购美国企业的监管。因为，如果一个具有相当的市场支配力的企业因为并购受到外国资本控制，将对美国的产业安全构成威胁。

本章小结

产业是由生产经营同类或密切替代关系的产品或服务，或使用相同原材料、具有相同工艺技术，或产出品的用途相同，在相同或相关价值链上活动的企业所组成的集合。产业是介于宏观经济与微观经济之间的中观经济。产业经济学是一门以产业为研究对象的新兴的综合性、应用性较强的经济学科。产业经济学的任务和目标是通过研究并揭示产业及其发展规律来制定科学合理的产业政策，促进产业层次上的资源优化配置，推动经济高质量发展。产业经济学有与其他应用经济学类似的研究方法和研究工具，这些方法和工具的使用进一步促进了产业经济学的发展。中国产业经济学的研究领域有八个方面，分别为产业组织理论、产业结构理论、产业发展理论、产业转移理论、产业竞争力理论、产业规制理论、产业政策理论、产业安全理论，这些不同的研究领域大都有其独特的理论渊源和发展过程，而这些理论的不断发展，对完善产业经济学的学科体系和研究内容以及指导现实中的产业经济问题具有重要的价值。

复习思考题

1. 如何理解产业的概念？常用的产业分类有哪些？它们各有什么特点？
2. 产业经济学的研究对象是什么？
3. 学习与研究产业经济学的意义是什么？

---

① 王发明. 国外产业安全理论研究：脉络、前沿与启示［J］. 重庆大学学报（社会科学版），2008，14（6）：39-43.

4. 简述产业经济学理论体系的主要内容。
5. 简述产业组织理论和产业结构理论的理论渊源。
6. 简述哈佛学派和芝加哥学派的主要观点及其异同。
7. 简述利益集团规制理论的主要内容。
8. 简述产业安全理论的理论渊源。

延伸阅读

[1] 和军，谢思. 改革开放以来我国规制经济学研究演进 [J]. 经济问题探索，2019 (7)：18 - 25.

[2] 金成晓，余志刚，俞婷婷. 我国产业安全研究的历史与发展动态评述 [J]. 财经问题研究，2010 (7)：26 - 33.

[3] 李孟刚. 产业安全理论的研究 [D]. 北京：北京交通大学，2007.

[4] 刘和旺，王春梅. 西方新产业组织理论述评 [J]. 学习与实践，2013 (7)：47 - 55.

[5] 任剑新. 美国反垄断思想的新发展——芝加哥学派与后芝加哥学派的比较 [J]. 环球法律评论，2004 (2)：234 - 245.

[6] 吴汉洪. 西方产业组织理论在中国的引进及相关评论 [J]. 政治经济学评论，2019 (1)：3 - 21.

[7] 杨凤. 部门利益理论与规制经济学的发展 [J]. 当代财经，2008 (6)：111 - 117.

[8] 臧旭恒. 从哈佛学派、芝加哥学派到后芝加哥学派——反托拉斯与竞争政策的产业经济学理论基础的发展与展望 [J]. 东岳论丛，2007 (1)：15 - 20 + 1.

第二部分
产业发展篇

第二章 产业发展历程

产业是一个集合概念,各类产业在不同历史阶段和不同地区表现出不同的发展趋势和特点。本章要让学生了解产业概念的起源过程,以及历史发展过程中产业具体的分类方法,介绍每个分类方法的分类标准和优缺点,让学生直观了解到产业的发展历程。在此基础上进一步了解农业、工业和服务业的发展历程,分别从国外和国内进行介绍,帮助学生认识不同产业的发展阶段和中国产业布局的变化趋势。初学产业经济学的学生可以通过本章,掌握产业分类方法标准,对产业发展历程有基本的了解,为后面的深入学习打下基础。

第一节 产业的起源与分类

一、产业的起源

关于产业这一概念的提出,最早可追溯至1890年英国经济学家马歇尔(Marshall)提到的"产业组织",之后逐渐延伸到产业结构、产业关联、产业政策等方面。1973年日本经济学家宫泽健一(Miyazawa Kenichi)出版《产业经济学》,融合了产业组织、产业结构、产业关联等理论,由此应用经济学领域诞生了产业经济学。《韩非子·解老》中有"上内不用刑罚,而外不事利其产业,则民蓄息"。其中,产业指土地、房屋、工厂等财产。此后,随着经济发展,产业的概念内涵外延至社会生产。

产业是具有较强实践性和较高应用价值的经济学概念。随着人类社会生产力的进步和社会分工的发展,不同历史时期产业的内涵和外延也呈现了不同的特点。远古的旧石器时代,人类获取生产资料只能通过采集、狩猎的方式,社会生产力水平低下,没有社会分工,产业尚未形成。随着旧石器时代转向新石器时代,农业应运而生。处在奴隶社会的古希腊以农业为主导产业。古希腊思想家色诺芬(Xenophon)提出只有农业繁荣,奴隶制经济才能得以发展,其他各业才能兴旺。可以看出,在古代世界,农业是决定性的生产部门,此时的产业主要指农业。此后,随着三次社会分工的产生,形成了农业、畜牧业、手工业和商业等产业部门。18世纪下半叶的产业革命,把工业推上了历史的舞台。伴随着生产力的发展,手工业逐渐从农业和畜牧业中分离,产业经济思想应运而生。之后随着生产力进一步发展,农业和手工业部门中兴起了一个新的产业部门——商业。意大利哲学家托马斯·阿奎那(Thomas Aquinas)通过讨论国家财富的增加方式,从农业中指出了商业。阿奎那认为,国家财富可以通过两种方式增加:一是利用土地生产大量的必需品;二是通过商业将必需品运到一个共同市场。商业在此时被单独提出。随后,亚当·斯密在自己的经济学著作《国民财富的性质和原因的研究》里提出了分工理论。亚当·斯密认为,工场手工业内部存在着分工,各个企业之间和各个部门的生产者之间也存在分工。分工是增加国民财富的一个重要途径。他认为,国家与国家之间存在着社会分工,各个国家应该只生产具有绝对优势的商品,再和其他国家交换以换取自己所需的其他产品。社会分工促进了产业的进一步发展。产业的含义不断扩展,从农业经济时代的农业,到资本主义工业高度发展时期主要指工业,近代以后,产业的内涵可以包括农业、工业、服务业三大产业及其各细分产业。在当代社会,凡是具有投入产出活动的单位和部门均可以纳入产业的范畴,不仅包括物质生产领域,也包括非物质生产领域。

二、产业的分类

产业是社会分工和生产力不断发展的产物,是国民经济的中观层次,此外又是一个集合概念。狭义的产业是指从事同类或具有密切替代关系的产品或服务生产经营活动的集合,广义的产业则是指国民经济体系中由众多门类和层次构成的经济系统。

产业在发展过程中,由于研究和分析的目的不同,学术界和研究机构、政府部门提出了不同的分类标准。产业分类的意义:一是为了便于分析、研究和管理产业活动;二是研究产业间的比例关系和相互联系,即产业结构问题。产业分类方法如表 2-1 所示。

表 2-1　　　　　　　　　　产业分类方法

项目	产业分类标准	产业分类方法
一般分类方法	关联方式的类别不同	产业关联方式分类法
	产业部门间的经济技术联系	产业关联程度分类法
	产业发展层次顺序及其与自然关系的不同	三次产业分类法
	产品的最终用途不同	两大部类分类法
	物质生产特点不同	农、轻、重分类法
	统计标准	国家标准分类法 国际标准分类法
	生产要素集约程度不同	生产要素分类法
其他分类方法	产业所处的阶段不同	产业发展阶段分类法
	工艺技术生产流程的先后顺序不同	生产流程分类法
	研究工业化发展阶段的需要	霍夫曼分类法
	研究制造业部门的需要	钱纳里—泰勒分类法
	适应经济发展的需要	四次产业分类法
	产业技术先进程度	产业技术先进程度分类法

1. 马克思的两大部类分类法

马克思（Marx，1867）在《资本论》中提出社会总产品按实物形态应该分为两大部类：消费资料和生产资料。生产对应资料的社会生产部门也被分为两大产业部类。其中，生产生产资料的产业部类包括为生产生产资料提供生产资料的部门和为生产生活资料提供生产资料的部门，生产消费资料的产业部类包括生产必要消费品的部门和生产奢侈消费品的部门。两大部类分类法揭示了社会再生产顺利进行时两大部类产业间的实物和价值构成的比例平衡关系。马克思利用这种分类方法深入地分析了社会简单再生产和扩大再生产的实现条件，深刻揭示了资本主义生产的本质和剩余价值产生的秘密。但是，该方法也存在一些局限：没能涵盖所有产业，不利于对产业经济的全面分析；许多商品既属于生产资料，又属于消费资料，难以具体分类；分类标准不够细化，难以深入分析产业结构变化对经济增长的影响；与其他分类方法分析口径相差甚远难以进行比较。所以，这种方法在产业经济研究中极少运用。

2. 农、轻、重分类法

列宁（Lenin）在马克思的两大部类分类法的基础上，提出了以物质生产特点不同为标准的分类方法。列宁将经济生活中物质生产部门分为农业、轻工业、重工业三个产业大类。其中，农业包括种植业、畜牧业、渔业和林业；轻工业包括皮毛、家具、造纸、印刷、纺织、食品、缝纫（服装）、制革等；重工业包括燃料、冶金（如钢铁）、煤炭、石油、化工等。可以看出，农、轻、重分类法是在实际工作中对马克思两大部类分类理论的应用，改进和提高了两大部类分类法，应用也更加广泛。我国在中华人民共和国成立后至改革开放之前的相当长时间将其作为主要的产业分类工具。但该方法面临和两大部类分类法一样的缺点。

3. 霍夫曼分类法

德国经济学家霍夫曼（W. G. Hoffmann）在1931年分析和考察工业化过程时提出了新的分类方法。为了研究方便，霍夫曼将工业化分为消费资料工业、资本资料工业和其他工业三大类。每个工业大类里包含各种具体工业，其中，消费资料工业包括冶金及金属制品业、一般机械工业、运输机械业、化学工业等；其他产业包括木材加工业、造纸工业、橡胶工业、印刷工业等。霍夫曼通过这一分类方法分析消费资料工业净产值与资本资料工业净产值的比例（即霍夫曼比例）问题。此划分方法成为霍夫曼后续研究工业结构演变规律和工业化阶段的基础，他通过分析霍夫曼比例大小来划分工业化的不同发展阶段。在产业划分过程中，霍夫曼为了解决重复划分，将产品用途75%以上属于消费资料的工业分类为消费资料工业，75%以上属于资本资料的工业分类为资本资料工业，难以划分的归类为其他工业。但规定产品用途中属于资本资料的份额为75%，这种划分界限在实际工作中难以度量和使用，因此这一分类方法需要在特定条件下才能实际应用。

4. 三次产业分类法

新西兰经济学艾伦·乔治·巴纳德·费希尔（Allan George Barnard Fisher）在 1935 年出版的《安全与进步的冲突》一书中，首次提出三次产业的分类方法及其分类依据。他将人类经济活动发展划分为三个阶段：第一阶段为初级阶段，人类的主要活动是发展农业和畜牧业，处于该阶段的产业称为第一产业；第二阶段为英国工业革命开始至 20 世纪初，以机器大工业的迅猛发展为主要标志，处于第二阶段的产业为第二产业；第三阶段开始于 20 世纪初，大量资本和劳动力流向非物质生产部门，处于该阶段的产业为第三产业。英国经济学家、统计学家科林·克拉克（Colin G·Clark）在 1940 年出版的《经济进步的条件》一书中，基于三次产业分类法研究三次产业结构的变化与经济发展之间的关系，总结发现三次产业结构演变规律及其对经济发展的影响。由于在三次产业分类法中的巨大贡献，费希尔和克拉克被公认为三次产业分类法创始人。三次产业分类法是西方产业结构研究中最重要的分类方法之一，但是在各国具体实践中三次产业分类的标准并不完全一致。例如，采矿业是取自自然的产业，理应划分到第一次产业中，但在实践中，由于更接近制造业，一般将其列入第二次产业；再如，第三次产业既包括要求最为简单的理发业、餐馆业等行业，也包括技术要求最为繁杂的信息业、生物工程等行业，还包括公共管理和社会组织等行业，这显然不利于总结它们的特点和发展规律。研究更符合时代要求的产业分类法，已成为一项迫切任务。不过，由于使用上的实用性，世界银行等国际组织和许多国家的政府部门仍广泛使用这种分类方法。

5. 四次产业分类法

四次产业分类法是在三次产业分类法上更进一步的分类方法。四次产业如何划分、各产业如何构成，理论界至今没有定论。这也是四次产业没有得到广泛应用的主要原因。到目前为止，主要有两种不同的观点。

一种观点是由美国经济学家马克·波拉特（Marc U. Porat, 1977）提出的四次产业分类法，波拉特将所有经济活动部门分为农业、工业、服务业和信息业。波拉特四次产业分类法是第二次世界大战后信息技术和信息经济快速发展的结果。第二次世界大战后，电子计算机和晶体管的发明，信息论、系统论、控制论的建立，使得一门新的产业——信息产业在美国迅速兴起，并掀起了信息技术革命。信息技术的产业化和市场化得到迅速发展。信息产业很快成为美国的主导产业，信息经济也成为美国经济的支柱。这时，理论界对信息产业的研究也不断深入。为了研究和分析的方便，把信息产业从三次产业中独立出来是非常具有实用价值的。波拉特认为，第四产业应当包括第一次信息部门和第二次信息部门。计算机制造、电气通信、印刷、大众传媒、广告宣传、会计业及教育等应当归属于第一次信息部门；第二次信息部门包括公共官方机构的大部分和私人企业内的管理部门的全部。可以看出，波拉特划分的信息产业部门既包含三次产业分类法的第一产业里的农业企业的管理部门，又包括第二产业的计算机制造、印刷等行业，同时也包括第三产业的信息咨询等行业。跨越三大产业的第四产业打乱了原来的分类方法，在统计时难免重算和漏算。这给分类工作带来困难，也给统计工作带来不便。

另一种观点是由中国的学者王树林提出的四次产业分类法。王树林认为，第三产业属于物质产品再生产总过程的领域，第四产业应当属于精神产品再生产总过程的领域。但目前国际上流行的产业划分方法忽视了这种重大差别，这是很不科学、很不妥当的，需要加以改正。改正的方法就是把第四产业从内容复杂的第三产业中分离出来，使之成为与第一、第二、第三产业相并列的第四产业。其认为第四产业的内容应该包括这几种产业：科学研究行业、信息服务行业、咨询服务行业、新闻出版行业、广播电视电影行业、文化行业、民间公证行业、法律服务行业。此外，也曾经有人提议，保持三次产业分类法中的第一、第二产业划分方法不变，将第三产业分成网络服务部门（包括金融、保险、运输、通信、商业等）和知识服务部门（包括管理服务、医疗保险服务、消遣娱乐服务）。

6. 关联方式分类法

关联方式分类法[①]是指将具有某种相同或相似关联方式的企业经济活动组成一个集合的分类方法。该分类法是最常见的产业分类方法，它基于不同关联方式分为多种分类法。

（1）原料关联分类法。原料关联分类法是按照企业进行经济活动时投入的相同或类似的原材料、性能相似的投入物或相类似的活动对象进行归类的划分方法。其有四个方面要点：一是具有相同的原材料，如棉纺业、钢铁业、化纤工业、钢铁业、木材业、卷烟业等；二是具有相似的原材料，如造纸业、纺织业、服装业、印刷业、冶金工业等；三是具有性能相似的其他投入物，如电力、煤气、供水等；四是具有相类似的活动对象产业，如采石业、矿业、渔业、伐木业等。

（2）技术关联分类法。技术关联分类法是按照企业之间具有比较密切的技术关联关系划分企业的经济活动。这些企业经济活动的集合要么具有技术、工艺方面的相似性，要么具有相类似的生产工具、生产流程和管理技术等。这一类产业的企业必须在产品的主要生产技术或制作工艺上具有相似的特点。例如，制造业、建筑业、冶炼业、运输业等具有各自密切的技术关联关系。

（3）用途关联分类法。用途关联分类法是将具有相同或相似商品用途的企业经济活动组成集合的一种分类方法。产业的产品往往具有相同或相似的用途，例如自行车制造业、造船业、仪器制造业、汽车制造业、橡胶轮胎业、软饮料业、烟草业等。

（4）战略关联分类法。战略关联分类法是按照在一国或地区产业政策中的不同战略地位划分产业的一种分类方法。按不同战略地位划分的产业主要有主导产业、先导产业、支柱产业、重点产业、先行产业等类型。主导产业是指依靠科

---

① 苏东水，苏宗伟. 产业经济学（第五版）[M]. 北京：高等教育出版社，2021.

技进步或创新获得新的生产函数、持续较高的增长率、较强的扩散效应的产业。先导产业是指对其他产业具有引导作用，但未必对国民经济有支撑作用的产业。支柱产业是指在国民经济体系中占有重要的战略地位，产业规模在国民经济中占有较大的份额，起支撑作用的产业。重点产业是指在国民经济规划中应重点发展的产业。先行产业是指需要优先发展的产业，其有狭义和广义之分。狭义的先行产业包括瓶颈产业和基础产业，广义的先行产业包括狭义的先行产业和先导产业。

战略关联分类法可以确定不同产业在国民经济产业发展中的地位和作用，便于研究产业和经济发展的关系。政府可以通过制定相关的产业政策，进行产业管理，促进产业发展，同时带动国民经济的发展。不过，该分类法也有其局限性，例如，过分强调各产业之间的横向地位问题，容易忽视产业之间的纵向联系和产业群的形成。

7. 国际标准分类法

为统一世界各国（地区）的产业分类，联合国在 1971 年颁布的《全部经济活动的国际标准产业分类索引》中，将全部经济活动分为大项、中项、小项、细项四个层次，并规定相应层次的统计编码。首先，将全部国民经济活动分成 10 个大项，分别为农业、狩猎业、林业和渔业；矿业和采石业；制造业；电力、煤气、供水业；建筑业；批发与零售业、餐馆与旅店业；运输业、仓储业和邮电通信业；金融业、不动产业、保险业和商业性服务业；社会团体、社会及个人的服务业；不能分类的其他活动。其次，将 10 个大项细分为若干个中项。例如，将制造业细分为 9 个中项，依次为：食品、饮料、烟草；纺织、服装、制革；木材与木制品；造纸与纸制品、印刷与出版；化工产品和药品、石油加工、煤炭加工、橡胶制品、塑料制品；非金属矿产品（除石油、煤炭加工产品以外）；冶金工业；金属制品、机械和工业设备；其他制造业。[①] 再次，把每个中项细分为若干个小项。最后，继续将小项细分为若干个细项，各细项的数量多达数千个。国际标准产业分类法同三次产业分类法实际上是一致的，只不过比后者更细致而已。例如，第 1 个大项构成第一次产业，第 2～5 大项构成第二次产业，第 6～10 大项构成第三次产业。

8. 国家标准分类法

国家标准分类法是指一国（或一地）政府为了统一该国产业经济研究的统计和分析口径，以便科学地制定产业政策和国民经济进行宏观管理，并根据该国（或一地）的实际而编制和颁布的划分产业的一种国家标准。它的特点表现在：(1) 它是由国家或地区制定的，具有整体性、广泛性、权威性；(2) 它是一种国家标准，具有强制性、代表性、目的性；(3) 它是根据具体国情编制的，表现出特殊性和科学性。世界上许多国家都编制和颁布了适合本国实际的国家标准分类法。美国在 1972 年编制和出台了国家标准分类法；英国编制的国家标准分

---

① 夏大慰. 产业组织学 [M]. 上海：复旦大学出版社，1994.

类法有 27 个主要产业种类。中国 1984 年首次颁布《国民经济行业分类》（GB/T 4754—1984）国家标准以来，先后于 1994 年、2002 年、2011 年和 2017 年进行了修订。中国国家标准化管理委员会于 2019 年 3 月 25 日批准的"《国民经济行业分类》（GB/T 4754—2017）国家标准第 1 号修改单"（简称《修改单》），自 2019 年 3 月 29 日起实施。《修改单》把中国全部的国民经济划分为 20 个门类（具体见表 2－2）：

A. 农、林、牧、渔业（含 5 个大类）

B. 采矿业（含 7 个大类）

C. 制造业（含 31 个大类）

D. 电力、热力、燃气及水生产和供应业（含 3 个大类）

E. 建筑业（含 4 个大类）

F. 批发和零售业（含 2 个大类）

G. 交通运输、仓储和邮政业（含 8 个大类）

H. 住宿和餐饮业（含 2 个大类）

I. 信息传输、软件和信息技术服务业（含 3 个大类）

J. 金融业（含 4 个大类）

K. 房地产业（含 1 个大类）

L. 租赁和商务服务业（含 2 个大类）

M. 科学研究和技术服务业（含 3 个大类）

N. 水利、环境和公共设施管理业（含 4 个大类）

O. 居民服务、修理和其他服务业（含 3 个大类）

P. 教育（含 1 个大类）

Q. 卫生和社会工作（含 2 个大类）

R. 文化、体育和娱乐业（含 5 个大类）

S. 公共管理、社会保障和社会组织（含 6 个大类）

T. 国际组织（含 1 个大类）

表 2－2　　　　　　　　　国民经济行业分类与代码

国民经济行业分类	国民经济行业分类代码
A 农、林、牧、渔业 （本门类包括 01~05 大类）	01 农业 02 林业 03 畜牧业 04 渔业 05 农、林、牧、渔服务业
B 采矿业 （本门类包括 06~12 大类）	06 煤炭开采和洗选业 07 石油和天然气开采业 08 黑色金属矿采选业 09 有色金属矿采选业 10 非金属矿采选业 11 开采辅助活动 12 其他采矿业

续表

国民经济行业分类	国民经济行业分类代码
C 制造业 （本门类包括 13~43 大类）	13 农副食品加工业 14 食品制造业 15 酒、饮料和精制茶制造业 16 烟草制造业 17 纺织业 18 纺织服装、服饰业 19 皮革、毛皮、羽毛及其制品和制鞋业 20 木材加工和木、竹、藤、棕、草制品业 21 家具制造业 22 造纸和纸制品业 23 印刷和记录媒介复制业 24 文教、工美、体育和娱乐用品制造业 25 石油加工、炼焦和核燃料加工业 26 化学原料和化学制品制造业 27 医药制造业 28 化学纤维制造业 29 橡胶和塑料制品业 30 非金属矿物制品业 31 黑色金属冶炼和压延加工业 32 有色金属冶炼和压延加工业 33 金属制品业 34 通用设备制造业 35 专用设备制造业 36 汽车制造业 37 铁路、船舶、航空航天和其他运输设备业 38 电气机械和器材制造业 39 计算机、通信和其他电子设备制造业 40 仪器仪表制造业 41 其他制造业 42 废弃资源综合利用业 43 金属制品、机械和设备修理
D 电力、热力、燃气及水生产和供应业 （本门类包括 44~46 大类）	44 电力、热力生产和供应业 45 燃气生产和供应业 46 水的生产和供应业
E 建筑业 （本门类包括 47~50 大类）	47 房屋建筑业 48 土木工程建筑业 49 建筑安装业 50 建筑装饰和其他建筑业
F 批发和零售业 （本门类包括 51 大类和 52 大类）	51 批发业 52 零售业
G 交通运输、仓储和邮政业 （本门类包括 53~60 大类）	53 铁路运输业 54 道路运输业 55 水上运输业 56 航空运输业 57 管道运输业 58 装卸搬运和运输代理业 59 仓储业 60 邮政业

续表

国民经济行业分类	国民经济行业分类代码
H 住宿和餐饮业 （本门类包括 61 大类和 62 大类）	61 住宿业 62 餐饮业
I 信息传输、软件和信息技术服务业 （本门类包括 63～65 大类）	63 电信、广播电视和卫星传输服务 64 互联网和相关服务 65 软件和信息技术服务业
J 金融业 （本门类包括 66～69 大类）	66 货币金融服务 67 资本市场服务 68 保险业 69 其他金融业
K 房地产业 （本门类包括 70 大类）	70 房地产业
L 租赁和商务服务业 （本门类包括 71 大类和 72 大类）	71 租赁业 72 商务服务业
M 科学研究和技术服务业 （本门类包括 73～75 大类）	73 研究和试验发展 74 专业技术服务业 75 科技推广和应用服务业
N 水利、环境和公共设施管理业 （本门类包括 76～78 大类）	76 水利管理业 77 生态保护和环境治理业 78 公共设施管理业
O 居民服务、修理和其他服务业 （本门类包括 79～81 大类）	79 居民服务业 80 机动车、电子产品和日用产品修理业 81 其他服务业
P 教育 （本门类包括 82 大类）	82 教育
Q 卫生和社会工作 （本门类包括 83 大类和 84 大类）	83 卫生 84 社会工作
R 文化、体育和娱乐业 （本门类包括 85～89 大类）	85 新闻和出版业 86 广播、电视、电影和影视录音制作业 87 文化艺术业 88 体育 89 娱乐业
S 公共管理、社会保障和社会组织 （本门类包括 90～95 大类）	90 中国共产党机关 91 国家机构 92 人民政协、民主党派 93 社会保障 94 群众团体、社会团体和其他成员组织 95 基层群众自治组织
T 国际组织（本门类包括 96 大类）	96 国际组织

资料来源：国家统计局三次产业划分规定 [EB/OL]. https://www.stats.gov.cn/sj/tjbz/gjtjbz/202302/t20230213_1902749.html.

除前面提到的分类方法外，还有许多分类方法，比如将不同发展时期对经济发展起主导作用的制造部门可以划分为初期产业、中期产业和后期产业的钱纳里—泰勒分类法；通过分析生产部门对生产要素所需的比重和依赖程度也可以将生产部门划分为劳动密集型、资本密集型和知识密集型产业三类；根据产业所处的生产流程不同也可以将产业划分为上、中、下游产业。

第二节 农业的发展历程

农业的发展最早可以追溯到人类社会的起源，即公元前20000年前。在早期社会中，人类依靠狩猎、采集和渔猎等原始方式获取食物。但随着气候变化，肉类食物因容易腐烂难以储存，食物缺口的存在使得人类尝试将野生植物果实储存下来第二年播种，以收获来年的食物储存，农业生产活动由此而生。最早的农业活动主要以农耕为主，人们开始种植谷物、蔬菜和水果，并饲养牛、羊等家畜。农业活动由狩猎采集转向农业生产，为人类定居生活提供了条件。农业在全球大约有11个独立起源，包括美索不达米亚地区、东亚的长江黄河流域等。由于地理环境、气候条件、社会制度和农具技术等因素的差异，不同地区农业发展水平和养殖动植物种类存在较大差异。农业生产逐渐形成了农耕经济。

在中国，农业发展经历了不同的时期。封建社会时期，农业生产主要以自给自足和地主剥削农民为主要特征。农民缺乏土地所有权，种植方式落后，农业生产效率低下。然而，在这个时期，人们发明了许多农业工具和方法，如犁和灌溉系统，提高了农业生产效率，促进了农业生产的发展。进入现代时期，农业发生了革命性的变化。农业技术发展突飞猛进，机械化水平的提高减轻了农民的劳动强度，同时，育种技术的进步使得农作物的产量和质量大大增加。农业从传统的小农经济逐渐转变为现代农业，从传统的自给自足到打破地域限制。现代农业采用规模化、标准化和集约化的生产方式，通过推广先进技术和管理方法，提高了农产品的产量和质量。农业产业链的形成使得农产品从生产到销售实现了全程管理，提高了农产品的附加值。同时，新型农业模式如生态农业、有机农业和循环农业等也得到了推广。农业产业的发展对于经济增长、粮食安全和农村发展都具有重要意义。

一、欧美国家农业发展历程

将近现代的欧美发达国家农业发展历程综合来看，可将农业发展历程分为三个阶段：第一阶段是20世纪40年代中后期到70年代初的食品农业时期。这一时期，第二次世界大战刚刚结束，经济发展尚未恢复，耕地、劳动力等资源都较为匮乏，欧洲主要国家如英国、法国、意大利和西班牙等都面临食物匮乏，因此各国普遍开展大规模农田水利基础设施建设，通过农业技术水平的提高使得农业技术产量和土地产出比率提高，增加食品供给，提高农作物产量是该阶段农业发展的主要目标。在此阶段农业现代化得到了较大发展，农业生产力有了很大提高。第二阶段是 20 世纪 70 年代后期到 90 年代初的结构农业时期。这一时期，西方国家发生了大规模的经济危机，农产品过剩，农民收入极低。为了缓解这一问题，各国一方面对农产品生产加以有效限制和适当保护，另一方面对农业产业结构进行调整。荷兰、比利时等国家限制谷物等粮食作物的种植，转而重点发展养殖业和花卉业，大幅度提高了本国的农业经济效益；而法国、德国等在稳定发展种植业的基础上，加快发展农产品加工业，也取得了不错的效果。第三阶段是从 20 世纪 90 年代初开始到现在的环境农业时期。农业生产进入了新阶段，这些发达国家发展农业的经济目标已经不是单一对农业农作物产量增加或经济效益提高的追求。这些国家认为商业化农业发展的同时，农业的发展需要考虑社会效益，农业生产应当考虑环境保护和国土整治等可持续发展问题，也要考虑增加城市旅游场所功能。

二、中国农业发展历程

自新中国成立以来，传统计划经济时期，农业作为我国经济发展的重要命脉之一，一直在逐步推进现代化。1954 年，在一届全国人大一次会议上发表的《1954 年政府工作报告》正式将农业现代化作为奋斗目标纳入国家发展战略框架，提出"建设起强大的现代化的工业、现代化的农业、现代化的交通运输业和现代化的国防"，"现代化的农业"第一次出现在政府文件中；1957 年，毛泽东在《关于正确处理人民内部矛盾的问题》中提出"将我国建设成为一个具有现代工业、现代农业和现代科学文化的社会主义国家"；1964 年，三届全国人大一次会议中明确提出"把我国建设成为一个具有现代农业、现代工业、现代国防和现代科学技术的社会主义强国"。1978 年以来，我国开始实施改革开放，进入市场经济时代，农业发展进入新阶段。营商环境的改善和城市化工业化的推进使得农业经济得到快速发展。技术进步带来农业生产供给能力的提高，资源配置方式逐步改善，农业产业结构发生显著变化。1978 年农业总产值为 1 018.5 亿元，而到 2021 年已经增长到 83 085 亿元，提高了 81 倍。粮食、棉花、油料、糖料、猪牛羊肉和水产品产量都得到显著增加，农林牧渔业产值比例从 80∶3.4∶15∶1.6 演变为 54∶4∶27∶10。[①] 畜牧业、渔业和经济效益较高的农作物成为农业发展新的增长点。农业产业结构向农、林、牧、渔全面发展转变。发展过程中，农业产业结构经历了四次调整，第一次是 1979~1984 年；第二次是 20 世纪 80 年代中期，即 1985~1991 年；第三次在 20 世纪 90 年代，即 1992~1998 年。这三次调整都是以市场需求为导向的调整，即生产市场最急需的农产品。此时我国尚未加入世界贸易组织（World Trade Organization，WTO），农产品结构性短缺比较明显，农业外向型程度不足。1998 年至今，随着我国加入世界贸易组织，农业市

---

① 资料来源：国家统计局数据。

场开始商业化，面对发达国家的优势农产品冲击和国际市场大宗粮食商品价格波动的影响，农产品市场需求难以确定。此时农业生产更主要受到市场和技术的约束而非资源限制的约束。党的十六大提出统筹城乡发展，党的十六届四中全会提出工业反哺农业、城市支持农村的方针，党的十六届五中全会提出建设社会主义新农村。强农惠农富农政策体系逐步建立健全，农业发展的政策环境不断改善。同时，农业产业发展创新，技术的应用提高了农产品的品质和安全性，农村旅游和农产品电子商务等新兴产业不断涌现，为农业产业带来了新的发展机遇。

中国农业现代化进程的推进主要有四个特色：（1）建立在小规模经营基础上。全球农业发展模式普遍为家庭经营，但中国农业的农地承包和建立在此基础上的小规模经营则是中国特色。虽然近年来，专业大户、家庭农场等中等规模农业生产经营主体不断增加，但是与欧美等发达国家相比仍属于小规模。（2）多元模式多条路径。由于幅员辽阔，不同地区的农业生产侧重不同，差异性是中国农业发展最显著的特征之一。有的地区关注生产率提高，有的地方关注农业经济效率最大化，有的地方追求提高农业劳动生产率，有的地区注重农业的生态环境功能。（3）发展中大国特征的农业现代化。中国是一个比较特殊的发展中大国，农业具有明显的大国特征，即供求规模大、区域差异大、农业人口数量大，其中最核心的就是需求规模大。中国具有世界最多的人口，最大规模的农产品消费。因此，立足国内生产基本自给自足是中国农业现代化发展的首要目标。（4）推进"四化"背景下的农业现代化。工业化、城镇化、信息化和农业现代化是一个有机整体，具有互动耦合的特性。与先行国家相比，中国"四化"之间的匹配程度与耦合程度有很大差距。农业基础的明显薄弱，使得农业现代化必须搭上"信息化"的快车实现可持续快速发展。总的来说，农业产业的发展经历了漫长的过程。从原始农耕到现代农业，从小农经济到现代农业，随着科技进步和制度创新，农业产业不断发展和演变。

第三节　工业的发展历程

工业在经济发展中具有重要地位，近现代的经济发展过程同工业的发展紧密联系在一起，经济发展过程也可称为"工业化"过程。

一、工业发展历史

根据麦迪逊（Maddison，2001）所观测到的数据，19世纪以前，人类社会经济发展水平相对较低，人均生活水平很长时间保持不变。然而，两次工业革命之后的短短200年内，工业的快速发展使得世界人口和产出水平都达到了新的高度，人们生活也发生了本质变化。可以说，工业革命是人类经济史上经济起飞和发展的重要标志。18世纪末至19世纪初，英国爆发了第一场工业革命。工业革命的核心是机器代替人力和手工劳动。蒸汽机的发明和运用,标志着新的生产方式的确立。蒸汽机的运用推动了纺织、矿业和冶金等行业的飞速发展,英国成为第一个实现工业化的国家。英国的工业革命为后来的欧洲工业化提供了范例。随着英国技术和资本的传播,其他欧洲国家陆续进行了工业化进程。法国、德国、比利时等国家在纺织、钢铁、煤矿等领域取得了重要的发展成就,工业在这些国家成为经济增长和社会变革的主要动力。工业革命的影响不仅限于欧洲,它也在北美等地产生了深远的影响。美国在19世纪中叶开始了工业化进程,其以纺织、钢铁和机械制造等为主要产业。第二次工业革命发生在19世纪末至20世纪初,人类进入了电气时代。电气、内燃机的创新和使用使得工业生产水平快速提高。电力的广泛应用将机械能转化为电能,推动了工业化进程。电力的崛起改变了工业生产的方式和效率。电力驱动的机械设备取代了传统的蒸汽机和水力机械,大大提高了生产效率和产品质量。化学工业的发展提供了新的原料和生产技术,为工业创新开辟了新的方向。随着工业化在欧美国家的普及,其逐渐传播到其他地区,包括日本、韩国、中国等新兴经济体。这些国家通过技术引进、产业政策和人力资源的优势,实现了快速的工业化进程。它们迅速成为全球产业链中的重要一环,对世界工业格局产生了巨大影响。

20世纪末至21世纪初,信息技术的飞速发展引领了工业结构的变革。计算机和互联网的普及,使信息传输和处理更加高效和便捷。信息技术在制造业、金融业、物流业等领域引起了巨大改变,推动了产业链的重构和企业组织形式的变革。全球产业链的形成推动了跨国公司的崛起,它们通过在不同国家和地区建立生产基地和供应链网络,实现了资源的优化配置和成本的降低。跨国公司在全球范围内进行资本、技术和人力资源的流动,促进了工业化进程的加速和全球经济的一体化。数字化工业则通过物联网、大数据和人工智能等技术,实现了生产过程的自动化和智能化。但工业化快速推进对自然环境和资源造成了严重的负面影响。例如,工业化过程中的工厂排放和化学废物对环境造成了污染,大量的能源和原材料消耗也对资源供应造成了压力。为了实现可持续发展,各国开始采取环保措施和促进资源的节约利用,推动绿色工业化的发展。

二、工业发展阶段

库兹涅茨及钱纳里等经济学家对经济发展中制造业成为主导的过程进行研究时,认为工业化的程度一般用国内生产总值中制造业份额的增加来度量。钱纳里将工业化阶段分为初期、中期与成熟期三个阶段,并以人均收入水平来衡量。他认为工业化发展过程是从轻工业起步,逐步转向以重工业为中心的工业结构。重工业包括冶金和机械工业。在美国、日本等发达国家,重工业化率的提高依赖机械工业的进步。1939~1972年,美国冶金工业占制造业比重下降0.4%,但同期机械工业上升12.8个百分点。日本冶金工业在1955年比重为17%,1971年为17.8%,但同期机械工业由1955年的14.8%上升至1971年的32.5%。机械工业的快速发展与发达国家汽车和家用电器工业的快速发展有关。美国汽车工业直接或间接吸收了美国 20% 的劳动力，是美国三大支柱行业之一；日本的汽车工业和家用电器行业发展水平也是世界领先。重工业快速发展的同时，轻工业如纺织工业、食品工业等在制造业比重逐渐缩小。21 世纪以后，各发达国家重工业比例已经趋于相对稳定，处于 60%~65% 的水平。这表明耐用消费品工业在产品基本普及以后，可能使得重工业化过程趋于停滞。此时，以原材料为中心的工业开始转变为以加工组装工业为中心，这就是"高加工度化"。这种趋向的出现是因为，原材料制造业进展到一定水平以后，发展开始出现瓶颈，对原材料的依赖性相对下降，同时加工组装工业发展进程大大加快。即：工业化的进程可以分为以原材料工业为中心的发展阶段和以加工组装工业为中心的发展阶段。发达国家在进入以加工组装工业为中心的工业化阶段后，产业链自动延长，生产结构呈现层次化，中间产品产业发展，产品附加值提高。据专家统计，当一吨钢作为钢材卖与用它制造汽车或生产电子计算机，其附加价值的比例是 1∶10。

三、中国工业发展历程

近代时期，我国工业发展历程一波三折。清朝时由于闭关锁国政策，我国工业化进程远落后于世界上其他国家；到了民国时期，民族工业应运而生，多城市出现了初步的工业集群，如上海、天津、济南、青岛、武汉。工业包含了众多行业，有纺织、面粉、火柴、造纸、缫丝等轻工业，也有机器制造、金属加工、化学等重工业，有些企业发展到了相当高的水平和相当大的规模。然而由于战争，工业发展被打断。到 1949 年新中国成立时，中国还是完全依靠农业为生的国家，工业发展水平薄弱，劳动力主要从事农业生产。1949 年以后，经过 3 年的恢复，又经过第一个五年计划和资本主义工商业的社会主义改造和手工业的社会主义改造，加上这期间从苏联引进了 156 个大项目，到 1958 年前后中国有了初步的工业基础。但之后由于国际形势、自身发展等原因，工业发展受到影响，尽管如此，计划经济时期，中国还是建立了较为完整的工业体系，工业产出水平大幅增加。但受限于经济体制等原因，强行发展重工业，轻视农业和轻工业，浪费了资源的同时也降低了产出效率。

1978 年改革开放以后，经济高度发展的同时，钢铁、有色金属、电力、煤炭、石油加工、化工、机械、建材、轻纺、食品、医药等工业行业不断由小到大，一些新兴的工业行业如航空航天工业、汽车工业、电子通信工业等也从无到有，产业结构逐步升级。改革开放以来，通过建立健全工业生产体系和发挥劳动力比较优势，人民群众的衣食住行得到了极大的保障，生活质量得到极大的提高，出口商品结构由原来的以农副产品和资源性产品为主转变为 95% 以上为工业制成品，工业国际竞争力显著增强。根据世界贸易组织（WTO）发布的 2023 年《全球贸易展望和统计》报告可以看出，2023 年，我国进出口规模达 5.94 万亿美元，领先第 2 名美国 0.75 万亿美元，连续 7 年保持全球货物贸易第一大国地位。服装、鞋、玩具、五金产品、家电等轻工品在全球占有较高的市场份额。由于全球化的便利,许多跨国公司的产品零部件和半成品也是中国制造。但是中国经济特别是工业化还存在严重的粗放型发展,产出保持低效率,产能过剩,产品附加值低。工业增长速度放缓,经济增长贡献率开始低于服务业,部分行业出现严重的产能过剩问题,同时对环境带来不利影响。我国工业发展已经从初期的"规模扩大"转为"结构优化",优化工业结构要求对劳动、资本、技术等生产要素质量进行全面提高,不再单一追求工业增长率,关注工业发展中的经济环境效应。科技创新作为经济增长的动力源泉,是实现中国工业高质量发展的重要手段。总的来说,现代经济发展过程伴随着工业化的快速发展。工业化水平的推进一方面改善了人类生活,另一方面提高了资源利用效率。从第一次工业革命到第二次工业革命再到21世纪的信息技术革命,工业发展水平不断提高。注重可持续发展的新阶段对工业发展提出了更高水平的需求。

第四节 服务业的发展历程

服务业又称第三产业,是除了农业、工业以外的所有其他产业的集合。全球经济在20世纪发展的重要标志之一就是服务业的迅速发展。随着发达国家进入后工业化时期,服务业已经超过第一产业和第二产业之和,成为最强大、最广泛的经济部门。服务业占GDP比重的多少,成为衡量一个国家或地区综合竞争力和现代化程度的重要标志。

一、服务业发展历史

服务业占GDP比重高于50%的经济称为服务业主导的经济发展阶段。研究显示,1970年,全球已经进入了服务业主导的经济发展阶段,服务业占比已经超过了50%。此后随着世界经济快速发展,服务业占GDP的比重在2003年达到最高值64.05%,此后出现了一定程度的下降,但到2008年金融危机以后服务业增长又开始复苏,到2009年该值为64.11%,基本保持了60%以上的平均水平。在发达国家的三次产业结构中,服务业的产出比重、就业人数以及对经济增长的贡献率等方面均处于最突出的地位。根据世界银行数据,美国、英国、日本、法国、加拿大等发达国家,在1970年就已经迈入了服务业主导的经济发展阶段,服务业占GDP的比重分别是57.97%、50.05%、50.98%、50.12%和55.55%;20世纪70年代中期,德国和意大利的服务业占比也逐渐超过了50%,步入经济服务化时代。之后各国服务业占比程度还在不断提高,到2016年,美国服务业占GDP比重上升到77.02%,英国该比例高达70.60%,法国该比例也高达70.34%。此外,从增长速度来看,G7国家服务业增长速度在大多数年份都高于工业,说明服务业对经济增长的贡献已经起到主导性作用。新兴市场国家中,南非的服务业占比在 1970 年也高达 51.24%，基本上属于服务业主导的经济发展阶段，但此后经历了 20 多年的衰退，直到 1990 年才重新上升至 50.47%。俄罗斯 1990 年服务业占 GDP 比重仅为 30.59%，但是此后的 20 多年中该比例迅速上升，到 2002 年高达 53.90%，上升了 23.31 个百分点，此后几年不断徘徊，但基本保持了占比在 50% 以上。印度是除中国外的第二大发展中国家，1970 年印度服务业占 GDP 比重约为 30%，经过 40 多年的发展，印度服务业一直稳步增长，虽然其人均 GDP 水平依然不高，2014 年人均 GDP 为 1 576.00 美元，但服务业占 GDP 比重已经达 47.82%。中国在 2006 年前服务业占比一直低于印度，到 2014 年服务业占比才与印度持平，但同期，中国人均 GDP 为 7 683.50 美元，相当于印度的 4.9 倍。相比较而言，中国的服务业增加值占 GDP 比重以及占就业人员比重还相对较低。1978 年中国服务业增加值占比为 24.6%，到 2021 年上升到 53.79%，虽然有了较大提高，但是与其他发达国家相比还有一定的差距，低于世界银行定义的中低收入国家同期的平均水平（54.159%）。1992~1996 年以及 2002~2008 年还出现了服务业占比下降的现象。

二、中国服务业发展阶段

中国服务业发展主要划分为四个阶段。第一个阶段是从 1949 年到 1978 年前夕，此阶段我国实行计划经济体制，要求以重工业优先发展，大规模建设了工业，重生产轻服务，重积累轻消费，重工轻商。在计划经济体制下，服务业的发展依附在工业部门和工业企业之中，形成了"大而全""小而全"的生产、服务管理模式，社会服务业发展和就业都受到各种约束，束缚了第三产业的正常发展。到 20 世纪 70 年代末期，国民经济比例严重失调，农产品、消费类工业品严重供应不足，原材料、能源、交通运输等基础产业和基础设施的发展严重滞后，服务业发展极其缓慢。第二个阶段是 1978~1990 年，改革开放以后，注意到服务业的低水平对人民日常生活的不利影响，国家开始调整经济结构，从传统的"农业、轻工业、重工业"扩展到"农业、轻工业、重工业及服务业"。由于基数较低，比重提高较快，商业流通、饮食服务等传统服务业发展较快。第三产业增加值的平均增长速度为 10.9%，超过同期国民生产总值增长速度。但是，传统服务业发展易受经济影响，1989 年开始的三年治理中，商业服务业甚至出现了负增长。第三个阶段是 1991~2008 年，中国进入了社会主义市场经济体制的新阶段，开始强调大力发展第三产业。为了解决服务业依然存在的供给不足、比重偏低、结构落后、质量不高、竞争力差等问题，此后，国务院多次印发文件，在行业结构、企业改革和重组、市场准入、对外开放、产业化、用地结构及资金投入等方面提出具体发展措施。这一时期第三产业增长速度较快，进入了发展的快车道。第四个阶段则是 2009 年至今，国家"十二五"规划纲要提出，要把推动服务业大发展作为产业结构优化升级的战略重点，营造有利于服务业发展的政策和体制环境。2011 年，第三产业已成为三次产业中吸纳从业人员最多的产业；

2012年，第三产业的产业增加值超过第二产业；2015年，第三产业增加值占比首次超过50%。2009~2021年，第三产业增加值比重从43.4%上升至53.79%，提高了10.39个百分点。就业人数上，2009年服务业就业人数占总就业人数的比重是34.1%，2021年已经增长至48.0%，超过第二产业安置就业人数。伴随着第三产业的服务领域日益拓宽，服务业领域不断丰富，新产业、新模式、新业态争相涌现，互联网、信息服务业、邮政快递业、现代金融服务业、旅游业、高技术服务业等现代服务业迅速发展，人工智能、区块链和大数据等技术的应用为服务业提供了新的增长点。第三产业在促进就业、拉动消费、改善民生、发展经济等方面发挥了积极作用，对经济社会发展的支撑和带动作用日益显著。

新时代下，建设现代服务业强国，促进第三产业高质量发展是建设现代化经济体系推动中国经济高质量发展的重要支撑，是有效解决发展不平衡不充分问题的重要抓手，是满足人民群众美好生活需要的重要举措。我国目前仍处于工业化中期阶段，服务业发展水平还有较大提升空间。与此同时，服务业也面临着挑战，例如劳动力市场的不稳定性、服务质量亟待提升和消费者需求趋向多样化等。因此，提高服务质量、加强创新能力和培养服务业人才成为发展服务业的重要课题。总的来说，服务业产业的发展经历了漫长的过程。从古代的各种人类活动到现代的商贸、金融、通信、旅游等多个领域，服务业的发展对于经济增长和就业创造具有重要作用。

本章小结

伴随着人类社会的发展，产业应需而生，逐渐发展起农业、工业和服务业等。根据不同的研究目的和标准，可以对产业进行不同程度的分类，了解分类标准的区别可以帮助我们更好地理解产业经济的本质和特点。

本章着重探讨了农业的发展历程。农业是人类社会最基础的生产活动，从原始农业时期到现代农业时期，农业经历了农业革命和现代农业的巨大转变。农业发展对经济和社会有着重要的影响，尤其是在粮食安全和农村发展方面。

在工业方面，我们介绍了工业的发展历程。工业革命的兴起使得人类经济迈入了全新的时代。通过蒸汽机、电力和化学工业等技术的发展，工业生产方式发生了巨大变革。现代工业时期，信息技术的崛起进一步推动了工业结构的演变和产业的升级。

此外，我们也对服务业的发展历程进行了讨论。服务业在现代经济中起着越来越重要的作用。我们介绍了服务业的概念和特点，以及餐饮业和金融业的发展历程。信息技术和互联网的发展也对服务业带来了巨大的影响，催生了新兴的服务业形态和商业模式。

通过深入研究不同产业的发展历程和特点，我们可以更好地理解经济发展的动力和路径，为经济政策的制定提供支持和指导。同时，我们也需要关注未来产业经济的趋势和挑战，以便更好地应对变化和推动可持续发展。

本章案例

碳达峰碳中和与产业结构调整

改革开放以来,随着经济发展,我国产业结构发生重大变化。2012年,服务业比重超过工业,成为三次产业结构中比重占比最高的产业,工业比重则不断下降。但从三次产业结构看,虽然第二产业比重下降,2021年占国内生产总值比例仍旧高达39.78%,万元产值能耗是第一、第三产业的四倍以上,能源消耗的高水平使得我国能源消费总值位居全球第一。第三产业自2015年起占比首次超过50%,2021年提升到53.79%,但与美欧等发达经济体或巴西、印度、南非等新兴市场经济体相比仍旧处在较低水平。从第二产业内部结构看,制造业总体上处在价值链中低端,钢铁、有色金属、建材、石化、化工等高能耗产业比重偏高,占制造业总能耗的85%,给节能减碳带来了较大压力。从产品结构看,产品能耗物耗高,增加值率低,与国际先进水平还有较大差距。

习近平总书记在第七十五届联合国大会上宣布,"中国将提高国家自主贡献力度,采取更加有力的政策和措施,二氧化碳排放力争于2030年前达到峰值,努力争取2060年前实现碳中和"。产业结构优化升级迫在眉睫。应提高第三产业比重,提升服务业低碳发展水平,逐步降低第二产业比重,严格控制高耗能高排放行业增速,提升低耗能低排放比重。全社会应形成绿色发展共识,政府、企业、社会合力努力实现碳达峰、碳中和目标。传统产业能源效率提升空间巨大,新增的工业产能和城市基础设施需求可以通过发展绿色产能和绿色基建来实现。传统制造业碳排放将陆续达峰并转入平台期,先进制造业和现代服务业的比重将持续提升,新一代信息技术和绿色低碳技术应用日益广泛并向各产业领域渗透,将推动实现碳达峰、碳中和,并带来巨大的绿色低碳转型收益。可以看到,产业发展方向跟国家发展目标息息相关,不同时期社会经济发展的需求会引起产业结构调整方向不同。

资料来源:①习近平在第七十五届联合国大会一般性辩论上发表重要讲话 [EB/OL]. https://www.gov.cn/xinwen/2020-09/22/content_5546168.htm.

②抢抓碳达峰碳中和重大战略机遇 推动我国产业结构优化升级 [EB/OL]. https://www.ndrc.gov.cn/xxgk/jd/jd/202110/t20211026_1300912.html.

复习思考题

1. 如何理解产业经济思想的变迁?
2. 如何对产业进行分类?
3. 全球化对农业、工业和服务业分别产生怎样的影响?
4. 环境问题的产生给中国产业结构调整带来怎样的影响?

5. 服务业发展的新机遇是什么？随着科学技术的发展，服务作为一种商品，其特性发生了怎样的变化？

6. 中美贸易摩擦对中国和美国的产业结构各产生什么影响？

延伸阅读

［1］国家发展改革委宏观院和农经司课题组. 推进我国农村一二三产业融合发展问题研究［J］. 经济研究参考，2016（4）：3-28.

［2］金碚. 工业的使命和价值——中国产业转型升级的理论逻辑［J］. 中国工业经济，2014（9）：51-64.

［3］赵其国，钱海燕. 低碳经济与农业发展思考［J］. 生态环境学报，2009，18（5）：1609-1614.

［4］Hakansson H. Industrial Technological Development: a Network Approach［M］. London: London Press，1987.

［5］Hien Tb, Chi Ktn. Green innovation in agriculture development: the impact of environment awareness, technology spillover, and social networks［J］. International Journal of Sustainable Agricultural Management and Informatics，2023，9（1）.

［6］Zheng J, Bigsten A, HU A. Can China's Growth be Sustained? A Productivity Perspective［J］. World Development，2009，37（4）：874-888.

第三章 产业生命周期

美国经济学家雷蒙德·弗农于1966年在《产品周期中的国际投资与国际贸易》中提出了产品生命周期理论,他认为商品与生命相似,都有一个从出生、成熟到衰老的过程,弗农把产品的生命周期划分为三个阶段,即新产品阶段、成熟产品阶段和标准产品阶段。类似于产品的生命周期理论,产业生命周期分为产业的形成期、成长期、成熟期和衰退期(见图3-1)。处于产业的形成期时,产业的发展由需求决定,此时由于技术壁垒和产业利润较低,产业中只有少数的厂商,产业的内部集中度较高;处于产业的成长期时,市场需求量大幅度增加,产业较高的利润增长率迅速吸引了大量新厂商的进入,产业的内部集中度降低;处于产业的成熟期时,产业的增长率放缓,需求的价格弹性较小,产业利润最大化;处于产业的衰退期时,由于新技术的出现市场中开始出现替代品,产业的需求减少,利润降低,这时厂商开始退出该产业。

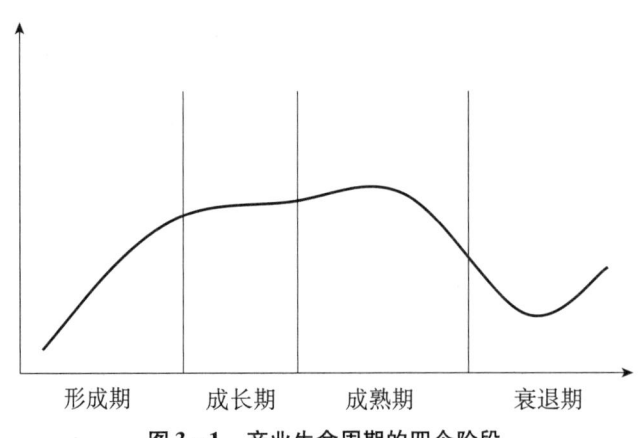

图 3-1 产业生命周期的四个阶段

产业包含很多个相关行业,而这些相关行业的经营对象和经营范围是都围绕着共同产品而展开的,因此可以参考研究产品生命周期的方式来分析产业生命周期,但产业又是包含多种产品的,因此两者之间有一定的差异性,具体表现在以下三个方面。(1)产业生命周期曲线更为平缓,时间跨度也更为漫长。这是因为一个产业往往囊括了很多相似的产品,因而其生命周期在某种意义上是所有这些相似产品的各自生命周期的叠加,故反映其生命周期变化的曲线比单个产品的生命周期曲线会显得更加平缓且长度更长,见图3-1。(2)产业的生命周期具有明显的"衰而不亡"的特征。进入衰退期的产业,虽然会在整个产业系统中的占比急剧下降，但是很难彻底降为零。因为虽然随着新产业的诞生和发展，老产业的产品需求会大大降低，但这个需求并不会完全消失掉。因此，大多数产业都表现为"衰而不亡"，真正"死亡"或"消失"的产业并不多见。（3）产业生命周期曲线有时会发生突变，从而进入下一个发展周期轨道中。有的产业尽管进入衰退期，但由于市场需求的不确定性以及技术的改进等原因，有可能会重新获得市场的认可，见图3-1。技术变化的快慢和更迭会影响产业生命周期变化的快慢以及长短，例如，农业、纺织业等传统产业在人类发展历史中占据了大部分时间，变化缓慢；而工业革命发生以后，制造业、信息技术等产业则快速地发展壮大。因此，有些学者觉得，没有"夕阳的产业"，只有"夕阳的技术"。

学者们对产业生命周期不同阶段的划分，主要是依靠该产业在全部产业中所占比重的大小及其增长速度的变化来判定的。在产业的形成阶段，不同的产业所表现出来的状况也不一样，有的产业在形成期发展得十分迅速，而有的产业在形成期会发展得很缓慢。因此，不同的产业在产业生命周期的形成阶段会表现出不一样的状态。在产业的形成期，该产业相对整个产业系统的比例是很小的。在产业的成长期，该产业在整个产业系统中的占比急剧升高，表现出来的一个主要特点是该产业的发展速度远远超出了整个产业系统的平均发展速度，并且其市场需求容量也在迅速扩张，在生命周期曲线上的表现为斜率较大，上升较快。在产业的成熟阶段，随着市场容量的渐渐饱和，产业的发展速度会变得较为缓慢，产业结构也日趋稳定，这时的生命周期曲线表现为斜率很小，变化平缓。这个阶段与其他几个阶段相比，该产业在整个产业系统中所占的比重最大。在产业的衰退阶段，市场上渐渐出现可替代的技术或产品，进而形成新的产业，那么原先产业的发展就会退步，这时的生命周期曲线具有不断下降的趋势，并且其斜率一般也为负数，具体如图3-1所示。

为了明晰产业生命周期的理论及其重要性，本章将从产业生命周期理论、概述、影响因素以及产业生命周期研究的分析方法等方面予以详细介绍。

第一节 产业生命周期理论

产业生命周期是指产业从产生到衰亡，具有阶段性和规律性的产业内企业行为的改变过程。生命周期理论来源于生物学，描述的是生物从出生、成长、成熟到衰老最后死亡的整个过程。后来学者们将这一理论引入社会科学研究范围，结合产品、企业、产业等内容，进而提出了产品生命周期理论、产业生命周期理论等。现实生活和理论研究均表明，大多数行业都会经历周期性的发展历程。在不同的发展阶段，产业所面临的竞争环境和经济形势会发生相应的变化。对产业生命周期理论的研究可以参考产品生命周期理论的相关分析。

一、国外产业生命周期理论发展

雷蒙德·弗农在其提出的生命周期理论中表示，市场中的新产品基本上都会经历开发、引进、成长、成熟等这样一个动态的过程。波特于 1980 年最先提出了产业生命周期理论，他在研究中根据消费者及消费者行为、产品的生产预销售、产品的竞争与风险等内容描绘出了不同产业生命周期的产业特征。波特经过长期对企业之间的竞争进行研究后认为，"预测产业演变过程的鼻祖是我们熟知的产品生命周期"，关于生命周期是只适用于个别产品还是适用于整个产业存在着争论。对于产业而言，产业发展要经过四个阶段：导入期、成长期、成熟期和衰退期。这些阶段是以产业销售额增长率曲线的拐点划分，产业的增长与衰退趋势由于新产品的创新和推广过程而呈现"S"形。

20 世纪 70 年代，美国学者阿伯纳西（Abernathy）和厄特拜克（Utterback），以产品生命周期理论为基础，引入主导设计的概念，对产品创新、工艺创新和组织结构之间的关联展开了深入的研究，并提出了产业创新动态过程模型，即 Abernathy – Utterback 创新过程模型，简称为 A – U 模型。A – U 过程创新模式认为，高技术产业的发展一般经历流动、主导设计和成熟三个阶段，三个阶段的特征分别是：（1）流动阶段的产品创新和工艺创新都呈上升趋势，但产品创新明显强于工艺创新，这是产业发展的初期阶段。这是一个在商业与技术上不断"尝试、纠错"的阶段。这一阶段的研究开发具有探索性，研发经费支出较高，不易获得好的经济效益。（2）主导设计阶段的产品创新逐渐减少，而工艺创新继续呈上升趋势，且超越产品创新，通过"纠错"形成了主导设计。这是一个主导设计被消费市场接受和推崇的阶段，在这个阶段，企业市场地位出现分化，不能向市场提供符合主导设计产品的企业将被竞争者挤出市场，但能够围绕主导设计推出有价值产品的企业将会赢得明显的竞争优势。（3）成熟阶段的产品创新与工艺创新均表现为下降趋势，工艺创新比产品创新仍然有优势，产业发展进入成熟期。然而，一些学者对"主导设计"的概念提出了一些质疑，比如，波特认为，人们的需求往往是发散的，主导设计的产品难以满足人们的所有需求。产业的生命周期与产品的创新类型、创新效率有关，创新对产业的发展起着积极的作用。多个产品生命周期更迭的集合构成了产业的发展脉络，因而后续多位学者对"A – U"模型进行了改进，他们强调要以动态的视角来阐述产业的发展。尽管产品寿命的终结对该产业有一定的影响，但不一定会导致产业的变革。产品创新和技术创新会使产业的发展迈入新的轨道，从而进入新一轮生命周期发展阶段。综上所述，"A – U"理论模型为建立产业生命周期理论夯实了基础。

基于以往学者对产业发展理论的研究，经济学家高特和克莱普（Gort & Klepper，1982）通过分析产业中的企业数量对产品生产的影响，构建了产业生命周期模型，即 G-K 模型。他们发现，产业中企业的数量会随着产业的发展而呈现周期性的变化规律。新产品市场在发展过程中至少经历五个阶段（引入阶段、大规模进入阶段、稳定阶段、大规模退出阶段和成熟阶段),产业在发展进程中,在每一个阶段,其中的企业数量都会发生显著的变化。例如,新的产业往往会是一个厂商数量显著下降的阶段,而在稳定期,产业中会产生大量的新企业。进一步研究发现,创新对产业的衰落或延续起着关键性作用。产业处在成熟期时,新的重大技术的出现将会导致新一轮生命周期的开启。克莱普和格雷(Klepper & Graddy,1990)在以往研究的基础上,以产业中企业数量增加率的变化为划分依据将产业生命周期分为成长、淘汰和稳定三个阶段。阿加瓦尔和高特(Agarwal & Gort,1996)在深入研究市场结构过程中,加入了"危险率"这一变量,进而对 G-K 模型作了更深入的扩展研究,他们基于对产品长时间的序列数据分析,发现危险率与企业存活时间成反比,即早期进入者的危险率在淘汰阶段时开始上升。克莱普(1996)在进行了众多理论研究和得出实证检验结果的条件下,总结了技术进步与产业进化过程之间的联系,他发现在产业发展的不同时期,企业的创新能力与规模对创新绩效有着不同的影响。

二、我国产业生命周期理论发展

由于我国早年间是由计划经济转向市场经济,因而国内学者研究产业生命周期的起步比较晚一些。随着产业发展越来越受到政府以及学者们的重视,国内有关产业生命周期理论的研究也产生了一些成果。范从来和袁静(2002)在对上市公司并购绩效的研究中,考虑了企业所处产业的各个发展阶段,并利用产出增长率将上市公司所处的产业阶段大致分为成长性、成熟性和衰退性三类。胡川(2006)分析了产业生命周期不同阶段中产业组织在市场结构、企业行为和市场绩效三个方面的演进过程。刘笑萍等(2009)在研究企业多元化并购是否能为公司创造更多的价值时,充分运用产业生命周期理论,并利用实证分析检验了企业处于产业不同生命周期阶段时不同类型的并购绩效。

王云和朱宇恩等(2015)依据中国经济发展阶段和煤炭产业发展现状,运用产业周期相关理论,将龚柏兹曲线定量分析法与计算判断法、经验对比法两种判别法相结合,构建煤炭产业生命周期模型并进行实证应用,通过煤炭资源与产业规模维度、煤炭产业结构和组织维度、煤炭产业技术结构和效率维度、政府角色维度综合判定中国煤炭产业正处于产业生命周期形成期向成长期发展的"过渡阶段"。他们认为,客观判断煤炭产业生命周期所处阶段,对于中国煤炭产业的可持续发展和有针对性地制定相应政策措施具有重要意义。还有一些学者将产业生命周期与企业重组与并购、企业竞争与合作行为等联系起来,对产业生命周期理论的应用和发展起到了进一步的推动作用。戴雪珊(2023)分析了文化产业生命周期发展过程中,相关阶段的演进规律以及体现出的具体特点,为更好地了解产业组织的整体变动规律提供了翔实的内容。

综合国内外的研究,产业生命周期理论还是一个比较新的概念,由于统计数据的不完善,我国对产业生命周期理论的研究还处于探索阶段。

第二节 产业生命周期概述

产业生命周期理论提出，产业的发展必然会经历从出现到衰退的过程。根据以往学者的研究，产业生命周期大致分为形成期、成长期、成熟期、衰退期四个阶段，产业在其生命周期中的每个阶段都有显著的不同特征。

一、产业形成期

产业处于形成期这一阶段，就是产业从无到有的过程。新技术、新产品的产生带来了新的市场，此时产业中的企业数量很少，并且由于消费者对新品尚缺乏了解，因此产品的需求量也很小。为数不多的公司对这个新兴的产业进行投资，也会冒着比较大的风险，因为在产业初创时期，产品销售收入少，而投入开发费用较高，因此企业会普遍处于亏损状态。另外，这一时期产业的市场增长率很高，随着企业加大宣传的投入，让更多的人注意到新产品在外观、舒适度等方面的优势，消费者在了解新产品的新特性之后，需求量也会急速提升。在这一阶段，新企业进入的门槛较低。由于技术的变动性，企业对产业竞争状况、产业特点、用户特点等方面的信息掌握不多，因此企业在产品、市场、服务等策略上有很大的发展余地。在初创阶段后期，随着产业整体生产效率的提升和市场需求的扩大，新产业便逐步由高风险低收益的形成期转向高风险高收益的成长期。

二、产业成长期

产业处于成长期这一阶段，是产业从小到大的过程。在产业形成初期，由于产品量少、价格高，且随着新产品的宣传获得更多消费者的认可，企业往往能够获得高额的利润。在产业成长阶段，新产品经过广泛的宣传和消费者的试用，逐渐以其自身的优势赢得了消费者的喜爱，市场需求开始上升，新产业也随之繁荣起来。这样一来，产业会吸引大量新企业的进入，当企业数量增大到一定程度之后，产业的整个产出规模也会大幅度增加。在成长期，随着产业中产品的供给进一步提升，产品的价格会在竞争中大幅度下降，尽管整个市场还有较多需求量作为支撑，但竞争的激烈程度会比产业形成期大得多。少数拥有核心技术的在位企业依然能够依靠规模经济获得超额利润，而大部分新进入企业只能获得整个产业的平均利润。

处于成长期的产业前景良好，涌入产业的新厂商会急速增加，此时市场中的产品也会从刚开始的低质量、单一性、高价格逐步转变为高品质、多样性、低价格。这种状况会持续相当长的一段时间，这一阶段因此被称为投资机会时期。在日益激烈的竞争环境下，产业的产量不断增加，市场需求也会在未来的某个时间点达到饱和状态。因此，产业中的企业要想在竞争中生存下来，就不能简单地依赖生产量的扩大来提升其市场份额，而必须提高生产技术，提升生产效率，降低运营成本。产业在成长期的特点是市场增长率很高，需求高速增长，技术渐趋成熟，产业特点、市场竞争情况及用户类型已比较明朗，新厂商进入壁垒提高，产品种类更加丰富。

三、产业成熟期

产业的成熟阶段是一个相对较长的时期。在这一时期里，于竞争中生存下来的少数大厂商垄断了整个行业的市场，每个厂商都占有一定比例的市场份额。产业的利润由于一定程度的垄断达到了很高的水平，并且厂商面临的风险因为市场成熟而比较小。由于彼此势均力敌，市场份额比例发生变化的程度较小。厂商之间的竞争手段逐渐从价格手段转向各种非价格手段，如提高质量、改善性能和加强售后维修服务等。新企业很难打入成熟期市场，其原因是市场已被原有大企业分割，并且新企业在产品价格上面临极大的劣势。因而，由于创业投资无法很快得到补偿或产品销路不畅，新进企业往往会因资金周转困难而倒闭或转产。

产业处于成熟期，是产业由弱到强的过程，此时市场开始分化，存在着高、中、低三个档次的市场，拥有不同技术的企业针对不同的目标市场进行差异化生产。由于市场容量有限，产业间的竞争力度增强，部分企业难以适应竞争环境，只能退出市场，此时主导企业逐步出现。与小企业相比，大企业在资金、管理、技术和规模上都占有很大的优势。所以，主导企业往往是实力雄厚的大企业，此时大企业通过内部扩张和外部兼并的方式不断地扩大规模，其规模的增长速度较快。在位企业为了阻止新企业的进入，往往通过技术手段、规模经济、产品差异化来提高进入壁垒，企业数量逐渐出现负增长。希尔和琼斯（Hill & Jones，1995）认为，处于成熟期阶段的竞争最为激烈，为了防止其他厂商的进入，在位厂商会主动设置多种进入障碍，如作出产品差异化、维持偏高产能、降低市场价格等策略性行为。

因此，产业处于成熟期所表现出来的特征为：市场需求的增长率较低，产业技术相对比较成熟，行业特点、用户类型比较清晰，行业盈利能力较前一个阶段下降明显，新产品的开发更加艰难，行业进入壁垒特别高。

四、产业衰退期

随着新技术的产生以及品质更好的替代品的出现，产业将从兴盛走向衰退，从而进入生命周期的衰退阶段。此时的市场容易出现规模性的产出过剩。市场需求在这个阶段出现下降趋势，厂商们为了降低库存，在销售产品时，只能对商品进行降价处理。随着市场规模的进一步萎缩，产业中的厂商数量也会进一步减少，直至最后稳定在一定的数值，不再产生大的变化。衰退期一般会出现在较长的稳定阶段之后，在生命周期阶段的成熟期和衰退期，市场的竞争往往最为激烈。随着产业中消费需求的减少，厂商们也会积极寻找新的出路，将向其他更有利可图的产业转移资金。随着产业中厂商数量的降低，整个产业处于萧条的状态，进而进入产业生命周期的最后阶段。当正常利润无法维持产业的正常运转时，整个产业便逐渐解体了。

产业进入衰退期意味着产品标准化基本形成，技术变革和生产技术的不确定性就会大大降低。新的产业诞生，旧的产业消退。总的来看，产业衰退阶段的特征为：消费需求下降，市场增长率停滞，产品种类及厂商数量减少。产业衰退的原因可能有以下四种，分别是：（1）资源型衰退，即由于生产所依赖的资源枯竭所导致的衰退。（2）效率型衰退，即由于效率低下的比较劣势而引起的行业衰退。（3）收入低弹性衰退，即因需求—收入弹性较低而衰退的行业。（4）聚集过度性衰退，即因经济过度聚集的弊端所引起的行业衰退。

第三节 产业生命周期的影响因素

影响产业生命周期的因素有很多，既有外部因素如全球经济发展形势、气候变化、冲突与战争等，也有内部因素如行业中技术创新水平、市场需求等。各影响因素之间不是完全独立、互不影响的，而是相互关联的。内部因素主要受行业内企业本身的经营效益、管理水平等的影响较大；而外部因素则主要因政府政策、经济状况、技术改进、竞争状况等变化而受影响。借鉴国内外的相关研究，本章确定影响产业生命周期的因素主要包括科学技术、市场需求、资源、企业以及政府。

一、影响产业生命周期的因素分析

1. 科学技术

科学技术是第一生产力，产品是技术的体现，产品的性能和成本会随着科学技术的提升而变化，而产品的性能和成本直接影响着产品的销售，因此，科学技术的提升，会直接影响一代产品生命周期的阶段性变化，进而影响产业生命周期的演进。科技进步对产业的影响巨大，它往往催生一个新产业的诞生，同时加速一个旧产业的衰退。在"大科学"的时代背景之下，处于产业中的企业越来越倾向于和各个组织间展开合作以应对日益复杂的科技活动。随着技术更新频率的加快，技术生命周期在不断地缩短，研发成本在急剧提升，任何一家企业都难以保持其在本领域内的全面优势。因此，不同形式的组织间合作关系已成为企业保持竞争优势的重要组成部分，组织间的合作网络成为各个组织共享和交换资源、共同开发新技能和新产品的一种主要方式。当今快节奏的商业模式和缩短的产品生命周期要求行业中的企业要考虑并利用外部产生的科学知识和技术，以提升其内部的研发能力（Dahlander and Gann，2010）。开放创新研究强调了外部知识来源和外部协作关系对于提高企业创新绩效和应对新的业务挑战的价值（Chesbrough，2012）。外部合作伙伴的异质性使公司能够接触不同的市场和技术知识（Lin，2014；Zhou and Li，2012），并通过企业建立新的联系来促进创新进程（Cohen and Levinthal，1990），因此，科学技术的发展对产业生命周期的影响是显著的。

2. 市场需求

学者研究了产品的需求扩散对产业生命周期的影响，最后得到的结论是，给定技术水平，产品会随着价格的下降而扩散。当一个产品被引进市场时，仅仅是高收入的消费者能采纳它。随着产量的增长，产品价格下降，产业扩散到低收入的群体，同时整体市场需求变大了。进一步，随着产业进入成熟期，产品被广泛接受，那么新增的消费者会逐步减少。最终，当公司最优规模的增长快于需求的增长时，产业就发生了衰退。这种动力作用促使产业沿着生命周期路径演化。在产业生命周期的每个阶段，市场需求也会随之变化。在形成期，整个市场初具规模，产品需求量有限，仅有部分消费者有能力接受初期高昂价格的产品；产业步入成长期之后，更多的企业涌入新产业，生产效率提升，竞争加剧，产生了更多物美价廉的产品，市场需求量达到最大；在成熟期，产业的大部分产品已经被消费者普遍接受，大众消费趋于稳定，新增的需求较少；产业处于衰退期后，受新的替代性产品竞争的影响，消费者会把目光转向新的产品、新的产业。市场需求的变化反映了产业生命周期的演进。

3. 资源

这里的资源是广义的资源，包括自然资源、人力资源和资本资源。资源是产业发展的基础和重要支撑，自然资源、人力资源和资本资源对于产业发展是不可或缺的。在产业的形成期，由于市场需求不大，在拥有先进技术的前提下，拥有更多自然资源、人力资源的地区是产业发展的良好区域，由于该时期产业基本不盈利，还需要雄厚的资本来支撑产业的高昂成本。随着产业的进一步发展，技术不断完善，需求迅速增加，产业需要更多的物力、人力和财力来支撑其快速发展，这时人力资源和资本资源的作用更为明显。产业进入成熟期后，市场相对稳定，企业间的竞争主要是管理的竞争，谁的管理更有效率，谁就更有机会胜出。因此，人力资源的作用会更加突出。当产业进入衰退期后，资源又开始向其他新的产业转移。处于产业中的企业越来越多地依靠协同创新来探索新的外部知识资源和机会，共同开发和销售新产品。这些主要由研发驱动的关系需要超越公司现有的知识基础和市场，并具有利用两个或更多合作伙伴的能力。特别是在不断变化和高度竞争的高科技行业，随着技术生命周期的缩短，研发密集型企业如果不能获得新的外部知识并利用潜在的协同效应，就有可能被时代所淘汰。因此，在产业生命周期演进的进程中，企业会积极寻求各种资源。

4. 企业

产业是由一个个企业构成的，企业是产业中产品的生产者、市场的开拓者、资源的汇聚者。企业的发展带动着产业的进步。如何设计产业中的企业结构、市场布局是产业组织优化的前提和必要条件。每一个处在产业价值链中的企业，都是创新的实体，企业创新不但能够带来新技术、新方法，也能够带来新资源、新方向。企业在不断创新的进程中获得持续竞争优势，进而促进整个产业向前发展。企业无论是获得生产成本优势还是获取高端技术、品牌优势等，都会实实在在地体现在产业发展的过程中。在资源和竞争条件允许下，企业必须尽快走向全球战略，一套全球观点的战略应包含以下两个重要因素：一是以全球而非母国市场作为销售对象，建立全球品牌知名度与国际营销渠道；二是海外生产重点在于利用当地优势，或打开市场。产业发展的全过程都依赖企业的发展，在产业生命周期的不同阶段，企业都有不同的战略决策方案。在形成期，企业通过创新或者模仿创新进入产业当中；而在产业的成长阶段，一些企业逐渐形成自身的竞争优势，一些大品牌也应运而生；在产业成熟期，企业更多的是要提升自身的技术，加快创新步伐；在产业衰退期，企业需要及时把目光投入新的领域。企业是产业形成的支点，企业实力的发展与数量的变化反映了产业生命周期的变化。

5. 政府

在产业的形成期和成长期，政府可以通过资金投入、给予补贴等手段，加速产业的成型与发展。政府可以将有限的资金分配给重要的新兴产业，对新产业给予土地和财政的补贴，以降低企业在产业发展初期的风险，通过公开的保障承诺鼓励企业加大对新技术的投入，建立现代化的设备，运用暂时性保护措施以培养本地产业的竞争优势。在产业进入成熟期和衰退期后，政府就要弱化自己的角色，在产业发展后期，政府的基本任务就是创造企业持续创新和保持动力的环境。

政府对产业发展的影响既有积极的一面，也有消极的一面。政府可以通过发布相关政策、法规来营造产业发展的良好环境，也会因为保护本地企业的利益而限制新产业的发展。政府政策大致包括：放宽或提高产品和环境的标准，倡导企业之间各种形态的合作，进行税制改革，鼓励区域发展，对进口产品设限，安排市场秩序，政府投资研究发展，改善教育体系，以政府名义设立创业基金，主动进行国防采购或其他政府采购等。

二、产业生命周期对企业、大学、政府的影响

除了以上影响产业生命周期的因素，产业生命周期对企业、大学和政府也有着显著的影响。

1. 对企业的影响

企业在制定其发展战略的过程中会重点考虑产业生命周期的影响。在产业形成期，企业要考虑怎样用新产品去吸引新客户，打开新市场。当产业发展进入成长期后，产业新进的企业会越来越多，此时企业要考虑如何保持其竞争力。产业进入成熟期后，市场竞争进入白热化，企业的重心要放在市场份额的占有上。当

产业生命周期进入衰退阶段后,整个产业的利润大幅度下滑,产业中的竞争者逐渐退出该行业,此时企业要考虑转型到新业务、新的产业当中。因此,产业生命周期对产业创新、培育新产业等有着重要的影响,进而对政府产业政策的制定以及企业的经营和战略决策起着关键的作用。同时,产业生命周期演进规律也随着时代的进步和全球化的发展而进一步深化。对处于产业中的企业来讲,只有明确产业所处的生命周期阶段,企业才能确定好自身的价值定位,才能作出清晰的战略决策。处于产业生命周期不同阶段的企业拥有不同的战略定位,只有对产业有足够的认识,认清产业未来发展的方向,才能更好地根据产业特征确定企业的发展战略。

2. 对大学的影响

学者们认为技术的进步,经济的增长归因于产业和大学的双重压力(Giuliani & Arza, 2009)。产业方面的压力包括迅速的技术变革、较短的产品生命周期和激烈的全球竞争,这些都从根本上改变了大多数公司目前的竞争环境(Wright, 2008)。对于大学来说,新知识的增长、资金问题的挑战,都会给大学带来巨大的负担,迫使它们寻求与公司合作,以保持它们在所有学科领域的领先地位(Hagen, 2002)。此外,大学面临着越来越大的社会压力,外界视大学为经济增长的新引擎,而不是像过去那样仅限于履行更广泛的教育和创造知识的职责(Blumenthal, 2003;Philbin, 2008)。这些压力已经导致越来越多的大学—产业合作,旨在通过学术和商业领域之间的知识交流,在制度层面(如国家和部门)提高产业的创新力和竞争力(Perkmann et al., 2013)。学者们普遍认为大学—产业合作是一个有前途的事情,大学能够帮助产业提高开放创新能力,产业能够给予大学以市场支持。处于产业中的组织通过外界知识资源提升自身创新能力,进而对其原有的内部研发进行补充(Harvey & Tether, 2003)。因此,产业的发展规律是大学在发展自身的同时需要重点关注的。

3. 对政府的影响

政府在制定产业政策时,必须了解产业发展规律,明确产业生命周期各个阶段的特征。政府需要了解各种因素对产业生命周期的影响,正确判断产业目前所处的生命周期阶段,这样才能根据产业在生命周期不同阶段的不同特征,作出正确的产业战略、区域战略和企业战略,实现真正的产业结构优化。

(1)针对处在形成期的产业,政府可以通过国家产业政策保护和培育,发展新的优势产业以参与国际分工,以打破旧有的国际分工秩序。通过产业政策保护和培育的心得,优势产业就是"保护幼小产业论"。对形成期产业的保护扶植是短暂性的,当该新兴优势产业发展成熟,能够独立参与市场竞争和承担风险时便撤销扶植。当然并不是所有的幼稚产业都需要扶植,或者在该产业中不存在潜在优势。需要扶植的产业主要是瓶颈产业和主导产业,这些产业发展成熟后对国民经济会产生推动作用,存在扶植的潜在优势。主要扶植手段有保护性政策如配额、关税和直接生产补贴,扶植性政策如国家直接财政补贴、税收减免优惠、金融融资等。

(2) 针对战略性产业的扶持。新技术、新能源、新材料等战略性产业是当前产业结构优化调整，实现产业结构合理化和高度化，加快产业升级的根本途径。从国际经验看，在战略性产业发展过程中，政府的扶持贯穿于新兴战略性产业的形成、巩固与发展的各个重要阶段。对技术创新有较高依赖的新兴战略性产业具有明显的产业生命周期，在不同生命周期阶段有不同的产业生命特征，政府对其实施的扶持政策也就应该根据不同的阶段而作出相应的调整。技术的创新与新市场需求的出现，以及国家经济发展战略的规划等都会成为引发新兴战略产业的原动力。在战略产业幼稚期，新技术和产品以及产业的市场认可度都有非常大的不确定性，政府需要采取直接扶持手段进行财政支持，以鼓励和引导技术创新；在成长期阶段，是技术研发结果的产业化阶段，对资金需求量较大，对财政支持的需求较为强烈，政府应该继续实施财政、金融等方面的资金扶持，以期该产业迅速进入市场；在成熟期和调整期阶段，政府部门对战略产业的扶持力度会较大幅度地降低，逐渐转变为规制和协调发展，以整体产业结构和市场环境为立足点。根据产业生命周期不同，政府的扶持政策也不同，如图3-2所示（费钟琳，2013）。

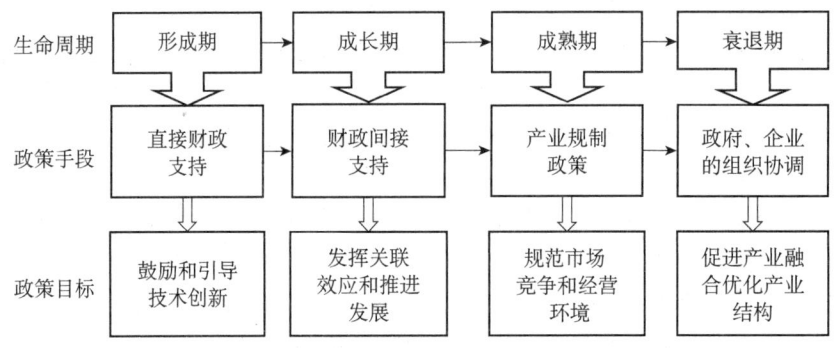

图3-2 产业生命周期阶段的战略性产业扶持政策

(3) 针对处在衰退期的产业，此时产品需求量和销售量大幅度减少，生产能力过剩，技术进步缓慢且创新动力不足，承担社会责任能力下降，逐渐丧失在国民经济发展中的重要作用，并且受到新兴替代产业的威胁。对衰退产业可以采取退出与调整的措施，但是对一个产业而言是存在"退出壁垒"的，如：资本专用性程度高的产业难以转巨额的固定资产，转产会带来巨大的损失；技术壁垒，对于因技术和设备落后的产业，其转产或转移设备都不具有市场竞争能力，无法用新技术和高效设备再次进入市场；社会责任和利益。衰退产业的退出必然伴随着职工的失业和再就业问题，容易引发社会的不稳定，由此产生强大的社会压力也是衰退产业退出时要考虑的问题。对衰退产业实行调整政策和合理的退出政策是转变产业结构，使产业结构向合理化和高度化发展的重要环节。创建衰退产业调整模式也势在必行，主要从以下方面出发：①衰退产业的产品结构调整。衰退产业根据市场需求及其结构的变化要求，对产品的规格、种类以及产品之间的组合关系进行符合市场需求结构方向的优化与改变，这是衰退产业产品结构调整的基本内容，也在衰退产业调整过程中起着基础性作用。通过产品结构优化调整，要提高衰退产业对市场需求结构变化的适应能力，让产品更新换代迎合市场需求，而不是让产品被动等待市场需求。②衰退产业的技术结构调整。技术结构调整首先要从现有技术层面出发，改变或优化原有技术组合，重新协调、选择与整合现有技术，用技术重组改变之前落后的技术协调系统；其次就是加强现有技术的利用，在技术整合的基础上，对技术的有效利用进行改进，最大限度地发挥技术作用；最后要注重新技术的开发与引进，加大技术研发投资，加快技术更新速度。技术结构调整会增强衰退产业的市场适应能力，提高产业产品制造效率。能有效提高衰退产业技术结构的质量、层次与水平，增强衰退产业技术结构的整体功能。同时，技术结构的优化会有效推动产品结构和组织结构的优化，在衰退产业调整政策中起关键性作用。③衰退产业的组织结构调整。衰退产业为了实现较高的市场绩效，在有关政策和市场保护下，结合自身的产品和资产结构等，采用企业合并、退出、重组等方式对企业的外部市场结构进行调整，以优化产业组织结构。衰退产业组织结构调整有利于协调失衡的市场结构，市场结构失衡表现为供需不平衡、企业间过度竞争等，组织结构调整可以有效地调整这种偏离，同时也会进一步规范产业间企业的市场行为，增加市场绩效。总的来讲，对衰退产业调整政策要以市场需求为准，需要借助政府的力量，为衰退产业提供适当的市场保护和技术支持，同时做好衰退产业在职员工的转岗培训等也是很有必要的。

第四节 产业生命周期分析方法

产业生命周期包含了产业从诞生到成长、成熟直至衰退进而完全消失的整个过程，类似于产品生命周期，产业生命周期曲线也会呈现明显的"S"形。通过以往文献我们可以把研究及判断产业生命周期阶段的分析方法总结为三种，分别是定性分析法、定量分析法以及数学模型分析方法。

一、定性分析法

定性分析是依据预测者的主观判断和分析能力来推断事物的性质和发展规律的分析方法，通过对以往研究的总结与分析，学者们根据他们过去所积累的经验对事情进行判断。学者们通过对以往文献进行分析，从而对产业生命周期进行划分和判断，并利用生命周期理论阐述自己的研究对象。例如，刘戒骄（2003）在《产业生命周期与企业竞争力》一文中指出，产业会呈现出生命周期的演进规律，产业中的企业和技术也会经历从无到有、从盛到衰的过程，因此他将产业生命周期划分为导入期、成长期、成熟期和衰退期。肖立强（2010）利用定性综合分析的方法对我国汽车产业生命周期进行分析，分别从汽车产业的产业规模、产出增长率、利润率等因素出发，得到我国汽车产业正处在产业生命周期的成长阶段的结论。井润田等（2011）根据以往文献总结归纳，把科研团队的生命周期划分为初创期、成长期、成熟期、衰退期或蜕变期四个阶段，并运用案例研究方法探讨科研团队不同生命阶段的特点。王素丽（2012）通过文献的引用论文，并结合文献的新旧变化规律，通过定性分析方法提出了科学文献生命周期模型。关鹏等（2015）利用生命周期理论，并结合文档识别主题信息模型——LDA 模型，对学科不同阶段进行研究。王曰芬等（2018）结合生命周期理论，通过对文献增长量的变化来划分新能源产业的不同发展阶段。

定性分析法可充分发挥学者的经验和判断能力，但是预测结果准确性一般，因此，这种分析方法对学者的要求很高，如果学者的学识不够渊博，那么对产业发展的判断也会出现偏差。

二、定量分析法

定量分析法（quantitative analysis method）是对社会现象的数量特征、数量关系与数量变化进行分析的研究方法。学者们通过收集的数据进行实证分析，进而得到产业生命周期的阶段划分依据。如克莱普（Klopper, 1996）以产业内厂商的数量以及产业整体产出的变化为主要指标，来研究产业生命周期的阶段性变化规律。阿加瓦尔和高特（Aganwal & Gornt, 1996）以企业存活率作为因变量，影响企业生存的因素作为自变量，运用半参数方法进行回归分析，以此来测算产业生命周期。

陆国庆（2002）利用产业产值占 GDP 的比重、产业利润率的变化和产业内部产品的销售增长率三个指标的显著差异阐述了纺织产业生命周期的不同特征，其分析发现，这三个指标的变化与产业生命周期各阶段特征的变化相吻合，据此可以根据上述三项指标来对产业的生命周期所处阶段进行判断。刘笑萍等（2009）利用 1998～2004 年上海证券交易所和深圳证券交易所的上市公司所产生的 749 个并购事件为样本，运用多变量线性回归方法检验了处于不同产业周期阶段、不同并购类型的并购绩效，探究了产业生命周期、并购类型和并购绩效三者之间的关系。在研究中，刘笑萍等（2009）将产业内厂商数量变化和销售量的变化作为产业周期划分的依据，把所有的产业划分为成长产业、技术变迁产业、集中产业和衰退产业四种类型，而对于那些厂商数量无法统计的产业，他们用产业实际的销售增长率进行代替，将其作为该行业的产业周期划分依据，同时根据全体产业实际的总销售收入增长率进行调整。

刘运林（2016）利用我国 1996～2012 年汽车产业的相关数据，并以产业生命周期理论为基础，通过 Logistic 模型和回归分析得到我国汽车产业主营业务收入、利润总额、企业个数的拟合曲线，并判断出我国汽车产业正处在产业生命周期的成长阶段，进而为政府制定产业政策提供翔实的依据。郑飞（2019）利用我国在 2004 年、2008 年和 2013 年经济普查的面板数据，运用调节效应模型，分析产业在不同生命周期阶段的市场集中度对其绩效的影响，利用增长率产业分类法测算了 493 个子行业的产业生命周期。

三、数学模型分析方法

数学模型分析方法是指学者们通过对已有模型进行改进，或者撰写新的模型对产业生命周期进行描述，进一步通过图表的形式，呈现产业生命周期的发展规律。一般来说，产业生命周期各阶段产出或销售增长率符合缓慢到快速再到缓慢的特点，会呈现"S"形状，以此运用数学模型对某一产业的时间序列数据进行拟合，可以描绘产业的发展脉络。李凯（2005）用生物生长曲线对钢铁行业进行拟合，结果发现钢铁产业生命周期符合"S"型。宋胜洲（2005）认为，产业发展规律与现行产业经济学主要研究的产业结构、产业组织、产业布局和产业政策等问题之间存在相互影响的关系，并利用数学模型以产业增加值的增长率曲线代表该产业的产业生命周期曲线，把增长率的拐点当作生命周期阶段的分界点，进而阐述了两者之间的紧密联系。

向吉英（2007）认为，因产业特征不同，产业成长轨迹在总的"S"型框架下各有不同的变种和差异。针对不同产业或不同条件下产业成长轨迹，向吉英提出四类模型来刻画生命周期曲线：①逻辑曲线，表达式为 $y_t = k/(1 + ae^{-bt})$（$k > 0$，$a > 0$，$b > 0$）。其中，y_t 表示产量；k 表示饱和时最大均衡产量。这个函数刻画出产业形成期到成熟期的曲线的上升趋势。②冈伯茨曲线，曲线方程为 $y_t = ka^{b^t}$（$k > 0$，$a > 0$，$b > 1$），该方程刻画出的曲线增长率是不断下降的。③限制性指数曲线，曲线方程为 $y_t = k + ab^t$（$k > 0$，$a < 0$，$0 < b < 1$），该曲线的特征是增长的绝对数值会按照一个固定百分比递减，同时，相对增长率不断下降。④对数抛物线，表达式为 $\log y = a + bt + ct^2$，该曲线在达到极大值后开始降低，有时也会呈现出一定的迟滞和加速。汪翠翠（2015）针对安徽汽车产业发展状况与问题，借鉴产业生命周期理论，运用逻辑曲线模型拟合安徽汽车产业 1992～2012 年的产业成长曲线，判断出当前安徽汽车产业已进入成熟期，运用灰色聚类分析法对 2009～2012 年所处成熟期阶段的安徽汽车产业的升级能力进行实证分析，并提出安徽汽车产业升级思路与对策。

本章小结

本章围绕着产业生命周期是什么、其影响因素有哪些以及分析产业生命周期都有哪些方法这几个部分展开，从产业生命周期的概念、理论、概述以及影响因素、分析方法对产业生命周期作了全面的阐释。

首先，本章论述了产业生命周期研究的由来，产业生命周期脱胎于产品生命周期，但又有些差异。国内外的学者多将产业生命周期分为萌芽期、成长期、成熟期、衰退期。产业在这些阶段中会表现出不同的发展态势。现实生活和理论研究均表明，大多数行业都会经历周期性的发展历程，在产业不同发展阶段，产业中的企业所面临的竞争优势与产生的经济绩效会发生相应的变化。

其次，本章详细阐述了产业生命周期理论的发展脉络；具体介绍了产业在形成期、发展期、成熟期以及衰退期这四个生命周期阶段所表现出来的产业发展状态，以及详细指出了这四个阶段的产业发展特征。

再次，本章论述了科学技术、市场需求、资源、企业以及政府这五个影响产业生命周期的重要因素，分析了这五个因素是怎样影响产业生命周期发展的。本章还探讨了产业生命周期研究对企业、大学和政府的影响，产业的生命周期对企业发展战略的规划有非常重要的影响，产业的发展使社会对大学有着更高的期待，产业生命周期研究也影响着政府产业政策的制定。

最后，本章介绍了三种常用的分析和研究产业生命周期的方法，包括以描述、总结、归纳为主要分析手段的定性分析法、以实证分析为主要方法的定量分析法以及利用数学模型来拟合产业发展数据的模型分析法。

本章案例

中国手机产业的生命周期

一、1987~2006 年手机行业的从开始到兴起阶段

1987 年模拟移动电话摩托罗拉 3200 的使用是我国手机产业开始的标志。行业发展初期，中国国产手机市场占有率极低。摩托罗拉、诺基亚、爱立信在中国的市场份额超过 80%，国内手机市场基本被国外品牌垄断。直到 1993 年，南京熊猫推出中国第一部手机，才从合资品牌一统天下的模拟手机时代背景下抢下一点市场——售出 2 万多台中国人自主研发的手机。实际上，这也几乎是国产手机取得的全部成绩。很快，移动通信步入数字时代。本土企业以较强的市场应变能力和成本优势赖以生存；依靠质量、产能与成本等制造优势，尽可能地获得大的 OEM/ODM 订单，与国际大厂进行合作，经营风险相对低些。

本土企业真正做手机是从 1999 年开始的。1999 年前后，南京熊猫和爱立信在南京成立合资公司，开始同时生产爱立信和熊猫手机。2001 年，靠无线寻呼起家的波导有限公司、靠彩电制造起家的 TCL、靠无绳电话和 DVD 起家的夏新纷纷涌入了手机生产行业。而 2002 年大量的国内厂家已经不再满足于代工和 OEM 的市场，国产品牌开始自创品牌的突围之路。2003 年手机企业间的竞争日趋激烈，市场格局重新洗牌。1999 年国产品牌手机的市场份额为零，2003 年国产品牌手机产量所占份额为 30%。波导、TCL、康佳三家企业进入了全行业产、销前 10 名，生产、销售总量分别占国内品牌企业生产、销售的 56.6% 和 56.3%，国内市场占有率为 31.6%，特别是波导手机的国内销售量超过全部外资企业销售量，跃居全行业第一。国产手机在 2002 年、2003 年曾一度拿下接近六成的中国市场。2004 年中国手机市场的产能激增导致库存增大，截至 2004 年 7 月，国内手机库存总量达 2500 万部，也就是说在企业及渠道中已经储备了至少

4个月的销量。巨大的库存压力迫使国内手机制造商们大打价格战来清理"旧包袱"。2004年,手机市场的调整和品牌竞争日趋激烈。面对激烈的价格战以及国际企业在技术、设计上不断推陈出新,国内企业由于缺乏核心技术、没有自主知识产权而显得疲于应付,从2003年国产手机的市场份额60%到2006年跌破30%。

国产手机企业与国外手机企业相比,核心技术方面存在较大差距。中国手机厂商由于市场份额小,无力承受研发成本、时间和质量风险。在追求低成本、小批量、多品种、更新快的手机快变市场时代,国产手机厂商却需要6~9个月甚至1年才能做出一款手机。在国外品牌不断向二线、三线城市扩张的情况下,国产手机市场却逐渐萧条,深圳科健、熊猫易美和南方高科等国产手机企业逐渐退出市场,存活下来的国产手机品牌公司也在苦苦支撑。

二、2007年至今手机行业的二次创新时期

2007年1月9日,乔布斯首次展示了iPhone手机,这也标志着手机行业进入智能时代,行业格局发生天翻地覆的变化,国内手机产业也开始了洗牌,随着行业技术升级,也进入了一个新的生命周期循环。

国内品牌对安卓、苹果的模仿和不断创新使行业蛋糕越做越大,也成就了自己的市场份额,新的产业诞生了新的行业领军企业,彻底改变了中国移动通信和数字生活的行业生态,例如华为、小米、联想、OPPO、vivo等,其中佼佼者甚至借此成为世界级创新品牌,在海外市场占据半壁江山。2015年,移动电话用户为13.06亿户,移动电话普及率达95.5部/百人。到了2019年,移动电话用户达16亿户,移动电话用户普及率达114.4部/百人,4G用户总数达到12.8亿户,占移动电话用户总数的80.1%。据权威机构统计,2019年全年中国智能手机销量接近3.69亿部,华为以38.5%的市场份额领跑中国智能手机市场,紧随其后的分别是OPPO(17.8%)、vivo(17.0%)、小米(10.5%)和苹果(7.5%),上述这些品牌占据了超过90%的市场份额。据IDC统计,2019年中国市场5G手机出货量约为930万台。华为在中国5G手机市场中占有绝对优势,市场份额达到73.6%。2019年世界智能手机制造商前五位分别为三星(21.6%)、华为(17.6%)、苹果(13.9%)、小米(9.2%)、OPPO(8.3%)。

从市场需求来看,中国手机市场经过多年高速发展已逐渐逼近饱和状态。随着中国手机市场智能手机换机热潮的退散、手机成本的上升、创新速度的下降,中国手机市场开始步入红利真空期。2017年,中国手机市场全年同比下降0.4%。随着手机技术的同质化,谁能率先开发新的手机技术,谁就能占据更大的市场份额,获取更多的利润。

资料来源:①苏东水,苏宗伟.产业经济学(第五版)[M].北京:高等教育出版社,2021.
②王倩倩.中国手机产业价值链的时空演化研究[D].上海:华东师范大学,2019.

复习思考题

1. 产业生命周期与产品生命周期的差异性有哪些?

2. 研究产业生命周期的意义是什么?
3. 影响产业生命周期的因素有哪些?
4. 分析产业生命周期一般有哪些方法?
5. 产业生命周期分析对我国产业发展政策制定有什么启示?

延伸阅读

［1］高霞, 陈凯华. 合作创新网络结构演化特征的复杂网络分析［J］. 科研管理, 2015, 36（6）: 28 – 36.

［2］花磊, 王文平. 产业生命周期不同阶段的最优集体创新网络结构［J］. 中国管理科学, 2013, 21（5）: 129 – 140.

［3］刘凤朝, 朱姗姗, 马荣康. 创新领导者和追随者研发投入决策差异——基于产业生命周期的视角［J］. 科学学研究, 2017, 35（11）: 1707 – 1715.

［4］王道平, 韦小彦, 方放. 基于技术标准特征的标准研发联盟合作伙伴选择研究［J］. 科研管理, 2015, 36（1）: 81 – 89.

［5］王少永, 霍国庆, 孙皓, 等. 战略性新兴产业的生命周期及其演化规律研究——基于英美主导产业回溯的案例研究［J］. 科学学研究, 2014, 32（11）: 1630 – 1638.

［6］王曰芬, 李冬琼, 余厚强. 生命周期阶段中的科学合作网络演化及高影响力学者成长特征研究［J］. 情报学报, 2018, 37（2）: 121 – 131.

［7］邢斐, 陈诗英, 蔡嘉瑶. 企业集团、产业生命周期与战略选择［J］. 中国工业经济, 2022（6）: 174 – 192.

［8］Heil S, Bornemann T. Creating shareholder value via collaborative innovation: the role of industry and resource alignment in knowledge exploration［J］. R&D Management, 2018, 48（4）: 394 – 409.

［9］Martinez M G, Zouaghl F, Garcia M S. Capturing value from alliance portfolio diversity: The mediating role of R&D human capital in high and low tech industries［J］. Technovation, 2017（59）: 55 – 67.

第四章 产业转移

产业转移指的是一个产业将部分或全部生产环节从一个地区转移至另一个地区的市场动态调整过程。本章内容首先介绍产业转移的概念与特征、产业转移相关的理论体系、产业转移的类型与模式,以及产业转移的动因和经济效应;其次结合工业革命以来的全球经济发展过程阐述产业的国际转移过程、经验以及国际产业转移对全球经济带来的影响;最后结合中国改革开放以来的发展现实,分别从承接国际产业转移和区域间产业转移等方面总结中国的产业转移实践经验,并结合产业转移的发展趋势探讨未来中国实施产业转移政策的重点领域。

第一节 产业转移概述

一、产业转移的概念与特点

(一) 产业转移的概念

产业转移是一种以企业为主导的经济活动,即当企业面临的资源供给或产品需求条件发生变化后,将其产品生产的部分环节或全部环节由原产地转移至其他地区,最终导致某些产业从某一国家或地区转移到另一个国家或地区的经济行为和过程。产业转移过程表现为企业在不同区域范围内的生产布局和区位选择,这一过程包含了国家间(或区域间)投资贸易活动的综合性要素及商品流通,同时也是实现产业转出国(或地区)与产业承接国(或地区)产业结构调整升级的重要途径之一。

一般而言,产业转移的构成要素包括产业转出国(或地区)、产业承接国(或地区)、转移产业、转移企业、转移资本以及转移技术等。从地域范围的层面来看,产业转移可以分为国内区域间的产业转移和全球国家(或地区)间的产业转移。现实中,我国东部沿海地区的某些产业向中西部地区的转移过程就属于区域间的产业转移,这一现象与我国区域间对外开放的顺序和参与全球化的深度有关;而国家(或地区)间的产业转移过程主要体现在第二次世界大战后一些劳动密集型产业从美国依次向日本、韩国、中国等东亚地区各国的转移过程当中。

(二) 产业转移的特点

1. 综合性

产业转移的综合性指的是产业转移过程并非企业生产在不同区域间转移的表现形式,而是强调以企业跨地区转移进行直接投资的内容,即伴随企业生产转移所发生的资本、技术、劳动力以及其他生产要素的集体流动,并非单个生产要素的跨区域流动,产业转移是企业生产方式发生整体性转移的结果。

2. 阶段性

产业转移过程的实现与产业结构升级过程类似,都具有层次渐进式的阶段性特点。国内外产业转移的现实经验显示,产业转移的转出地和承接地在产业结构演进方面有很强的一致性,区域间的产业结构升级一般遵循着"自然资源密集—劳动密集—资本密集—技术密集"的顺序调整方向。与之相应的是,区域间的产业结构转移同样依次经历了劳动密集型产业、资本密集型产业和技术密集型产业等产业阶段。

3. 梯度性

经济发展在国家(或地区)间以及一国不同区域间的发展不均衡构成了发展梯度,这种发展梯度就是产业转移的现实基础。现实中的产业转移往往从发展梯度较高的发达地区向发展梯度较低的欠发达地区转移。对于作为产业转出地的发达地区而言,产业转移是推动发达地区产业结构调整优化和产业竞争比较优势转换升级的主要方式,而欠发达地区作为产业承接地,产业转移为地区发展提供了具有相对优势的产业体系,有助于优化落后地区现有的产业结构,提高区域内的要素市场配置效率。

二、产业转移的理论基础

(一) 产品生命周期理论

产品生命周期理论由美国经济学家弗农于 1966 年提出。该理论指出,产品的生命和人的寿命相同,都要经历形成、扩张、成熟和衰退的整个周期,但是产品的这一周期在不同技术水平的国家或地区之间发生的时间和过程都不相同,这就为企业在不同国家或地区布局生产要素提供了基础。也就是说,不同国家或地区在技术水平上的差异,反映了同一产品在不同国家或地区市场上竞争地位的差异,从而影响了国际投资和国际贸易。在产品生命周期理论中,产品的生命周期分为新产品阶段、成熟产品阶段和标准化产品阶段三个阶段。一般而言,在新产品阶段,本国生产具有竞争优势,而处于成熟产品阶段的时候,可以根据技术扩散程度和生产优势转移情况,通过对外直接投资将生产转移至有比较优势的国家或地区。可见,产品生命周期理论将产品生产的技术周期和不同国家的要素禀赋优势相结合,探讨了二者引起的企业在不同区位布局生产的产业转移过程。

(二) 雁行发展理论

雁行发展理论是 20 世纪 30 年代日本经济学家赤松要提出的有关一国产业发展具有雁行形态的理论观点。该理论在总结日本发展经验时，提出了日本的产业发展经历了进口、进口替代、出口与重新出口四个阶段，而且这四个阶段均呈倒 "V" 型，形状类似依次飞行的大雁。雁行理论最初主要用于解释一国产业结构的内在变动历程，而后经过拓展，该理论还用于解释产业的跨国转移问题，即由于产业在国家间的转移，导致了国际性的产业结构变化，这一变化过程与各国（或地区）在生产要素方面的比较优势结构变化相一致。雁行发展理论通过总结东亚地区国家间的产业发展和产业转移问题，客观上描述了后期国家的产业发展顺序和产业高度化发展的历程，但是该理论具有一定的局限性。首先，该理论要求区域内各国或地区的发展具有梯度和互补的特点；其次，各国或地区在地域上相邻近，以便实现产业的跨国转移与传递；最后，要求区域内的国家或地区均采取外向型的经济发展战略，有助于企业通过资本和技术的跨国转移实现产业的跨国转移。

(三) 边际产业转移理论

20 世纪 70 年代，日本经济学家小岛清基于赫克希尔—俄林—萨缪尔森理论，同时综合产品生命周期理论和雁行发展理论的基本思想，提出了边际产业转移理论。该理论指出，转出国向承接国转移的产业，应当是在本国已经失去或即将失去比较优势，同时在承接国具有或潜在具有比较优势，转出国企业将自己的生产要素从本国边际产业中撤出并转移至承接国具有潜在比较优势的产业当中，对转出国和承接国而言都是一种最优的选择。小岛清提出的边际产业转移理论主要是从比较优势的角度解释了产业转移问题，在此基础上，大山道广（Oyama Michihiro）对该理论作了完善。他认为，国际发生跨国直接投资的必要条件是绝对优势，因而以跨区域的直接投资为载体的产业转移应当具备的条件是：产业的承接国要比产业转出国在某一产业的生产中更具绝对优势。

(四) "中心—外围" 理论

"中心—外围" 理论最早由阿根廷经济学家普雷维什于 1949 年提出，之后经过辛格等的发展逐渐成熟。该理论认为，在原有的国际分工体系中，由于技术进步及其成果在全球范围内的扩散具有区域间的差异性，从而使得发达国家和发展中国家形成了 "中心—外围" 的国际分工关系，即中心的发达国家主要生产和出口工业品，外围的发展中国家则主要生产和出口初级产品。由于工业制成品的需求弹性高且原材料和初级产业的需求弹性较低，导致了发展中国家的贸易条件逐渐恶化，为改善贸易条件以及由此引起的贸易逆差，发展中国家开始实施工业化，其中的途径就是开放国内市场，引进发达国家的资本和技术并承接发达国家的产业转移。"中心—外围" 理论从国际分工角度研究了产业转移，认为发生产业转移的原因在于发展中国家的发展需求，而且强调产业转移对发展中国家的消极影响,但在现实中,产业转移不仅推动了发达国家的产业结构升级,而且有助于发展中国家建立后发优势。

(五) 国际生产折衷理论

20世纪七八十年代,英国学者邓宁在《贸易、经济活动的区位与多国企业:折衷理论探索》和《国际生产与跨国企业》等著作中提出了国际生产折衷理论。该理论认为,所有权优势、区位优势和内部化优势等因素决定着产业转移,在以跨国公司为载体的全球产业转移过程中,跨国公司的对外直接投资方式和发展程度取决于三方面优势的综合考虑。首先是跨国公司在某一国进行直接投资时,需要在技术、管理和金融等方面具备足以弥补国外生产经验附加成本的所有权优势;其次是区位优势,即跨国公司应当将生产的某些环节转移到那些能够在生产要素方面与跨国公司实现优势互补的国家;最后是内部化优势,要求企业针对其优势进行跨国转移的过程中,应当考虑内部组织和外部市场两种途径,只有前者的收益更大才能进行对外直接投资。国际生产折衷理论将国际贸易、对外投资和区位选择等因素综合起来解释国家间产业转移问题,为解释产业转移提供了一个更全面的框架体系。

(六) 重合产业理论

1994年,中国学者卢根鑫提出了产业转移的重合产业理论,该理论认为重合产业是产业转移的基础条件。重合产业指的是发达国家与发展中国家在一定时期内均存在的技术条件相似的同类产品生产行业,随着贸易范围的扩大,重合产业会不断出现并持续演化。在这些重合产业中,由于发展中国家在资源和劳动力等要素方面相对于发达国家具有比较优势,因而当发达国家的产业深化程度不足以弥补他国的相对成本优势时,通过产业转移的方式摆脱这种成本劣势就成了发达国家重合产业升级调整的重要路径。在重合产业理论中,产业转移的主要方式包括产业贸易和产业投资,前者指的是发达国家通过产业贸易将重合产业所需的资本品和中间品等出售到发展中国家,后者强调发达国家以直接投资的方式将重合产业的生产要素转移到发展中国家进行生产。

三、产业转移的类型与模式

(一) 产业转移的类型

1. 市场寻求型

市场寻求型产业转移也称为市场规模导向型产业转移,指的是企业为了占领更多市场份额而进行的产业转移过程。当一种产品在某个地区的市场规模达到一定程度之后,产业转移到该地区能迅速帮助企业了解市场形态并掌握市场特点,尤其是直接面对产品的最终消费者群体时,可以更有效地获取目标市场消费群体的市场偏好，有助于企业快速占领该地区的潜在市场，同时也可以降低产品在不同地区间的运输成本。而且，在一个相互之间具有关联性的产品供应链体系内，各关联企业之间的转移也会带来连锁效应。也就是说，对于处在某个产业链条上的企业而言，如果该企业的上下游企业发生了地域转移，也会带动该企业跟进转移到某地，从而提升产业转入地的产业链完整程度和资源配置效率。

2. 成本压迫型

成本压迫型产业转移是指企业为了降低生产成本，提高生产效率而进行的产业跨区域转移活动。现实中不同地域间的不均衡发展，使得生产要素在地域之间存在成本差异，因此当企业在某个地域的生产成本不再具备比较优势之后，便会考虑向生产要素使用成本更低的地域转移部分或全部生产环节。通过向生产要素成本较低的地域实施产业转移，不仅可以降低企业的运营成本，而且可以优化转入地的产业结构与资源配置。可见，影响成本压迫型产业转移的关键因素在于包括劳动成本、资源成本、交易成本等在内的企业经营成本，此外产业转入地的承接能力也是影响因素之一。

3. 政策驱动型

政策驱动型产业转移指的是一国政府为了实现区域协调发展目标，通过出台各类产业扶持政策，鼓励和推动企业进行合理的跨区域流动活动。根据政策的出台主体，这些相关的产业政策可以区分为国家政策、转入地政策和转出地政策。在国家层面，我国先后实施了西部大开发战略、中部地区崛起战略和振兴东北老工业基地战略，一方面通过政策引导鼓励外商投资和沿海企业向中西部地区迁移，另一方面在中西部地区建立一批国家级承接产业转移示范区，推动区域间产业转移与产业结构升级。转入地政策主要是中西部地区出台的，用于承接东部沿海或吸引国际先进产业迁入的各种优惠条件和招商措施。转出地政策则是东部沿海地区为了快速实现区域内的产业结构升级，出台的一系列鼓励区域内部分产业向欠发达地区迁移的优惠政策。

4. 企业战略型

企业战略型产业转移是指一些企业为了实现自身发展战略而实施的跨区域转移并由此引起的与该企业相关的产业转移过程。一般而言，企业采取跨区域转移战略的原因在于减少生产成本和获取潜在市场。前者主要是受地方政策或区域经济发展不均衡影响，企业在原地区内的生产经营成本提升，导致企业需要调整区发展战略，采取成本收缩型发展战略的企业就会将其部分或全部生产环节向生产成本更具比较优势的地区转移。后者主要是一些在企业生命周期的成熟发展阶段，为了获取更大的潜在市场份额和生存空间而采取积极的市场扩张战略，由此向邻近地区进行产业转移。

（二）产业转移的模式

1. 传统雁行模式

雁行模式是基于产业转移过程形态特征的模式，由日本经济学家赤松要基于东亚地区产业转移和发展经验而提出,因此也叫东亚模式。这一模式下,东亚地区的日本、韩国为领头雁,亚洲四小龙为第二梯队,泰国、菲律宾、马来西亚、印度尼西亚等国家为第三梯队,由于直接投资过程和产业转移在不同国家中的传递顺序,造成整个东亚地区的经济发展出现这种雁阵飞行模式。

2. 新雁行模式

新雁行模式与传统雁行模式类似,都是用于描述不同产业转移次序性特点的模式。相比较而言,传统的雁行模式强调产业转移在不同国家间的发生顺序,而新雁行模式则主要指的是一国范围内不同类型产业随着发展梯度的区域差异顺次转移的过程。例如,我国由东部地区向中西部地区发生的产业转移遵循了"劳动密集型产业—资本密集型产业—技术密集型产业"这一次序。

3. 部分迁移模式

部分迁移模式主要是跨国公司或者发展梯度较高地区的企业,通过持有股权、收购或者兼并等方式将自身的技术、资金、人才以及管理模式转移至发展梯度较低地区的一些企业当中,以带动产业转移承接地的区域经济发展。具体来看,部分迁移模式的实施主要分为要素嫁接、存量激活、产业关联和部分产业链转移等路径。

4. 整体转移模式

整体转移模式指的是某个企业将其完整的生产链条从发展梯度较高的地区迁移至发展梯度较低的地区。整体转移模式分为整体迁移和价值链完整转移,前者即一般意义的企业生产环节整体发生迁移,后者分为价值链垂直型转移和价值链水平型转移。

5. 集群转移模式

集群式产业转移指的是有着产业关联的上下游生产企业相继从某一地区全部转移至另一地区的过程。这种产业转移模式重点是将某个产业链整体上下游关联的企业,以及这些关联企业已经成熟的要素生产和产品流通网络全部转移。

6. 网络型转移模式

网络型产业转移是一种复合型的产业转移模式,主要有横向一体化方式、收购兼并方式或对外直接投资与设立研发机构等方式。相比于传统产业转移模式注重要素禀赋和产业结构差异问题,网络型产业转移强调产业转移中的产品价值链和跨国公司一体化经营生产两条纽带所形成的网络。

四、产业转移的动因与影响

(一) 产业转移的动因

1. 市场需求的结构性变化

随着经济的不断发展和居民收入水平的上升,居民的消费升级将导致产业转出地区的市场需求结构不断发生变化。一般表现为发展梯度较高的地区将逐渐减少对食品、纺织等与居民温饱相关的劳动密集型的需求，同时增加对家电设备、交通工具、医疗保健等资本或技术密集型商品的需求，这种发展引起的市场需求结构性变化成为区域内产业结构调整升级的直接压力。由此，当发展梯度较高地区的部分低级别消费品的生产企业和产业逐渐出现需求萎缩时，部分企业为了生存会将其产品的生产转移至发展梯度较低且对其产品需求相对旺盛的地区。一方面，这有助于发展梯度较高地区将区域内有限的资源投入市场供给不足的升级类消费产品行业，促进区域内的产业结构升级和优化；另一方面，也缓解了产业承接地此类产品生产供给不足的问题，同时完善了承接地的产业结构体系。

2. 市场规模扩大与分工的细化

古典政治经济学的比较优势理论认为，市场交易的扩大必然引起分工细化，由于区域间的生产要素禀赋差异，导致分工细化的过程中不同地区具备不同商品生产的专业化优势。伴随着市场规模的进一步扩大和生产技术条件的不断改变，区域间具有专业化相对优势的产业部门将不可避免地发生重组和转移。从全球范围内的发展经验来看，发达国家与发展中国家在全球价值链体系中的国际分工呈现出发达国家在全球价值链中分工地位相对较高的现实，因而在全球市场规模进一步扩大或技术升级的过程中，发达国家会将本国衰退期的产业转移至这些产业匮乏的发展中国家，随着率先承接这些产业转移的发展中国家逐渐实现工业化，这些产业将继续转移至生产水平更低的国家或地区，由此形成了新的国际分工。因此，分工细化是产业转移的基础，市场规模的扩大则会推动新的分工关系形成和产业转移。

3. 生产要素相对价格的变动

由于区域间发展不均衡的现实，包括自然资源、劳动力和资本等生产要素价格在不同区域间的相对变化同样也会引起产业的跨区域迁移。生产要素价格变动引起的产业转移，主要是为了在更大范围内寻找具有价格优势的生产要素，从而可以促进生产效率的提升和产业结构的优化。在发展梯度较高的地区，随着经济发展水平的提升，劳动力成本、土地成本以及资源环境压力引起的自然资源要素成本等都会逐渐上涨，对于劳动密集型产业和自然资源密集型产业而言，这些要素成本的上涨直接影响着企业的经营效率。为了降低生产成本，受要素成本压力影响较大的劳动密集型产业和资源密集型产业，会逐渐将其核心生产环节或全部生产环节转移至发展梯度较低且在劳动力和自然资源要素等方面具有成本优势的地区。通过产业转移，可以实现区域间的生产要素合理高效配置，同时还有助于提高企业经营竞争能力和优化区域产业结构。

4. 其他的政策性因素

政策性的因素主要与各级政府的经济发展目标和产业规划有关。地方政府为了在一定时期内实现某些经济目标，会扶持某些产业的发展，同时淘汰某些过剩产业，一般会通过宏观调控的手段，对区域内的土地征用政策、环境保护政策、金融政策以及在招商引资方面的税收优惠政策等进行调整。这些政策的变化将不可避免地影响到区域内某些产业的生产经营活动，同时也为其他地区企业的迁入提供了条件,由此政策性因素会同时引起区域内产业的迁入和迁出,从而达到政府优化产业结构的经济目标。

(二) 产业转移的影响

首先是对迁出地的影响。一般而言,产业转移的迁出地属于发展梯度较高的地区。一方面,部分产业的迁出为迁出地的产业结构升级提供了市场契机,产业迁出地可以将更多的劳动力、自然资源和资本等生产要素配置给新兴产业,从而促进迁出地的产业结构优化。另一方面,对于产业迁出地而言,可能会因为产业的迁出而带来短期的就业压力,影响区域内企业的技术竞争力,而且如果本地区的产业升级出现瓶颈,还有可能造成产业迁出地的"产业空心化"问题。

其次是对迁入地的影响。对于发展梯度较低的欠发达地区而言,产业迁入会伴随着资本、技术和管理经验的引进,有利于欠发达地区快速建立起后发优势,推动经济增长。但是,仅通过产业转移获取发展经验和建立产业体系,不利于欠发达地区改变与发达地区的产业极差和技术代沟,而且对产业转移形成依赖的发展模式会使得区域间发展不均衡逐渐固化。而且,欠发达地区承接产业转移大多是劳动密集型和资源密集型产业,这些产业一般属于能耗较高的高污染行业,容易对区域的可持续发展带来环保压力。

第二节　国际产业转移的发展经验和经济影响

一、国际产业转移的历程

国际产业转移是经济全球化和国际市场不断成熟的结果。随着第一次工业革命和第二次工业革命先后在欧美完成,以资本主义生产方式形塑的世界市场基本形成,在全球区域经济发展不均衡的现实基础上,完成两次工业革命的欧美各国先后通过商品输出和资本输出等方式将全球各区域的经济和市场联系起来,由此也开启了国际产业转移进程。

(一) 第一次国际产业转移

全球第一次国际产业转移发生在18世纪末19世纪上半叶,当时英国率先完成第一次科技革命并取得世界霸权地位成为全球经济中心,因而全球产业转移的路径也是从英国开始向欧洲大陆的法国、荷兰、德国以及美洲大陆的美国等国家转移。完成第一次科技革命后的英国,工业化实力大为提升,作为第一个"世界工厂",第二次科技革命之前,英国以当时全球2%的人口贡献了全球40%左右的工业生产能力,并且控制着全球贸易的1/5到1/4。由于第一次科技革命的技术发明主要应用于纺织业和冶炼业,因此英国向欧洲大陆和美洲进行的产业转移也主要是这些产业。尤其是美国，作为英国殖民地独立的新兴国家，同时具备良好的自然资源条件和制度环境优势，在承接产业转移过程中要比欧洲大陆的法国、德国等国更具优势。正是由于承接了这些来自英国的有关纺织和钢铁冶炼等行业的国际产业转移，为美国领跑第二次科技革命提供了充分的技术基础和客观的物质生产条件。由此，美国根据其承接第一次国际产业转移的成果在第二次科技革命中实现后发优势，推动了本国工业的迅速发展并逐渐替代英国成为全球经济中心。在第一次世界大战爆发前后，美国替代英国成为世界第一大工业生产强国，成为世界工业发展史的第二个"世界工厂"，可以说第一次国际产业转移推动了"世界工厂"的第一次变更。

（二）第二次国际产业转移

第二次国际产业转移发生于第二次世界大战之后的 20 世纪 50~60 年代。随着第二次世界大战期间各种军工技术发明带来的技术全面进步，以计算机信息技术为代表的第三次工业革命在美国率先开启，战后的美国开始基于第三次科技革命的成果调整产业布局，由此揭开了第二次国际产业转移的大幕。在第三次科技革命背景下，美国为了致力于集成电路、精密机械、精细化工、家用电器和汽车等资本和技术密集型产业的发展，开始逐渐将铁、纺织等传统产业转移到联邦德国和日本。第二次国际产业转移的路径大致从美国向欧洲的联邦德国和东亚的日本等国转移。一方面，新技术革命引起的美国产业结构调整，主要是以计算机新兴技术为导向的新产业部门替代以工业制造业为代表的传统产业部门，而联邦德国和日本在第二次技术革命中所取得的工业化成就，为这些地区承接美国的工业制造业转移提供了基础；另一方面，美国向联邦德国和日本进行产业转移还有基于冷战后的地缘格局考虑，联邦德国和日本成为美国在欧洲和东亚的两大阵营的桥头堡，通过产业转移推动战后这些地区的经济复苏符合美国的战略利益，尤其是朝鲜战争加快了美国对日本的产业转移。第二次国际产业转移之后，世界经济格局出现新的变化，联邦德国迅速恢复经济强国地位，日本则取代美国成为"世界工厂"。

（三）第三次国际产业转移

第三次国际产业转移发生于 20 世纪 60~80 年代，产业转移发生的区域主要是东亚地区。20 世纪六七十年代，随着第三次技术革命的深入，新技术和新产品的出现加快了欧美各国的产业升级步伐，美国、联邦德国和日本先后大力推动本国发展汽车、化工、航天、电子信息和生物科学等资本密集型和技术密集型产业，并逐渐将劳动密集型产业向外迁移。此次国际产业转移中，日本成为第三次国际产业转移主要的产业输出国，而亚洲"四小龙"成为产业转移的主要承接地。20 世纪 70 年代，日本为应对石油危机的冲击和汇率升值的影响，开始通过国际产业转移重构产业结构。第一次小高峰发生在 20 世纪 70 年代初，日本为确立钢铁、化工、汽车、机械等资本密集型产业的主导地位，开始向外转移劳动密集型的轻纺产业，与此同时，韩国、新加坡以及中国台湾地区等开始了劳动密集型产业的进口替代。因此，产业转出地区和产业承接地区实现了比较优势互补，推动了双方的产业结构升级和优化，塑造了各自具备国际竞争力的比较优势产业体系。第二次产业转移小高峰发生在第二次石油危机后，主要是转移受石油危机影响较大的钢铁、汽车和化工等资本密集型产业，目的在于发展新兴的微电子、新材料和新能源等技术密集型产业，产业转移的目的地同样是亚洲"四小龙"。第三次小高峰发生在1985年前后，转移的产业不仅有劳动密集型产业，而且包括资本密集型产业和部分技术密集型产业，以亚洲"四小龙"为代表的国家或地区在积极承接美国、日本产业转移的同时，也将区域内的劳动密集型产业和部分其他产业向东南亚或中国迁移，由此在东亚地区形成了以产业转移带动发展的雁行模式。

由此，在东亚地区经历过三次产业转移小高峰之后，发展水平呈梯次结构的三类经济体均实现了产业结构的升级转型和经济的快速发展。在第三次国际产业转移中，日本在"雁阵"中处于"雁首"地位，并且催生了以亚洲"四小龙"经济腾飞为代表的东亚发展奇迹。

(四) 第四次国际产业转移

20世纪90年代至今所发生的产业转移称为第四次国际产业转移，相比于前一次国际产业转移，第四次国际产业转移的产业转出地、产业承接地等均发生了较大的变化并具备新的特征。这一时期的产业转移主要是由于信息产业发展和经济全球化的加强，模块化生产的兴起使得国际产业转移表现为全球价值链上不同要素密集产业在发展水平相异的国家间进行梯度转移。相比于前一次国际产业转移，第四次国际产业转移的产业转出地区不再由日本主导，还包括美国、欧洲以及以亚洲"四小龙"为代表的东亚新兴经济体，产业承接地主要是东南亚国家和中国，其中亚洲"四小龙"起到了产业转移的中介作用。东亚的新兴经济体在承接第三次国际产业转移之后成为东亚经济发展的第二梯队，随后信息技术深化催生的新产业和这些新兴经济体国内市场狭小之间的矛盾，引发了第四次国际产业转移，由此东亚新兴经济体开始将第三次国际产业转移中承接的劳动密集型和部分资本和技术密集型产业向东盟国家和中国转移。作为第四次国际产业转移的最大受益者，中国除承接东亚新兴经济体的产业转移之外，还以其大的市场潜力吸引着包括美国、欧洲和日本的大量产业转移，中国迅速建立起制造业工业体系，奠定了中国"世界制造业大国"的国际地位。

二、国际产业转移的发展趋势

(一) 服务业成为国际产业转移的重点

进入21世纪之后，跨国公司成为国际产业转移的主要载体，发达国家的跨国公司通过直接投资的方式在全球各地设立子公司进行产业转移。而且，在跨国公司开始的新一轮国际产业转移过程中，服务业向新兴市场经济体进行产业转移的趋势也愈加明显。服务业的国际产业转移主要表现为四个层面：其一是跨国公司的业务离岸化，即跨国公司通过直接投资的方式将劳动密集型的生产环节转移到服务业生产成本较低的国家或地区；其二是项目外包，指的是跨国公司将一部分非核心的辅助性服务委托给国外其他公司来做，从产品的价值链体系来看，跨国公司通过项目外包可以将控制价值增值环节的竞争优势，同时也达到了在全球范围最优利用资源的目的；其三是战略合作型的服务业产业转移，主要是一些和跨国公司有合作关系的服务业企业，为了向跨国公司在新兴市场开展业务提供配套的服务项目而进行国际产业转移活动；其四是一些从事高端服务业的企业为了抢占国际市场，开展跨国贸易服务而进行服务业产业转移。

（二）国际产业转移结构逐渐高度化

随着计算机信息技术革命的不断深化，以计算机信息技术为代表的资本密集型产业和技术密集产业在新一轮国际产业转移中的分量越来越大。根据世界银行的统计数据，20世纪上半叶的国际产业转移中，大多数发达国家向发展中国家转移初级产品制造业和原材料加工产业。20世纪90年代之后的国际产业转移浪潮逐渐改变了从发达国家向发展中单向转移的趋势，出现双方根据要素和产业的互补程度双向转移的现象，部分发展中国家也开始向发达国家转移劳动密集型产业。在这种双向的产业转移过程中，产业转移的重心逐渐从原材料加工的初级工业向高附加值的新兴工业转变，从传统的资本密集型制造业向技术密集型的服务业转变。尤其是服务业中的金融、保险、咨询等和制造业中的电子信息、生物工程等，逐渐成为国际产业转移的新兴领域。在国际产业转移高度化趋势的背景下，不同企业根据其在生产模块化和标准化方面的比较优势参与到产品生产的全球价值链体系当中，同时也激励着企业通过技术创新改善其在产品价值链体系中的地位。

（三）国际产业转移出现组团式整体转移趋势

在以跨国公司直接投资为主要方式的国际产业转移过程中，由于跨国公司自身具备较高的社会化协作程度和产业关联网络，因而国际产业转移出现了组团式的整体迁移趋势。一家跨国公司在其他国家开展的跨国投资往往会带动一大批上下游企业在东道国进行投资。在市场竞争压力不断加剧的背景下，跨国公司不再遵循传统的产业转移方式在国外投资建立完整的产品生产链，而是与上下游企业合作组团共同在东道国进行投资，并根据要素互补的比较优势和东道国企业合作以实现部分生产环节的本地化，通过配套产业的本土化逐渐带动整个产业链上下游企业的组团式迁移。这种新产业转移模式的出现，主要原因在于跨国公司规模的扩张和国际市场区位条件的变化。在此情况下，产业转移不再是单个跨国公司的个体行为，而是在全球价值链体系和生产网络基础上形成的以跨国公司为核心的全球企业合作与生产协调组织框架发生转移。通过组团式的产业转移，不仅能够提升要素资源在全球范围的配置效率，还有助于跨国公司集中有限资源提升自身的核心业务竞争力。

（四）发展中国家（或地区）的产业升级观念变化

在传统的以跨国公司为主导的国际产业转移过程中，大多数发展中国家（或地区）主要凭借劳动力和自然资源等生产要素的成本优势，通过承接发达国家的产业转移占据全球价值链低端环节的加工组装类产业，而后逐步通过资本积累和技术进步推动本国产业结构向中间品加工和关键零部件生产等价值链中高端环节攀升，逐步实现产业结构升级。随着以人工智能为代表的新一轮技术革命在全球范围的兴起，部分发展中国家同样凭借后发优势在技术革命中占据比较优势，以新技术驱动智能化成为产业结构升级的新发展理念。在此过程中，对某些在技术方面具有比较优势的产业上，发展中国家不仅通过海外投资和并购等方式通过产业转移升级本国产业并拓展海外市场，同时还积极承接在技术方面具有互补优势的发达国家的产业转移，提升本国新兴产业的优化升级速度。可见，发展中国家的产业结构升级不再仅仅被动依赖于发达国家的单向产业转移实现自身产业升级，而是主动地根据自身要素的比较优势寻求双向的国际产业转移，通过更有效地在全球范围配置生产要素，实现自身产业结构的升级转型。

三、国际产业转移对全球经济的影响

（一）加强全球各国的经济联系

国际产业转移加快了全球市场的形成，并通过各类产品的全球生产网络加强了各国之间的经济联系。在国际市场上，各国根据各自的要素禀赋比较优势参与全球价值链体系，发展中国家主要参与轻纺、冶炼和汽车等劳动密集和资本密集型产业，发达国家则主导了信息技术、生物科技和精密仪器制造等资本密集和技术密集型产业。在产业全球化的趋势下，不同产品的生产环节根据各国的比较优势进行国际产业转移，由此导致越来越多的商品生产成为全球各国分工合作的结果，发展中国家大多提供产品的生产要素并完成中间品的制造，发达国家则在产品的技术研发和品牌营销等环节发挥主要作用。由此可见，国际产业转移进一步细化了全球市场上的分工程度，同时也扩大了从生产要素到最终产品交易的市场边界，使得各国之间的贸易依存度持续上升。

与此同时，产业的国际转移也带来了各国经济的竞争和摩擦。一方面，国际产业转移加剧了作为产业转出地区的发达国家与产业承接地区的发展中国家之间的经济摩擦，并且随着产业转移的梯次递进，产业贸易摩擦也逐级转移。主要原因在于发达国家在部分产业转出之后出现了"产业空心化"现象，导致本国的某些制造业产品在全球失去竞争优势，进而引起国际贸易逆差，为了扭转这种形势，发达国家通常采用贸易保护主义，由此加剧了与发展中国家的贸易摩擦。另一方面，国际产业转移同样会引起承接产业转移的发展中国家间的摩擦，尤其是一些能显著改善产业承接地经济发展的产业转移，发展中国家之间为吸引这些优质的外资会展开竞争，而且发展中国家的产业结构趋同性也会导致产品市场在国际上的价格战，引起贸易摩擦。

（二）改变原有的国际分工体系

国际产业转移在一定程度上推动着国际分工体系的演变，尤其作为产业承接地区的发展中国家，大多依据自身在生产要素方面的某些比较优势来承接国际产业转移，在此过程中获得了产业升级调整的机遇，同时也面临着比较优势固化造成的风险。第二次世界大战后的国际产业转移将一部分采取开放式经济发展路径的发展中国家纳入全球分工体系，国际分工体系逐渐从以产业间分工为主的分工体系转向以产业内部分工为主的分工体系，而且产业内部的分工也朝更为精细的链条化和模块化方向发展。国际产业转移推动的国际分工细化和深化不仅提升了全球范围内生产要素配置效率，为发展中国家在不同产业部门嵌入全球价值链体系以及建立经济增长的后发优势提供了市场和空间，也有助于发展中国家推动自身产业结构优化并实现从全球价值链的低端环节向中高端环节升级。

此外，还应当看到在以资本主义生产方式建立起的全球市场中，产业的国际转移引起的国际分工体系改变并没有改变发达国家与发展中国家在全球贸易中的利益分配不平衡问题。在国际产业转移的进程中，无论国际分工体系如何演变，发达国家的主导地位并未发生变化，通过控制产业的研发环节和销售环节占据着产品生产链的核心环节，并攫取了价值链体系中的大部分利润。而且，发展中国家以其要素禀赋优势承接国际产业，难以参与产业链条的核心环节，导致了发展中国家在国际分工体系中所处的不利地位逐渐被固化。此外，国际产业转移引起的国际分工体系变化还加剧了区域间的经济发展不平衡，原因在于发达国家向海外转移全部或部分产业链条需要考虑东道国的资源禀赋互补性。因此，国际产业转移大多发生在互补性生产要素具有成本比较优势的国家或地区，而在那些不具备这些条件的地区逐渐被国际产业转移边缘化，失去了参与全球市场的发展机会。

（三）推动全球范围内产业结构调整

从国际产业转移的发展历程来看，每一次国际产业转移都在一定程度上推动了包括发达国家和发展中国家在内的产业结构调整升级。发达国家作为国际产业转移的转出地区，大多属于发展梯度较高的地区，受本国经济发展和技术溢出效应的影响，某些产业的劳动力或技术垄断比较优势逐渐丧失，导致发达国家的一些企业开始寻求向海外具有劳动力成本优势的国家或地区转出不再具有比较优势的产业，转而集中资源要素发展新兴产业，推动本国的产业结构升级。这种产业转移的结果就是发达国家实现了新旧产业的替代，始终保持本国新兴产业方面的比较优势，在全球贸易竞争中保持主导地位。例如美国，自第二次技术革命取得世界经济领先地位之后，通过一轮一轮的国际产业转移，先后将本国不具比较优势的劳动密集型产业和部分资本密集型产业转移至欧洲和东亚地区，同时通过技术研发应用和品牌营销管理等核心环节培育新的产业部门，同时确保自己在新的产业部门处于主导地位。

发展中国家或地区在国际产业转移中属于发展梯度较低的产业承接地区。这些国家或地区在通过承接国际产业转移参与全球市场之前，几乎没有工业化生产能力，而在承接发达国家的资本、技术转入之后，一方面提高了本国的资源、劳动力等生产要素的配置效率，根据比较优势建立起适合本国的工业化产业体系，另一方面发达国家从劳动密集型和资源密集型产业退出，也有助于发展中国家发挥要素禀赋优势，提升本国产品的国际竞争力，而后通过资本积累在技术研发方面突破，优化本国的产业结构。例如东亚地区的日本，借助美国的产业转移建立起现代工业制造业体系，同时在某些技术研发领域突破之后实现本国的产业升级，推动本国产业从全球价值链的低端向中高端爬升。因此，对于参与国际产业转移的发达国家和发展中国家而言，都可以最大限度地提升要素配置效率，并实现产业结构的优化升级。

第三节　中国产业转移的实践和政策

一、中国承接国际产业转移的实践经验

（一）中国承接国际产业转移的历程

1. 起步萌芽阶段（20 世纪 70 年代末至 90 年代初）

中国承接国际产业转移开始于改革开放时期，这一时期我国开始分地区有步骤地融入全球市场，东部地区作为改革开放的前沿阵地，开始承接来自美日欧等发达地区的国际产业转移。尤其是日韩等东亚地区的新兴发达国家在此期间向外转移以轻纺产品为主的劳动密集型产业，与中国当时参与全球市场的要素禀赋具有优势互补基础。由此，在中国承接国际产业转移的初步阶段，东部沿海地区主要承接日韩等国以玩具、服装和鞋帽等为主的轻工业产业，而且受历史条件的影响，当时外商的直接投资规模相对较小，中国承接国际产业转移的方式以加工贸易为主。

2. 发展成熟阶段（20 世纪 90 年代初至 21 世纪初）

随着这一时期改革开放的不断深化，中国确立并不断完善社会主义市场经济体制的建设，为承接国际产业转移提供了制度基础和市场条件。这一时期，中国大规模承接国际产业转移，并且为引进外商投资提供各种优惠政策，尤其是东部沿海地区，主动与欧美日韩等地区的企业对接，引进具有比较优势且能够推动我

国产业结构升级的国际产业。为了发挥比较优势，这一时期中国承接国际产业转移主要集中于劳动密集型和资本密集型产业，同时承接国际产业转移的方式也开始多样化，以跨国公司为主的外商投资成为主要方式。

3. 优化升级阶段（21世纪初至今）

在中国加入WTO之后，改革开放的不断深化推动了经济的高速增长，由此形成的巨大市场进一步提升了中国吸引外资、承接国际产业转移的能力。这一时期中国逐渐成为全球外商直接投资的首选国家，在承接国际产业转移的过程中，除了大力引进发达国家的资本密集型产业之外，还积极根据自身的产业结构优化升级需求，不断强化引进技术密集型的高端生产环节产业。外商投资的方式也逐渐从投资单一产品或某一个环节的加工生产延伸到投资整个产品的上下游产业链。中国承接国际产业转移的目的也从单纯的实现经济增长，逐渐转为实现经济的高质量发展，更注重绿色产业和高端智能产业的引进。

（二）中国承接国际产业转移的特征

1. 集中在东部沿海地区

受益于中国改革开放的政策倾斜和地理区位优势，东部沿海地区成为中国承接国际产业转移的主要区域。而且随着国际产业转移的集群化，根据东部沿海地区各区域在要素禀赋方面的比较优势和地方政府在承接国际产业转移方面的"路径依赖"，东部沿海承接国际产业转移逐渐形成了区域集中的特点。目前，东部沿海地区承接国际产业转移，在空间布局上基本呈现出以美日欧等地区投资为主的长三角区域、以日韩等东亚国家投资为主的环渤海区域，以及美日欧等投资的珠三角和闽南金三角区域。同时，随着西部大开发和中部崛起等国家级战略的实施，中西部地区也开始越来越多地承接国际产业转移，尤其是西部地区在资源优势、环境优势和劳动力等方面的成本优势等，正在吸引越来越多的国际产业转移。

2. 以工业生产制造业为主

从历史的经验来看，劳动密集型的轻工业和部分资本密集型重工业制造业领域仍是中国承接国际产业转移的主要行业。在中国承接国际产业转移的发展成熟阶段，外商直接投资在制造业领域的实际投资额占当年全部外商实际直接投资额的比重均在50%以上，而且这一比重呈逐年增长趋势。尤其是制造业中的高耗能产业，20世纪末随着发达国家的经济发展质量提升到一定程度，一些国家开始在能耗、环保、税收等方面对高耗能产业进行限制，以降低发展中面临的环保压力，由此开始大规模向发展中国家转移此类产业。受限于中国当时的产业结构和发展经济的客观需求，中国在一段时期内大规模承接了电子通信设备制造、塑料品制造、服装加工等兼具资源密集和劳动密集特点的产业转移，并逐渐成为世界高耗能产业转移的中心之一。随着中国承接国际产业转移步入优化升级阶段，以服务业为代表的技术密集型产业开始成为产业引进的新趋势，但目前还未能替代制造业的主体地位。

3. 在经济发展中的作用较大

改革开放以来,中国通过有步骤地深化改革不断加大对外开放力度。作为中国承接国际产业转移的方式之一,外商直接投资在中国经济的高速增长中发挥了重要作用。其中,作为国际产业转移主要承接地的东部沿海地区,每年承接国际产业转移的外商投资规模占当期国内生产总值的比重常年保持在5%~10%,中西部地区承接国际产业转移的外商投资规模占比也保持在1%~2%。通过利用国际产业转移中的 FDI,不仅直接弥补了我国经济高速增长中所需的外汇缺口和资本缺口,而且拓宽了技术引进的渠道。外商直接投资设厂带来的技术溢出效应和企业管理经验,有助于中国建立并不断优化自身的产业结构,实现产品价值链的本土化转向,而外资企业引起的"鲇鱼效应"也加剧了市场竞争,推动了中国市场经济体制的完善。

二、中国区域间产业转移的实践经验

历史的经验显示,中国在改革开放之后的近半个世纪里很好地利用了国际产业转移的市场机遇,实现了经济的高速增长。随着中国经济发展步入结构性调整的新阶段,中国的产业转移重点也从沿海地区承接国际产业转移,调整为国内东、中、西部的区域间产业转移,即从东部沿海地区向中西部进行产业转移。

(一)中国区域间产业转移的现实背景

1. 国际背景

第一是全球经济一体化程度的加深。进入21世纪之后,随着全球商贸活动和投资规模的不断扩张,各国之间的经济关联和贸易依存不断强化,贸易壁垒逐渐被打破,由此进一步提高了各种生产要素在全球范围内的配置效率。经济资源在全球的自由流动,不仅推动了国际的产业转移,也为国内区域之间实施多层次的产业转移提供了基础条件。同时,互联网信息在经济金融领域的渗透和创新不仅从信息流的角度大大降低了全球贸易的交易成本,更是在技术层面为新兴产业的发展奠定了基础,进而推动了不同地区的产业结构升级,为产业转移提供了更多可能性。

第二是全球产业结构的调整和升级。一方面,经济全球化加强了各国产业结构之间的互动和关联,部分处于全球价值链顶端国家的产业结构升级和调整都会在区域或全球范围内引起产业结构升级,从而推动新的产业转移浪潮。另一方面,以大数据、区块链和人工智能等技术为代表的新一波技术革命在一些国家的产生和发展,催生了以数字经济为代表的新兴产业体系。尤其是以美国为代表的发达国家和以中国为代表的新兴经济体,新兴技术密集型产业的产生与发展要求本国的产业结构持续升级优化,也成为这些国家在全球范围或国内市场区域间高效配置生产要素以及进行产业转移的内在驱动力。

第三是跨国公司的全球发展战略和制度环境的改善。各国经济贸易关联性的加强，以及各国贸易壁垒的消除和金融管制的放松等更为开放的制度条件，为劳动力、技术和资本等生产要素在全球范围的自由流动和跨国公司的全球化布局提供了便利。尤其在分工精细化背景下跨国公司的全球经营战略，不仅加快了生产要素的跨国界流动，而且强化了技术的溢出效应，成为国际产业转移的主要推动力。伴随着跨国公司全球布局带来的国际产业转移不断升级，率先承接国际产业转移的地区通过产业集聚逐渐成为产业转出地，并向周边区域转移相对过剩产业，从而为一国范围内区域间的产业转移提供了经济基础。

2. 国内背景

第一是国内整体投资环境的改善。在中国不断融入全球市场的进程中，逐步建立并持续完善有中国特色的市场经济体制，经济的发展和法治的健全，使得公平竞争、产权保护等引起区域发展差异的制度环境不断改善。在东部沿海地区率先推动市场化改革之后，区域间的生产要素流动使得东中西部的经济关联性不断加强，尤其是东部地区在承接国际产业转移的过程中吸引了大批来自中西部地区的资源和劳动力等生产要素的流入，并快速实现了区域内的经济增长。基于中国建设市场经济体制"先富带动后富"内在要求，在东部地区取得发展成果的示范效应下，中西部地区为了承接区域外的产业转移，也开始不断推动区域内投资保护的软硬件基础设施建设。一方面中西部地区各级政府推动出台产业园区建设的政策规划，另一方面在给予产业园区转入企业各项优惠政策的同时，不断优化区域营商环境和法治环境。区域间投资环境差异在不断缩小的情况下，区域间的市场化程度不断提升，为中西部地区承接东部地区的产业转移提供了基本的环境条件。

第二是区域间发展不均衡的现实。受益于区位优势和政策倾斜，东部地区率先承接国际产业转移并逐渐形成产业集群，推动了区域经济的快速增长。相比较而言，中西部地区的开放层次、改革深度和市场理念等都存在不足，进入21世纪以后，东中西部的区域发展差距愈加明显。在此背景下，中西部地区为了缩小与东部地区的发展差距，也开始尝试通过承接产业转移等方式激活区域的生产要素。对于发展相对落后的中西部地区而言，承接来自东部地区的产业转移是实现区域内经济增长的重要途径，不仅能够快速建立起适应区域内要素禀赋特点的产业结构，而且可以带动区域内关联产业的成熟，形成适合区域经济发展的产业体系和增长极。与此同时，东部地区在积极承接国际先进产业转移的同时也需要将本区域不再具有比较优势的产业向外转移，尤其是一些劳动密集型和资源密集型的产业，和中西部地区的要素禀赋相对优势刚好匹配，由此形成了东、中、西部之间的产业梯次转移。

第三是国家推动区域协调发展的政策支持。由于在改革开放过程中实施了非均衡的区域发展战略，在中国经济经历高速增长的历史时期内，东部沿海地区和中西部地区的发展差距呈扩大趋势。为了缩小区域间的发展差距，实现区域间的协调发展，2000年以来，国家层面先后实施了西部大开发、振兴东北老工业基地和中部崛起等区域发展战略。在具体的实施过程中，根据各地区的要素禀赋特点有针对性地从东部地区承接产业转移,成为推动落后地区经济快速增长、实现区域协调发展的重要途径。与此同时,为了配合区域间实现协调发展,中国政府在颁布的《全国主体功能区规划》中明确提出,通过优化东部地区的产业结构和空间结构,推动东部地区产业结构升级。特别是东部地区承接国际产业转移形成的产业体系较为依赖劳动力要素和资源要素,应当引导这些产业逐步向中西部地区转移,帮助中西部地区建立适合区域功能规划的产业体系,实现区域间的协调可持续发展。

(二) 中国区域间产业转移的经验特征

1. 产业转移的形式呈多样化

从中国区域间产业转移的显示经验来看,虽然整体上的产业转移方向是由东部沿海地区向中西部地区转移,但是具体的形式具有多样化特征。首先是城乡间产业转移。随着东部沿海地区的快速发展,珠三角、长三角和环渤海经济圈的城镇化水平也得到了明显提升,在承接国际产业转移的过程中形成了产业集聚支撑的连片城市区。随着区域性中心城市规模的持续扩大,交通、环境和人口的压力促使上海、北京、广州等大城市推动卫星城建设,将市中心的一些高污染、高耗能的加工制造业向周边城郊和村镇转移,市中心则重点发展服务业和技术密集型产业。其次是省内产业转移。从现阶段国内区域间产业转移的趋势来看,东部地区为了实现本省区域内的均衡发展,大多出台政策鼓励引导省内发展程度较高的地区向省内欠发达地区实施产业转移,在一定程度上拦截了东部沿海地区向中西部的跨省区产业转移。最后是就近转移。在企业主导的产业转移过程中,为了节约运输成本和市场环境适应成本,同时发挥原有区域关联网络的功能,东中西部之间的跨区域转移多以就近转移为主,如北京和天津的产业就近向河北转移。

2. 产业转移以资源密集型为主

从要素禀赋的角度来看,中西部内陆地区蕴藏着丰富的矿产资源和大量剩余劳动力,在劳动力要素不断向外流动的背景下,中西部地区依赖相对稳定的资源优势承接了大量来自东部地区的资源密集型产业转移。而且,中西部地区承接的资源密集型产业大多和东部地区的出口贸易具有联动性,随着"一带一路"倡议的推进,中西部地区的对外开放层次和力度均有了质的提升,东部地区向中西部地区实施产业转移除了为本区域的出口贸易企业寻求廉价的生产要素之外,还有助于开拓"一带一路"共建国家的潜在市场。同资源密集型产业相比,劳动力要素的比较优势在中西部地区承接东部地区产业转移过程中发挥的作用较小,部分原因在于中西部地区的劳动力主要流向服务业发达的东部地区,更多的原因在于煤电、化工、钢铁及有色金属冶炼等资源密集型的制造业生产过程大多实现了较高程度的机械化,对劳动力要素的需求相对不大。因此,东部地区的企业向中西部地区转移,更多看重的是承接地区的自然资源优势,并由此实施了大规模的资源密集型产业转移。

3. 产业转移具有明显的政策导向

在中国区域间的产业转移实施过程中，从中央政府到地方各级政府的产业政策都发挥着重要作用，在一定程度上，中国跨区域间的产业转移就是产业政策的布局和落实过程。中央政府在区域协调发展规划中通过划定功能区确定了各地区未来的产业结构升级和未来产业体系建设方向，各地区地方政府则主要结合区域内的要素禀赋优势，通过配套设施建设进行产业转移。尤其是为了发展相对落后的中西部地区，各级地方政府出台了包括融资优惠、财税补贴和基础设施建设等在内的各项招商引资政策，并通过规划产业园区的方式承接东部地区的产业转移，形成产业集聚并由此建立起区域内的产业体系。东部地区则为了推动区域内的产业结构升级，会出台包括财税激励和环保规制等为主的各项政策，鼓励或引导本地区相对落后的产业主动或被动地向外迁移。由此可见，中国区域间的产业转移过程不仅是市场机制发挥资源配置基础功能的结果，更重要的是各级政府的产业政策发挥的政策引导推动力，特别是相对欠发达的中西部地区，科学合理的产业政策有助于快速建立产业体系，实现后发地区的追赶战略。

（三）中国区域间产业转移的发展趋势

1. 行政区内部的产业转移

在未来全球经济发展的进程中，由于企业不仅要面临生产技术更新、环保政策变化等可预知压力的影响，而且在劳动力、资源等生产要素方面同样会面临诸多不确定性因素，因此无论是国际的产业转移还是国内区域间的产业转移都将继续存在。对中国现阶段的发展而言，区域间发展不均衡是一个多层次的结构性问题，在一个行政区内部同样存在区域间的发展梯度差异，为了促进行政区内的协调发展，地方政府制定的包括产业转移在内的产业政策大多从实现辖区内经济增长的角度出发，政策性因素在中国区域间产业转移过程中所发挥的作用越来越明显。除了受地方政府的政策影响，在行政区内部进行产业转移还可以在空间距离和营商环境等方面降低企业的转移成本，因此行政区内部的产业转移在未来一段时期逐渐成为国内区域产业转移的发展趋势。

2. 组团式的区域间产业转移

为降低产业转移成本，在新一轮的国际产业转移进程中，以跨国公司为载体的产业转移逐渐开始同上下游企业一起实施组团式迁移，这一产业转移模式同样被广泛应用于中国的区间产业转移。在承接东部地区的产业转移过程中，中西部地区的地方政府越来越倾向于通过规划产业园区，在东部地区引进包括核心企业在内的上下游企业共同迁入，形成产业集聚和增长极。而且企业之间抱团迁移同样可以充分利用政策的溢出效应，尤其是在与承接地政府的谈判中，一整套产业链的企业抱团迁移可以获取更多政策支持，提升企业应对不确定因素的抗风险能力。此外，信息技术的发展和模块化的生产网络也为企业的组团式迁移提供了技术基础，产业的组团转移不再限制于某个产业上下游全部企业的空间迁移，还可以将整个产业链中的某个生产环节组团布局到某一个具有要素禀赋优势的产承接地,在当地形成该生产模块的产业集聚区。

3. 高端服务业和制造业协同的产业转移

当前中国经济已从高速增长阶段转向高质量发展阶段,新时期推动以互联网、大数据、人工智能等新兴技术为代表的数字经济与绿色低碳产业的深度融合,建设绿色制造体系和服务体系,成为各级政府制定产业政策的重要目标。在未来一段时期内,随着绿色发展理念的深入人心,中西部地区在承接东部地区的产业转移将逐渐减少传统高污染、高耗能制造业的占比。同时,通过政策引导和补贴等方式吸引新型高端服务业和制造业产业的协同迁入,区域间的产业转移从劳动密集和资源密集的加工型产业,逐步扩展到资本密集和技术密集的高端制造业及服务业领域,产业转移的层次在不断提升。由于互联网信息技术在经济社会发展中的全方位渗透,以高端制造业与高端服务业为代表的数字经济产业也成为中西部地区承接产业转移的重点,如贵阳、成都和郑州等中西部地区的中心城市出台了一系列产业政策,承接国际或东部地区的数字经济产业迁入。高端制造业和服务业的协同转移表现为产业转移从产业链单一环节向产业链多个环节的系统转移,从功能单一的制造业或服务业向制造业和服务业融合的产业生态链转移。

三、中国未来推进产业转移的重点方向

(一)完善国家产业政策规划与引导

近年来,国家层面上有关产业转移的政策规划主要是工信部于2018年颁布的《产业发展与转移指导目录》,该指导目录与《全国主体功能区规划》和《全国国土规划纲要》等文件,共同构成了国家层面关于各地区产业转移与产业发展的政策框架。这些政策性的文件和规划有助于推动和引导未来中国承接国际产业转移,以及国内跨区域产业转移的有序发展和产业体系的优化调整。针对当前区域间产业转移的不合理现象,应当结合国家的区域协调发展战略和主体功能区规划等目标,在国家层面出台相应的产业政策。由中央财政设立中西部地区承接东部加工型制造业产业转移的专项资金,限制或减少高污染、高耗能的劳动密集型产业在东部地区实施区域内转移,鼓励这些产业向发展相对滞后、产业基础较为薄弱的中西部地区转移,提升加工制造业企业向中西部迁移的信心。此外,针对东部地区之前承接的外商投资产业,同样应在国家层面给予优惠政策,引导这些外商投资产业继续"西进"迁移,在中西部地区发展中发挥产业集聚效应,减少外资产业流向东南亚等地区。

(二)实行区域间的产业关联互动

考虑到中国区域间的发展差异,作为产业迁出地的东部地区和承接地的西部地区,无论是在道路交通等基础设施建设方面,还是营商环境和产业政策等市场条件方面均存在较大差异。这些硬件和软件方面的区域差异,增加了企业跨区域

迁移的成本，由此导致了东部地区的产业转移倾向于在行政区内部转移或者就近转移，尤其是区域之间在法治建设和政商关系方面的差异，在一定程度上阻碍了东部地区产业向中西部地区转移。因此，产业的跨区域转移不仅需要国家层面的政策引导，还需要区域间地方政府的合作互动与协调引导，在自愿互惠的基础上鼓励东部地区和中西部地区的地方政府根据自身优势联合建设各类产业园，降低东部地区不具备相对优势的产业向中西部转移的市场成本。为实现产业迁出地和承接地的发展共赢，东部地区应当根据本地区迁出产业的特点积极同具有要素禀赋比较优势的中西部地区地方政府对接，在产业规划、土地、财税及金融政策等方面互相配合，实施东中西部产业转移的对接示范工程，为区域间的产业转移和未来发展创造良好条件。

（三）发挥产业转移中的技术创新能力

随着新一代技术革命兴起，以大数据、人工智能等为代表的技术创新能力的提升成为国家制定产业政策的重要目标。国家层面出台了多项产业政策支持高新技术产业的培育和发展，尤其是东部地区，通过自主研发和承接国际产业转移等方式重点布局全球价值链高端的技术密集型产业。中西部地区在有序承接东部地区加工型制造业的同时，也积极与东部地区的高新技术产业对接，通过产业集聚的方式承接部分高端技术产业的研发生产环节。因此，应当通过产业转移深化价值链、产业链和供应链上下游企业的对接合作，促进高新技术企业的成果转换和扩散，发挥高端技术型产业转移过程中的技术溢出效应和创新能力。一方面可以快速推动东部地区的产业结构升级，形成技术密集型的高端制造业和服务业产业集群，提升中国在高端技术型产业链的国际竞争能力，避免加工型产业转移后出现产业空心化问题；另一方面缩小了东中西部的区域发展差异，激活中西部地区生产要素的配置效率，为中西部地区未来布局新一轮的高新技术产业转移提供基础条件。

（四）在产业转移中贯彻绿色发展理念

党的十八大以来，在党和政府的工作报告中多次强调，建设中国式现代化重点应当统筹产业结构调整、污染治理、生态保护等之间的关系。改革开放以来，东部沿海地区从国际市场上承接了大量高耗能、高污染的加工型制造业产业，现阶段这些产业正在从东部地区向中西部地区跨区域迁移。产业转移作为实现产业结构优化升级的重要路径，在未来的实施过程中同样应当注重绿色低碳和环境保护等问题。尤其是中西部地区，虽然蕴含着大量矿产资源，同样也是生态脆弱的重点保护区域，因而在承接东部地区或国际产业转移的过程中，招商引资的各项优惠政策不能以破坏生态环保为代价，应当根据区域内生态系统的特点，明确承接产业转移的环保标准和生产类型。适当通过政策组合为迁入的资源密集型加工制造业企业改进生产技术提供一定支持，有针对性地引进技术密集和资本密集型的高端制造业和服务业。同时，发挥中西部地区的区位地理优势，大力发展风能、太阳能等清洁能源，通过布局清洁能源逐步实现绿色能源对传统能源的部分替代，减少区域内承接低端高耗能产业对生态的破坏。

本章小结

产业转移指的是某些产业从一个国家或地区转移到另一个国家或地区的经济现象和市场过程，具有综合性、阶段性和梯度性等特征。产业转移可以分为国家间的产业转移和一国区域间的产业转移。作为一种重要的经济现象，学术界从不同角度研究产业转移，并形成了一些代表性的经典理论。无论是产业迁出地还是产业承接地，产业转移的影响都具有两面性，因此分析产业转移的影响应当在理论的基础上更多考察现实情况。产业转移的类型主要有市场需求型、成本压迫型、政策驱动型与企业战略型，影响产业转移的因素主要有市场需求的结构性变化、市场规模扩大与分工的细化、生产要素相对价格的变动和其他的政策性因素等。第二次世界大战以来，全球经济一体化的进程中发生了四次产业转移浪潮，国际产业转移加强了各国之间的经济关联，重塑了国际分工体系，并且推动了各国产业结构的升级优化。跨国公司的全球发展战略和规模效应将推动国家间的产业转移以组团式转移为主，技术溢出效应和后发优势将改变发展中国家承接国际产业转移的传统理念，服务业和高端技术型产业将成为国际产业转移的主要产业。中国的区域间产业转移开始于改革开放之后，受益于地理区位优势和试点优惠政策，东部沿海地区率先承接国际产业转移，并在实现区域发展目标后，为推动东部地区高端产业的发展，开始向中西部等发展梯度较低的地区实施产业转移，迁出区域内低端制造业产业的部分或全部生产环节。与此同时，中央政府为推动区域间的协调发展和产业结构的优化升级，在绿色高质量发展理念的指导下，结合各区域的资源禀赋优势和功能特点，出台了各项优惠政策鼓励中西部地区承接东部地区的产业转移。

本章案例

承接东部产业转移，内蒙古打造西部产业新高地

2022年3月，工信部等10部门联合印发了《关于促进制造业有序转移的指导意见》，提出到2025年，制造业要实现布局进一步优化、区域协同显著增强的发展目标。根据"十四五"规划纲要，我国将优化区域产业链布局，引导产业链关键环节留在国内，强化中西部和东北地区承接产业转移能力建设。

内蒙古作为同时享有西部大开发、东北全面振兴、黄河流域生态保护和高质量发展三大国家区域协调发展政策的省份，依托土地、矿产、碳汇和"绿电"等资源禀赋优势，积极承接东部地区的产业转移，尤其是蒙东地区邻近京津的地理区位，使得通辽、赤峰成为京津冀等东部地区实施产业转移的优选之地。2023

年初,国家批复在通辽市、赤峰市设立"蒙东承接产业转移示范区",为承接东部地区产业转移打造新高地。其中,赤峰市重点承接与铝基新材料、镍基新材料生产研发等相关的上下游企业入驻,推动区域内产业集聚和结构优化,通辽科尔沁区则以风电装备制造、现代新能源和都市工业为主攻方向,主动承接产业转移,全面提升产业规模质量,实现新兴产业的集聚发展。通过承接引进一批创新性强、成长性好、带动能力强的产业转移项目,不仅成功助推了通辽、赤峰两市的经济高质量发展,而且有助于加快实现内蒙古产业结构的优化升级。

资料来源:张云龙,安路蒙. 承接产业转移 内蒙古打造西部产业新高地 [N]. 经济参考报,2023-07-14.

复习思考题

1. 简述产业转移的概念与特点。
2. 简述产业转移的经典理论与思想。
3. 简述产业转移的影响因素。
4. 简述国际产业转移对全球经济的影响。
5. 简述中国区域间产业转移的发展历程。
6. 简述中国区域间产业转移的特点和趋势。

延伸阅读

[1] 陈煦,白永秀,薛飞. 承接产业转移政策的区域创新效应——来自"国家级承接产业转移示范区"的证据 [J]. 经济体制改革,2023 (1):80-88.

[2] 林柯,董鹏飞,虎琳. 产业转移是否推动地区经济高质量发展?——基于国家级承接产业转移示范区的证据 [J]. 管理现代化,2022,42 (3):17-23.

[3] 刘振中,严慧珍. 四次国际产业大转移的主要特征及启示 [J]. 宏观经济管理,2022 (8):72-81.

[4] 汪彩君,徐维祥,唐根年. 过度集聚、要素拥挤与产业转移研究 [M]. 北京:中国科学出版社,2013.

[5] Baldwin, Richard E, Toshihiro Okubo. Heterogeneous firms, Agglomeration and Economic Geography: Spatial Selection and Sorting [J]. Journal of Economic Geography, 2006 (6): 323-346.

[6] Kiyoshi Kojima. The "Flying Geese" Model of Asian Economic Development: Origin, Theoretical Extensions, and Regional Policy Implications [J]. Journal of Asian Economics, 2000 (11): 375-401.

第五章 现代化产业体系

实现现代化一直是中国的重要长期发展目标,而建设现代化产业体系不仅是构建现代经济的基础,也是推动经济现代化的核心动力和重要标志。在全球范围内,绝大多数国家在追求工业化的同时,也积极致力于建设现代化产业体系。进入新时代以来,习近平总书记对现代化产业体系建设多次作出重要论述。党的二十大报告提出建设现代化产业体系,将其作为破解高质量发展瓶颈问题的关键战略。因此,建设现代化产业体系是中国发展的关键任务之一,对于实现高质量发展和经济现代化具有重要意义。产业经济学应特别加强对现代化产业体系的相关研究,为中国的产业体系建设和现代化进程提供有力支持和智慧引导。本章主要基于"结构—特征—支撑"分析框架,从现代化产业结构体系、特征体系和支撑体系认识产业体系的现代化演进过程。

第一节 现代化产业体系概述

一、现代化产业体系的内涵

(一)现代化产业体系概念的发展

现代产业体系,并非一种脱离原有产业形态的全新产业体系,而是将数字技术等现代元素融入传统产业中,赋予了产业体系新的外观和运作方式。现代产业体系于20世纪80年代在发达国家兴起。随着现代服务业的迅猛发展,尤其是虚拟经济的崛起,传统产业在发达国家发现了全新且具有战略重要性的盈利机会,这些机会盈利丰厚,服务业在国内生产总值中的占比成为评估经济发展水平的标志。因此,许多发达国家相继出台重大战略举措,鼓励现代服务业的发展,以推动产业体系的现代化。

现代化产业体系是一个与中国相关的概念,它抽象地反映了中国产业现代化发展的经验,具体表现为中国在产业领域的现代化发展。现代化产业体系这一概念的雏形可以追溯到改革开放后的一系列工作,如优化产业结构、推进新型工业化、构建现代产业体系、推动产业高质量发展等。党的十七大报告首次提出"发展现代产业体系",党的十八大报告将其扩展为"要着力构建现代产业发展新体系",党的十九大报告进一步提出"着力加快建设实体经济、科技创新、现代金融、人力资源协同发展的产业体系",党的二十大报告又提出最新的表述"建设现代化产业体系",为产业现代化赋予了新的时代内涵。现代化产业体系这一概念是在全面建设社会主义现代化国家的战略规划中提出的,它代表了一个严密构建的理论体系,强调了中国特色现代化的理念,呈现出由低级向高级、由通用向特定、由跟随向领先的动态演进轨迹。它基于新发展阶段的战略判断、新发展理念的指导原则、新发展格局的路径选择,是应对新时代新任务的重要组成部分。它体现了中国特色,标志着我们在开辟新的道路上迈出了坚实的步伐,实现了对马克思主义中国化时代化的新探索,是受到全面建设社会主义现代化国家的内在动力和当前百年未有之大变局的外部因素相互作用的自然演化的产物。

（二）不同角度现代化产业体系内涵的解释

现代化产业体系的内涵可以从不同角度进行解释,国内学者提出了四种不同观点。从产业结构的角度看,这一观点强调现代产业体系是在产业创新的推动下,由新型工业、现代服务业、现代农业等相互融合、协调发展的产业网络系统,以产业集群为核心,强调了产业升级和转型的重要性。从要素资源协同的角度看,现代化产业体系的建设需要实体经济、科技创新、现代金融和人力资源等要素的协同发展,这种观点强调了这些要素之间的互动和协调对现代化经济体系的支撑作用。从产业特征的角度看,现代化产业体系具备一系列特征,如产业发展新型化、结构高级化、发展融合化、绿色低碳化、支撑能力现代化等,这种观点强调了现代化产业体系的多样性和高度协同的特点。而一种综合性论述认为,现代产业体系更注重系统思维和方法,综合考虑产业结构、要素协同、产业特征等多个方面,形成一个一致的解释,这种观点强调了多角度的综合分析对于理解现代化产业体系的复杂性和多样性的重要性。

对于现代化产业体系的内涵,不同学者从不同角度提出了多种解释,强调了产业升级、要素协同、产业特征和综合性分析等方面的重要性,对现代化产业体系提出了有价值的观点,这些观点共同构成了对现代化产业体系的全面理解。综合考虑这些不同视角,本教材采用了综合性的观点,认为现代化产业体系的核心是先进制造业、现代服务业和现代农业,它们作为支柱产业,同时依赖新兴产业和未来产业作为增长引擎。在这个产业体系中,实体经济、科技创新、现代金融和人力资源协同发展,具备数字引领、融合发展、绿色低碳等特征。这一概念不仅考虑了产业结构,还强调了产业特点,同时突出了产业支持体系的关键作用,与中央政策要求和我国的实际情况更为契合。

二、阐释现代化产业体系的关键

解释现代化产业体系的深刻内涵需要采用系统思维,并将高质量发展作为核心原则。这一内涵包括三个关键方面,每个方面都在不断塑造着当今全球经济格局,为国家和企业提供了前所未有的机遇和挑战。

(一) 产业体系的升级路径:从"全面"到"强化"

在当前全球经济的背景下,中国的产业体系正面临着一个关键的挑战和机遇,即从门类的"全面"发展转向基础能力的"强化"。这一转变反映了我国产业体系在完备性和基础能力之间的矛盾,同时也提供了塑造现代化产业体系的重要路径。目前,中国在全球范围内以其庞大而多样化的产业体系著称,拥有41个工业大类、207个工业中类和666个工业小类,这使得中国成为全球唯一拥有联合国产业分类中所有工业门类的国家,在主要的500种工业产品中,我国超过四成的产品产量居世界首位。这些数据表明,中国的产业体系在完备性方面已经达到了世界领先水平,拥有巨大的产业规模和生产能力。然而,尽管我们拥有广泛的产业门类和庞大的市场份额,但中国企业在全球价值链中却缺乏自主竞争优势,尤其是在关键基础材料、核心基础零部件和元器件、先进基础工艺、产业技术基础以及基础工业软件等领域的产业基础能力相对滞后,导致了我国企业在全球竞争中的困境,制约了其在全球价值链中获得竞争优势的能力。

为了解决这一矛盾,迫切需要将产业体系的焦点从"全面"向"强化"转变。这意味着必须集中精力提升产业的基础能力,以应对当今复杂多变的市场环境和国际竞争的挑战。过去,中国企业主要承担了全球价值链中的低端分工,主要追求国际市场份额的扩大,以实现规模性增长。这种战略有其优势,如规模经济效益和国际市场份额的增长,然而,这也导致了中国企业在自主创新能力方面的建设相对滞后,使得中国的产业基础能力相对薄弱,甚至在某些领域受制于人。因此,产业升级的策略路径需要改变过去的趋势,强化自主创新,培育核心技术能力,在关键领域加强技术研发和创新,以确保我国在重要技术领域拥有自主核心技术,减少对外部技术的依赖;培养高素质的科技人才和工程师,提高产业体系的创新能力和技术水平;加大研发投入,提升企业的研发实力,从而推动关键技术的突破和应用;加强产品的精确性、可靠性和专业性,以提高市场竞争力;各产业生态圈中的细分主体需要加强协作,共同推动关键领域的技术进步。

产业体系的升级和强化是中国经济发展的重要战略目标。通过夯实产业基础能力、促进技术创新、强化合作协同,以及打造制造业强国的愿景,我国将能够在全球竞争中取得更大的优势,实现可持续的经济增长和发展。这一过程不仅有利于中国的产业体系,也可为全球经济的发展贡献力量,推动产业体系的升级和改造,为未来的经济繁荣奠定坚实基础。

(二) 产业体系的韧性转变:内部稳健到外部挑战

现代化产业体系面临着复杂多变的外部环境,包括国际竞争、市场不确定性和全球经济波动等。为了适应这些挑战,将产业体系的运作方式从内部的"稳健"转向外部挑战的"韧性"是一项迫切的任务。在高端产业领域,很多企业仍处于全球价值链的中低端,缺乏对产业链的主导地位,关键核心技术受限、自主创新能力不足以及产业标准话语权相对薄弱等问题仍然存在。中国工程院的评估结果显示，在26个制造业产业链中，有2个产业对外依赖度较高，8个产业对外依赖度极高，尤其在集成电路、高端芯片、控制操作系统等关键核心技术领域，我国高度依赖进口。关键核心技术受制于人是我国面临的最大隐患，这些技术不仅关乎产业的竞争力，还涉及国家安全。因此，建设现代化产业体系的目标是实现自主可控，确保关键核心技术自主掌握，同时保障供应链的安全性和可靠性，提高整个产业链的协调和效率。

只有拥有韧性的产业体系才能够在不断变化的市场环境中保持稳健运营，确保经济的可持续增长，并在国际竞争中脱颖而出。为了实现内部稳健到外部挑战的韧性转变，需要积极推动国内关键核心技术的研发和创新，减少对进口技术的依赖，这包括加大研发投入、培育高素质的科技人才、鼓励企业加强技术创新等。同时，在确保自主创新的基础上，积极引进和吸收国际先进技术，以缩小与发达国家的技术差距。政府应提供政策支持和鼓励，推动产业的技术升级和创新，政策的稳定性和连贯性对于企业的长期发展至关重要。

（三）产业体系的数字转型：从"广泛"到"精细"

在数字经济蓬勃发展的新时代，现代化产业体系正面临着巨大的机遇和挑战。为了适应这个快速变化的环境，产业体系必须从传统产业的"广泛"向数字产业的"精细"转型。传统产业尽管规模庞大，但要提升质量和效率、不断精益求精，数字化改革势在必行，数字化技术已成为提升竞争力、提高生产效率的关键工具。在这个转型中，现代化产业体系将成为一个具有互联性、智能高效性、共享合作性的要素配置体系。这将以云平台为核心，依托关键大型企业作为中流砥柱，同时特色在于多层次企业之间的协作与协同。

尽管我国的数字产业正在迅速发展，数字化与传统产业深度融合仍然面临多重制约。一方面，许多中小企业的数字化基础相对薄弱，数字应用分散，数字技术尚未顺畅地渗透到生产环节，更没有形成横跨企业全价值链的应用格局，这造成了数字化改革的不平衡性，一些企业无法充分利用数字技术的优势。另一方面，数字化改革还面临广泛认可的数据共享和标准化的问题，数据标准存在分散和独立发展的困扰，这限制了不同企业之间的数据交流与合作。传统产业应用场景多样且复杂，数据流通常难以在不同设备、信息协议和协议版本之间稳定高效地连接，最终降低了数据流的信息反馈质量和决策支持价值。

为解决这些挑战，构建现代化产业体系的方向在于数字化改革。需要加快建设新型数字基础设施，包括高速互联网、云计算等，以支持数字化改革的需求。此外，推动数据的智能赋能，充分利用大数据分析、人工智能等技术，提高数据的价值和应用效率。数字产业"三新"经济，即新型信息技术、新能源和新材料产业，将成为推动数字化在传统产业中深度融合的动力。政府在此过程中扮演着重要的角色，需要提供政策支持和鼓励，确保数字化改革的稳步推进和广泛应用。只有通过政府、企业和社会各界的共同努力，才能够实现数字化在现代化产业体系中的深度融合,为国家的经济繁荣和可持续发展作出更大的贡献。数字化改革将会带来更加繁荣的未来,实现从"广泛"到"精细"的转型。

三、产业体系现代化的演进逻辑

产业体系的演进具有深刻的逻辑和显著的特征,其起点根植于要素结构的变革,特别是高端要素的升级引领。随着经济的不断发展,这一演进逐渐显现出以下几个关键特征。

(一) 高端要素的升级引领

高端要素的升级引领是产业体系演进的关键驱动力。随着时间的推移,原本的要素结构逐渐经历着深刻的变革,高端要素如技术水平的提高、人才的培养和研发能力的增强逐渐得到发展和积累,这一升级过程彻底改变了新产业发展的成本与收益关系。高端要素的升级引领催生了新产品的不断涌现,尤其是高附加值的新产品,使其变得更具吸引力和盈利性,进而颠覆了原有产业结构的均衡状态。这一变革过程不仅加速了产业体系的现代化,还为经济的可持续增长提供了强大的动力,将继续塑造未来产业格局。

(二) 新兴产业的崛起与传统产业的改造

随着高端要素的升级引领,新兴产业在产业体系中迅速崛起,而传统产业也积极进行改造与升级,这一动态的过程对于产业体系的演进具有深远的影响。新兴产业通常以创新为核心驱动力,注重技术的应用和市场的探索,这些产业具有高附加值、高成长性和强大的竞争力,对经济增长起到了积极推动作用。例如,新能源产业、生物技术领域以及数字经济等新兴领域的兴起,为产业体系注入了新的活力和活力。它们的发展不仅改变了原有产业格局,还为就业机会和技术创新提供了广阔空间。同时,传统产业也意识到必须跟上技术和市场的步伐,以适应新的市场需求和技术趋势,这促使传统产业进行了改造与升级,采取了一系列措施来提高产品质量、降低生产成本,并加强环境可持续性。通过引入新技术和管理方法,传统产业不仅提高了自身竞争力,还为产业体系的整体升级提供了支持。这一过程推动了整个产业体系的内部结构逐步升级,形成了更加多样化和创新型的产业布局,这种变革将继续塑造未来产业格局,为经济的可持续增长和发展提供新的机遇和挑战。

(三) 现代化特征的显现

随着产业体系的演进,现代化特征逐渐显现,其中包括融合化、数字化、绿色化等。融合化是不同产业之间、新技术与传统产业之间的有机结合,有利于提高整体资源利用效率,数字化则是指信息技术的广泛应用,使产业更加智能化和高效化,绿色化则强调环保和可持续发展,推动了产业的生态转型。这些现代化特征不仅在产业内部得以体现，还对整个经济体系的现代化水平产生了积极影响。融合化促进了更具创新性和可持续性产业格局的形成，数字化提高了生产效率，绿色化推动了可持续发展，这些特征共同推动了整体经济体系的提升，为国家的经济繁荣和可持续发展提供了有力支持。

产业体系的演进是一个复杂而深刻的过程，其起点源于高端要素的升级引领。随着新兴产业的崛起、传统产业的改造以及现代化特征的显现，产业体系不断发展壮大，为整个经济体系的现代化提供了关键动力，这一演进不仅在经济领域有深远影响，还在社会和环境方面产生了积极变革，推动了国家的可持续发展和繁荣。从产业体系的演进逻辑看，现代化产业体系的演进是其三个子系统——产业支撑体系、结构体系、特征体系相互作用的结果。因此，构建现代化产业体系的关键，要厘清产业结构体系、特征体系及支撑体系，本章后面三节主要围绕这三部分展开。

第二节 现代化产业结构体系

产业结构体系是指组成产业体系的各个行业及相互关系，包括一二三产业以及跨界融合发展的产业，与此相关的新业态新模式等。就现代化产业体系来说，其产业结构体系包括现代农业、先进制造业、现代服务业、战略性新兴产业及未来产业等。就它们之间的相互关系来看，先进制造业和现代服务业是主干，战略性新兴产业是新增长引擎，未来产业是潜在增长点，同时现代服务业与先进制造业、现代农业等产业深度融合，形成若干新业态。

一、现代化农业

在现代化产业体系中，农业现代化建设的总体思路是采用先进技术对传统农业进行全面改造。为升级现代农业产业结构，需要从多个方面着手：用先进物质条件来装备农业；用现代科学技术和信息技术来改造农业；用现代化产业体系来提升农业；用现代经营模式和组织形式来推进农业；用现代化发展的理念来引领农业；用提升农民知识水平来发展农业，用信息业提高农业的生产能力和现代化的运用水平等。在此基础上，建立现代化大农业体系，它由绿色农业、蓝色农业和白色农业三种农业体系以及腐屑生态体系组成，这些部分相互依存、相互渗透，共同构成了资源和条件的相互支持的体系。

（一）绿色农业

绿色农业是一种综合性的农业模式，包括传统绿色植物种植业和畜牧养殖业，它们以土地、水资源、阳光和大气等自然要素为基础，随着科技的不断进步以及人们对经济和环境问题意识的提高，传统的绿色农业在可持续发展的原则下，不断发展出多种模式。现代绿色农业则是一种更加先进的农业模式，它充分运用先进的科学技术、高端的工业装备以及先进的管理理念，以促进农产品的安全性、生态环境的安全性、资源的合理利用，同时追求提高农业的综合经济效益。这一模式的核心目标是在倡导农产品标准化的基础上，推动社会和经济的全面、协调和可持续发展，它强调了农业与生态环境、社会经济的协同发展，以确保人类社会的可持续繁荣。

在曾经大量依赖化肥和农药的所谓"石油农业"和大规模饲料圈养的"饲料畜牧业"发展到一定阶段，且对生态环境造成严重破坏之后，绿色农业崭露头角，成为农业发展的新趋势。这种体系综合吸取了传统农业和现代农业的精髓，但又与传统的小农农庄模式和石油农业有所不同。绿色农业代表了传统农业朝更环保和可持续的方向发展，它在各种农业形式中具有特殊地位，无法被其他种植和养殖方式所替代。

（二）蓝色农业

当今世界，各国普遍面临着土地有限、环境恶化以及人口增长等问题，基于海洋资源的水生农业，也就是类似陆地农业一样在海洋中进行农业生产，正在崭露头角，成为一种革命性的新型农业形式。蓝色农业是一种充分利用海洋和内陆水域以及低洼盐碱地等蓝色国土资源的农业模式，主要发展渔业和渔区经济，同时推动相关的水生动植物开发和利用产业。

以中国沿海地区为例，海水养殖区域通常分布在沿海港湾和河口附近水域，这些地区同时也承受着来自陆地和水上排污的压力。据统计，中国每年有高达80亿吨的废水直接排入海洋，其中含有大量营养物质和有机农药，这些污水通过地表径流进入沿海水域，对海洋水质产生不利影响，直接威胁到蓝色农业的食品安全。目前海水养殖的品种种类相对较少，尤其缺乏品质出色、抗逆性强的优良品种，大部分海水养殖对象缺乏人工选育，需要改进其生长速度、抗逆性以及品质质量等方面，提升海水养殖的技术含量和加工能力成为亟须解决的问题。而长期过度单一的养殖和密集养殖方式可能导致自然生态系统的退化，并且可能导致产业发展不可持续，现代蓝色农业需要利用生态化技术和品种选育技术对传统海水养殖业进行改进和升级，以确保其可持续性发展和生态友好性。

（三）白色农业

白色农业是一种工业型新兴农业，侧重于微生物资源的产业化应用，包括高科技领域的生物工程、发酵工程和酶工程。白色农业的生产环境极其清洁，生产过程无污染，因此其产品具备高度的安全性，不含毒副作用，这种农业模式中，从事生产的人员通常身着白色工作服和帽子，因而被形象化地称为"白色农业"。目前，白色农业的研究和应用领域广泛，包括微生物食品、微生物饲料、微生物肥料、微生物农药和兽药、微生物能源以及微生物生态环境保护剂等。

白色农业以微生物发酵工程为核心，将生产环境搬到工厂内，实现了大规模连续生产，不受季节和气候的限制。这种农业模式既能节约土地和其他资源，又不会对环境造成污染。白色农业涉及农产品的多方面利用，包括饲料、生物能源和生态农业等领域的开发，逐渐发展成为一个新兴的高科技产业。例如，白色农业利用微生物发酵技术处理秸秆，将其转化为有价值的饲料；通过生物技术培养新的微生物菌种，加速氨基酸发酵的利用等，都将在21世纪成为重要的新兴产业。白色农业的核心理念是从传统的依赖土地生产粮食的方式转向充分利用秸秆和废弃物等资源来生产粮食，这一改变对人类的长远发展具有深远意义。通过发展白色农业，为实现可持续发展和保护生态环境之间的协调关系开辟了新的道路，这种农业模式有望在未来的农业领域发挥重要作用。

在对以上"三色"农业体系进行建设、技术改造、信息化调整之后，要形成从以前孤立的"三色"农业转向以白色农业带动绿色和蓝色农业，形成农业产业链环节的"生态共生"结构。同时，要通过大力发展白色农业来加强待开发与再利用的农业产业。

二、先进制造业

与服务业相比，制造业具有更快的新技术吸收能力、更显著的规模经济性、更高的外部性和可贸易性，是欠发达经济体赶超发达经济体的重要条件，也是国家建设、振兴和强大的基石。现代产业体系中的制造业不仅包括信息产业，还包括经过信息技术改造的传统制造业。这种改造主要基于产品全生命周期的生产模式和目标，包括从绿色设计、清洁生产方式到产品回收再利用的系统化改进，旨在实现环境负面影响最小化和资源利用效率最大化。因此，出现了两类重要的产业生产方式，即绿色制造和智能制造。

（一）绿色制造

现代工业产业体系中的制造业面临着多重挑战，既需要满足科学发展观和建设和谐社会的要求，又必须克服资源和环境双重约束，同时还需要适应工业化、信息化、城镇化、国际化和市场化等多方面的复杂挑战。在进行制造业的产业结构现代化转型规划时，需要着重推动装备制造业、高新技术产业和现代能源产业的发展，以加速塑造新的主导产业格局。目前，中国正处于以重化工业为核心的产业格局中，旨在从以原材料工业为主的初级阶段向以装备制造业为核心的高级阶段迈进。加速发展现代能源产业是实现制造业绿色化的关键保障，而装备制造业和高新技术产业则是绿色制造的实施基点。

制造业的生产模式在不同时代具有明显的特征。在信息化时代，以快速满足多样化客户需求为主要目标，新的生产模式如柔性生产等逐渐崭露头角，这些模式融合了信息化和知识化元素，形成了绿色制造模式。绿色制造旨在最大限度地减少产品制造过程对环境的负面影响，它广泛采用现代先进制造模式，如柔性制造系统、精益生产模式、清洁生产模式、虚拟制造模式等。绿色制造不仅关注产品整个生命周期各阶段对环境的影响,还要从产品设计初期考虑环保因素,一直到产品使用后的回收阶段,力求在整个产品生命周期内最大限度地减少对环境的不良影响,同时提高资源利用效率。因此,绿色制造实际上是制造业、环境领域和资源领域的交汇点。

绿色制造体系结构是一项关键的战略性举措,旨在塑造可持续的生产和消费方式,以实现环境保护和资源优化利用。这一体系结构的构建包括三个主要内容:首先,绿色资源是实现绿色制造的基石。其包括绿色原材料,具有更低的环境影响,可以减少资源的枯竭和生态系统的破坏;同时,绿色能源的采用,如可再生能源,有助于减少温室气体排放,降低对化石燃料的依赖,促进可持续能源发展。其次,绿色生产过程是实现可持续制造的关键环节。其包括绿色设计,即在产品规划和开发阶段考虑环保因素,以减少对环境的不利影响;绿色生产设备和工艺则通过提高生产效率、降低废物和污染的产生来减轻制造过程对资源和环境的负担;使用绿色物料和创造绿色生产环境也有助于减少生产中的环境足迹。最后,绿色产品是整个绿色制造体系的产物。这些产品旨在节约能源和物料,降低生产和使用阶段的环境影响,包括减少废弃物和支持循环经济。

(二) 智能制造

在迎接第四次工业革命的背景下,德国率先提出了"工业4.0"的战略计划,该计划旨在通过充分利用信息通信技术和网络空间虚拟系统,实现信息与物理的紧密融合,推动制造业向智能化转型。这一转型的目标是建立具备适应性、资源效率和人因工程学特征的智慧工厂,并在商业流程和价值流程中整合客户和商业伙伴。

"工业4.0"代表着一项革命性的制造业变革,它标志着从传统的集中式控制向分散式增强型控制的根本模式变革。这一概念的核心目标在于打造一个高度灵活、个性化和数字化的产品与服务的生产模式,开创制造业的全新篇章,传统的行业边界逐渐模糊,新的活动领域和合作形式迅速崭露头角,这种变革不仅涵盖了生产过程的数字化和智能化,还涉及创造新价值的方式和整个产业链的重新组织。其实施主要涵盖三个关键方面:首先是"智能工厂"。它侧重研究和实施智能化生产系统和过程,以实现网络化分布式生产设施,这种智能工厂不仅能够自动化生产,还可以根据市场需求实时调整生产,提高生产效率和灵活性。其次是"智能生产"。它覆盖了企业内部多个领域,包括生产物流管理的数字化、人机互动的优化,以及3D技术在工业制造中的广泛应用,这些技术的整合使生产过程更加智能化和高效。最后是"智能物流"。它通过互联网、物联网等手段,整合物流资源,提高物流供应方的效率,并满足需求方快速获取匹配服务和支持的需求。这不仅有助于降低物流成本,还提高了物流效率和可持续性。

三、现代服务业

服务业的发达程度是衡量产业体系现代化程度的一个显著标志。大力发展和全面提高服务业,特别是现代服务业在国民经济中的比重和水平,是完善和提升中国现代产业体系的重要措施。加快发展现代服务业,是优化产业结构、减少对自然资源的依赖、减轻对生态环境的损害、提高经济运行质量和生态环境效益、实施国民经济可持续发展战略的重要举措。

(一) 现代服务业已成为主导力量

目前,服务业已经成为全世界经济发展过程中的绝对主导力量。1950年,美国在人均GDP为2412美元时,服务业就已经超过第一和第二产业,占据了55%的产值比重和54%的就业比重。在新兴工业化国家,服务业,特别是现代服务业,已经超越了农业、工业和建筑业,成为主要的产业部门,同时也是社会财富的主要创造者。服务性产品逐渐成为满足人民物质和文化需求的主要产品,尤其在满足人们日常生活需要的发展和享受方面发挥着关键作用。一些服务领域,如金融、保险、电信、航空、法律等,依然对国家经济的稳定和国家主权、安全具有至关重要的影响,甚至与国家的生存和发展息息相关。此外,文化、教育、新闻、电视、广播、出版等服务领域也具有强烈的意识形态影响力。因此,积极推动服务业的发展,特别是现代服务业,对中国完善现代产业体系具有极为重要的战略意义。

(二) 生产性服务业增强产业竞争

生产性服务业又被称为"中间投入服务业",是为生产、商务活动和政府管理而非直接向个体消费者提供的服务,如金融业、保险业、不动产业、商务服务业,以及各种如设计、创意、会计、营销、物流、法律等专业服务业。对制造业而言,生产者服务本身就是从制造业中垂直分离出来的,由于专业化分工的结果变成服务业之后,这些产业就会以更具专业性、更高规模性和更先进的技术,对制造业产生很大的支撑作用,并通过多种途径增强制造业的竞争力,例如通过降低交易成本、深化人力和知识资本等新型资本、加深和拓展专业化分工等方式,从而促进制造业的集聚和发展,进而提高其竞争力。此外,生产性服务业还催生了许多新的行业,如物流、研发和设计,使企业能够更专注于生产环节,从而提高效率。

(三) 现代服务业推动着城市化进程

在经济的不断发展过程中,需要各种不同的要素资源,包括商品、资金、信息、人才以及技术等,这些要素资源的集聚和流通通常发生在城市空间内,与此相关的服务业也在城市中快速壮大。这为中心城市强大的服务功能提供了重要的基础,同时也构成了国际化产业布局和转移的一个显著特征,中心城市担当着高端服务要素流通的重要平台角色,使其成为经济发展的主要核心和驱动力。同时,在现代城市中,清洁交通运输业、绿色商品流通业、环保旅游餐饮业、绿色科教服务业、绿色公共管理业、环境卫生服务业等的绿色化发展,是提升城市现代服务业素质的重要手段。

四、战略性新兴产业及未来产业

党的二十大报告明确提出,构建现代化产业体系是我国发展的战略重点之一,其构建包括开拓一系列新兴领域,如新一代信息技术、人工智能、生物技术、新能源、新材料、高端装备、绿色环保等,这些领域被视为未来经济增长的引擎。必须积极抓住全球产业结构和布局调整中涌现的新机遇,勇敢地开拓新的产业领域,挖掘新的发展动力,寻找制胜的新发展路径,这不仅是对国内经济发展的迫切需求,还反映了全球科技前沿的趋势。从战略性新兴产业到未来产业的发展,不仅关乎我国经济的可持续增长,还关系到国家的综合实力和国际竞争力。这一目标的实现将为我国产业升级提供新的动力,有助于构建新的发展格局,推动我国经济迈向高质量发展的新阶段。紧密关注前沿技术,积极开拓新兴领域,抓住全球机遇,构建现代化产业体系,是我国发展的当务之急,也是应对国际竞争的迫切需要。

自党的十八大以来,我国坚定不移地走上了战略性新兴产业的发展之路,坚持着集群化、生态化、国际化、协同化的发展方向。这一道路不仅发挥了我国新型国家体制的独特优势,而且高度强调了企业在创新领域中的至关重要作用。战略性新兴产业在整合创新资源、优化产业结构以及提升国家整体创新能力等方面扮演了关键角色,为我国迎来"十四五"发展期打下了坚实基础。与此同时,5G通信、新能源汽车等领域在国际市场逐渐展现出竞争力,这为我国新旧动能的平稳转换提供了强有力的支持,成为深化供给侧结构性改革、完善现代产业体系建设以及实施创新型国家建设的重要支撑。我国战略性新兴产业的坚实发展促进了产业升级和国家创新能力的提高,为我国经济体系注入了新活力,同时也提高了我国在国际舞台上的竞争力和影响力。

当前,新技术革命正以新一代信息技术、人工智能、新能源、新材料、新生物技术为主要突破口,进入了一个关键时期,即将迎来全球创新格局的重大调整和大规模爆发。这一阶段将引领着新一轮工业革命,推动着全球前沿领域的主导力量崭露头角,塑造未来产业格局。在"十四五"规划和2035年远景目标纲要中,将类脑智能、量子信息、基因技术、未来网络、深海空天开发、氢能与储能等领域作为未来产业的重要方向,为未来产业的发展提供了明确的关注点和指导。未来,需要全面考虑国家发展战略需求,同时理解未来产业的前瞻性和不确定性,积极响应时代变革,投资新兴领域,培育创新能力,以确保我国在全球产业竞争中发挥关键作用,为未来经济和科技的持续繁荣作出贡献。

五、新业态

随着互联网、大数据、新材料和清洁能源等的持续发展,全球进入了智能化、信息化、数字化和绿色化的新技术革命时代。一些发达地区如美国和欧洲，以及德国的"工业4.0"等，代表着它们正在充分利用信息技术推动产业的变革和发展。中国也采取政策措施加速产业升级和转型。在数字经济时代，颠覆性创新不断涌现，对经济的生产模式、产业结构和商业模式造成了重大影响。新业态是指通过改变现有产业的组织方式、运营战略和盈利模式，推动现有产业的升级和革新，这通常表现为对不同产业或行业之间的价值链进行整合和重新构建，最终形成新的产业组合、创新的生产经营方式以及全新的人力资源配置方式，强调了"既有重组"的理念。多元化和个性化的消费需求进一步细分市场，为新业态的发展提供了机遇，其形成主要源于产业结构的升级、寻求新的市场动力以及开创新的发展领域，这些因素直接推动了新业态的涌现和蓬勃发展。新业态的兴起不仅推动了经济的进步，还激发了创新活力，为市场带来了更多的选择，满足了消费者日益多样化的需求。这个过程不仅有助于产业的发展，也有利于社会的进步和持续繁荣。

目前，中国的新业态表现出强大的生命力，呈现出多样化和丰富的格局。一方面，数字经济的崛起推动了产业间融合创新和行业跨界整合，形成了三种新业态：不同产业之间的融合创新、同一产业内不同行业之间的融合创新以及不同企业或品牌之间的跨界融合。另一方面，经济的发展导致社会分工的不断细化，促使数字经济新业态与产业内的分化发展紧密相连。这种分化发展包括子产业的独立成长和价值链的重新整合，进一步细化了产业边界和目标市场。与此同时，数字经济与实体产业的融合也催生了新的产业网络化业态，依赖互联网技术、大数据分析、人工智能和物联网，降低成本、提高效率、创造经济效益，拓展市场增长空间，推动新的经济增长。

第三节 现代化产业特征体系

产业特征体系是指产业体系表现出来的一系列外在特点或趋势。产业体系现代化演进的规律表明，产业体系在现代化过程中会表现出数字实体融合化、数智化、产业融合化、产业发展绿色低碳化、资源整合全球化等一系列特征，成为产业体系显著的外在标志，是最容易为外界所感知的方面。

一、数字实体融合

在金融虚拟化的盛行下，2008年的金融危机震撼了全球，这一历史教训告诉我们要保持对实体经济的重视，以融合数字科技的智慧，引领实体经济再次蓬勃发展。我们也可以从一些拉美发展中国家的例子中汲取教训。这些国家因对实体经济尤其是制造业的发展忽视和削弱，使得制造业在国家经济中的份额过低，进而导致了长期的经济停滞，陷入所谓的"中等收入陷阱"。这些经验表明，实体经济是稳定经济增长的不二选择,而忽视实体经济将使国家在全球经济舞台上无法展现其潜力。习近平总书记在二十届中央财经委员会第一次会议上强调,加快建设以实体经济为支撑的现代化产业体系,关系我国在未来发展和国际竞争中赢得战略主动。要坚持以实体经济为重,防止脱实向虚,坚持稳中求进、循序渐进。

坚持将发展的重心聚焦在实体经济上,尤其需要大力推动制造业的发展,为国民经济的可持续增长夯实基础。制造业的兴起不仅涉及经济的增长,更牵涉到国家自主创新的能力,对技术和产业的掌握将使我国在全球产业链中占据更具竞争力的地位。为实现这一目标,需构建以实体经济为主导的产业体系。数字实体融合将成为这一体系的关键元素,它将数字技术的力量与实体经济相融合,为产业升级注入新的活力。通过数字技术的普及应用,实体经济可以更高效地运作,生产流程得以优化,资源利用效率得到提升。例如,智能制造将带来生产线自动化、物流智能化等一系列创新,为制造业的高质量发展提供强有力的支持。

在数字实体融合的引领下,将逐步建立起更具竞争力的产业生态。数字化的手段将推动实体经济向着更高附加值、更广领域的创新方向迈进。与此同时,数字技术也将促进实体经济与服务业、创意产业的融合,构筑起多元化的产业生态圈,从而进一步增强国家的经济韧性和创新力。数字实体融合不仅是产业体系的构建路径,更是国家经济发展的必然选择,在保持对实体经济的重视与推动数字技术的融合之间,可以实现经济的可持续增长,让国家在现代化的征程中展现出更加璀璨的光芒。

二、数智化

在构建现代产业体系的蓝图中,科技创新被赋予了根本动力引擎的角色,它将推动并引领我国现代产业体系的建设和繁荣发展。从历史长河中可以清晰地看到,每一次产业革命都伴随着主导性技术的突破性发展和应用,当前的第四次工业革命以数字化、网络化和智能化为主要特征。它通过数字化、网络化和智能化技术,为传统产业赋能,推动数字化产业化的进程,并孕育了全新产业、新业态和新模式。数据如今已成为产业发展的基本生产要素,而消费互联网和工业互联网成为支持产业运行的主要工具,智能则成为引领产业发展不可或缺的方向。因此,数智化已成为我国现代产业体系的显著特征,特别是随着人工智能技术的突破,我国现代产业体系的智能化特质日益凸显。

当下正处于一个数据驱动的时代,数据的应用正为产业发展赋能。从智能制造到智能城市,从医疗健康到金融服务,各个领域都在积极拥抱科技创新,从而推动着生产力的飞跃提升,智能化作为产业发展的基本方向,正在引领着各个领域的变革。随着人工智能技术的飞速发展,自动驾驶、智能机器人、智慧城市等一系列领域的创新呈现出勃发态势。人工智能的深度学习和智能决策能力,使得各类机器能够执行复杂任务,从而释放出更多人类创造力和创新潜能。我国现代化产业体系正在逐步展现出其数智化特征。数字经济正成为国家经济增长的重要引擎，同时也在全球范围内催生出一批具有国际竞争力的企业，数字化技术正为产业发展提供了更大的可能性，数字化转型正成为企业的必由之路。

在产业发展中，消费互联网和工业互联网崭露头角，成为连接人与人、人与物、物与物的重要桥梁。消费互联网使得传统行业在数字化浪潮中焕发新生，从而更好地满足消费者的多样化需求，工业互联网则通过数据采集、分析和智能化决策，使制造过程更加高效、精准。这些变革不仅提升了生产效率，也为经济结构优化带来了新的机遇，科技创新已经成为引领现代化产业体系建设不可或缺的力量。通过数字化、网络化、智能化的手段，推动实体经济的升级和创新，塑造出更加高效、智能、可持续的产业格局，在数字技术的引领下，迈向更加璀璨的现代化发展之路。

三、产业深度融合

在现代技术创新的推动下，产业融合已经成为引领产业发展演进的主要趋势，同时也构成了我国现代化产业体系的基本特征。在这个充满活力的发展背景下，我国的产业融合呈现出多种形态，揭示了经济转型的新路径。

（一）制造业与生产性服务业之间的融合

制造业与生产性服务业之间的融合是一种战略性的合作模式，它将制造业与商务、金融、物流、科技服务、信息服务等高附加值的生产性服务业相互连接和融合。这种深度协作提高了制造业的竞争力，使企业能够更灵活地满足客户需求，提供定制化的产品和解决方案，并加强了供应链的协同，促进了原材料的高效供应和产品的及时交付，不仅有助于提高生产效率，为产品和服务提供了更广泛的附加价值，有助于企业的发展，还以制造业为核心，与周边的产业环节形成协同效应，进一步扩大了产业的影响力，推动了整个产业生态系统的升级。

（二）制造业与新一代信息技术产业的融合

制造业与新一代信息技术产业的融合将制造业与新兴技术领域（如互联网、大数据、人工智能等）有机结合，实现了制造业与互联网的深度交融，推动了新技术的创新应用、制造业的数字化转型，催生了全新的合作模式，这种融合不仅加速了产品和服务的创新，也为产业的运营模式带来了革命性的改变。例如，智能制造和物联网技术的应用使生产线更加智能化和高效，大数据分析提供了更精准的市场洞察，人工智能的应用使制造过程更具自动化和自适应性，这不仅提高了生产效率，还降低了成本，提供更高质量的产品和更便捷的服务。此外，制造业与新一代信息技术产业的融合也催生了新的业态和商业模式，例如，智能制造的发展推动了工业互联网的兴起、云制造平台的建设以及物联网设备的应用。这些新的业态和商业模式不仅改变了产业的竞争格局，还创造了新的市场机会，为企业和消费者提供了更多选择。

（三）新兴产业、新业态、新模式、新技术与传统产业之间的融合

新兴产业、新业态、新模式以及新技术与传统产业之间的融合表现为新兴产业、新业态、新模式、新技术逐渐渗透和改造传统产业，不断为传统产业注入新的活力和创新动力。通过新技术的广泛应用，传统产业得以实现升级和转型，从而实现更高效的生产方式，提升竞争力。例如，工业互联网技术为传统制造业带来了数字化生产、智能制造和物联网设备的应用，这不仅提高了生产线的效率，还降低了成本，提高了产品质量。同时，新兴产业如绿色能源和清洁技术与传统能源产业融合，推动了可再生能源的发展，减缓了环境压力。此外，新业态的崛起也为传统产业带来了新的商机，例如，共享经济模式改变了传统交通和住宿行业的运营方式，电子商务和在线零售改变了传统零售业的商业模式。这些新业态的涌现为传统企业提供了更多创新的可能性。

产业深度融合已经成为推动我国现代化产业体系升级的重要手段。产业融合有助于提高整体资源利用效率，实现资源优化配置，不同领域的知识和资源相互渗透，促进了新的合作机会和商业模式的形成，我国的现代化产业体系将因此而更具活力和创新力。同时，这种融合也有利于跨行业的人才培养，促进了人才的多元化发展。产业深度融合不仅是我国现代化产业体系的基本特征，也是引领产业发展的重要动力。通过制造业与服务业、新技术与传统产业之间的有机结合，塑造出更具创新性、竞争力和可持续性的产业格局。

四、绿色低碳

绿色低碳转型，作为我国产业体系转型升级的关键内容，已经成为我国现代化产业体系的主要特征。根据党的二十大报告的指导方针，迫切需要引领发展方式朝着绿色转型方向迈进，通过一系列措施的实施，努力打造市场导向的绿色技术创新体系，并加大力度发展节能环保产业、清洁生产产业和清洁能源产业，以全面实现绿色转型。

（一）绿色转型技术应用

信息技术的力量是不可忽视的，它提供了无限的可能性，可以在各个领域推动革命性的改变。充分发挥信息技术的协助，能够构建更为高效的循环经济系统，实现工厂生产的集约化、原材料的无害化处理、生产过程的洁净化、废物资源的再循环利用以及能源的低碳化。信息技术的威力在于其能够提供实时监测和智能控制生产过程的机会，使资源的分配更加合理、能源的利用更为高效，这为绿色经济的实现提供了坚实的技术支持，为产业的可持续发展奠定了坚实的基础。智能制造、物联网、大数据分析等技术的蓬勃发展，将进一步推动我们朝着更加环保和可持续的未来迈进。

(二) 绿色制造产业链构建

在推动绿色转型的过程中,构建绿色制造产业链是至关重要的一步。这不仅涉及在生产环节中实现节能降耗,还需要全面考虑整个供应链,以确保在采购、生产、营销和回收等各个环节中贯彻绿色和低碳的理念。这种全面性的变革对于实现可持续发展至关重要,它使我们能够在生产过程中最大程度地减少资源浪费,降低环境负担,同时为经济发展注入可持续的活力。在采购阶段,选择和采购绿色原材料和能源,减少对有害资源的依赖,这意味着寻求可再生能源和可持续采购实践,以降低生产环节的碳排放。在生产环节,应采用先进的绿色技术,包括高效能源利用、低排放生产过程以及环保设施的应用,以降低环境污染。此外,实施绿色设计和产品生命周期管理,确保产品在整个生命周期内都是环保的,从而减少对环境的不良影响。在销售和营销方面,推广绿色产品和可持续消费理念,鼓励消费者购买环保产品,从而推动市场需求朝向更加可持续的方向发展,这可以通过标志、认证以及宣传绿色产品的环保优势来实现。回收和再利用环节也是关键,通过建立有效的废弃物处理和资源回收体系,将产品的寿命最大化,减少废弃物对环境的负担,这可以通过提高废物资源化的技术和设施来实现,从而推进可持续循环经济。

(三) 绿色低碳产业体系

在当前全球普遍关注环境问题的时刻,绿色低碳产业体系已经成为经济高质量发展不可或缺的选择。这一体系强调资源的高效利用和废物的最小化,通过采用可持续的生产和设计理念,降低了资源的消耗,减少了废弃物的排放,有助于降低环境负担。绿色低碳产业的兴起需要大量的研发、制造、销售和维护工作,从而为各个领域的从业者提供了更多就业机会,特别是在新兴领域,如可再生能源、清洁技术和节能设备生产等方面,将会有大量的就业机会涌现。推动低碳产业的发展也有助于产业升级,绿色低碳产业在技术、管理和市场方面的要求都更高,这将推动企业不断提升自身的技术水平和管理水平,从而实现产业的升级和转型。全球范围内,绿色低碳产业已经成为一个具有广阔市场前景的领域,中国积极发展这些领域将使中国企业在国际市场上更具竞争力,有望成为全球绿色低碳产业的领军者。减少碳排放已成为全球性的挑战,而绿色低碳产业将是减排的有效途径之一,通过推动低碳产业的发展,中国将能够逐步减少碳排放,为实现我国的"双碳"目标提供坚实的产业支持,实现环境保护与经济增长的良性循环,为我国的可持续发展提供坚实支持。

绿色低碳转型已经成为我国现代化产业体系的基本特征,同时也是推动产业升级和可持续发展的关键路径。借助信息技术,构建循环经济,打造绿色制造产业链,将实现经济的绿色增长,为我国经济的可持续发展奠定坚实基础,通过绿色低碳产业体系的建设,可以为全球环保事业作出积极贡献,为人类创造更加美好的未来。

五、开放共享

尽管近年来经济全球化进程受到一些阻碍,全球产业链和供应链出现了一定程度的收缩,全球性事件也对全球产业分工造成了影响,导致产业链和供应链出现了一定程度的断裂。然而,在我国现代化产业体系的发展中,仍然需要坚守构建双循环新发展格局的战略部署。这意味着要统筹考虑发展和安全,以支持以内循环为主体的现代化产业体系为目标,同时进一步扩大产业体系的开放性,通过采取"引进来"和"走出去"两种方式,有效地汇聚全球高端资源和要素,推动我国产业的转型升级。

(一)外资和技术引进

吸引外资和外来技术对于我国的经济增长至关重要。外资的流入可以为我国提供资金和技术支持,促进产业的升级和发展。外来技术的引进可以迅速填补国内技术和产业的短板,提高生产效率和产品质量。这有助于我国企业更好地适应市场变化,提高竞争力,从而推动产业的升级和发展。此外,可以引入更高标准的管理体系和质量控制方法,提高产品和服务的质量,满足国内外市场的需求,这将帮助我国企业更好地参与国际市场竞争,提高国际市场份额,推动产业的提质增效。

(二)深化国际合作

在开放共享的背景下,要积极走出去,将我国优势产能和技术推广到国际市场。"走出去"能够进一步提高我国产业在全球产业分工中的地位,推动产业国际价值链的提升,通过共享创新成果,实现互利共赢,扩大国际市场份额,提高我国产业的国际竞争力。不断加强与其他国家和地区的技术和产业创新合作,共同研发新技术、新产品,共享创新成果,从而实现产业的国际化发展。通过国际化合作,能够汇聚全球优势资源,提高我国产业的技术水平和创新能力,推动我国在全球产业链中的地位不断提升。

开放共享是我国现代化产业体系的重要特征。在面对全球经济环境的变化和挑战时,应该保持开放的态度,积极拥抱国际合作,扩大对外开放,引进先进技术,推动我国产业的升级和创新。与此同时,也要积极"走出去",通过国际合作提升我国产业在全球价值链中的地位,实现产业的国际化发展,从而推动我国经济持续健康发展。通过开放共享,为实现经济高质量发展提供有力支持,为构建现代化特征体系注入新的活力。

第四节 现代化产业支撑体系

产业支撑体系是一个综合性的系统,包括一系列资源要素以及相关的软硬设施,旨在促进和支持产业的发展和变革。这一体系由多个关键要素组成,其中,实体经济、科技创新、现代金融和人力资源是核心要素,它们相互协同发展,推动着整体产业体系的现代化。

一、实体经济体系

我国正处于实现中华民族伟大复兴的历史进程中,实现现代化产业体系的建设迫在眉睫,构建现代化产业体系不仅关乎国家的长远发展,也是我们走向创新、高质量发展的必然选择。这一体系的核心就是实体经济,是我国持续发展的根本保障,历史和实践均充分证明,实体经济是我国发展的基石,在改革开放40多年的历程中,实体经济为我国经济的稳定增长和持续发展提供了不可或缺的动力。习近平总书记也强调实体经济是国家经济的立身之本,是财富创造的根本源泉,更是国家强盛的支柱之一。实体经济的重要性不容忽视,因为没有坚实的物质技术基础,无法实现全面建成社会主义现代化强国的宏伟目标。现代化产业体系作为我国未来发展战略的重要支撑,紧密依赖于强大的实体经济,这一体系的建设并不是简单的发展需求,而是时代所需、发展所需的重要举措。

在全球化和技术进步的背景下,实体经济将为我国带来持久的发展优势。通过加强制造业、服务业、农业等实体经济的协同发展,能够实现产业的整体升级,提高国家经济的竞争力。通过实体经济体系的支撑,培育一批世界级的产业集群,推动科技创新和产业升级,进一步增强我国在全球产业链中的地位,提高我国产业的附加值和核心竞争力。实体经济作为现代化产业支撑体系的重要组成部分,具有不可替代的地位和作用。坚持以实体经济为基础,构建现代化产业体系,是我国实现经济强国梦想的必由之路。通过加强实体经济的发展,将为国家的繁荣稳定打下坚实基础,为实现中华民族伟大复兴的中国梦贡献力量。

二、科技创新体系

在科技创新领域,坚持以创新为驱动,依靠创新来培育和增强新的发展动能,以推动产业向中高端发展,必须全面打造发展的新优势,着眼于构建新型国家创新体系,这一创新体系的建设需在多个方面努力,以实现国家科技实力的提升和产业的创新升级。

(一)增强国家战略科技力量

为了提升国家的科技竞争力,需要全面评估国家和地区的重要产业链和供应链的发展水平,深入了解每个环节的技术水平、市场需求和潜在瓶颈,以识别最需要关注和改进的领域,以便集中精力攻克共性技术难题,以满足国家的重大需求。基于这一基础,应当着力建设一系列国家级和省级制造业创新中心,这些中心将实现产、学、研、用的一体化,成为科技支持的重要枢纽,为企业提供高水平的技术支持和为创新资源提供高水平的科技支持,从而推动产业实现持续创新和发展,提高我国的科技水平和国际竞争力。

(二) 构建创新链体系

政府应当制定政策,以促进不同环节的企业协同创新,充分发挥产业链和供应链创新政策的协同效应,将产业链和供应链上的创新资源有机整合,借助"链主"型企业的引领,推动中小企业不断提升竞争力,从而构筑一个现代化的创新链体系。为了实现这一目标,必须加强自主创新,将技术创新的重心从引进外部技术转向内部自主研发,提高国内技术在关键领域的占比,减少对外部技术的依赖。同时,鼓励上游和下游企业进行基础和应用创新的结合,以推动整个产业链和供应链的提升。通过政策协同、领军企业引领和自主创新,可以构建一个更加现代化的创新链体系,促进经济的可持续增长和创新发展。

(三) 数字化技术

将数据要素贯穿于产业链和供应链的各个环节,实现数据对其他生产要素的催化作用,促进各种要素的深度融合,从而形成新的要素组合形态,如"数字经济新劳动者"和"数字金融"。通过数字化技术的应用,可以加速产业链和供应链内的信息传播和交流,降低沟通和交易成本,进一步推动产业的创新和发展。这种创新和数字化的深度融合,将为我国产业的升级提供强大的动力,加速实现科技创新驱动的经济转型。科技创新体系在现代化产业支撑体系中具有重要地位,通过构建新型国家创新体系,强化国家战略科技力量,加强产业链和供应链的创新,促进技术融合和数字化发展,能够为我国产业升级和发展提供强有力的支持,使我国在全球科技竞争中更加具有竞争优势。

三、现代金融体系

在现代化产业体系建设中,构建适应产业现代化需求的金融服务体系至关重要。为此,应充分利用区块链、物联网、5G通信、生物识别、人工智能等前沿技术,创新金融服务模式,搭建供应链金融服务平台,从而实现上下游企业的无缝对接与融资需求满足,进一步推动产业链、供应链、创新链和资金链的一体化融合发展。

(一) 满足实体经济发展的融资政策保障

在构建现代金融体系的过程中,需要注重满足实体经济的融资需求,完善小微企业融资担保业务政策,为中小微企业提供更便捷的融资渠道。这不仅有助于解决中小微企业的融资难题,还能推动这些企业的持续发展,为经济增长注入新的活力。同时,继续扩大企业减税降费政策的规模,为企业提供更多减负举措,制定阶段性的减税政策和有针对性的减税政策,特别关注对创新型企业和优质企业的支持，以此来鼓励创新、提升企业质量。通过这种方式，可以优化资源配置，将有限的资源更加集中用于具有创新活力和高质量的企业，为产业的升级提供有力支持。

（二）应用金融科技

现代金融体系的构建不仅关系到金融领域自身的发展，更直接关系到整个经济体系的健康和可持续发展。借助金融科技的应用，能够实现金融服务的智能化和高效化，通过数据分析、人工智能和区块链等技术，金融机构可以更准确地评估风险，提供更适合的金融产品，降低融资成本，并加速资金流通，从而为实体经济的增长提供更为精准和便捷的支持。通过建立供应链金融服务平台，帮助企业通过整合供应链信息，获得更便捷的融资途径，提高企业的资金流动性，从而推动产业链和供应链的更紧密协作，提高供应链的效率，减少资金卡顿，提升整个产业链的竞争力。应用金融科技是提升金融服务质量和效率的关键举措，有助于为实体经济提供更智能和高效的支持。

（三）创新金融服务模式

创新金融服务模式，为实体经济的发展提供坚实的金融支持，能够推动产业链的不断优化，提高供应链的效率，促进创新链和资金链的融合，从而实现经济高质量发展的目标。创新金融服务模式为不同产业提供个性化的金融支持，有助于满足企业的融资需求，为国家经济的可持续发展注入新的动力，推动经济体系的升级和现代化。

四、人力资源体系

在构建现代化产业体系的过程中，人才资源的优化配置和高质量发展至关重要。我国正处于从"人口红利"向"人才红利"的转变阶段，为了更好地适应这一趋势，必须充分发挥中国高端人力资本的积累优势，调整要素结构，提升人力资本与产业链供应链的匹配效率。为此，需要在人才培养、人才结构、人才流动等方面进行深入改革。通过培养跨领域、跨行业、交叉学科的人才，实现人才资源的最优配置。这种复合型人才能够在产业链和供应链之间发挥"黏合剂"的作用，促进资源流动、创新合作，推动产业的整体升级。

当前，我国正面临少子化、老龄化和区域人口增减分化等趋势性特征。在这样的背景下，必须全面认识并正确应对这些人口发展新形势。为了适应国家强国建设和民族复兴的战略目标，需要完善新时代的人口发展战略。在实践中，应该认清、适应和引领人口发展的新常态，注重提升人口整体素质，努力维持适度生育水平和人口规模。通过加快培育素质优良、总量充裕、结构优化、分布合理的现代化人力资源，能够为中国式现代化提供坚实的人力支持。在整体规划上，应该以系统观念统筹谋划人口问题，通过改革和创新推动人口高质量发展。这意味着将人口高质量发展与人民高品质生活紧密结合，促进人的全面发展和全体人民的共同富裕。通过更好地管理和引导人口发展，能够为产业支撑体系提供充足、优质的人才资源，实现国家经济的可持续发展和社会的和谐进步。

本章小结

本章系统地介绍了现代化产业体系的核心内容，从概述、结构体系、特征体系以及支撑体系几个方面进行了深入阐述。通过对现代化产业体系的探讨，能够更深刻地理解现代化产业发展中的重要组成部分，以及构建现代经济体系所需的关键要素。本章基于"结构—特征—支撑"分析框架，强调了现代化产业体系的三大核心要素，即产业结构体系、特征体系和支撑体系，它们之间相互作用，共同推动着产业体系的现代化演进。现代化结构体系由多层次的产业构成，涵盖了制造业、服务业、新兴产业及未来产业等多个领域。数字实体融合、数智化、产业深度融合、绿色低碳以及开放共享等特征在现代化产业体系中得以体现，这些特征体现了现代产业体系的多元化、前瞻性和可持续性，而实体经济、科技创新、现代金融和人力资源等支撑要素则构建了现代化产业体系的坚实基础，这些要素之间相互关联，为产业的持续发展提供了关键支持。

尽管我国在近年取得了现代化产业体系建设的积极进展，但与国际先进水平相比，仍存在不足之处，现代化产业体系在我国的经济体系建设中扮演着至关重要的角色，需要得到更多的重视和深入研究。构建现代化产业体系是一项系统性工程，需要长期坚守，深入贯彻党的二十大精神，加快巩固产业支撑体系、优化产业结构体系，凸显产业特征体系，并坚决避免陷入产业现代化的陷阱。

本章案例

"智改数转"

"智改数转"并不是一个新概念，而是智能制造其中的一个新命题，即制造业智能化改造和数字化转型，是以"机器换人、数据换脑"为出发点，全面提升企业在设计、生产、管理等各环节的智能化水平。

全国范围内超过9 000家纺织工厂和60多万台织机的运行数据已经整合到一个工业互联网系统中。在上海北外滩的致景科技公司，只需点击一个大屏，就可以清晰地查看江苏吴江一台织机的实时运行状态。2022年，上海宣布首批10家"工赋链主"培育企业，并创建了30多个具有行业影响力的工业互联网平台，其中致景科技名列其中。该公司在成立的10年里，专注于利用云计算、大数据、人工智能等新一代信息技术，构建了一个面向纺织服装行业的垂直一体化数字化服务平台。针对产业链上游的生产环节，致景科技研发了"飞梭智纺"工业互联网系统，通过在织机上安装物联网设备，即使身在上海，也能准确监控千里之外的织机运行情况。当平台上的客户提出面料生产需求时,该系统可以智能地将供应商与需求方精确匹配并分派订单。

"打个比方,织布厂就好比网约车司机,可根据自身生产能力判断是否接单。"致景科技副总裁管瑞峰说,这一系统的研发,极大助力了传统纺织业降低成本、提高效率。另外,企业新开发了一款人工智能检测设备,可通过摄像头检查纺机是否断线等给布料定级。"帮助纺织这个非常传统的制造业实现数字化、智能化升级,如果我们能做到,说明工业互联网在传统领域是可以跑通的,未来还有大量的工作可做。"

据悉,通过"一链一平台""一链一标准""一链多工厂""一链多场景""一链多服务",上海首批10家"工赋链主"培育企业平均带动上下游30~40家中小企业开展智改数转。到2025年,上海将培育40家"工赋链主",带动和赋能上下游企业1 500~2 000家,目前第二批"工赋链主"的征集遴选工作正有条不紊地展开。

资料来源:制造业"智改数转"成"必答题"[N]. 经济参考报,2023-04-06(005).

复习思考题

1. 数字实体融合、科技创新引领、绿色低碳等特征如何在现代化产业体系中相互关联,共同推动经济的发展?

2. 如何利用科技创新推动现代化支撑体系的发展?请列举一些成功的科技创新案例。

3. 现代化产业体系的建设需要政府、企业和社会各界的共同参与。在你看来,政府、企业和个人各自应承担哪些责任,以促进现代化产业体系的发展?

4. 绿色低碳在现代化产业体系中的作用越来越重要。你认为如何能够在产业发展中实现绿色可持续发展,兼顾经济增长和环境保护?

5. 现代化产业体系中的数字化和智能化对产业结构和经济运行方式产生了深远影响。你认为数字化和智能化如何影响就业模式和人力资源培养?

6. 现代化产业体系的构建是一个复杂而漫长的过程。你认为在这一过程中,需要解决哪些主要挑战?有何可能的解决方案?

延伸阅读

[1] 克劳斯·施瓦布. 第四次工业革命:转型的力量[M]. 北京:中信出版社,2016.

[2] 盛毅. 中国式产业现代化的理论探索与战略选择[J]. 经济体制改革,2023(2):5-13.

[3] 于立宏,孔令丞. 产业经济学[M]. 北京:北京大学出版社,2017.

[4] 赵儒煜. 中国式现代化产业发展的特殊性与新产业革命的双重效应[J]. 社会科学辑刊,2023(3):114-124.

第三部分
产业组织篇

第六章 市场结构

在经典的产业组织理论中,"市场结构"指的是"在特定的市场或产业中,企业之间所具有的某种市场竞争关系的特征及形式"。根据这一概念,我们可以清晰地了解一种市场或产业内,厂商或企业经营所面对的市场环境。而这种市场环境,我们可以通过一些特定的指标来描述,比如市场集中度、规模经济与范围经济、进入或退出壁垒、产品差异化程度以及厂商多样化经营的程度等。

因此,本章的框架结构为:市场结构的含义及其类型、市场集中度、规模经济与范围经济、进入与退出壁垒以及产品差异化。基于此,本章将着重介绍"市场结构"的含义与类型;一般集中与市场集中的区别,以及市场集中度测定指标和影响因素;规模经济与范围经济的概念界定、类型与实现路径;厂商的进入与退出壁垒;产品的差异化等。

第一节 市场结构的类型

一、市场结构的含义

正如前言中所论述的那样,"市场"的定义有很多种,在不同的场合略有差异。它既可以指具体的交易场所,比如乡村的农贸市场、城镇的工业品市场等;也可以指那些较为抽象的,用来调节经济运行的机制,比如同计划经济相对的市场经济等。而本章所要论述的"市场",是传统产业组织理论所总结概括的,它同产品的供给与需求紧密相连,具有高度的相关性。

一种观点认为,当且仅当两种产品为完全可替代品时,才能够认为它们同属于一种市场。由于不同厂商所生产的产品或提供的服务在物理特性、消费者体验上存在差异,市场只能由单一厂商来生产产品或提供服务。但是在现实中,理性的消费者会在一种商品价格提高的情况下,购买与之相类似,价格却较为低廉的商品,哪怕这种替代品数量较为稀少。因此,这种观点被归于"窄派"。

"窄派"理论对于"市场"的定义,虽然有利于界定市场的范围,但在实际操作中,却面临着诸多问题,尤其是涉及一些反垄断调查,关乎企业或厂商切身利益时。其中较为典型的例子就是持续了六年之久的美国杜邦公司玻璃纸事件。由于美国联邦司法部控告杜邦公司在玻璃纸市场中涉嫌垄断，开具了高额罚单，而杜邦公司为了规避高额处罚，指出玻璃纸同锡纸、蜡纸等产品存在较高的需求交叉弹性，同属于柔性包装材料市场，因此，玻璃纸的市场范围就大大扩充了。美国联邦法院也最终认同了杜邦公司对玻璃纸市场的界定，而使其免予处罚。

与之相类似的，对于"市场"的界定也不能过于宽泛。因为一种产品在现实世界中总能找到其可替代品，我们不能根据任意两种产品所具有的可替代关系，就笼统地把它们归于同一市场，这样就会对市场运行造成诸多不便。首先，各国各政府所制定的关于反垄断的法律法规以及与之相配套的政策将流于一纸空文；其次，对市场过于宽泛的界定，也不利于产业组织理论者对经济社会进行局部均衡分析，以及对厂商竞争关系的分析。

在现代产业组织理论学者那里，对"市场"的界定，占据主导性的观点为同一种产品或服务以及与其相近替代品买卖关系的总和。通过这一界定，我们可以通过对两种产品或服务之间的需求交叉弹性来加以判断。基于此，若两种产品的需求交叉弹性大于0，那么我们就认为这两种产品为替代品；反之，若它们的需求交叉弹性小于0，则为互补品。当这两种产品的需求交叉弹性数值很大时，我们就认为它们同属于一种市场。此时，我们又面临这个需求交叉弹性数值的判定标准问题。这个标准就引发了相关经济学家与反托拉斯官员对特定产业的垄断程度判定上的激烈争论。

为此，英国著名经济学家罗宾逊夫人在1933年提出一个判定方法：即从一种给定的产品开始，逐步考察其替代品，以此类推，当发现这条替代品链上的产品具有明显差异时停止。她认为，这种较为显著的差异决定了产品所处市场的界限。虽然罗宾逊夫人的观点给了我们可以借鉴的判定标准，但在实际操作中，也存在一些实际问题，比如，①处于同一替代品链上的产品，未必属于同一市场；②此种定义只考察了时下的竞争，对未来可能存在的竞争并未涉及；③对"明显差异"如何精准界定等。与此同时，美国司法部的相关规定可以给我们启示：从特定的产品开始，持续加上与之密切的可替代品，当这一类产品作为整体时，具有极低的自身需求弹性，若生产这些产品的厂商合谋，会被收取明显高于某种生存水平的平均垄断加价，此时，这一类产品就被称为一个市场。

通过以上论述，我们可知，对"市场"的界定并不是一件容易的事。但当我们依据某一判定标准，并且确定了某一特定市场，那么我们就可以在此基础上定义市场结构。因此，在产业组织理论那里，市场结构是指在某一特定市场上厂商或企业所构成的市场关系的特征与形式。这种市场关系包含了以下几方面内容：卖方之间的关系；买方之间的关系；买卖双方的关系；市场中现有的买方与卖方以及潜在进入者之间的关系等。

二、市场结构的类型

（一）市场结构的四种基本类型

根据市场竞争或垄断程度的高低，现代微观经济学将市场结构划分为四种基本类型：完全竞争市场、垄断竞争市场、寡头垄断市场以及完全垄断市场。这是按照垄断程度从低往高排列的。这四种市场结构的基本特征概括如下。

完全竞争市场的基本特征主要包括：市场集中度很低、产品同质化严重、市场信息完备，不存在任何进入和退出壁垒等。通过这些主要特征可知，完全竞争市场是一种理论化的存在，在现实世界中，除了大多数农产品市场接近于这种市场状态以外，很少有市场完全具备这种市场结构所包含的特征。

垄断竞争市场的基本特征主要包括：该行业中的市场集中度较低；产业市场中虽然存在较多的企业，但是单个企业的市场占有率较低；市场势力较弱。这种市场结构中的产品在质量、外观、商标、售后以及品牌声誉等诸多方面存在一定的差异。正是由于该市场中的产品之间存在差异，使其具有一定的垄断特性，而市场中的产品又具有一定的可替代性，市场中的企业数量也比较多，进而导致市场的竞争程度也较高。垄断竞争市场的进入与退出壁垒都很低，新企业的进入和原有企业的退出都相对容易。该市场中的企业规模都不大，资本投入也很少。综上所述，垄断竞争市场是一种接近于现实世界的市场结构。

寡头垄断市场的基本特征主要包括产业中的市场集中度较高、企业数量较少等。一方面，在寡头垄断市场中，其市场集中度高是由于一些巨头企业生产和销售的产品在行业总产量中所占的比重也较高，因此该市场中的产业被少数大企业所垄断。另一方面，在寡头垄断市场中，又存在着较高的进入与退出壁垒。这是由于市场中的少数大企业在资金、技术、生产和销售规模、产品知名度与销售渠道等方面，都具有绝对的优势，因此新企业很难进入；与此同时，由于该产业内的企业生产规模较大，先期投入的资本数量也较大，停产或重新转型的成本太高。综上所述，寡头垄断市场是介于垄断竞争市场与完全垄断市场之间的市场结构，其垄断强度高于垄断竞争市场，而竞争强度又高于完全垄断市场。寡头垄断市场在现实世界中较为常见。在现代市场经济国家中，许多重要的行业部门都属于这种市场结构。

完全垄断市场的基本特征主要包括：该行业的市场绝对集中度为100%、市场上的产品没有完全可替代品、市场的进入壁垒奇高等。同完全竞争市场一样，完全垄断市场在现实世界中也很难实现，这是因为一种产品会有很多替代品，尽管这些替代品的替代程度极低或是潜在的，但这却足以成为导致市场竞争的因素。

因此，我们基本可以通过表6－1来清晰明确地比较以上四种市场结构。

表6－1　　　　　　　　四种市场结构的基本特征比较

项目	企业数量	竞争程度	垄断程度	进入与退出壁垒	市场集中度
完全竞争市场	极多	极高	极低	极低	极低
垄断竞争市场	较多	较高	较低	较低	较低
寡头垄断市场	很少	较低	较高	较高	较高
完全垄断市场	极少	极低	极高	极高	极高

(二) 主要学者对市场结构的划分

现在经济学理论对市场结构的重新划分,不仅大大增加了市场结构类型的种类,还突破了早期经济学家把市场简单划分为完全竞争市场与完全垄断市场的非此即彼的窠臼,具有重要的理论与现实意义。虽然现代经济理论对市场的划分取得了不小的进步,但在实际应用中,仍然缺少可操作性,因此这种划分还有进一步细化的必要。基于此,美国著名产业经济学家贝恩以及日本著名的产业经济学者植草益先后根据各自国家的产业市场规模与现状,通过实证研究,进一步细化了相关市场的结构,这样就使得新划分的市场结构具有更强的可操作性与实用性。

美国学者贝恩根据处于产业内前四位与后八位的产业集中度指标,将不同竞争、垄断结合的产业市场结构进行了如下划分(见表6-2)。

表6-2　贝恩的市场结构分类

项目	C_4值(%)	C_8值(%)
寡占Ⅰ型	$75 \leqslant C_4$	—
寡占Ⅱ型	$50 < C_4 \leqslant 85$	或 $85 \leqslant C_8$
寡占Ⅲ型	$35 \leqslant C_4 < 85$	$75 \leqslant C_8 < 85$
寡占Ⅳ型	$35 \leqslant C_4 < 50$	$45 \leqslant C_8 < 75$
寡占Ⅴ型	$30 \leqslant C_4 < 35$	或 $40 \leqslant C_8 < 45$
竞争型	$C_4 < 30$	或 $C_8 < 40$

注:C_4与C_8分别指在特定的市场中,拥有市场份额最大的4个或8个企业占全部市场份额的比重。
资料来源:[美] J. S. 贝恩. 产业组织 [M]. 丸善,1981:141-148.

植草益则根据日本1963年的相关统计资料,对不同市场结构进行了重新细分(见表6-3)。

表6-3　植草益的市场结构分类

市场结构		C_8值(%)	产业规模状况(亿日元)	
粗分	细分		大规模	小规模
寡占型	极高寡占型	$70 < C_8$	年生产额>200	年生产额<200
	高、中寡占型	$40 < C_8 < 70$	年生产额>200	年生产额<200
竞争型	低集中竞争型	$20 < C_8 < 40$	年生产额>200	年生产额<200
	分散竞争型	$C_8 < 20$	年生产额>200	年生产额<200

注:C_8指在特定的市场中,拥有市场份额最大的8个企业占全部市场份额的比重。
资料来源:[日] 植草益. 产业组织 [M]. 筑摩,1982:16.

第二节　市场集中度

一、一般集中度与市场集中度

在传统经济学理论中,"集中"指的是在国民经济与产业中,少数大企业占有较多资源的现象。它分为一般集中与市场集中，对它的分析测量指标也就可以划分为一般集中度与市场集中度。

（一）一般集中度

一般集中度指的是在国民经济或全部企业的经济活动中，最大的几个企业所占的比重。比如，规模最大的100家企业占全部工业企业资产总额的比重，抑或是最大的50家企业职工总人数占全部制造业职工总人数的比重等。从目前掌握的数据看，一般集中度的变化趋势不是太明确，这主要是因为我国幅员辽阔，时间跨度大、资源种类丰富，进而对企业范围和数量计算出来的结果产生了较大的影响。表6-4为我国企业500强营业收入占GDP的比重，从中我们可以窥见一斑。

表6-4　　　　　中国企业500强营业收入占GDP的比重　　　　　单位：%

项目	2015年	2016年	2017年	2018年	2019年	2020年
比例	85.2	85.4	85.7	86.2	86.1	85.9

资料来源：根据历年《财富》杂志相关数据整理得出。

一般集中度表示少数大企业的管理者对经济运行以及社会活动具有较高的影响力。这种强大的影响力容易使社会产生两方面的忧虑：一方面，经济运行对市场结构的影响会引发社会对市场有效性的担忧。但在这里需要特别说明的是，一般集中未必会引起市场集中，换言之，也就是一般集中度较高并不代表市场竞争程度的降低。另一方面，一般集中度的提高，有可能造成对民主政治的冲击。

（二）市场集中度

在传统的产业组织理论中，市场集中度是反映市场竞争与垄断程度最基本的概念与指标。而市场集中度则是指市场中买方与卖方各自的供求规模及其分布状况。

由于市场是由买方与卖方构成的，因此市场集中度也相应地包括买方集中度与卖方集中度。鉴于买方集中度仅包括一些特殊的产业，而这些产业的规模及其分布的资料难以统计与测量，加上大多数产业中买方相对分散，单个或者少数买者并不足以影响市场运行的最终结果，因此，产业组织理论对市场集中度的研究主要集中在卖方集中度方面。

市场集中度主要用来描述一定市场内买家或卖家的规模结构。比如，在汽车领域，销售业绩处在前几位的几大汽车生产厂商的市场占有率以及一些市场占有率低的企业数目等。由于市场集中度主要反映的是特定市场集中程度的指标，因此它同市场上垄断能力的逐步提高存在密切相关性，基于此，产业组织理论往往把市场集中度看作影响与决定市场结构的首要因素。

（三）一般集中度与市场集中度的比较

市场集中度对市场的竞争态势产生直接作用，而一般集中度则是通过市场集中度这一媒介间接地对市场中的竞争状态产生相应的影响。鉴于此,早期的产业组织理论者过多地关注市场集中度而非一般集中度。随着研究的深入,他们发现,假定市场集中度不变,由于企业的生产多元化、经营的系列化程度加深,会提高一般集中度,也会对市场的竞争状态产生影响,因此,现当代的产业组织理论者也越来越多地开始关注对一般集中度的研究。

二、市场集中度的测定指标

厂商的数量与规模在不同的行业、不同的历史发展时期,乃至不同国家的同一产业内部,都不尽相同。而集中度则是假设厂商数量或规模能够真实反映出市场力量的集中程度。

(一)判断市场集中度指标优劣的标准

一种市场集中度指标如果能够恰当反映出市场力量的集中程度,那么我们就认为它是优良的,可以作为参考。产业组织理论者为我们提供了一些易于操作的市场集中度测算方法。

豪和泰德曼(Hall and Tideman)[①] 提供了六种判断指标。这些指标主要包括:一维指标;需独立于产业规模;若规模较小企业的市场份额向较大企业的转移时,将有利于提高集中度,也就是符合转移原则;假设厂商都被平均分为 k 个大小相同的部分,那么集中度指标将下降 1/k;假设市场中有 n 个大小相同的厂商,那么集中度则是 n 的减函数;集中度的指数在 0 到 1 之间。

罕拉和凯(Hannah and Kay)[②] 也相应提出了七种判定标准:i 个最大企业的市场总份额提升将提高市场集中度;转移原则的成立,即市场份额逐渐从规模较小的企业向规模较大的企业集中,相应地市场集中度也在提高;一些规模低于一定标准的企业进入,会降低市场集中度;市场集中度会随着兼并潮的来临而逐渐提高;市场集中度会随着消费者随机更换产品而逐渐降低;新进入企业的规模越小,则其对整个市场的集中度影响也就越小;市场集中度的提升也会受到企业在发展中随机因素的影响。

(二)市场集中度指标

1. 综合反映企业数量和资源份额非均等的指标

(1)绝对集中度指标。绝对集中度被称为最基本的市场集中度指标。它是由在生产、销售、资产份额以及职工总数占其市场比重位于前几位的企业,它们的规模占总市场份额的比重。其计算公式为:

---

① M Hall, N. Tideman. Measures of Concentration [J]. Journal of the American Statistical Association, 1967 (62): 162 – 168.

② L. Hannah, J. A. Kay. The Concentration of Mergers to Concentration Growth: a Reply to Professor Hart [J]. Journal of Industrial Economics, 1981 (29): 305 – 313.

$$CR_n = \frac{\sum_{i=1}^{n} X_i}{\sum_{i=1}^{N} X_i} \tag{6-1}$$

其中，CR_n 代表在市场中规模最大的 n 家企业的市场集中度，n 通常在 4 至 8 之间，最为常见的是 CR_4，即规模最大的 4 家企业所占的市场份额；X_i 则是资源份额按照从大到小排列，处在第 i 位的企业所占的销售、资产等的份额以及职工总人数情况；N 为市场中企业的总数；$\sum_{i=1}^{n} X_i$ 则表示处在排序前 n 位的企业的生产、销售、资产份额等以及职工总人数的情况。从公式可知，CR_n 的数值越接近于 0，则意味着规模最大的 n 家企业所占市场的份额很小；与之相反，CR_n 的数值越接近于 1，市场集中度就越高。

不过，绝对集中度指标也有其内在的缺陷，因为它仅仅反映了该行业内规模较大的几家企业的市场集中度情况，单凭这一指标还不足以完全真实地反映行业内部企业的规模分布情况。具体情况如表 6-5 所示。

表 6-5　　　　　　　　两个产业中最大的 4 家企业的市场份额

项目	企业 1	企业 2	企业 3	企业 4
产业 A	0.80	0.05	0.03	0.02
产业 B	0.25	0.23	0.22	0.20

由表 6-5 提供的数据可知，两种产业的 CR_4 均为 0.9，数值相同，也就是市场集中度相同。但在产业 A 中，存在一个主导产业，它的市场份额高达 0.8，其余所占的份额都很小；而在产业 B 中，每个企业的市场份额都大体相当，CR_4 也未揭示出哪个企业处于主导地位。

综上所述，我们可以参考贝恩提出的市场集中类型来进行比较分析。详细情况如表 6-6 所示。

表 6-6　　　　　贝恩对产业垄断和竞争类型的划分与实例（美国）

类型		CR_4	CR_8	企业总数	产业分布
极高寡占型	A	>75%		20 家以内	汽车
	B	>75%		20~40 家	卷烟、电灯
高集中寡占型		65%~75%	>85%	20~200 家	轮胎、洋酒
中（上）集中寡占型		50%~65%	75%~85%	较多	粗钢、钢琴
中（下）集中寡占型		35%~50%	45%~75%	很多	肉类制品
低集中寡占型		30%~35%	40%~45%	很多	面粉、水果
原子型		<30%		很多但不集中	纺织

日本的产业理论学者越后和典，根据其国内的实际情况，并结合贝恩提出的产业分类，把日本国内的产业垄断与竞争类型划分为五种类型，如表 6-7 所示。

表 6-7　　越后和典关于日本产业市场集中度的分类

类型	CR$_n$	
A 型（极高寡占产业）	CR$_1$ > 70%	
B 型（高寡占产业）	CR$_3$ > 80%，CR$_5$ = 100%	B$_a$型：CR$_1$ > 50% B$_b$型：B$_a$以外的情况
C 型（中寡占产业）	CR$_{10}$ ≥ 80%	C$_a$型：CR$_1$ ≥ 35% C$_b$型：C$_a$型以外的情况
D 型（准中寡占产业）	CR$_{10}$ > 50%	
E 型（低集中产业）	CR$_{10}$ < 50%	

（2）H.H.I。H 指数是另一种测度市场集中度的标准，它最早由赫希曼与赫菲德尔提出，因此又被称为 H.H.I（A. O. Hirschman – O. C. Herfindahl Index）。其计算公式为：

$$H.H.I = \sum_{i=1}^{n} \left(\frac{X_i}{X}\right)^2 = \sum_{i=1}^{n} S_i^2 \tag{6-2}$$

其中，X 表示该市场的总规模；X$_i$ 表示 i 企业的规模；S$_i$ = X$_i$/X 表示第 i 个企业的市场占有率；n 表示该产业内的企业总数。

（3）E.I。E 指数（Entropy Index）也被称为熵或埃思塔罗比指数，它也是用来测度市场集中度的指标之一。其计算公式为：

$$E.I = \sum_{i=1}^{n} S_i \log \frac{1}{S_i} \tag{6-3}$$

在这个公式中，我们可以参同 H 指数的计算公式。即 S$_i$ 的定义与 H 指数相同。若市场的集中度越接近于垄断或寡占，E 指数就越大。反之，若市场越接近于完全竞争状态，E 指数就越小。

综上，我们可知 E 指数就是一种形式简单的 HK 指数。罕拉和凯（Hannah and Kay）[①] 指出，这种企业市场份额的严格凸且对称的函数均能满足他们提出的七种判定标准，为此他们希望用一些较为简单的凸函数来表示，这就是 HK 指数的一般形式：

$$HK(\Theta) = \sum_{i=1}^{n} (S_i^\theta)^{1/(1-\theta)} \tag{6-4}$$

此公式也基本符合阿德尔曼（Adelman）[②] 的要求，即市场集中度的改变等于 p 个规模相当的企业转换为 q 个相同规模的企业。不过，θ 的标准不好判定。虽说 θ 的大小不影响 p、q 的大小，但它对大企业相关集中指数的影响起着决定性作用，也决定着集中指数的范围。

表 6-8 利用上述各种产业集中度指标计算了我国制造业平均集中程度。而表 6-9 则显示，同发达国家相比，我国制造业平均集中程度还比较低。

[①] L. Hannah, J. A. Kay, The Concentration of Mergers to Concentration Growth: a Reply to Professor Hart [J]. Journal of Industrial Economics, 1981 (29): 305–313.

[②] M. A. Adelman, Comment on the 'H' Concentration Measures as a Numbers Equivalent [J]. Review of Economics and Statistics, 1969 (1): 99–101.

表6-8　1995年中国制造业平均集中度比较（按销售额计算的产业比例）

项目	>80	(80, 60)	(60, 40)	(40, 20)	<20
CR_4	3.4	6.5	11	19.4	49.7
CR_8	8.1	9.6	17.9	34.7	29.7
	>3 000	(3 000, 2 000)	(2 000, 1 000)	(1 000, 500)	<500
H.H.I	2.9	2.9	9.2	10.4	74.6
	>3.0	(3, 2.5)	(2.5, 2)	(2, 1)	(1, 0)
E.I	5.4	20.3	29.4	38.4	6.5

资料来源：魏后凯. 中国制造业集中状况及其国际比较［J］. 中国工业经济, 2002（1）: 41-49.

表6-9　1995年中国与主要国家制造业平均集中度比较（按销售额计算）

项目	中国	美国	美国	日本	法国	英国	德国
年份	1995	1963	1992	1963	1963	1963	1963
产业数	521	417	456	512	204	214	200
平均CR_4	27.4	38.3	40.3	37.5	42.4	58.2	53.6
销售额加权CR_4	20.1	40.9	40.2	35.4	33.1	58.4	42.8

资料来源：魏后凯. 中国制造业集中状况及其国际比较［J］. 中国工业经济, 2002（1）: 41-49.

（4）R.I。还有一种测度市场集中度的指标，因被称为罗森布拉斯指数（Rosenbluth Index），所以简称为R.I，其计算公式为：

$$R.I = 1/(2\sum_{i=1}^{n} i S_i - 1) \quad (6-5)$$

在此式中，S_i的定义可以参照H指数。不过其与H指数正好相反，R.I能够敏感地反映出市场份额较小的下位企业群的变化。

（5）C.C.I。最后一种测度市场集中度的指标为包括性集中指数（comprehensive concentration index），即C.C.I，其计算公式为：

$$C.C.I = S_i + \sum_{j=2}^{n} S_j^2[1+(1-S_j)] \quad (i=1, j=2,3,\cdots,n) \quad (6-6)$$

2. 单纯使用市场份额非均等指标

相对集中度是用来反映产业内企业规模分布状况的市场集中度指标，通常用洛伦兹曲线与基尼系数来表示。

（1）洛伦兹曲线。洛伦兹曲线用来表示市场占有率同市场中由小企业到大企业的累积百分比之间的关系，如图6-1所示。

由图6-1可知，横轴表示的是从小企业开始逐渐累积的百分比，即市场占有率；纵轴则表示这些企业的销售额占整个市场的份额，即市场占有率。洛伦兹曲线则反映的是产业内部企业的市场规模分布情况。在一定的市场中，当其中的企业规模完全相同时，洛伦兹曲线则与均等分布线完全重合；当企业的规模不相同时，洛伦兹曲线则处在均等分布线的右下角区域，企业的规模越不相同，洛伦兹曲线就越偏离均等分布线。

（2）基尼系数。基尼系数用来表示居民收入的不平等，它建立在洛伦兹曲线的基础之上，也可以用来反映市场集中度的情况。因此，基尼系数就可以表示为图6-1中灰色曲线与橙色直线之间的面积，同以均等线为斜边，横轴为直角边所构成的三角形的面积之比，具体的计算公式为：

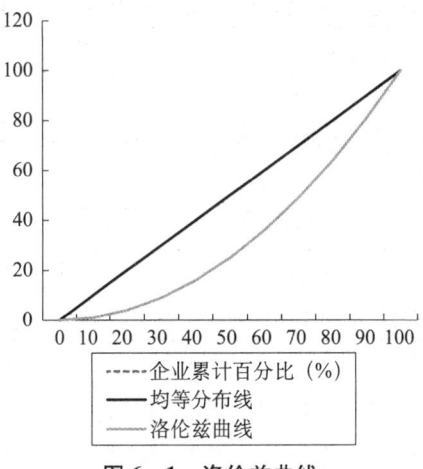

图 6-1 洛伦兹曲线

$$\text{基尼系数} = \frac{\text{均等分布线与洛伦兹曲线之间的面积}}{\text{均等分布线以下的三角形面积}} \tag{6-7}$$

从上述公式可知,基尼系数的数值必然在 0 至 1 之间。若基尼系数等于 0,就说明市场中所有的企业规模均相同;相反,随着基尼系数的不断增大,橙色曲线与灰色曲线之间的面积也随之增加,那么,市场中企业规模的大小就越不相同。

3. 单纯测量企业数量的指标

我们也可以通过把企业数量作为反映竞争与垄断程度的一个较为粗糙的指标,只不过人们在现实中很少这样使用。不过有些学者则把企业数量的倒数即 $1/n$ 作为最小的集中程度 (C_{min})。这样运算的前提条件是假定企业的数量同集中程度存在非线性关系,而且 $1/n$ 也同集中程度逆向运动。

4. 反映共谋潜力的指标

(1) 绝对集中度差分:MCR_8。米勒(Miller)[①] 等提出了边际卖方集中度即边际集中度的概念。用来表示第五到第八位的企业累积份额。这种概念的前提是,他们认为 MCR_8 越大,企业之间共谋的机会就越少,共谋所产生的效果就越差。

(2) 相对集中度差分:MCR_8/CR_4。假如 CR_4 有所不同,那么相同的 MCR_8 的影响就会有较大的差异。随着 CR_4 的不断提高,MCR_8 也会逐步提高,从而 MCR_8/CR_4 就可以看成与共谋潜力反方向的运动。但是在现实中,CR_4 对 MCR_8 的影响颇深;假定 CR_4 很高或很低时,即集中程度处在两个极端,那么 MCR_8 就会呈现很低的情况,这样 MCR_8/CR_4 就没有什么实际意义了。

---

① R. A. Miller, Marginal Concentration Ratios as Market Structure Variables [J]. Review of Economics and Statistics, 1971 (8): 289-293.

三、影响市场集中度的主要因素

(一) 影响市场集中度的主要因素

一个产业的市场容量以及企业规模的相对关系决定了该产业市场集中度的高低,鉴于此,市场容量与企业规模,成为决定市场集中度变化的主要因素。

企业对规模经济的追求是企业规模扩大的最基本动因。任何企业或卖方都会在竞争的强大压力下,尽可能地把自身的企业规模扩大到单位产品的生产成本与销售费用能够达到的最小水平,即最优规模的水平。因此,每个追求利润最大化的企业都在不约而同地追求着规模经济。但是,在现实中,每个产业的市场容量是有限的。有限的市场容量加之每个企业都在追求规模经济,势必造成市场的激烈竞争,从而产生兼并以及企业总数的减少。而在不同的产业中,企业能够利用的规模经济可能性存在差异,这就造成各个产业能够充分发挥规模经济所必需的最低限度的企业规模,即所谓的最小最优的规模也不尽相同。假定一个产业的市场容量较小,而它的最小最优规模又比较大,那么该产业就很容易形成寡占甚至垄断的局面。

不过根据贝恩对美国20个产业所进行的调查研究却表明,一半以上的产业,处在它们前4位的最大规模的企业,其平均规模都没有处在最小最优的规模之上。与此同时,日本学者植草益在研究日本国内产业的市场机构后,得出了与贝恩相似的观点:日本大多数寡占产业的企业规模,都比其最小最优规模大许多。这就说明,影响企业规模的因素并不仅有我们一般认为的规模经济,还有其他因素对其产生影响。

这些影响因素中,既包括能够提高集中程度的,也包括制约集中产生的,具体如下所述。

1. 垄断动机的影响

每个企业都有通过垄断来追求垄断利润的动机。鉴于此,每个企业都有通过竞争来减少竞争对手、巩固和扩大本企业在市场中的占有率以及限制产业内竞争的行为。为了追求最大利润,企业往往采用掠夺性的降价行为、具有限制条款的交易行为以及默契地共谋等强制性行为,以达到兼并、控股的结果。与此同时,企业为了实现产品差异化以及提高进入壁垒所采取的手段,都会对企业规模的扩大以及卖者集中产生一定的影响。

实现产品差异化的手段主要包括产品的广告宣传、内部流通领域的控制等;而提高进入壁垒的手段则有企业的技术、专利、资源垄断以及进入阻止价格的设定,还有就是同金融界的稳定关系等。如此种种,当企业实现了在一种产业内的垄断地位,它为了追求垄断带来的超额利润,往往会采取各种手段把企业规模定在最小最优的规模之上,因为在垄断条件下,企业规模的扩大并不会带来单位成本的上升进而产生规模不经济。有时哪怕企业规模的巨大化会导致规模不经济,但垄断所带来的超额利润，也会适当弥补这种损失，企业就会进一步通过合并等手段提升自身的企业规模。

2. 国家政策与法制因素的影响

在现实市场中，一些因素会促进市场集中度的提高，但有些因素却在限制或者阻止市场集中的出现。这在政府的政策与法制因素中表现得格外显著。最让大家熟悉的反托拉斯法就是一种国家层面的、为了维护竞争关系所制定的相应政策。这在一定程度上被看作影响垄断或竞争的一种因素。与此相类似的还有保护中小企业合法权益的法律法规，也在一定程度上限制了过度集中的出现。

并不是所有的国家政策都在限制垄断与集中。与限制垄断的反托拉斯法相反，一些为了优化产业的政策客观上促进了集中的发生。最经典的莫过于各种专利法，因此专利法也被看作是为了维护技术垄断的法律。众所周知，专利法有利于保护企业已有的专利垄断优势，客观上提高了市场的进入壁垒。而关税、非关税贸易保护政策乃至各种限制外资进入的法律法规，则在客观上提升了国内市场的集中度。凡此种种，还包括一些诸如政府订单、采购等方面的优惠政策以及生产许可证制度，也是提高市场集中的因素。

3. 市场容量变化的影响

市场集中度的变化还受到市场容量变化的影响。一般情况下，市场容量的增大，会降低市场集中度。随着经济的发展，市场也在不断扩张之中，一方面，这种扩张抵消了企业兼并与大企业规模扩大形成的集中趋势；另一方面，又使得产业内的中小企业以及新进入的企业获得了成长的机会，从而使得市场的集中程度下降。与此相反的是，当经济发展停滞或者市场规模萎缩时，市场的集中程度往往会提高。这是因为一些中小企业在激烈的市场竞争中败下阵来，被大企业所兼并，另一些新进入的企业获利减少，纷纷退出该市场。这就使得该市场的企业数目下降，造成集中度的提升。

(二) 影响市场集中度变化的主要因素

在现实世界中，影响市场集中程度变化的因素还有很多，概括起来说，主要包括以下几点：进入时机以及发展的机会；技术原因以及相应的政策法规（反垄断法、生产许可证、规制政策等）；企业的发展战略（包括兼并、限制性行为、产品差异化等）。

在现实世界中，并不存在一种适合所有产业集中演变的趋势。一般情况下，较为成熟的产业，其市场集中度较为稳定，变化不明显；而新兴的产业，其市场集中度变化就比较大，不太稳定。

集中程度的变化，我们可以通过产品款式变化、产业差异化以及广告支出这三个相互关联的指标来解释。而对产业集中度变动的实证研究目前还不是太完善，反映产业集中程度变化的回归模型也还存在着变量识别等问题。

综上，大量的、跨产业的数据并不能让我们对产业集中度的变化影响因素产生新的认识。而案例研究及其相近的原因分析有的时候却能带来更好的效果。

第三节　规模经济与范围经济

一、规模经济与范围经济的定义

(一) 规模经济的定义及衡量指标

在传统的经济学理论中,规模经济被定义为:在一定技术水平的约束下,生产一单位产品的成品,无论其为单一产品还是复合产品,在一定的区间内,都存在生产的平均成本递减的情形。因此,规模经济被看作对市场结构有重要影响的因素之一。它的出现,是企业作出下一步规划的重要参考因素,这样也会使得企业能够找出维持其生存的最小经济规模。随着企业规模的扩大,企业的成本变动同规模经济息息相关。

我们还可以通过要素的投入产出比例关系来对规模经济加以定义。按照这种理解,我们可以认为规模经济即与投入增加同步,产出增加的比例远超过投入增长的比例,但是单位产品的成本却随着产量的增加而下降。这种情况在经济学当中又被称为规模收益(规模报酬)递增;与之相反,若在投入增加的同时,产出增长的比例未高于投入的比例,单位产品的生产成本也随着产量的扩大而有所上涨,因此,我们就把其称为规模报酬递减或者规模不经济。若投入、产出比例相同,那么我们就称之为规模报酬不变。

函数系数(function coefficient,FC)是反映规模经济的一项基本指标,它表示平均成本与边际成本的比率,其公式为:$FC = AC/MC$。

成本弹性为产量变化1%所能引起的相应成本变化的百分比,因此,函数系数FC同成本弹性有着直接联系,其计算公式为:

$$\rho = \frac{\Delta C/C}{\Delta Q/Q} \qquad (6-8)$$

由公式可知,成本弹性同函数系数互为倒数。当 $FC > 1$ 或 $\rho < 1$ 时,存在规模经济;当 $FC = \rho = 1$ 时,存在规模收益不变;当 $FC < 1$ 或 $\rho > 1$ 时,就存在规模不经济。

(二) 范围经济的定义

范围经济指的是企业的生产成本随着经营范围的扩大而降低。由此我们可知,企业的范围经济同规模经济密切相关。

除了上述纯文字表述外,范围经济还可以用成本函数来表示。经济学家一般使用平均成本函数的下降来定义规模经济,范围经济一般采用相对总成本来定义,即:一家企业为一个整体,其所生产所有种类产品的总成本,若该企业后来分化出两个及以上的企业,总成本为其相对数。

我们假设 TC（Q_x，Q_y）为公司生产 Q_x 单位的产品 x 和生产 Q_y 单位的产品 y 的总成本，这样范围经济就可表示为：TC（Qx，Qy）< TC（Qx，0）+ TC（0，Qy）。通过这个公式我们可知，一个企业同时生产 x 和 y 两种产品，比由两个企业分别生产 x 与 y 两种产品的总成本要小。范围经济贯穿于产品生产的始终，从原材料的购置、投入再到产品的生产以及最终销售阶段。

根据钱德勒[①]的观点，规模经济为生产或销售单一产品的一家企业，其经济效益是由规模扩大引起的单位成本下降而带来的；而范围经济则是指单一企业生产或销售多种类的产品，进而产生的经济效益。据此我们可知，规模经济与范围经济均是根据生产产品的种类不同而划分的，二者都表明存在生产效率的提升与单位成本的下降。

钱德勒还认为，无论是规模经济还是范围经济，不仅能降低生产成本，还能降低交易成本。他所指的交易成本是指生产出的货品从一家生产单位转移至另一家生产单位所耗费的成本，这种交易被称为产权的转移。若在一个企业内部完成这种交易，则可以由会计程序来完成，这就使得交易成本大幅度下降。我们可知，规模经济同范围经济一样，都与这些企业内部颇有效率地使用设施与技术密切相关。钱德勒这一思想的卓越贡献在于，突破了新古典经济学家把企业只当作生产函数来看待，忽视了企业内部的组织结构对生产经营效率的影响机制。威廉姆森等新制度经济学家的相关理论深受钱德勒的影响。威廉姆森正是沿着钱德勒这一重要思想，重新认识了规模经济、范围经济尤其是交易成本与垄断等，极大地丰富了产业组织理论。

二、规模经济的类型

（一）工厂水平的规模经济

规模经济这一概念最初是从设备、生产线以及技术工艺等角度提炼出来的，因此这种个别生产过程的规模经济就被称为工厂规模经济或者生产技术性的规模经济。具体指的是，企业的规模足够大，与此同时，能够通过较为先进的技术以及更加专业化与智能化的设备来实现标准化与专业化的施工，进而实现大规模生产，这就使得单位成本下降。我们一般认为的规模经济大多属于这一范畴。

规模经济产生的原因我们可以从工厂的内部与外部两个方面来进行讨论。

从内部方面来看，工厂水平的规模经济产生的原因主要有以下几点。

（1）由分工专业化产生的利益。亚当·斯密早在其《国富论》一书中就提出了分工的专业化可以产生规模经济这一著名论断。他认为，随着工厂规模的不断扩大，每一个劳动者都比前代工人从事更加细化的工作。这种专业化的分工，能够使劳动者在简单又易于操作的工作中熟能生巧，提高生产效率，避免了从一

---

① 小艾尔弗雷德·D. 钱德勒. 企业规模经济与范围经济[M]. 北京：中国社会科学出版社，1999：19.

种工作或操作向另一种工作或操作转变时造成不必要的时间损失。这种分工的细化、专业化，就使得机器设备也具有了更加专业化的趋势与特性，连续而又有序的生产也应运而生。

（2）提高了管理效率。一个工厂在大规模生产的推动下，通过先进通信工具与管理设备，管理者比以往管辖与监督的范围有所扩大，这样，平摊至单位产品上的管理费用就随之降低了，从而提高了管理的效率。

（3）建设费用得到节省。这是由于技术上或物理规律方面的原因。企业通过大规模生产，在先进技术的积极影响下，相关机械装置等得到充分利用，从而减少了一些不必要的重复建设，节约了建设费用。

不过工厂水平的规模经济也存在着一定的界限，如若超过这一界限，将会导致规模不经济。

从外部因素方面看，影响工厂水平规模经济的重要因素包括外部成本与学习曲线。

一方面，运输成本这一外部成本对工厂水平的规模经济影响很大。一些特定的产业，比如水泥、砖瓦巨石以及牛奶饮料等，这些产品的重量过重或者过轻，运输成本对企业来说更为重要，销售的市场只能在周边很小的范围之内。那么其运输成本相较于生产成本而言就不那么贵重，反之，市场的分布范围较广时，运输成本将随之提升，进而影响生产的总成本。

另一方面，学习曲线也会对工厂水平的规模经济产生影响。学习曲线与时间相关联，是从动态角度进行分析的，而我们在前面表述的相关影响因素大多是从静态角度来进行分析。从新产品的设计研发，到最终的生产交付，学习过程贯穿始终。随着新工艺的引进、学习的深入，劳动者的生产效率大大提高，机器设备与工艺流程也将达到最佳的状态。总产量水平比平均成本有所下降，这就是学习过程的生动再现。而在现实世界中，学习过程广泛存在于各行各业当中。

（二）多工厂水平的规模经济

多工厂水平的规模经济可以表述为：生产同一种产品，或使用同一条生产线，甚至产品生产过程的不同阶段，当它们联合起来形成一个经济实体或企业时，经营规模得以扩大。我们称前一种联合为水平联合，后一种则为垂直联合。无论是水平联合还是垂直联合，这种性质的规模扩大多会产生出比分散经营更多的效益。

由上述表达可知，一个厂商通过复刻单一生产方式的方法使其规模增加，此时，随着企业规模的扩大，单位产量的生产成本就会有所下降。因此，长期成本曲线为短期成本曲线最低点的包络线这一经典理论就随之诞生。由此可以得出，规模不经济是由长期成本曲线高于某一最低点时，成本上升所致。

多工厂水平规模经济的产生基于以下两点原因。

（1）工厂所能达到的技术水平。企业的生产经营范围随着规模的扩大与缩小必然会发生相应的改变，此时多工厂的成本曲线也将会发生变动。随着企业经营范围的扩大，复刻相似产品时工厂所需的费用就随之降低。无论怎样，管理成本必然随着企业规模的扩大而增加。若此时规模经济带来的收益无法抵消管理成本的增加，那此时规模的增加所带来的利润就随之减少了。这在前期的投入研发、中期的市场调研以及后期的广告宣传中同样存在。

（2）货币收益。多工厂水平的企业可以通过规模上的优势，在采买原材料时，具有较强的谈判能力，进而压低采购成本。基于此，多工厂水平企业的前期投入成本会大大降低。这种货币收益从最初的融资，到广告宣传以及技术研发，企业都能够获得。

（三）单一产品的规模经济

规模经济同样适用于单一产品。企业在生产单一产品时，单位成本随着生产规模的增加而降低，直到平均成本的最低点为止。这是由生产技术所达到的，即为了实现规模经济所要具备的最低生产能力。单一产品规模经济的产生，是由产品生产的分工与专业化等决定的，这既提高了生产者的操作效率，也减少了活动与物化劳动所造成的必要消耗，最终提高了经济效率。

单一产品的规模经济并不是无限的，而是有一定限度的。我们假设企业相关投入要素的组合比例维持不变，单一产品之所以能够产生规模经济，是由于企业在生产、运输等方面节约了费用，降低了单位产品的平均成本。若平均成本达到最低点时，单位产品的平均成本会随着投入的增加、规模的扩大而上升，从而产生规模不经济。因此，找到单位产品的平均成本最低点至关重要。

（四）小结

综上所述，工厂水平、多工厂水平和单一产品的规模经济是紧密联系在一起的。单一产品规模经济是另外两种规模经济产生的物质基础；工厂水平的规模经济是企业规模经济的最低水平；一定规模大小的企业，其规模经济则是该产业有所发展的组织保证。而在现实当中，多工厂水平的规模经济则是企业组织存在的普遍特征。鉴于此，多工厂水平的规模经济或企业规模经济在现实中是最具代表性的。

三、最佳企业规模及其确定

（一）规模不经济及其产生原因

虽然企业规模扩大是实现规模经济的一个重要前提条件，但这并不能够说明随着企业规模的扩大，规模经济所获得的收益就一定越高。但是规模经济的取得是在一定的范围之内，如若在这个范围之内，那么随着规模的扩大，一定会带来经营成本的下降，进而实现规模经济；不过如若超过这一范围，那么随着规模的扩大，企业的平均成本将会上升，从而形成规模不经济。

而造成规模不经济的主要原因如下。

首先,生产技术方面的制约。设备与劳动者分工与专业化的实现是规模经济的一个重要来源。不过,这种分工与专业化的实现并不是无限的。企业规模一旦达到一定的规模水平,无论设备与工人的专业化与分工怎样提升与细化,都很难再进一步发展。这是因为,最强大、最专业化的机器设备以及其他投入要素都已经被充分利用,而无任何潜力可挖,过度的专业化分工又使得工人与机器很难适应新的生产技术的变化;此外,生产设备之间的技术性衔接也会限制企业规模的进一步扩大。

其次,企业规模的扩大势必会带来管理难度的增加。根据斯蒂格勒[1]的观点,规模收益会随着大企业管理难度的降低而逐渐下降。随着企业规模的扩大,报给中央决策需要提供的信息以及执行这些决策所必需的批准手续,将会随着行政机构的逐渐提级而越来越正规。机构的逐渐庞大势必影响其灵活性,即政策不能经常变更,还需进行更加细致与优化的控制。

最后,随着企业规模的扩大,企业所面临的风险也随之增加。企业在生产经营中会面临一定的风险,而且这种风险会与企业规模扩大同方向变化。这种风险主要有来自市场、生产与自然的风险。随着企业规模的不断扩大,产品数量随之增加,会对市场销售提出更高的要求,但是企业产品的销售却受到市场走势、国家宏观调控以及消费者偏好等因素的很大影响,从而面临诸多不确定因素[2]。

由于企业规模的扩张过大,会导致规模不经济,因此如何确定企业的最佳经济规模或者最低经济规模(MES)就迫在眉睫。

(二)最低经济规模的估计方法

产业经济学家提出了多种方法来确定最低经济规模。其中就包括著名的产业组织专家谢勒尔(F. M. S. Sherer),他归纳总结了一些方法,主要包括工程法、利润率分析法、统计成本分析法以及适者生存检验法等[3]。

1. 工程法

工程法是通过收集相关专家(工程师或经理)有关单一产品或多工厂水平成本曲线的斜率与最优规模的建议,从而计算出最低经济规模的估计量。

2. 成本法

成本法是通过已有的数据资料,计算分析出可能的成本曲线,这些成本数据可以是同一时间多家厂商的,也可以是一家厂商不同时间的。

3. 生存法

生存法并非根据某些专家的意见所得,而是在实际工厂规模变动趋势的分析基础之上计算而得出的最低经济规模。

---

[1] 乔治·J. 斯蒂格勒. 价格理论 [M]. 商务印书馆 1992:153 - 154.
[2] J. M. 布雷尔. 经济集中:结构、行为和公共政策 [M]. 1974:94.
[3] 于立,王询. 当代产业组织学 [M]. 东北财经大学出版社 1996:70 - 71.

四、规模经济、范围经济的实现

(一) 产业技术、市场因素与规模经济、范围经济的实现

从经济学的意义上看,规模经济的产生与生产部门的性质息息相关。生产的不可分性是规模经济产生的重要原因。不可分性就表示一些投入无法按照一定比例缩小到最低水平,在产出比较小时也依然如此。生产所需要的固定成本一般包括专有设备、研究开发的成本、培训成本以及建造生产线所发生的必要成本等。资本密集型企业大多存在生产的规模经济,即固定资本成本占总成本的比重非常大。因为工厂与流水线是不可分割的,如若生产是资本密集型的,那么产品中的平均总成本就包含了大量的固定成本。此时只需少量的费用花费,即可充分利用现有的设备来增加产出,进而导致平均成本的下降。但是对于生产成本主要由人工或原材料构成的劳动密集型产业而言,因为人工与原材料的可分割特性,它们能够随着产量的变化而变化,那么就存在总平均成本并未随着产出的变化而变化这一情况,此时规模经济就不那么明显了。因此我们认为,规模经济与范围经济可理解为在生产过程中产生的技术与工艺现象。

规模经济与范围经济的实现还同企业的技术条件与市场交易密切相关。基于此,一些学者通过对西方主要发达国家的研究,深入探讨了其企业的规模经济与范围经济的状况,得出了如下结论:生产技术的不同,带来了不同的规模经济与范围经济。因此,利用范围经济来进行生产,那么在各个产业中所产生的效益不尽相同。与此同时,在某一行业中,在一定的时期内,因为受到市场容量的限制,能够以最低经济规模生产的企业,其数量也不会太多。若企业采用最新技术、以最低经济规模建立的厂房,其产量超过了市场容量,我们就可以认为其单位生产成本比紧密按照最低经济规模生产要高,产量则为市场容量能够允许的最高数量工厂的成本。

交易成本概念为我们认识企业规模的边界问题提供了全新的思路。在现代寡头垄断行业集中的大企业中,由于多工厂水平企业采取纵向或者混合联合措施,使得大企业所占的比例较高。由于在这些大企业中,用来投入、产出以及销售等方面的信息收集需要大量的资金,而且与相关机构与部门相协调也产生了大量的交易成本。这时,企业规模不仅由生产成本所决定,还需包括交易成本。交易成本成为决定企业适度规模更为重要的因素。科斯[1]关于交易成本影响企业扩张作了如下论述:"企业的扩张将止步于企业组织内部产生了一笔额外的交易成本,即通过在公开市场上完成同一笔交易的成本或在另一个企业中组织同样的成本为止。"

---

[1] 罗纳德·哈里·科斯. 论生产的制度结构 [M]. 盛洪,陈郁,译. 上海:上海三联书店,1994:10.

(二) 市场结构以及规模经济与范围经济的实现

在概念界定上，规模经济同企业规模不甚相同，但它同企业规模联系紧密，往往产生于规模较大的企业生产与经营中。市场竞争从动态过程来看，对于一个特定的部门，某一时期的市场容量是一定的，各个企业为了提升市场份额进行着激烈的竞争。在激烈的市场竞争过程中，大企业兼并中小企业，最终使得市场形成只有少数几家大企业主导竞争的格局，这就提高了市场的集中度，奠定了垄断市场格局。如此，企业在不断扩张规模以提高其市场占有率的过程，也是企业逐步实现规模经济与范围经济的历程。由此我们可知，垄断结构的形成，同规模经济与范围经济紧密相关。为了达到市场垄断，企业只有通过兼并的方式来实现，而规模经济与范围经济则是实现企业兼并的动因之一。

在寡头垄断市场中，包含了实现规模经济与范围经济所具备的技术与工艺特征：首先，只有在寡头垄断市场中，企业才能更好地实现专业分工与协作。这些大企业内部的分工与协作，乃是实现规模经济的重要途径。而在寡头垄断市场中，由于企业的规模普遍偏大，比之完全竞争市场中的企业，更有企业发展出专业化的分工与协作，进而提高生产的效率。亚当·斯密举了一个生动的例子来阐明这一道理，即扣针制造业的劳动分工，他认为分工会大大提高生产效率。

其次，处在寡头垄断市场中的企业更易采买和使用更为高效的专业设备。更为专业、大型的设备，才能使得规模较大的企业实现批量生产，这样会大大降低生产成本。也正因如此，对规模经济的心向往之，乃是企业进行规模扩张的重要动因之一，尤其是在那些石油、化工、钢铁、水泥等重工业表现得尤其明显。这就可以解释为什么这些重化工业一般都是寡头垄断市场结构。同理我们就可以理解，规模经济为什么总在企业实现标准化与规范化生产后产生。

最后，规模较大的企业，其在原材料采购、产品的销售与运输、人员的管理等方面都能够产生规模效益。在寡头垄断市场中，规模较大的企业在大批量购进原材料、零部件等生产要素时，可以一次性进行采购，这可比分批次小批量采买享受更高的折扣，也能够节省大量的交易成本；在产品的销售过程中，随着销售规模的不断扩大，单位销售成本也会降低，售后服务也会跟进提升，进而提升了产品的销售率。另外，广告活动的规模经济效应也非常明显。随着企业规模的扩大，企业经营管理人员的专业化分工与合作将开展得更加有力，与此同时，企业在现代办公自动化方面的水平、信息处理方面的能力以及管理效率上也都将大大提升。此外，规模较大的企业在筹融资方面也占有一定的优势，其筹资费用也比中小企业要低。

此外，通过广告效应，规模较大的企业能够生产多种类产品，销售渠道扩宽，以此实现范围经济。广告推销中也存在一种被称为声誉效应的介质，比如一家大企业已经在一些市场中树立了良好的口碑，如若该企业又扩展了同品牌的其他产品，通过广告宣传，就更容易使得消费者认同该产品，这就是商标保护伞 (umbreua branding) 效应。商标保护伞效应同样也能够降低新产品研发的风险。

在寡头垄断市场中,企业的广告竞争异常激烈,这很大程度上同规模较大的企业存在一定的商标保护伞效应紧密相关。

第四节 进入壁垒与退出壁垒

一、进入壁垒与退出壁垒的定义

作为衡量某一产业竞争程度的指标,进入壁垒同退出壁垒一样重要。完全竞争的产业,只有同时满足无进入壁垒与退出壁垒时,才能够被定义。

1. 进入壁垒的定义

一般意义上的"进入"指的是在一个产业中出现了新的企业。新的企业既可以理解为新出现、新成立的企业,也可以理解为由其他领域转入该领域的企业。新的企业之所以要进入该产业,与超额利润的存在密不可分。因此,潜在的进入者,它们更加关注即将进入这些能够获利的产业时所遭遇到的风险与障碍,即我们通常理解的进入壁垒。假如进入壁垒很高,那么新企业就无法进入。鉴于新企业的进入可能带来产品价格的下降,影响原有企业的盈利能力,那些原有企业将会想方设法地利用自己的在位优势,通过自身的主动行为来排挤与限制那些新企业的进入,以实施有效的阻挠,捍卫自己原先存在的垄断地位与利润。

著名的产业经济学家梅森与贝恩提出了 SCP 分析范式,这种分析范式,长期主导着产业经济学研究领域,他们认为进入壁垒是反映市场结构的一个重要因素。长期而言,它也是左右市场结构的一个决定性因素。为此,贝恩把进入壁垒作为 SCP 范式的一项重要内容,并对其进行了深入系统的研究。进一步,贝恩依据来源,把进入壁垒分为规模经济性、产品差异化及原有企业的绝对成本优势三大类。

根据斯蒂格勒的观点,进入壁垒是一种不可避免的生产成本,它由新进入企业承担,而且高于原有在位企业。这种生产成本在一些生产水平上,是由那些计划进入该产业的企业必须承担的,而原有在位企业无须承担的。这一定义就直观地表明,一个产业内的原有企业比新进入企业具有成本上的优势,即原有企业长期获利的经济基础。据此判断,假如新进入企业同原有企业具有相同的成本曲线,那么规模经济就不存在进入壁垒,因为在这种情况下,原有企业不具备生产成本上的优势。

从 20 世纪 70 年代起,随着博弈论更加广泛地应用于寡占市场与策略性行为分析上,这也成为产业经济学研究的主流方向,由此,进入壁垒的研究方向由研究外部影响因素向内部影响因素转变。其中,外部因素包括消费者的需求偏好以及生产技术;而内部因素则是指,原有在位企业为了减少潜在竞争对手,通过策略性行为使市场结构形成内生性壁垒。策略性进入壁垒作为一种典型的影响市场结构的行为,随着产业组织理论的发展,越来越成为进入壁垒理论研究的重点。

为了能够体现该理论的发展脉络,以及有利于鉴别现实当中的进入壁垒,综合上述学者的研究，在本教材中，我们将进入壁垒定义为：原有在位企业为了继续持有超额利润，通过各种策略来阻止潜在进入者的进入，从而使得该产业具有高集中度的因素。

随着时代的发展，同进入壁垒相关的理论研究也在不断发展深入，不同的学者也根据自己的理解把进入壁垒划分成不同的类型。在现代组织理论中，很多学者把策略性进入壁垒称之为进入阻挠，把其作为市场行为的一部分单列出来。由此一来，虽然进入壁垒同进入阻挠在成因上会有不同，但我们可以把它们视作一组同义词来看待。在这里，进入壁垒的定义更侧重于限制进入的外在因素，而进入阻挠则更多是原有企业的主动行为以及其内在的特性，但是进入壁垒与进入阻挠二者产生的结果都是使新进入者处于不利的地步进而延缓进入乃至完全退出。综上，我们可以把进入壁垒分为结构性与策略性两大类。

2. 退出壁垒的含义

退出与进入是一对反义词，也是相伴而生的，有进入就有退出。由此我们可知，"退出"是指企业从之前所在产业中离开，这样企业就不再给这一市场生产产品或提供服务。在市场经济条件下，企业的自由退出是市场机制发挥调节作用的必然结果，是市场对资源配置发挥决定性作用的正常反应。企业退出是企业进入的相反面，这并不意味着退出壁垒都是进入壁垒的相反面。退出按照行为的主被动特性可以分为积极退出与被迫退出两类。积极退出指的是，有关企业发现了盈利更高的产业，而将资产或服务主动转移至其他产业或市场；被迫退出指的是，企业因经营不善造成的破产或被兼并后资产的转移。

一般情况下，如若一家企业在激烈的市场竞争中被击败，它就应该主动退出该领域，但在实际情况下，因为诸多限制因素的存在，企业无法顺利退出该产业，由此，我们把这些限制企业自由退出的因素称为退出壁垒。退出壁垒是各种限制企业退出因素的集合，即当某一企业无法从正常的运营中获得超额利润而亏损，企业决定退出该领域时所必须承担的成本，或者是继续留在该领域，给社会造成的福利损失。

造成退出壁垒的原因有很多，有经济、政治、法律等多方面因素的影响。而资产的专用性或者沉没成本则是构成退出壁垒的主要机构性因素。沉没成本不仅使得原有在位企业对所在市场依赖性增强，而且也是其阻挠潜在进入者的重要原因所在。退出壁垒的主要行为性因素是指管理者的行为。在现代社会，企业的所有权与经营权往往处在分离状态，管理者与经营者的效用函数对企业所有者的退出决策影响深远。

二、进入壁垒与退出壁垒的类型

（一）进入壁垒的类型

1. 结构性进入壁垒

结构性进入壁垒可以理解为，原有在位企业具有绝对成本优势、巨大的产品差异化及规模经济等经济性因素而形成的市场进入壁垒。

首先,在位企业具有显著的绝对成本优势。这种绝对成本优势主要来自在位企业的规模经营以及稳健经营所产生的低成本,还有就是通过干中学与研究开发所获得的先进生产技术。这种绝对成本优势构成了新进入企业的进入壁垒。这种进入壁垒在那些资本密集型程度较高的产业,表现得尤为明显,这些产业主要包括石油冶炼以及汽车制造业等。那些受到专利保护的工艺过程、获得某种原材料的特许经营权,还有优越的地理位置都会产生绝对成本优势。

其次,产品差异化进入壁垒。那些产生于消费者对某一特定产品的偏好与忠诚度,在位企业拥有的合适市场位置以及占有的产品空间,乃至广告宣传与各种促销手段对消费者偏好的影响。贝恩举出了三类形成进入壁垒的产品差异:一是由于消费者信息的不完全性,或者信息不对称,消费者倾向于购买自己熟悉的商品,而对新进入企业的产品有所怀疑。在位企业所拥有的这种优势,属于先动优势(first movers' advantages)范畴。二是如若在销售中也存在规模收益,那么广告的宣传费用将会提高 MES,而此时的 MES 被称为生产与销售的最小平均成本。三是潜在进入者的广告宣传以及促销活动的盈利能力还有待考察。在这种情况下,金融机构对新企业的贷款利率与贷款费用也将高于原有企业,原有企业的信用度一般比较良好。因此,在金融市场,潜在进入者的融资成本将会提高。

再次,规模经济。在位企业的规模经济会对潜在进入者产生一定的影响,主要包括:大规模生产在规模经济下能够降低成本,为此,企业极大可能会通过投融资来扩大工厂规模;潜在进入者也会在规模经济的驱动下难以生存,在市场容量相对较大的情况下,还能允许潜在进入企业的加入,规模经济尚可吸引潜在的进入企业,这样就提高了整个产业的生产能力与产量,引发了产品价格的下降,那些新进入的企业利润率就会有所下降。此外,在位企业为了阻止潜在进入者,一般都会扬言采取一定的报复行动。如若产业的规模经济很可观,那么在位企业又占有较大的市场份额,这种报复行动付诸实施的可能性就越大。

最后,特有资源。这些资源主要包括专利权、特许权、对关键性矿砂石等重要原材料的控制,还有就是一切可以阻止进入的其他因素。

除了上述列举的结构性进入壁垒的类型,还包括其他如下种类:必要资本量壁垒;网络效应壁垒;政策法律制度壁垒等。

2. 策略性进入壁垒

作为产业组织理论研究的主要内容,策略性进入壁垒主要强调原有市场的在位企业,通过自己的先期在位优势,以各种策略来阻止潜在进入者进入该行业。产业组织理论者把这种原有企业同潜在进入企业之间相互博弈的过程视为策略性进入壁垒的现实应用。他们也主要是通过非合作博弈理论来分析能够阻止进入的行为。因为策略性进入壁垒能够直接反映潜在进入者所实施的进入策略以及在位企业所进行的竞争战略,为此,对策略性进入壁垒的研究具有十分重要的理论与现实意义。

由此我们可知,策略性(或行为性)的进入壁垒完全是在位企业的主动行为,而且大多数是信息的传递,而非实际行动:如若有潜在进入者进入,就付诸实际行动。而在位企业的策略性行为若想取得预期的效果,那么必须满足两个方面的条件:一是企业的策略性行为能够长时间影响市场产品或服务的成本与需求结构,进而对潜在进入者在进入后的预期收益产生一定的影响,基于此,企业设立策略性进入壁垒将是一个长期的战略决策。二是策略性行为的有效性就在于,要使潜在进入者笃定如若进入该产业当中,那些在位企业所采取的策略性行为将会使得在位企业处在一个有利的竞争地位,而且这种策略性进入壁垒将是其最优选择,使得在位企业有充分的激励措施去实施那些策略性进入行为。若想达到此种目标,在位企业必须进行不可逆的投资(irreversible investment),这些投资必然导致沉没成本的发生,使得威胁性的行为更具可信度,能够劝退大多潜在进入者。

策略性进入壁垒或者阻挠是原有在位企业为了防止潜在进入者而人为设置的进入壁垒,而对博弈论与信息经济学的研究,使得产业组织理论者对策略性进入壁垒有了更加深入的了解。市场中原有企业与潜在进入者之间的博弈过程,被称为策略性进入壁垒或者进入阻挠。市场中的原有企业可以利用自己的在位优势,通过进行不可逆的投资或向市场传递有利于自己的信息等手段,使得潜在进入者在预期自己成功进入该领域后无法攫取高额的经济利润,最终产生放弃进入该领域的念头。市场结构也将在策略性进入壁垒发生的情况下,逐步变为寡占市场,因此,潜在进入者预期获得的超额利润将取决于在寡占市场中各方博弈的结果。而寡占市场各方均衡博弈的结果又会受到潜在进入者成功进入后,市场新的需求曲线、企业成本函数等因素的影响。有时,市场中原有在位企业也可以通过对一定资源的投资来实现进入阻挠,前提是这种资源能够影响潜在进入者的投资决策。

我们可以按照市场中原有在位企业的策略行为对未来收入预期的影响方式,把进入阻挠分为影响未来成本结构、需求结构以及潜在进入者信念几个方面。

第一,影响未来成本结构的进入阻挠。市场中原有在位企业可以通过自身的先期在位优势,以策略性行为来对潜在进入者的相对成本结构产生影响。这种策略或行为使得潜在进入者在寡占市场结构中处于成本劣势状态,而原有的在位企业,通过这种成本上的不对称发动价格战,使潜在进入者预期成功进入后会承受亏损,如若这样,具有理性预期的潜在进入企业的决策者们,就会放弃进入该领域。

第二,影响未来需求结构的进入阻挠。市场中的原有在位企业,除了采取策略性措施来影响未来预期成本外,还可以增加原有目标客户对自己品牌的忠诚度,以期使未来的市场需求对自己有利,这种行为导致的结果就有可能会锁定消费者的偏好以及市场需求,最终使得潜在进入企业在寡占市场的需求中也处于相当不利的地位。进入者在预期进入后的市场需求极为有限的情况下,如果销售收入不足以补偿其前期的生产成本,理性预期的决策者就不会选择进入该领域。而市场中原有在位企业可以通过以下几种策略来达到其影响未来需求结构的目的:

产品扩散策略；提高转换成本；利用长期契约锁定产品需求。

第三，影响潜在进入者信念的进入阻挠。在寡占市场中，总会存在一些难以观察或者预测的变量，诸如潜在竞争对手的成本信息、市场的需求函数、未来的价格水平等。这些变量或者信息，在市场中原有在位企业与潜在进入企业之间存在一定的信息不对称，这是由于市场中的原有在位企业具有先期优势，在市场中积累了较为丰富的经验，对于市场信息相对比较了解，也就是说，原有企业存在信息优势。潜在进入者为了实现进入，可以从原有企业的行动中获取和估计信息，在对这些信息进行分析判断的基础上，潜在进入企业的决策者们就可以分析在成功进入后所要面临的竞争态势以及利润分成，从而决定是否最终进入该领域。

（二）退出壁垒的类型

如同进入壁垒存在的前提条件，退出壁垒也存在于相同的产业市场结构中，这种产业市场结构使得企业进入或退出该市场的行为得以约束，而这种产业市场结构也是企业竞争关系与行为的现实反映。根据产业组织理论，完全竞争市场的机构对原有在位企业的退出约束力度不大，基本处于进出自由无碍的状态，企业的决策者们作出是否退出一个领域的决定，是基于生产成本与市场价格的权衡比较。当市场价格等于平均可变成本的最低点时，企业所获得的收益正好可以弥补先期投入的成本，这同停工停产没有绝对的差别，因此，我们把等于短期平均可变成本或者长期平均成本的最低点作为"停产点"来看待。如若市场价格低于"停产点"，企业的生产将血本无归，此时，理性的企业决策者们就要退出该领域，以减少损失。但在现实世界中，市场是介于完全竞争与垄断之间的"过渡地带"，当一个行业内的企业数量越少，企业的规模也越大时，企业就会逐渐偏离自由竞争的态势，影响企业退出行为的因素也越来越多，我们无法以成本收益来单独分析，还需要面临如下六种退出壁垒。

1. 资产的专用性

此种退出壁垒，指的是在企业的固定资产以及企业员工的技能具有一定的专用性，当企业发生转产时，这部分具有专用性以及半通用性的资产可能会发生变现损失。

2. 退出的固定成本

企业在退出某一行业或领域时，如同其刚进入该行业或领域一样，需要咨询律师、会计师等专业领域人员，这部分需要给付报酬；辞退员工，需要发放离职费与安置费；与该领域相关的客户，需要对其支付违约金等。

3. 战略性退出壁垒

一个企业退出某一领域，势必影响其花费大量金钱与精力构筑起的影响力与核心竞争力。尤其是该领域是企业多元化战略发展的关键一环，这就有可能产生多米诺骨牌效应，对该企业的上下游行业产生一定的影响。

4. 信息壁垒

一个企业在运行的时候，其内部多项业务一般会共享一定的信息资源，如若企业退出一种行业，那么势必会影响与之关联甚密的周边行业。

5. 管理和情感壁垒

企业能够在前期成功运行某一行业，随着时间的推移，势必产生相应的凝聚力与情感认同，在放弃该领域时，从领导者到基层员工，都会产生一定的抵触或不舍情绪。

6. 政府和社会壁垒

一旦企业退出某一行业，势必会裁撤该项目的员工，这些员工在无法转岗的情况下，就会面临失业；企业退出某一领域，其前期投入的厂房以及相应配套设施，势必会空置或者停止运转，对当地政府的税收也会产生一定的影响。

综上所述，以上六种退出壁垒，或多或少会影响企业的决策者们判断是否决定放弃与退出该行业或领域，成为企业领导层作出相应行动的羁绊。

三、进入与退出壁垒的福利效应

企业进入或者退出某一市场，从表面上看是企业的个体行为，但究其根源，则是社会资源重新分配的结果。进入壁垒对社会福利而言，具有双刃剑的作用；而退出壁垒则阻碍了市场配置资源效率的提升。

（一）进入壁垒的福利效应

原有企业获取经济利润是进入壁垒存在的前提，因此如果依据边际成本等于价格的帕累托静态效率的观点来认定进入壁垒的福利效应时，那么我们就可以认为进入壁垒会使得资源配置效率降低，不过在完全竞争理论中，进出自由无限制，也就不存在进入壁垒，存在大量原子型企业的市场绝非对现实市场环境的客观描述，许多因素使完全竞争这一"理想状态"的竞争环境在现实中无法实现，几乎所有的企业都是在不完全竞争的市场中从事生产经营活动。

进入壁垒的直接效应是：影响该产业企业数目的增长；该产业的产品价格将会在需求不变的前提下，保持增长态势；该产业的利润率将会提升；提高了该产业的集中度，极易产生垄断。

进入壁垒还存在一定的正效应，具体表现在：进入壁垒会使得该领域的产品呈现多元化发展趋势，增加了社会总效用；进入壁垒还可以使得一些低效率的潜在进入者放弃进入，进而增加原有企业的生产效益；进入壁垒的存在，使得该领域的企业具有一定的稳定性，间接地提高了资源配置效率。

策略性进入壁垒作为进入壁垒的一种情形，因其一系列复杂前提假设条件的存在，使其所产生的福利效应难以准确衡量。不过我们可以通过一些具体的案例来进行评判。

(二) 退出壁垒的福利效应

如同进入壁垒存在福利效应一样,退出壁垒同样也存在一定的福利效应。具体而言,一个市场效率的高低,在于该市场内部各个企业的生产效率,如若退出壁垒存在,生产效率低下的企业离不开,潜在生产效率较高的企业进不来,最终会影响该市场的资源配置效率,不利于资源的合理分配。简言之,退出壁垒的存在会弱化市场机制,无法提升该产业的竞争力与实现该领域的规模效应。

综上,我们可知,进入与退出壁垒的高低,可以把市场划分为如下情形。表 6-10 直观地表述了这四种情形的具体特征与行业特点。

表 6-10　　　　企业进入和退出壁垒组合的四种情形

项目	低退出壁垒	高退出壁垒
低进入壁垒	易进易出,收益低但稳定	易进难出,收益低且风险大
高进入壁垒	难进易出,收益高且稳定	难进难出,收益高且风险大

第五节　产品差异化

一、产品差异化的含义

我们可以把在一定产业中,由不同企业生产,在诸如质量、价格、成交期、售后等领域存在一定差异的产品,定义为产品差异化。这是产品差异化较为直观的表述。而在现实生活中,无法实现在完全竞争理论模型中存在的高度同质化、标准化的产品,哪怕同一企业,在发展的不同阶段,其产品也会存在一定的差异。那么,随着产品差异化的加剧,不同企业生产的产品更加难以互相替代,发展到最后,终将使得企业如同垄断厂商那样进行决策。由此我们可知,影响市场结构的一个重要因素就是产品差异化。

产品差异化不仅存在于生产者所生产的实际产品当中,同样也存在于个体消费者的主观感受中。客观上讲,因原材料来源、加工工艺的复杂与简单、生产企业的地理坐标、销售网络等的区别,同一类产品的质量、销量等千差万别。消费者的主观感受,又受到前期使用、周围消费者的评价、企业广告宣传等影响,难以统一。综上,企业为了增加利润,前期产品质量的把控与后期广告的宣传缺一不可。

二、产品差异化策略

企业在生产产品时,会用到各种各样的策略,使其产品有别于其他同类型的产品,具体而言有以下几种方法。

1. 主体差异化

多元化生产，是一个企业发展壮大的重要途径之一。但对企业来说，这些产品亲疏有别，依据营销学的划分层次，包括核心产品、中间产品以及延伸产品等。为了盈利，企业往往更加注重对核心产品的开发与生产，同时也会适当兼顾中间产品的保护与利用，为了拓展新市场、新领域，也为了原材料能够得到充分利用，延伸产品也会纳入企业的生产计划当中。不过，企业在研发投入、生产工艺革新、广告宣传等方面，还是人为制造了些许差别，这就是产品的主体差异化，这种差异化策略，也是大多数企业经常使用的办法。

2. 品牌差异化

实际上，品牌差异化是产品主体差异化的一种形式，由于在现实中企业普遍对品牌策略给予高度重视，所以这里把它作为一种独立的手段策略来加以分析。顾名思义，品牌差异化，是企业在商标开发与注册时，尤其是广告宣传时，让消费者更容易联想到其原有企业。从营销学的角度，企业也会更好地宣传产品，提高其品牌内涵与定位，树立良好的口碑与形象，来提升其产品的知名度与美誉度。因此，我们可以这样理解，消费者所关注的产品品牌，是产品差异化的象征与浓缩，由此也使产品的品牌差异化成为企业高度重视的产品差异化形式。

3. 价格差异化

价格竞争是企业竞争的重要形式，因此，价格差异化策略也被众多企业用来提高利润率与拓展新的市场。企业可以通过不同的目标消费群体制定不同的价格，这种价格或高于或低于竞争对手的产品价格，来赢得更高的市场占有率。一般而言，针对高档产品的目标客户，商家可以通过高价格传递自家产品高质量的特性；在拓展新市场时，厂家往往采取追随者的竞争策略，在质量上保持同步，但价格上略低于竞争对手。因此，价格差异化策略，能够使得企业生产的产品更具有针对性与目的性。

4. 渠道差异化

一种产品生产出来以后，如何把其销售出去以赚取利润，是每一个商家所面临的重要问题。而拓宽销售渠道，则是商家希望能够实现的。因此，企业可以把自己生产的产品分为不同的销售渠道：线下、线上相结合，零售与批发相融通，特许经营等。

5. 促销差异化

在销售环节，如何能够使消费者更为直观、便捷、有效地从企业那里获取商品信息，是商品能否顺利实现买卖的关键所在。而差异化的促销手段，则是行之有效的手段之一。促销的差异化，包括传统的广告宣传、促销人员的推介以及公关关系的建立等。在现代市场经济条件下，广告宣传在产品营销中，越来越处在一个重要的位置。而销售人员利用传统媒体、新媒体等不同手段，又使得广告宣传多种多样，所有这些不同的促销手段都可以在顾客心目中形成一定的产品差异化。

6. 服务差异化

在现代社会，服务的作用越来越突出，尤其是在市场竞争加剧、科技进步日新月异的当代，企业所生产核心产品的差异化空间越来越小，而对产品的有关服务所可能带来的附加值提高方面逐渐得到广泛认可与重视，而有形产品比无形产品对产品的服务要求更高。

三、产品差异化与市场结构

产品差异化是影响市场结构的众多因素之一，而其重要性也不言而喻。前面所论述的市场垄断程度，其重要依据就是产品差异化。产品差异化，使得企业能够更加便捷地找寻到自己的目标客户，扩大销售渠道，提高产品销售数量，提升企业的利润率，扩大市场占有份额。不过这种差异化的弊端，就是会形成寡头垄断或完全垄断的市场结构。

可以从以下两个方面来了解产品差异化对市场结构的影响。

1. 对市场集中度的影响

如前面论述的那样，在某一市场，规模较大的企业可以通过产品差异化，继续保持已有的市场占有率，进而也提高了市场集中度的水平；而规模较小的企业，通过自己的后发优势，产品差异化策略，模仿、追踪已经在位的企业，提高自己的市场占有率，从而降低了市场集中度的水平。

2. 对市场进入壁垒的影响

产品差异化使得目标客户对企业的产品产生了一定的依赖与忠诚度，这种依赖，对现有企业来说，提高了他们的市场份额，而对潜在进入者来说，无形之中形成了一道进入壁垒。为了进入该行业，潜在进入者必须寻求新的目标客户，或者使原有在位企业的目标客户转换品牌，这些都需要商家生产的产品具有更大的产品差异化。

本章小结

市场结构是指在特定的产业或市场下，企业之间所具有的有关市场竞争的关系特征以及存在形式。按照竞争程度从高往低排列，市场结构依次为完全竞争市场、垄断竞争市场、寡头垄断市场以及完全垄断市场。

集中指的是国民经济与产业中少数大企业占有较大资源的现象，可分为一般集中与市场集中。市场集中既是过去一段时间企业行为、市场绩效的结果和反映，也是当前企业实施战略行为的背景和基础，在一定程度上影响着当前的市场绩效。理论上提出了很多测量产业集中程度的指标，最常用的市场集中度指标主要有绝对集中度指标和 H 指数。影响市场集中度的因素有很多，包括技术、经济、社会以及统计上的诸多因素。

产业经济中存在着规模经济与范围经济现象。规模经济是指当生产或经销单一产品的单一经营单位因规模扩大而减少了生产或经销的单位成本时而导致的经济。规模经济可分为规模内部经济和外部经济、规模经济和规模不经济。范围经济是指利用单一经营单位内原有的生产或销售过程来生产或销售多于一种产品而产生的经济。

进入和退出壁垒是产业竞争的重要测度指标。进入壁垒是指相对于产业内已有企业，新企业在进入该产业时所遇到的不利因素和障碍，反映的是现有企业与准备进入的企业之间的竞争关系，也是原有企业排斥竞争、获取长期经济利润的决定性因素。退出壁垒是限制退出的各种因素集合，即当某一产业的原有企业不能赚取到正常利润（亏损）而决定退出时所承担的成本，或者说原有企业被迫在亏损状态下继续经营所造成的社会福利的损失。

产品差异化是指特定产业中的不同企业生产的产品在品种、等级、规格、花色、交货期、信用条件、售后服务等方面存在的差别。产品差异化既可以是客观上的，也可以是消费者主观感受上的。企业进行产品差异化的方法有很多，诸如产品主体差异化、品牌差异化、价格差异化、渠道差异化、促销差异化以及服务差异化等。产品差异化是影响市场结构的重要因素，它通过影响市场集中度和形成市场进入壁垒使得市场结构发生变化。

本章案例

1975 年，微软在创立时只是一个为个人电脑编写软件的小公司。1999 年，微软股票市值突破 5 000 亿美元。据美国司法部对微软的调查，Windows 系统在世界市场占据 90% 的份额。由此吸引了众多软件开发商为其开发应用软件，目前有 70 000 多种。IBM 曾一度进入个人电脑操作系统市场，1994 年，它用 20 亿美元的开发成本推出了 OS/2 操作系统，但这种操作系统未能获得众多软件开发商的支持，最终退出了个人电脑操作系统。

截至 2019 年 6 月底，我国搜索引擎用户规模达到 6.95 亿，中国搜索引擎网站主要有百度、搜狗、神马、360 搜索、谷歌中国、必应等，以用户使用量为衡量标准的各厂商市场占有率见表 6 - 11。

表 6 - 11　　以用户使用量为衡量标准的各厂商市场占有率

中国搜索引擎网站名称	市场占有率	
	2013 年 9 月	2019 年 7 月
百度	63.02	76.42
搜狗	10.48	11.35
神马	—	4.71
360 搜索	19.29	2.85
谷歌中国	1.98	2.40
必应		2.06

资料来源：中国互联网信息中心，工信部。

按照贝恩对市场结构类型的划分，中国搜索引擎产业为极高寡占型，前四大运营商就占据了约95%的市场份额。

复习思考题

1. 简述市场结构的含义与类型。
2. 简述一般集中与市场集中的区别与联系。
3. 简述规模经济与范围经济的区别与联系。
4. 如何判定规模经济与规模不经济?
5. 范围经济对多元化存在什么制约关系?
6. 简述进入壁垒与退出壁垒的含义与分类。
7. 简述产品差异化的含义以及企业进行产品差异化的方法。

延伸阅读

[1] 罗纳德·哈里·科斯. 企业、市场与法律 [M]. 盛洪, 陈郁, 译. 上海: 上海人民出版社, 2009.

[2] 乔·贝恩. 新竞争者的壁垒 [M]. 陈兴国, 等译. 北京: 人民出版社, 2012.

[3] 乔治·J. 斯蒂格勒. 价格理论 [M]. 李青原, 等译. 北京: 商务印书馆, 1992.

[4] 植草益. 微观规制经济学 [M]. 朱绍文, 等译. 北京: 中国发展出版社, 1992.

第七章 市场行为

市场行为是指在市场供求作用下，企业充分考虑到在与其他企业关系的基础上而采取的各种行为决策。在这里，主要指在不完全竞争条件下（寡头垄断者）的市场行为。市场上的厂商仅有较少数目并且占据较大市场份额，每一个厂商的行为均会影响其他对手厂商的行为，进而影响整个市场状况。本章从企业行为概述、广告行为、并购行为及创新行为等对企业的市场行为进行分析。首先，在企业行为概述中，主要分析企业的产品与价格以及排挤对手的行为策略。其次，分析市场中的广告强度、广告福利效应以及虚假广告特征与类型。再次，企业并购具有多种类型，本部分主要从产业特征角度，重点分析企业横向并购、纵向并购与混合并购以及我国企业海外并购所呈现的特征。最后，分析企业创新行为，从企业创新的基本概念、专利研发以及创新中的市场失灵与对策等方面展开。本章的教学目标是，通过对市场行为的学习，了解企业行为基本内容以及广告种类与作用，熟悉我国企业海外并购的特点以及企业创新中的市场失灵与对策，掌握企业广告强度与福利效应以及企业横向并购、纵向并购与混合并购等基本概念和特征。

第一节 企业行为概述

企业行为的内容涉及企业的价格策略、企业的产品策略以及企业排挤竞争对手的策略等。企业的价格行为是其重要的市场行为之一，企业参与制定市场价格主要决定于市场结构。在完全竞争下的市场结构中，单个企业没有市场势力，无法参与制定产品价格，只能是价格接受者，接受既定的市场价格。与完全竞争市场不同，在不完全竞争市场上，每个企业均具有一定程度的市场势力，也具有参与制定产品价格的能力。企业的产品策略主要是企业实施的产品行为，表现在企业产品差异化和产品营销行为。企业排挤竞争对手是一种价格垄断行为，包括两个方面：一是将现有市场中的竞争对手逐出市场；二是使得潜在的竞争对手无法进入市场。

一、企业的价格行为

由于寡头厂商之间相互依存和相互影响，如果个别厂商独自采取行动通常会导致两败俱伤，所以寡头厂商往往经由共同协定或者私下配合等多种方式来采取价格行动，从而达到增加利润控制市场的目标。在通常情况下，寡头厂商通过卡特尔和价格领导的形式来实行串谋行为。

（一）卡特尔

卡特尔属于寡头市场的一个特例，它是由一系列生产相近产品并且统一集体行动的独立企业构成的组织，达到控制产品产量与提高此类产品价格的目的。也就是说，卡特尔成立的目的是通过限制产品产量，提高产品价格，从而增加卡特尔内各成员利润。卡特尔通过在其内部签订一系列的协议，确定整个卡特尔组织的产品价格以及产品数量，并且指定各相关企业的销售区域以及销售额等，从而达到扩大整体利益的主要目标。卡特尔可以将一个竞争市场转变为垄断市场，属于一种串谋行为。作为卡特尔成员，企业生产同类商品，在法律上各自保持法人资格，并且进行独立生产经营，但是需要共同遵守协议规定之内容。

在成立时，卡特尔可以采取多种协议形式，如签订书面协议或者采取口头协议。企业成员共同推选出卡特尔委员会，其承担的是执行监督协议以及保管与使用卡特尔基金的职责。经济的发展可能会使企业成员之间的经济实力对比发生变化，因此，卡特尔组织的联合垄断行为缺乏长期性和稳定性。卡特尔组织成员往往需要重新签署协议，有时甚至由于企业成员在争夺产品销售市场或者扩大产销限定额度的竞争之中违反协议而解体。

按照协议规定内容，卡特尔通常可以分为规定销售条件、销售价格、销售产品产量、销售利润分配以及原料产地分配等的卡特尔。其中，规定销售条件卡特尔主要是在协定中对销售条件诸如销售回扣、支付条件以及销售后期服务等进行规定。数量卡特尔则是控制生产产量和产品销售量，从而降低市场供给量，提高销售价格，并且产量分配的原则是使得每一企业成员的边际成本相同。作为垄断组织的形式之一，辛迪加是指企业在法律上以及生产上保持独立性，然而在商业上丧失了独立性，并且原料采购和商品销售经由辛迪加办事处进行统一办理。辛迪加内部各个企业之间存在争夺市场销售份额的竞争行为。

（二）价格领导

常见的不公开串谋定价的形式主要是价格领导制。根据结构和行为方面的特征进行分类，价格领导制通常可以分为支配型、串谋式以及晴雨表式价格领导制三种类型。在实际的市场情形中，这种分类方式并不完全绝对，有些价格领导同时兼具两类或者三类价格领导制的行为特征。在其他的情况下，一个产业的价格领导行为并不固定，可能在某一时期属于一种类型，而在另一时期转变为另一种类型。

1. 支配型价格领导制

支配型企业控制着的市场，属于独特的寡头垄断市场模式。在这种市场结构中，拥有大部分市场销售份额的支配型企业，成为行业中占有市场支配地位的企业,又可以称为主导厂商,通常处于市场垄断者地位,在业内中市场势力最大,其作为率先制定市场价格的领导者,属于市场价格的决定者,充当价格领导者;而其他较小规模企业成为追随者,这类规模较小的企业,又可以称为从属厂商或者跟随厂商,属于市场价格的接受者。

支配型企业近似于完全垄断企业,支配型企业依据自身利益最大化的原则来制定产量和产品价格,从而确定使自身利润最大的价格;而其余较小规模企业则近似完全竞争市场中的企业,被动地接受支配型企业所制定的价格,也就是将大企业确定下来的价格作为市场价格,并且由此决定能够使自身利益最大化的产量。

2. 串谋式价格领导制

串谋式价格领导制往往出现在寡头垄断产业中,由多个生产规模相当的大型企业控制。这些规模相当的大企业能够相互适应,并且将市场价格调整到一个合理的程度,这一程度可以使得这些大企业达到最大的共同利润目标,每一企业均可从这一市场价格水平中获得收益。通常情况下,如果市场条件无变化,那么每一企业均不会主动破坏这一稳定的市场价格。然而,在企业生产能力不足、市场需求较低时,串谋式价格领导制就有可能会被打破,由起初的秘密或者公开降价的方式,最后甚至可能演变成为整个行业的价格战。在企业生产能力充足、市场需求较高时,串谋式价格领导制基本能够维持稳定。

3. 晴雨表式价格领导制

晴雨表式价格领导制通常发生于市场竞争程度相对较高的行业。当市场需求或者成本条件发生改变时,一部分企业最先要求行业变动价格,另一部分企业的对策则是通过不断调整价格的行为方式予以回应。其中,最先要求变动价格的企业就成为"晴雨式"的价格领袖,并且这种价格领袖的市场地位带有"临时性"的特征。通常来讲,行业价格领袖由率先感到或者预期到市场条件改变的企业担任,并且企业的规模并不确定,大企业或者小企业均可。在晴雨表式价格领导制下,这一价格领导企业未必是行业内规模最大的企业,它仅仅是针对变化的需求与成本条件最先正确地给出反应,进而使得要求的价格变动可以被市场接受。

晴雨表式价格领导制的市场集中度相对较低,担任价格领袖的企业预测能力强、反应敏感,并且企业领袖地位经常发生变化,企业之间成本条件差别较大。通常而言,既有企业对市场价格的控制能力相当有限,并且串谋企业对外部控制力也相对较弱。

二、企业的产品行为

企业实施产品行为,将会提高寡占市场的企业产品整体质量以及性能。一般而言,与企业价格行为相比,企业产品行为协调性程度相对较低,并且单个企业采取行动的余地较大。企业的产品行为主要包括产品差异化行为和产品营销行为。

(一) 产品差异化行为

1. 产品差异的概念

产品差异又称为产品分化,指不同的企业所生产的同种类产品,存在一定的特殊性,这种特殊性能够引起消费者行为偏好,并且引导消费者将此类产品与其他企业生产的同种类产品相区别开来,进而达到促使企业在市场生产竞争过程中占据相对有利位置的目的。也就是说,产品差异是消费者可以用来区别、分辨不同种类的竞争性产品或对其存有的特殊偏好性。需要指出的是,这种差异可以是消费者的主观感受,而并非必须是客观存在的。因此,产品差异可以认为是消费者主观感受到产品之间存在的替代不完全的情形。

在针对一些企业或者一些品牌存有特殊的偏好性时,消费者通常会认为这些企业的产品要大大优于市场上其他相同种类的产品,在这种情况下,这些企业就可以在不失去消费者的前提下,将产品价格提高到超过其竞争对手制定的价格水平。如果某一企业未能开发出或者未能保持自身产品的差异性,那么消费者就将会失去选择该款而未选择其他款产品的前提。

2. 产业分布与市场结构

在实际的经济活动中,市场普遍存在不同的产品差异现象,并且不同产业表现出不同的市场产品差异。贝恩最先系统地研究了各个产业之中的产品差异与程度,分析了美国制造业中的不同产业与产品差异化的主要手段。例如,在高度产品差别化产业中,卷烟、酒、汽车、钢笔以及打字机等,产品差异化的主要手段是广告,同时汽车产业还需要款式设计、产品评价以及顾客服务等产品差异化手段,钢笔和打字机还需要款式设计的产品差异化手段。在中度产品差别化产业中,精炼石油、轮胎、零售小麦粉等,产品差异化的主要手段是广告、顾客服务,同时轮胎产业还需要设计差别的产品差异化手段。在轻度产品差别化产业中,钢材产业的产品差异化手段是顾客服务,肉类制品产业的产品差异化手段是广告设计以及肉类质量。

通常来讲,中间品产业的产品差异程度<投资品产业<耐用消费品产业<非耐用消费品产业,工业品产业的产品差异程度<消费品产业。很明显,产品差异程度同产业分布存在着紧密的联系,即越接近基础产业,那么产品差异化程度越小;相应地,越接近最终产品,产品差异化程度越大。

产品差异影响市场结构,也是决定市场结构的主要因素之一。一方面,市场上生产规模相对较小的下位企业,可能通过开发独特的技术,从而形成新的市场产品差异,并且从原来的市场结构中细分出新的市场,进而改变产业规模生产的分布结构;另一方面,市场上生产规模相对较大的上位企业常常通过扩大市场产品差异化程度来增加或者保持企业的市场占有份额。

3. 产品差异化的原因

产品差异化有多种形成原因,主要包括以下几点。

(1) 产品自身的特性。虽然产品用途大致相同,但是不同企业生产的产品在质量、设计款式、产品包装及产品性能等方面存在区别,这也是产品差异化形成的基础。例如,汽车主要是产品设计上存在的差异。

(2) 市场信息不对称。消费者对需要购买的产品所具有的基本性能及产品质量了解不具体不充分会引起差异。例如,一些设计复杂或者并非常常被购买的耐用品。

(3) 消费者的主观感受。一般来讲,各企业生产的产品基本均有各自独特的商标,然而,不同消费者对不同产品商标的主观感受存在差异,引起这种差异的因素主要包括消费者的个体偏好、消费习惯等。

(4) 产品销售的地理差异。由于同类企业地理位置存在差异,因此,产品销售的地理差异可以分为两种情形:一是由于生产企业或者产品销售点和消费者的地理位置相对不同,因而产生了运输产品费用的节约或者购买产品的便利等差异。二是销售的特别位置引发的效应,例如开设在高档商业街或者区域的商店等。

(5) 产品销售服务的差异。产品销售服务的差异主要包括及时向消费者提供信息,产品送货到户,安装、维修等技术服务,以及购买产品的付款方式等。

4. 垂直差异与水平差异

按不同的目的划分,产品差异通常可以分为垂直差异(vertical differentiation)与水平差异(horizontal differentiation)。

垂直差异主要是指能够按照消费者认可的、有可以排序特性的产品差异。通常来讲,在垂直差异下,那些质量较高的产品往往排在质量较低产品的前面。垂直差异则要求生产出相比竞争对手而言更好的产品。

水平差异主要是指产品的某一种特性有着不同的好坏评价,并且无法参与认可排序的差异。例如,两种款式一样但是颜色不同的鞋子,无法参与好坏的排序,这是因为不同的消费者对于鞋子颜色的选择偏好存在差异,无法对颜色特性进行排序。在实际生产中,企业可以通过交替使用垂直差异和水平差异这两种方式来推出独特的品牌。

5. 产品差异的测量方法

一定程度上,市场上不同企业向消费者提供的产品或者服务能够相互替代。可替代性越大,那么产品差异就越小;可替代性越小,那么产品差异就越大。在实际运用中,对于产品差异的程度的测量,人们通常利用需求交叉弹性测量服务或者产品之间的可替代性程度。

需求交叉弹性是指在两种相关的商品中,某一商品需求量的变动对于另一商品价格的变动反应程度,利用公式可以表示为:

$$E_{AB} = (dq_A/q_A)/(dp_B/p_B) = (dq_A/dp_B)/(q_A/p_B) \tag{7-1}$$

其中,E_{AB} 表示商品 A 对商品 B 的交叉弹性;dq_A/q_A 表示商品 A 需求量的变动百分比;dp_B/p_B 表示商品 B 价格的变动百分比。针对同一产业内商品 A 和商品 B 来讲,如果 E_{AB} 较小,那么表明商品 A 与商品 B 的可替代性相对不足;相反,如果 E_{AB} 较大,那么表明商品 A 能够较好地替代商品 B。在实践过程中,由于相关的数据资料收集工作难度较大,因此,需求交叉弹性的实际运用受到较大程度的限制。

除此以外,还可以用其他方法来测量产品差异,例如霍特林模型、熵指数法、享乐价格法以及广告强度法等。

(二) 产品营销行为

产品营销行为是企业在市场上提供服务与销售产品的主动过程,这一过程涉及产品定价、推广销售以及客户服务等各方面。产品营销可以通过多途径形式来实现,例如促销、广告等形式。产品营销的目的主要是向消费者提供所需要的服务和产品,同时优化销售和取得未来收益。产品营销需要企业深入研究和分析销售市场以及消费者,了解消费者的潜在需求和购买行为,分析市场未来走势以及预测今后的发展方向等。

产品营销行为中的一个重要手段便是广告,广告能够帮助企业吸引潜在消费者以及传递企业产品信息。学术界对广告在经济发展中所起的作用、广告对需求曲线及产品生产成本的影响效应以及消费者对企业广告作出的反应等问题展开了大量研究,大体上持有三种观点。一是提供信息,由于市场信息不对称,通过向消费者提供信息,广告能够解决消费者对市场信息占有不足的问题。二是对产品具有补充性,由于消费者对产品存在一定的偏好,广告添加了区别于其他产品如时尚元素等独特因素,对产品信息构成一定的补充,进而诱导消费者积极购买产品。三是具有劝说性,广告能够转变消费者的购买偏好,建立品牌忠诚度以及虚假产品差异化,并且广告还可能产生新的企业进入壁垒。因此,部分类型的广告不利于产品市场的竞争。

利用广告进行产品营销,首先要确定广告营销费用和具体形式。根据产业特征、产品差别成因以及企业在市场中的地位来确定广告费用规模,选取合适的广告宣传媒介,同时确定广告营销的内容和步骤。其次是确定营销活动的具体内容,主要包括为客户邮购、产品包装、产品运输、安装以及维修等一系列政策。最后是确定营销渠道,企业营销渠道的选取和安排常常与企业生产规模、产品差异化等密切相关,企业主要的产品销售渠道包括自销模式、子公司、批发商、零售商以及代理商等。

三、企业的排挤竞争对手行为

企业排挤竞争对手的行为方式分为合理排挤和不合理排挤两类行为。其中,合理的排挤行为,主要指企业通过正常的手段促使另外的一部分企业被排挤到市场之外或者被收购兼并。不合理的排挤行为,主要指企业通过不公平的手段或者限制竞争的方式来打压、排挤竞争对手。比较典型的不合理的排挤对手的行为主要是掠夺性定价等。

掠夺性定价可以被看作企业的策略性行为,属于一种比较常见的企业定价理论。掠夺性定价是指某一在位企业利用降低自身产品价格的方式以达到将竞争对手逐出市场并且阻碍潜在的市场进入者进入行业的目的。在竞争对手退出现有市场之后，在位企业则会提高产品市场价格。通常来讲，在掠夺期内，企业制定的掠夺性定价常常低于自身的生产成本，并且也低于市场竞争对手的生产成本，在位企业通过牺牲短期的经济利益来获取未来长期的经济利益。

在位企业实施掠夺性定价的行为成功地将竞争对手逐出市场，通常需要满足如下条件：第一，实施掠夺性定价的在位企业必须使得竞争对手能够相信由它制定的产品低价格能够长久地持续下去，一直到其竞争对手退出当前市场。这就要求在位企业能够在低价格情形下生存得更持久，以至于竞争对手无法在低价格的掠夺期内坚持下来。因此，在位企业需要拥有足够的资源和信心，以长久支撑掠夺期内的企业发展，有实力承受掠夺期内的经济损失，从而使得竞争对手相信在位企业能够维持产品低价格直到竞争对手被逐出当前市场。第二，实施掠夺性定价的在位企业需要树立强势的行业声誉。这是因为在位企业成功地将竞争对手逐出市场后并提高产品市场价格，此时，新的竞争对手将会进入市场之中，在位企业又得重新降价以驱赶新的市场进入者。为了避免这种重复博弈，在位企业会树立强势的行业声誉，促使潜在的所有进入者确信一旦进入市场将会导致在位企业实施掠夺性定价行为，从而无法获取经济利益。第三，实施掠夺性定价的在位企业应当确保竞争对手或者进入者能够永久退出市场，否则在位企业一旦重新提高产品市场价格，那么进入者将会重新踏入市场并同在位企业展开市场竞争。

掠夺性定价通常意味着市场进入者可能退出现有市场，从而使得掠夺者获取垄断地位并实施价格垄断行为。掠夺性定价的时间段分为掠夺期与市场进入者退出期。在掠夺期，市场进入者存在于现有市场中，这意味着该行业中的企业之间竞争激烈，产品市场价格下跌，产量增加，从而增加了消费者剩余，社会福利出现增长。在市场进入者退出期，进入者退出市场之后，在位企业将会提高产品价格，从而减少了消费者剩余，社会福利出现下降。也就是说，如果掠夺性定价行为得以成功实施，同时在位企业在市场进入者退出市场之后大幅提高产品价格，那么掠夺性定价行为将会有损于社会福利。相反，如果掠夺性定价行为未能成功实施，市场进入者仍然存在于现有市场之中，那么掠夺性定价行为就不会导致社会福利损失。

除此之外，排挤竞争对手的不合理行为还包括价格压榨，排他性交易、搭配销售以及相互购入等行为。

第二节 企业的广告行为

在本章第一节，我们已经对产品差异的基本概念作了界定，产品差异实质上是消费者认为市场产品之间替代不完全的状态。为了强化消费者对产品的特殊偏好，企业需要在市场上与同行企业进行产品差异化竞争，在这一过程中，广告是企业开展产品差异化竞争的主要手段。本节集中介绍在产品市场中的企业广告行为。

一、信息与广告

（一）信息

信息不对称理论指出，在市场经济活动中，人们对信息的了解与占有存在差异。在完全竞争市场中，信息是完备的和对称的。然而，在实际的经济活动中，市场并非完全竞争。作为产品买卖交易场合以及活动的集合，市场充斥着各种信息。针对产品具有的某些特征，或者有关产品的详细信息，消费者并不能完全了解到全部。消费者通常无法准确知晓同行业同种类产品的价格高低以及不同品牌产品的质量优劣，消费者与企业之间存在信息不对称，并且拥有的关于商品信息的知识相对有限。

作为产品生产者的企业和作为产品消费者的客户，双方对产品信息的掌握程度是不对称的。这是由于信息在传递过程中出现扭曲、信息获取存在成本以及对信息再加工处理的能力有限等多方面的因素。企业可以通过向消费者提供产品属性、质量以及价格等各项基本信息，解决市场信息不对称问题，以此改变消费者的消费习惯与购买行为，重整既有的产品消费市场。

（二）广告

为了减轻或者消除市场信息不对称，企业有必要借助于广告来宣传产品信息。20世纪30年代初，张伯伦和罗宾逊夫人最先系统性地将广告这一影响因素纳入相关经济理论。1933年，张伯伦在其著作《垄断竞争理论》中，考虑将广告这一因素计入销售成本，并且认为广告因素影响了产品需求曲线，从而导致市场产品差异化。同一时期，罗宾逊夫人在其出版的著作《不完全竞争经济学》中明确指出，广告是影响消费者购买产品的重要因素，其通过影响消费者的购买心理，促使消费者对某一企业的产品更加感兴趣。为了吸引和争取更多潜在的消费者，处于市场竞争之中的企业，通常会采用广告这一宣传工具，向广大消费者传递有关产品的各项信息，从而进一步提高消费者购买本企业产品的可能性。众多企业采取差异化的市场策略，向广大消费者尤其是潜在消费者告知本企业的产品特征以及同一市场中与其他企业产品的区别，以将消费者购买其他企业产品的消费意愿转移到本企业。

不同种类的产品具有不同的广告需求。产品通常可以分为搜寻品和经验品，与之相对应，学术研究将广告按其目标类型，分为通知型广告和说服型广告。通知型广告在于描述市场产品的自有属性，例如产品的重量、质量、形状、规格和功能等特性，以及价格、商品售后服务等销售条件，有利于解决产品信息不对称的问题。企业采用通知型广告，扩大本产品知名度，进而增加产品销售量，从而获取更多的销售利润。在实际营销过程中，搜寻品类型的产品较多地采用通知型广告。这是因为，针对搜寻品而言，广告需要提供消费者购买产品之前能够了解到的一部分产品属性，这就要求广告具有较大的真实性以及较高的可信度。通知型广告的特征能够满足搜寻品的要求。

说服型广告主要是为了改变消费者的产品消费偏好，提高消费者购买产品的意愿，以此来吸引更多的潜在消费者增加对本企业生产的产品的兴趣和偏好。同样地，企业生产经验品则更多地偏好选择使用说服型广告。就经验品来讲，广告主要是向消费者传递一些劝导诱惑型的信息，目的是诱惑消费者购买本企业不同于同行业其他企业生产的同类产品。说服型广告可进一步加剧企业产品的差异化程度，同时也是形成产品差异化的重要因素。因此，说服型广告符合经验品的产品营销需求。另外，经验品与搜寻品的广告费用存在差异。尼尔逊研究指出，相比销售收入来讲，在广告支出成本方面，经验品的广告费用往往是搜寻品的三倍。

二、广告强度与市场结构

（一）广告强度

多夫曼（Dorfman）与斯坦纳（Steine）量化处理并且进一步发展了布坎南（Buchanan）的价格—广告模型，提出了多夫曼—斯坦纳模型，该模型将弹性理论作为基础，反映出产品广告投入与产品销售收入之间的关系。

在多夫曼—斯坦纳模型中，令广告单位成本为 k，并且假定企业利润最大化的决策是选择价格 p 与广告水平 a。此时，产品需求函数设为 $q = q(p, a)$，并且 $\delta q/\delta p > 0$、$\delta q/\delta a > 0$。在这里，设不计广告成本后的企业生产成本为 $c[q(p,a)]$，且 $c' > 0$。

那么，企业利润函数形式如下所示：

$$\pi(p,a) = pq(p,a) - c[q(p,a)] - ka \tag{7-2}$$

根据企业利润最大化条件，上式对 a 和 p 分别取偏导数可得：

$$\pi_a = (p - c')\delta q/\delta a - k = 0 \tag{7-3}$$

$$\pi_p = (p - c')\delta q/\delta p + q = 0 \tag{7-4}$$

令价格需求弹性 $\eta_p = p\delta q/q\delta p$，广告需求弹性 $\eta_a = a\delta q/q\delta a$，代入上式可得：

$$ka/pq = \eta_a/\eta_p \tag{7-5}$$

如果定义广告强度为广告投入与销售收入之比值，那么，这表明企业实现利润最大化时，企业的广告强度等于产品的广告需求弹性与价格需求弹性之比。由于价格需求弹性 η_p 与广告需求弹性 η_a 均为正值，因此，企业的广告强度与价格需求弹性成反比，并且与广告需求弹性成正比。

通常而言，产品差异与产品替代品呈负相关关系，即产品差异越大，产品替代品越少，当价格发生变化时，产品需求量的变动越小，也就是说，产品的价格需求弹性越小。根据上式，价格需求弹性越小，广告强度越强；相反，价格需求弹性越大，广告强度越弱。因此，产品差异与广告强度二者之间成正相关关系。

在多夫曼—斯坦纳模型中，人们通过实例介绍了一部分广告需求弹性相对较大的企业广告强度状况（见图7-1）。通常而言，广告需求弹性较小的产业，例如城市的电力与自来水、建筑材料的水泥、公共设施以及人们生活必需品中的食盐等，广告强度较低；相反，广告需求弹性较大的产业，例如化妆品、娱乐业等产业，广告强度较高，这些产业的产品经常在广告媒体上出现。

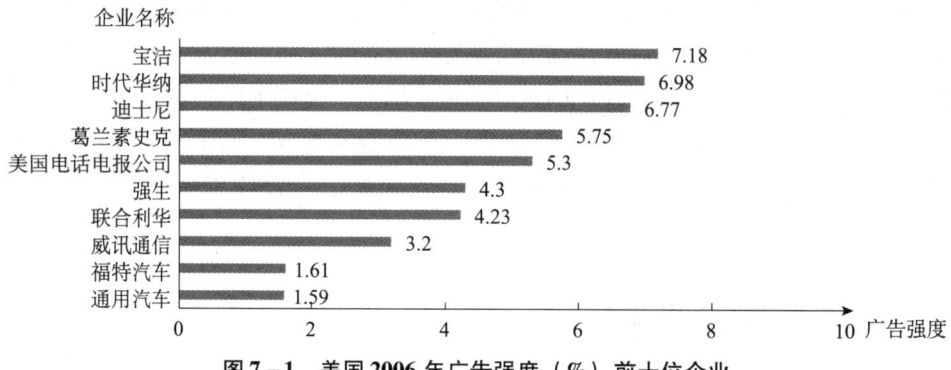

图7-1 美国2006年广告强度（%）前十位企业

资料来源：龚仰军. 产业经济学教程（第5版）[M]. 上海：上海财经大学出版社，2020.

（二）广告与市场集中度

学术界对广告与市场集中度之间的关系研究，大致分为两个阶段：一是20世纪50~70年代，主要研究市场集中度对广告成本投入的影响；二是20世纪80年代以后，主要研究市场集中度与广告投入二者之间的联系。

在第一阶段，曼斯（Mans）、贝恩、穆勒（Mueller）和罗格（Rogers）以及尼尔森等研究指出，市场集中度与广告强度二者之间存在正相关关系。对此可能的解释是，市场占有率较大的企业，通过广告带来的规模经济及其他优势条件，拥有较大的市场份额及占有率。较大的市场占有率能够产生更大的产品销售量和销售利润，从而要求企业投入更多的广告支出费用。

在第二阶段，格瑞尔（Greer）研究发现，市场集中度与广告强度二者之间存在双向因果关系。在此之后，包括萨顿（Sutton）在内的多位学者研究认为，市场集中度与广告强度之间存在倒"U"型关系。在开始阶段，随着市场集中度的上升，广告强度逐渐上升；超过一定的阈值以后，随着市场集中度的上升，广告强度逐渐下降。对此可能的解释如下：在市场集中度上升阶段，市场占有率较大的企业，拥有较大的市场份额。较大的市场占有率能够带来更大的产品销售量和销售利润，从而企业有更多的广告投入。当市场集中度达到相当高的程度时，市场上的企业之间具有较大的相互依存性，企业逐渐将价格竞争转移到非价格竞争上。在非价格的差异化竞争过程中，广告的竞争日益突出。经过阈值之后，市场集中度逐渐对广告投入产生效应，此时，广告带来的规模经济开始出现明显效应。在不影响产品销售的前提下，企业随之降低对广告投入的依赖程度，并缩减广告投入，从而企业的广告强度逐渐下降。

（三）广告与进入壁垒

企业从投入产品广告到该广告对产品起到促销作用，存在时滞效应和规模效应。就时滞效应来说，广告投入之初，广告对产品销售量的作用并不明显，在经过一段时间以后，产品销量才会因广告投入而逐渐显现。广告的规模效应也是如此。当广告投入低于某一规模时，广告无法积极促进产品销售，当广告投入达到甚至超过某一规模时，广告才能对产品促销起到积极作用。这一规模称作广告的阈限效应值。也就是说，只有超过这一阈限效应值，广告投入才能积极促进产品销售。实际上，广告的阈限效应值就是一种进入壁垒。

除了阈限效应值外，广告的累积效应也是一种进入壁垒，能够起到一定程度的阻碍作用。如果企业长期投入广告，那么广告投入势必会在消费群体中起到一定的影响作用，使消费者对企业产品形成某种特殊的偏好。即使一段时间内，企业减少或者停止该产品的广告投入，广告的影响作用仍然能够在一段时期内得到消费者的认可，这就是广告的累积效应。由于广告的累积效应能够促使消费者维持对产品一段时间内的某种偏好，因此，在一定程度上，这种累积效应会阻碍新进入市场的企业产品销售，从而达到市场进入壁垒的作用效果。

三、广告的福利效应

迪克西特和诺曼（Norman）利用消费者偏好来测度广告的福利效应，比较分析广告投入前后消费者偏好的变化情况，并用以说明广告投入对社会福利的影响作用。迪克西特和诺曼建立相关的模型，研究了垄断、寡头与垄断竞争的市场结构，并指出说服型广告被过度提供，从垄断厂商到寡头厂商再到垄断竞争厂商，这种过度提供导致的市场扭曲程度越发严重。

在此，我们仅对迪克西特和诺曼模型中的垄断结构部分进行具体分析。如图 7-2 所示，曲线 D 是企业没有投入广告时的需求曲线，曲线 D_1 是企业投入广告时的需求曲线。企业投入广告增加了产品需求，则将利润最大化时的产量从 q_0 增加到产量 q_1，并且价格从 p_0 提高到价格 p_1。

企业投入广告时的垄断利润应为三部分阴影面积之和，即垄断利润 = A + B + C，令支出费用为 E。则利润变化为 $\Delta m = A + B + C - E$，因为价格上升，由 p_0 增加到 p_1，此时消费者福利会降低，面积即为 A，并且 $A = q_0(p_1 - p_0) = q_0 \Delta p$。因此，企业投入广告促使福利变化为：

$$\Delta W = \Delta m - A = \Delta m - q_0 \Delta p \tag{7-6}$$

在式（7-6）中，若企业追求的广告投入水平为利润极大化时的水平，企业广告投入创造的边际收入等于企业广告的边际支出，此时 $\Delta(A + B + C) = \Delta E$，$\Delta m = 0$。在 $\Delta W = \Delta m - q_0 \Delta p$ 式子中，因 $q_0 > 0$，$\Delta p > 0$，$q_0 \Delta p > 0$，又因

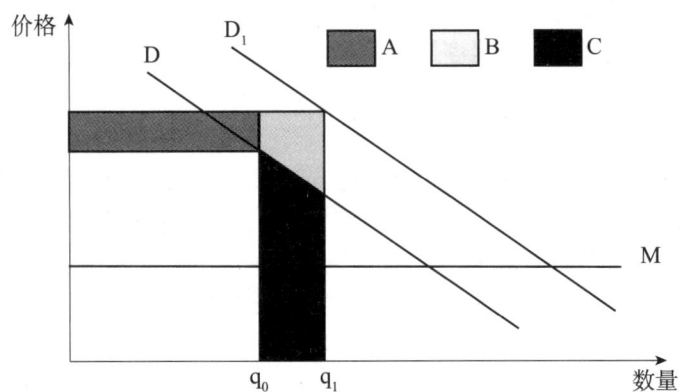

图7-2 迪克西特—诺曼模型中广告投入对福利的影响

$\Delta m = 0$，则 $\Delta W < 0$。因此，广告的福利效应若能得到增加，此时要求企业利润上升幅度超过消费者支付费用的上升幅度。

通常而言，广告可以从两个方面增进经济福利。一是广告向消费者提供了有用的企业产品信息，能够促使顾客较好地选取期望购买的产品，因此，广告有效地提高了市场配置资源的能力。二是广告促进了产品竞争，这是因为广告能够使得顾客充分且清晰地知晓市场上存在的企业，同时促使顾客能够更容易更便利地利用产品价格差别。

另外，广告也存在不足之处，主要从三个方面减少经济福利。一是广告存在成本支出，其影响了人们的嗜好，诱导人们对某些产品产生特殊偏好。二是广告夸大了企业之间相似产品的品质差异，从而使得消费者缺乏对相似产品之间价格差别的关注度。三是在产品需求曲线缺乏弹性时，企业能够向消费者收取远高于边际成本的产品价格。

四、虚假广告与规制

虚假广告，指对产品进行虚假宣传，使得消费者做出错误决策的广告，其运用引人误解、不确切或者夸大的语言表述，以诱导消费者对企业产品产生不切实际的期望，从而促进销售、获取不当的营利收入，并由此产生负面的社会效应。也就是说，以引人误解或者虚假的产品内容误导及欺骗消费者的广告，即构成虚假广告。一般来讲，虚假广告具有三个特性。一是不符合广告真实性，对产品特性进行歪曲、虚假宣传；二是通过误导消费者的方式，来获取产品销售利润；三是侵害消费者以及其他企业经营者的合法权益。

虚假广告包括以下几种情形。（1）宣传的商品或服务实际上并不存在；（2）商品或服务的质量、销售价格与销售状况等信息以及有关的允诺等与事实情况不相符，对消费者购买行为具有实质性影响；（3）利用伪造虚构或无法证明的统计材料、文摘、调查结果及引用语等作为证明材料；（4）虚假构造使用商品或服务效果；（5）以引人误解或者虚假的产品内容误导和欺骗消费者。

国家从法律层面对利用虚假广告宣传误导和欺骗消费者的违法行为进行打击。刑法中有关虚假广告的处罚指出：处罚的主体是广告经营者、广告主、广告发布者。视情节严重，处二年以下有期徒刑或拘役，并处或单处罚金。《中华人民共和国产品质量法》第五十九条指出，在广告中对产品质量作虚假宣传，欺骗和误导消费者的，依照《中华人民共和国广告法》的规定追究法律责任。《中华人民共和国广告法》第五十六条指出，违反本法规定，发布虚假广告，欺骗、误导消费者，使购买商品或者接受服务的消费者的合法权益受到损害的，由广告主依法承担民事责任。另外，广告法还对广告经营者、广告发布者、社会团体或者其他组织利用虚假广告的违法行为所要追究的法律责任进行了相关规定。

第三节 企业的并购行为

本节介绍的企业并购行为主要包括三种类型，分别是企业横向并购、企业纵向并购以及企业混合并购。企业通过并购行为，经由控制权出让和获取，将市场势力范围向更大空间延伸，并采用共谋或限制竞争的方式来获取更多的市场经济利益。

一、企业并购概述

（一）并购的概念

企业的并购包含两层含义：一是兼并；二是收购。兼并是指两家或者两家以上的具有不同法人的企业，通过企业控制权的变更而合并成一家企业的行为。收购是指一家企业通过购买另一家企业的股份或者企业资产，从而取得对另一家企业的控制权的行为。企业兼并或者企业收购，其实质上均是以企业产权为对象，共同的特征主要是企业产权转移与企业控制权获取，即企业控制权的出让和受让。在并购过程中，一方面，通过企业控制权的受让，获得控制权受让的企业将会获得更大范围的企业控制权，进而获取相应的市场未来期望收益。另一方面，出让控制权的企业作为控制权的出让方，获取了相应的当期利益回报。因此，企业并购是指在市场作用机制下，通过企业产权交易活动，企业获取其他企业的控制权。企业实施并购的目的和动机较多，主要包括企业管理效率、经营利益、市场占有率以及市场竞争力等方面。

通常而言，我们将主收购或者主兼并的公司称为收购公司、兼并公司、接管公司或者出价公司等，并且将被收购或者被兼并的公司称为被收购公司、被兼并公司、被接管公司或者被出价公司等。

（二）并购的类型

根据不同的角度和并购目的，企业并购可以有不同的分类。从并购双方是否为异国企业来看,企业并购分为跨国并购和国内并购。从并购双方是否为异省企业来看,企业并购分为跨省并购和省内并购。从法律的角度来看,企业并购分为吸收并购、新设并购和控股并购。从并购双方的意愿来看,企业并购分为敌意并购和善意并购。从并购的操作方法来看,企业并购分为间接并购、直接并购、要约并购和杠杆并购等。从企业双方的产业特征来看,企业并购又可以分为横向并购、纵向并购与混合并购等。

二、横向并购

横向并购,也可称作水平并购,是竞争者之间的一种并购,属于企业对外扩张的基本形式之一,主要指参与并购的企业同处一个市场行业的并购行为活动。并购企业与被并购企业均生产同一产品或者提供同一服务类型,同时在销售环节、生产经营模式等方面具有一定的互补性或者相似性。不同企业通过参与横向并购活动,可以充分凭借企业并购后的规模经济来继续扩大产品市场竞争力,不断增强在行业领域内的影响力,进而在市场竞争环境中获取更大的收益。

市场中的任何企业均有逐利的目的,都有做大做强甚至控制整个市场的目标。企业短时间内迅速做大做强市场,其可操作的方法较多,并购是达到此目的的重要方法之一。企业通过并购行为,尤其是实施横向并购活动,其主要动机是提高产品市场占有率,增强产品市场控制力,并进一步扩大企业生产规模。企业实施横向并购,减少市场上同类产品生产的企业数目,并且横向并购增强了企业对产品市场的控制力度,进一步提高了市场集中度,增加了自身在产品市场中占有的份额,扩大了产品生产规模,进而获得了生产规模经济。

在19世纪末至20世纪初,世界发生了第一次企业并购浪潮,尤其是在1898~1903年处于高峰时期。第一次并购浪潮的重要特征是企业横向并购。在这一时期,市场上优势企业对同行业劣势企业进行兼并,在集中本行业资本的同时,获得了一定程度的市场势力。一方面有利于市场上优势企业达到行业最佳的生产规模,并购后的企业可以通过采取新技术,获取规模经济利益;另一方面降低了行业市场竞争程度,优势企业通过横向并购活动,成为市场的垄断者,其凭借垄断势力及市场地位获取更多的超额垄断利润。本次企业并购浪潮的主因是,企业为了追求市场垄断地位,寻求产品市场规模经济。斯蒂格勒研究指出,美国大型企业或多或少都是通过兼并而形成的。同时,这次企业并购浪潮产生了众多对美国经济结构甚至对世界经济发展影响深远的垄断组织。一大批大型的托斯拉组织在这一时期形成,诸如美国橡胶公司、美国钢铁公司、美国烟草公司以及美国杜邦公司等。

三、纵向并购

纵向并购,也可称作垂直并购,是企业完成产业扩张的途径之一,主要指位于生产相同或相似产品而生产阶段不同的企业间的并购行为活动。也就是说,纵向并购是发生于同一产品的不同生产流程的企业之间。并购企业通过实行纵向并购活动,能够得到被并购企业并且获得所需要的各项资源。企业也能够通过实施纵向并购来达到进入市场某一行业领域的目标。按照纵向并购方向看,纵向并购可以划分成前向并购和后向并购。前向并购,指收购企业对本身下游的企业进行并购活动。如果并购企业属于生产原材料的企业,那么,并购企业通过前向并购可以拓展向二次加工阶段的市场经营业务。如果并购企业属于一般制造企业,那么,并购企业可以通过前向并购拓展向流通领域的市场经营业务。后向并购,指收购企业对本身上游的企业进行并购活动。例如,如果并购企业属于制造或者装配企业,那么,并购企业通过向后并购能够拓展向原材料生产或零件等经营业务。

企业实施纵向并购,最大的目的均可认为是降低市场交易费用。这里的交易费用,主要由信息搜索、企业谈判、签约以及监督支出在内的各项成本构成,包括企业交易对象的寻找、合同签订、交易执行与洽谈及监督等在内的费用。其中,影响交易费用高低的因素主要包括交易不确定性与发生频率以及资产专用性等。如果交易监督需要花费的代价较高,在这种费用达到一定的程度时,按照科斯的企业理论来讲,市场就会发生企业内部交易替换市场外部交易的情形,此时企业纵向并购活动就会由此产生。纵向并购本质上是那些生产同类产品而生产阶段不同的企业之间的并购活动。企业纵向并购不但能够有效降低市场交易费用,而且能够增强企业市场控制力,纠正市场失灵以及确保投入的原材料稳定供应等作用。

在20世纪20年代,世界发生了第二次企业并购浪潮。第二次并购浪潮的重要特征是企业纵向并购,表现在一批垄断性质的大企业争相并购大量中小企业,从而进一步加强大企业的实力并巩固市场垄断地位。第二次并购浪潮期间,世界产生了众多对如今社会仍具有重要影响力的著名公司,例如IBM公司、通用汽车公司、联合碳化合物公司以及约翰—迪尔公司等。经过这次企业并购,一些西方国家出现了主要经济部门由一家或者几家大企业垄断的情形。

四、混合并购

混合并购,也可称作多元化并购,主要指并购企业与被并购企业并非置于同一产业同一市场,而是分别置于不同产业不同市场之中,并且这些产业部门生产的产品并没有紧密的相互替代关系,同时并购企业双方并没有明显的投入产出之间的并购。企业实施混合并购的目的主要是通过降低市场经营风险,追求企业组合效应。混合并购包括产品扩张型并购、市场扩张型并购和纯粹的混合并购三种形态。其中,产品扩张型并购是企业之间在相关产品市场上的并购活动。市场扩张型并购是针对未渗透未进入的市场地区且生产同种类产品企业的并购活动,目的是扩大产品市场范围。纯粹的混合并购是经营和生产并不相关的产品或者服务的企业之间的并购活动。

企业实施混合并购,其主要目的可以归结为分散企业市场经营风险。企业分散经营风险的常用手段之一就是多元化经营。多元化经营之所以能够分散企业经营风险,其原因便是将一个产业的经营风险分散到不同的多个产业之中,避免企业集中化经营灵活度不强的弊端。企业通过多元化经营,就有可能在行业遭遇市场不景气的时候,利用多元化的产业经营模式来维持企业经营稳定性,从而减弱企业经营业务业绩波动,降低企业经营风险以及潜在利益损失。企业混合并购不但能够分散经营风险,而且能够节省交易支出费用,同时充分利用各种资源条件,扩大市场范围经营等。

在20世纪50~60年代,世界发生第三次企业并购浪潮。第三次并购浪潮的重要特征是企业混合并购。在20世纪30年代资本主义世界爆发了经济危机,企业管理者期望通过多元化经营模式来寻求分散经营风险。在这一次并购中,与前两次并购浪潮不同的是,行业中已经出现了相对较小公司收购大公司的现象。1998年的企业混合并购案中,美国克莱斯勒汽车和德国戴姆勒—奔驰并购案即以渗透为目的的市场扩张情形。虽然两家公司当时的经营业绩骄人,但是二者存在着不同市场占有率的巨大差异。据统计,克莱斯勒超过95%的市场份额集中在北美地区,而戴姆勒—奔驰在北美的市场份额仅占销售额的20%左右,两家公司分别要开拓北美之外市场和抢占北美市场,两者优势劣势互补,有着共同的利益追求,二者在短短的不足4个月的时间里就完成了企业并购,并且组建了全新的戴姆勒—克莱斯勒汽车公司。

五、我国企业海外并购

伴随着我国市场化改革和经济国际化发展,我国企业的并购活动日渐活跃。这其中包括国际跨国公司对我国企业的并购,又包括我国不同所有制企业的并购,例如我国的国有企业并购,民营企业对国有企业的并购。近年来,我国企业的海外并购数目迅速增长,尤其是2008年以来,我国企业实施的海外并购作为推动企业国际化经营模式的重要途径之一,也成为世界企业实施并购活动的重要组成力量。近年来,我国企业海外并购具备以下特征。

1. 企业海外并购总量先增后降

我国企业海外并购总量呈现先上升后下降的趋势。由图7-3可知,2008~2017年,除了2013年我国企业海外并购案例数量为99个,相比2012年数量略有下降外,我国企业海外并购数量整体上呈现递增趋势。尤其是2013~2017年,我国企业海外并购数量迅猛增加,并且企业并购数量变化幅度在整体上高于前五年。其中,2017年我国企业海外并购案例数量达到867个,处于我国企业海外并购案例数量的最高值。随后两年的时间里,我国企业海外并购案例数量呈现下降趋势,但基本上远远高于2015年及以前年份的企业海外并购案例数量。实际上,我国企业海外收购起始于20世纪80年代初,随着我国经济的迅速发展,2002年以后我国企业海外并购活动越来越活跃，并且在2004年以后企业海外并购进程持续加速。即使金融危机发生之后，世界经济增速减缓，但我国企业海外并购总体上仍呈现持续增长态势。

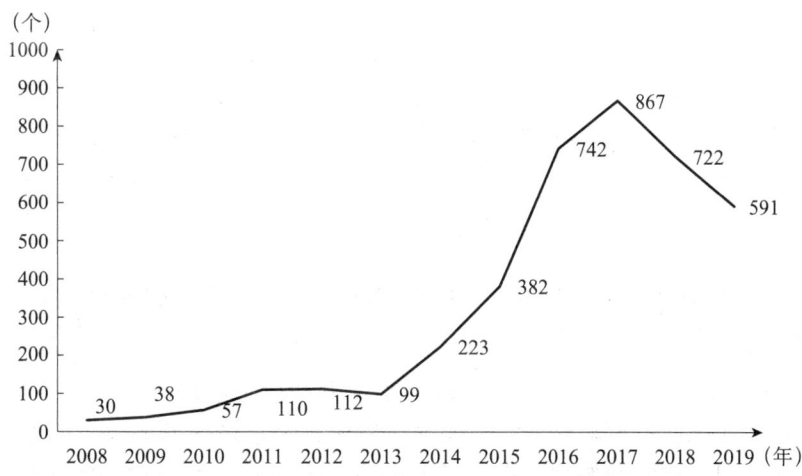

图7-3 2008~2019年我国企业海外并购案例数变化趋势
资料来源：卢福财，王自力，何小钢．产业经济学［M］．北京：高等教育出版社，2022．

2. 企业海外并购金额先增后降

我国企业海外并购金额也呈现先上升后下降的趋势。由图7-4可知，2008~2016年，我国企业海外并购金额基本呈现稳步上升趋势。其中，2016年我国企业海外并购金额达到历史最高值2 188亿美元。事实上，自2008年世界金融危机以来，海外大批企业濒临资产价值降低甚至破产倒闭的窘境，在我国人民币继续保持坚挺的情境下，刺激了我国大批企业走向海外，低价并购海外企业，从而使我国企业海外并购金额占据全球企业并购金额的比重显著提高，甚至到2013年提高到5%。随后在2017~2019年，我国企业海外并购金额逐渐下降。这期间，主要受全球经济增长乏力、大范围的贸易摩擦以及政治不确定性等风险加剧的不断影响，跨国并购的规模逐渐下降。

3. 企业海外并购领域多元化

我国企业海外并购领域主要涉及技术、资源及制造类行业等。在我国企业跨国海外投资中，技术类企业实施的海外并购起着极为重要的作用。2004年底，联想公司并购IBM个人电脑业务，这次并购活动不但使联想公司在全球计算机市场的排名上了一个大台阶，而且使得联想公司在技术、产品、品牌形象、公司管理以及公司战略运营等方面均有巨大的飞跃。2009年，澳大利亚DSI公司面临破产，吉利汽车在合适的时机对其进行收购，并且成功获得其100%的股权，这次收购使得吉利汽车公司迅速提升了国际竞争力。2010年，吉利与沃尔沃正式达成协议，吉利以27亿美元全资100%收购沃尔沃汽车集团，至此，吉利汽车的国际品牌形象得到进一步提升。

在资源丰富的海外国家进行投资，开发国内紧缺亟须的资源，从而弥补国内

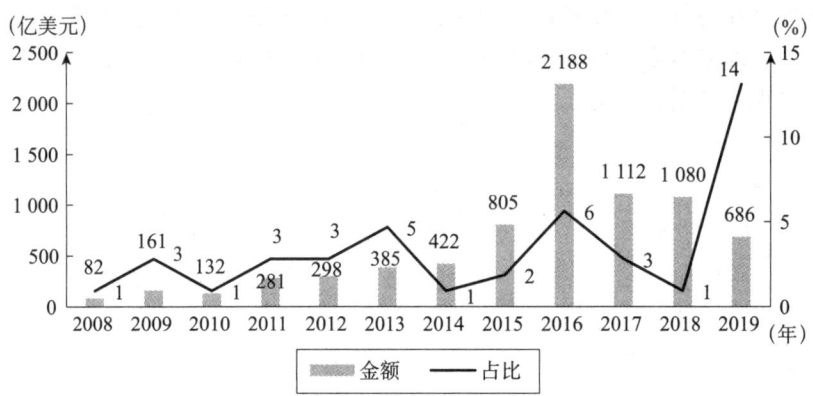

图 7-4　2008~2019 年我国海外并购金额与占全球并购金额比重的变化趋势

资料来源：卢福财，王自力，何小钢. 产业经济学 [M]. 北京：高等教育出版社，2022.

相关资源的不足，符合我国经济发展的要求，有利于我国经济的可持续发展。2018 年，宝武钢铁集团和澳大利亚阿奎拉资源公司成功签署协议，前者以 2.86 亿澳元收购后者 15% 的股权，成为后者的第二大股东，在完成并购之后，宝武钢铁集团主要的原料供应来源即铁矿石供应价格将会趋于稳定状态。随着我国国内经济发展转型，受国企改革以及国际大宗商品的价格大幅下跌等诸多因素影响，我国资源型企业海外并购活动显著减少。

近年来，我国企业海外并购活动逐渐向工业品和消费品领域转移。我国服务业、制造业等相关领域的企业实施海外并购活动表现得尤为积极，海外并购领域显示出多元化格局。例如，2012 年，我国国家电网公司与葡萄牙国家电网签署协议，并宣布出资 3.87 亿欧元获取葡萄牙国家电网 25% 的股份。至 2013 年，我国企业海外并购活动逐渐进入电信、金融、服务业以及消费品行业等领域。

4. 企业海外并购主体发生变化

作为我国企业海外并购的主要力量，国有企业海外并购能力较强，其并购金额在我国企业海外并购中占有重要比重。据经济参考报统计，在中国企业的海外并购中，国有企业扮演了非常重要的角色。2012~2015 年，在中国企业（国有企业、民营企业）海外并购交易金额中，国有企业一直占据主导地位。这表明，在我国企业海外并购的主体中，企业的国有性质非常显著。近年来，我国企业海外并购主体发生变化，由国有企业向国有与民营企业并行转变。随着民营企业的发展壮大，我国民营企业海外跨国并购的速度加快，到 2016 年，在交易金额上，民营企业已经超过国有企业在海外的并购。

第四节　企业的创新行为

技术进步已经成为国家经济增长的不竭动力，同时技术进步离不开创新行为。只有不断追求技术创新，才能保证国家经济的不断增长。正如索罗指出，美国经济的 80%~90%增长主要是来自技术进步。商业性研发活动主要是以企业为研发主体,并以追逐经济利益为目的的技术创新。在此过程中,技术创新需要专利制度提供制度保障,从而保证人们从事研发和创新行为所应获取的合理利益。创新属于动态的过程,对提高生产率和技术进步均具有重要的作用。

一、企业创新

(一) 创新的概念

创新,指将新思想新观念新思路作用于生产实践之中,包括生产新产品、建立生产设施以及使用新工艺等具有创造性的各种产品和活动。熊彼特认为,创新是将一种以往并未发生过的有关新的生产方法或者生产要素的新组合引入生产体系。新组合过程上的变化,可以包括开辟的新市场、新的原料供应、新的管理制度与组织形式、引进新技术以及新产品等。在这里,创新的主体应该是企业生产者,创新的本质是把生产方法或者生产要素重新进行新的组合,包括企业管理与组织结构等的创新活动。也就是说,一切关于生产、销售与管理上的新做法、新事物都可以称作创新。熊彼特相对全面地界定了创新在资本主义经济运行中的内涵。

罗默等将技术创新归结为企业在现有制度框架下不断追求经济利润的结果,技术创新是经济活动参加者视市场情况内在而定的,市场是影响技术创新的关键性力量。企业进行技术创新的目的是追求产品超额利润,并且可以从两个方面来利用技术创新以获取经济利润:一是提高产品生产价值,主要是通过推出具有新功能属性或者全新差异化产品的方式,进而提高企业产品的市场价值以获得利润;二是降低企业生产成本,主要是通过持续改进生产流程和工艺的方式,节约商品生产原料,进而降低企业运营成本和生产成本。

(二) 创新的分类

按照不同的创新程度,创新可以分为渐进式创新和突破式创新。渐进式创新是指在原来的技术方法下,企业不断改进生产产品或者技术工艺,并未对原有的理论体系或者框架进行彻底颠覆。突破式创新是指技术理论体系或者框架发生了根本性变化,企业生产相关过程的产品、生产原料以及生产参数都发生了根本性变化。

按照不同的创新内容和对象,创新可以分为工艺创新和产品创新。工艺创新是指可以降低企业生产成本和提高企业生产率的加工方法、操作技术、生产工艺流程以及技术装备等的改进和研究开发。产品创新是指对已有产品的改进和对新式产品的研究开发。

(三) 创新的驱动力

针对创新驱动力的来源,目前主要有四种学说,分别是需求拉动说、利润动机说、供给推动说和市场结构说等。

1. 需求拉动说

希克斯于1932年最先提出引致创新说，指出生产要素价格的变化将促进企业进行节约高价格生产要素的创新。传统的创新经济学重要人物施穆克勒认为，需求是影响技术创新的重要力量，影响创新活动的数量和方向，并认为需求是影响投资波动的重要因素之一。施穆克勒在其著作《发明与经济增长》中，指出投资序列趋向领先于专利序列，发明创造活动应答了需求的响应，并认为行业创新与行业繁荣紧密相关。阿曼和库珀研究指出，需求拉动具有激励技术创新的作用，创新的基本动因可以归结为来自对某种生产工艺过程或者特殊产品的需求。

2. 利润动机说

企业的目标和动机是追求产品利润最大化，其所参与或者实施的市场活动均与利益相关。熊彼特有关创新源的基本思想的重要假设之一是利润动机，企业创新者开展技术创新活动的目的就是获取经济增长，谋取经济利润。企业开展技术创新并积极投资某一新技术领域，原因在于企业家预期到投资这一新技术领域将要获取的盈利机会。盈利机会是企业开展技术创新的动力来源。企业推动技术研发与创新的动力仍是为了谋取高额的经济利润。

3. 供给推动说

企业开展技术创新的原动力来自实验室的研究和发现，科学技术进步推动企业技术创新。不同行业的技术特征具有较大的差异，如何实现技术创新以及实现创新的可能性存在较大差异，并且不同行业开展技术创新活动的进度与程度也存在较大差别。第一次产业革命，尤其是蒸汽机的发明，不仅为企业生产经营提供了动力，而且也为企业提高了生产效率，有力地驱动了英国的工业技术创新与进步，极大地促进了世界经济的发展。第二次产业革命，电器产品开始逐渐替代机器，并成为补充和取代以蒸汽机为动力的新能源，此后，电灯、电车以及电影放映机陆续问世，驱动了世界工业技术创新和进步。第三次产业革命是一场新科技革命，由于科学理论出现重大突破，原子能、航天、电子计算机的应用，以及人工合成材料、遗传工程和分子生物学等高新技术，积极地推动了世界各国经济和科技创新发展。

4. 市场结构说

从垄断竞争的角度，卡曼和施瓦茨探讨了技术创新的动因，并指出企业规模、垄断力量以及竞争程度等因素决定企业技术创新。企业规模影响着企业市场布局以及市场前景，通常来讲，企业规模越大，其技术创新的市场布局就越大。企业垄断力量影响技术创新时效性，这是因为，企业垄断力量越强，垄断程度就越高，其对市场的控制力度就越强，那么企业开展技术创新的时效性就越久，这反映了技术创新持久性。竞争程度影响着创新者在技术创新中相比对手而言获取的利润多寡，技术创新使得创新者在竞争中获取更多利润，反映了技术创新广泛性。因此，从市场结构的角度，卡曼和施瓦茨分析了企业技术创新的决定因素。

二、研发、专利制度

(一) 研发、专利制度

研发,一般是研究和开发的简称,指为获取科技新知识,人们创造性地将新知识新思想运用和转化为新产品、新材料、新装置、新工艺以及新服务等系统性活动。经合组织(OECD)指出,研发是为了增加人力资本、社会资本和文化等知识存量,人们进行创造性活动以及凭借既有知识研究开发新应用和新用途。按照目的来划分,研发可以分为基础研究、应用研究与开发研究。

基础研究主要是为了揭示事物发展的客观规律、运动本质与基本原理,进行理论性或者实验性研究,从而获得新学说新发现等。基础研究反映的是知识的原始创造能力。应用研究主要是为了明确基础研究所得成果的用途,针对特定的目标或者目的,采取新的途径新的方法,进行创造性研究。应用研究在于着力探索基础研究成果的运用途径。开发研究主要是利用实际经验、基础和应用研究获得的知识,为获取新产品新材料新工艺新服务等,针对已经建立的新材料新装置进行实质性的系统性改进工作。开发研究的主体基本上是由企业投资者来担任。

专利属于专利权的简称,指专有的利益和权力。专利一般是政府部门或者某些区域性组织依据申请来颁发的文件,该文件记录研发创造的详细内容,并且只有经过专利权所有人批准许可的前提下才能实施。设立专利制度的最基本目的是保护创新创造、促进发明发现,并且还有利于研发投资、创造产权以及鼓励技术公开等。

(二) 专利制度的创新效应

专利制度具有一定的创新效应,主要表现为以下几点。

1. 促进产生新知识

在保护新知识新创造的同时,专利制度有助于进一步创造新知识。世界各国专利法都明确要求相关发明专利务必披露专利的基本内容和技术属性,论证创新成果的创造性与新颖性,并且确定专利保护的界限以及具体内容。其他企业能够借鉴既有专利披露的技术信息,并且在既有研究成果基础上进一步发掘出更新更完善的创新成果。当前的专利检索系统以及数据库较快地促进了新知识新创造的生成速度,进一步提高了研究开发的资源利用率。

2. 有效限制模仿

通常来讲,知识信息具有溢出效应。创新所有者研发出创新产品所包含的新技术新工艺新知识,易被其他企业获取并利用仿制。由于后者无须投入研发支出费用,从而省却了产品研发成本,致使其生产的产品更具竞争优势。这样的话,几乎所有企业都愿意参与模仿,而不是投入研发经费,这是因为企业开展研发试验将面临更多的不确定性以及承担较大的风险。专利制度的实施,会保护创新者的收益独享权,能够有效限制其他企业的模仿。如果相关企业设法效仿或模仿并改进新产品来规避侵犯专利行为,那么专利制度将会使模仿者被迫增加产品模仿成本,以支付相应的研发支出费用,同时模仿者的产品进入市场中的时间将会被推迟。如果企业剽窃创新者的创新产品,那么该企业就会因违反专利制度而面临巨额赔偿等法律制裁。

3. 有效激励企业创新

专利制度的实施,实质上是保护了具有外部性特征并且易于产生溢出效应的技术知识信息,同时维护专利所有者的市场地位。专利制度促使企业创新者在获得专利保护的同时,通过持久开展技术创新活动来维持企业利润,激励企业持续开展创新活动。专利制度可以有效防止企业研发过程中可能存在的"搭便车"行为。只有对企业实施专利保护,保证创新性企业获取市场利润,才能保证企业持续投入创新性研发资金,从而增加社会福利,推动社会科学技术进步。

三、创新中的市场失灵

技术创新存在外部性特征,企业在研发配置资源过程中常常会出现市场失灵现象。导致市场失灵的因素较多,主要包括技术创新的风险与结果不确定性、技术创新的外部性、技术创新的复杂性等。

(一)技术创新的风险与结果不确定性

企业在研发过程中,技术创新的风险与不确定性是共存的。企业在研发的初始阶段,由于其主攻的领域和研发程度属于前人并未涉足或者较少涉足的学科范畴,因此,创新研发的结果并不确定,难以准确评判可能出现的各种问题,研发具有较大的不稳定性。随着研发的程度加深和进度加快,研发的结果在一定程度上可以预测到,影响不确定不稳定因素的效果逐渐降低。在这一阶段,企业可以通过自我评估或者第三方评估的方式科学评判研发结果,以及预期到可能存在的研发风险。由于人们在创新研发中通常无法准确预料可能出现的结果,对未知事物的探索存在一定的风险意识,因此,企业的创新研发投资意愿并不十分强烈,从而使得创新研发活动可能不如社会最优水平。

(二)技术创新的外部性

创新成果与技术知识存在溢出效应,研发活动表现出外部性,从而导致企业创新主体无法完全独享创新研发收益,使得一部分创新研发收益溢出到其他企业经济主体,这部分企业也就存在"免费搭便车"的现象,占据理应由企业创新者拥有的市场份额。如果没有有效的市场补偿机制来完善,那么企业实施技术创新活动的市场收益将会下降,这将极大地降低企业创新性研发的主动性和积极性,进而导致一些可能引起重要变革的新技术新工艺未能被开发探索出来,因此,市场出现失灵现象。

(三) 技术创新的信息不对称性

企业开展技术创新活动亟须大量的资金投入。在不同的研发阶段，企业均需要相应的资金投入以确保持续实施创新实践。然而，企业技术创新研发活动的结果充满不确定性和风险，并且人们无法准确预判和评估创新研发结果，这就可能造成企业进一步投入研发资金受阻。企业单纯依靠内源性资金融通压力较大，通常需要来自外源性资金融通来持续注入。然而，企业技术创新具有专业性、专有性，普通的投资人员并不能完全准确理解企业创新行为和技术知识信息，对不能预料到的事物结果存在风险意识，因此，市场存在信息不对称，使得投资者可能质疑企业技术创新活动，甚至低估创新型企业的未来市场价值，进而削弱企业参与创新活动的意愿。

(四) 技术创新的复杂性

当今社会科技发展日新月异，企业技术创新和研发过程要求充满复杂性，重大项目和高精尖技术创新需要多学科多领域多元化多样化交叉融合，需要整合多学科人才知识，这就远远超过了单个企业的负担能力。例如芯片的研发，绝非单一企业所能胜任。现今的技术创新活动大多具有典型的资本密集型和知识密集型特征，高昂的研发成本过多地消耗了企业的有限资源。另外，一些技术创新研发活动所投入的大量基础设施往往具有资产专用性特征，由于专用性资产无法有效地转移和留作其他生产用途，从而使得企业在管理和再利用资产专用性基础设施方面存在局限性。

四、创新中市场失灵的对策

技术创新中的市场失灵会对行业发展、技术进步产生负面影响。针对创新中的市场失灵现象，政府部门可以采取适当的干预措施来弥补和缓解。

(一) 政府提供研发激励措施

政府提供的技术研发激励措施包括两个方面。一方面，对企业研发创新活动提供减税补贴措施。世界上许多国家包括美国等都对企业创新研发行为给予一定的税收减免政策。政府对企业的研发行为给予减税奖励，这种激励措施有助于企业减少研发成本投入，集中精力加大技术方向资金成本的投入力度，同时刺激普通投资者积极参与技术研发。政府提供的技术研发激励广度和力度与民间普通投资者参与技术研发的力度和积极性呈正相关关系。理论上讲，政府部门对市场适度提供企业创新研发减税补贴，有利于优化企业参与技术研发的数目和规模。另一方面，对企业直接提供资金支持。例如，美国政府部门对全国的研发支出给予了资金支持，并且政府还对企业的部分研发活动直接进行支付。研究指出，政府部门增加对研发活动的资金投入，既不会对民间投资者的研发支出造成挤出效应,也不会因民间投资者的研发支出降低而削弱。事实上,政府的资金投入进一步增加了全国的研发支出总量,有利于整个国家开展技术创新研发活动。

(二) 政府营造技术创新环境

专利保护制度满足了企业创新者占据市场地位、获得利润的利益诉求。政府部门通过完善知识产权和专利保护制度以及相关的法律法规,在知识产权领域对企业创新活动给予政策宽松与扶持以及制度保障,为企业研发活动积极营造良好的创新环境,使得企业创新者的研发投入和技术创新更有保证地获取相应的回报,鼓励普通投资者积极参与创新研发投资,有利于社会技术进步。

本章小结

市场行为是在市场供求下企业充分考虑到与其他企业关系的基础上而采取的各种行为决策。市场行为主要涉及企业的价格策略、企业的产品策略以及企业排挤竞争对手的策略等。通常情况下,寡头厂商通过卡特尔和价格领导的形式来实行串谋行为。企业的产品行为包括产品差异化行为和产品营销行为。比较典型的不合理的排挤对手的行为主要是掠夺性定价。产品差异实质上是消费者认为市场产品之间替代不完全的状态。广告是企业开展产品差异化竞争的主要手段。企业的广告强度等于产品的广告需求弹性与价格需求弹性之比。通常而言,广告可以增进经济福利,也可以减少经济福利。虚假广告是以引人误解或者虚假的产品内容误导、欺骗消费者的广告,国家从法律层面对利用虚假广告宣传误导的违法行为进行打击。从企业双方的产业特征来看,企业并购分为横向并购、纵向并购与混合并购等。企业通过并购行为,采用共谋或限制竞争的方式来获取更多经济利益,实质上以企业产权为对象,主要特征是产权转移与获取企业控制权,即企业控制权的出让和受让。近年来,我国企业实施海外并购推动了企业国际化经营,成为全球企业实施并购活动的重要组成部分,并且具备一些特征。商业性研发活动主要是以企业为研发主体,并以追逐利益为目的的技术创新。技术创新需要专利制度提供制度保障,企业在研发配置资源过程中常常出现市场失灵现象。虽然导致市场失灵的因素较多,但是政府部门可以采取适当的干预措施来弥补和缓解。

本章案例

吉利汽车的市场行为

多年来,吉利汽车公司凭借持续的企业自主创新和灵活的市场经营机制,在行业中取得了快速发展,成为首批国家"创新型企业"。

吉利从最初的"低价战略"发展到现如今的"精品车战略",经历多次重大战略调整升级,将成本优势重新定位为品质和技术优势。吉利在控制成本的同时,为消费者提供高性价比的优质汽车产品。吉利最初采取成本最低的造车策略,将红旗、奔驰等的现有车型拆解并模仿学习,依靠模仿学习模式,迅速培养出控制生产成本的能力。同时,吉利汽车引入本土配套经销商,并且相继推出多款车型品牌,推行品牌差异化战略,通过"低层次模仿"与"低成本"建立起市场价格优势,逐渐找到市场立足点。自此之后,吉利对汽车核心零部件如自动变速器等技术开启自主研发,以掌握关键技术保持成本优势。

在动态的市场竞争环境中,公司战略通常需要因时因势而变。2008年全球金融危机爆发,大量企业倒闭、经济萧条。然而,吉利抓住机遇,先后完成三大海外并购,从而实现了企业全球化战略下的公司跨越式发展。其中,2009年吉利汽车在合适的时机对澳大利亚DSI进行收购,随后于2010年成功收购了沃尔沃汽车,成为我国企业海外并购的典范。至此,吉利汽车迅速提升了国际竞争力和国际品牌形象,深化和扩大了全球化战略。

2020年初,新冠疫情在全球范围暴发,企业销售难、复工难、供应链紧张等各种问题凸显。然而,吉利凭借这一次变化,进行适当的转型和调整。吉利转变评价指标,在组织架构上,提前进行调整布局,增加企业员工职能间的交错程度;在人才培养上,企业注重培养和造就创新复合型人才。

从"追赶"到"超越追赶",进而实现"非线性成长",吉利汽车明确了企业发展的战略定位,从而在国际市场上不断发展壮大,使得我国民族的自主汽车品牌走向世界。

资料来源:吴晓波,杜健,李思涵. 非线性成长 吉利之路[M]. 北京:中信出版集团,2021.

复习思考题

1. 简述产品差异化的原因。
2. 简述掠夺性定价的内容。
3. 简述广告强度的主要内容。
4. 简述广告的福利效应以及广告的优缺点。
5. 简述横向并购的主要内容。
6. 简述我国企业海外并购具备的特征。
7. 简述企业创新失灵的原因与对策。

延伸阅读

[1] 庇古. 福利经济学[M]. 北京:华夏出版社,2013.
[2] 范合君. 产业组织理论[M]. 北京:经济管理出版社,2010.
[3] 干春晖. 并购经济学[M]. 北京:清华大学出版社,2004.

［4］蒋传海. 广告信息不对称与消费者行为选择［J］. 外国经济与管理，2003（7）：39-43.

［5］Solow. Technological change and the aggregate production function［J］. Review of Economics and statistics，1957（39）：312-320.

［6］Vickers. Competition and regulation in vertically related markets［J］. Review of Economic studies，1995，62（1）：1-17.

第八章 市场绩效

产业经济学中关于市场绩效的研究，本章分为三节内容：第一节是关于市场绩效如何界定与如何评价；第二节为市场结构与市场绩效的关系，主要介绍关于研究两者关系的两种不同观点；第三节为市场行为与市场绩效之间的关系的介绍，主要包括价格行为、技术创新与进入壁垒与市场绩效的关系。

第一节 市场绩效的衡量

一、市场绩效的定义

关于市场绩效的界定，伴随着研究的进行，基本达成共识，即在不同的市场结构下，众多企业汇集的市场行为导致的市场中产品的品种、价格、产量、质量，以及企业的利润、营收等企业表现，行业技术进步水平、集聚程度及产业层面的经济表现。市场结构可以是完全竞争、垄断竞争、完全垄断等，企业行为包括价格竞争、产量竞争、设定出入门槛和一些技术专利等，进而使产品、企业、行业或产业层面发生的一系列变化。那如何评价此等变化的好坏呢？我们需要一些指标来进行衡量。

二、市场绩效的指标

关于市场绩效的定量衡量，学者们进行了长期的研究，下面是几种比较常见的度量标准，关于度量市场绩效的指标，简单可以分为两大类。其中，第一类为利用单个指标来衡量市场绩效，第二类为利用多个指标体系系统衡量市场绩效。每一类衡量都会具有优缺点，其中第一类指标主要的问题为衡量过于单一，并且数据的计算会存在一些偏差。

（一）利润率（收益率）指标

这是一个比较常用的重要指标。利润率的一般计算公式是：
$$R = (\pi - T)/E \tag{8-1}$$

其中，R 表示税后资本收益率；π 表示税前利润；T 表示税收总额；E 表示自有资本。

利用利润率来进行市场绩效的评价，是基于西方主流经济学的微观经济思想。即在不同的市场结构下，市场中的资源配置效率是具有较大差异的，那么我们在假定企业数量众多，企业间为完全竞争的环境下，企业的总产出水平最高，资源利用程度最大，而企业的经济利润却为零，所以我们可以总结出一般结论，在一定环境下，企业利润率的大小与市场的资源配置效率是具有相关性的。也就是利润率与市场绩效具有相关性。根据主流经济学思想可知，伴随垄断程度的提高，企业的利润水平不断提高，而且市场中的产品总产量也在不断下降，所以我们可以推断市场环境越偏离竞争，利润率越高。但是关于利润率能否用于评价市场绩效，贝恩及其他学者对此进行了相关研究，表明集中度越高，长期利润越大，但两者关系并不显著。也有一些证据证明两者间的关系呈现弱正相关性。也有一些学者表明并未发现两者间的关系。

关于利用利润率来评价市场绩效的方法，本章认为是会引起巨大偏差的，其原因在于：首先，基础数据统计口径的不同，将导致利用此单一数据进行衡量的错误率较大；其次，影响企业利润率的因素较多，譬如行业风险、企业规模、企业竞争力等；最后，不同行业、不同制度下的企业利润率与资源配置关系也会不同。以上所有因素都将造成结果的偏差，所以利用利润率来进行衡量市场绩效，需要将以上因素带来的影响效应扣除。

（二）勒纳指数（Lerner Index）

勒纳指数度量的是价格与边际成本的偏离率。其计算公式为：

$$L = (P - MC)/P \tag{8-2}$$

其中，L 表示勒纳指数；P 表示价格；MC 表示边际成本。

关于勒纳指数评价市场绩效的原因，基于微观经济学中的边际收益与边际成本的比较，所以勒纳指数是前面提到的利润率的变种，所以和利润率的理论渊源基本相同。因此，我们可以计算出其数值处于 0 到 1 之间，价格在短期内可以小于边际成本，但是这会带来企业的停工停产，这样企业就退出了市场，也就不在我们的计算范围之内。在不同的市场环境下，价格的确定与边际成本的大小关系是不同的，伴随着垄断程度的提高，其两者的差距越大，勒纳指数越大。关于勒纳指数的使用，我们需要搞清楚市场价格是长期性还是短期特殊定价，在垄断程度较高的市场环境下，会发生企业间的恶性价格竞争、限制性定价或掠夺性定价，这样将不能通过价格与边际成本的关系来体现市场竞争程度，进而在评价市场绩效时，也就会发生错误。勒纳指数在实际操作中会存在数据获取的困难，进而使得使用存在障碍。

（三）贝恩指数（Bain Index）

贝恩指数是著名的产业组织学学者贝恩提出的一个指标。在经济学范畴内，利润包括会计利润与经济利润，贝恩指数的计算公式为：

$$\pi_a = R - C - D \tag{8-3}$$

其中，π_a 表示会计利润；R 表示总收益；C 表示当期总成本；D 表示折旧。

$$\pi_e = \pi_a - iV \tag{8-4}$$

其中，π_e 表示经济利润；i 表示正常投资收益率；V 表示投资总额。

于是贝恩指数为：

$$B = \pi_e / V \tag{8-5}$$

贝恩指数与前面介绍的两种方法具有很强的理论联系，都是基于经济利润的分析。贝恩指数计算了经济利润率，在微观经济学中我们可知，垄断程度越强，其经济利润水平越高，贝恩指数越大，贝恩指数可以指示出市场环境。

相较于前两种评价指标，其优势点在于数据的获取更方便以及数据的正确性更高，但是本指数的问题和前面两种评价方法是一致的，即经济利润的高低并不是只受到企业所处市场环境以及企业在市场上的垄断能力的影响，还会受到其他因素的影响。另外，长短期内的企业利润水平会存在波动，而企业的战略目标以及企业行为将会影响企业利润，譬如企业将短期内采取低利润水平的经营策略，为此获取更高的市场占有率，而过后将提高利润水平。所以在研究视角的时间跨度较长后，垄断程度与利润间存在更强的相关关系，而在短期此关系将不再牢固。

（四）托宾 q

托宾 q 是指上市企业或者是可以将其债券化的企业，其市场价值与企业重置成本的比值大小，托宾 q 可以辅助指导经济中的投资行为，若重置成本大于市场价值，那么经济投资行为将不会发生，而会进行企业所有权的交易，若重置成本小于市场价值，那么经济中的投资行为将发生，进而增加社会的生产能力。其计算公式为：

$$q = \frac{R_1 + R_2}{Q} \tag{8-6}$$

其中，q 表示托宾 q；R_1 表示企业的股票市值；R_2 表示企业的债券市值；Q 表示企业资产重置成本。

在此处将托宾 q 系数引入市场绩效的评价，其原因在于对于以上三种方法中心思想的借鉴。即：托宾 q 系数的大小和企业的利润水平具有相关性，而利润水平的大小又可以和市场绩效相联系。托宾 q 可以适当地用来衡量市场表现。

在一个完全竞争市场上，该市场中所有企业的 q 值为 1；在该情况下，企业的市场价值等于该企业所拥有的资产的价值。当 q > 1，并且市场可以自由进入时，新的企业将有动机进入这个产业，购买与现有企业一样的股本并预期其投资的市场价值会提高。同时，原有的企业会有扩张的动机，因为有更高的投资回报率。如果进入壁垒较低，新进入者（或者扩张者）将会使 q 值降低，这一调整将会随着 q 值趋于 1 而结束。而如果这一比率持续高于 1，则表明存在阻止进入该市场的垄断势力。另外，对一个价格接受企业来说，它赚取经济租金，q 值也可能高于 1，因为它拥有独一无二的、可有效生产的资产。根据德姆塞茨的效率理论，一家企业可以因为它比竞争者更有效率，而不是因为它拥有更多的市场势力而获得超额利润。当托宾的 q 值作为一个企业的获利能力指标时，它并没有揭示产生该获利能力的原因。

（五）X - 非效率

X 低效率理论，也被称为内部低效率理论，是由哈佛大学教授莱宾斯坦（Leibenstein）在 1966 年首次提出的，是市场表现的一个指标。该理论认为，由于外部市场竞争压力小、组织层次多、组织规模大、所有权和控制权分离等原因，大型垄断企业并不总是寻求最小化成本，这种现象统称为"X 低效率"，与"X 效率"相对应。

X - 非效率理论涉及市场环境（ME）、企业组织（EO）和经济效率（EE）三个变量之间的关系，其中经济效率是市场环境和企业组织的函数，即：

$$EE = f(ME, EO) \tag{8-7}$$

在变量 ME 为给定（即没有市场竞争压力）的条件下，变量 EE（即 X - 非效率的程度）就取决于变量（即垄断厂商）适应环境的情况。X - 非效率理论的整个分析框架是建立在"庇护下的厂商追求利润极小化"这个前提假设之上的，并一反传统理论中的"经济人"假设，将人性的弱点假定为"惰性"以及由此形成的"习惯"，即：

$$企业行为 = f(惰性，环境) \tag{8-8}$$

因此，在没有压力的市场环境中，最高决策者（经理）的行为模式是"极小型"的，他不可能把压力从最高层逐级向下传导下去。于是，垄断企业全体员工的这种利润极小化行为模式就"集体"地形成了企业组织的行为模式。在没有压力的市场环境下，经济效率的值就不可能是 X - 效率，而只能是 X - 非效率。

三、市场绩效的综合评价

关于市场绩效的评价，我们需要先确定评价的方向与目标是什么，评价的层级是什么。市场的微观主体是经济活动中的生产者与消费者，而市场绩效主要关注的是生产侧的以企业为微观主体的经济表现，但我们把评价层级放在了行业或产业及宏观国民经济层面，即在一定的市场环境下，市场运行后的经济表现如何，哪些指标可以被纳入其中。在评价之前，我们要搞清楚整个经济运行的结果目标是什么，目标不是单一的，但是经济运行的最终方向都是提高国民的社会福利，所以我们可以将其作为指示方向，将一些指标纳入其中。那么社会福利的范围可以但不限于经济活动的效率、收入水平、公平、安全、技术进步等多层次多角度的考量，由此也确定了我们的逻辑链条，即对市场绩效的考察应该是市场的运行是否增加了国民福利,详细说明在产业经济层面包括产业资源的配置效率、产业规模与结构效率、产业技术进步等方面。

(一) 产业的资源配置效率

关于产业的资源配置效率的考察,可以简单地从两方面进行,即消费者与生产者角度。其具体内容可以包括三个方面:第一就是资源在消费者之间的配置,是否使得效用总量最大化,消费者之间的资源配置可以通过多种配置机制进行,譬如行政命令、价格机制等,而在考察市场绩效的视角下,我们主要考察价格机制在配置资源时是否具有效率,市场机制是否可以使得总效用最大化,会受到多种因素的影响,其中收入结构、价格结构等为主要因素。第二就是资源有限的前提条件下,在生产者之间的资源配置效率如何,是否使得生产者效用最大化,在此处生产者效用最大化,可以涉及生产者在生产什么、如何生产、为谁生产以及生产规模等层面的问题,在企业的同质性假设与异质性的不同假设前提下,考察以上问题时,所涉及的问题不同。第三就是同时考虑供给侧与需求侧,在结构与总量上,市场机制能否使得耦合程度更高,使得产业资源配置的效率更高。

根据现代产业组织理论以及一般价格理论,市场机制在完全竞争市场环境下,可以使得资源配置效率最高。因为在完全竞争的条件下,价格是由自由竞争的市场决定的,行业间、企业间资源的自由流动使行业间及企业间不存在经济利润。因此,我们可以用工业和企业的收益率作为衡量资源配置效率的指标。

基于西方主流经济学的理论,我们可以基本认为市场内主体间的竞争激烈程度决定了资源配置效率的高低,企业间差异越小,企业数量越多,其相互间的竞争就会越激烈,当企业处于完全竞争市场环境中时,企业的定价等于边际成本,企业的生产规模处于效率最优的状态,而且市场机制下,企业进出行业的难易程度几乎为零,此时不存在行业的超额利润长期大于零,所以此时所有行业处于相同收益率的水平,那么此时的消费市场与生产市场处于均衡出清的状态,即不存在供需的结构性矛盾与数量性矛盾,所有的经济活动都是在有效率的状态下进行。

而与此相对的则是垄断程度的不断提高,导致以上有效率的状态失效。根据福利经济学第一定理来看,随着垄断程度的提高,市场中商品的供给数量在不断下降,而且企业的数量也在下降,但是单个企业的生产数量在不断提高,即企业的规模在不断扩大,而且企业的利润率也在不断提高,那么由于需求总量不变,但供给下降,价格提高,将使得消费者剩余的水平不断降低,并且会带来社会福利的净损失,随着垄断程度的不断提高,净损失的规模不断变大,达到完全垄断时,消费者剩余将被生产者完全攫取。所以垄断不但带来福利净损失,还会使得消费者没有消费者剩余,而生产者利润变大。因此企业会不断寻求可以获得垄断能力的机会,譬如通过广告手段,夸大自身商品的独特性与稀缺性,人为提高商品的垄断能力,进而提高议价能力,获取垄断利润。企业也可以进行恶性价格竞争,将竞争对手挤出市场,提高市场份额占有率,其后利用垄断地位,再向消费者收取高价,获取价格竞争时的损失以及超额利润。企业也可以通过技术研发以及技术专利获取技术垄断。相较以上获取垄断能力,技术壁垒的危害性较小,但以上垄断程度的提高,都会压缩消费者的效用空间,造成资源配置效率的下降。

(二) 产业的规模结构效率

关于产业规模结构效率,可以理解为产业内经营主体的规模与产业规模是否达到满足经济发展需要以及最优化经济效率的规模。可以从两个层面去理解,即企业层面与产业层面。关于企业层面的衡量,首先是产业内的企业是否处于经济规模,企业层面的规模具有规模报酬不变、规模报酬递减与规模报酬递增三种结果,即不同行业不同区域不同能力的企业,所需要选择的企业规模是不同的,而在某个产业内,企业规模按照经济性来安排。其次是企业内的纵向一体化程度,是否具有经济性,纵向一体化即选择企业内生产,而不是通过市场交易实现,交易成本与管理成本影响到边界选择。最后是企业间的关系问题,即产业内大中小型企业间的分工与合作是否也具有经济性,而且企业的空间布局是否可以实现规模经济。关于产业层面的衡量,主要是产业规模以及产业结构的问题,首先是产业的生产规模是否达到需求水平,以及产业链之间是否具有结构与数量的矛盾。反映工业规模生产能力的利用程度,检验工业企业是否存在生产能力过剩。有两种情况:一是有些行业,特别是集中度低的行业,没有达到经济规模,但有起步阶段,利润率低;二是大多数企业达到了经济规模,但有待建设,产能过剩。其次是产业的空间分布是否符合经济效率,产业的空间分布包括产业的集聚程度以及产业间在空间上的协同程度。伴随着消费市场的变动,产业的集聚程度也会发生变化,而某一产业在空间的重新布局,将带动上下游产业以及相关产业空间布局的变化。

工业企业的规模经济状况可以分为以下三种类型。

(1) 低效率的状态。处于低效率状态的企业即企业规模过小,进而企业无法实现规模经济,此类企业竞争力较小,企业利润较小,而且企业数量众多。

(2) 过度集中的状态。过度集中的状态为,行业中产品的供应商主要为超大型企业,企业规模较大,而且实现较强的企业内纵向一体化,企业内部管理成本较高,整个行业的业务量过于集中,使得小型企业生存空间较小,大中小型企业无法衔接,从而提高了超大型企业的内部业务,成本居高不下,资源利用效率低下。例如,我国在电信、石油、电力等行业改革之前就出现过此类情况。

(3) 理想的状态。理想状态是行业内的企业生产者大部分可以接近规模经济水平,且对于生产者的经营业务,企业间可以相互协调,实现经济性,所以在行业内企业的规模并非相同,而行业内不同业务的多少、资本投资的大小、技术难易程度以及企业的能力边界,决定了不同企业间的关系与规模大小,进而使得行业的资源配置效率处于有效的状态。

在市场经济发达地区,如美国、欧洲和日本,多数产业(如贝恩1951年对美国产业的研究结果是70%~90%)的工业规模经济的理想状态已经实现,即主要生产企业都是达到经济规模的企业,特别是钢铁、石化、汽车、家电等具有较大规模经济的行业。在行业的另一部分,存在着超经济规模的过度集中。贝恩发现,在许多过度集中的行业中,大公司的生产成本要高于小公司,这表明过度集中实际上降低了行业规模结构的效率。

(三)产业技术进步程度

关于产业的技术进步程度,主要是指产业内使用的技术进步的过程,而产业内新技术的出现可以通过两种方式获取,即外部获取或内部创新。而新技术的使用将在产业内部进行扩散或者转移,实现新技术使用程度的提高,进而带来生产率的提升,并使经济增长得以实现。熊彼特曾指出经济增长的源泉来自创新,而技术进步程度成为一个重要的衡量指标。

基于企业异质性的现实情况,不同属性、规模等特质的企业在技术进步以及技术扩散中所起到的作用不同,其中关于规模对技术推动作用的看法就存在不同。约瑟夫·熊彼特等认为,大企业是技术进步的最大贡献者。谢尔(Chelles,1980)认为,小企业在推动技术进步方面可以发挥更大的作用。国有企业与民营企业在推动技术进步方面的作用也存在不同。

在一定规模临界点内,研发投入随企业规模的增大而增加,研发成果也随之增加。大量研究表明,就研发能力而言,大型企业确实优于小型企业。经济学家所做的一些数据显示,大公司确实主导了研发,因为它们对创新的贡献大于对规模的贡献。相较于中小企业,大企业具有更多的资本,可以进行研发,而且大企业的研发意愿也会高于中小企业,其基于"先发优势"的考量,企业在保证正常发展的前提下,将尽量获取先发优势,中小企业将进行模仿、复制以及进行微小的调整,进而使得企业能够获取一定利润。而大企业作为先发者,中小企业作为跟随者,促进了新技术的应用与推广,进而提高了整个行业的生产率。小企业的跟随效应,也会推动大企业的创新意愿,进而一定的市场环境以及产权制度、专利制度将使得产业内技术创新进入一个良性循环,大企业获得大部分利润,而大企业保持获取大部分利润的能力,将持续进行创新,而中小企业为了获取一定利润,将紧追不舍地进行复制模仿,而这样也会激励大企业进一步加大投资,进行研发。进而整个循环过程使得产业技术进步不断,产业生产率不断提升。

第二节 市场结构与市场绩效

市场结构与市场绩效之间的关系,一直是产业经济学研究的重要领域。本节将介绍哈佛学派(SCP 范式)和芝加哥学派(ESH 范式)的观点,并分析 SCP 关系争论的原因。

市场结构理论主要以传统产业组织理论为基础,侧重于结构—行为—绩效

(SCP) 范式和高效结构范式，基于结构方法的文献研究了市场集中度如何通过培育企业间的共谋行为来削弱市场竞争。相反，非结构方法假设市场结构和集中度以外的因素可能会影响竞争行为，如进入与退出壁垒和市场的一般可竞争性 (Panzar et al., 1987, 1977)。非结构方法已在新经验产业组织（NEIO）文献的背景下发展起来。接下来将介绍结构行为绩效假说（SCP）和有效结构假说（ESH）的基本观点。

一、传统 SCP 范式

产业组织理论哈佛学派构建了现代产业组织的描述性研究范式，即市场结构、市场行为、市场绩效分析框架，简称 SCP 范式。SCP 首先由梅森在 1939 年提出，作为一种分析市场和公司的方法（Worthington et al., 2001）。SCP 范式假设市场绩效可以客观地衡量，市场绩效取决于市场行为，而市场行为又取决于市场结构。由于这种单向决策关系，市场结构可以用来解释市场绩效。

根据 SCP 范式，产品价格 P 与边际成本 MC 之间的关系以及经济利润的大小取决于市场结构。因此，在垄断行业中，企业具有市场力量，可以将价格提高到边际成本，从而获得经济效益，资源配置效率低下，市场绩效也相对较差。企业之间的竞争程度越高，企业的市场势力越小，价格越接近边际成本，就越难获得经济效益，资源配置效率越高，市场绩效越好。正如 SCP 所解释的，市场集中助长了行业内大公司之间的串通，从而导致更高的利润。因此，SCP 指出，市场集中度的变化可能会对公司的财务绩效产生积极的影响（Goldberg et al., 1996）。此外，SCP 还认识到，由于市场份额大的企业的反竞争行为，市场集中度与绩效之间必然存在正相关关系（Berger et al., 1989）。相对市场假说（RMPH）是 SCP 的一个特殊案例，它假设只有拥有较大市场份额和良好差异化产品线的企业才能在非竞争性定价行为中行使市场力量以获得更高的利润（Berger and Allan, 1995）。

在一个由相同厂商组成的能自由进入的竞争产业中，价格等于短期边际成本，短期利润或正或负，长期利润为零。即使厂商是价格的接受者（竞争性），只要每家厂商能平等地获得相同的技术及投入，它们的利润长期看来等于零。如果一些厂商成本低于其他厂商，它们的利润不会被进入者完全侵蚀。自由进入会保证进入的获利最少的厂商（边际厂商）的长期利润为零。在垄断或寡占中，价格超出边际成本，短期利润或正或负而长期利润或零或正。在垄断竞争中，价格高于边际成本而进入推动长期利润为零。

二、ESH 范式

有效结构假说（ESH）指出，有效企业在市场上的激进行为会导致这些企业的规模和市场份额的增加。有效企业的这种行为使这些企业能够集中并获得更高的利润,从而进一步提高其市场份额。这些企业可以通过保持目前的价格水平和企业规模或通过降低价格和扩大企业规模来实现利润最大化(Molyneux et al., 1994)。伯格和汉南(Berger & Hannan,1989)指出,市场中效率分散较大的企业会造成不平等的市场份额和高度集中度。因此,ESH 指出,利润与集中度之间的正相关关系是通过卓越的管理和高效的生产过程实现的低成本的结果(Goldberg et al., 1996)。然而,ESH 的支持者认为,市场内部之间的效率差异创造了高水平的集中度。市场的高集中度在这些市场中创造了大于平均效率,产生了正的利润集中度关系(Berger et al., 1989)。正如伯格和汉南(1989)所解释的那样,ESH 和 SCP 对集中度和业绩(盈利能力)之间关系的观察也是相似的。但两种理论的不同之处主要在于对这一关系的解释方式。

一些当代研究对市场集中度和盈利能力之间预测的正关系的可接受性提出了挑战。斯麦尔洛克(Smirlock,1985)的研究使用了 2 700 家单位银行,没有发现集中度与盈利能力之间存在关系的证据。然而,他发现了市场份额(作为公司效率的代表)和公司盈利能力之间关系的有力证据。斯麦尔洛克(1985)表明,市场集中度不是共谋行为的信号,而是领先企业的卓越效率的信号。

伯格和汉南(1994)指出,由于市场高度集中,反竞争行为可能产生四种来源:(1) 如果一个公司享有很大的市场份额,它能够将价格设定在超过竞争水平的水平上,而对管理者保持运营成本在或接近其竞争水平的压力较小。(2) 管理者的自利行为可能导致其作出风险更大的融资决策(高于股东预期),以减少收益的变动,以保护自己的头寸。(3) 与获取和依赖现有市场力量相关的政治成本增加。(4) 保留低效率的管理者或维持低效率的做法,使管理者能够过着平静的生活,去追求其他目标或维持市场支点的收益。上述解释导致使用"平静生活"假说作为 SCP 和 HSH 的替代假说。这一假说假设市场份额较大的企业的管理者较少关注资源的有效利用,因为他们可以利用自己的定价能力获利(Punt & Van Rooij,1999)。该假说预测,市场中的大企业利用其市场力量在市场中保持安静,在不提高生产率和效率的情况下赚取利润。这些公司的行为为市场创造了经济租金。

早期的 ESH 研究使用公司的市场份额作为公司效率的代理(Molyneux,Phil & William Forbes,1995)。伯格和汉南(1995)首先将效率测度的直接方法引入到实证模型中。使用企业市场份额的主要缺点是它不能代表企业的整体生产力和效率水平。将直接的效率衡量方法纳入影响公司业绩的所有因素中。相较于 ESH 研究范式,SCP 为调查市场行为的研究提供了两个主要的好处。首先,它显示了市场的运作方式。因此,它解释了在市场上限制或扩大公司经营范围的各种力量。特别是在生产力和效率研究方面,SCP 有助于解释生产力和效率得失的不同来源。其次,SCP 为分析市场行为提供了理性的基础。

三、市场结构与绩效的实证分析

市场结构与绩效的理论基础即使经过 50 年的不断涌现,仍有十分深刻的内涵,调查发展中国家市场结构的研究数量有限。以往的实证研究主要集中在北美和欧洲的少数发达国家。吉尔伯特(Gilbert, 1984)总结了 44 个基于美国银行业的此类研究。这些研究的结果在一个新兴发展中国家的实证有效性较低。然而,这些发现对于理解市场结构背后的理论具有更重要的意义。因此,下面简要介绍一下应用。

在市场结构和绩效研究中需要解决的一个主要问题是选择一个合适的衡量标准来代表公司的绩效。在之前的研究中,已经使用价格信息(Berger, Allan & Hannan, 1989)或盈利能力信息来代理公司的业绩(Molyneux, Phil & William, 1995)。在多产品环境中,使用单一的价格指标来代表公司的整体业绩可能是不合适的。盈利能力指标可以作为一个综合的绩效指标,因为它将成本和收入整合到一个指标中。在一些研究中发现,市场集中度的增加与较高的价格和高于正常利润有关。斯麦尔洛克(1985)指出,在集中的市场中,更高的利润可能是生产效率更高的结果。伯格(1995)发现了美国银行业效率假设成立的一些证据。

肖特(Short, 1979)在一项基于加拿大、西欧和日本银行样本的研究中发现,银行集中度和 ROE 之间存在正相关关系。穆尔(Moore, 1998)研究了先进的通信技术对银行服务远程客户能力的影响。先进的技术帮助银行经理使用其他方法为远程客户服务,例如电话银行和互联网银行。穆尔使用单变量和多变量回归检验了集中度和盈利能力之间关系的变化,并发现即使技术发生了变化,银行集中度也对业绩产生了积极影响。莫利纽克斯等(Mdyneux et al., 1995)在欧洲银行业的一项研究中发现了支持传统 SCP 的证据。威廉姆斯、莫利纽克斯和桑顿(1994)检验了 SCP 和有效市场范式的适用性,用三家公司的集中度和单个公司的市场份额来代表公司的效率来分析西班牙银行结构。回归结果表明,集中度与资产收益率(代表绩效)之间存在正相关关系,从而支持了西班牙银行业的 SCP 假设。

各种研究采用了不同的方法来检验 SCP 理论。伯格和汉南(1993)的研究框架为检验 SCP 和有效市场假说下的市场结构和绩效之间的潜在关系提供了全面的方法。他们提出了四个假设来检验:传统 SCP 假设、相对市场假设、X 效率假设和规模效率假设。这些假设被用来研究市场集中度是否影响业绩或效率是否影响市场集中度。戈德堡和拉伊(Goldberg & Rai, 1996)采用伯格和汉南的方法研究了欧洲国家银行的结构—绩效关系。他们的研究没有发现注意力和盈利能力之间存在显著的正相关关系。然而,有证据支持相对市场假说的所有银行位于高度集中的行业。赫弗南等(Heffernan et al., 2005)采用类似的方法研究了中国银行市场的市场结构。他们的研究结果发现了 rmh 存在的证据。虽然赫弗南等发现了效率变量的正显著系数,但他们并没有发现市场份额和效率之间的正相关关系,而这是实现效率的必要条件之一。魏斯等(Weiss et al.,2005)为 ESH 提供了支持性证据。他们建议监管机构应该把重点放在那些可能会提高公司效率的措施上,而不是市场力量。此外,俞和诺伊塞斯(Yu & Neus,2005)发现了支持 ESH 和 SCP 的正规模效率版本的证据。这些结果表明,企业可以通过拥有最优的经营规模和提高市场集中度来改善其绩效。

第三节 市场行为与市场绩效

市场行为是指企业为在市场上赢得更大利润和更高市场占有率所采取的一系列策略性的行动,这包括价格行为和非价格行为,如产品差异化、广告、研发。本节分析了垄断企业的定价行为及其福利损失,比较了垄断企业与竞争性企业的创新动机和创新能力,分析了垄断企业的广告行为与社会福利目标的偏差,探讨了进入威胁和进入壁垒对垄断企业市场行为和市场绩效的影响。[①]

一、价格行为与市场绩效

在竞争性的市场结构中,企业不能控制市场价格,而只能控制被动接受者的价格。因此,价格行为总是与拥有市场力量的企业联系在一起。

(一)垄断定价与福利损失

产业组织理论为垄断定价导致的社会福利净损失提供了正式的证据。垄断者试图按照边际规则利润最大化,但垄断价格导致需求减少,从而导致消费者剩余和生产者剩余之和减少,从而造成社会福利的净损失。垄断造成社会福利损失的原因如下:第一,消费者支付较高的价格,但消费较少的产品,导致消费者剩余减少;第二,垄断使企业的生产能力得不到充分利用,导致效率损失。

在图 8-1 中,边际成本曲线与边际收益曲线交于 F,垄断价格为 Pm,产量为 Qm,消费者剩余与生产者剩余之和为 AFED 的面积。如果垄断者制定竞争性价格,消费者剩余与生产者剩余之和为三角形 AGD 的面积。三角形 FGE 的面积就是垄断定价下的福利净损失,消费者剩余由竞争性价格下的三角形 PcGD 的面积变成了垄断定价下的三角形 PmED 的面积。由此可见,垄断的市场结构导致垄断定价行为,其市场绩效低于竞争性市场结构。

(二)价格歧视侵占消费者剩余

在完全竞争市场中,厂商对产品完全没有价格决定权,所有的厂商都只能接

---

① 王俊豪. 现代产业经济学 [M]. 杭州:浙江人民出版社,2003:144-151;戴伯勋,沈宏达. 现代产业经济学 [M]. 北京:经济管理出版社,2001:165-168.

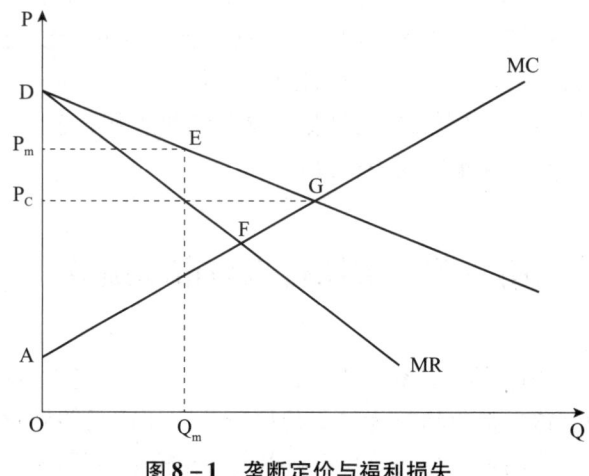

图 8-1 垄断定价与福利损失

受既定的市场价格。但是,大多数的市场并不是完全竞争的市场,因此,厂商在制定价格上会拥有一定的决策权。如果制造商以不同的价格向不同的消费者销售同样的产品,这样的制造商就是在实行价格歧视。价格歧视是一种非统一定价行为,对市场绩效有负面影响。

价格歧视可以使厂商获得更多的利润。然而,只有在一定的条件下,制造商才能成功地实施价格歧视,并取得预期的效果。(1)制造商(或制造商群体)必须具备一定的市场力量,否则不可能向消费者收取高于竞争性价格水平的费用。(2)制造商必须知道或能够推断消费者的购买意愿,而每个消费者的购买意愿必须是不同的,或能够推断消费者的购买意愿随着购买量的变化(即个人需求曲线向下倾斜)。(3)制造商必须能够防止或限制转售,即低价购买和高价出售给另一个消费者。在任何形式的价格歧视中,转售的可能性都是一个关键因素。

价格歧视的基本类型包括一级价格歧视、二级价格歧视和三级价格歧视。第一个层次的价格歧视要求每个客户有不同的价格,也就是说,每个客户愿意为他们购买的产品支付的最高价格。这是一个完全的价格歧视,在实际交易中,企业可能真的做不到。一级价格歧视拥有属性垄断者将价格设定在让消费者完全没有消费者剩余的水平上的能力。二级价格歧视是指基于消费量的价格歧视,通过不同的消费对同一商品或服务或部分商品实行不同的价格。如果二级价格歧视下的生产比完全垄断下的生产量更大,它可能对社会更有利。三级价格歧视将消费者分成不同需求曲线的群体,并对不同群体收取不同的价格。三级价格歧视对效率的不利影响有两个方面:(1)使价格高于边际成本,从而降低产量,即降低产出效率。(2)对消费效率产生不利影响。由于不同的消费者对同一产品支付的价格不同,每个消费者的边际支付意愿也不同,因为不能通过进一步的交易增加消费者福利,这就导致了消费效率的损失。

二、技术创新与市场绩效

随着经济和社会的发展,科学技术的重要性日益突出。在市场经济的竞争中,企业的发展越来越依赖于技术创新。因此,技术创新也是一种动态效率。

(一) 市场集中度与技术创新

关于市场集中度与技术创新的关系,经济学家们存在着较大的分歧,分歧的焦点在于什么样的集中度水平更有利于实现企业技术创新。哈罗维茨和汉伯格等通过检验行业的市场集中度与创新活动之间的关系,揭示了行业研究开发支出占销售额的比率同行业集中率之间存在着正相关关系。[①] 1956 年,菲利普斯发现,在 1889~1939 年,美国 28 个产业中,高集中度行业的企业有更多的技术创新。卡特和威廉姆森在 1957 年对英国 1907~1948 年 12 个产业的统计调查,证实了菲利普斯的结论。[②] 持市场集中度与技术创新成正比观点的经济学家普遍认为,高集中度、强垄断性使企业能够更好地实现技术创新带来的超额利润,因而具有更强的技术创新动力。研发活动的规模经济性,研发活动需要更大的资金支持,只有高集中度产业的企业才有这种资金实力,同时又能承担创新失败的风险。

但其他学者提出了相反的观点。他们认为,虽然有证据表明,生产和市场的集中与技术创新有正面关系,但这并不意味着生产的集中程度越高,技术创新活动的数量就越多,这也可能影响技术创新的势头。此外,经济学家道西·多西 (Dawsey Doci) 表示,生产集中度本身并不是一个可以解释行业之间创新差异的独立变量。也就是说,市场集中度不是创新活动增加的一个解释性变量;相反,可能是创新活动的成功导致市场份额增加,从而导致生产集中。因此,道西认为,市场结构和企业规模本身是由该部门的技术性质和技术进步决定的内生变量。1965 年,威廉姆森对 1919~1958 年某一行业四大企业的数据进行了回归分析。还有的学者认为,存在一个最佳的集中度区域,在达到这一区域之前,创新活动随着集中度的上升而增加,在此之后,创新活动随着集中度的上升而减少,呈现倒 "U" 型关系。由此可见,在集中度与技术创新的关系方面并没有形成一致的观点。

(二) 进入壁垒和技术创新

进入壁垒也是影响企业技术创新的重要因素。对进入壁垒与技术创新关系的分析,一般是从进入壁垒与市场结构的竞争性关系角度进行的。一般认为,竞争性市场有利于促进企业技术创新,提高经营管理效率,降低生产成本,并最终提高市场运作绩效。竞争性市场形成的一个必要条件是市场进入壁垒较低,而低进

---

① Scherer F M, Ross D. Industrial Market Structure and Economic Performance [M]. Boston: Houghton Mifflin, 1990: 434.
② 王俊豪. 现代产业组织理论与政策 [M]. 北京: 中国经济出版社, 2000: 129.

入壁垒有利于促进技术创新。关于进入壁垒与企业技术创新的关系，应该注意以下几点。

进入壁垒对企业技术创新的影响具有两面性。一方面，降低进入壁垒，有利于强化企业技术创新动机；另一方面，一定的进入壁垒还可以成为促进企业进行技术创新的条件。因为技术创新是一种具有风险性的市场行为，需要付出一定的代价，创新者的目的是获得一定的市场回报，在补偿了创新成本后还能够得到额外的收益。如果不能够获得这种收益，创新者就缺乏应有的创新激励。对创新者创新权益的保护可以通过专利法获得。通过专利法，企业可以形成一定的市场准入壁垒，限制其他企业的进入，以享受自己的技术创新利益。这种行业进入壁垒有利于促进企业的技术创新。

进入壁垒对技术创新的影响与新技术的模仿难度有关。在进入壁垒较低的行业，规模经济、产品差异化和技术复杂性较低，使新技术容易遭到盗窃和仿制。与此同时，在进入壁垒较低的行业中，有大量较小的企业较弱，无法承担维护其专利权的过高交易成本，这导致专利维护的激励不足。此外，由于进入壁垒低，一旦价格超过平均成本超额利润，将导致大量新企业进入市场增加供应，价格下降。在这种情况下，企业很难积累足够的资金来投资日益昂贵的研发活动。

进入壁垒对企业创新的影响也与产品生命周期有关。一般来说，进入新产品生命周期的早期阶段对于激励创新起着重要作用。高特和克莱普观察到，新产品的总体演变可以根据净进入数（即进出数）分为不同的阶段。随着新产品的推出，市场上新企业的数量不断增加，而且往往以更快的速度增长，这时净进入是正面的。经过一段时间后，新企业的增加速度趋于平缓，随之而来的是效率低下的企业被淘汰，这时的净进入为负值，在净进入又一次为零的新的均衡建立之前，产业中企业的数量往往以40%～50%的速度下降。高特和克莱普使用净进入的变化来定义一个行业的生命周期，发现引入市场的主要创新的数量在扩散阶段达到峰值，不太重要的创新在收缩阶段开始前达到峰值。他们进一步发现，在行业的演进过程中，绝大多数的产品创新都是由外部企业引入的。这说明，在技术创新的初始阶段，进入是促进新产品创新的工具。然而，随着市场的不断发展和成熟，外部企业对所有创新活动的相对贡献趋于下降。

进入壁垒对技术创新的影响也与进入壁垒的类型有关。只要该行业具有高利润的诱惑，或者市场处于高增长率阶段，潜在的进入者仍然有可能进入该行业，而且往往以创新作为进入市场的手段。与此同时，由于潜在进入者的竞争压力，在位企业也必须通过技术创新维持成本优势，在可能的情况下还可以降低价格，以阻止新企业的进入。现实中，作为高集中度的知识密集型产业，如计算机和芯片产业，尽管存在较高的技术进入壁垒，但是其产品价格却一直在下降。但是如果进入壁垒是由于制度因素如许可证制度、政府管制等造成的，潜在进入者将难以进入市场。在这种进入壁垒保护下的企业就可能缺乏技术创新的动力，有的甚至将新开发的技术和产品封存，延缓更新换代的周期，使得前期投入尽可能获得更大的收益。

三、进入威胁与市场绩效

一般来说,垄断价格是边际成本的非递减函数,垄断的边际定价导致了社会福利的净损失。然而,一些西方经济学家认为,用需求曲线和边际成本曲线估算垄断定价所造成的社会福利净损失是可以忽略不计的,经济学家们在垄断定价问题上浪费了宝贵的时间和精力,造成了数据和方法上的许多不一致。垄断定价模型没有考虑进入威胁,在典型的发达市场经济条件下,进入威胁存在于大多数行业。垄断者要维持他们的垄断地位并不容易。他们正在"走钢丝",必须使用各种限制进入的手段来阻止进入。然而,阻止进入是要付出代价的。垄断者必须权衡阻止进入或允许进入的利弊。考虑进入威胁对垄断企业定价行为的影响,见图 8-2。设规模收益递增的单一产品垄断企业,在没有进入威胁的情况下,垄断定价为 Pm,垄断产量为 Qm,由于存在进入威胁,垄断企业为了维持垄断地位,可能需要采用平均成本定价策略,即制定竞争性的价格 Pe 和产量 Qe。显然,Pe < Pm,Qe > Qm。

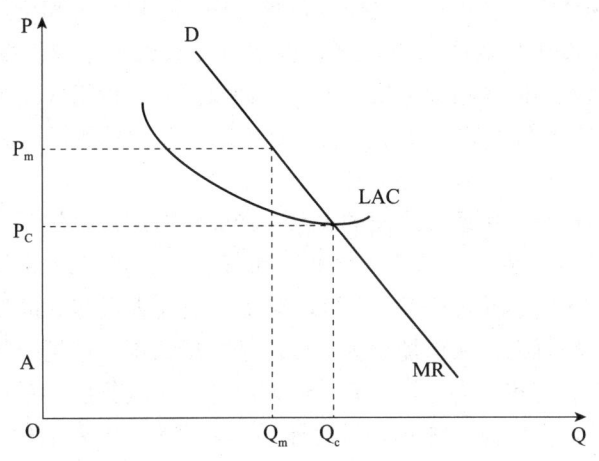

图 8-2 受进入威胁的垄断企业的定价策略

如果潜在的进入者以低于 Pe 的价格进入,垄断地位将得以维持。如果垄断者设定的价格高于 Pe,潜在的进入者就可以通过降价与现有企业竞争,垄断者的垄断地位就无法维持。从理论上讲,进入威胁限制了在位垄断者的垄断定价策略,从而提高了市场绩效。

垄断企业在进入威胁下的质量决策与价格决策有很大的相似性,即产品质量低下也会导致潜在进入者的进入。由于生产成本与产品质量有正相关关系,当垄断者的产品质量与生产成本脱节时,潜在的进入者可能会以相等的价格、较高的质量和垄断者竞争,这在相当程度上确保垄断者的质量供应不会太低。

与此同时,由于潜在进入者的压力,受到进入威胁的垄断企业不得不进行创新。如果一个潜在的进入者能够因为创新而将平均成本降低到 Pe,那么进入就会成功，垄断者就会被赶出市场。

虽然垄断者经常试图维持他们的垄断地位，但只要有进入的威胁，他们便会设置进入障碍，或透过各种合法和非法的行为（这些行为一般是可以观察到的，但无法核实），以寻求政府庇护。当其利润过高、质量过低时，如果潜在的竞争者在排除各种障碍后仍能获得高于平均利润率的利润，他们就会进入。进入威胁迫使垄断者的市场行为接近竞争性企业的市场行为，垄断者必须谨慎定价，且有一定的质量保证。也就是说，在存在进入威胁的垄断市场中，其市场绩效不会太差。

本章小结

市场绩效是指在市场结构下，通过一定的市场行为使某一产业在价格、成本、产量、利润、产品质量、品种及技术进步等方面达到的最终经济成果。它实质上反映的是在特定的市场结构和市场行为条件下市场运行的效率。对市场绩效的讨论主要从以下两种方式展开，一是对市场绩效本身进行直接的描述和评价。主要从资源配置效率、产业的规模结构效率、技术进步方面描述市场绩效的基本情况及评价市场绩效的优劣；二是研究市场结构、市场行为和市场绩效之间的关系，并从中寻找市场绩效的影响因素，以便对导致某种市场绩效的原因作出解释。衡量市场绩效的微观指标主要有四个，即收益率、价格成本加成和托宾 q 与 X-非效率；对市场绩效的综合评价则主要考虑产业的资源配置效率、产业的规模结构效率、产业技术进步程度等几个方面。

对于市场结构与市场绩效之间的关系，产业组织理论哈佛学派构建了现代产业组织的描述性研究范式，即市场结构、市场行为、市场绩效分析框架，简称 SCP 分析框架。SCP 分析框架假定，可以对市场绩效进行客观的度量，并认为市场绩效取决于市场行为，而市场行为又取决于市场结构。市场行为是指企业为在市场上赢得更大利润和更高市场占有率所采取的一系列策略性的行动，包括价格行为和产品差异化、广告、研究与开发等非价格行为。有效结构假说（ESH）指出，有效企业在市场上的激进行为会导致这些企业的规模和市场份额增加。有效企业的这种行为使这些企业能够集中并获得更高的利润，从而进一步提高其市场份额。

本章案例

电信监管、市场结构与市场绩效

过去三十多年，电信业的体制和监管框架发生了根本性的变化。在大多数经合组织国家，公共电信运营商已全部或部分私有化，有关电信市场准入、向用户提供服务和定价机制的条例也已全面修订。电信技术和电信服务需求结构的迅速发展，基本上消除了所有自然垄断条件，使多种经营者能够高效地向企业和消费者提供这些服务。

电信行业使用越来越多的各种技术并跨越越来越多的通信介质（语音、图像、数据等）向企业和消费者提供许多服务。传统上，经合组织国家对电信业实行严格管制。政府对这一行业的干预几乎涵盖了商业活动的所有方面：所有权、进入、定价和产出选择。在绝大多数国家，直到20世纪80年代初，电信服务的提供是由国家控制的企业确保的，这些企业通常在其经营的市场中享有法律的垄断地位。一般基于两个主要理由主张对电信进行管制：自然垄断和外部性。除了北美，那里对私人垄断的监管有着悠久的传统，大多数国家通过直接拥有专利商标来执行这些监管限制。电信业的直接公有制或限制外国投资也被视为满足公共电信政策的国防或"战略"影响的一种方式。

但过去20年的技术发展导致成本急剧下降，许多自然垄断特征已经消失。该行业的成熟和监管技术的进步表明，过去使用的那种指挥和控制法规可能不是最好的解决方案。鉴于外部性和规模经济的广度和范围似乎比原先想象的要小得多，公有制或就此而言限制外国投资的理由非常薄弱。

鉴于先行国家监管改革的积极成果，人们达成了一个广泛的共识，即过度的国家干预和限制性过强和过时的监管正在阻碍消费者享受技术进步的好处，电信服务缺乏竞争正在阻碍创新、产品差异化和将较低成本转化为最终价格。从更具竞争性环境的角度来看，国有和受外国保护的专利技术组织越来越被视为不仅不能与私营同行相比进行创新和充分灵活的调整，而且这也是进入竞争性电信市场的潜在障碍。

到了1998年，干线、国际及移动的服务的准入条件已大幅放宽。现有数据表明，外国经营者的数量与国内电信市场的规模呈正相关。总的来说，对新进入的限制很少，但对外国拥有或控制专利和技术转让的限制仍然普遍存在。这些措施包括对外国经营者收购股份的明确限制，且要求PTO仍由政府控制。此外，在许多情况下，PTO被外国（国内）投资所屏蔽，仅仅是因为没有设想私有化。

先行国家的经验表明，在从垄断向竞争过渡的过程中，现有的专利商标往往保持竞争优势，可以利用这种优势来保持支配地位。然而，在一些国家，如美国、英国和芬兰，这些国家的市场进入时间较长或执行了积极的自由化政策，这些市场结构的变化比较剧烈。其中涉及美国经验的研究发现，干线和国际服务的自由化造成了竞争压力，使以前受管制的公司的生产率提高，并提高了配置效率。

基于经合组织的数据表明，实际和预期竞争较强的国家往往在电信方面具有较高的生产力水平、较低的价格和较好的质量水平。总之，结果提供的证据有利于自由进入，其对生产力和价格具有有利影响，它们还为旨在鼓励和加速建立新的进入者的措施提供了合理的支持，特别是在固定话音中继线和国际服务方面，在这些领域，有效的竞争似乎带来了生产力的提高和价格的下调，而不仅仅是单纯的竞争威胁所带来的结果。

资料来源：Olivier Boylaud, Giuseppe Nicoletti. Regulation, Market Structure and Performance in Telecommunications [R]. OECD Publishing, OECD Economics Department Working Papers, 2000.

复习思考题

1. 何为市场绩效?
2. 市场绩效的衡量标准有哪些?
3. 企业改善市场绩效的市场行为主要有哪些?试举例说明企业能否通过某种市场行为达到期望中的市场绩效改善。
4. 关于市场绩效决定因素的争论的主要观点有哪些?
5. 进入威胁是否是影响市场绩效的重要因素?它发生作用的条件是什么?

延伸阅读

[1] 巴曙松,华中炜,朱元倩. 利率市场化的国际比较:路径、绩效与市场结构 [J]. 华中师范大学学报(人文社会科学版),2012,51(5):33-46.

[2] 陈成忠,曹小鹏. 微观机制、市场结构和宏观环境:经济发达地区商业银行经营绩效分析——常州个案研究 [J]. 金融研究,2001(6):122-129.

[3] 杜雯翠,高明华. 市场结构、企业家能力与经营绩效——来自中国上市公司的经验证据 [J]. 浙江工商大学学报,2013(1):69-77.

[4] 干春晖,赵音璇. 中国图书出版业的市场结构、行为和绩效分析 [J]. 上海财经大学学报,2005(6):23-29+73.

[5] 淮建军,刘新梅. 政府管制对市场结构和绩效的影响机理研究 [J]. 财贸研究,2007(1):8-12.

[6] 蒋才芳,陈收. 人寿保险市场结构、效率与绩效相关性研究 [J]. 中国软科学,2015(2):74-84.

[7] 李俊奎. SCP 范式与我国农业市场结构分析 [J]. 生产力研究,2005(12):58-59+61.

[8] 李晓钟,张小蒂. 中国汽车产业市场结构与市场绩效研究 [J]. 中国工业经济,2011(3):129-138.

[9] 陆奇斌,赵平,王高,等. 中国市场结构和市场绩效关系实证研究——从消费者角度识别两者的关系 [J]. 中国工业经济,2004(10):28-35.

[10] 孙敬水. 市场结构与市场绩效的测度方法研究 [J]. 统计研究,2002(5):7-12.

[11] 唐要家,王钰,唐春晖. 数字经济、市场结构与创新绩效 [J]. 中国工业经济,2022(10):62-80.

第四部分

产业结构篇

第九章 产业结构演进与优化

本章系统阐述产业结构的演进规律和趋势,梳理产业结构演进的六个相关理论支撑,包括:配第—克拉克定律;库兹涅茨人均收入影响理论;罗斯托主导产业扩散效应理论和经济成长阶段论;霍夫曼工业化经验法则;钱纳里工业化阶段理论;赤松要雁行形态理论。详细分析影响产业结构变动的因素,重点从需求因素、供给因素、科学技术因素、制度因素和国际因素几个方面进行解释。探讨产业结构的优化问题,保持各产业间协调、均衡发展,以满足不断增长的社会需求,涉及产业结构优化的内涵、内容,落脚于产业结构优化目标的实现,重点围绕产业结构的合理化、高级化和生态化目标分析,三个目标的有机统一,加快经济的持续快速增长。

第一节 产业结构的演进

产业结构理论是产业经济学研究的重要内容之一。产业结构定位于研究国民经济各产业的构成和各个产业部门之间的构成,研究各产业间相互制约的经济联系和数量对比关系。产业结构的演进是国家在经济发展过程中必然产生的经济现象,是产业结构自身所固有的从低级到高级的演进趋势,研究产业结构的演进是为了更好地发展经济。

一、产业结构演进的规律和趋势

研究产业结构问题的首要问题在于考察和把握产业结构演进的一般规律,伴随经济发展,社会分工越来越精细化,不同产业部门的构成和相互比例关系并不相同,对宏观经济发展的贡献也在不断变动,这种变动主要表现为产业结构的合理化和产业结构的高级化,正是产业结构的演进推动了经济向前发展。结合大量国家的发展实践来看,产业结构的演进主要有以下规律性。

(一)生产要素密集型产业地位演变趋势

各产业生产要素密集度不同,总体上可以划分为劳动密集型产业、资本密集型产业以及技术密集型产业。三种不同类型的产业往往对应一国所处的工业化阶段，伴随工业化的加深发展，依次演变为劳动密集型产业为主、资本密集型为主、技术密集型产业为主的递进现象，这种演变趋势是需求拉动、利益推动和技术进步等一系列因素共同作用下的结果，也体现了产业发展由低级走向高级的演进趋势。具体来看：一国工业化大致要经历三个阶段：工业化初期、工业化中期和工业化后期。在工业化初期阶段，一国往往拥有较为丰富且低廉的劳动力要素，经济发展落后、技术水平低下、资本也严重缺乏，此时，一国产业结构以劳动密集型产业为主，由此，以劳动力为主要生产要素的轻工业会迅速发展，如传统的纺织工业；而到工业化中期阶段，科技不断进步，人均国民收入不断增加，劳动力要素价格上涨，劳动力资源优势逐渐丧失，而资本、技术供给充足，资本价格下降，则更适合于发展资本密集型产业，体现资本比较优势，煤炭、钢铁、石油等重工业部门发展崛起；到了工业化后期，长期以来大规模资本投入的重工业发展积累了大量问题，如环境污染、重复建设、资源消耗大，同时期高加工度工业也有了长足的发展，但需要更高的技术，各产业部门越来越多地采用先进的技术、工艺和设备，自动化、智能化程度越来越高，技术、信息均成为该阶段的主要生产要素，驱动主导产业进一步转向技术密集型。

(二) 产业结构高加工度和高附加值化趋势

产业结构由以原材料工业为中心转向以加工、装配工业为中心。原材料工业增长速度慢、比重下降，加工工业增长速度快、比重上升。各种不同的产业对劳动对象的加工程度不同，产品附加值不同，随着经济、技术的发展进步，产业结构呈现高加工度、高附加值产业越来越占优势地位。

产业结构高加工度和高附加值化趋势存在的原因有：第一，技术进步，将带来生产单位产品原材料消耗的减少，减少对原材料的需求；且技术进步能够发现、创造大量的替代品。第二，加工程度提高，使得原材料价值相对下降。第三，利益因素，伴随科技、信息技术的进步，以及全球化带来的国际竞争，人们深知提高加工度、增加附加值的意义，加工度的提高，通过更充分有效地利用劳动对象生产出种类更丰富、功能更齐全、质量更高的产品，以满足人们对高层次、多样式化产品的需要，且深加工也意味着产品附加值更高，高附加值能带来高收益。因此，在利润驱动下，产业的加工度、附加值必然提升，产业结构中高加工度、高附加值的产业也会演变为主导产业。

(三) 新兴产业作为主导产业不断取代传统产业

一国或地区产业结构会随着主导产业的变化而演变，即在一定时期内，一国或地区所依赖的重点产业不断变化。主导产业在产业结构中发挥着主导地位、引导作用和支撑作用。每一次技术革命、产业革命都会淘汰传统产业，催生新兴产业，进而引发主导产业的变动，驱动产业格局变化。主导产业大致经历了农业为主导，转向轻化工业，转到重化工业，再到服务业的过程。具体为：

(1) 产业革命以前农业在国民经济中占有绝对优势，处于主导地位，第二产业和第三产业都比较落后，一国或地区产业结构则以农业为主导。

（2）第一次产业革命的到来，标志着工业化的开始。该阶段的产业结构以轻化工业为主，这些产业往往对技术要求低、投资少、见效快，更多依赖于从第一产业分离出来的充裕廉价劳动力，且重工业和服务业也有了一定程度的发展，由此，农业比重下降，轻工业则取代农业成为主导产业。

（3）第二次产业革命的发生，不仅促进轻工业持续发展，特别是以原材料、基础设施、燃料、动力等为主要内容的基础工业大发展，这些产业都是制约整个工业发展的先行产业，需要先行发展；也驱动以基础工业为重心的重工业加快发展，重工业在增长速度和在经济中的比重超过轻工业，取代轻工业成为主导产业。整个产业结构转换成以基础工业为重心、以重工业为主的结构。

（4）第三次产业革命以电子计算机、新材料、航空航天等为主要标志，对技术要求更高、加工度更高、产品附加值也更高，先进制造业迅速发展，新兴产业在国民经济中的地位也大幅度提高，飞机、电子计算机、精密机械等产业快速发展，地区产业结构又变成以重工业为主。

（5）随着第三次产业革命的持续推进，工业化深度发展，劳动生产率大幅度提升，全社会的需求结构发生变化，高层次、多样化的需求迅速增长，刺激商业、金融、房地产、通信等第三产业快速发展起来，在国民经济中的地位快速提升，取代工业成为主导产业，产业结构也转变为以第三产业为主的结构。

近年来，以大数据、物联网、人工智能为代表的数字技术大发展，加快了数字经济发展，引发新的产业变革，也催生着第四次产业革命的发生，数据、信息成为新的生产要素，颠覆了全社会的生产方式，赋能传统产业，创造新产业、新模式、新业态，孕育着新的主导产业，必将打造出以高技术为主导产业的新产业结构。

二、产业结构演进的理论基础

经济发展和产业结构的变动总是联系在一起，经济发展需要合理、完善产业结构的支撑，研究经济发展需要研究产业结构的演进，国内外学者结合各国的产业变动趋势对产业变动规律进行了大量研究，总结出以下理论依据。

（一）配第—克拉克定律

早在17世纪，英国资产阶级古典经济学家威廉·配第（William Petty）第一次发现各国国民收入的差异及经济发展的不同阶段，关键在于产业结构的区别。他于1672年在《政治算术》一书中比较了英国农民和船员的收入，发现船员的收入是农民收入的4倍，通过进一步观察得出结论，工业比农业收入高，商业比工业收入高，这一发现被称为配第定理，它揭示了产业发展和经济结构演变的基本方向。1940年，英国经济学家科林·克拉克（Colin Clark）在《经济进步的条件》一书中，基于配第的研究，按照三次产业分类方法，对40多个国家和地区在不同时期三次产业的劳动投入产出资料进行整理，研究产业结构的演进趋势，得出产业结构演进的规律，即随着全社会人均国民收入水平的提高，劳动力由第一产业向第二产业转移，第一产业国民收入和劳动力比重下降，第二产业国民收入和劳动力比重上升；伴随经济发展、人均国民收入的持续提升，劳动力大量转向第三产业，则第三产业国民收入和劳动力的比重上升。以劳动力为代表的要素在不同产业间的自由流动源自不同产业间的收入差异。由于克拉克的研究只是印证了配第的发现，因此，被称为配第—克拉克定律。

(二) 库兹涅茨人均收入影响理论

在继承配第和克拉克等学者研究成果的基础上，美国著名经济学家、1971年诺贝尔经济学奖得主西蒙·库兹涅茨对产业结构演变规律作了进一步探讨，阐明了劳动力和国民收入在产业间分布变化的一般规律，在产业结构变动的原因方面取得了进一步的成就。通过收集和研究20多个国家的历史资料，1971年其在《各国的经济增长》一书中，将三次产业划分为 A（agriculture）、I（industry）、S（service），分析了国民生产总值在三次产业间的分布。内容为：依据人均国民生产总值份额基准，考察国民生产总值变动和就业人口结构变动的规律。具体为：在工业化进程中，从国民生产总值的角度来看，A部门的国民生产总值比重下降，I部门快速上升，S部门缓慢上升；从就业人口结构来看，A部门劳动力的比重都处于下降趋势，I部门劳动力的比重在前一阶段处于上升趋势，当上升到一定程度时大体不变，S部门劳动力比重则始终处于上升趋势。即：产业结构的变动受人均国民收入变动的影响。这被称为库兹涅茨人均收入影响理论，进一步证明了配第—克拉克定律。

(三) 罗斯托主导产业扩散效应理论和经济成长阶段论

美国经济学家罗斯托1960年在《经济成长的阶段》中提出"经济成长阶段理论"，于1998年在《主导部门和起飞》一书中提出了主导产业扩散理论。

他根据科学技术和生产力发展水平，将经济成长过程划分为五个阶段，分别为：第一，传统社会阶段，表现为现代科学技术和生产力水平低下，以农业生产为主要特征，是制造业发展水平较低的阶段。第二，为"起飞"创造前提的阶段，在该阶段科学技术已经渗透于工农业生产中，占人口75%以上的劳动力逐渐转移到工业和服务业，且社会投资率的提高明显超过人口的增长。第三，起飞阶段，相当于一国或地区的工业化初期。积累率在国民经济中所占比率由5%增加到10%以上，由一种或几种主导部门引领国民经济的增长，该阶段的主导部门表现为非耐用消费品工业，比如纺织业、化学工业等。第四，向成熟挺进阶段，该阶段表现为现代科学技术在大部分资源中的广泛渗透，投资率也上升到10%～20%；伴随技术的促进和新兴工业的迅速发展，加快了经济结构的变化，主导部门转向重工业和制造业，该阶段也会有相当长的持续推进时期。第五，高额大众消费阶段。国民经济已经有了深厚的积累，工业高度发达，居民收入远超基本的生活需求，对于耐用消费品有旺盛的需求，主导部门转移到耐用消费品工业和服务业部门。后于1971年，他又在《政治与成长阶段》一书中，增加了第六阶段即"追求生活质量"阶段。他认为，在该阶段居民对生活质量有更高的要求，更关注教育、保健、医疗、文娱和社会福利等发展，主导部门转向提高生活质量的服务业发展。

按照罗斯托的观点，无论在任何时期，甚至是已经成熟并继续成长的经济体系中，经济增长都依赖于主导部门的迅速扩张，且以主导产业的扩散效应对其他产业部门产生重要影响，包括回顾效应、旁侧效应和前向效应，也被称为罗斯托的主导产业扩散效应理论。具体包括：回顾效应即主导部门的增长对产业链上游向自己供应资源、原材料投入品的供应部门产生的影响。旁侧效应即主导部门的成长加快了周围地区在经济和社会方面的一系列变化，如汽车工业改变了底特律，并引起了老都市中心的改造和新城市中心的产生。前向效应：主导部门的成长刺激了新兴工业部门、新技术、新原料、新能源的出现，提高了自己供应给其他产业产品的质量。

（四）钱纳里工业化阶段理论

钱纳里在经济发展的长期过程中，利用第二次世界大战以后发展中国家特别是9个准工业化国家或地区1960~1980年的历史资料，探索在制造业内部各个产业部门的地位和作用变动，发现产业间存在的较强的产业关联效应是制造业内部结构转换的原因，这为进一步了解制造业内部的结构变动趋势奠定了基础。结论为：人均GNP、需求规模和投资率对制造业发展影响大，工业品和初级品输出率对制造业发展影响小。

按照钱纳里的观点内容，制造业的发展可以分为三个发展时期，即经济发展的初期、中期和后期，每个阶段都有不同的支撑产业，在经济发展初期，食品、纺织、皮革等部门对经济发展起主要作用；到了经济发展中期阶段，非金属矿产品、橡胶制品、石油、化工和煤炭等产业起主导作用；到了经济发展后期，演变为金属制品、机械、服装和日用品、粗钢等支撑经济发展的制造业主导部门。由此，钱纳里工业化阶段理论表现为在经济发展的不同阶段对应不同产业的发展。

（五）霍夫曼工业化经验法则

德国经济学家霍夫曼在1931年出版的《工业化的阶段和类型》一书中，依据近20个国家的时间序列数据，对工业结构的演变规律作了富有开创性的研究，他提出了被称为"霍夫曼工业化经验法则"的工业化阶段理论，重点分析了在制造业中消费资料工业和资本资料工业的比例关系，也被称为"霍夫曼比例"，可以用公式表示为：

$$霍夫曼比例 = \frac{消费资料工业净产值}{资本资料工业净产值} \quad (9-1)$$

霍夫曼研究发现：在工业化进程中，霍夫曼比例存在下降的趋势，即消费资料工业比重下降，资本资料工业比重上升。这一结论被称为"霍夫曼定理"或"霍夫曼工业法则"。依据该定理，可以将工业化划分为四个阶段，见表9-1。

表9-1　　　　　　　　　霍夫曼对工业阶段的划分

工业阶段	霍夫曼比例的范围	主要特征
第一阶段	5.0（±1.0）	在制造业中消费资料工业占有主导地位；资本资料工业在制造业中所占比重较小，并不发达
第二阶段	2.5（±1.0）	资本资料工业的增长快于消费资料工业的增长，但从规模来看，依然是消费资料工业的规模更大
第三阶段	1.0（±0.5）	资本资料工业继续比消费资料工业更快地增长，二者的规模达到大致相当的程度
第四阶段	1以下	资本资料工业处于主导地位，其净产值已经超过消费资料工业净产值，这是实现工业化的重要标志

霍夫曼对产业分类的标准是产品用途，但在实际操作中存在困难，因此，大多使用轻、重工业的划分方法来代替霍夫曼产业分类法。霍夫曼比例在经济学界保持着广泛的影响，经济学家也发现在工业化过程中，工业结构的确存在重工业化趋势、轻工业比重下降的现象。霍夫曼工业化阶段理论主要阐述了一国或者地区在工业化过程中，转向重工业化阶段的演变趋势。

（六）赤松要雁行形态理论

雁行理论由日本经济学家赤松要（Akamatsu）于1935年提出，产业结构的演进要与国际市场趋势相适应，要将本国产业发展和国际市场紧密相连，注重出口导向战略，努力发展外向型经济，加快产业结构的国际化。后起的工业化国家在加速本国工业化进程中，往往经过以下四个阶段。

第一阶段：重视国内经济发展，研究开发新产品，加快国内市场形成。

第二阶段：坚持出口导向战略，国内市场饱和，则积极发展外向型经济，努力开拓国际市场。

第三阶段：国外市场形成则输出本国技术设备，依据动态比较优势原则，就地生产和销售。

第四阶段：国外生产能力形成，产品会以更低价格返销，迫使本国减少该产品的生产，刺激新产品开发进程。

该理论主张在投资国和被投资国之间展开动态的产业转移，也被称为产业结构的候鸟效应。该理论的局限在于：各国产业结构的差距是动态变化的，后进国为摆脱落后局面，往往会采取赶超战略而打破原有均衡；雁形中梯次结构和FDI资本的专用性，决定了后进国在新产品和新技术的引进过程中对先进国家及市场具有依赖性，且后进国为实现赶超而过度依赖海外FDI，可能导致本国资本的缺乏，加大危机爆发的可能性。

第二节 产业结构的影响因素

了解产业结构的现状、产业结构的变动趋势和规律需要掌握产业结构变动的内在原因，探索产业结构变动的影响因素，以更有针对性地制定相应的产业发展政策，加快产业结构的优化升级。需求、供给、科学技术、制度和国际市场均影响到产业结构的变动，接下来，本节将围绕这五个方面内容展开分析。

一、需求因素对产业结构变动的影响

满足社会消费需求是生产的最终目的，生产围绕着消费展开，消费需求规模和结构变化直接引发相应产业部门的扩张或缩小，诱发新产业部门的产生和旧产业部门的衰落。因此，需求因素影响到产业结构变动。

（一）需求总量

需求总量规模会影响到产业规模的大小，也反映了市场规模的大小。社会需求总量的增加，往往要求企业提供更多的产品和劳务，相应增加产业总体规模，则产业结构规模也越大；反之，则越小。从总量角度来考虑，人口数量的增加、投资规模的扩大以及居民消费水平的提升，都会增加需求总量，扩大社会消费需求，产业规模也会相应扩大；经济发展水平和技术水平的差别，消费水平通常也会不同；且各种消费需求也会受到经济发展周期的影响而波动。

（二）需求结构

需求结构变化是影响产业结构变化最直接、主要的因素，需求结构的变化能够加快生产结构和供给结构的变化。需求包括消费需求和投资需求，则需求结构包括消费结构、投资结构以及消费与投资的比例结构。

1. 消费结构

消费结构是各类消费性支出在消费支出总额中所占的比重及其相互关系，包括个人消费结构、中间需求和最终需求的比例。第一，个人消费结构。个人消费结构不仅直接影响最终产品的生产规模和生产结构，也间接影响中间产品的规模和结构，对产业结构变动的影响最大。伴随收入水平的提升和互联网发展诱发的消费模式变革，社会消费总量不断扩大，消费结构也在发生相应的变化，消费物品的档次更加趋于高级化。个人对个性化、定制化等多层次和多样化的消费需求增加，消费结构的变化也会促进多层次产业结构的递进升级，引起相应产业的收缩或扩张，导致产业结构的演变。第二，中间需求和最终需求的比例。其中，生产中间产品的产业内部结构由市场对中间产品的需求结构决定，最终产品的产业内部结构由最终产品的需求结构决定，且中间需求和最终需求之间的比例变动也

会诱发社会生产的产业结构变动。中间需求和最终需求的比例变动,主要受以下因素的影响:首先是社会的专业化协作水平和分工水平,一般来说,专业化程度越高,分工越精细,最终产品对中间产品的依赖程度越大;其次是生产资源的利用效率,生产资源利用率越高,则相同产出的最终产品对中间产品的消费需求越少;最后是制造技术的复杂程度,制造技术越复杂则对中间产品的需求规模越大。

2. 投资结构

投资结构即投资在国民经济各部门、各行业、各地区之间的分配情况和比例关系,资金向不同产业方向投入所形成的投资配置量比例就是投资结构。投资是企业扩大再生产和企业扩张的重要条件。首先,投资结构的变动会影响不同产业的发展,导致产业结构的演变,也会形成对生产资料的不同需求,引发生产资料结构的演变;其次,投资增量会引起产业存量的变化,也会带来产业间数量比例关系的变化;最后,投资结构一般与消费需求结构变化一致,进一步推动产业结构的演变。总体上,投资是影响产业结构的重要因素,一国政府往往通过制定产业政策,引导生产要素流向,调整投资结构,优化产业结构。

3. 消费与投资的比例结构

消费与投资作为市场需求的构成内容,其比例结构也是影响需求结构的重要组成部分,进而影响产业结构。消费和投资的比例变化直接引起生产消费资料产业和生产资本资料产业的比例变化,且直接决定消费资料产业和资本资料产业的比例关系。在工业化过程中,一国或地区产业结构演变趋势往往表现为生产资料产业增长速度更快、比重更大,消费资料产业的增长相对缓慢、比重也小,这正是消费与投资比例结构变化的结果。

二、供给因素对产业结构变动的影响

制约产业结构的供给因素主要围绕生产要素的供给展开,包括自然条件、资源禀赋、人力资源供给、资本供给状况等。

(一) 自然条件和资源禀赋

自然条件和资源禀赋对一国或地区产业结构的形成有着重要的影响,一国产业结构的形成也都依赖于本国自然条件和资源禀赋的比较优势。地面资源、地下资源和地理位置等属于自然资源。自然资源丰富的国家容易形成资源开发型的产业特征,比如,石油资源丰富的国家呈现以石油开采为主导的产业结构;而自然资源贫瘠的国家很难发展资源开发型产业,最多形成资源加工型的产业结构。由于自然条件和资源禀赋并不是人力所能控制,而一国经济发展又依赖于资源禀赋,因此,其对一国产业的形成和经济发展有着重要的影响。当然,随着科学技术的进步,可能使得原来难以获取的资源得到开发利用,从而缓解自然资源对产业结构的影响。

（二）人力资源供给

从供给的角度来看，人力资源供给主要指劳动力的供给。劳动力是企业生产最主要的生产要素，劳动力的数量、质量和价格等也是决定一国产业结构形成和演变的重要因素。从劳动力的数量来看，劳动力丰富、价格低廉、资金又缺乏的国家，更适合发展劳动密集型产业，则一国的产业结构呈现以劳动密集型为主导；如果劳动力资源匮乏，劳动力供给不足，则价格上扬，投资者往往以资本替代劳动力，使得一国产业结构以资本密集型为主。从劳动力的质量来看，在劳动力素质高、受教育程度高的地区，有利于发展技术密集型产业，更能加快产业结构的高级化，从而获得更高的经济效益。综上来看，一国在经济发展中，需要保持适度的人口增长率，逐步提高人口素质，推动产业结构的高级化和合理化。

（三）资本供应状况

资本是企业生产的重要生产要素，是维持产业发展和扩张的重要条件，可以说，投资是产业结构变化的直接原因。资本供应状况涉及资金的充裕程度、资金在不同产业部门的配置结构。资本充裕程度主要受经济发展水平、储蓄率、居民消费习惯等诸多因素的影响；资本短缺往往是发展中国家和落后国家发展的重要瓶颈，资本短缺使得这些国家只能发展资本依赖度较低的产业；资金配置结构主要受投资倾斜政策，投资者的投资偏好、利率等方面的影响，体现了投资结构对产业结构变动的影响，决定了资源向不同产业部门的配置与再配量，影响地区的产业结构。

除此之外，原材料、中间投入品和零部件等商品供应状况，以及政治、经济、法律和文化环境等因素也会影响一国和地区的产业结构。

三、科学技术因素对产业结构变动的影响

科学技术是第一生产力。技术创新是经济发展的强大动力，是推动产业结构变化最根本、最主要的因素。技术水平、科技进步、技术创新等科学技术因素对产业结构的决定和影响作用表现为以下内容。

（一）科学技术进步影响需求结构

科学技术创新有利于开发新产品，加快消费产品的升级换代，从而影响消费需求结构；科技创新也有利于降低生产成本、降低产品价格、提高产品性能、提高产品质量，从而扩大市场需求；科学技术创新提高生产效率，降低资源消耗，加快新资源的开发和应用，从而改变生产的需求结构。需求结构是制约产业结构的最主要因素，因此，科技进步通过引致需求结构的变化，导致产业结构的演变。

（二）科学技术进步影响供给因素

科技进步通过降低成本，增加收入，扩大积累，改善资本供给状况；科技进步通过教育和培训，提高劳动力的素质和技术水平，改善劳动力的供给状况。科技进步加快新资源的开发，有利于新的比较优势的形成。综上来看，科技进步通过影响供给因素变化，进而影响产业结构的演变。

（三）科学技术进步推动主导产业更替

科技进步是产业结构高级化的决定因素。产业结构包括产业的技术基础和生产的技术结构，无论是产业技术基础变动还是生产的技术结构变动都会引起产业结构的相应演变，一旦技术变革，产业结构也会发生相应的变动；科技的日益现代化加快各产业部门迅速变革，并以提高社会分工和专业化程度，强化主导产业的关联作用以推动产业结构的不断高级化；产业部门不断细化、新兴产业产生，推动整个产业结构的演变；技术水平的不同决定了各产业比较劳动生产率的不同，诱发生产要素从低生产率部门向高生产率部门转移，这是产业结构转换和升级的动力来源，那些研发投入强度大、能够吸收新技术的部门，往往也是生产率提高最快、产出增长最快的部门，科学技术的应用改造高技术产业，增强高技术产业竞争力，赋能传统产业，增强传统产业生命力。

四、制度对产业结构变动的影响

制度也是制约产业结构变化的重要因素。制度涉及经济制度、经济体制、经济发展战略以及包括产业政策在内的经济政策等。其中，有些制度对产业结构的变动有直接影响，比如平衡发展战略或非平衡发展战略、进口替代战略或出口促进战略、优先发展轻工业或重工业战略等，均能直接影响产业结构的形成和演变；有些制度则对产业结构变动有间接作用，比如收入分配政策、技术政策、财政金融制度等。其中，产业政策是指导产业发展和产业结构调整最主要的依据，政府通过制定产业发展政策以鼓励或限制某些产业的发展，产业结构也因此发生变动。政府对产业结构的调整主要通过产业政策来实现，借助政府投资、管制等措施，通过财政政策和货币政策的财政贴息、税收优惠、利率变动等手段影响产业发展，进而影响产业结构。

五、国际因素对产业结构变动的影响

当今社会日益全球化，一国产业结构变动不仅受国内因素的制约，也受到国际因素的制约。影响一国产业结构演变的因素主要有国际分工、国际产业转移、国际贸易、国际投资等。

(一) 国际分工和国际产业转移

国际分工打破了国家界限，引发国与国之间在资源、产品、技术、劳务等方面的交换，驱动各国在国际贸易中发挥比较优势，获得比较利益。合理的产业结构必然有助于发挥各国的比较优势。当今社会国际分工越来越发达，任何一个国家很难置身于国际分工之外，积极参与国际分工，多生产或只生产具有比较优势、机会成本低的某些产品，少生产或不生产不具有比较优势、机会成本高的产品，则影响本国产业结构的形成和演变；国际分工、比较优势和机会成本也会随着国内外经济、技术而逐渐变化，这种变化也会引起国际产业的转移，技术先进、资本充足的发达国家会转移出劳动密集型、资源消耗型产业，产业结构转移会引发各国产业结构相应的演变。

(二) 国际贸易因素对产业结构变动的影响

国际贸易包括进口和出口两个方面，在国际市场展开国际贸易也是影响产业结构的重要因素。一般来说，从出口来看，本国出口要素资源和产品，拓展相关资源和产品在国际市场的需求，有利于刺激本国出口的相关资源和产业发展，国际市场需求增加能够拉动国内经济增长；从进口来看，从外国进口产品增加国内供给，不仅弥补了本国生产该类商品的劣势，而新产品、新技术的进口也为本国在模仿中学习，进而发展同类产业，进一步推动产业结构的高级化提供了路径。

(三) 国际投资因素对产业结构变动的影响

国际投资也是影响产业结构变动的重要因素。其中，国际投资包括本国在外国的投资（本国资本流出）和外国在本国的投资（外国资本流入），本国到外国投资，减少本国资本供给，引发本国产业对外转移，影响本国产业结构；外国到本国投资，增加本国资本供给，加快外国产业对内转移，也会影响本国产业结构。特别是外商直接投资（FDI）对国内产业结构的影响更为直接，产品数量、产品结构的变化直接改变原有的产业结构；外商的技术创新也会影响一国或地区的产业结构。

第三节 产业结构优化升级

产业结构优化升级是产业结构理论的重要内容之一，是一国实现经济持续、稳定、可持续发展的重要经济理论。产业结构优化具有特定的含义和丰富的内容，实现产业结构优化升级必须遵循产业结构的演变规律，加快产业结构的合理化、高级化、生态化。

一、产业结构优化的内涵与内容

(一) 产业结构优化的内涵

产业结构优化是指对各个产业不断进行调整,使得产业间实现协调、均衡发展,并且满足不断增长的社会需求的过程。产业结构优化过程就是通过政府的有关产业政策调整,影响供给结构和需求结构,实现资源优化配置与再配置,来推进产业结构的合理化、高级化和生态化的过程[1]。产业结构优化是一个动态的概念,在经济发展的不同阶段、不同时点上,产业结构优化的目标和衡量标准不同。传统产业结构优化最终落脚于经济效益的最大化,而近年来频频爆发的能源危机、环境危机,使得可持续发展、低碳经济等新的发展目标也逐渐取代单一的经济利益最大化目标。

(二) 产业结构的内容

优化产业结构涉及优化目标、优化对象、优化措施或手段、优化政策等。

从优化产业结构的对象来看,其包括以下五个方面内容。

1. 供给结构的优化

优化产业结构就是要对供给要素进行结构性调整。供给结构表现为劳动、资本、技术、自然资源等生产要素在国民经济各产业间的供应比例,以及以要素供给关系为联结纽带的产业关联关系。供给结构的内容包括资本(资金)供给结构、劳动力供给结构、技术供给结构,以及资源禀赋、自然条件和资源供给结构等。

2. 需求结构的优化

需求结构是政府、企业、家庭或个人等社会经济主体,在一定的收入水平条件下,所能承担的对各产业产品或服务的需求比例,以及以这种需求为联结纽带的产业关联关系。具体包括:政府需求结构、企业需求结构、家庭需求结构或个人需求结构,以及各种需求的比例关系;中间(产品)需求结构、最终产品需求结构,以及中间和最终产品需求的比例;影响需求的投资结构、消费结构,以及投资和消费的比例关系。

3. 国际贸易结构的优化

国民经济的正常运行还涉及各产业产品和服务的进出口比例,则优化国际贸易结构也包括对进出口各种产品和服务的优化,以及以进出口关系为联结纽带的产业关联关系。不同产业间的进口结构、出口结构、同一产业间的进出口结构都是国际贸易结构优化的内容。

4. 国际投资结构的优化

国际投资涉及本国企业到国外的投资,即对外投资,也包括外国企业来本国

---

[1] 苏东水,苏宗伟. 产业经济学(第五版)[M]. 北京:高等教育出版社,2021.

的投资，即外来投资。其中，对外投资导致本国产业的对外转移，外来投资能够吸引国外产业转向国内。无论产业的对外转移还是对内转移都能诱发国内产业结构的变动。国际投资结构需要协调以下内容：对外投资、外来投资的比例，对外投资在不同产业间的比例，外国投资在本国的不同产业间投资比例以及各种派生的结构指标。

产业结构优化的目标就是实现产业结构的合理化、高级化和生态化。接下来重点介绍产业结构优化的三个目标。

二、产业结构合理化

（一）产业结构合理化的含义

产业结构合理化即产业结构由不合理转向合理发展，产业与产业间协调能力持续加强和关联水平逐步提高。产业结构合理化目的在于推进产业间的动态平衡和产业素质的提高。即在一定的经济发展阶段上，对初始不理想的产业结构进行调整，实现要素资源在产业间的合理配置和有效利用。判断产业结构是否合理，在于判断相互作用的产业间是否具有不同于各产业能力的整体能力。产业间相互作用关系越协调，产业结构的整体运行质量越高，则产业结构越合理；反之，产业结构就越不合理。

产业结构的不协调源自供给结构和需求结构的不协调。

第一，供给结构不能适应需求结构快速调整，表现为：

（1）需求结构变化，供给结构不变，导致供应不足。源自市场不完善、信息不对称，供给结构刚性对市场灵敏性不够，则可能出现供给结构在需求结构变化后的一定时期内持续保持不变。

（2）需求结构变化，供给结构变化滞后，导致供应滞后。从需求结构到供给结构的变化会存在时滞问题，但时滞的长短要适度，否则容易造成产业结构的不协调。

（3）需求结构变化，供给结构变化过度，导致供应过剩。

第二，需求结构不能适应供给结构快速调整，表现为：

（1）供给结构变化，需求结构不变，导致需求不足。例如，受限于收入水平，则高档商品的出现很难吸引低收入阶层购买。

（2）供给结构变化，需求结构变化滞后，导致需求滞后。从供给结构到需求结构的变化依然存在时滞问题，但如果时滞过长必然导致需求结构和供给结构的不适应问题，造成产业结构失衡。

（3）供给结构变化，需求结构变化过度，导致需求过度。例如，新技术驱动新产品的出现，但当生产能力不足、资金和人才缺乏，未形成规模生产能力时，短时期内难以满足快速膨胀的需求。市场上出现的紧俏商品抢购风潮就是典型表现。

综上来看，产业结构合理化是对供给和需求的结构状况而言，既包括供给结构的调整，也包括需求结构的调整，只有二者的结构变化相适应，才能促进产业结构协调发展。一国或地区产业结构合理化的标志是，能够充分利用已有的要素资源和国际分工的好处，使得国民经济各部门协调发展，社会需求得以实现，国民经济持续稳定地增长，实现人口、资源、环境的良性循环。

(二) 产业结构合理化的内容

合理化产业结构是各产业间具有较强的互补协同关系和相互转换能力，合理化产业结构的根本在于协调，协调产业间生产、技术、利益和分配等各种关系，只有强化产业间的协调，才能提升聚合质量，进而提升产业结构的整体效果。在此，主要基于以下几个方面考察产业间是否处于协调状态。

1. 供给和需求是否相适应

产业结构的协调要求供给和需求具有较强的适应性和应变能力，能够通过自身结构调整适应新的市场变动，保证供给、需求在数量和结构上的差距逐渐缩小，供需之间的矛盾弱化。相反，如果供需长期不均衡，则表明产业结构并不协调。

2. 产业间的联系方式是否协调

合理化产业结构意味着产业间相互影响的关系协同推进，主要表现为，第一，产业间相互服务。例如三次产业相互融合，农业为工业提供劳动力和原材料，工业反过来为农业发展提供机械装备和技术，服务业加快工业服务化，增加工业产品附加值。第二，相互促进。各产业间应该能够做到相互促进，协调发展，任何产业的发展不能以削弱另一产业发展为代价。

3. 产业间的相对地位是否协调

产业间相对地位的协调，意味着产业结构内部各产业之间的排列组合具有层次性，各产业间发展的主次顺序、轻重缓急明确和适宜。反之，主次不分、轻重无序，甚至结构逆转的产业结构，则表明各产业间的相对地位并不协调。

4. 产业素质间是否协调

产业素质间是否协调，该问题主要考察国家或区域相关产业间，是否存在技术水平的断层、劳动生产率的反差。如果这些问题存在，则意味着产业间较大的摩擦和不协调。如果产业劳动生产率数值分布集中又有层次性，则表明产业素质比较协调；如果分布得离散而无序，则说明各产业的素质不协调。在判断依据上，可以采用比较劳动生产率指标衡量产业间的协调程度，即采用相关产业的国民收入份额与该产业的劳动力份额指标比值。

(三) 产业结构合理化的基准

一国或地区经济能否协调发展，取决于该国能否建立合理的产业结构。那么，如何判断产业结构是否合理？纵观经济学界的理论研究和实证分析，合理产业结构应符合下面的判断标准。

1. 国际基准

国际基准即以钱纳里的产业结构、库兹涅茨的产业结构、钱纳里—赛尔奎因模式作为参照标准，检验一国或地区产业结构是否合理。这些参照标准基于大量历史数据，通过实证回归分析而得到，能够反映产业结构演变的一般规律。但各国的基本国情和选择的经济发展战略均不相同，对产业结构的要求也不尽相同，很难有统一的发展模式和产业结构，这种"标准结构"的参照系，至多能作为判断产业结构是否合理的粗略依据，而不能成为一种绝对的判断标准。例如，大国和小国、工业先行国和工业后发国对产业结构的要求不尽相同。总体上，以标准结构为参照系，能给我们提供一种判断产业结构是否合理的粗略线索，而不能成为判断的最终根据。

2. 需求结构基准

产业结构调整最基本的要求是能够满足市场需求，因此，产业结构和需求结构是否相适应、相适应的程度可以作为判断产业结构是否合理的标准之一。一般来说，二者适应的程度越高，则产业结构越合理；相反，则产业结构不合理。由于市场需求在不断变化，则产业结构和需求结构间总有一定的差距，既包括总量偏差，也包括结构偏差，且结构平衡是比总量平衡更为深层和重要的问题。但是，单纯以此基准来判断产业结构是否合理也存在片面性，只有在需求正常的前提下，才可以利用此标准判断产业结构是否合理。若需求结构不合理，产业结构一味地适应畸形的需求，则这种产业结构也并不合理。

3. 产业间比例平衡基准

产业间比例平衡基准即以产业间的比例是否平衡作为判断产业结构合理与否的标准。产业间保持比例平衡是经济增长的基本条件。比例协调的产业结构不应当存在明显的长线产业、短线产业，更不能存在瓶颈产业，否则，和市场需求不适应、不符合，都会造成资源的浪费，也影响了产业结构系统的资源转换效率和产出能力。实际上，产业间绝对均衡的状态很难出现，在经济发展过程中，各产业部门发展速度不同，从而导致相互之间的比例也会发生变化，出现结构不平衡，只有那种超越了一定界限的结构失衡，才会导致经济不能正常运行，才算是真正的产业间比例关系不协调。

4. 合理和有效地利用资源基准

产业结构作为资源转换器，其功能就是对投入的各种生产要素按市场需求转换为不同的产出。在转换过程中，转换效率是一个重要的指标，因此，能否合理有效地利用资源，也就成为判断产业结构是否合理的重要标准。合理、有效地利用资源，需要做好以下内容：一是提高资源的使用效率，重点在于加快技术创新；二是充分利用系统内外的各种资源，在此，系统内部的组织创新和对外部环境的利用尤为重要。

上述四种判断标准从不同角度研究产业结构是否合理，既有科学性，又有各自的局限性，而产业结构的合理化作为综合目标应该有利于科技进步，有利于产业结构的高级化、生态化，有利于加快经济的可持续发展。因此，不能将其中某一标准作为判断产业结构是否合理的唯一标准,而应全面考察、综合应用。

三、产业结构高级化

(一) 产业结构高级化含义

伴随着科技发展和分工精细化,产业结构转向高附加值、深加工化,这一从低水平产业状态向高水平状态的演进过程即产业结构高级化,其是一个永不停息的动态过程。结合产业结构的演进规律,高级化产业结构一般具有以下几个特征。

第一,从产业结构的发展来看,按照第一、第二、第三产业的优势地位递进。

第二,从产业结构的要素密集度来看,按照劳动密集型产业、资本密集型产业、技术密集型产业的优势地位递进。

第三,从产业结构的知识集约化来看,从低附加值逐渐向高附加值转变。

第四,从产业结构的深加工度来看,从低加工度产业占优势地位向高加工度产业占优势地位演进。

因此,产业结构高级化就是在技术渗透下、资源高效配置下,产业结构不断向知识集约化、经济服务化方向转型,伴随产业发展的深加工度化、高附加值化,更好地满足社会发展需求的一种趋势。一国或地区要想获得较快的经济增长需要不断推进产业结构高级化,而产业结构高级化的关键是要有较强的产业结构转换能力,这种能力一方面取决于经济体制和资源禀赋,另一方面取决于适宜的产业政策,包括产业结构政策、产业技术政策和产业组织政策等。

(二) 产业结构高级化基准

关于产业结构高级化的基准,在学术界尚未取得统一认识。根据相关学者的研究,可以从以下几个视角探寻产业结构高级化的标准:

1. 三次产业的比例构成

(1) 产业结构高级化——量。根据产业结构的演进规律,产业结构高级化是从低水平状态向高水平状态顺次演进的动态过程,是顺着第一、第二、第三产业优势地位顺向递进的方向演进。因此,根据配第—克拉克定理的思想,从"量"上将产业结构高级化界定为非农产业的比重提高,基于产业份额这一数量角度度量。例如,第一产业占比越低,第二产业和第三产业占比越高,则产业结构高级化程度越高;第三产业占比越高,则产业结构高级化程度越高;第三产业占第二产业和第三产业比重越高,则产业结构高级化程度越高;第三产业占第二产业的比值越高,则产业结构高级化程度越高。

学者们采用产业结构层次系数,从份额比例的相对变化刻画产业在数量层面的演进过程，下面介绍度量方式，计算公式为①：

$$IS_{i,t} = \sum_{m=1}^{3} y_{i,m,t} \times m, \quad m = 1, 2, 3 \tag{9-2}$$

其中，$IS_{i,t}$ 代表 t 年 i 地区的产业结构高级化；m 分别代表三次产业；$y_{i,m,t}$ 代表 t 年 i 地区 m 产业占地区生产总值的比重。该指标反映了三次产业从第一产业占优势地位逐渐向第二、第三产业占优势地位转型升级的情况。

（2）产业结构高级化——质。产业结构高级化除了量的增加，还包括质的提升，从产业份额的数量视角度量三次产业结构的演进，忽略了产业结构的演进本质，容易造成数量上的"虚高级化"，因此，应该基于质的角度考察产业结构高级化。"质"从内涵上涉及三次产业比例关系的演进以及劳动生产率提高，只有一国或地区劳动生产率高的产业占有比较大的份额时，才代表地区产业结构的高级化。在此，将产业结构高级化的质界定为产业间比例关系和劳动生产率的乘积加权值，具体计算公式为②：

$$IS_{i,t} = \sum_{m=1}^{3} y_{i,m,t} \times lp_{i,m,t}, \quad m = 1, 2, 3 \tag{9-3}$$

其中，$lp_{i,m,t}$ 代表 t 年 i 地区 m 产业的劳动生产率，计算公式为：

$$lp_{i,m,t} = \frac{Y_{i,m,t}}{L_{i,m,t}} \tag{9-4}$$

其中，$Y_{i,m,t}$ 为 t 年 i 地区 m 产业的增加值；$L_{i,m,t}$ 为 t 年 i 地区 m 产业的就业人员。考虑到式（9-3）中 y 没有量纲，而 lp 劳动生产率有量纲，则在计算过程中需要对劳动生产率进行标准化处理，具体公式为：

$$lp_{i,m,t}^{N} = (lp_{i,m,t} - lp_{i,m,b}) / (lp_{i,m,f} - lp_{i,m,b}) \tag{9-5}$$

其中，$lp_{i,m,t}^{N}$ 为标准化的劳动生产率；$lp_{i,m,f}$ 为工业化完成时第 m 产业的劳动生产率；$lp_{i,m,b}$ 为工业化开始时第 m 产业的劳动生产率；$lp_{i,m,t}$ 为在 t 时间计算 m 产业的劳动生产率。

2. 高加工度化比重法

高加工度也是判断产业结构高度化的重要指标。高加工度意味着一国在产业发展中加工组装工业要快于原材料工业的发展，也意味着在产业体系上向生产高级复杂产品阶段过渡。产业发展的高加工度，意味着工业增长对原材料的依赖程度下降，表现为产业加工度不断提升，知识集约化不断提升，产品附加值也增加，本质属于产业高附加值化的过程。具体从衡量指标来看，可以采用加工工业产值占全部工业总产值的比重或加工工业产值占原材料工业产值的比重衡量。

3. 多指标综合评分

结合产业结构演化规律来看，产业结构演进遵循的基本规律有"配第—克拉克定理""库兹涅茨定理""钱纳里标准结构""霍夫曼定理"等。其中，前三个

---

① 袁航，朱承亮. 国家高新区推动了中国产业结构转型升级吗 [J]. 中国工业经济，2018（8）：60—77.
② 杨骞，秦文晋. 中国产业结构优化升级的空间非均衡及收敛性研究 [J]. 数量经济技术经济研究，2018，35（11）：58—76.

是从三次产业分类视角出发,界定一国或地区产业结构演进规律,霍夫曼定理主要阐述了工业化过程中消费资料(消费品)工业净产值和资本资料(资本品)工业净产值之比不断下降的趋势。以上理论作为衡量产业结构高级化的基准都有一定的启迪作用。但以上研究结论只能反映一般的大类产业演进规律,产业结构的高级化还应体现在资本密集、技术密集型、环境友好、创新驱动等多方面。由此来看,产业结构高级化应该是在环境友好约束下,依赖于创新驱动,驱动资本密集型产业和技术密集型产业比重提高,逐步成为优势产业的过程。在学术界的研究工作中,也可以基于以上多维度、采用多指标,构建综合指标,以熵值法、主成分分析法、加权平均法等计算出产业结构高级化的指标值。

(三) 产业结构高级化的根本动因——创新

在影响产业结构变化的多因素中,核心影响因素是创新,创新是实现并加快产业结构高级化的根本动因。根据经济学家熊彼特的观点,创新是引入一种新的生产函数,提高社会潜在的产出能力。从创新的内容来看,意味着:提供出新产品和服务;在既定生产要素下,提升产出数量;以创新产生外部效应,形成技术溢出的扩散效应功能;增加商品的种类,实现产品多样化。创新不仅直接提高生产能力,对产业结构高级化产生直接影响;也会在产业结构效应下,引发关联产业的一系列变化,对产业结构高级化产生间接影响。

直接影响表现为:在利润驱动下,创新能够引发生产要素在不同产业部门间流动,进而诱发不同产业部门的扩张或收缩,影响产业结构的发展。一般来说,如果创新带来了原有产品的改善或新产品开发,会吸引相关生产要素流入,从而加快这些部门的扩张。例如,每一个技术变革、技术进步,不仅赋能传统产业,也催生了新的产业,使得产业结构不断升级。

间接影响表现为:创新影响生产要素相对收益,而影响产业结构。按照经济学家希克斯的观点,创新会改变以劳动、资本为代表的要素相对边际生产率,影响收益率之间的平衡。尽管创新有可能以相同的比例,同时提高劳动和资本的边际生产率。然而,更多的创新带来的是要素收益的非均衡影响,往往表现为资本边际生产率的提高快于劳动边际生产率,加快了以资本代替劳动的过程。这种要素间的替代会影响产业结构的变动。创新改变生活条件和工作条件,间接影响产业结构变化。创新带来新的市场需求,新的市场需求要求新的产业,新产业满足了人们潜在的、更高层次的产品需求,这种旺盛的需求反过来又刺激了新产业的扩张。由此,需求结构的变动会影响产业结构的变化。

(四) 产业结构高级化的表现形式——主导产业选择

1. 主导产业的作用

产业结构高级化通过产业间优势地位的更迭来实现,表现为主导产业的有序更替。创新推动主导产业快速扩张,进而带来其他产业以及整个产业结构的升级。罗斯托认为,无论在任何时期,甚至在一个已经成熟且继续成长的经济中,经济发展的冲击力都依赖于为数不多的主要成长部门迅速扩张，且这些部门的扩张又对其他产业部门产生具有重要意义的作用①。只有少数同时具有创新和较强扩散效应的高增长产业，才能成为主导产业。

罗斯托在他的《经济增长的阶段：非共产党宣言》和《政治与增长阶段》两部著作中将经济成长划分为六个阶段，且在每个阶段均有不同的主导产业，如表9-2所示。

表9-2　　　　　　　　罗斯托经济成长阶段相应的主导产业

经济成长阶段	相应主导产业
传统社会阶段	农业为主导
为起飞准备条件的阶段	农业为主导
起飞阶段	纺织工业
成熟阶段	钢铁、电力、煤炭、通用机械、化肥工业
高额消费阶段	汽车制造业
追求生活质量阶段	以服务业为代表的生活质量部门

正是每个阶段不同主导产业以前向、后向、旁侧效应带动其他产业发展，才加快了产业结构的高级化。从产业结构变迁的历史来看，主导产业转换引致产业结构演进，存在从以农业为主导的产业结构开始，依次向以轻工业为主的结构、以基础工业为中心的重工业为主的结构、以高加工度为重心到以信息、技术产业为主的结构演进的规律性。随着科技进步和经济发展，特别是社会分工日益精细化，带动整个经济发展的已不是单个主导产业，而是几个产业共同起作用。罗斯托将此称为"主导产业群"，即由主导部门和与主导部门有较强后向关联、旁侧管理的部门共同组成，如钢铁、电力、机械和化学工业共同构成了主导部门综合体。

2. 主导产业形成的条件

按照罗斯托的观点，主导产业的形成需要具备一些必要的条件和支撑，包括：（1）足够的资本积累。充裕的资本积累和投资是主导产业形成的重要条件，一国对主导产业的净投资率即投资额在国内生产总值的比重，应从5%左右提高到10%。（2）充足的市场需求。这是产业规模不断扩大的基础。（3）创新。这包括技术创新和制度创新。以技术创新提高劳动生产率，扩大产出规模，以满足潜在的市场需求；以制度创新为企业发展营造良好外在环境，激发一批具有创新意识的企业家。

研究主导产业转换规律，是为了更好地选择主导产业，扶持主导产业的发展，从而实现产业结构高级化。产业结构高级化就是产业发展由低级到高级、由简单到复杂的渐进过程，是主导产业不断更替、转换的演进过程。

---

① W.W. 罗斯托. 经济成长的阶段 [M]. 北京：商务印书馆，1963.

四、产业结构生态化

产业结构优化的实质是在各产业间高效合理配置资源，减少能源消耗和环境污染，提高资源使用效率，增强产业结构转换能力。传统产业结构优化理论很少考虑产业结构变动对环境的影响，在生态环境日益严峻、资源相对缺乏的形势下，需要将产业结构生态化作为产业结构优化的内容，实现经济效益和生态效益协同发展。

（一）产业结构生态化含义与特征

1. 产业结构生态化含义

产业结构生态化要求在产业间依照自然生态系统的有机构成和循环机理，构建类似于自然生态系统的、相互依存的生态系统，减少污染排放，将产业发展对环境的负外部效应降到最低，实现经济效益和生态效应的统一。生态化的产业结构通过产业间的产业关联和副产品关联，实现资源的多级递进和循环利用，将生产过程中的废弃物进行再加工和处理，使其成为其他生产过程中可以利用的可再生原料或能源，减轻经济发展对自然资源、能源的消耗，以减少环境污染。产业结构的生态化能够加快生态要素在产业间的合理配置和流动，提高生态要素生产率和增长率。

2. 产业结构生态化特征

产业结构生态化特征表现为以下方面。

（1）环境友好型。产业发展不能脱离当地的资源禀赋和生态环境条件，应与当地生态环境相适应，这也是地区企业和产业发展的比较优势所在；只有适应当地的生态环境，充分发挥自然资源和经济资源优势的产业结构才具有较强的生存力、拓展力和竞争力。而且依托自然资源和生态环境发展的产业结构应具有可持续性，能够兼顾生态—环境—经济的协调发展，降低对自然资源、能源的索取，减少环境污染，避免对生态环境的破坏，走环境友好型道路。

（2）产业多样性。产业多样性能够提升产业系统的稳定性。产业发展必然受到外在因素的干扰，但只要产业系统能恢复到相对稳定、相对协调的状态，我们就认为这样的产业系统具有可持续性。例如，中国建立的门类齐全的工业体系是抵御突发事件、实现经济稳定发展的重要保障。因此，多样化的产业能够填补产业系统内的空缺，增加产业系统复杂性，提升产业系统的恢复力和稳定性。

（3）产业间有机联系增强。在自然生态系统中，非生物与生物间、高级生物与低级生物间形成了一条相互关联和互动的生物链，维持自然界的生态平衡；而产业结构的生态化也要求各产业间按照自然生态系统的要求，构建出包括基本的物质投入产出关系，包括产业间副产品和废物的循环再利用，同时，考虑系统内各产业的资源需求程度和废物量的接纳能力，形成闭路循环的产业循环模式，避免产业系统"食物链"的失控。

（二）产业结构生态化的实践路径

1. 树立生态发展理念

产业结构的生态化要求摒弃"唯 GDP 论"的单纯强调经济业绩的考核方式，要实行生态环境问责制度，探索建立绿色国民经济核算体系，树立包括生态考评体系、生态政绩观的绿色考评体系。产业结构的生态化离不开政府的宏观调控，政府应做好顶层设计，把握生态化转型的产业发展方向，运用税收、利率、价格等财政政策和货币政策激发企业、居民的主动性，引导全社会树立低碳、绿色生态环保意识，主动转变生产、生活观念和方式，加快形成生态经济管理的运行机制。例如，绿色金融能够引导资金流向资源节约、技术先进的部门，引导企业注重生态环保，引导消费者形成绿色消费理念。

2. 构建生态产业体系

围绕生态农业、生态工业和生态服务业，大力发展环保产业，以构建生态产业体系。生态产业体系是对现有产业的更新升级，从生态农业来看，要加强农业生态规划、研发与推广现代化农业新体系，提升农业新技术，深化生态农业科研，推广现代循环农业、精准农业、休闲农业和有机农业等高效的生产模式。从生态工业来看，通过信息技术、生物技术、现代管理技术和制造业的融合，运用高新技术改造传统工业，以低碳环保为标准，强化生产设计、制造、物流等各环节的低碳技术改造，着力发展电子信息、新能源、新材料等高新技术产业。从生态服务业来看，要将"生态消费"理念贯穿于居民生活的各个环节，推动消费结构向绿色低碳化转型，大力发展现代服务业，强化数据、信息在服务业中的渗透，不断创造新模式、新业态。

在生态产业体系的构建中，应注重环保产业的发展，其不仅可以提高环境质量，还能够保障一国经济的可持续发展能力，对产业结构的高级化意义重大。但相对于经济规模和增长速度，我国环保产业技术水平落后、规模偏小、结构不合理的问题还很突出，需要从多方面规范环保产业的发展。投资不足严重制约了生产规模的扩大和技术水平的提升，需要强化投资，特别是对环保产业的研发投资，政府有必要拓展环保产业的融资渠道，对环保产业增加投资。

3. 调整能源结构

能源问题是保障社会活动正常运行的基础，是国民经济的物质基础。中国以高碳能源为主的能源结构受到社会的广泛关注。按照理论分析，在能源消费结构中无论是传统能源消费比重的降低或者新能源、可再生能源消费比重上升，都会提高能源效率，但中国煤炭和天然气的生产与消费长期保持在均衡状态，实证检验也表明技术进步才是中国能源效率提高的主要推动力。从长期来看，要实现"双碳"目标，应对能源危机，进行能源结构调整是实现可持续发展的必然途径，也是产业结构生态化的要求。

从能源在产业间的配置结构来看，工业是最大的能源消费量产业主体，工业对能源的消费量和比重也相对稳定；而价格机制不完善限制了能源要素在各产业部门间的自由流动。而优化能源配置结构需要改变工业部门的生产方式，提高其技术水平和能源效率；需要建立合理的能源价格机制，按照市场需求驱动能源要素在产业间自由流动，提高能源效率。

综上来看，产业结构合理化、高级化、生态化是新常态发展阶段下优化产业结构的整体要求，三者有机统一。产业结构合理化是产业结构高级化的基础，产业结构高级化是产业结构合理化的必然趋势，产业结构生态化是产业结构合理化和高级化发展的客观要求。

本章小结

产业结构的演变是产业结构本身所固有的从低级到高级的变化趋势，研究产业结构演进是为了更好发展经济。产业结构演进的规律和趋势，呈现：生产要素密集型产业地位演变趋势；产业结构高加工度和高附加值化趋势；新兴产业作为主导产业不断取代传统产业。产业结构演进的理论基础，包括：配第—克拉克定律；库兹涅茨人均收入影响理论；罗斯托主导产业扩散效应理论和经济成长阶段论；霍夫曼工业化经验法则；钱纳里工业化阶段理论；赤松要雁行形态理论。影响产业结构变动的影响因素很多，主要有需求因素、供给因素、科学技术因素、制度因素和国际因素，其中，技术创新是经济发展的强大动力，是推动产业结构变化的最根本、最主要因素。产业结构优化是指对产业不断进行调整，使得各个产业实现协调、均衡发展，并且满足不断增长的社会需求的过程。从产业结构优化的目标来看，就是要实现产业结构的合理化、高级化和生态化，最终实现经济的持续快速增长。产业结构合理化是产业结构由不合理转向合理发展的过程，是产业与产业间协调能力的加强和关联水平的提高。合理产业结构的判别基准：国际基准；需求结构基准；产业间比例平衡基准；合理和有效地利用资源基准。判断产业结构高级化的标准：三次产业的比例构成；高加工度化比重法；多指标综合评分。产业结构生态化表现为：环境友好型；产业多样性；产业间有机联系增强。要实现产业生态化，需要：树立生态发展理念；构建生态产业体系；调整能源结构。

本章案例

"十四五"时期中国产业结构优化升级的困境

我国坚持以供给侧结构性改革为主线，着力构建现代化经济体系，产业结构不断优化，已经形成了"三二一"的产业结构。其中，第一产业保持平稳增长，粮食安全基础巩固；第二产业加快转型升级，创新驱动持续深化；第三产业规模日益壮大，新兴产业蓬勃发展。然而，在产业结构优化升级中依然面临一些主要问题：第一，产能过剩问题。化解产能过剩是产业结构调整的一项重要任务，产能过剩的成因有体制因素、产业政策、投资拉动和国有企业效应、民营企业的推动等，化解产能过剩，将是一个需要长期面对和解决的问题。第二，高技术产业聚焦于低附加值环节。首先，从价值链角度看，我国高技术行业企业主要聚焦于低附加值不高的下游环节，利润率较低。其次，我国高技术密集型行业普遍属于轻资产行业，且呈现劳动密集型倾向，在生产制造环节依赖劳动投入。第三，制造业的地位和作用问题。制造业结构升级的压力较大，制造业"大而不强"的问题未根本改变，一些关键产品的核心技术依然受制于人，在全球价值链中处于"两端挤压"的窘境。第四，服务业结构的优化问题。当前面临严重的"虚实背离"问题，最直观的表现就是宏观经济的结构性失调，以金融业、房地产业为代表的虚拟经济快速增长，与实体经济的差距越来越大。具体来看：2008~2022年，金融业占GDP的比重从2008年的5.75%上升到2022年的8.00%；虽然在国家的积极调控下，2017年以来有所下降，但2020年又快速拉升到8.25%；房地产业占GDP的比重从4.57%上升到6.10%，最高位为2020年的7.24%，已经达到或高于大多数发达国家的水平。这并不表明中国的金融业或房地产业已经成熟或发达，而是投机过度、资金错配的直接结果。

资料来源：①国家统计局，http：//www.stats.gov.cn/sj/sjjd/202302/t20230202_1896687.html.
②方行明，屈子棠. 产能过剩形成机制再探与理论重塑［J］. 社会科学战线，2022（3）：63-71.
③魏后凯，王颂吉. 中国"过度去工业化"现象剖析与理论反思［J］. 中国工业经济，2019（1）：5-22.
④张英卓，苗长虹. 经济"脱实向虚"问题的成因及其解决路径［J］. 中州学刊，2021（7）：42-47.

复习思考题

1. 决定和影响产业结构的因素有哪些？
2. 产业结构演进的规律有哪些？
3. 简述我国产业结构存在的主要问题和调整对策。
4. 简述主导产业形成的条件和实现形式。
5. 简述产业生态化的特征和实现路径。

延伸阅读

［1］韩颖，倪树茜. 我国产业结构调整的影响因素分析［J］. 经济理论与经济管理，2011（12）：53-60.

［2］何平，陈丹丹，贾喜越. 产业结构优化研究［J］. 统计研究，2014，31（7）：31-37.

［3］李兰冰，刘秉镰. "十四五"时期中国区域经济发展的重大问题展望［J］. 管理世界，2020，36（5）：36-51+8.

［4］孙久文，刘瑞雪，苏玺鉴. 中国式区域产业现代化：时代特征、理论基础和实践路

径 [J]. 上海经济研究, 2023 (5): 41-49.

[5] 魏后凯, 王颂吉. 中国"过度去工业化"现象剖析与理论反思 [J]. 中国工业经济, 2019 (1): 5-22.

[6] 杨骞, 秦文晋. 中国产业结构优化升级的空间非均衡及收敛性研究 [J]. 数量经济技术经济研究, 2018, 35 (11): 58-76.

[7] 袁冬梅, 李恒辉, 金京. 产业升级的逻辑内涵、现实困境与出路——基于马克思分工理论的分析 [J]. 湖南师范大学社会科学学报, 2023 (4): 76-85.

第十章 产业关联

产业关联是从"量"上考察国民经济各产业部门之间技术经济联系的理论，研究及应用产业关联理论，有利于国家或地区作出科学的预测和分析，从而准确地制定产业政策和发展规划。本章先是简要论述了产业关联的内涵及其分类，再是系统阐释了产业关联的基本分析方法——投入产出法，并以此为基础，从静态层面和动态层面深入探讨了投入产出法的应用问题。在学习本章知识的过程中，不仅要学习理论知识，还应注重理论联系实际，深刻领会产业关联理论的学术价值和应用价值。

第一节 产业关联概述

党的二十大报告指出，"高质量发展是全面建设社会主义现代化国家的首要任务""经济高质量发展是高质量发展的核心和关键，也是推进中国式现代化的重要基础"。经济高质量发展的重要性不言而喻。经济系统是由若干产业部门构成的有机整体，经济的高质量发展离不开产业体系的优化升级，特别是在新发展格局背景下，要增强国内大循环的内生动力和可靠性，必须建立更加流畅、更加稳固的产业关联关系，以保障社会再生产的顺利进行。为此，我们应加强产业经济学知识的学习，产业关联理论作为产业经济学学科体系的重要构成，也是我们学习的重点。本节主要论述了产业关联的含义及其类型，同时指出了产业关联的基本分析方法——投入产出法。

一、产业关联的含义

在宏观经济系统中，产业与产业之间或多或少都存在着一定的技术经济联系。举个例子，对于任何一个产业而言，都需要其他一些产业为其提供投入品，以满足该产业的生产需求。与此同时，该产业的产出品也会成为其他一些产业的投入品，以满足其他产业对原材料的需求。正是这种投入品或产出品在不同产业之间的流转，结成了产业间紧密、广泛而又复杂的关联关系。

产业关联，即是产业间以各种投入品或产出品为连接纽带的技术经济联系，其实质是产业间存在的供给与需求的相互依赖关系。技术经济联系包括实物形态的联系和价值形态的联系,前者所表征的联系因计量标准不统一而难以准确衡量,后者所表征的联系得益于计量标准的一致性,较易实现量化分析。因此,现实中分析产业关联关系时,多分析的是以价值形态为表征的产业间的技术经济联系。

二、产业关联的类型

产业发生关联的方式多种多样,依照不同的标准,可将产业关联划分为不同的类型。产业关联通常按照发生关联的纽带不同、发生关联的方向不同、发生关联的产业是否相邻等进行划分,从而分化出了多种类型的关联关系。

(一)按照产业关联的纽带不同进行划分

纽带即指的是产业间发生联系的依托或桥梁。不同的纽带形成了不同的产业关联,主要包括产品和服务的关联、生产技术的关联、劳动就业的关联、价格的关联。

1. 产业间产品和服务的关联

在现代社会中,任何产业都不可能离开其他产业而独立存在,产业的发展壮大需要其他产业的扶持和支撑。产业间最基本的关联则是产品和服务的联系,这种关联是以产品和服务为纽带的,即在社会再生产过程中,一个产业的产出品(产品和服务)可作为其他产业的投入品,以满足其他产业的生产需要;同时,其他产业生产的产出品(产品和服务)也会作为该产业的投入品,以满足该产业的生产需要。比如,农业部门为农副食品加工业和食品制造业等提供各种原材料,同时农业部门也需要专用设备制造业、化学原料和化学制品制造业等提供农机产品、种子、化肥、农药之类的生产资料。又如,文化元素极大地增强了旅游的魅力,为旅游产业的发展提供精神动力支撑,同时文化需要依托旅游产业进行传承与发展,从而促进文化产业的兴盛。产业间广泛存在着产品和服务的关联,当某一产业的生产方式、生产规模、生产技术、产品结构等发生变化时,会引起其他产业的生产方式、生产规模、生产技术、产品结构等发生适应性改变,为促进各产业部门的协调发展,需保持产业间相互提供的产品和服务的数量比例处于均衡水平。

2. 产业间生产技术的关联

产业间相互提供的产品和服务不仅要求数量上的相对均衡,而且在生产工艺、技术标准和产品性能等层面也应相互匹配,以保障相关产业产品价值的实现。这使得产业间在生产技术方面存在着必然的联系,且这一联系是同与之相关的产品和服务的供求联系紧密相关的。不同的产业部门对生产技术的要求是不同的,如劳动密集型产业部门对生产技术的要求不高,技术密集型产业部门则对生产的技术含量要求很高。当生产技术作为产业间关联的纽带时,生产技术的变化必然会带来产业间关联关系发生相应的变化。例如,在工业化初期，纺织工业的生产技艺还比较低，其对棉花种植业的依赖程度很高，但随着科技进步及化纤产业的产生和发展，纺织工业与化纤产业的关联关系日益增强，相应地，对棉花种植业的依赖程度就逐渐降低了。科学技术在不断进步和革新，当某个产业的生产技术得到切实提升，会通过生产技术关联带动其他产业提高技术水平，从而促进整个产业系统的生产技艺向更高层次更新换代。

3. 产业间劳动就业的关联

活儿总得有人干，无论何种产业，都需要配置一定的人力资源。当某一产业调整人力资源配置状况时，会引起其他相关产业的人力资源配置状况发生改变，这便是产业间存在的劳动就业关联。不同产业的技术经济特征不同，对劳动者的能力和素质要求也存在差异。劳动密集型产业的就业门槛较低，其吸纳的劳动力数量较多；资本及技术密集型产业的就业门槛较高，其吸纳的劳动力数量较少。假设经济处于非充分就业状态，某一产业的快速扩张会促进与之关联度较高的产业加快增长，这些产业的发展创造了更多的就业机会，使得就业人数不断增加、就业结构不断优化，同时还会带来生产能力的提升和国民收入的增长。假设经济处于充分就业状态，某一产业的快速扩张会使得劳动力由经济效益低的产业部门向经济效益高的产业部门转移，即人力资源在产业间重新进行配置，引发相关产业不同程度的收缩或扩张，产业结构随之改变。

4. 产业间价格的关联

在市场经济条件下，产业间的技术经济联系是以等价交换为原则的，这便产生了产业间价格的关联。当某一产业产品的价格发生变化时，会通过产业链影响其下游产业的生产成本及生产产品的价格，同时也会通过市场机制影响其替代品产业和互补品产业产品的价格，在上述一系列产品和服务价格变化潜移默化的影响下，市场规模发生变化，产业规模和产业结构也随之发生改变。例如，房地产行业为了去库存，开展了较大范围的降价促销活动，这会带来商品房成交量的上升，同时也会带动室内装饰产业、家具制造业、家装建材产业、智能家居产业、社区服务业等与之相关产业的进一步扩张。

（二）按照产业关联的方向不同进行划分

产业关联的方向即根据各产业在产业链中所处位置的不同所产生的具有一定方向特征的产业关联，包括前向关联、后向关联和环向关联三种。

1. 产业的前向关联

某一产业作为上游产业需要为下游产业提供产品或服务，这种通过供给关系发生的联系即为前向关联。例如，A 代表煤炭采掘业，B 代表火力发电产业，A 产业向 B 产业提供燃料，那么对 A 产业而言，其与 B 产业的关联便是前向关联，其中 A 为先行产业部门，B 为后续产业部门。

2. 产业的后向关联

某一产业作为下游产业需要购买上游产业生产的产品或服务，这种通过需求关系发生的联系即为后向关联。例如，A 代表炼油业，B 代表石油开采业，A 产业需要 B 产业为其提供原油产品，那么对 A 产业而言，其与 B 产业的关联便是后向关联。又如上一个例子中，对 B 火力发电产业而言，其与 A 煤炭采掘业的关联便是后向关联。

3. 产业的环向关联

经济运行过程中，各产业部门之间的联系是非常复杂的，并不只是简单地表现为前向或后向的单向联系，有些产业部门之间还表现出了环向的联系。例如，对于 A、B、C 三个产业部门，A 代表煤炭采掘业，B 代表钢铁冶炼业，C 代表采矿设备制造业，B 产业需要 A 产业提供煤炭燃料，C 产业需要 B 产业提供钢材，A 产业需要 C 产业提供采矿设备，于是形成了 A→B→C→A 的"环"，这种环形的产业关联即为产业的环向关联。

（三）按照关联产业是否相邻进行划分

关联产业是否相邻取决于产业间发生关联关系时是否有其他产业作为中介参与其中，而中介产业的存在与否决定了产业间的关联是直接关联还是间接关联。

1. 产业的直接关联

当两个产业间存在以产品和服务、生产技术、劳动就业等为纽带的联系时，如若这些联系是直接建立起来的，未有其他产业的参与，那么这两个产业之间的联系即为直接产业关联。例如，棉花种植业直接为棉纺织业提供工业生产原料；又如，新能源电池制造业直接为新能源汽车产业提供配件，二者之间都是产业的直接关联。

2. 产业的间接关联

两个产业间发生技术经济联系时，如若需要通过其他产业作为桥梁建立联系，那么这两个产业的关联则是间接关联。例如，棉花种植业与服装制造业无直接联系，但棉花种植业会通过影响棉花纺织业，进而影响服装制造业。又如，交通运输业与石油采掘设备制造业无直接关联，但石油采掘设备制造业与炼油工业密切相关，交通运输业正是通过炼油工业与石油采掘设备制造业发生的间接联系，因而是间接的产业关联。

三、产业关联的分析方法

产业体系内部，不同的产业之间存在广泛且复杂的联系，正确量化产业间的技术经济联系尤为重要。一个经典的例子，1941 年第二次世界大战进一步扩大，面对欧洲大陆紧张的局势和战争的威胁，美国总统罗斯福提出了年产 5 万架战机的计划，这在当时的各大飞机制造商看来是几乎不可能完成的任务。因为要完成飞机制造任务绝非易事，不仅需要技术，还需要资金、生产线、熟练工人以及各种辅助厂矿企业。飞机制造中，机身的材质为钢和铝，铝又是经由电解法生产而来，需要耗费大量的电力；为了传送电和使用电，又需要大量的电线、电器等耗材，电线、电器的生产又需要大量的铜；建造发电厂消耗的钢材就更不必说了。美国最终虽未完成计划的生产任务，但其航空工业却因此迅速发展，同时，美国政府也深深地意识到，需要开发一种科学的计算方法来准确测算直接消耗和间接消耗，以更高效地进行决策和规划。

美国经济学家华西里·列昂惕夫（Wassily Leontief）在20世纪30年代提出了投入产出分析法，该方法最早是为研究一国经济系统内部各产业间错综复杂的关系而发展起来的，后经经济学家们近一个世纪的不断深入研究和应用推广，投入产出分析法已日臻成熟，受到了世界各国的广泛认可。投入产出分析法是当前分析产业关联关系的基本方法，其既可用于分析和计算某地区（省、市、县）的经济活动，也可用于分析某产业组织、某企业的经济活动，甚至用于分析国际的经济联系。

第二节　投入产出分析法的原理

投入产出分析法是一种运用投入产出表从数量上分析产业间技术经济联系的方法。该方法将经济系统内各产业部门间的数量依存关系通过一个线性方程组来描述，再结合电子计算机运算技术求解方程组中涉及的各类系数，以量化反映各个产业间的依存关系。投入产出分析法是将经济学、数学与计算机技术相结合，形成的研究产业间经济数量关系的科学分析方法。

一、投入产出分析法的理论基础

从国民经济各产业间的联系来看，一个产业的产出就是另一个或一些产业的投入，一个产业的投入就是另一个或一些产业的产出，产业间的依存关系可以从投入和产出的角度予以衡量。投入是指产品生产所需要的原材料、燃料、辅助材料、固定资产折旧和劳动力等，是产品生产必然要耗费的物质资料和劳动力。产出是指产品生产的总量及其分配使用的方向和数量，其中被分配至生产领域的产出是中间产品，其会作为投入品流入其他产业部门；被分配至非生产领域、不再进行加工的产品是最终产品，其可供社会最终消费使用。在市场经济条件下，各产业部门间存在的基于投入和产出的依存关系，使得各产业既充当投入品的购买者，也充当产出品的出售者，通过编制投入产出表可以模拟产业间"投入"与"产出"的过程，同时也能够明确各产业间的数量比例关系。

正如列昂惕夫所强调的那样，投入产出分析法的理论渊源来自新古典经济学的一般均衡理论。一般均衡理论于1874年由法国经济学家里昂·瓦尔拉斯

(Léon Walras) 在《纯粹经济学要义》一书中提出,该理论假定市场消费主体由居民和企业构成,居民追求的是在一定预算约束下实现效用最大化,企业追求的是在一定成本约束下实现利润的最大化。居民通过向企业提供生产要素获得报酬收入,再利用赚得的报酬从市场上购买企业生产的产品;企业利用购进的生产要素开展生产活动,并将其生产的产品销售给居民和其他企业。通过这样的市场交易行为,不同的生产要素和产品在居民与企业之间不断地循环流转,居民和企业追求自身利益最大化的行为又会通过供求机制的作用形成一组价格,使得市场在这组价格的调节下实现供给与需求的均衡,这一组价格即为均衡价格,各个产品和要素市场都实现了供求相等,即一般均衡。瓦尔拉斯利用一组联立方程来描述一般均衡的状态,方程组的解就是一组均衡价格。在一般均衡模型中,倘若某个市场的供求关系发生变化,必然会导致该市场价格水平整体波动,进而也会波及其他市场相应地发生供求关系的变化及价格的调整,各市场参与主体在利益驱动下主动调整供给和需求,直至形成新的均衡价格和新的市场均衡。

瓦尔拉斯的一般均衡模型是一种纯理论模型,无法直接在实际的经济活动中加以应用和求解,这主要是由于缺乏系统的统计资料,使得理论的空匣子与社会经济实践难以有效结合。20 世纪 30 年代,随着凯恩斯宏观经济理论的提出,国民经济核算的理论基础得到了初步奠定,完整的国民经济核算体系得以初步建立,系统的统计数据得到了有效的收集。此时,数据资料犹如雨后春笋般大量涌现,在这样的现实背景下,在对瓦尔拉斯一般均衡理论的继承和创新基础上,投入产出分析方法诞生了,该方法用产业代替一般均衡模型中的企业和居民,将产业体系非常详细的统计事实置于经济理论控制的范围之内,其理论和方法与产业关联分析的需要极为吻合。

二、投入产出表

投入产出表是反映一定时期内国民经济各产业投入来源及产品去向的一种分析工具。投入产出分析法就是利用投入产出表这一工具,对产业关联关系进行分析的。在利用投入产出法进行经济分析和计划工作之前,须根据经济统计资料编制投入产出表。投入产出表有实物型和价值型两种形态,二者因编制时使用的计量单位的不同而有所区别,其中,价值型投入产出表的应用更为广泛。

(一) 实物型投入产出表

1. 实物型投入产出表的一般形式

各种投入品和产出品按照实物单位进行计量编制的棋盘式平衡表即为实物型投入产出表,其一般形式如表 10 - 1 所示。

表 10-1　　　　　　　　　　　实物型投入产出表

投入＼产出	中间产品							最终产品	总产品
	产业1	产业2	…	产业j	…	产业n	小计		
产业1	X_{11}	X_{12}	…	X_{1j}	…	X_{1n}	$\sum_{a=1}^{n} X_{1a}$	Y_1	X_1
产业2	X_{21}	X_{22}	…	X_{2j}	…	X_{2n}	$\sum_{a=1}^{n} X_{2a}$	Y_2	X_2
…	…	…	…	…	…	…	…	…	…
产业i	X_{i1}	X_{i2}	…	X_{ij}	…	X_{in}	$\sum_{a=1}^{n} X_{ia}$	Y_i	X_i
…	…	…	…	…	…	…	…	…	…
产业n	X_{n1}	X_{n2}	…	X_{nj}	…	X_{nn}	$\sum_{a=1}^{n} X_{na}$	Y_n	X_n

表 10-1 中，假定国民经济由 n 个产业部门组成，每个产业只生产一种产品，第 i 产业生产第 i 种产品，经济社会共生产 n 种产品。X_{ij} 表示 j 产业的生产需要消耗 i 产业产品的数量，也即 i 产业生产的产品中有 X_{ij} 流入 j 产业的生产过程；X_i 表示 i 产业生产的产品的总量；Y_i 表示 i 产业生产的最终产品的数量；$\sum_{a=1}^{n} X_{ia}$ 表示 i 产业生产的中间产品的数量。

进一步地，表 10-1 左边第一部分即中间产品部分，该部分"行"和"列"的数目相同，各产业按照一定的顺序进行排列。任何一种产业的生产过程都需要以本产业及其他产业生产的产出品作为中间投入，如从纵向来看，对于 j 产业而言，生产总量为 X_j 的 j 产品需要从包括本产业在内的所有产业购进 X_{1j}，X_{2j}，…，X_{ij}，…，X_{nj} 的中间产品；任何一种产业的产出品都会有一部分成为本产业及其他产业生产过程中的投入品，如从横向来看，对于 i 产业而言，生产的产品中有 $\sum_{a=1}^{n} X_{ia}$ 被用作本产业及其他产业的投入品，其中，X_{i1} 用于生产产品 1，X_{i2} 用于生产产品 2，X_{ij} 用于生产产品 j，X_{in} 用于生产产品 n。第二部分是最终产品部分，该部分是各行业在本期生产的产品中，不再进行加工的、用于最终使用的产品，主要用于满足消费需求、资本积累需求以及净出口需求。第三部分是总产品部分，该部分表示的是每个产业生产出来的产品总量，由于生产出来的产品一部分成为中间产品，一部分成为最终产品，因而总产品 = 中间产品 + 最终产品。

2. 实物型投入产出表中的平衡关系

根据中间产品 + 最终产品 = 总产出，对于 i 产业而言，存在式（10-1）所示的等式关系：

$$X_{i1} + X_{i2} + \cdots + X_{ij} + \cdots + X_{in} + Y_i = X_i \quad (10-1)$$

对于整个产业体系而言，存在的线性方程组为：

$$\begin{cases} X_{11} + X_{12} + \cdots + X_{1j} + \cdots + X_{1n} + Y_1 = X_1 \\ X_{21} + X_{22} + \cdots + X_{2j} + \cdots + X_{2n} + Y_2 = X_2 \\ \cdots\cdots \\ X_{i1} + X_{i2} + \cdots + X_{ij} + \cdots + X_{in} + Y_i = X_i \\ \cdots\cdots \\ X_{n1} + X_{n2} + \cdots + X_{nj} + \cdots + X_{nn} + Y_n = X_n \end{cases} \quad (10-2)$$

实物型投入产出表中所有的数据均是以实物单位呈现，其中每一行中的数据表示的是该行所代表的产业生产产品的流向，该产业生产产品的计量单位是固定且相同的，因而可以直接相加。但是，每一列中的各个数据表示的是来自不同产业的不同中间产品，其计量单位是存在差异的，因而不能直接加总。实物型投入产出表中各行各列的数据不受价格波动的影响，能够直观反映出国民经济中各类产品的生产和使用情况，同时也能够较好地用于分析产业之间的生产技术联系。但是，由于实物型投入产出表中各列的数据不能加总，因而无法计算出每个产业的物质消耗总量，加之实物型的数据资料缺失严重，使得实物型投入产出表的编制及应用受到了一定限制。

（二）价值型投入产出表

1. 价值型投入产出表的一般形式

价值型投入产出表是对中间产品、最终产品、总产品及毛附加值等全部用货币单位计量，以反映产业间关联关系的价值型分析工具。价值型投入产出表主要由三部分构成，参见图10-1。

中间需求部分	最终需求部分
毛附加值部分	

图10-1 投入产出表的构成示意简图

图10-1中的中间需求部分和最终需求部分同实物型投入产出表（见表10-1）相对应，只是表格中的数据不再以实物单位计量，而是以货币单位计量，反映的是中间产品及最终产品的价值量。毛附加值部分是实物型投入产出表所没有的，反映了每个产业附加价值的构成，以及国民收入的价值是由哪些产业创造的等问题。具体地，价值型投入产出表的一般形式如表10-2所示。

表 10-2　　价值型投入产出表

投入＼产出		中间产品					最终产品				总产值（总产出）
		产业 1	...	产业 j	...	产业 n	小计	消费	积累	净出口	小计	
物质消耗	产业 1	X_{11}	...	X_{1j}	...	X_{1n}	$\sum_{a=1}^{n} X_{1a}$	C_1	K_1	N_1	Y_1	X_1
	...	...	...	...	...	...	...	...	...	...	...	...
	产业 i	X_{i1}	...	X_{ij}	...	X_{in}	$\sum_{a=1}^{n} X_{ia}$	C_i	K_i	N_i	Y_i	X_i
	...	...	...	...	...	...	...	...	...	...	...	...
	产业 n	X_{n1}	...	X_{nj}	...	X_{nn}	$\sum_{a=1}^{n} X_{na}$	C_n	K_n	N_n	Y_n	X_n
	小计	$\sum_{b=1}^{n} X_{b1}$	...	$\sum_{b=1}^{n} X_{bj}$	...	$\sum_{b=1}^{n} X_{bn}$	$\sum_{a=1}^{n}\sum_{b=1}^{n} X_{ab}$	C	K	N	Y	X
毛附加值	折旧	D_1	...	D_j	...	D_n	D					
	劳动报酬	V_1	...	V_j	...	V_n	V					
	社会纯收入	M_1	...	M_j	...	M_n	M					
	小计	Z_1	...	Z_j	...	Z_n	Z					
总产值（总投入）		X_1	...	X_j	...	X_n	X					

表 10-2 中，中间需求部分各数据的含义与实物型投入产出表相对应，只是数据不再是以实物单位统计的产品量，而是以货币单位统计的价值量。对于 X_{ij} 而言，从纵向来看表示 j 产业生产中消耗 i 产业产品的价值量，从横向来看表示 i 产业创造的流向 j 产业的产品的价值量。$\sum_{a=1}^{n} X_{ia}$ 表示 i 产业生产出的用作中间产品的价值量；$\sum_{b=1}^{n} X_{bj}$ 表示 j 产业耗费的中间产品的价值量。

最终产品部分反映的是各产业生产的最终产品或服务的去向，主要的去向有三大领域：一是消费部分 C_i，具体可分为私人消费和社会消费，私人指家庭部门的消费总和，社会消费主要指政府用于公共事务、福利事业、社会保障及其他行政性支出等的总和。二是积累部分 K_i，具体由固定资产更新及新增固定资产两部分构成。三是净出口部分 N_i，价值量的大小反映了该行业的出口规模。X_i 是 i 产业生产的所有产品的价值总量，Y_i 是 i 产业生产的最终产品的价值量。

毛附加值部分又称附加价值部分，从纵向来看反映了各产业毛附加值的构成情况，从横向看反映了不同项目下的毛附加值在各产业部门之间的分配比例。毛附加值主要由三部分构成，分别为产业部门计提的固定资产折旧 D_j、就业者获得的劳动报酬 V_j，以及向社会提供的纯收入 M_j。从毛附加值的角度看，各产业各项毛附加值之和是国内生产总值，从最终产品的角度看，各产业在一定时期内生产的最终产品的市场价值之和同样为国内生产总值。由此可见，从理论上讲，毛附加值部分各项数值之和与最终产品部分各项数值之和应当相等。

2. 价值型投入产出表的平衡关系

价值型投入产出表中的数据采用的是货币单位进行统一计量，各行各列的数据可以直接加总，因而能够从多角度加以剖析和应用，以反映和揭示相关经济问题。价值型投入产出表存在多重的平衡关系。

（1）各行的平衡关系。从横向来看，将中间产品部分和最终产品部分联系起来，某产业中间产品的价值 + 某产业最终产品的价值 = 某产业总产出的价值，因而存在式（10-3）所示的数学关系式。

$$\begin{cases} X_{11} + X_{12} + \cdots + X_{1j} + \cdots + X_{1n} + Y_1 = X_1 \\ X_{21} + X_{22} + \cdots + X_{2j} + \cdots + X_{2n} + Y_2 = X_2 \\ \quad\quad\quad\quad\quad \cdots\cdots \\ X_{i1} + X_{i2} + \cdots + X_{ij} + \cdots + X_{in} + Y_i = X_i \\ \quad\quad\quad\quad\quad \cdots\cdots \\ X_{n1} + X_{n2} + \cdots + X_{nj} + \cdots + X_{nn} + Y_n = X_n \end{cases} \quad (10-3)$$

式（10-3）中的平衡关系反映了各产业产出品的分配去向，即生产的中间产品和最终产品流向了哪些产业部门、哪些经济环节，因而该关系式也被称为"产品分配平衡式"。

此外，对式（10-3）中的 i 产业而言，其公式可以简化为：

$$\sum_{a=1}^{n} X_{ia} + Y_i = X_i \ (a=1, 2, \cdots, n) \tag{10-4}$$

（2）各列的平衡关系。从纵向来看，将中间产品部分和毛附加值部分联系起来，某产业中间产品的投入+某产业附加价值的创造（固定资产折旧+劳动报酬+社会纯收入）=某产业产品的总产值，因而存在式（10-5）所示的数学表达式。

$$\begin{cases} X_{11} + X_{21} + \cdots + X_{i1} + \cdots + X_{n1} + Z_1 = X_1 \\ X_{12} + X_{22} + \cdots + X_{i2} + \cdots + X_{n2} + Z_2 = X_2 \\ \qquad \cdots\cdots \\ X_{1j} + X_{2j} + \cdots + X_{ij} + \cdots + X_{nj} + Z_j = X_j \\ \qquad \cdots\cdots \\ X_{1n} + X_{2n} + \cdots + X_{in} + \cdots + X_{nn} + Z_n = X_n \end{cases} \tag{10-5}$$

式（10-5）中的平衡关系反映了各产业价值的形成过程，即各产业创造的总产值中所需要投入的物质耗费及所创造的增加价值，因而该关系式也被称为"价值构成平衡式"。

此外，对于式（10-5）中的j产业而言，其公式可以简化为：

$$\sum_{b=1}^{n} X_{bj} + Z_j = X_j \ (b=1, 2, \cdots, n) \tag{10-6}$$

（3）行与列之间存在的平衡关系。从横向看，某产业中间产品的价值+某产业最终产品的价值=某产业总产出的价值，从纵向看，某产业中间产品的投入+某产业附加价值的创造=某产业产品的总产值，某产业横向的总产值和纵向的总产值必然相等，于是将式（10-4）和式（10-6）联立起来，对于某产业j而言，存在：

$$\sum_{a=1}^{n} X_{ja} + Y_j = \sum_{b=1}^{n} X_{bj} + Z_j \ (a, b=1, 2, \cdots, n) \tag{10-7}$$

对整个产业体系而言，从横向看，所有产业的总产值之和与从纵向看所有产业的总产值之和必然相等，于是可以将式（10-3）、式（10-5）中的方程组连加起来，得到式（10-8）所示的等式关系。

$$\sum_{j=1}^{n} \left(\sum_{a=1}^{n} X_{ja} + Y_j \right) = \sum_{j=1}^{n} \left(\sum_{b=1}^{n} X_{bj} + Z_j \right) \tag{10-8}$$

进一步地，可简化为式（10-9）。

$$\sum_{j=1}^{n} Y_j = \sum_{j=1}^{n} Z_j (j=1,2,\cdots,n) \tag{10-9}$$

由式（10-9）可知，最终产品的价值之和等于全社会价值增值之和，这与凯恩斯国民经济核算理论一致，其中核算全社会最终产品的总价值是用支出法计算的国内生产总值，核算全社会的产品增加值是用生产法计算的国内生产总值。

三、投入产出系数

根据投入产出表,我们可以计算出投入产出系数,以对产业间的关联关系进行分析。投入产出系数包括直接消耗系数、直接折旧系数、劳动报酬系数、社会纯收入系数、国民收入系数、完全消耗系数等。投入产出系数是进行产业关联分析的重要指标,也是建立投入产出模型的基础,需要重点掌握,特别是直接消耗系数和完全消耗系数。

(一) 直接消耗系数

直接消耗系数指的是为生产单位产品直接消耗的某一产业产品的价值量。用 a_{ij} 表示直接消耗系数,其代表的是 j 产业产品的生产对 i 产业产品的直接消耗,即 j 行业生产一单位的产品所消耗的 i 产业产品的价值量。直接消耗系数的计算利用投入产出表中的数据,采用 j 产业的总产出去除 i 产业产品的消耗量,其公式为:

$$a_{ij} = \frac{X_{ij}}{X_j} \quad (i, j = 1, 2, \cdots, n) \tag{10-10}$$

式 (10-10) 计算的是某一种产业产品生产对另一种产业产品的直接消耗,国民经济是由众多产业构成的,各个产业之间基本存在一定的直接消耗关系,可以采用矩阵的形式,将各个产业部门间的直接消耗关系全部表示出来,即为直接消耗系数矩阵 A,具体见式 (10-11)。

$$A = \begin{bmatrix} \frac{X_{11}}{X_1} & \frac{X_{12}}{X_1} & \cdots & \frac{X_{1n}}{X_1} \\ \frac{X_{21}}{X_2} & \frac{X_{22}}{X_2} & \cdots & \frac{X_{2n}}{X_2} \\ \cdots & \cdots & \cdots & \cdots \\ \frac{X_{n1}}{X_n} & \frac{X_{n2}}{X_n} & \cdots & \frac{X_{nn}}{X_n} \end{bmatrix} = \begin{bmatrix} a_{11} & a_{12} & \cdots & a_{1n} \\ a_{21} & a_{22} & \cdots & a_{2n} \\ \cdots & \cdots & \cdots & \cdots \\ a_{n1} & a_{n2} & \cdots & a_{nn} \end{bmatrix} \tag{10-11}$$

(二) 其他直接消耗系数

1. 直接折旧系数

直接折旧系数指某产业部门生产单位产品所计提的折旧费用的数额。若用 a_{Dj} 表示 j 产业部门生产单位产品所计提的折旧系数,其计算公式为:

$$a_{Dj} = \frac{D_j}{X_j} \quad (j = 1, 2, \cdots, n) \tag{10-12}$$

2. 劳动报酬系数

劳动报酬系数指某产业部门生产单位产品所支付的劳动者报酬的数额。若用 a_{Vj} 表示 j 产业部门生产单位产品所支付的劳动报酬系数,其计算公式为:

$$a_{Vj} = \frac{V_j}{X_j} \quad (j = 1, 2, \cdots, n) \tag{10-13}$$

3. 社会纯收入系数

社会纯收入系数指某产业部门生产单位产品所能提供的社会纯收入的数额。若用a_{Mj}表示 j 产业部门生产单位产品所提供的社会纯收入系数，其计算公式为：

$$a_{Mj} = \frac{M_j}{X_j} \quad (j = 1, 2, \cdots, n) \tag{10-14}$$

4. 国民收入系数

国民收入系数指某产业部门生产单位产品所能创造的国民收入的份额。若用a_{Zj}表示 j 产业部门生产单位产品所创造的国民收入的份额，其计算公式为：

$$a_{Zj} = \frac{Z_j}{X_j} = \frac{D_j + V_j + M_j}{X_j} \quad (j = 1, 2, \cdots, n) \tag{10-15}$$

（三）完全消耗系数

直接消耗系数仅反映了两个产业之间的直接消耗关系，但不只有直接消耗关系外，两个产业之间还存在间接消耗关系。譬如，汽车制造产业生产汽车除直接消耗电力能源外，还需要使用钢铁、镁铝合金、轮胎、车玻璃等中间投入品，这些中间投入品的生产也需要耗费电力，这里的电力对生产汽车的汽车制造行业而言是间接消耗。进一步地，钢铁的生产需要消耗生铁，镁铝合金的生产需要煅烧金属原料，轮胎的生产需要使用橡胶原料，车玻璃的生产需要将普通玻璃钢化加工，而生铁、金属原料、橡胶原料、普通玻璃等的生产也需要耗费电力，这里的电力对汽车制造业而言是更为间接的消耗，是第二层次的间接消耗。依照这样的逻辑继续推导，汽车制造业对电力行业的消耗是多重的，除了直接消耗外，还有间接消耗，且间接消耗是多层次的。

完全消耗系数指的是在生产单位产品中直接和间接消耗的某一产业产品的数量总和，也就是直接消耗系数与间接消耗系数之和。若用b_{ij}表示 j 产业产品的生产对 i 产业产品的完全消耗系数，那么b_{ij}的计算公式如式（10-16）所示，既有 j 产业对 i 产业的直接消耗系数a_{ij}，也有 j 产业通过直接消耗所有产业部门 k（k = 1，2，…，n）的产品而形成的对 i 产业的全部间接消耗$b_{ik} \cdot a_{kj}$，将直接消耗系数与间接消耗系数相加即可得到完全消耗系数。

$$b_{ij} = a_{ij} + \sum_{k=1}^{n} b_{ik} \cdot a_{kj} \quad (k = 1, 2, \cdots, n) \tag{10-16}$$

式（10-16）计算的是某一种产业产品生产对另一种产业产品的完全消耗。同样地，我们可以采用矩阵的形式，将各个产业部门间的完全消耗系数全部表示出来，具体如式（10-17）所示。

$$B = \begin{bmatrix} b_{11} & b_{12} & \cdots & b_{1n} \\ b_{21} & b_{22} & \cdots & b_{2n} \\ \cdots & \cdots & \cdots & \cdots \\ b_{n1} & b_{n2} & \cdots & b_{nn} \end{bmatrix} \tag{10-17}$$

B 为完全消耗系数矩阵，其与直接消耗系数矩阵 A 存在如式（10-18）所示的等式关系，具体证明过程不再演示。其中，$(I-A)^{-1}$ 是 $(I-A)$ 的逆矩阵，$(I-A)$ 矩阵为列昂惕夫矩阵，该矩阵是投入产出模型的核心和基础，能够反映不同产业部门之间的投入产出关系，其矩阵形式为式（10-19）。列昂惕夫矩阵中，纵列反映了某产业生产一单位产品需要本产业及其他产业相应地提供多少数量的中间投入品；对角线上各元素是各产业的产品扣除自身消耗后的净产出；将纵列各项加总，如计算第 j 列的和 $1-\sum_{i=1}^{n}a_{ij}$，反映了 j 产业增加值所占比重，即增加值率。

$$B = (I-A)^{-1} - I \tag{10-18}$$

$$I - A = \begin{bmatrix} 1-a_{11} & -a_{12} & \cdots & -a_{1n} \\ -a_{21} & 1-a_{22} & \cdots & -a_{2n} \\ \cdots & \cdots & \cdots & \cdots \\ -a_{n1} & -a_{n2} & \cdots & 1-a_{nn} \end{bmatrix} \tag{10-19}$$

完全消耗系数能够反映出一个产业部门与包括本部门在内的所有产业部门之间技术经济的全部联系，因此能更全面、更真实地揭示国民经济各产业之间的相互依赖关系，进而在经济预测、结构分析和决策制定等方面发挥重要作用。

四、投入产出模型

在对产业关联关系进行定量分析时，须根据投入产出表的平衡关系及投入产出系数建立投入产出模型。最基本的投入产出模型有两个：一是按投入产出表的行平衡关系建立的"行模型"；二是按投入产出表的列平衡关系建立的"列模型"。

（一）按行平衡关系建立的投入产出模型

按行平衡关系建立的投入产出模型即是将直接消耗系数引入产品分配方程组，按行建立平衡关系式，用以分析和预测经济问题。具体地，根据直接消耗系数的计算公式（10-10），可以得到 $X_{ij} = a_{ij}X_j$，将其代入到按行建立的平衡关系式（10-3）中，可以得出：

$$\begin{cases} a_{11}X_1 + a_{12}X_2 + \cdots + a_{1j}X_j + \cdots + a_{1n}X_n + Y_1 = X_1 \\ a_{21}X_1 + a_{22}X_2 + \cdots + a_{2j}X_j + \cdots + a_{2n}X_n + Y_2 = X_2 \\ \quad\quad\quad\quad\quad\quad\quad\quad \cdots\cdots \\ a_{i1}X_1 + a_{i2}X_2 + \cdots + a_{ij}X_j + \cdots + a_{in}X_n + Y_i = X_i \\ \quad\quad\quad\quad\quad\quad\quad\quad \cdots\cdots \\ a_{n1}X_1 + a_{n2}X_2 + \cdots + a_{nj}X_j + \cdots + a_{nn}X_n + Y_n = X_n \end{cases} \tag{10-20}$$

已知 $A = \begin{bmatrix} a_{11} & a_{12} & \cdots & a_{1n} \\ a_{21} & a_{22} & \cdots & a_{2n} \\ \cdots & \cdots & \cdots & \cdots \\ a_{n1} & a_{n2} & \cdots & a_{nn} \end{bmatrix}$，设 $X = \begin{bmatrix} X_1 \\ X_2 \\ \cdots \\ X_n \end{bmatrix}$，设 $Y = \begin{bmatrix} Y_1 \\ Y_2 \\ \cdots \\ Y_n \end{bmatrix}$，式（10-20）可以写成矩阵形式：$AX + Y = X$。整理得：

$$Y = X - AX = (I - A)X \tag{10-21}$$

式（10-21）也等价于 $X = (I - A)^{-1}Y$，皆反映的是总产出列向量 X 与最终使用列向量 Y 的关系。在利用投入产出表计算出直接消耗系数矩阵的基础上，若总产出列向量 X 已知，则可预测出最终产品列向量 Y；同样地，若最终产品列向量 Y 已知，则可预测出总产出列向量 X。

按行平衡关系式建立的投入产出模型是以产品分配方程组为基础的，其主要揭示了总产出与最终产品之间的相互关系。利用投入产出的"行模型"能够解释产业部门之间的相互关系，如可以依据各个产业最终产品需求确定各个产业的总产出，也可以分析各个产业对最终产品需求的变化进而引发的对各个产业总产出的影响。

（二）按列平衡关系建立的投入产出模型

按列平衡关系建立的投入产出模型即是将直接消耗系数引入产品价值构成方程组中，按列建立平衡关系式，用以分析和预测经济问题。具体地，根据直接消耗系数的计算公式（10-10），可以得到 $X_{ij} = a_{ij}X_j$，将其代入到按列建立的平衡关系式（10-5）中，可以得出：

$$\begin{cases} a_{11}X_1 + a_{21}X_1 + \cdots + a_{i1}X_1 + \cdots + a_{n1}X_1 + Z_1 = X_1 \\ a_{12}X_2 + a_{22}X_2 + \cdots + a_{i2}X_2 + \cdots + a_{n2}X_2 + Z_2 = X_2 \\ \quad\quad\quad\quad \cdots\cdots \\ a_{1j}X_j + a_{2j}X_j + \cdots + a_{ij}X_j + \cdots + a_{nj}X_j + Z_j = X_j \\ \quad\quad\quad\quad \cdots\cdots \\ a_{1n}X_n + a_{2n}X_n + \cdots + a_{in}X_n + \cdots + a_{nn}X_n + Z_n = X_n \end{cases} \tag{10-22}$$

对于任意的 j 产业而言，上述的等式关系可以表示为：

$$\sum_{i=1}^{n} a_{ij}X_j + Z_j = X_j \quad (i = 1, 2, \cdots, n) \tag{10-23}$$

其中，$\sum_{i=1}^{n} a_{ij}$ 表示生产一单位的 j 产业产品需要消耗的中间投入品的数量，也就是本章第三节将会讲到的中间投入率。为便于分析，此处用 a_{cj} 来代替中间投入率 $\sum_{i=1}^{n} a_{ij}$，则式（10-23）可以简化为：$a_{cj}X_j + Z_j = X_j$。进一步得出：

$$(1 - a_{cj})X_j = Z_j \quad (i = 1, 2, \cdots, n) \tag{10-24}$$

结合式（10-24），可将方程组（10-22）表示为如下的矩阵形式：

$$(I - A_c) X = Z \tag{10-25}$$

式（10-25）中，X 是总产值列向量；Z 是各产业增加值列向量。A_c 是反映中间投入品消耗情况的物质消耗系数矩阵，其为一个对角矩阵，具体形式为：

$$A_c = \begin{bmatrix} a_{c1} & 0 & \cdots & 0 \\ 0 & a_{c2} & \cdots & 0 \\ \cdots & \cdots & \cdots & \cdots \\ 0 & 0 & \cdots & a_{cn} \end{bmatrix} = \begin{bmatrix} \sum_{i=1}^{n} a_{i1} & 0 & \cdots & 0 \\ 0 & \sum_{i=1}^{n} a_{i2} & \cdots & 0 \\ \cdots & \cdots & \cdots & \cdots \\ 0 & 0 & \cdots & \sum_{i=1}^{n} a_{in} \end{bmatrix} \tag{10-26}$$

代入式（10-25）中，对角矩阵（$I - A_c$）就形成了如式（10-27）所示的矩阵形式，式中 $1 - \sum_{i=1}^{n} a_{ij}$ 反映的是 j 产业增加值所占比重，即增加值率。

$$(I - A_c) = \begin{bmatrix} 1 - \sum_{i=1}^{n} a_{i1} & 0 & \cdots & 0 \\ 0 & 1 - \sum_{i=1}^{n} a_{i2} & \cdots & 0 \\ \cdots & \cdots & \cdots & \cdots \\ 0 & 0 & \cdots & 1 - \sum_{i=1}^{n} a_{in} \end{bmatrix} \tag{10-27}$$

按列平衡关系式建立的投入产出模型是以产品价值构成方程组为基础的，其主要的函数关系式为式（10-25），主要揭示了总产值列向量 X 与增加值（国内生产总值）列向量 Z 之间的关系。这个模型说明，在利用投入产出表计算出物质消耗系数矩阵的基础上，若总产值列向量 X 已知，则可预测出增加值列向量 Z；同样地，若增加值列向量 Z 已知，则可预测出总产值列向量 X。

第三节 投入产出分析法的应用

自列昂惕夫提出投入产出分析方法以来，其科学性和实用性得到了充分的肯定，许多国家的学者纷纷来到其发祥地——哈佛大学，学习和探究投入产出理论。投入产出分析方法开始在西方各国迅速传播，并于 20 世纪 50 年代掀起了一股编制投入产出表的热潮。联合国也在极力推广投入产出分析法，并将其认定为国民经济核算体系的重要组成部分，这使得该方法在国际上得到普遍认可，加快了投入产出分析法的传播和推行进程。迄今为止，投入产出分析法已在全世界的 100 多个国家和地区成功推广，该方法可谓是当前应用最为广泛的经济数量分析方法之一。

我国于 20 世纪 60 年代初引进投入产出分析理论,并对 1973 年的 61 种产品编制了第一张实物型投入产出表,后又对 1981 年的 26 种产业编制了第一张价值型投入产出表。在此之后,国务院决定自 1987 年起每 5 年编制一次全国性的投入产出表,同时决定,在编制投入产出表之后的第 3 年编制投入产出延长表,以加强对宏观经济的分析、预测和追踪,提高宏观调控的效率。为分析区域经济之间的相互影响及依存关系,我国也尝试编制了《中国区域间投入产出表》。我国多个省份也都有条不紊地开展地区投入产出表的编制工作。另外,我国的部分城市也曾编制过市级的投入产出表,如武汉、大连、西安等,一些企业也编制有企业投入产出表。

不难发现,投入产出技术已在我国得到了普遍的推广,投入产出表的编制也为我国宏观经济问题的分析创造了良好的条件,同时随着我国学者对投入产出理论研究的不断深入,投入产出技术的应用领域也在不断拓展。本节从静态层面和动态层面两个维度讨论投入产出分析法的实际应用问题。

一、投入产出法在产业关联静态分析中的应用

从静态层面来看,投入产出法的应用主要是进行结构分析,即运用投入产出法来研究产业之间的比例关系及结构特征。

(一)投入结构与产出结构分析

1. 投入结构分析

在投入产出表中,从纵向来看,每个产业生产产品的总投入包括最初投入(折旧、劳动力、净产值等)和中间耗费的物质投入之和,即某产业的总投入由最初投入和中间投入构成,两种投入占总投入的比重反映了该各产业部门的生产依存关系,这一比重可以采用中间投入率来表示。

中间投入率是指某产业生产单位产值的产品需要从各产业部门中购进的中间投入占总投入的比重。中间投入率表示某产业需要从各产业部门购进多少原材料才能满足该产业的生产需求,这也反映了该产业的生产活动对所有产业部门的依赖程度,如对于 j 产业而言,中间投入率的计算公式为:

$$F_j = \frac{\sum_{i=1}^{n} X_{ij}}{\sum_{i=1}^{n} X_{ij} + Z_j} (i = 1, 2, \cdots, n) \tag{10-28}$$

其中,$\sum_{i=1}^{n} X_{ij}$ 是 j 产业部门生产产品需要购入的中间投入品的总和;Z_j 是 j 产业部门生产所需要的最初投入。而 $\sum_{i=1}^{n} X_{ij} + Z_j = X_j$,直接消耗系数 $a_{ij} = \frac{X_{ij}}{X_j}$,那么式

(10-28) 又可以表示为：

$$F_j = \sum_{i=1}^{n} a_{ij} \quad (i=1, 2, \cdots, n) \tag{10-29}$$

由式（10-29）可知，中间投入率即直接消耗系数矩阵列上各项系数的总和。

对于任意产业而言，其产业的总产值＝该产业投入的中间品的价值＋该产业创造的附加价值（固定资产折旧＋劳动报酬＋社会纯收入），另外，该产业的附加价值率＝该产业创造的附加价值/该产业的总产值，因而存在中间投入率＋附加价值率＝1的恒等式。因此，对于任意产业而言，如果其中间投入率比较高，那么该产业的附加价值率相对会比较低；如果该产业的中间投入率比较低，那么其附加价值率必然会比较高。高附加值率的产业，其低投入、高价值创造的特点能够带来更多的盈利机会和更好的发展前景；高中间投入率的产业，虽然成本投入较高、创造的附加价值较低，但其对上游产业的辐射带动作用较强，对经济发展的贡献度较高。

2. 产出结构分析

在投入产出表中，从横向来看，每个产业生产的总产品，一部分作为中间投入品以满足本产业及其他产业的生产需求（中间需求），另一部分作为最终产品以满足消费、积累和出口的需求（最终需求），对总产品的需求由中间需求和最终需求构成。两种需求占总需求的比重是反映产业技术经济特征的一个重要指标，这一比重可以用中间需求率来表示。

中间需求率是指各产业对某产业产品的中间需求之和与该产业产品满足整个国民经济总需求之比。中间需求率反映了某产业生产的产品有多少作为中间投入以满足整个产业部门的生产需要，也就是该产业对整个产业部门生产活动的制约程度。对于i产业，中间需求率的计算公式为：

$$G_i = \frac{\sum_{j=1}^{n} X_{ij}}{\sum_{j=1}^{n} X_{ij} + Y_i} (j = 1, 2, \cdots, n) \tag{10-30}$$

其中，$\sum_{j=1}^{n} X_{ij}$ 是所有产业部门对i产业产品的中间需求之和；Y_i 是i产业生产的产品中用于满足最终需求的部分。又 $\sum_{j=1}^{n} X_{ij} + Y_i = X_i$，直接消耗系数 $a_{ij} = \frac{X_{ij}}{X_j}$，那么式（10-30）又可以表示为：

$$G_i = \sum_{j=1}^{n} a_{ij} \tag{10-31}$$

由式（10-31）可知，中间需求率即直接消耗系数矩阵行上各项系数的总和。

对于任意产业而言，中间需求率＋最终需求率＝1，如果某一产业的中间需求率比较高,那么该产业就在更大程度上具有提供原材料的性质,其最终需求率会比较低;如果某一产业的中间需求率比较低,那么该产业就在更大程度上具有提供最终产品的性质,其最终需求率会比较高。根据中间需求率指标,能够对产业系统的产品结构进行分析,即生产的生产资料和消费资料的比例关系,从而帮助我们更准确地探明各产业部门在社会再生产过程中的角色与定位。

某产业的中间投入率和中间需求率不仅反映了该产业部门的"投入结构"和"销路结构",也昭示出其在国民经济中的地位和作用。针对产业中间投入率和中间需求率高低程度的不同,钱纳里、渡部经彦等经济学家将产业部门划分为四种类型,并利用美国、意大利、日本、挪威等国 1958 年投入产出表的相关数据,计算出不同产业的中间投入率和中间需求率,进而将各产业部门划归到不同的象限之中,具体如表 10-3 所示。

表 10-3　　　　　　　　按中间投入率和中间需求率分类的产业

项目	中间需求率低	中间需求率高
中间投入率高	Ⅲ最终需求型产业 日用杂货、造船、皮革及皮革制品、食品加工、粮食加工、运输设备、机械、木材、木材加工、非金属矿物制品、其他制造业	Ⅱ中间产品型产业 钢铁、纸及纸制品、石油产品、有色金属冶炼、化学、煤炭加工、橡胶制品、纺织、印刷及出版
中间投入率低	Ⅳ最终需求型基础产业 渔业、运输业、商业、服务业	Ⅰ中间产品型基础产业 农业、林业、煤炭、金属采矿、石油及天然气、非金属采矿、电力

资料来源:杨治. 产业经济学导论 [M]. 北京:中国人民大学出版社,1985.

根据表 10-3 的划分结果来看,第Ⅰ象限和第Ⅱ象限主要是生产中间产品的产业,且大体均为农业产业和工业产业,其中第Ⅰ象限的产业带有明显的基础产业属性。第Ⅲ象限和第Ⅳ象限主要是生产最终产品的产业,需要依赖第Ⅰ象限和第Ⅱ象限的产业提供中间投入品。第Ⅲ象限是物质资料生产部门,主要是加工与制造产业;第Ⅳ象限大体为服务业产业(除渔业外),该象限的产业主要是提供生产性服务和生活性服务的基础产业。

(二) 产业间的比例关系分析

在实际应用中,依据投入产出表可轻而易举地计算出各产业的总产值、净产值等指标,进而能够以此为标准衡量经济系统中各产业间的比例关系。比如,我们可以大致将产业划分为农业、轻工业、重工业三大部门,然后利用投入产出表分别计算三大部门的总产值或净产值,最后根据三大产业部门产值的比例关系来判断当前的产业结构是否合理,即农业、轻工业、重工业在国民经济中的比重是否科学合理,是否有利于经济的长期可持续发展。农业及轻工业部门生产的产品大多是为了满足人们的消费需求,而重工业部门生产的产品大多是用于满足再生产的需要,如果重工业部门生产的产品过多,则可能带来资源的浪费和产品的过剩,如果重工业部门生产的产品过少,则难以保障扩大再生产的物质消耗,人们的消费需求也难以得到满足。因此，我们应利用好投入产出表这一分析工具，密切关注农业、轻工业、重工业的比例关系，并及时采取政策措施促进产业结构的合理化，确保产业体系高质量协同发展。

另外，还可将产业进一步细分，以深入分析产业部门内部结构的合理性及各产业间的关联问题。比如，按国际通用的范式将产业划分为三大部门，其中，第一产业部门可以进一步细分为农业、林业、牧业、渔业，结合投入产出表可进一步分析第一产业部门内部各产业的比例关系，一方面明确各产业所扮演的角色及承担的作用，如哪些是主导产业、哪些是支柱产业、哪些是优势产业等；另一方面结合经济发展趋势及未来的发展方向，调整和优化第一产业的产业结构。同样地，对于第二产业和第三产业，也需要使用投入产出表明确产业内部的比例关系，并结合市场趋势和经济发展方向，调整和优化第二产业及第三产业的产业结构。

（三）积累与消费比例分析

全社会的总产出是由各产业部门合力创造的，总产出一部分用于消费，一部分用于积累，倘若消费的多了，积累的自然就少了；积累的多了，消费的自然就少了。积累与消费之间是此消彼长的关系，究竟如何正确平衡积累与消费的关系，是关乎经济可持续发展的重要命题。美国经济学家菲尔普斯于1961年提出了资本的黄金率水平，认为应在实现人均消费最大化的条件下寻找资本的黄金率水平，此时也存在与之相对应的储蓄率的黄金率水平。现实中，很难找到储蓄率（积累率）的黄金率水平，往往是通过比较不同时期下不同积累率对经济发展造成的影响，进而找出比较合理的积累率的区间，但这种通过总结历史经验来处理积累与消费的关系的方法缺乏科学依据，在面对不同的经济发展情况时也会捉襟见肘。

利用投入产出模型，借助科学的分析方法，有利于正确处理积累与消费的关系。首先，利用投入产出表中最终产品栏内积累和消费的产品的价值量，了解积累和消费的比例关系。这样就可以在积累的安排与所需此类生产资料的供应之间、消费的安排与所需此类消费资料的供应之间建立平衡，从而保障积累与消费的比例处于相对稳定的状态。其次，利用投入产出模型进行积累与消费的比例、积累与消费的实物构成和所需各部门产品总产量间的平衡分析，实现各部门产品生产能力的平衡。最后，利用投入产出模型计算若干个积累与消费的比例，从比较分析中确定合理的积累与消费的比例。

二、投入产出法在产业关联动态分析中的应用

产业波及效应分析是对产业关联关系的动态分析，即当某些产业的生产或需求情况等发生变化时，会通过产业关联关系造成所影响产业相应地发生变化。在分析产业波及效应之前，要掌握产业波及效应的分析工具，包括感应度系数与影

响力系数、生产诱发系数与最终依赖度系数、综合就业系数与综合资本系数。

(一) 产业的感应度系数与影响力系数分析

各产业之间是彼此相互影响的。当某产业的生产活动发生变化时，会通过产业关联关系引发其他产业发生相应变化；反之，当其他产业的生产活动发生变化时，也会通过产业关联关系影响到该产业的生产活动。在这里，将某产业生产活动发生变化进而影响到其他产业生产的程度称为该产业的影响力，影响力的大小可用影响力系数来衡量；将其他产业生产活动发生变化进而影响到该产业生产的程度称为该产业的感应度，感应度的大小可用感应度系数来衡量。

影响力系数和感应度系数的计算需借助于投入系数矩阵和列昂惕夫逆矩阵。投入系数矩阵的具体形式见本章公式（10-11），该矩阵为直接消耗系数矩阵，能够直观地显示各个产业每生产一单位的产品需要投入的原材料种类及数量。假如某一产业的最终需求增加了20%，该产业必然会选择增加20%的产品供应，这就要求提供原材料的产业部门按照投入系数的比例增加原材料的生产，这些提供原材料供应的产业部门的扩张也会进一步要求其他为其提供原材料的产业部门生产规模的扩张。可见，这种波及效应会引发产业间的连锁反应。

某一产业部门生产的变化导致受波及的各产业的总产出都发生了改变，为计算这一波及效应的效果，就需要使用列昂惕夫逆矩阵。本章第二节已对列昂惕夫矩阵进行了简要的介绍，其具体形式见本章的公式（10-19），列昂惕夫逆矩阵则是列昂惕夫矩阵(I-A)的逆阵(I-A)$^{-1}$，该逆矩阵系数表是专门用来计算波及效应的工具，矩阵形式为式（10-32）。

$$(I-A)^{-1} = \begin{bmatrix} A_{11} & A_{12} & \cdots & A_{1n} \\ A_{21} & A_{22} & \cdots & A_{2n} \\ \cdots & \cdots & \cdots & \cdots \\ A_{n1} & A_{n2} & \cdots & A_{nn} \end{bmatrix} \quad (10-32)$$

列昂惕夫逆矩阵中的系数反映了当某一产业的生产发生变化时，由此直接和间接引起的各产业部门产出水平的变化。逆矩阵中，纵列是影响力系数系列，反映的是某产业对其他产业的影响程度，纵列系数的平均值是某产业对其他产业影响的平均程度。因而，计算某产业影响其他产业的影响力系数时，其计算公式及文字表述如式（10-33）所示。若计算结果大于1，表明某产业的影响力在全部产业中处于平均水平之上；若小于1，表明某产业的影响力处于平均水平之下。

$$T_j = \frac{\frac{1}{n}\sum_{i=1}^{n} A_{ij}}{\frac{1}{n^2}\sum_{i=1}^{n}\sum_{j=1}^{n} A_{ij}} (i,j=1,2,\cdots,n) \quad (10-33)$$

某产业的影响力系数 = $\dfrac{某产业逆矩阵纵列系数的平均值}{全部产业逆矩阵纵列系数的平均值}$

列昂惕夫逆矩阵中，横行是感受度系数系列，反映的是某产业感受到来自其他产业的影响的程度，横行系数的平均值是某产业感受到其他产业影响的平均程度。因而，计算某产业影响受其他产业影响的感应度系数时，其计算公式及文字表述如式（10-34）所示。若计算结果大于1，表明某产业的感应度在全部产业中居于平均水平之上；若小于1，表明某产业的感应度不及平均水平。

$$S_i = \frac{\frac{1}{n}\sum_{j=1}^{n} A_{ij}}{\frac{1}{n^2}\sum_{i=1}^{n}\sum_{j=1}^{n} A_{ij}} (i,j = 1,2,\cdots,n) \tag{10-34}$$

$$某产业的感应度系数 = \frac{某产业逆矩阵横行系数的平均值}{全部产业逆矩阵横行系数的平均值}$$

（二）产业的生产诱发系数与最终依赖度系数分析

最终需求（投资、消费、出口）的变化都会诱发产业部门的生产发生变化。生产诱发系数即可用来衡量某产业某项最终需求的变化对该产业生产的影响程度。生产诱发系数是一个相对数指标，计算生产诱发系数的前提是先计算生产诱发额。生产诱发额是指由某产业的某项最终需求所诱发的该产业的全部生产额。用X_i^k表示第k项最终需求项目所诱发的i产业的全部生产额，其计算公式为：

$$X_i^k = \sum_{j=1}^{n} A_{ij} Y_j^k \quad (j=1,2,\cdots,n; k=1,2,3) \tag{10-35}$$

其中，k=1，2，3分别表示最终需求中的消费、投资、出口三种需求项目；A_{ij}（j=1，2，…，n）表示列昂惕夫逆矩阵中i行的行向量；Y_j^k（j=1，2，…，n）表示各行业第k项需求的列向量，行向量与列向量的乘积之和即为第k项最终需求项目对i产业的生产诱发额X_i^k。用X_i^k除以全部产业第k项最终需求的总和$\sum_{j=1}^{n} Y_j^k$，便可得到i产业k项最终需求的生产诱发系数W_i^k，计算公式如式（10-36）所示。

$$W_i^k = \frac{\sum_{j=1}^{n} A_{ij} Y_j^k}{\sum_{j=1}^{n} Y_j^k} (j=1,2,\cdots,n; k=1,2,3) \tag{10-36}$$

W_i^k衡量的是最终需求项目k对i产业生产的诱发作用，正如式（10-36）所反映出的经济含义，当最终需求项目k增加一单位的需求时，会诱发产业i的生产增加W_i^k单位的生产额。

最终需求项目的变化会诱发产业生产额发生变化，换一个角度理解就是，产业生产的增加或减少依赖于最终需求项目的变化情况，而产业生产对最终需求的这种依赖程度可以用最终依赖度系数来衡量。最终依赖度系数是指某产业的生产对某最终需求项目的依赖程度，用某最终需求项目对某产业的生产诱发额除以所有最终需求项目对该产业的生产诱发额，便可得到某产业对某项最终需求的依赖度系数，计算公式如式（10-37）所示。

$$Z_i^k = \frac{X_i^k}{\sum_{k=1}^{3} X_i^k} (k = 1,2,3) \qquad (10-37)$$

Z_i^k 衡量的是 i 产业对第 k 项最终需求项目的依赖程度，依赖程度越大表明 i 产业的生产受到了 k 项需求的支持越多。正如宏观经济学所讲的"三驾马车"（消费、投资和净出口），哪项需求对国内生产总值的贡献越大（支持越多），则表明国内生产总值对哪项需求的依赖程度越高。对于某个产业，我们可以计算出其对不同最终需求项目的依赖度系数，进而判断出该产业是否属于消费依赖型、投资依赖型或出口依赖型的产业。

（三）产业的综合就业系数与综合资本系数分析

计算综合就业系数和综合资本系数依然需要使用列昂惕夫逆矩阵。最终需求的增加会诱发产业部门生产的增加，而生产的增加则相应需要增加劳动力的投入和资本的投入。某产业的综合就业系数反映的是某产业增加一单位的产值时，需要本产业及其他产业部门增加的就业人数的数量。某产业的综合就业系数与其就业系数密切相关。对于某一产业而言，就业系数就是该产业就业人数与其总产值之比，反映的是该产业生产每单位产值所需的就业人数。我们知道，随着某一产业劳动生产率的不断上升，该产业的就业系数就会不断下降。

计算了各个产业的就业系数之后，再结合列昂惕夫逆矩阵，可以求出各产业的综合就业系数，其计算公式如式（10-38）所示。

$$(L_1, L_2, \cdots, L_n) = (l_1, l_2, \cdots, l_n) \begin{bmatrix} A_{11} & A_{12} & \cdots & A_{1n} \\ A_{21} & A_{22} & \cdots & A_{2n} \\ \cdots & \cdots & \cdots & \cdots \\ A_{n1} & A_{n2} & \cdots & A_{nn} \end{bmatrix} \qquad (10-38)$$

其中，n 产业的就业系数是 l_n；n 产业的综合就业系数是 L_n。L_n 反映的是 n 产业部门多生产一单位的产值时，需要全产业部门增加的劳动力投入数量。由式（10-38）可知，某产业的综合就业系数是该产业的就业系数与列昂惕夫逆矩阵中该产业列向量的乘积。

某产业的综合资本系数反映的是某产业部门多生产一单位的产值时，需要本产业及其他产业部门直接和间接增加资本投入的总和。为计算某产业的综合资本系数，需先计算该产业的资本系数。对于某一产业而言，其资本系数就是该产业的资本量与该产业的总产值之比，反映的是该产业生产单位产值需要投入的资本数量，对于资本密集型产业而言，其资本系数普遍较高。利用各产业的资本系数和列昂惕夫逆矩阵，可以求出各产业的综合资本系数，其计算公式如下。

$$(K_1, K_2, \cdots, K_n) = (k_1, k_2, \cdots, k_n) \begin{bmatrix} A_{11} & A_{12} & \cdots & A_{1n} \\ A_{21} & A_{22} & \cdots & A_{2n} \\ \cdots & \cdots & \cdots & \cdots \\ A_{n1} & A_{n2} & \cdots & A_{nn} \end{bmatrix} \qquad (10-39)$$

其中，k_1，k_2，…，k_n 是产业 1，2，…，n 的资本系数；K_1，K_2，…，K_n 是产业 1，2，…，n 的综合资本系数。K_n 是产业 n 的综合资本系数，它是 n 产业的资本系数与列昂惕夫逆矩阵中 n 产业列向量的乘积。K_n 反映的是产业部门 n 增加一单位的产值时，需要该产业及其他相关产业增加资本投入量的总和。

有了综合就业系数和综合资本系数，就可以用来分析和预测，当某一产业产出发生增加或减少变动时，将会带来全社会就业岗位和资本投入量发生怎样的增减变化。

（四）产业波及效果分析

1. 特定需求的波及效果分析

冠以"特定"字样的需求是指对整个国民经济的发展带来重大影响的需求，例如国家级新区的开发建设、跨境物流通道开辟、综合立体交通网建设、大型研发基地、"专精特新"产业园等特大型投资项目，这些项目一旦启动，就会直接或间接产生大量需求，进而影响到众多的产业部门。此时，受到波及的产业需要有足够的生产能力去满足新增的社会需求，以保持国民经济各产业部门按比例协调发展。面对新增的大规模投资需求，如果因生产能力不足或资源短缺等原因，导致生产部门的物资供应紧张，很可能会诱发通货膨胀等问题，最终影响经济的繁荣稳定。因此，有必要对特大型投资等的波及效果进行分析，预估投资需求的增加对国民经济各产业部门的影响，从而见机而作，促进国民经济各产业部门的发展与稳定。

在对特定需求的波及效果进行分析时，首先，需将这一特定需求所需的最终产品按照产业类别和最终需求项目类别进行分解；其次，将新增产品需求的价值计入相应产业的最终需求项目 Y_j^k；再次，参照本章的公式（10-35）计算不同最终需求项目下各产业的生产诱发额；最后，将生产诱发额按产业进行加总，便可预测到特定需求对各产业带来的波及效果。

2. 特定产业的波及效果分析

产业间存在着广泛的关联关系，一个产业的扩张或收缩必然会引起其他产业发生一系列的变化。对特定产业的波及效果进行分析，主要是预估特定产业的扩张或收缩会对哪些产业产生波及效应，波及的效果是正面的还是负面的，影响程度是比较高还是比较低，以及是否有利于促进国民经济的增长等问题。通过利用投入产出分析法，解答上述问题，就能够判断应该扶持还是削减这一特定产业。实际上，国家或区域在制定产业发展政策之前，可以而且应当充分利用投入产出分析法，来确定将哪些产业作为主导产业，将哪些产业作为先导产业，将哪些产业作为战略性新兴产业，从而统筹推动各产业的发展，促进地区产业结构的调整和升级。

与特定需求的波及效果分析方法一致，在对特定产业的波及效果进行分析时，首先，需要根据特定产业可能达到的发展水平，计算该特定产业的发展对各相关产业产品的需求量；其次，将各产业产品需求量的价值计入相应产业的最终需求项目下;最后,参照本章的公式(10-35)计算各产业在一定最终需求下的生产诱发额,便可预测出特定产业的发展对其他相关产业带来的波及效果。

3. 价格波及效果分析

价格波及效果分析的是当某一产业的产品价格发生变动时,对其他产业产品价格造成的影响。引起某一产业产品价格变动的因素有很多,如员工工资待遇的调整、市场需求的变化、税收负担的加重等,此外,该产业产品价格的变化会引起其他产业调整产品价格,其他产业产品价格的变化也会进一步带来该产业产品价格的波动。

假定在由 n 个产业部门构成的经济体中,第 n 个产业的产品价格变动了 ΔP_n,那么其他产业产品的价格也会相应发生变动,其变动量的计算公式为:

$$\begin{bmatrix} \Delta P_1 \\ \Delta P_2 \\ \cdots \\ \Delta P_n \end{bmatrix} = \begin{bmatrix} A_{11} & A_{12} & \cdots & A_{1n} \\ A_{21} & A_{22} & \cdots & A_{2n} \\ \cdots & \cdots & \cdots & \cdots \\ A_{n1} & A_{n2} & \cdots & A_{nn} \end{bmatrix} \begin{bmatrix} a_{1n} \\ a_{2n} \\ \cdots \\ a_{nn} \end{bmatrix} \Delta P_n \qquad (10-40)$$

其中,$(a_{1n}, a_{2n}, \cdots, a_{nn})^T \Delta P_n$ 表示第 n 个产业产品价格发生 ΔP_n 变化后,对其他产业产品价格的直接影响。在此基础上,进一步乘以列昂惕夫逆矩阵 $(I-A)^{-1}$,即可得到 n 产业部门产品价格的 ΔP_n 变化对其他产业部门产品价格的全部影响。

此外,根据投入产出表,某产业部门生产产品的价格主要由物资消耗和毛附加值两部分构成,后者包括固定资产折旧、劳动报酬和社会纯收入(税金和利润)等,这些因素都会带来产品价格的变化。对 j 产业而言,其生产产品的价格公式如下。

$$P_j = \sum_{i=1}^{n} a_{ij} P_j + D_j + V_j + M_j \qquad (10-41)$$

其中,j 产业产品的价格取决于生产单位产品的物质消耗成本 $\sum_{i=1}^{n} a_{ij} P_j$、折旧 D_j、劳动报酬 V_j 和社会纯收入 M_j。对于式(10-41),等式两边同时乘以 j 产业产品的数量 Q_j,再除以 j 产业的产值 X_j。已知 $\frac{P_j Q_j}{X_j} = 1$,$\frac{D_j Q_j}{X_j} = a_{Dj}$ 即生产单位产品所计提的折旧费,$\frac{V_j Q_j}{X_j} = a_{Vj}$ 即生产单位产品所支付的劳动报酬,$\frac{M_j Q_j}{X_j} = a_{Mj}$ 即生产单位产品所提供的社会纯收入,于是可得到如下的关系式:

$$1 = \sum_{i=1}^{n} a_{ij} + a_{Dj} + a_{Vj} + a_{Mj} \qquad (10-42)$$

其中,a_{Dj}、a_{Vj}、a_{Mj} 分别是 j 产业的固定资产折旧系数、劳动报酬系数、社会纯收入系数。当固定资产折旧、劳动报酬和社会纯收入等发生变化时,可根据式

(10-42) 计算出 ΔP_j，再结合式 (10-40)，可以计算出 j 产业固定资产折旧、劳动报酬和社会纯收入等的变化对其他产业产品价格带来的波及效果。

本章小结

产业关联主要从"量"的角度揭示产业间的技术经济联系，其实质是产业间存在的以投入品和产出品为连接纽带的供给与需求关系。根据不同的分类标准，产业关联可以分为产品和服务的关联、生产技术的关联、价格的关联、劳动就业的关联，前向关联、后向关联和环向关联，间接关联和直接关联等多种类型。列昂惕夫在20世纪30年代开创的投入产出分析法是分析产业关联关系的基本方法，该方法经过经济学家们近百年来的探索和推广，已发展得较为成熟，应用范围十分广泛。

投入产出分析法是在瓦尔拉斯的一般均衡理论基础上发展起来的。投入产出表是进行投入产出分析的基本工具，根据计量单位的不同可分为实物型投入产出表和价值型投入产出表，后者应用更为广泛。利用投入产出表可以计算出多种投入产出系数，包括直接消耗系数、直接折旧系数、劳动报酬系数、社会纯收入系数、国民收入系数、完全消耗系数等。投入产出模型主要有"行模型"和"列模型"，此两类模型分别依据价值型投入产出表的行平衡关系和列平衡关系建立起来。

投入产出分析法应用十分广泛。从静态层面来看，一是可以用来分析产业的投入结构和产出结构，明确各产业在国民经济中的地位和作用；二是可以用来分析产业间的比例关系，进而制定促进产业结构升级的优化政策；三是可以用来计算积累与消费的比例，进而科学界定合理的比例边界。从动态层面来看，可以计算产业的感应度系数与影响力系数、生产诱发系数与最终依赖度系数、综合就业系数与综合资本系数，从而评估特定产业的生产变化、最终需求变化以及产品价格变化时，会对其他产业带来怎样的影响。

本章案例

新闻出版业关联效应分析（2017年）

1. 直接消耗系数和完全消耗系数分析

新闻出版业包括新闻信息和出版部门、出版物发行部门、印刷复印部门。利用我国2017年的投入产出表，可计算相关产业的直接消耗系数和完全消耗系数（见表10-4）。观察消耗系数可知，与新闻信息和出版部门、印刷复制部门关联度最高的是制造业。对于出版物发行部门，其虽与制造业的直接关联不高，但由完全消耗系数可知，其与制造业存在较高的间接关联。整体来看，新闻出版业与制造业的关联关系十分紧密。

表 10－4　　　　　部分产业间的直接消耗系数和完全消耗系数

产出部门	直接消耗系数			完全消耗系数		
	投入部门	消耗系数	消耗系数占比（%）	投入部门	消耗系数	消耗系数占比（%）
新闻信息和出版	制造业	0.2128	32.98	制造业	0.8307	46.02
	印刷复制	0.1348	20.89	印刷复制	0.1466	8.12
出版物发行	租赁和商务服务业	0.0937	27.86	制造业	0.2313	28.54
	交通运输、仓储和邮政业	0.0646	19.21	租赁和商务服务业	0.1310	16.16
印刷复制	制造业	0.5312	74.68	制造业	1.3214	61.91
	批发和零售业	0.0694	9.76	批发和零售业	0.1458	6.83

2. 影响力系数和感应度系数分析

表 10－5 是新闻出版业三大部门的影响力系数和感应度系数。新闻信息和出版、印刷复制的影响力系数都大于 1，说明这两部门的影响力较高，对其他产业部门具有较强的拉动作用。出版物发行、印刷复制的感应度系数都大于 1，说明这两部门较易受到需求变动的影响，对其他产业部门具有较强的推动作用。对于印刷复制部门而言，其影响力系数和感应度系数都远大于 1，表明该部门的发展对经济社会的进步而言意义重大，宜作为重点扶持对象。

表 10－5　　　　　部分产业的影响力系数和感应度系数

部门	影响力系数	感应度系数
新闻信息和出版	1.1645	0.8175
出版物发行	0.7515	1.1022
印刷复制	1.3011	1.4535

资料来源：王志标，杨京圆. 中国新闻出版业关联效应分析——基于最新分类和 2017 年投入产出表的分析［J］. 中国出版，2020（11）：47－51.

复习思考题

1. 简述产业关联的含义及类型。
2. 简述投入产出分析法的理论基础。
3. 简述价值型投入产出表中"中间需求部分""最终需求部分""毛附加值部分"的经济含义。
4. 试分析价值型投入产出表中的平衡关系。
5. 简述什么是直接消耗系数和完全消耗系数，并分析其异同点。

6. 投入产出的基本模型有哪些？(I−A)矩阵和(I−A)$^{-1}$矩阵的经济含义是什么？

7. 简述什么是产业的感应度系数和影响力系数，并说明如何计算。

延伸阅读

［1］刘红光，陈敏，季璐. 我国城乡关系的定量研究——基于城乡投入产出表的视角［J］. 人文地理，2018，33（5）：80−87.

［2］满向昱，吕雪征，易成栋. 房地产业与城市经济：基于北京2000—2012年投入产出表的分析［J］. 中央财经大学学报，2017（6）：119−128.

［3］彭徽，匡贤明. 中国制造业与生产性服务业融合到何程度——基于2010—2014年国际投入产出表的分析与国别比较［J］. 国际贸易问题，2019（10）：100−116.

［4］王硕，李云发，贾小爱. 基于2018年中国投入产出表的数字经济就业效应研究［J］. 统计与决策，2023，39（7）：17−21.

［5］祝合良，王明雁. 基于投入产出表的流通业产业关联与波及效应的演化分析［J］. 中国流通经济，2018，32（1）：75−84.

第十一章 产业布局

产业布局主要研究产业的空间分布规律（刘再兴等，1984），可从静态和动态两个层面界定其含义。静态层面的产业布局是指产业的各个部门、各个要素以及各个链环在空间上分布或在地域上组合的态势。动态层面的产业布局是指所有资源和生产要素为选择最佳区域在空间上转移、流动或再调整配置的过程。静态的态势与动态的过程构成了产业布局的核心内涵，是构成产业布局理论的内在逻辑起点。本章旨在介绍产业布局的基本理论、影响因素、一般规律和基本原则，使学生掌握并运用产业布局的理论和方法，并通过我国产业布局的实践，提高学生对产业布局的认知与分析的能力。

第一节 产业布局理论

产业布局理论是社会分工细化和生存空间扩大的必然产物，是对产业部门与地域空间动态结合的科学阐述。常见的产业布局理论包括区位理论、区域贸易理论、均衡与非均衡理论。

一、区位论

区位论最早可追溯到 1826 年德国经济学家杜能（Thunnen）的农业区位研究，后经 1909 年德国学者韦伯（Weber）的工业区位研究、1933 年德国城市地理学家克里斯塔勒（Christaller）与 1940 年德国经济学家廖什（Lösch）的中心地理研究，到 20 世纪 40 年代形成较为完整的理论体系。区位论经历了古典区位论、近代区位论、现代区位论三个阶段，是关于人类活动的空间分布及其在空间上流动与调整的学说。区位论蕴含了产业布局的基本逻辑，标志着产业布局学说开始形成，也是产业布局的基础理论。

（一）古典区位论

古典区位论主要包括农业区位论、工业区位论，此部分从这两部分进行概述并讨论其与产业布局的关系。

1. 农业区位论

农业区位论是由德国经济学家杜能于 1926 年在《孤立国同农业和国民经济的关系》一书中提出，该理论的提出背景是为寻求企业型农业时代的合理生产方式，其旨在探索农业生产方式应遵循何种地域配置原则，以产生最大收益的农业空间布局与组合（张文忠，2000）。

农业区位论具有一系列假设条件：假定分析对象是一个简单的孤立国；只有一个城市，且位于中心位置；与中心城市市场的距离，决定了农业的土地经营方式和农业部门的地域分布，即农业经营方式与农业部门地域分布取决于运费的大小；农产品价格、农业劳动者工资、资本利息在孤立国市场上是均等的；交通费用与市场远近成正比，同时构建了利润（π）与农产品价格（P）、农业生产成本（C）和农产品运往市场（T）之间的函数关系，即 $\pi = P（C + T）$。在这一系列严格假设条件下，可分析如何通过选择合理的农业区位，实现单位面积土地上获得最大利润的目标。依据农业生产方式与农产品价格，农业呈现圈层分布，故农业区位论又被称为孤立国圈层理论。

杜能经过计算设计出"杜能圈"，即借助各种农作物组合的合理配置，将孤立国分成了 6 个围绕中心城市呈向心环带的农业圈层。第一圈层是提供蔬菜、牛奶等的自由农作圈；第二圈层是供应薪炭的林业圈；第三圈层是提供谷物与饲料作物轮作的轮栽农作；第四圈层是面积最大的圈层，用来提供谷物、牧草和休闲地轮作的谷草轮作圈；第五圈层是三圃农作圈，以提供畜产品为主，其中燕麦耕作面积、裸麦耕作面积和土地休闲各占 1/3；第六圈层是畜牧业圈，用来放牧或种植牧草。

农业土地的利用类型与集约化程度不仅取决于土地自然属性，而且依赖于当地经济状况，尤其是到农产品消费地的距离（陆大道，1991），根据不同类型农产品在市场价格、生产成本与运输费用的差异性，其会形成不同的竞租曲线。现假定有第一圈层的园艺蔬菜业、第三圈层或第四圈层的谷物农业与第六圈层的畜牧业三种类型。由于蔬菜、牛奶等产品易腐烂，更偏向中心城市，且有能力支付较高租金，占据 d_1 区域，因此园艺蔬菜业竞租曲线较为陡峭。与之相反，畜牧业产品保质期较长，需求大面积养殖区，且无能力支付高租金，更倾向于城市边缘的远郊区，占据 d_3 区域，因此竞租曲线较为平缓。谷物农业竞租曲线介于园艺蔬菜业和畜牧业之间，占据 d_2 区域。各区位支付最高租金的曲线共同构成了竞租曲线，其是各类农业竞租曲线组成的包络线，见图 11-1。

2. 工业区位论

1909 年，德国学者韦伯专著《工业区位论》正式出版，该书主要研究各区位因素对工业布局的影响，其也是生产布局学的雏形。韦伯在《工业区位论》一书中系统地论述了工业区位理论，该理论假定：分析对象是一个孤立国或者孤立地区；对工业区位进行选择时只考虑经济因素；运费是重量和距离的函数。

因此，韦伯将区位因素划分为 3 个维度 6 种类型：一般区位因素与特殊区位因素、地方区位因素与集聚分散因素、自然技术因素与社会文化因素。但仅有少

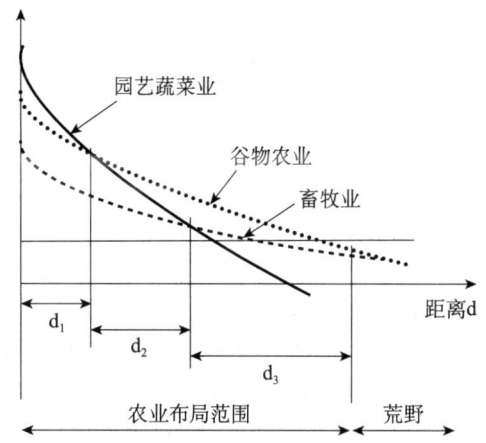

图 11-1 竞租曲线与农业空间布局剖面

资料来源：胡安俊．产业布局原理：基础理论、优化目标与未来方向［M］．北京：中国社会科学出版社，2021．

部分因素具有普遍性意义，韦伯认为运费、劳动费与集聚效应是具有普遍意义的因素①。这也就意味着，工业区位论主要涵盖了三大因素和两次偏移，并通过原料指数、重心分析方法等，探讨工业布局的最优区位。第一，研究工业布局问题。在工业布局的影响因素中，工业区位论认为运费是首要因素，因此韦伯将工业布局问题可简单看作在原料生产地和消费地之间寻找某一地点，且此地点进行工业布局运费最低。即：优先考虑运费作用，并假定劳动费与集聚效应暂不起作用。若存在多处原料产地与消费地，可借助物理学合力原理，运用重心分析法，选取原料重量与距离乘积最小的地点进行布局，以实现运费最低。第二，研究工业布局模式的第一次偏移问题。在第一阶段运费最低的基础上，纳入劳动费对工业布局的影响。此时，区位的选取需权衡运费与劳动费，两者之和最低即为最优区位。第三，研究工业布局模式的第二次偏移问题。在运费、劳动费基础上，考虑集聚效应的作用。此时，运费与劳动费之和最小、集聚效应最大的区位即为最优区位。

此外，运用韦伯的区位多边形这一工具，对改革开放以来中国产业沿海化集聚具有重要解释力（孙久文和胡安俊，2011）。依据对外开放程度的差异，可把区位模式划分为封闭经济条件下的"区位三角形"、不完全开放与完全开放经济条件下的"区位六边形"。"区位三角形"下，原材料和消费市场均由国内供给，属于封闭经济，其最优区位为 x 处（见图 11-2 的情形 a）；"区位六边形"中，原材料和消费市场均由国内和国外市场共同供给，但在不完全经济开放条件下，囿于多种综合因素的约束，工业最佳区位趋向于国界线 y 附近集中（见图 11-2 的情形 b），在完全经济条件下，工业最优区位为 z 处（见图 11-2 的情形 c）。

---

① 聚集效应是指因企业扩大规模或工厂在一地的集聚所带来的规模经济效益和外部经济效益的增加。

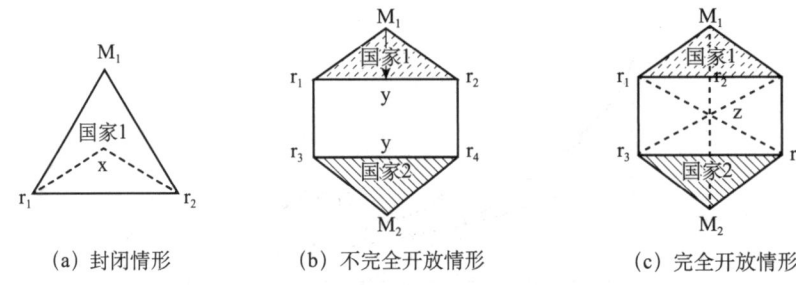

(a) 封闭情形　　　　(b) 不完全开放情形　　　　(c) 完全开放情形

M_1、M_2 国家1、国家2　　r_1、r_2 国家1的原材料地　　r_3、r_4 国家2的原料地；
x、y、z 分别为封闭经济、不完全开放经济与开放经济条件下的工业最佳区位

图 11 - 2　区位模式的嬗变

资料来源：孙久文，胡安俊. 雁阵模式与中国区域空间格局演变 [J]. 开发研究，2011 (6): 1 - 4.

综上，古典区位论的发展具有以下特点：一是区位的选取立足于单一企业，以成本和运费最低为目标，称为成本学派；二是主要使用抽象假证与求证的研究方法，并以孤立因素的静态分析为着眼点；三是基于微观经济视角研究工业企业布局。

（二）近代区位论

20 世纪 20 ~ 40 年代，随着国际分工的不断扩大与加深，区位理论由资本主义时期的成本学派发展为垄断资本主义时期的市场学派，从立足于单一企业转化为立足于城市，从以运费最省为目标向以扩大市场为目标转变。近代区位理论主要由费特的"贸易边界区位理论"、俄林（Ohlin）的"一般区位理论"、克利斯塔勒的"中心地理论"与廖什的"市场区位论"等理论组成。

1. 贸易边界区位论

美国学者费特（Fetter）在 1924 年发表的《市场区域的经济规律》一文中，提到运费、生产费以及市场扩大和竞争的规律，被称为费特理论。费特提出的贸易边界区位理论认为，对于任何工业企业或贸易中心均存在：企业的竞争力取决于运输费用和生产费用的多少；运输费用和生产费用与市场区域大小成反比。费特利用等费线这一分析方法，假定有 A、B 两个生产地，从而得出两地贸易范围，如图 11 - 3 所示。

2. 一般区位理论

俄林在《区域间贸易和国际贸易》一书中提出一般区位理论，该理论认为：第一，生产要素价格的差异性会影响工业区位的形成。在国内范围中，因各地区生产要素价格的差异性，导致区际贸易的发生，同时引起了国内范围内工业区位的形成；在国际范围中，因各国生产要素价格的差异性，导致国际贸易的发生，同时引起国际范围内工业区位的形成。第二，资本和劳动力流动性差异，会导致影响工业区位选择的因素也具有差异性。若资本和劳动力可以在区际自由流动，工业区位取决于产品运输的难易程度和原料与市场之间的距离；若资本和劳动力

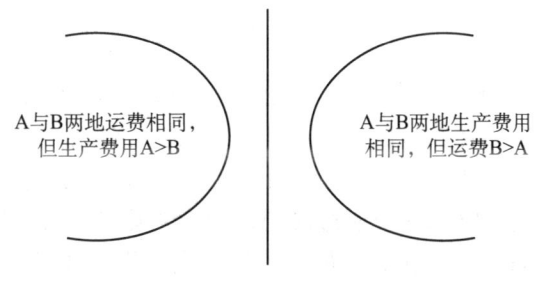

图 11-3　费特的贸易区边界

资料来源：苏东水. 产业经济学［M］. 北京：高等教育出版社，2018.

不在区际自由流动时，工业区位取决于各地人口、工资水平、储蓄率和各地区价格比率变动等。第三，工业区位的选择不仅与各地资本和劳动力的历史存量有关，也与生产要素在各地区间的重新配置和均衡关系变动有关。

3. 中心地理论

中心地理论体系是由克里斯塔勒、廖什提出，并经由贝利和加里森（Bailey & Garrison）进一步完善。该理论是近代区位理论的重要组成部分。其理论假设为：忽略了自然地形和人工障碍因素的影响，假定地域是一个均质平原；常年经济活动的移动方向可以是任意的；居民及其购买力的分布是连续且均匀的；生产者和消费者都是"经济人"。在一个区域中，承担"中心地"角色的是城镇，其职能就是提供商品和服务给其周围地区。中心地的服务半径越大，数量越少，它的规模和级别越大，而中心地的服务半径越小，数量越多，它的规模和级别越小。中心地等级序列是指规模大、级别高的中心地会含有若干个较低一级的中心地。因假定的是均质平原，居民和购买力也呈均匀分布，同时符合"经济人"假设，即购物以最近为原则，所以中心地模式应该是最初的中心地呈现均匀分布，且其理想服务面是圆形服务面。

地区的不同功能决定了具有不同系统中心地等级序列的空间分布，若该地区偏向市场功能，则形成了 $K=3$ 系统中心地等级序列的空间模式；若该地区偏向交通功能，则形成了 $K=4$ 系统中心地等级序列的空间模式（其中，K 表示上一级中心地所能够支配的下一级中心地市场范围的总个数）。

4. 市场区位理论

在克式的理论框架下，廖什将商业服务业的市场理论发展为产业的市场区位理论。其理论假设是：产品价格的多少与销售距离的远近成正比，与需求量的大小成反比，所以最初单个企业的市场区是以产地为圆心，最大销售距离为半径的圆形；在市场自由竞争的压力下，圆形市场逐渐被挤压成六边形产业区，构成以六边形地域细胞为基本单位的市场网络区域。当然这种市场网络伴随着竞争的加剧会呈现出各异的经济景观，总需求的不断增加使市场区的集结点成长为被市场网围绕的大城市，这时交通线会对距离近的区域产生有利影响，对距离远的区域产生不利影响，附近的工商业活动就会减少，这就形成了经济密度的稠密区和稀疏区，此时产生了广阔地域范围内的经济景观。

（三）现代区位理论

现代区位理论的研究开始于 20 世纪 70 年代。在研究内容上，它试图将生产、交换和贸易三者整体化考虑，而不是孤立地进行研究，理念由重视区位的经济产出发展为注重人的生存发展目标，更多地注入了人与自然和谐相处的理念。在研究机制上：首先，从市场机制过渡到政府宏观调控机制；其次，从单个区域单位过渡到整个区域总体的研究；最后，将现代区位与区域开发研究结合起来。在研究方法上，由静态研究转向动态研究，由理论研究转向实证研究。

1. 成本—市场学派理论

成本学派是最早的产业布局学派，它提出产业最优区位的选址应该在生产成本最低处。美国学者胡佛（Hoover）在《区位理论与皮革制鞋工业》和《经济活动的区位》两本书中将成本理论进一步完善，指出运输成本是由线路运营费用和站场费用所决定，据此对韦伯的工业区位理论进行修改，提出终点区位优于中间区位论和转运点区位论。此外，赖利深入研究了产品交换的不同价格政策对运输的影响，美国经济学家艾萨德（Isard）认为运费不仅与货物重量、运距有关，而且还受到货物自身的属性影响，比如体积、易碎性和易燃性等。市场学派诞生于垄断资本主义时代，它认为产业布局应以利润最大化作为前提条件。成本—市场学派是将成本和市场因素综合考虑，认为产业布局区位选择的目标是利润最大化，考虑的条件包括自然环境、运输成本、工资、地区居民购买力、工业品销售范围和渠道等因素，综合运用生产、价格和贸易理论，全面分析多种成本因素，总结出竞争配置模型，建立了一般均衡理论。

2. 行为学派理论

行为学派理论认为产业布局区位的选择与人的主观性以及由此决定的行为有密切的关系，将其作为产业布局分析的首要因素。其理论假设是不存在具有完全理性的"经济人"，因受到自身认知能力和信息获取、处理能力的约束，不大可能作出最优决策。该学派认为区位选择只要得到满意的结果即可，而不必达到最优。

3. 社会学派理论

社会学派理论将各种社会因素视为影响产业布局的主要因素，比如政策因素、人口迁移、市场调整、居民的储蓄能力等。西方国家在面临市场失灵困境时，逐渐重视对经济生活的政府干预，区域经济政策对区域趋势的影响明显加强。

此外，还有历史学派理论和计量学派理论。前者是指区域经济发展具有明显的阶段性，不同阶段空间的经济分布和结构变化具有一定的规律性，而后者是指由于现代经济的迅速发展，会有越来越多因素共同作用来影响产业布局，传统的定性分析已经不能满足如今的研究需要，因此有必要引入定量的分析方法，通过数学模型的建立对相关数据进行处理和分析以便得到科学的结论。综上所述，在不同发展阶段，区位论具有不同特征，如表 11-1 所示。

表 11-1 不同阶段的区位论特征

项目	古典区位论	近代区位论	现代区位论
起始时期	19 世纪 20 年代	20 世纪 30 年代	20 世纪 70 年代
涉及对象	第一、第二产业	第二、第三产业与城市	城市与区域
追求目标	成本与运费最低	市场最优	地域经济活动最优
理论特色	微观的静态平衡	宏观的静态平衡	宏观的动态平衡

资料来源：卢福财，吴昌南. 产业经济学 [M]. 上海：复旦大学出版社，2013.

二、区域贸易理论

我们把一个地区与其他地区进行商品交换的活动，称为区域贸易，其中国际贸易是区域贸易的一个特例。区域贸易的存在，一方面可以从其他区域引进本区域所缺乏的生产要素和产品，另一方面其他区域的快速发展可以扩大本区域的市场需求和投资来源，两者均改变了本区域的供给结构和需求结构，进而对本区域的产业布局产生影响。这里介绍的理论都是适合区域贸易的国际贸易理论。

（一）古典区域贸易理论

1. 绝对成本理论

亚当·斯密认为地区的绝对成本差异性引起地区的专业化分工，这就是绝对成本理论。该理论的主要内容是：假设只存在 A、B 两个国家，分别生产甲、乙两种商品，由于两个国家的资源禀赋条件不同，A 国生产甲产品的绝对成本低于 B 国，B 国生产乙产品的绝对成本低于 A 国，则 A 国将专业化生产甲产品，B 国将专业化生产乙产品，再将生产的甲、乙两种商品进行交换，就以最小的成本满足了各自所需，并因此获取了区域贸易利益。按照该理论，因各个地区的资源禀赋等经济条件的差异，其专业化生产的产品也不同，由此形成了各个地区不同的产业结构，即引起了产业布局的差异。

2. 比较成本理论

人们通常将比较成本理论的提出归功于李嘉图，而事实上在 1815 年罗勃特·托伦斯在《关于玉米对外贸易》中已经提出比较优势的概念，"尽管在本国用于耕种的资本比国外用来耕种的资本可能得到更多的利润，但是在这种情况下，资本应该被用于制造业，并将获得更多的利润，这一更大的利润应该决定我们的产业发展方向"。托伦斯认为，由于波兰在制造业方面与英国存在较大的差距，英国的制造业拥有较大的比较优势，即使英国生产玉米的成本低于波兰，英国也最好去进口波兰生产的玉米，这样英国可以用生产玉米的资本生产出更多的棉布，从而相对于自己生产的玉米数量，通过与波兰交换能够得到更多的玉米。此后，李嘉图在《政治经济及赋税原理》用具体的数字例子再次阐述了这一理论：英国的情形可能是生产棉布需要 100 个人劳动一年，而如果酿制葡萄酒则需要 120 人劳动同样长的时间。因此，英国发现出口棉布来进口葡萄酒对自己比较有利。葡萄牙生产葡萄酒可能只需要80人劳动一年，而生产棉布却需要90个人劳动一年。因此，对葡萄牙来说，出口葡萄酒以交换棉布是有利的。即使葡萄牙进口的商品在本国制造时所需要的劳动少于英国，这种交换仍然会发生。虽然葡萄牙能够以90个人的劳动生产棉布，但它宁可从一个需要100个人的劳动生产的国家进口棉布。对葡萄牙来说，与其挪用种植葡萄的一部分资本去制造棉布，还不如用资本来生产葡萄酒，因为由此可以从英国换得更多的棉布。因此，英国将以100个人的劳动产品交换80个人的劳动产品。该理论主要内容是只要各国具有劳动生产率相对差别，也会引起生产成本和产品价格的相对差别，进而各国在不同的产品上具有比较优势，就会产生国际分工并在各国间发生贸易往来以交换其具有比较优势的商品，获得更多的比较利益，这时国际分工的开展就会形成各国不同的产业布局。

3. 生产要素禀赋理论

生产要素禀赋理论，又称赫克歇尔—俄林理论，它是俄林在其导师埃利·赫克歇尔的研究基础上进一步深入探索总结提出的。该理论在俄林的《贸易理论》中被首次阐述，之后的《区间贸易和国际贸易》中更加周密地论证了资源禀赋差异如何引起贸易和国际贸易对收入分配的影响。其理论的基本假设：一是有两种生产要素，比如A要素和B要素。二是有两种可贸易产品，比如甲产品和乙产品，这两种产品都要使用这两种生产要素，但是使用比例不同，若甲产品中A要素所占比例较多，则甲产品为密集使用A要素的产品，否则甲产品为密集使用B要素的产品；若乙产品中A要素所占比例较多，则乙产品为密集使用A要素的产品，否则乙产品为密集使用B要素的产品。三是有两个国家并且这两个国家中生产要素富裕程度不同，若一个国家为A要素富裕的国家，另一个就为B要素富裕的国家。四是生产规模不变，若两种要素以同比例增加，其产出也以同比例增加。五是两国消费偏好相同。六是商品市场和要素市场均是完全竞争的。七是生产要素只能在国内的各部门间流动，不能跨国家流动。八是生产技术相同。九是无运输成本，无贸易障碍，如关税等。由以上假设可以得出该理论的主要内容是每个国家或地区生产要素禀赋不同，其具有禀赋优势的生产要素价格较低，利用这些要素所生产的商品价格也较低，而其具有禀赋劣势的生产要素价格较高，利用这些要素所生产的商品价格也较高，因此每个区域都应该生产密集使用本区域相对丰裕要素的产品，并出口该种商品，用以进口密集使用本区相对稀缺要素的产品，这样就形成了不同的产业布局。

（二）现代贸易理论

古典贸易理论是通过劳动生产率绝对差异、劳动生产率相对差异和要素禀赋差异解释国家或地区间贸易的起因。伴随着经济发展，国际贸易和区域贸易的内容也日益丰富，会有越来越多的因素影响到贸易模式，现代贸易理论就是对这些因素加以研究而得出的。

1. 需求决定的贸易理论

古典贸易理论都是从供给方面来阐述国际贸易的起因，而事实上，即使两个国家的生产条件相似，生产成本也相同，仅仅是消费偏好不同，也会引起不同的市场需求结构，从而导致这两个国家贸易活动的开展，这就是需求决定理论的主要内容。这种因需求结构的差异产生贸易的理论，又称为"出口剩余理论"。英国经济学家瑟尔瓦尔曾说过，比较利益理论说明了一个国家或区域为何选择出口这种商品而不是那种商品的原因，出口剩余理论则说明了一个国家或地区开始进行贸易的原因，该原因是一个区域拥有一定数量的剩余产品，该区域为了将这些产品销售出去而开始贸易，该区域也因此获得了比较利益。美国经济学家萨缪尔森曾经用这样一个生动而形象的比喻解释了这一理论："正如爱吃瘦肉的妻子用肥肉去换取爱吃肥肉的丈夫的瘦肉一样，人类幸福的总量得以增加。"正如黑龙江和河南两个省，都能够生产大米和面粉且生产成本类似，即不存在绝对成本差异和相对成本差异，但是因为黑龙江人的饮食偏向大米，而河南人的饮食偏向面粉，于是黑龙江便向河南销售部分面粉并购买大米，而河南便向黑龙江销售部分大米并购买面粉，通过此途径，双方都能尽最大限度来满足彼此的消费需求。因此，当由于地区间消费需求偏好的不同导致每个地区的消费需求与其源禀赋不对称时，就会出现某些区域的需求得不到满足的情况。此时，可以通过双方的贸易往来促使一个地区过剩的需求得到满足，同时避免另一个地区的需求闲置，形成了能够使其幸福最大化的产业布局。

2. 贸易条件的贸易理论

贸易条件是指一个国家或地区输出商品价格与输入商品价格的比率，通常用进出口商品价格指数来表示。当该区域输出商品价格总水平与输入商品价格总水平相比上升幅度大或下降幅度小，意味着该区域贸易条件得到改善；当该区域输出商品价格总水平与输入商品价格总水平相比上升幅度小或下降幅度大，意味着该区域贸易条件恶化。在国际市场上，发达国家主要生产制成品，而发展中国家主要生产初级产品。首先，初级产品的收入弹性与制成品的收入弹性相比较低。其次，初级产品和制成品价格关系存在棘轮效应，从价格总水平上看，制成品在经济繁荣期价格上涨幅度一般高于经济萧条期下降的幅度，而初级产品在经济萧条期下降的幅度高于经济繁荣期上涨的幅度，因此，与制成品相比较，初级产品的价格处于下降趋势，发展中国家的贸易条件会恶化。最后，由于发达国家和发展中国家劳动力的丰裕程度不同，生产率的提高会产生两种不同的结果：对于发达国家，劳动力相对稀缺，其生产率的提高大部分会转化为工人工资的提高，而对于发展中国家，劳动力相对丰富，其生产率的提高更多转化为商品价格的下降，即初级品的价格会下降，意味着发达国家的贸易条件会改善，发展中国家的贸易条件会恶化，这些充分证明了在国际贸易中，贸易条件对发展中国家不利。以此类推，这种现象也出现在发展中国家的发达地区与不发达地区，但是贸易条件的影响程度会减弱一些，因为国内市场分割小于国际市场，可以使发达地区和不发达地区的劳动力供求基本相同，生产率的提高多半会转化为成本的下降，并且发展中国家中有大量的低收入群体,他们对初级产品仍有巨大的消费需求,若国内统一市场充分发育和发展,发展中的大国可以利用国内广阔的初级产品市场来加速工业化进程。

3. 规模经济的贸易理论

从微观经济角度来说,产品的长期平均成本与生产规模有关。若生产规模过小,劳动分工、生产管理等会受到规模的约束,产品的平均成本会比较高,但是随着生产规模的扩大和产出的增加,这种约束就会逐渐降低,产品的平均成本也会相应下降,出现了规模报酬递增,又称为"规模经济"。规模经济可分为"内部的"与"外部的"两种。其中,内部规模经济是指由于企业本身生产规模的扩大和产量的增加使得分摊到每个产品上的固定成本下降,平均成本也相应降低的经济现象;外部规模经济是指由于行业内企业数量的增加,出现了产业集聚,在信息收集、产品销售等方面的成本下降而引起的各个企业平均成本降低的经济现象。由于规模经济使得单位成本会随着产量的增加而减少,为该产业赢得了更大的盈利空间,因此在两个区域中即使不存在绝对成本或比较成本的差异或需求的差别,只要他们事先确定双方专业化分工,选择两种产品中的一种来生产,然后通过相互交换来满足各自的需求,双方就会获得更多的贸易利益。虽然,大国与小国相比更容易通过规模经济获利,但是对于发展中的大国而言,其国内市场拥有很大的需求,可以采取地区分工来实现规模经济,据此来形成有国际竞争力的产品,之后再参与国际分工,就可以在更大的范围内获得规模经济效益。

4. 产业内的贸易理论

在实际的生产过程中,生产工艺和产品种类都是多样化的,不仅存在产业间的贸易,而且也存在产业内的贸易。产业内的贸易原因归根结底在于规模经济,为了适应激烈的国际竞争环境,各企业只生产某种产品的个别种类来提高专业化水平。比如,苹果公司的产品都是自主设计研发,然后分别从全球各个硬件供应商处采购后定制其产品所需要的硬件,这些供应商就仅仅生产产品的某种零部件,通过市场交换后苹果公司就能获得产品所需的零部件,这种产业内贸易方式可以使得苹果公司以更加低廉的价格获取更高质量的零部件,其带来的好处远远超过以自主生产所获取的零部件。之前所说的比较优势贸易理论主要发生在要素禀赋和经济发展水平差异大的国家或地区,而产业内贸易理论主要发生在要素禀赋和经济发展水平相似的国家或地区。

5. 动态比较优势的贸易理论

随着区域经济水平的发展和产业结构的调整,贸易模式也会相继发生变化。区域贸易模式变化的根本原因是产业受产业结构演变规律的影响在区域之间转移。经济发达区域因要素禀赋优势的变动,某些生产要素的相对成本就会增加,会从劳动密集型产业及技术含量低的产业逐步转移到资本密集型产业、技术密集型产业或深加工型产业,一般产业结构更新的次序是从制鞋、纺织到塑胶再到钢铁、化工,在此过程中它们所占的市场份额呈现出逐渐降低的特征,而经济欠发达区域可以趁机有选择地接收这些产业的市场份额,这种产业结构和贸易模式随着区域要素禀赋优势而不断调整的理论就是动态比较优势理论。动态比较优势产生的基础是存在动态技术差异,由于发达国家拥有相对丰裕的研发经费和高素质的劳动力,因此他们先拥有新技术、新产业和新产品,在达到技术的标准化之后,发展中国家技术可以利用其丰富且低廉的劳动力实现模仿并大规模的生产。在经济发展的某一特定时期,每个区域均会处于产业结构和贸易结构不同层次,他们一方面接受上一层次的区域传递来的先进技术和产品,另一方面向下一层次传递自己将要扩散或摒弃的技术和产品。这样的话,每个区域都要认清自己所在位置,根据本区域的发展现状适时承接其他区域转移的产业,并采取相应的政策加快这些产业的成长,从而促进新产业布局的形成来加速本区域的经济发展。

6. 雁行产业发展的贸易理论

雁行产业发展理论是基于后发国家发展的需要提出的,阐述了后发国家如何承接发达国家传递下来的、技术相对成熟的产业,并将扶持其从幼小产业成长为世界性生产基地。该理论的主要内容是后发国家要实现幼小产业成长为世界性生产基地的目标。首先,需要大量进口该产业的产品,开拓国内市场,并引进技术,消化吸收,提高国产化水平,为国内之后的大规模生产做好基本的准备;其次,促进技术的标准化来达到国内规模化生产的目的,这时产品的质量会提高,价格也会下降,产业的国际竞争力增强;最后,国内的产出水平大幅度上升,不仅满足国内市场的需求,同时开始大规模地出口该产品,成长为世界性的生产基地。以日本的棉纺织工业为例:第一阶段国内纺织业的发展缺位,只能从先行国家大量进口纺织品,为国内市场的发掘奠定了基础;第二阶段接受先行国家传递而来的技术,再加上自身具有丰富低廉的劳动力,纺织品业开始迅猛发展起来,规模经济带来的平均成本的下降使得日本在国际纺织业市场也开始占有一席之地;第三阶段,生产规模继续扩大,剩余产品大量出口到国外,成为世界性的生产基地,国际市场的开拓反作用于国内市场,加速国内市场的发展。这种贸易理论具体解释了后发国家如何利用动态比较优势来扶持本国的幼稚产业,达到调整产业结构的目的。落后国家通过引进先进国家的技术,促进本国产业结构的高度化,同时也改变了本国的产业布局,实现了经济赶超。

三、均衡与非均衡理论

(一) 新古典均衡区域增长理论

新古典均衡区域增长理论是建立在均衡的前提下,其理论假设是完全竞争、充分就业、技术进步、规模报酬不变、要素流动不存在壁垒和只有资本与劳动力两种生产要素。当上述条件满足时,只要市场是完全竞争的,不均衡的区域经济状态就可以自动趋于均衡的区域经济状态。比如,区域 A 是发达地区,区域 B

是不发达地区,则区域 A 的资本相对丰富,区域 B 的劳动力相对丰富。在完全竞争市场机制的驱动下,资本会从区域 A 流入区域 B,劳动力会按照相反的方向流动,从区域 B 流入区域 A,结果是区域 A 获得了更加低廉的劳动力,区域 B 弥补了本区域资本的短缺,促进了两个区域的共同发展。此理论可以应用在产业布局上,由于在经济发展的初级阶段,各地区的经济水平参差不齐,我们可以通过合理的产业布局,优先利用产业政策来扶持某个地区的发展,待其成长为发达地区后带动周边不发达地区的发展。

(二) 地理性二元结构理论

瑞典经济学家缪尔达尔在《经济理论和不发达地区》一书中介绍了地理性二元结构理论。其主要内容是在后发国家的发展道路中,其发达地区因要素报酬率较高且投资风险较低,大量的资本、劳动力和技术等生产要素从不发达地区转移到发达地区,导致了发达地区和不发达地区经济发展的两极化,但是当产业过于集中时,就会出现规模报酬递减现象,此时,发达国家的资本、劳动力和技术会转向其他地区以寻求更高的收益,从而刺激和带动不发达地区的经济增长,以消除这种发达与落后并存的二元经济结构。该理论在产业布局方面的具体应用是:首先,产业布局应采取非均衡发展,通过差别性的产业布局政策和向某些地区倾斜的财政政策等来鼓励和推动这些地区的优先发展,同时引导要素转向先行发展的地区,从而实现规模经济,赶上世界经济发展水平,促使这些地区先行富裕起来;其次,产业布局要转变为均衡发展战略,因为允许一部分地区先富的同时,其他地区经济会被削弱,地区间的贫富差距会不断加大,会引发一系列的经济和社会问题,不利于经济的平衡发展和社会的稳定。通过均衡发展战略的实施会促进不发达地区的快速发展,最后实现共同富裕的目标。

(三) 增长极理论

增长极理论是由法国经济学家弗朗索瓦·佩鲁在《略论"增长极"的概念》中提出。该理论的核心内容是增长极的概念,即在一国经济成长的过程中,某些主导部门或具有创新能力的企业会在特定区域或城市聚集,促使该区域的资本和技术高度集中并产生显著的规模经济效益,从而对周围地区的经济有着较强的辐射作用,这些特定区域或城市就是所谓的"增长极"。该理论认为全部地区的增长并非同时出现,而是通过形成某些具有不同增长强度的"增长极"后向外扩散,从而对整体经济发展产生促进作用。显然,佩鲁的增长极理论强调的是政府应该积极干预区域产业布局。对于后发国家而言,其在产业布局时应该重视运用政府计划和财政支持,有选择地在特定区域或城市形成增长极,使其充分实现规模经济并确立在国家经济发展中的优势和中心地位,然后借助市场机制的引导,充分发挥增长极的经济辐射作用,并从周围地区开始逐渐推动除增长极以外地区经济的共同发展,这就是增长极理论在产业布局中的具体应用。

(四) 点轴理论

点轴理论是增长极理论的延伸,最早由波兰经济学家萨伦巴和马利士提出。从区域经济发展的空间来看,经济中心通常是分布在少数条件较好的区位,即呈现出点状分布,这些少数点就是增长极。随着经济的发展,点的数量开始增多,为方便点与点之间的经济联系,会开始建设各种交通线、动力供应线及水源供应线等相互连接,这一线路就是轴。起初,轴线是为区域增长极而服务的,但它一经形成后对人口、产业具有巨大的吸引力,使得人口、产业向轴线两侧集中分布,从而由点带轴,由轴带面,最终实现整个区域经济的共同发展。该理论对产业布局的启示是可以合理选择能够促进区域经济发展的点或轴,并通过点轴系统使发达区域中的经济中心向不发达区域中心的发展推移,推进区域经济的快速增长和协调发展。

第二节 产业布局的影响因素

影响产业布局的因素是多方面的,主要包括以下五个方面。

一、地理位置因素

地理位置是描述地理事物时间和空间的关系,在此主要是指某一事物与其他事物的空间关系,它是影响国家和地区经济发展的重要因素。地理位置的优劣一方面决定了产业市场范围的大小,进而决定着产业集聚程度和分布状况,另一方面对交通、信息等的社会经济条件产生影响。因此,地理位置的优劣制约着经济发展的快慢,地理位置优越会加快本区域经济的发展,否则就会延缓本区域经济的发展。

首先,地理位置与自然条件关系密切,而农业生产受到阳光、热量、水分、土壤等自然条件的影响较大。因此,第一产业的发展速度和方向与其所处的地理位置息息相关。比如,该地区土地肥沃就会促进本地区农业的快速发展,土地贫瘠就会使本地区农业缓慢发展,则地理位置决定了该区域农业的发展速度;南方地区雨水相对较多适合种植水稻,而北方地区雨水相对较少适合种植小麦,则地理位置决定该区域农业的发展方向。另外,农业生产还会受到运输条件和市场供求状况的影响。不同的地理位置,运输条件的方便程度不同,较为方便的运输条件会在一定程度上降低农产品的销售价格,增加农产品的销量,推动本区域农业的发展。当然,不同地理位置的市场供求状况也不同,而市场供求状况决定着农业内部的结构。因此,地理位置对第一产业布局具有重要的影响。

其次,地理位置对于第二、第三产业布局的影响同等重要。部分第二产业分布在能源基地、矿产和其他原料地附近,而更多的第二产业分布在交通方便的地区，比如综合运输枢纽、海港、铁路沿线等，形成了不同规模的加工中心，并汇集众多的第三产业部门。

二、自然因素

联合国将自然资源定义为在一定时空和一定条件下，能产生经济利益，以提高人类当前和将来福利的自然因素和条件。根据此定义可知，自然因素包括自然条件和自然资源两个方面。自然条件是指人类赖以生存的自然环境，既包括未经人类改造、利用的原始自然环境，也包括经过人类改造利用后的自然环境。自然资源是指自然条件中被人类利用的部分。自然因素可以分为遍在性的自然因素、区域性的自然因素和局域性的自然因素，但并不是所有的自然因素都对产业布局产生影响。其中，由于遍在性的自然因素在地表普遍分布，所以其对产业布局几乎没有影响；区域性因素由于太阳能在地表的纬度性分布以及海陆分布格局和陆地表面的垂直高度差异造成地表自然资源和条件具有明显的区域分布的特点，所以其对产业布局有一定的影响；局域性的自然因素由于其在地表的分布很不均匀，所以其对产业布局具有决定性的影响。可知，在区位理论研究中，研究对象主要聚焦于局域性的自然因素。

首先，自然因素会对第一产业具有决定性的影响。第一产业所需的物质生产资料大多数需要直接从自然界中获取，为了节约生产成本，第一产业就会就近布局在各种自然资源分布的地区。另外，各种农产品的生存环境不同，相应地对自然条件的要求也不尽相同，所以自然条件在一定程度上制约着第一产业的布局。

其次，自然因素会对第二、第三产业布局产生间接影响。第二产业中的采掘业、材料工业以及以农产品为原料的轻工业等产业对自然资源存在较强依赖性，则他们多分布在工业自然资源或农业自然资源比较丰富的区域。除此之外，工厂厂址的选取、工业用水与自然条件紧密相连，某些地区的这些条件受到严重的制约，所以第二、第三产业在产业布局就不会考虑这些地区。而第三产业中主要是旅游业会受到自然因素的影响，因为并非所有地区都适合作为旅游地。

三、社会因素

（一）人口因素

人口因素是影响产业布局的重要因素之一，人口因素包括人口数量、人口分布和密度、人口增长、人口素质、人口迁移和流动等方面。在社会经济生活中，人既扮演着生产者的角色，也扮演着消费者的角色。当人作为生产者时对产业布局的影响主要体现在以下两个方面：第一，地区中劳动力的丰裕程度决定其产业布局所选择的产业种类。当地区的劳动力充裕时，其在产业布局时会选择劳动密集型产业；当地区的劳动力稀缺时，其在产业布局时会有效利用当地自然条件、自然资源的优势产业，以便提高劳动生产率。第二，地区中劳动力的素质也决定其产业布局所选择的产业种类。当地区的劳动力素质较高，其在产业布局时会选择技术密集型和知识密集型的产业，因为当地大量高素质人才可以满足这些产业发展时对劳动力质量的要求，从而提高技术水平和管理效率，增强产业的竞争力。

当人的角色转变为消费者时对产业布局的影响也表现在两个方面：首先，每个地区的人口数量、消费水平和消费习惯不同决定了其产业布局。比如，城市与农村相比更偏重对娱乐等服务业的消费，因此现代服务业往往分布在城市中心地带，而农村受到收入水平的约束，其消费的主要是生活必需品，因此农村的产业布局以粮食、蔬菜等现代农业为主。其次，人口的特征不同，比如性别、年龄、民族、宗教信仰等，所以要求产业布局在生产种类和生产规模的选择上具有针对性，最大限度地迎合多样化的物质文化生活需要。

（二）历史因素

产业布局的基本特征之一就是历史因素，除了历史上形成的产业基础对再进行产业布局具有重要影响，各国的传统经济体制对产业布局的合理性、盲目性、波动性或趋同性也有显著的影响。历史因素主要包括已经形成的社会基础、管理体制、文化等。如果在原有产业基础较好的地方，将原有的基础设施和先进的技术水平、管理理念相结合，会极大地优化原有的产业布局，对产业布局的发展具有明显的推动作用。但是当原有产业基础出现结构不合理、基础设施落后、严重污染等问题时，会阻碍产业布局的进一步发展，因此在进行产业布局时，我们要充分考虑历史因素，分析其中存在的有利因素和不利因素以后，在有效利用有利因素的同时，改善不利因素来优化产业布局。

（三）政策因素

科学合理的政策指导可以起到促进经济增长和产业布局合理化的作用。政策因素包括国家的政策、法律和宏观调控等，这些因素都是超经济的，同时也是独立于自然地理环境之外的因素。首先，国家政策的正确制定会加速产业布局合理化的进程，但若出现政策失误，则会对产业布局的合理性给予很大的挫伤；党的十一届三中全会以后，我国的经济政策转变为对外开放、对内搞活，大量的民企和外企如雨后春笋般拔地而起，极大地增强了市场经济的活力和产业布局的合理性。其次，法律对产业布局同样具有深刻的影响，从美国加利福尼亚"硅谷"形成的例子中可以看出，美国政府对知识产权的法律保护有效地激励了创新，推动了技术进步的步伐，加速了"硅谷"的成长，除此之外，世界各国土地法、渔业法、森林法等相关法律的颁布均对产业布局产生了不容忽视的影响。最后，国家的宏观调控可以消除单单依靠市场机制调节产业布局时引起的盲目性、波动性和趋同性，以最快速度达到产业布局的合理性目标。比如第二次世界大战后，日本为了尽快恢复国民经济加大了宏观调控的力度，先后制定了"全国综合开发计划"，这对于日本的产业布局产生了积极影响，使日本快速地跻身于世界发达国家的行列。

（四）国内和国际政治条件

和谐稳定的国内与国际政治条件为一国的经济发展提供了良好的成长环境，从而有助于产业布局向合理化目标迈进，相反，处于动荡不安的国内或国际环境的国家是很难实现经济发展的，实现其产业布局的合理性也显然是遥不可及的。就我国而言，在新中国成立初期由于沿海局势不稳定，我国不得已将一些工业从沿海地带转移到内地发展，随着我国国际地位的提升，所面临的国际环境得到大大改善，因此，在改革开放以来，我国又将重点投资放到东部沿海地带，这一举措加速了我国经济的发展。在某些中东地区，如阿富汗、伊拉克等，常年的战乱严重摧残了当地的经济，产业发展遭到停滞，当然也就谈不上合理的产业布局了。

（五）行为因素

行为因素是指在选择最优产业区位的过程中，决策者、生产者和消费者的各种主观因素。这些因素导致的结果就是在实际生产中很多产业并非建立在最优区位上。为了将这些行为因素对最优区位选择的影响降到最小化，决策者行为是我们关注的重点，因为决策者的行为对最优区位的选择具有决定性影响，因此，在选拔和任用决策者时要重视对其个人素质的考量。而生产者和消费者的行为只对产业区位指向产生一定的影响，这是由于生产者主要是以能否招聘到足够的员工和稳定员工队伍为准则来选择区位，消费者则是以自身的吃、穿、住、用、行的便利性为准则来选择区位。

四、经济因素

（一）市场因素

随着商品经济的兴起，市场因素在产业布局过程中所起的作用越来越重要。市场可分为商品市场和资本市场。其中商品市场对产业布局的影响表现在这两个方面：首先，从市场需求结构方面上看，地区、地点布局和厂址的选择都是以一定范围内市场对产品的需求量为基础的，为了节约运输费用和运输时间，我们将产业就近布局在对产品具有旺盛需求的地区，另外，市场的需求量和需求结构也决定了产业布局的规模和结构，即如何具体选择和安排主导产业、辅助产业和优势产业的类型与比重。其次，从市场竞争方面看，其可以促进生产的专业化协作和产业的合理聚集，使产业布局指向更有利于商品流通的合理区位。而资本市场对产业布局的影响在于其是否能使地区获得更多的资金支持以帮助其克服地域资本稀少的限制，若资本市场体系健全，存在多样化的融资渠道，比如产业投融资基金、小额信贷等，产业布局就可以突破地域资本稀少的约束，促进该区域产业布局的深化发展。

(二) 集聚因素

产业布局的空间分布有集聚和分散两种类型，但主要是由集聚因素来决定。产业的集中分布可实现规模经济和外部经济，具体体现在：第一，可以减少前后关联的运输费用，从而降低成本；第二，可以利用公共公用设施，从而减少相应的费用；第三，便于相互交流科技成果和信息，提高产品质量和技术；第四，可以利用已有市场区位，扩大市场服务范围，从而产生不同的集聚效果（集聚经济和集聚不经济）。集聚不经济与集聚程度息息相关，集聚程度越高，集聚不经济发生的可能性越大。在集聚经济条件下，产业在地区上呈集中化趋势，向某些集聚条件优越的地区集中；而在集聚不经济条件下，产业在地域上呈分散化趋势，造成产业从某些过度集聚的区域分离出去。因此，由于各地不同的集聚条件，其地区产业布局在这两种集聚条件共同作用下也会呈现出不同的特征，即集中化或分散化。

(三) 价格和税收因素

国家的价格政策、产品的地区差价和产品的可比价格等都会对产业布局产生一定的影响。合理的价格政策对产业布局会产生良好的推动作用，但扭曲的价格政策会对合理的产业布局产生一定的干扰作用。比如，新中国成立初期我国为了促进工业的优先发展，试图通过农产品价格的"剪刀差"来降低工业的生产成本，然而结果就是导致了农业发展落后，对农业基础地位的轻视反过来也抑制了工业的长远发展。产品的地区差价客观地表现出各地区的生产和消费中的差异与矛盾，合理的地区差价有利于企业按照市场供求关系选择最佳区位。而产品的可比价格能够对产业内部结构的调整和生产的地区分布具有重要的指示作用。

税收对于产业布局的影响主要是通过税收制度来传导的。合理的税收制度对地区间的重复建设、以小挤大和地区封锁等产生一定程度的抑制作用，同时可以借助税率大小的调整来促进或减缓某些产业在不同地区的发展，从而促进产业布局的合理化和增强地区经济的协调性。

五、技术因素

科学技术为人们利用和改造自然提供了有力的武器，同时也是构成生产力的重要组成部分。各地区技术水平的高低和地区间技术水平的差异在一定程度上影响着地区经济发展和产业布局。首先，技术水平决定着自然资源利用的深度和广度，从而对产业布局产生影响。技术进步不断拓展着人们利用和改造自然资源的深度和广度，使自然资源获得新的经济意义，比如随着开采技术的提高，从最初的煤炭资源到如今的天然气再到未来的可燃冰，使可供使用的能源种类和数量均不断增加，改善能源在各地区分布不均的状况，这有利于扩展产业布局的地域范围。除此之外，技术进步能提高资源的综合利用能力，延长其产业链，使单一产品的生产区变为多产品的综合生产区，进而扩大生产部门的布局。其次，技术通过调整地区产业结构来间接影响产业布局。一方面，当新的技术出现时，常常带来一系列新产业部门的诞生，这必然会对现有的产业布局状况产生影响；另一方面，技术进步往往推动着三次产业结构的不断变化，这时人们的生产、生活的地域和方式也会发生变化，然后通过市场机制的作用，对产业布局施加影响。最后，技术进步会带来交通运输方式的改变，为了节省运输费用，会围绕着该运输中心进行产业布局，从而产生新的产业布局类型，比如"临海型""临空型"产业布局。

值得注意的是，首先，以上这些因素对产业布局产生影响时，并非单一因素在发挥作用，往往是两种或多种因素共同作用，但每一种因素所带来的影响具有差异性；其次，上述因素是随着经济的发展而发生动态变化的，可能原来属于主要因素，而当前却属于次要因素，或者原来属于次要因素，而当前却属于主要因素。这就意味着，在对影响产业布局的因素进行分析时，需要因时、因地、因产业进行具体分析，运用动态观点审视这些因素在产业布局中的作用。

第三节 产业布局的一般规律和基本原则

实现产业合理分布、产业结构合理化及经济资源有效配置是产业布局的总体目标。产业布局的发展态势不仅关系到产业本身的长远发展，同时对经济建设、社会稳定、环境保护、技术进步等方面也会产生重大影响。因此，在产业布局的决策过程中，应遵循以下一般规律和基本指导原则。

一、产业布局的一般规律

（一）生产力发展水平决定产业布局

生产力涵盖了劳动力、劳动工具、交通工具、技术等要素，其是多要素、多层次的有机体系。这些组成要素在不同的社会发展阶段具有不同的发展水平、表现形式和内容，其在特定时期下空间上的有机组合，形成该时期的产业布局（见表11-2）。这就意味着，生产力的发展水平决定了产业的分布条件、分布形式、分布特点与分布内容，这是产业布局的基石，是在任何时期的社会形态下均会发生作用的普遍规律。

表11-2　　　　　　　　生产力发展水平与产业布局

项目	农业社会	第一次产业革命	第二次产业革命	第三次产业革命
能源动力	人力、畜力、水力	蒸汽、动力	电力、内燃、动力	原子能
生产工具	石器、铜器、铁器、手工机械	蒸汽机械	电力机械、内燃机械	电子计算机、机器人

续表

项目	农业社会	第一次产业革命	第二次产业革命	第三次产业革命
交通工具	人力车、畜力车、风帆船	蒸汽火车、蒸汽轮船	内燃机车、电力机车、汽车、飞机、内燃机、船舶	航天飞机、宇宙飞船、高速车辆
产业布局	农业自然条件对产业布局起主要作用，产业布局具有明显的分散性	产业布局由分散走向集中，工业向动力基地（煤产地）和水路运输枢纽集中	产业布局进一步集中，交通、位置条件等在产业分布中的作用得到加强	高素质劳动力、快速便捷的交通枢纽成为产业布局的重要条件，产业布局出现"临海型""临空型"等新形式。产业布局将从过度集中走向适度分散

资料来源：唐晓华，王伟光．现代产业经济学导论［M］．北京：经济管理出版社，2011．

未来人类将进入信息化、智能化社会，信息科技与智力会成为影响产业布局的首要因素。随之，电子、光导纤维、新材料、激光、生物工程等知识、技术密集型产业得到蓬勃发展，进而推动产业布局从原有的过度集中适度地走向分散。

（二）劳动地域分工影响产业布局

在人类社会发展过程中，原始的自然分工最早出现，之后一个地域为另一个地域劳动或生产产品，以此出现一个地域产品与另一个地域产品进行交换的现象，劳动地域分工就产生了。劳动地域分工是地区之间经济分工协作、社会经济按比例发展的空间表现形式，同时也反映出地区布局条件的差异性。各地区借助劳动地域分工可充分发挥各自优势，生产经济效益较高的产品，以此实现高质量的产品交换，促进商品经济发展的良性循环，使得不同地域均能获取较大的经济收益。

地域分工的不断深化推动了社会生产力水平的提升，反过来，社会生产力的整体提升深化了地域分工的程度。地域分工与社会生产力的相互促进，共同推动了产业布局形式向更高级阶段转变。劳动地域分工的深化与合理化发展，在充分发挥地域优势、促进商品流通的同时，还能够形成合理的产业布局。而产业布局的主要目标之一是实现合理的地域分工与商品交换，因此正是在遵循劳动地域分工的规律下，全球各地逐渐形成分工协作的统一世界经济体系。这就意味着，对一国或地区产业布局进行衡量时，需将其纳入范围更广的经济体系中，以此使该国或地区在地域分工体系中发掘自身优势与特色，进而产生更大的社会经济效益。

（三）地区专门化和多样化相结合

劳动地域分工以各国/地区的自然条件、经济发展水平、技术水平与地理位置等为自然基础和经济基础。在经济效益的驱动下,各国/地区依据自身优势与特色开展劳动地域分工,而地区专门化则是在地域分工达到一定规模时形成。因此,地区专门化是在生产力不断发展过程中逐渐形成的一种生产方式。全球各国或各地区的地域分工不仅是大机器工业的产物,而且也是社会化大生产的客观要求。

地区产业布局专门化在带来显著规模效益的同时,随着地区专门化水平的提升,对产品多样化提出了更高要求。这主要源于国民经济各部门是一个有机整体,不同部门之间不仅具有纵向关联,也有横向关联。因此,地区专门化的可持续发展还需为专门化部门进行生产配套的部门、对生产废物和副产品综合利用的部门、为生产提供研发与信息咨询等服务的部门、为生活提供餐饮与旅游等服务的部门给予大力配合与支撑,共促产业布局多样化的发展。

(四) 产业布局"分散—集中—分散"螺旋式演变

在产业布局形式的演变过程中,集中是经济活动在空间地域上分布不平衡性的表现形式,而分散则是体现了空间地域上的均衡性。两者是相互交替,是矛盾的两个对立面。工农业、交通运输、信息技术等各产业部门的布局演变均可呈现"分散—集中—分散"循环上升的链条,在这一链条中,与前一阶段的产业布局相比,后一阶段的产业布局在内涵与形式上均更为丰富和高级。

(五) 地区差异性与非均衡性

地域间资源禀赋要素的差异性直接决定了产业布局的非均衡性。具体表现在:一方面,在特定生产力水平下,对于单个产业部门和企业来说,其为获取最大的经济效益和社会效益,总是会选取最有利的区位展开布局。另一方面,从某一国家或地区的产业布局而言,其所具有的社会、经济与自然等禀赋条件很大程度上不适合于所有产业的发展,有的国家或地区仅适合于发展一种或一组产业。因此,产业布局的发展应适应非均衡性的规律。随着生产力的不断发展,产业部门只能使这种非均衡趋于相对平衡,使产业布局遵循"分散—集中—分散"的规律,由地域差异趋于地域协调。

二、产业布局的指导原则

(一) 全局性原则

产业布局决策不仅关系到其自身的发展,也会关联到其邻近地区与国家整体的经济发展,因此产业布局应以全局性为首要原则。一方面,国家可充分发挥调控能力,依据不同区域的自然、经济、技术等禀赋条件,确定不同区域的专业化方向,引导不同地区占领不同的领域,肩负起不同的责任,激发其比较优势,实现局部与全局的协调共生。另一方面,在特殊时期,依据社会经济建设需求,国家可确定若干个重点建设区域，统一规划与实施重点建设项目。对于非重点建设区域，应依据本地禀赋条件与建设需求，在国家整体产业布局要求下合理布局产业的分布。贯彻落实全局性原则，不仅可以通过发挥各地优势避免产业结构同质化与重复建设的现象，而且能够促进各地专门化生产与多样化需求相结合，进而有助于实现全国范围内产业的布局合理化目标。

（二）经济效益原则

经济效益是产业布局的基准之一，评价产业布局合理性的主要基本标准是能否以最小成本实现最大的经济收益。如何通过降低生产成本获取较大经济收益，不同产业之间具有差异性。比如，对于农业布局而言，在甄别地域农业自然资源与发展差异性的基础上，可充分发挥地域比较优势，便于因地制宜地选取农林牧渔各类产业适宜发展的区域，通过因地制宜的布局，通过自然投入替代人力与物力等投入，实现降低成本、提高经济产出与效益目标。对于工业布局来说，中间环节的材料运输成本较高，因此工业布局首要的是选取接近原料、燃料产地，并接近消费市场，以此降低中间运输费用、节约社会劳动消耗，进而加快资金周转与加快再生产速度，同时也能够确保工业企业生产的产品品种、质地与外观符合当地居民需求。但现实的工业布局决策中，原料、燃料产地接近消费市场的情况较为少见。这就意味着，工业产业的布局决策还需考虑产业的技术经济特征。譬如，采掘工业是冶炼工业的原料供应者，金属加工工业是冶炼工业产品的消费者，而采掘工业以自然界的物质资源为生产对象，产品往往是笨重的，运输成本高且不易运输。因此，采掘、冶炼与金属加工工业部门在地域分布中可采用分组方式，实现以产业链为关联的布局。

（三）集中与分散相结合原则

集中是经济活动在空间地域上分布不平衡性的表现形式，因此产业在区位上相对集中，是社会分工与社会化大生产的客观要求，同时也是实现规模化经济效益的有效组织形式。农业布局仅在适当集中条件下，才可充分利用当地的自然与技术优势，通过降低单位生产成本提高面积产量，这也符合了农业生产专门化与区域化的客观需求。地区的自然资源条件、运输枢纽、劳动人口数量、社会习俗、经济发展水平等是影响工业布局的主要因素，因此工业布局需依据诸多因素有选择地集中。比如，煤炭工业、森林工业、石油工业、钢铁工业等基地应集中于能源与原材料富集地，农产品、畜牧产品等加工中心应集中于农业区位。

鉴于产业布局以取得经济效益为主要目标，产业集中程度需以取得良好经济效益为前提。若产业布局过度集中，则会引发一系列严重的社会经济问题，产生"蝴蝶效应"。比如，农业区位的过度集中会导致片面专业化，使土地肥力下降，进而缩短土地的利用年限，影响农业的综合性发展，引致土地生态平衡失调。工业布局过程中，若企业过度集中于大中城市或工业地带，会占据城市生态空间，造成交通堵塞、地价高涨、能源紧缺、水源不足与水污染，同时大大增加工业企业生产所需燃料与原料成本以及居民生活成本等。因此，可适当分散产业分布，充分利用各地的优势资源，带动落后地区的产业发展，实现产业布局的均衡性。总之，在产业布局过程中，需坚持集中与分散相结合原则，避免出现过度集中与过度分散的现象。

（四）分工协作原则

分工协作原则主要体现在劳动地域分工与地区综合发展相结合上。前面提到，产业布局的地域分工与地区专门化发展，最明显的优点是能够充分发挥各地域优势、节约社会劳动，进而促进商品流通与交换。除此以外，产业布局的地区专门化还能够加快各区域经济一体化的进程，形成较为合理的地区经济综合体。

判断产业布局是否遵循了分工协作原则，首要问题是衡量地域分工的深度以及地区专门化的程度。衡量指标主要有：

（1）区位商。其计算公式为：

区位商 =（某地区 A 部门就业人数 ÷ 某地区就业总人数）÷（全国 A 部门就业人数 ÷ 全国就业总人数）

（2）地区专门化指数/专业化率。其计算公式为：

$$地区专业化率 = \left(\frac{地区工业部门净产值}{全国同类部门净产值} \times 100\% \right) \div \left(\frac{地区全部工业净产值}{全国全部工业净产值} \times 100\% \right)$$

（3）产品商品率。其主要包括区内商品率和区际商品率，计算公式为：

区内商品率 = 某地区 A 产品输出区外数量 ÷ 区内 A 产品总产量

区际商品率 = 某地区 A 产品输出区外数量 ÷ 全国各地 A 产品输出总数量

在上述三类指标中，产品商品率是核心指标。产品商品率旨在衡量地区专门化程度，其值越大，地区专门化程度越高。但在地区专门化程度较高的地区，其区域产业布局并非实现合理化。这主要源于，地区专门化生产部门虽是当地的主要骨干部门，但若没有综合性发展部门与其配合，地区整体的国民经济就无法实现相互协调与促进。因此，不同地域的产业布局应在充分发挥各自优势的基础上，重点围绕专门化生产部门，因地制宜布局多样化部门，诸如自给性生产部门、辅助性生产部门、公用工程与服务设施等部门，使其相结合形成结构合理的地区生产综合体。在这一过程中，严禁建设与当地生产条件不相符的"大而全""小而全"的地区全能经济结构。因此，坚持地区生产专门化与地区综合发展，遵循分工协作原则，是产业布局实现合理化、各地经济健康发展的基础保障。

（五）可持续发展原则

可持续发展原则是指在满足当前需求的基础上，不损害未来世代满足其需求的能力。产业布局的可持续发展原则主要包括以下几个方面。

第一,产业布局应考虑到生态环境的保护和恢复。在选择产业类型和地点时,应避免破坏生态系统,减少污染排放,保护自然资源和生物多样性。第二,可持续的产业布局应推广可再生能源的利用,减少对非可再生能源的依赖。例如,鼓励发展风能、太阳能和水能等清洁能源产业,并减少对煤炭和石油等传统能源的使用。第三,在产业布局中,应重视资源的有效利用和循环利用。通过采用高效的技术和工艺,减少资源的浪费和损耗,并积极推动废弃物的再利用和回收利用。第四,可持续的产业布局应注重社会责任,关注员工权益和社区利益,确保劳动条件公平合理,提供良好的工作环境和福利待遇。第五,产业布局应鼓励创新和技术进步,推动产业结构的转型升级。通过引进先进的技术和管理模式,提高产业的竞争力和可持续发展能力。

综合考虑以上原则,可以实现产业布局的可持续发展,促进经济、社会和环境的协调发展,达到经济效益、社会效益和生态效益的真正统一,实现产业、经济和社会的长期协调发展。

最后,需要明确的是,五大原则是从不同的视角提出的要求,每一原则并非孤立的,它们之间既有区别又有联系,最终目标是实现产业的合理布局。

第四节 我国产业布局的实践

国家战略是产业布局演变的指南针,对产业布局调整、再配置具有重大影响。本节围绕国家发展战略,以改革开放为分界线,分析我国产业布局的演变逻辑。

一、改革开放前的产业布局

新中国成立以来,中国一直贯彻"把握先后次序、调整优化方向"的产业布局战略。新中国成立之初,国内经济发展水平较低,并面临欧美等国经济与技术的封锁,国内外形势严峻,中国政府提出优先发展重工业战略。该时期主要实施"156项工程"和"三线建设"。

(一)均衡布局

新中国成立之初,我国经济技术发展落后,加之美国的封锁,国际关系较为紧张。在此背景下,中国政府通过向苏联寻求帮助,提出优先发展重工业的战略,实施"156项工程",以保障国防安全。从产业类型看,"156项工程"主要是分布于六大行业的150项工程,具体为:44个军事工业、20个冶金工业、7个化学工业、24个机械加工、52个能源工业、3个轻工业和医药工业(董志凯,2015)。从区域分布看,"156项工程"分布于全国四大区域的17个省份,具体分布情况详见表 11-3。从表中投资额和投资比重可以发现，东北地区是"156项工程"投资的重点区域。

表 11-3　　　　　　　　生产力发展水平与产业布局

指标	东部地区	中部地区	西部地区	东北地区
投资额/万元	53 458	487 262	551 101	869 514
投资比重/%	2.73	24.84	28.10	44.33
分布省域/个	2	6	6	3

资料来源：董志凯. 中国共产党与156项工程 [M]. 北京：中共党史出版社，2015.

1952~1954年，"156项工程"的实施，使得内地投资占全国比重从39.3%增加至49.7%，沿海地区投资占全国比重则从43.4%下降至41.6%。该工程建设期间，总体上产业布局合理，扭转了新中国成立之初沿海与内地产业分布不均的局面，推动了产业分布的均衡化。

（二）战备布局

1964~1980年，中国政府高度重视国防建设，在十几个省份中开展一场以备战为中心、以工业交通和国防科技为基础的大规模基本建设，即三线建设。中国按照"山、散、洞"原则，加快三线建设，此项目规模大、时间长、动员广、行动快（陈东林，2014），对产业空间分布产生了深远影响。

从主要的投资产业看，三线建设涵盖了冶金、铁路与公路交通、航空航天、核、电子、石油、船舶、建材、纺织等15种产业（陈东林，2003），几乎涉及所有产业部门。该项目建设期间，西部地区的新增固定资产占三线地区比重为54.35%，重点项目占比80.56%，因此西部地区是三线建设的重要区域。三线建设工程，在增强国家战备后方的同时，也促进了产业分布的均衡化。

二、改革开放后的产业布局

1978年改革开放后，国家发展战略发生了实质性转变，对产权进行了重新界定，激活了市场合约和经济活力，使市场在资源配置中的决定性作用逐步增强（周其仁，2013）。随着政府与市场关系的不断调整，经济运行机制逐步完善，成为产业空间分布再配置的根本驱动力。从产业份额的分布特征看，改革开放后中国产业布局大致经历了东部集聚、区域协调与对外布局。

（一）东部集聚

中国的改革开放首先实施东部率先发展战略，其次不断深化所有制结构与经济运行机制，即从"两个大局"出发。在改革开放过程中，政府与市场关系发生实质性改变，政府作用主要表现在确立和保护产权、完善基础设施、优化政府服务等方面，通过消除生产要素流动的体制障碍，带来改革红利，同时释放出中国长期积累的人口红利。在改革与人口双重红利驱动下，市场在资源配置中逐步发挥决定性作用。以此，东部地区利用其接近国际市场的地理优势以及稳固的产业发展基础，不断吸引产业向东部沿海地区大幅集聚。产业集聚过程中，可形成集共享、学习、匹配的集聚效应，进一步完善和增强区域的产业配套体系，有助于推动产业布局的沿海化。东部地区生产总值占全国比重从1978年的43.56%提升至1999年的52.67%，22年间增长幅度达9.11%。从不同产业的省域来看，广东、浙江、山东、福建、江苏等东部沿海省份GDP比重均显著提高（胡安俊，2020）。

（二）区域协调

东部沿海地区在产业加速集聚过程中，东中西区域差距呈现不断扩大趋势。在全国层面，1995～2005年，人均GDP的最高省份与最低省份相对差距均在10倍以上，绝对差距也呈现逐年扩大趋势。近年来，人均GDP的最高省份与最低省份相对差距虽呈缩小的趋势，但2018年也达到近4.5倍，绝对差距高达10.9万元。[①]

面临日趋扩大的区域差距，自20世纪末中国政府开始制定与实施区域协调发展战略，主要有中部崛起、东北振兴、西部大开发等战略，通过加快基础设施建设、改善投资环境、加强生态保护等措施，积极引导产业从东部沿海地区向中西部、东北部地区转移。产业的区域转移，不仅有利于推动区域平衡发展，实现产业空间分布公平，而且有助于激发内需，稳定经济形势。中国产业的区域转移具有三大显著特征：一是转移产业的数量多；二是转移产业的规模大；三是转移产业的类型多样化。具体体现在，超过80%的三位数制造业出现转移，且将近50%的三位数制造业转移规模在10%以上，产业类型涵盖了纺织、软饮料、家具制造等劳动密集型产业，以及信息通信、医疗设备、机械制造等技术与资本密集型产业。劳动密集型产业主要为扩展扩散模式，技术与资本密集型产业转移主要为等级扩散模式（胡安俊和孙久文，2014）。从产业区域转移结果看，东部地区GDP占全国比重从1999年的52.67%下降至2018年的52.58%，下降幅度为0.09%。其中，从各省域来看，中西部的陕西、湖北、河南、江西、贵州等省份GDP比重均显著提高。

（三）对外布局

2008年金融危机引致居民财富缩水、企业资产负债表恶化、产业产能过剩等问题，加之国内"刘易斯拐点"的到来，以及长期外汇管制引起货币超发、大规模借债投资等因素，员工工资、厂房与土地租金、税收等大幅上涨，使得企业生产成本急剧上涨。在此背景下，国内企业向外投资意愿不断增强。2013年，习近平总书记提出"丝绸之路经济带"和"21世纪海上丝绸之路"倡议，即

---

① 资料来源于中国经济与社会发展统计数据库和Wind数据库。

"一带一路"倡议。此倡议提出后,得到共建国家的积极响应。中国积极与共建国家政府签订合约,在保护海外资产、提供投资便利化等方面充分发挥了积极引导作用,极大地推动了国内企业海外投资步伐,同时,也显著提升了企业的海外市场竞争力。伴随着产业的海外布局、大规模外资的引进与产品质量升级,中国企业以此获取诸多先进技术、国际投资成功经验与国际化市场信息(李磊等,2018)。国内企业尤其是国有企业,积极发挥自身资金、信息与技术等优势,分别对国外市场、资源与战略资产进行投资,进而显著提升了企业经济效益。

从对外投资的流向来看,2017 年排在前六位的地区是中国香港、美国、英属维尔京群岛、新加坡、开曼群岛、卢森堡,占总流量的比重高达 80.9%,其中,中国香港占总流量比重为 60.7%,成为主要的对外投资区域。从对外投资的产业流向来看,第三产业占总流量的 79.8%,是对外投资的主要流向。此外,对外投资涉及 18 个行业,其中租赁和商务服务业、制造业、批发零售业与金融业四大行业的投资流量超百亿美元,占总流量比重为 81.42%。[①]

总体而言,虽然产业布局的影响因素较多,但在社会主义市场经济体制下,产业布局仍是以国家战略为轴线。国家发展战略的变化,引起经济发展机制变动;经济发展机制的变动,驱动产业布局的调整;产业布局的调整,促进区域空间结构优化。这也是中华人民共和国成立以来,我国产业布局与空间结构的演变逻辑。

本章小结

产业布局是指在经济发展中,根据资源禀赋、市场需求、区域特点等因素,合理划分和配置产业的空间布局,其包含了静态与动态两方面含义。产业布局理论是社会分工细化和生存空间扩大的必然产物,是对产业部门与地域空间动态结合的科学阐述。常见的产业布局理论有区位理论、区域贸易理论、均衡与非均衡理论。其中,区位论经历了古典区位论、近代区位论、现代区位论三个阶段,是关于人类活动的空间分布及其在空间上流动与调整的学说。区位论蕴含了产业布局的基本逻辑,标志着产业布局学说开始形成,也是产业布局的基础理论。

了解产业布局的影响因素有助于科学合理地制定产业布局规划或产业布局政策来调整现有的产业布局,促进区域产业结构的高度化和合理化,增强区域间经济发展的协调性,最终达到整个经济的平衡发展和持续增长。影响产业布局的因素主要有地理位置、自然、社会、经济、技术等因素。合理优化产业布局不仅是国民经济协调发展的要求,而且是一种具有全局性、长远性的战略部署。因此,在产业布局的决策过程中,应遵循生产力发展水平决定产业布局、劳动地域分工

---

① 中华人民共和国商务部,国家统计局,国家外汇管理局. 2017 年度中国对外直接投资统计公报 [R]. http://hzs.mofcom.gov.cn/article/date/201512/20151201223578.shtml,2018.

影响产业布局、地区专门化和多样化相结合、产业布局"分散—集中—分散"螺旋式演变、地区差异性与非均衡性五大规律，以及遵循全局性、经济效益、集中与分散相结合、分工协作、可持续发展五大基本指导原则，以此促进产业布局发展的良好态势，进而推动产业布局在经济建设、社会稳定、环境保护、技术进步等方面的积极作用。

本章案例

中国产业布局发展趋势——网商（虚拟）产业园

近年来，随着新一轮工业革命与产业变革的兴起，我国创新创业日趋活跃，特别是移动互联网、大数据、云计算等新兴技术的大规模应用以及引发了相关产业的创业热潮，并由此引发了产业布局形态的变化。随着大型电商平台的兴起，我国许多地方不仅出现了淘宝村和电商创业园区，还出现了一种整合数量众多的电商企业的电商虚拟园区。下面重点介绍基于互联网平台构建的虚拟产业园区——泉州网商（虚拟）产业园。

泉州市网商（虚拟）产业园创立于2015年7月，由中心园区、分园区、电商社区（村）三级园区共同组成，能够在商务、运营、产品分销、电子商务在线非诉讼纠纷解决服务、金融、技术、人才、信用八大方面为企业提供服务。泉州市网商（虚拟）产业园采用一园多区、线上线下结合的立体型网格化布局。其中，中心园区位于泉州市中心城区，主要负责产业园集群企业托管服务、基础商务服务、运营服务、仓储物流服务、增值服务以及大泉州网供平台（"泉州购"）、集群注册和信用监管平台、众包协同平台等核心平台的建设运行，协调、指导各分园区的建设。分园区由各县（市、区）根据当地行业特点和实际情况组建而成，并由中心园区运营公司与当地政府、企业合作组建独立法人的运营公司，根据实际情况建设服装、鞋帽、建材、水暖、食品等专业网批市场和电商社区（村）。电商社区（村）是在条件成熟的社区、农村，依托利用闲置空房引导网商集聚经营而形成的网商集聚区，并由分园区为网店提供相应的工商注册、数据包下载、物流、仓储等商务运行配套服务。截至2016年底，泉州市网商（虚拟）产业园已吸引了超过7 000家个人或企业领证（营业执照）。

泉州市经济发达，产业集群规模很大，企业数量众多，服装、鞋帽、五金、雨伞、体育用品、食品、水暖等行业在全国具有举足轻重的地位，因此形成了许多专业性的小商品市场或专业批发市场。随着电商时代的到来，许多商贸批发企业采取两头兼顾的策略，创办了网店，进军电子商务市场。泉州市网商（虚拟）产业园为这些商户提供了一个多功能型的服务平台，特别是帮助商户寻找货源和客户，以及为商户提供小额的融资支持。正是由于这些服务，泉州市网商（虚拟）产业园对数量众多的中小微商业企业具有较强的吸引力。

资料来源：李晓华，叶振宇，方晓霞，等. 新工业革命条件下的中国产业布局发展趋势研究 [M]. 北京：经济管理出版社，2023.

复习思考题

1. 不同发展阶段下三大区位论特征有何差异？
2. 赫克歇尔—俄林理论的主要内容有哪些？
3. 产业布局的制约因素主要有哪些？
4. 如何遵循产业布局的地区非均衡型规律与经济效益原则？
5. 试分析区域性产业布局的主要模式及其在我国的应用。

延伸阅读

[1] 胡安俊. 产业布局原理：基础理论、优化目标与未来方向 [M]. 北京：中国社会科学出版社，2021.

[2] 马草原，朱玉飞，李廷瑞. 地方政府竞争下的区域产业布局 [J]. 经济研究，2021，56（2）：141-156.

[3] 姚常成，宋冬林. 数字经济与产业空间布局重塑：均衡还是极化 [J]. 财贸经济，2023，44（6）：69-87.

[4] 闫冰倩，田开兰. 全球价值链分工下产业布局演变对中国增加值和就业的影响研究 [J]. 中国工业经济，2020（12）：121-139.

第十二章 产业竞争力

经济全球化进程的加速，对世界各国的经济、政治以及社会均产生了巨大而深远的影响。就经济领域而言，在全球化背景下，国家或地区之间的经济竞争将会愈发体现在产业竞争力上，因此提升产业竞争力是应对经济全球化背景下国际市场变化的重要举措。由于研究的时间较短，产业竞争力理论尚未形成比较完善、成熟的体系，一些基本的理论问题还有待于作进一步的探讨。本章在继承、归纳和总结国内外已有成果的基础上，对产业竞争力的概念、理论、影响因素、评估方法进行较系统的概括和分析，并进一步从市场、企业和政府角度出发，从市场需求导向、产业链融合发展、产业集群、科技创新以及产业政策等具体的方面提出提高产业竞争力的路径。

第一节 产业竞争力理论基础

一、产业竞争力相关概念

（一）竞争力

竞争力是一种相对指标，是参与者双方或多方为争夺某种东西或资源所表现出来的一种综合能力。关于竞争力，樊纲给出了狭义的定义，其指出，竞争力是一国商品在国际市场上综合地位的体现，商品的竞争力主要体现在同样质量的产品是否具有低廉的价格，或者是同样质量的商品是否具有更低的成本，因此竞争力的概念最终可以理解为成本概念，即如何能以较低的成本提供同等质量的产品或者反过来以同样的成本提供质量更好的产品。

因此，竞争力从根本上决定了资源的配置格局和效率。竞争力适用范围较广，既包含经济类，也包含政治、组织以及个人。在经济范畴内，竞争力通常与国家、产业以及企业相结合进行更为精细定义，继而产生了国际竞争力、国家竞争力、产业竞争力以及企业竞争力等概念。这些概念既有差异又相互关联。其中，按照竞争场所差异可划分为国际竞争力和地区间竞争力，而按照研究对象差异可划分为宏观的国家竞争力、中观产业竞争力与微观企业竞争力。

(二) 国际竞争力

国际竞争力是从国家层面给予的定义，不同学者对其定义尚未统一。从 20 世纪 80 年代初开始，美国产业的国际竞争地位问题成为美国政府、舆论界和学术界十分关注的重大问题。实业界和政府对企业竞争力的关注，推动了学术界对这一领域深入的理性分析，但目前国内外学术界对国际竞争力理论还没有形成十分严密性的体系。洛桑国际管理发展学院（IMD）和世界经济论坛（WEF）最早界定了国际竞争力概念，并基于此概念对不同国家的国际竞争力进行评估。其中，《国际竞争力报告》和《国际竞争力年鉴》中均指出，国际竞争力是指一个国家或公司在世界上均衡地生产出比其他竞争对手更多财富的能力。国际竞争力主要表现为国家之间、产业之间、企业之间以及产品或服务之间的竞争，继而关于国际竞争力研究也主要集中在国家、产业、企业以及产品等方面。

2010 年 10 月 25 日，社科院发布 2010《国家竞争力蓝皮书》，以 1990~2008 年的 100 多个国家数据为基础，分析了中国在内的 100 个主要国家的位置及其变化。其中，中国的国家竞争力由第 73 名上升至第 17 名。此外，《全球城市综合排名》围绕商业活动、人力资本、信息交流、文化体验和政治事务五个维度评估当前全球最具竞争力的城市。

(三) 产业竞争力

国家竞争优势归根结底表现为产业的竞争优势。如果一个国家某个产业的劳动生产率提高较快，该部门的整体劳动生产率也要远高于其他国家，也就是说这个国家具有产业国际竞争优势。1990 年哈佛大学迈克尔·波特（Michael Poter）教授从生产要素、需求要素、产业相关因素以及企业相关联等四个角度创立了竞争优势的"波特四因素模型"，对产业竞争力的优势进行详细阐释。波特在《国家竞争优势》一书中指出，产业竞争力就是在一定贸易条件下产业所具有的开拓市场、占据市场并因此获得比竞争对手更多利润的能力。我国学者郭京福（2004）认为，产业竞争力是指某一产业或整体产业通过对生产要素和资源的高效配置及转换，稳定持续地生产出比竞争对手更多财富的能力。由此可见，产业竞争力具体可从产品价格、成本、质量、服务、品牌和差异化等方面进行对比。进一步按照竞争的范围的不同，又可分为国际产业竞争力和一国区域内产业竞争力。赵洪斌（2004）将因技术水平差异形成的产业竞争力称为产业绝对竞争力，而对于不同国家或区域的相同产业竞争力的比较称为产业的相对竞争力。

二、产业竞争力相关理论

鉴于不同研究者的研究视角以及研究内容的差异，不同学者对产业竞争力的理论基础认识也有所不同。整体而言，从国际贸易视角对产业竞争力的相关理论探讨较为广泛，主要涵盖比较优势理论、竞争优势理论、产品生命周期理论以及产业集群理论。

（一）比较优势理论

比较优势理论，是西方经济学中国际贸易领域的一个比较核心的理论。最早是由亚当·斯密（Adam Smith）提出，而后由古典经济学家大卫·李嘉图（David Ricardo）发展成型，用于解释19世纪上半叶英国世界产业巅峰时期的贸易政策，为当时已经逐渐沦为英国贸易支配对象的葡萄牙的贸易政策进行"指导"。到20世纪30年代，随着西方经济学即新古典经济学发展起来后，经国际贸易学家俄林等人加入资本—劳动的要素禀赋概念，成为所谓要素禀赋论。

1776年，亚当·斯密在《国富论》中提出的绝对优势理论开创了比较优势理论的源头。他认为分工可以提高生产效率，那么各国按照自身绝对有利条件进行国际分工会大大提高各国的资源利用率，并凸显本国贸易的绝对优势。需要指出的是亚当·斯密提出的绝对优势理论忽视了一旦部分国家不存在自身禀赋，则不存在绝对优势。

1817年，李嘉图出版的《政治经济学及赋税原理》一书指出比较利益是国际贸易和国际分工决定因素。无论是否存在绝对优势，不同国家间均可通过国际分工和国际贸易获得利益。其认为各国之间由于在生产技术上存在差异，导致生产成本以及产品价格产生差异，在不同产品间存在着比较优势，进而补充了各国参与国际分工的依据和条件。比如，优势国可以专门分工生产优势较大产品，而劣势国则专门分工生产其劣势较小的产品，并通过国际交换进行获利。李嘉图提出的比较优势理论很好地弥补了绝对优势理论所忽视的问题。但是，比较利益产生于各国之间劳动生产率差异以及由此产生的劳动成本差异，后人以机会成本差异代替了劳动成本差异，但劳动成本差异产生的原因并未给予解释。

20世纪初，瑞典经济学家俄林（Bertil Ohlin）与赫克歇尔（E. Hechscher）提出了赫克歇尔—俄林理论（H-O理论）。该理论认为仅用劳动生产率差异解释比较优势是不够的，指出各国的相对要素禀赋或者资源禀赋决定各国在国际贸易中的比较优势存在的原因和决定条件。因此常被称为要素比例或要素禀赋理论。H-O理论认为相对要素丰裕度和相对要素价格之间的差异是导致两国贸易前相对商品价格不同的原因，这种相对要素价格和相对商品价格之间的差异可以转化为两国间绝对要素价格和绝对商品价格的差异，这种绝对价格差异才是两国发生贸易的直接原因。要素禀赋模型从两方面对比较优势理论进行拓展。一方面，该理论从要素禀赋角度阐释比较优势产生的根源。另一方面，通过分析要素价格的变动阐释国际贸易对收入分配的影响。因此，H-O理论通过研究比较优势产生的原因以及国际贸易对不同国家要素收入的影响，进一步扩展了绝对优势理论和比较优势理论。

(二) 竞争优势理论

传统的 H-O 理论主要从静态的视角构建理论体系,但缺乏动态的目光对各国资源禀赋和比较优势进行分析。因此为了克服传统竞争优势理论等传统国际贸易理论的缺陷,一些学者开始选择竞争优势理论之外的新贸易理论和贸易政策理论对国际贸易现象进行阐释,其中最有影响的理论是国家竞争优势理论。

竞争优势理论是由美国哈佛商学院著名的战略管理学家迈克尔·波特于1990年在《国家竞争优势》中提出,又称钻石理论(钻石模型)。波特认为,一个国家某产业的竞争优势主要由四个因素决定,即国内生产要素、国内需求、相关产业和支持产业,以及企业战略、结构和竞争。这四个要素之间相互作用,进而形成钻石体系。同时,机遇和政府作用于这四个因素对竞争力起辅助作用。通过其"钻石体系"模型,波特对一个国家的产业(或企业)如何获取持久的国际竞争能力进行科学阐释。

除此之外,波特的竞争优势理论还从基本价值链这一维度对企业内部竞争优势来源进行分析。其认为产业分工能够提高企业的生产力水平,企业间竞争也促使产业生产环节优化。并指出没有哪家企业能够在产品的所有环节都具有比较优势或者说竞争优势,在同一产业内部也需要进行产业内的分工和合作。对于企业自身而言,要形成并保持产业竞争力,需要对自身在不同生产环节和产品的竞争的优劣势进行科学分析,并及时对产品结构和组织结构进行动态调整,一方面及时对部分老产品进行淘汰和企业进入新产品市场,另一方面通过加大研发投入的形式升级老产品和研发新产品。

竞争优势和比较优势两者之间具有明显差别。比较优势主要强调的是产业在生产要素占有的差别,而竞争优势则侧重于产业在市场竞争中的表现,前者主要从投入角度进行比较,而后者则是从产出角度进行分析。具有比较优势的产业具有潜在竞争力,而是否具有竞争力则需看该产业是否具有现实竞争力,即具有竞争力。比较优势是基于自身要素禀赋的天然竞争力,而竞争优势则是"先天禀赋+后天要素+企业行为"等逐渐形成的后天竞争力。比较优势主要强调地区间不同产业之间的劳动生产率的相对优势,侧重于地区间的产业分工与产业互补的合理性。而竞争优势则体现不同地区相同产业生产率的绝对差异,强调了地区产业竞争和产业替代的因果关系。除此之外,比较优势与竞争优势之间也具有密切的关系,通常可以相互转化。首先比较优势是竞争优势形成的基础,体现了行业(或企业)在要素配置市场上的竞争优势,具有比较优势的产业更容易形成较强的竞争力,因此在一定条件下比较优势可以转化为竞争优势。其次产业的竞争优势可以进一步强化比较优势,一般而言具有竞争优势的产业,可以对外部的生产要素,尤其是高端生产要素产生较强的吸引力,进而进一步加强本地区的比较优势,因此比较优势和竞争优势两者相辅相成。

(三) 产品生命周期理论

产品生命周期理论是由美国哈佛大学教授雷蒙德·弗农（Raymond Vernon）于 1996 年在《产品周期中的国际投资与国际贸易》中首次提出，他从产品生产的技术变化出发分析了产品生命周期阶段的循环以及对贸易格局的影响。弗农认为，产品生命是指市场上的营销生命，产品和人的生命一样，要经历萌芽、成长、成熟、衰退这样的生命周期。就产品而言，同样要经历开发、引进、成长、成熟、衰退的生命阶段。但这个周期在不同技术水平的国家，发生的时间以及过程也存在差异，不同国家之间存在较大的差距和时差，这主要是因为不同国家在技术上的差距，进而反映了同一产品在不同国家市场上以及不同时间节点上的竞争地位的差异，并决定了国际贸易和国际投资的改变。该理论侧重从技术创新、技术进步和技术传播的角度来分析国际贸易产生的基础，将国际贸易中的比较利益动态化，研究产品出口优势在不同国家间的传导。

弗农的国际产品生命周期理论分三个阶段，主要有新产品的引入阶段、成长以及成熟阶段、标准化阶段和衰退期。在新产品的引入阶段，新产品创新国家拥有绝对垄断技术优势，然而由于产品尚未完全成型，技术上未加完善，市场竞争不激烈，主要在国内销售。随后到了成长和成熟产品阶段，由于创新国技术垄断和市场寡头的地位被打破，产品开始大批量生产并稳定进入市场销售，相关技术也逐步扩散到其他发达国家。产品市场逐步饱和，竞争激烈，技术逐渐标准化，销售增速放缓乃至下降，相关企业不得不展开产品质量、包装、花色、规格等方面的非价格竞争。最后到了标准化和衰退阶段，产品进入淘汰阶段，技术标准化、利润和销量持续下降，并有新产品逐渐出现。发达国家选择将生产线转移到发展中国家延长产品周期或者直接淘汰相关产品，逐渐开始新一轮新技术新产品的生命周期。

(四) 产业集群理论

20 世纪 80 年代美国学者麦克尔·波特创立了产业集群理论，其指出产业集群是指在特定地理区域内，具有竞争与合作的具有关联性的企业、专业供应商、服务供应商、金融机构、相关产业的厂商以及其他相关机构等组成的群体。不同产业集群在纵深程度和复杂性差异表示介于市场和等级制之间的一种新型的空间组织结构和形式。因此，产业集群超越了一般产业的概念范围，形成一定地理范围内多个相关产业相互融合、众多类型机构相互关联的有机共生体，进而构成这一区域具有特色的竞争优势。现阶段，产业集群发展情况已经成为考察经济体或者区域地区经济发展水平的重要指标。

产业集群基于整体视角对特定区域的竞争优势进行挖掘。而且产业集群突破企业和单一产业的明确边界，将视角集中在某一个特定区域中，与具有竞争和合作关系的企业、相关机构、政府、民间组织等的战略互动。进而使他们能够从一个区域整体视角对经济、社会的协调发展进行系统思考，并进一步考察是否具备构成特定区域竞争优势的产业集群,并将临近地区间的竞争与合作考虑在内,而不是在局限地只考虑一些个别产业和狭小地理空间的利益问题。

产业竞争力反映了一个国家或地区的产业对该国或地区要素资源禀赋结构和市场环境的调整能力。同一产业相关的企业集聚在一起,形成相互竞争与合作的产业集群,对于提高产业的竞争力具有很强的促进作用。现代组织理论指出,产业集群是创新因素的集群和竞争能力的放大。波特则进一步指出,一国产业在地理上的集聚,能够对产业的竞争优势产生广泛且深刻的积极影响。

基于全球市场的竞争而言,具有国际竞争力的产品往往其产业内的企业是群聚在一起而不是分散的。产业集群可以通过要素集聚效应、分工效应、降低空间交易成本、创新效应、竞争和合作效应、品牌和广告效应、协同和溢出效应提升区域企业竞争力。

第二节 产业竞争力模型分析

波特所提出的钻石模型是分析产业竞争力影响因素的重要模型,一些学者在此基础上进行有益拓展,延伸出波特—邓宁模型、对外开放模型、双钻石模型以及九因素模型。

一、钻石模型

迈克尔·波特通过对不同国家的产业国际竞争力进行比较研究后认为,一国的特定产业是否具有国际竞争力,取决于要素条件,需求条件,相关与辅助产业的状况,企业策略、结构与竞争者,机遇以及政府行为六个因素。波特将这六个方面的因素绘成一个菱图,来表明它们之间的相互关系,由此构成了产业国际竞争力研究的"钻石体系"(见图12-1)。

(一)生产要素

生产要素是指生产某种产品所需要的各种投入,包括土地等自然资源、人力资本、组织管理、金融资本及基础设施。产业竞争力不仅与生产要素数量息息相关,更与生产投入要素的产出效率相关。波特把生产要素分为基本要素与高等要素、通用要素与特殊要素,从而在传统的要素成本优势理论上推进一大步。其中,基本要素包括自然资源、气候、地理、非熟练和半熟练劳工、债务资本等,而高端要素包括现代化网络设施、高端人才、尖端学科的研究机构等方面。通用要素主要是指那些可以被不同行业所共用的要素,如高速公路、融通资金、大学一般专业的毕业生,具有普适性。特殊要素指应用面很窄的专业人才、基础设施和专门知识。例如,丹麦凭借先进的发酵科研技术和家具高级设计师在制酶业和家具业领先。

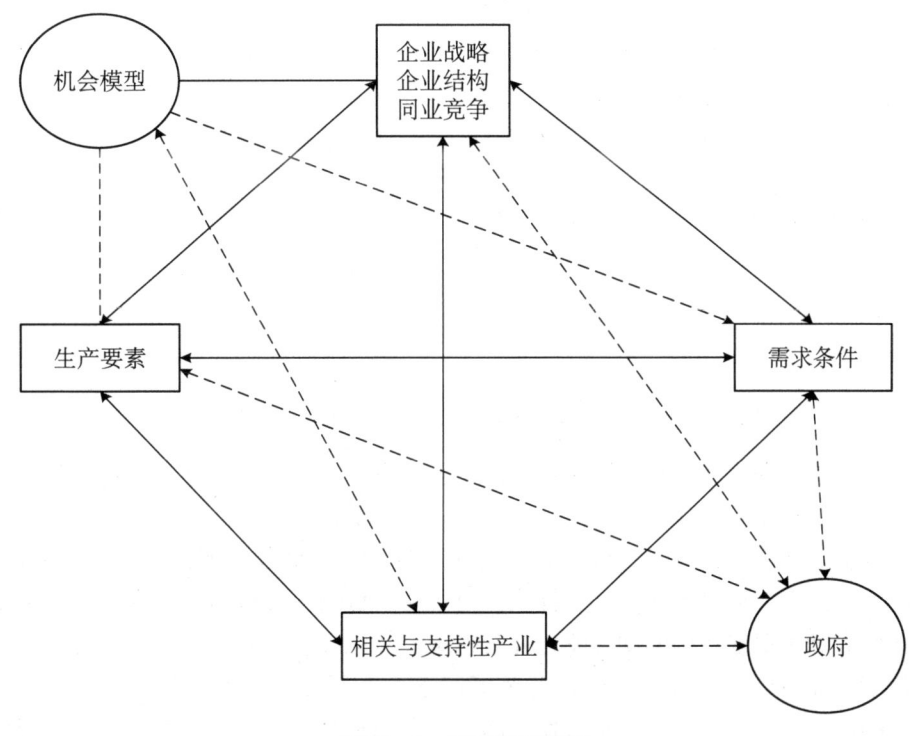

图 12-1 波特钻石模型

资料来源：芮明杰. 产业竞争力的"新钻石模型"[J]. 社会科学, 2006 (4): 68-73.

随着科学技术的快速发展，基本要素和通用要素对企业竞争力的影响程度逐渐降低，而高等要素和特殊要素凭借其提供相对稀缺的要素投入对企业竞争力的影响极为重要。但是，高等要素和特殊要素的形成过程时间漫长，需要长期的人力资本投入以及合适的经济、政治和文化环境提供。因此，如何创造、更新和完善高等要素和特殊要素是维持国家产业竞争力的必然要求。

(二) 需求状况

需求条件主要是指具体到一国市场所提供的产品或服务需求，内需是提升产业国际竞争力的内生动力。许多企业的投资和生产主要用于满足国内需求，而国内需求规模决定了企业的投资规模和技术创新，对国际产业竞争力产生很大影响。波特分析了不同国家在需求特征、需求规模、需求国际化等方面的差别对产业竞争力的影响，研究发现本国的需求条件是影响一个行业一个产品是否具有国际竞争力的一个重要因素。国内需求越大，越有利于促进企业竞争，形成规模经济。而国内需求的高质量要求更有利于促进创新，提升产品质量，进而提升企业产业竞争力。

当然，针对本国需求条件是否有利于国际竞争还与以下三个方面息息相关。第一，国内市场需求占全球份额。如果本国市场需求占全球市场份额越大，则本国企业更适应于国际需求，更拥有竞争优势。第二，市场需求量。如果本国居民对某一产品的需求规模较大，更容易激发本国企业技术创新，追求产品质量的提升，进而更有利于提高本国该产业的国际竞争力。第三，需求国际化。随着全球经济一体化的推进，世界各国在全球价值链中扮演不同的角色，一国企业作为生产者为国际市场提供产品和服务，同时作为消费者从国际市场进口产品和服务。一国的企业将会面临更大的产品市场，其不仅面对来自国内企业的竞争压力，同时也面临着来自国外企业竞争的压力，企业若想在竞争中取得先机，将不得不在产品的加工工艺、产品技术研发投入以及企业管理等方面投入巨大的财力、物力和人力，进而更有助于提升企业产业竞争力的提高。

(三) 相关与辅助产业的状况

最终产品的生成需要不同企业之间的紧密合作，一个企业不可能包揽从原材料生产到最终销售环节整个生产链，其需要不同环节的企业进行紧密合作。因此，相关产业的产业竞争力对于产品的创造过程具有极其重要的影响力。例如，上游产业的存在可以为下游产业提供及时且高质量的原材料和零部件。好的下游企业则有助于把握市场的动态变化并掌握该产品在市场中的竞争优势和劣势，及时提醒企业对产品进行调整以符合市场需求，进而促进整个产业链竞争力的提升。因此，上下游产业的紧密合作，同样也会增强双方产业的国际竞争力。与此同时，如果该企业的产业竞争力低于上游或下游企业平均产业竞争力，那么其将会降低整个产业链的竞争水平，因此高度发达的合作对于提升企业创新和升级进而维持企业竞争优势是必要的。此外，一国有竞争力的产业通常形成良好的合作和信息共享，带动相关性产业竞争力的提升，形成从生产、加工、运输、销售以及服务等涵盖全产业链的竞争优势。

(四) 企业的经营战略、结构与竞争方式

鉴于不同国家的经济、制度、文化等差异性的存在，导致不同国家对企业目标、策略、组织以及管理方面存在诸多差异，这些差异与一国独特的国家环境特征密切相关。即企业把各种竞争优势在企业范围内进行合理配置，各产业中的企业的目标、策略、组织方式对各国各产业的国际竞争力产生直接的影响。国际竞争作为国内竞争的拓展和延伸，企业不仅面临着国内企业的激烈竞争，同时也将面临国际企业的竞争，迫使企业在产品工艺、新产品和新服务、管理流程等方面提高产业竞争力。

(五) 机遇

对于一国产业发展而言，其不仅受到生产要素、需求情况、相关产业发展以及企业经营战略等因素的影响，同时一些偶然的因素或机会也会对一国产业竞争力产生影响，甚至是决定性作用。机遇则是指那些超出企业可控制的突发事件，如重大技术创新的突破、金融危机以及汇率重大的变化等。机遇作为一种不可控的突发事件，通过打破原有的竞争环境以及竞争秩序，创造出"竞争断层"。而这种竞争断层引起企业间竞争地位发生转变，使以前的竞争优势迅速失效，同时为能够快速适应新形势变化的企业提供获得竞争优势的机会。当然，一个国家是否能够通过机遇获得产业国际竞争力，还要取决于诸多的因素，这也决定了不同国家通过机遇获得效果的不同。

（六）政府

政府作为市场的催化剂和挑战者，其通过在资本市场设置的补贴、生产标准、竞争条例等方面政策对企业、产业的国际竞争力产生直接影响，当然这种影响力既有积极作用但也有消极的一面。一个尊重市场秩序且富有前瞻眼光的政府对于一国产业竞争力的提升具有重要作用。相反，其不仅不能促进产业竞争力的提升，甚至对一国产业发展产生巨大约束甚至负面作用。因此，政府对于一国产业竞争力的提升具有重要的作用，同样政府的行为也可能受到以上各种因素的影响。

二、波特—邓宁模型

自 20 世纪 90 年来以来，随着经济全球化进程加速，国际资本流动日益频繁以及跨国公司的行为对各国的经济影响日益显著。1993 年邓宁（Dunning）对波特的钻石模型进行批判和补充，其指出波特的钻石模型并没有对跨国公司与国家钻石之间的关系进行深入讨论。邓宁指出变化的经济形势将会对波特模型中的各种互动因素产生重要影响，甚至导致一些很重要的因素变成次要因素。因此，其在波特"钻石模型"基础上进行补充和完善，将跨国公司的影响纳入其中。其指出，跨国公司的技术和组织资产受到"国家钻石"配置影响时，跨国公司会对国家资源和生产力的竞争力给予强烈冲击。因此，他将跨国公司商务活动作为另一个外生变量引入波特的"钻石模型"。英国学者这一理论后来被学术界称为波特—邓宁模型（见图 12-2）。

三、对外开放模型

对外开放对产业的国际竞争力具有显著影响。因此，波特的"钻石模型"中不能忽略"对外开放"这一重要因素，进而提出发展的"钻石模型"，即对外开放与产业国际竞争力模型。该模型将各要素分成三个层次：最上层的是产业国际竞争力，它由中间层次——波特因素支撑，最下层是对外开放，包括外贸、外资和技术转让等方面的因素。从实质上看，这个模型与"波特—邓宁模型"基本相同，都强调对外经济交往的因素。

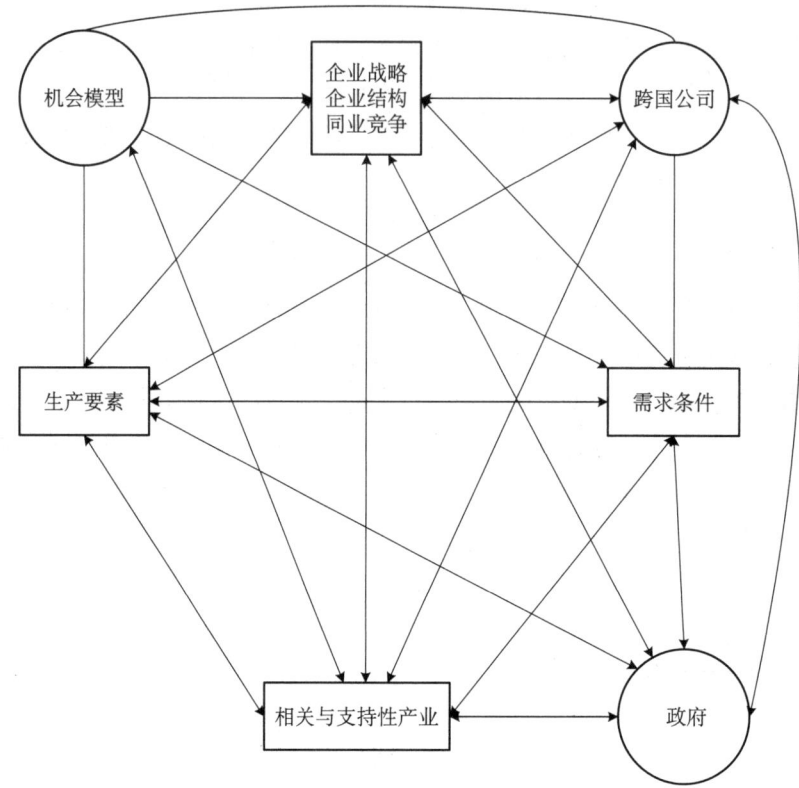

图 12-2 波特—邓宁模型

资料来源：汪莹. 产业竞争力理论研究述评 [J]. 江淮论坛, 2008 (2): 29-38.

四、双钻石模型

鲁格曼和克鲁兹（Rugman & Cruz）在分析加拿大的国家竞争优势时，发现波特的钻石模型对于经济规模较小、开放的贸易经济的国家存在一定的问题。其发现美国和加拿大的自由贸易协定使两国的贸易边界越来越小，但政府的政策和产业战略作用却越来越小。为了克服这种不利的影响，其将美国和加拿大的钻石模型联系起来，进而指导加拿大产业如何生存下来并取得最大的产业竞争优势，进而形成了双钻石模型（见图 12-3）。

五、九因素模型

九因素模型由韩国汉城国立大学学者乔东逊于 1994 年以韩国经济发展为实例所建立的关于欠发达国家和发展中国家的产业国际竞争力模型。该模型认为物理因素和人力因素是影响国际产业竞争力的决定因素。其中，物理因素包含国内需求、资源禀赋、商业环境以及相关产业支持。人力因素包括政治家和官僚、企

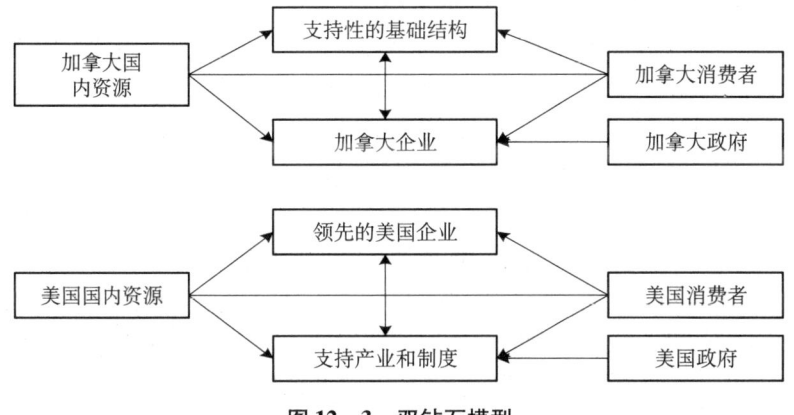

图 12-3 双钻石模型

资料来源：杨玲丽，丘海雄."钻石模型"的理论发展及其对我国的启示 [J]. 科技与经济, 2008 (3): 55-58.

业家、工程师、职业经理人以及工人。乔东逊研究发现韩国在资本、技术以及庞大的国内市场需求等"物质"要素方面比较匮乏，其经济增长源泉主要依靠具备良好教育并充满活力、具有献身精神的"人力"要素，实现路径则是发挥政府以及企业积极作用，通过从国外引进先进的技术、资本和管理经验，发展本国产业并积极开拓国外市场，进而创造影响经济增长的其他资源要素。在此基础上，乔东逊构建了"九要素模型"（见图 12-4）。

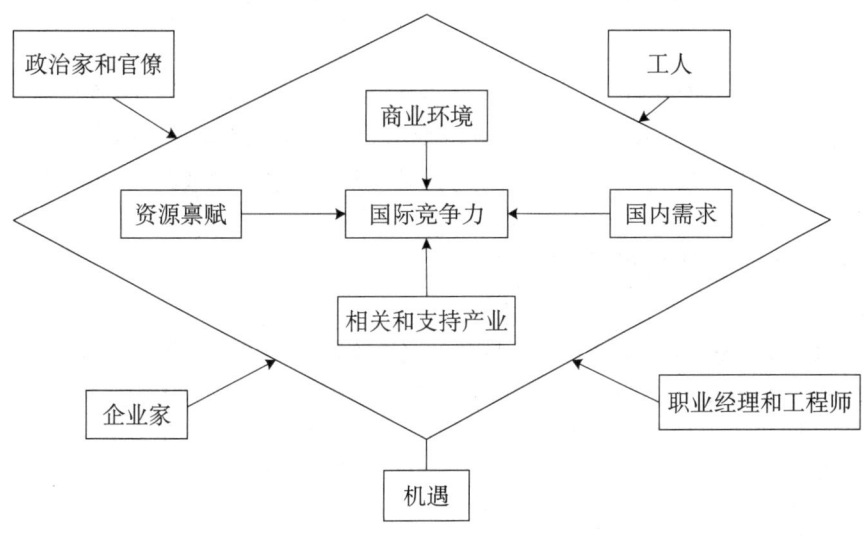

图 12-4 九因素模型

资料来源：汪莹. 产业竞争力理论研究述评 [J]. 江淮论坛, 2008 (2): 29-38.

相比波特提出的钻石模型，该模型更适应于探析欠发达国家产业竞争力的决定因素，进而提出针对性的政策意见。但是，九因素模型在应用过程中依旧存在着一定的局限。其一，"九因素模型"尽管是基于"钻石模型"上的修订，但其依旧是对产业竞争力进行定性分析，缺乏定量分析；其二，"九因素模型"是基于发展中国家的视角考虑产业国际竞争力问题,然而在分析中国数字内容产业国际竞争力时,不仅要涉及发展中国家同时又要涵盖发达国家,因此九因素模型对产业竞争力分析缺乏全面性。总结而言,在利用"九因素模型"的过程中,必须结合国家经济水平以及自身成员特点等因素,对模型进行适度的修正。

以上几个分析模型,都是基于波特的钻石模型进一步发展而来的。上述模型都是这些学者根据本国的具体情况,对钻石模型进行了不同程度的改进与创新,或是对原来的影响因素进行细化,抑或增加新的影响因素。然而,总结而言,只是研究的视角和侧重点的不同,都仅是对钻石模型的改进与补充。

由于波特的钻石模型并没有将许多国家的经济活动考虑在内,因此该模型仅适用于经济比较发达的国家。进一步地,邓宁的国际化钻石模型则有所改进,它将跨国公司的作用考虑在内,并将其作为外生变量应用到了模型里面,适用于经济比较发达的国家。而克鲁兹和沃博科的双钻石模型不仅考虑到跨国活动的影响,同时还意识到双向投资的必要性,因此其模型则比较适用于经济规模小且开放的国家。而乔东逊的九因素模型则另辟蹊径,重点深入分析欠发达国家的产业竞争力,因此该模型则较为适合于经济发展水平较差,开放程度较低的欠发达国家。总结而言,以上的理论模型都极大程度上促进产业竞争力理论的发展,同时对区域产业竞争力影响因素分析作出巨大的贡献。

第三节 产业竞争力评价

产业竞争力评价的主要目的是通过评价一个国家或地区某一产业发展现状,及时发现该产业现存问题,为政府相关部门制定正确的产业政策提供参考依据。因此,产业竞争力评价是一国政府制定宏观经济政策的重要基础。

一、产业竞争力评价体系

瑞士桑洛国际管理发展学院(IMD)评价体系、世界经济论坛(WEF)评价体系、荷兰格林根大学评价体系以及联合国工业发展组织(UNIDO)评价体系是当前产业竞争力评价方法的主要参考依据,其中前两个评价体系多适用于比较国家竞争力,而后两个评价体系主要侧重于研究产业竞争力。本节通过对比当前不同产业竞争力评价体系内容,知晓衡量产业竞争力的核心指标,分辨不同产业竞争力评价方法优缺点。

(一)瑞士桑洛国际管理发展学院(IMD)评价体系

科学、规范、全面以及可行性是构建产业竞争力指标评价体系应遵循的原则。IMD国际产业竞争力体系框架主要由国内经济、国际化程度、政府作用、金融环境、基础设施、企业管理、科学技术以及国民素质八个一级指标组成,每一个一级指标又对应 25~46 个二级指标，合计 290 个指标变量。其中 180 个指标来自各个国家的统计数据，可以直接获得，称为硬指标。另外 110 个数据则通过采用问卷调查的方式对各个国家进行调研获得，称为软指标。在计算产业国际竞争力指数时，IMD 将硬指标和软指标进行加权，权重分别为 2/3 和 1/3。IMD 通过测算出来的加权指数对不同国家产业竞争力进行排名。

IMD 评价指标体系在国际上产生了巨大而广泛的影响，但也存在一些不足。其一，IMD 评价体系内容发生变动，且更适合发达国家经济体的需要。2001 年之前，IMD 依据八大要素构建产业国际竞争力评价体系。但 2001 年起，IMD 提出了经济运行、政府效率、企业效率、基础设施和社会系统四大国际竞争力要素构成的新体系，且更适应于发达经济体系。其二，在计算产业国际竞争力指数时，IMD 赋予硬指标和软指标权重分别为 2/3 和 1/3，权重设置存在主观性，缺乏客观性，使得最终计算得到的综合评价指数失之偏颇。其三，IMD 评价体系内容过于宽泛，几乎包含了所有经济因素。过多的指标一方面会引起重复性问题，另一方面如果指标变量间存在较强的对立关系，会引致综合评价指数存在计算困难的问题。表 12-1 罗列了 IMD 产业国际竞争力评价指标体系内容。

表 12-1　　　　　　　IMD 产业国际竞争力评价指标体系

时间	评价体系要素
2001 年之前	国内经济、国际化程度、政府作用、金融环境、基础设施、企业管理、科学技术以及国民素质
2001 年之后	经济运行、政府效率、企业效率、基础设施和社会系统

资料来源：杨公仆，夏大慰，龚仰军. 产业经济学教程 [M]. 上海：上海财经大学出版社，2008.

（二）世界经济论坛（WEF）评价体系

WEF 评价体系由国际竞争力指数、经济竞争力指数以及市场化增长竞争力指数三个维度组成。1998 年世界论坛又加入包含商业环境、企业内部管理水平与经营战略成熟程度的微观竞争力指标。波特指出，一国经济的竞争力不仅受宏观经济的影响，而且还与当前的生产率、微观经济制度息息相关。基于该理论指导，WEF 在 2000 年将经济竞争力又进一步细分为经济成长竞争力和当前竞争力两个部分。此外，世界经济论坛评价体系提高了科技创新能力的影响比重以凸显知识经济的重要性。表 12-2 罗列了 WEF 产业国际竞争力评价指标体系内容。

表 12-2　　　　　　　WEF 产业国际竞争力评价指标体系

评价体系要素	国际化程度、政府作用、金融市场发展、基础设施、企业管理、科学技术、劳动力市场及流动性以及法规

资料来源：杨公仆，夏大慰，龚仰军. 产业经济学教程 [M]. 上海：上海财经大学出版社，2008.

WEF 也基于八大因素构建产业国际竞争力评价体系。与 IMD 不一样的是，WEF 评价体系中统计数据和调研数据分别为 1/4 和 3/4，前者明显低于后者。而且每类要素中统计数据和调研数据也有所差异。其中,开放度、政府、金融、劳动四类要素中的定性数据分别占 3/4,调查数据占 1/4。而基础设施和技术两类要素中的定性数据占 1/4,调查数据占 3/4。企业管理和法规制度两类要素数据均为调研数据。同时,在构建产业国际竞争指数时,不同要素占比也存在差异,其中,开放程度、政府、金融与劳动权重赋值为 1/6,基础设施和技术权重赋值为 1/9,企业管理和法规制度权重赋值为 1/18。

WEF 在 IMD 基础上又加入微观经济变量指标,是对 IMD 评价体系构建的进一步完善。但 WEF 评价体系也存在着不足。其一,WEF 每年发布的《全球竞争力报告》内容发生较大的变化,如 WEF 提出的增长竞争力指数、当前竞争力指数以及后续提出的环境管制制度指数。由于每年《全球竞争力报告》内容发生变化,造成数据可对比性特征较差。其二,WEF 报告中定性的调研数据占比过大,造成调查结果的准确性严重依赖于所回收的调查问卷的代表性和真实性。

(三) 荷兰格林根大学评价体系

荷兰格林根大学评价体系认为价格水平、生产率水平以及质量水平可以反映产业竞争力,故该体系内容主要从这三个维度构建,具体评价体系内容见表 12-3。荷兰格林根大学评价体系能够实现不同国家产业分类按同一体系进行标准化,保证了数据指标的对称性。这一特点是通过用单位价值率将各国产业产品的数量、价格折算为国际可比价格,再根据有关数据计算劳动生产率、资本生产率、全要素生产率、单位劳动成本和价格水平等指标,作为衡量产业竞争力的主要参数。

表 12-3　　荷兰格林根大学产业国际竞争力评价指标体系

一级指标	二级指标
价格水平	产出/投入相对价格水平、相对单位劳动成本水平
生产率	劳动生产率、资本生产率、全要素生产率
质量水平	品牌开拓、占领市场的能力、超值创利能力以及品牌发展潜力

资料来源:杨公朴,夏大慰,龚仰军.产业经济学教程[M].上海:上海财经大学出版社,2008.

(四) 联合国工业发展组织关于各国工业竞争力的评价指标体系

区别于 IMD 和 WEF 提出的直接测度国家产业竞争力指标,联合国工业发展组织(UNIDO)又构建了一套用于分析各国工业竞争力的指标体系——CIP 指数(the competitive industrial performance index,CIP)。CIP 指数由 4 个衡量工业绩效基础指标构成,分别为人均制造业增加值、人均制造品出口额、制造业增加值中高技术产品比重以及制造品出口额中高技术品产品比重共四个指标测度。通过加权计算得到各国的工业竞争力指数。

(五) 中国产业竞争力评价体系

由于不同国家的市场经济制度、经济发展水平、政府管理程度以及文化有所差异,故产业竞争力的"钻石模型"也不一定完全相同。与发达国家相比,中国存在不完善的市场经济制度、企业创新自主研发能力一般等问题。因此,完全仿照发达经济体系对于进一步提升中国产业竞争力水平效果一般。赵彦云等(2009)则立足中国产业竞争力现实情况,从产业聚集、企业聚集、创新支撑、资源配置等方面,提出了适合中国之声国情的"中国产业竞争力钻石模型",为建立中国产业竞争力的评价体系提供理论框架。其指出中国产业竞争力钻石模型分为三个层次,分别为核心竞争力、基础竞争力以及环境竞争力。核心竞争力主要是成本竞争和企业研发之间的竞争。而基础竞争力层面是支撑核心竞争力的重要基础保障,其发展主线是技术创新。国家基础研究和高校研究机构的研发、金融支持、基础设施以及人力资本为提升竞争力提供人力和资金支持。环境竞争力通过完善竞争环境和提高政府管理效率辅助基础竞争力和核心竞争力。

王连芬和张少杰(2008)从生产竞争力、市场竞争力、技术竞争力、资本竞争力、环境竞争力和组织竞争力六大方面构建中国产业竞争力指标体系。其中,生产竞争力包括全员劳动生产率、工业总产值、工业增加值、成本费用利润率等;市场竞争力包括收入成本率、利润总额、产品销售收入、市场占有率、品牌影响力以及售后服务情况等;技术竞争力包括技术人员投入强度、研究与发展经费支出、研究与发展人员数量以及研究人员占比等;资本竞争力包括固定资产原值、资产产值率、流动资产周转率、全年完成投资总额以及资产增加值率等;环境竞争力包括经济总体发展水平、政治与法律法规体系、购买与消费环境、基础设施状况以及人口素质水平;组织竞争力包括企业家与管理水平、政府对产业发展的扶持力度、产业集中度、规模经济发展水平以及专业化发展水平。

二、产业竞争力评价方法

结合现有文献将产业竞争力评价方法归纳为综合评价法、竞争结果评价法以及数据包络分析法。

(一)综合评价法

影响产业竞争力的因素较多,且绝大多数学者主要采用多维度方法构建产业竞争力评价体系。综合评价法是学者评价产业竞争力的主要方法,许多学者采用此方法对不同国家或地区的某类产业竞争力进行测度和研究。综合评价法是指对影响或决定竞争力的多种因素进行综合考虑,并利用统计分析、运筹学、系统工程以及模糊数学等方法进行综合分析与评价,如因子分析、层次分析以及数据包络法等。当然,也有部分学者采用单一因素来衡量某一国家某一产业国际竞争力,如显示性比较优势。

1. 因子分析法

因子分析法指从选取的变量群中提取共性因子的统计方法。其主要由英国心理学家斯皮尔曼(Spearman)提出。他指出,学生各个学科的成绩具有一定的关联性，往往一科成绩较好的学生，其他科目也表现较为优异，进而其推想这种关系是否存在某些潜在的共性因子，抑或称某些一般智力条件影响着学生的学习成绩主要因素。因子分析主要是利用降维思想，将相关变量归纳为一个因子，进而降低变量数目，以较少因子数量反映出较大信息。因子分析可划分为 R 型和 Q 型两种，其中，R 型主要适应于研究对象为数据变量，而 Q 型适用于研究对象为样品。因子分析数学模型可表示为：

设有 p 个原始变量 X_i（i = 1, 2, …, p），可表示为：

$$X_i = \mu_i + a_{i1}F_1 + a_{i2}F_2 + \cdots + a_{im}F_m + \varepsilon_i, \quad m \leq p \tag{12-1}$$

其中，F_1，F_2，…，F_m 为公共因子。a_{ij} 为载荷因子，反映第 i 个变量与第 j 个公共因子的相关系数。ε_i 为特殊因子，是公共因子所未能包含的部分。

因子分析的基本步骤：

第一，对选取的样本数据进行标准化处理。

第二，计算出相关样本的相关矩阵 R。

第三，对相关的矩阵 R 进行特征根和特征向量的计算。

第四，依据整体系统所要求的累积贡献率确定因子个数。

第五，对因子载荷矩阵 A 进行计算。

第六，确定所需因子模型，并计算因子得分。

2. 层次分析法

20 世纪 70 年代，美国运筹学家萨蒂（Saaty）提出层次分析法（AHP），该方法最初是应用在美国国防部课题研究，即"根据各个工业部门对国家福利的贡献大小而进行电力分配"课题，将网络系统理论与多目标综合评价法相结合，进而提出的一种层次权重决策的系统分析方法。

层次分析法将定性和定量分析相结合，进而以解决多目标的复杂问题的决策分析法。其主要依据决策者的经验判断对各目标能否实现标准之间的相对重要程度作出衡量，并对每个决策方案给予合理的权数，在此基础上，对每个方案的优劣进行排序，较为有效地解决了难以采用定量分析方法解决的课题。

层次分析的基本步骤如下。

第一，建立层次结构模型。将决策的目标、决策的准则和决策的对象依照它们之间的相互关系归类为最高层、中间层和最底层。同一层次元素既对下一层次产生影响，又受上一层次的支配，这种从上至下的支配关系形成一个递阶层次，进而绘制出层次结构图。

第二，构造相关判断矩阵。其主要采用两两之间相互比较的方法根据相对重要性确定下一层次元素的权重，进而得到两两比较判断矩阵。

第三，层次单排序及进行一致性检验。为了判断矩阵是否适应于层次分析法，需要进行一致性检验。其中，其主要根据最大特征根 λ 的特征向量进行判断，经归一化记为 W。W 元素为同一层次因素对于上一层次因素对某因素相对重要性的排序权值，这一过程称为层次单排序。

第四，层次总排序及其一致性检验。以上一层次的要素作为下一层次要素相互比较的判断标准,可以确定下一层次各要素相对于上一层次要素的相对重要性,最后确定上一层次各要素的权重组合,或者说,可以确定下一层次各要素相对于上一层次各要素的权重组合的整个层次总排序。应从上至下逐层评估整个层次排序。这样就可以衡量最低层元素与最高层元素的相对相关性权重或利弊。

第五,结果分析。根据各层次权重和具体数值,计算综合评价值并进行结果分析。

(二) 竞争结果评价法

竞争结果评价法主要是从竞争的结果表现角度来评价产业竞争力,如市场占有率和净进口等。最典型的是市场占有率、可比净出口指数法、显示性比较优势指数法以及显示性竞争优势指数法。

1. 市场占有率

市场占有率指标是衡量产业竞争力最容易理解和最直接的指标之一。一个国家某一产业的出口额与该产业在全球的总出口额之比,通常用来表示国际市场占有率,即:

$$出口市场占有率 = \frac{出口总额}{世界出口总额} \tag{12-2}$$

市场占有率内涵与测算较为简单,能够很清晰明了地反映一国某一产业国际竞争力大小。通常情况下,市场占有率越高,国际竞争地位越高。但是如若一国某一产业市场占有率下降也并不能直接说明该国的国际竞争力下降。

2. 可比净出口指数法

净出口指数通常是指一个国家某一产业或某种商品的净出口与该类商品贸易总额的比例,国内一些学者将其称为贸易竞争力指数(金碚,1997)。其公式如下:

$$NX_{ij} = \frac{X_{ij} - M_{ij}}{X_{ij} + M_{ij}} \quad (-1 \leqslant NX_{ij} \leqslant 1) \tag{12-3}$$

其中,NX_{ij}表示净出口指数;X_{ij}表示 i 国家第 j 种产业或商品的出口额;M_{ij}表示 i 国家第 j 种产业或商品的进口额。可比净出口指数是一个相对值,该指标已扣除通货膨胀等宏观总量方面的影响。因此,该指标适应于任何时期、任何国家的比较。

3. 显示性比较优势指数法

巴拉萨(Balassa,1967)提出显示性比较优势指标(RCA)用以判断一国在进出口贸易中的优势,其公式如下:

$$RCA_{ia} = \frac{X_{ia}/X_{it}}{X_{wa}/X_{wt}} \tag{12-4}$$

其中,X_{ia}表示 i 国家在 a 产品上的出口额;X_{it}表示 i 国家 t 时期的总出口额;X_{wa}表示 a 产品在世界上的总出口额;X_{wt}表示世界市场上 t 时期的总出口额。显示性比较优势指数反映了一个国家某一产业或产品的出口与世界平均水平的相对优势,它剔除了国家总量波动和世界总量波动的影响,较好地反映了该产业或产品的相对优势,在进行国际竞争力的比较时被广泛采用。一般而言,RCA < 1 表示一国产品或产业在国际上处于劣势地位;若 RCA > 1 则表示一国产品或产业在国际上处于优势地位。

4. 显示性竞争优势指数法

显示性比较优势指数不考虑进口对某一产业或产品的影响,它只考虑该产业或产品的出口比例。这种忽略进口的比较优势确定公式可能会存在产业内进出口贸易和国家间产业间贸易的情况下得出错误的结论。沃华夫等(Vollrath et al., 1998)提出了经证明的显示性优势指数,其公式如下,以排除进口的影响:

$$CA = RCA - \frac{M_{ia}/M_{it}}{M_{wa}/M_{wt}} \quad (12-5)$$

(三)数据包络分析法

国际竞争力在国家层面如果被定义为投入产出效率的话,那么竞争力可与生产率画等号。因此,生产率是衡量一国某产业竞争力的重要因素。数据包络分析(DEA)是由美国著名运筹学家查恩斯、库铂和罗兹于 1978 年率先提出,是在相对效率评价概念基础上发展起来的一种非参数检验方法,目前主要应用于评估决策单元的投入产出效率。例如评估银行、航空公司、医院、大学和制造业等公共部门和私营部门的效率。

在 DEA 中,被评估的组织或单位被称为决策单位(DMU)。通过为决策单位选择大量输入和输出数据,并以最佳输入和输出作为生产前沿,利用线性规划,DEA 创建了数据包络曲线:(1)CCR 模型。该模型假设规模报酬是不变的,主要用来测量技术效率。(2)BCC 模型,该模型主要用于评估技术效率,其假定规模收益可变。(3)DEA-Malmquist 指数模型:该模型可以衡量决策单元(DMU)的生产效率随时间的动态变化。

DEA 模型分析的基本步骤如下。

第一,确定评价目的。

第二,选择 DMU。DMU 是指同质或同类型的个体。

第三,建立输入输出指标体系。

第四,DEA 模型的选择。

第五,评价工作的设计与表述。

DEA 模型能够考虑多种输入输出指标,因此能够更全面地衡量组织或个体的效率。同时,DEA 能够对规模效应进行调整,因此能够公平地评估不同规模的组织或个体。由于 DEA 模型的权重是根据数据通过数学规划形成的,而不是预先确定的,因此不会受到人为主观因素的影响。而预先确定权重的方法,如专家评估法,则容易受到人为主观因素的左右。然而,对 DEA 模型的剖析表明,DEA 方法的缺点是,它所衡量的生产函数边界是确定的。因此,所有随机干扰项都被视为效率因素。同时,该方法的评估容易受到极端值的影响。

三、产业竞争力评价的实证分析

张春香（2018）基于修正的钻石模型，依据生产要素、需求条件、相关与支持性产业、企业发展、政府和机会的共同作用因素，选取45个具体指标构建区域文化旅游产业竞争力评价指标体系。同时，选择河南、陕西和湖北3个省份对其文化旅游产业竞争力进行评价分析。表12-4汇报了文化旅游产业竞争力评价指标体系。

表12-4 文化旅游产业竞争力评价指标体系

一级指标	二级指标	三级指标
生产要素	文化旅游资源	文化旅游资源垄断度
		文化旅游资源丰度
		拥有5A级旅游区数目
	基础设施	旅客周转量
		全域旅游设施齐全程度
		移动电话拥有量
	人力资源	旅游业从业人数
		每万人拥有高等学校在校生人数
	资本资源	文化旅游相关上市公司数量
		星级饭店数量
	知识资源	旅游院校数量
		公共图书馆藏书量
需求条件	国内需求	2016年国内游客人数
		2016年国内旅游人数
		近5年国内游客平均增长率
		近5年国内旅游收入平均增长率
	国际需求	2016年入境游客人数
		2016年旅游外汇收入
		近5年入境游客平均增长率
		近5年旅游外汇收入平均增长率
相关与支持性产业	支持性产业	文化事业机构
		互联网宽带用户
		人身保险收入
	区域产业集群	区域其他产业集群程度
		全域旅游产业集群程度

续表

一级指标	二级指标	三级指标
企业发展	企业实力和同业竞争	四星级以上饭店数
		旅行社数
		全国国内百强旅行社数
		全国入境旅行社30强
	企业经营水平	星级饭店平均客房出租率
		星级饭店全员劳动生产率
		星级饭店百元固定资产创营业收入
		旅行社平均营业收入
	企业发展潜力	文化旅游企业创新能力
		文化旅游企业战略管理能力
政府要素	支持水平	文化旅游宣传力度
		各级政府和部门间的协调
	保障水平	优秀旅游城市数量
		旅游环境承载力
机会	经济发展	人均GDP
		人均消费支出
		城镇居民人均可支配收入
	重大事件	自贸试验区建设效应
		"一带一路"倡议的实施效应

资料来源：张春香. 基于钻石模型的区域文化旅游产业竞争力评价研究 [J]. 管理学报，2018，15 (12)：1781-1788.

通过对上述数据进行标准化处理后，采用德尔菲法对区域文化旅游产业竞争力评价指标体系的判断矩阵进行评分进而确定各因素最终权重，并通过公式计算地区文化旅游产业竞争力得分。

$$E = \sum_{i=1}^{n} W_i P_i \quad (12-6)$$

其中，P_i 为某区域文化旅游产业竞争力评价指标数值（标准化）；W_i 为区域文化旅游产业竞争力评价指标体系中第 i 个评价指标权重；n 为评价指标总数。

表12-5汇报了河南、陕西和湖北地区文化旅游产业竞争力情况。通过对三个省份文化产业竞争力数值的比较可以发现，总的来说，河南地区旅游文化竞争力优势显著，要强于湖北和陕西。

表 12-5　　　　　　　　　　部分区域旅游文化竞争力

指标	评价细则	河南	湖北	陕西
生产要素	得分	1.19	1.14	0.88
	排名	1	2	3
市场需求	得分	0.13	0.14	0.13
	排名	2	1	2
相关与支持性产业	得分	0.60	0.26	0.25
	排名	1	2	3
企业发展	得分	0.54	0.61	0.53
	排名	2	1	3
政府要素	得分	1.03	1.03	0.97
	排名	1	1	2
机会	得分	0.18	0.20	0.18
	排名	2	1	2
总得分		3.67	3.38	2.94
总排名		1	2	3

资料来源：张春香. 基于钻石模型的区域文化旅游产业竞争力评价研究 [J]. 管理学报, 2018, 15 (12): 1781-1788.

第四节　提升产业竞争力的途径

一、市场需求为导向是提升产业竞争力的前提条件

在市场竞争经济条件下，产业竞争最终体现的是市场需求竞争，一个脱离市场需求的产业最终将会被市场所淘汰，也无须再谈产业竞争力的提升。在主要以买方为主导的市场经济下，一个产业能否在市场竞争中存活以及进一步开拓市场是产业发展的关键，其不论是传统产业还是新兴产业，市场需求决定产业的兴衰荣败。如果市场对某个产业的产品以及劳务、资本需求量较大，表明该产业具有较好的市场需求，相对而言，该产业具有较好的竞争潜力。因此，需求不仅是竞争力提高的结果，更是进一步提高的前提条件。

此外，在当前全球化的过程中，产业结构的调整不仅受到本地市场需求结构的影响，同时还受到不同国家和地区需求结构的影响。全球化的进程也促使不同国家分工和合作愈加明显，各个国家在整个产业链中扮演着不同的角色和定位，地区产业结构作为产业链中的一个环节，其受到来自不同国家需求结构的影响。而较大的出口规模以及创造外汇的能力是实现产业快速成长的重要因素，同时也

是提升产业竞争力的关键。对于一个地区或者一个产业而言,其对国内外各种资源要素的集聚和优势的扩散也是产业竞争力的重要体现。

二、产业链融合发展是提升产业竞争力的有效途径

在全球价值链分工体系下,各国产业以国际贸易、国际投资以及国际产业转移为纽带有机地联合在一起,各国通过产业分工和产业关联在全球形成一个有机的整体。现代企业获得竞争优势已经突破单个企业或国家的资源要素配置能力,产业链在全球配置成为全球化过程中的基本趋势,更多依靠企业与上游企业的系统协作,加强产业链上下游企业的技术和信息关联,促进产业链上下游企业的信息资源共享。从更高层次上来讲,在全球价值链分工下的现代企业的竞争已经逐渐演化为整个产业链之间的竞争,与此同时,竞争的理念也从"零和博弈"演变"合作共赢",通过全球范围内的产业链整合创造产业竞争优势已经成为各国产业优势互补、拓展国际竞争地位的重要手段。一方面,产业链整合通过降低企业运转效率,进而消除非产业链合作关系中上下游企业的成本转移,提升产业竞争力。另一方面,产业链的整合有助于通过产业链关联效应以及产业间信息整合能力提升区域产业的抵御风险能力。

三、产业集群是提升产业竞争力的重要方式

产业集群作为产业发展重要的组织形式,其把产业发展与区域经济,通过分工专业化与交易的便利性,有效地结合起来,从而形成一种有效的生产组织方式,使得区域内每一个成员均能成为高新技术设备的拥有者以及大型企业的追随者,能够以较低的成本享受产业整体升级和组织结构优化。首先,依据库兹涅茨的研究结果和配第—克拉克定理,一个地区的产业结构优化程度越高,那么资源的配置将向高级化转移,同时该地区的资源配置效率越高,那么区域整体产业竞争力水平也就越高。其次,产业集群有助于提升区域内产业的竞争活力,其通过竞争效应迫使区域内企业进行不断创新,进而提供多样化、多元化以及个性化的产品满足市场需求,进而实现产业竞争力的提升。最后,产业集群有助于培育壮大特色优势产业。产业集群作为在特定区域内实现具有竞争和合作关系企业的在地理上的集中,其包含了具有关联性的企业、专业化供应商、金融结构、服务供应商以及关联性产业的厂商等相关机构组成的集群,不同地区依照其独特的资源禀赋选择与培育的特色产业,有助于通过产业集群效应培育特色产业,并形成具有生产控制力、增长推动力、产业关联度的特色竞争产业,进而会具有较高的竞争力。

四、科技创新是提高产业竞争力的核心关键

科技创新是企业核心生产力,是企业可持续发展的重要支撑,对于促进产业

升级转型、提高产业竞争力有着极其重要的作用。因此，为了实现企业科技创新活力，一方面，需要加大对创新环境和创新主体的培育，要以企业为创新主体，为企业创新提供良好的政策条件，提高企业自身研发，提升企业自身的竞争力。另一方面，科技创新不仅需要企业的投入更需要多方主体联合才更具有效果，因此需要地方政府、高校、科研部门与企业形成联合，建立科学创新体系和创新激励机制，不仅需要提高企业技术创新能力，还要提高组织创新、制度创新以及市场创新能力。然而，一项知识形态的科学技术成果单独并不能发挥什么作用，或者说一个企业研发成功仅代表其企业自身竞争力的提升而并不是整个产业竞争力的提升，必须通过企业间技术扩散机制，提高整个产业的技术水平才能实现整体产业竞争力的提升。

五、合理的产业政策是提升产业竞争力的有效支撑

政府作为区域发展政策的制定者，其对区域产业发展的影响不言而喻。产业政策是政府制定有关产业保护、扶植、调整以及完善经济发展等措施的有效体现，其主要包含了产业组织政策和产业结构政策。基于宏观视角而言，国家可以运用政治、经济等手段对产业实施干预政策，进而影响产业竞争力的提升。从中观角度来看，一个区域在国家公关政策的引领下，以本地区实际情况为出发点制定适合本地区的货币政策、产业政策以及投资政策，进而促进主导产业群、辅助产业群以及基础产业群的形成，并提高产业竞争优势。从微观角度来看，一个区域可以通过制定适宜的产业发展政策，引导企业进行结构优化，增强企业创新活力进而实现企业竞争力的提升，为区域产业竞争优势的形成提供一定的微观基础。

本章小结

产业竞争力是衡量一个国家或地区经济发展现状和未来发展潜力的重要指标。本章按照"基础定义—理论发展与支撑—评价体系—提升途径"的逻辑构建了国际产业竞争力的基本研究框架。第一节在对产业竞争力的基本概念进行科学阐述后，详细阐释了产业竞争力相关的理论支撑，主要包括比较优势理论、竞争优势理论、产品生命周期理论以及产业集群理论四个方面。第二节是关于产业竞争力的经典分析模型，主要包括"波特模型""波特—邓宁模型""双钻石模型""九因素模型"，进而探讨影响产业竞争力的核心因素。第三节是关于产业竞争力的评价体系和方法。本章在探讨了经典的四大评价体系后又加入中国学者提出的评价体系构成。在评价方法上，本章结合现有文献将产业竞争力评价方法归纳为综合评价法、竞争结果评价法以及数据包络分析法。目前采用较多的评价方法主要采用因子分析法、层次分析法和包络分析法，各个学者依据自身研究对象的差异而采用不同的评价体系和方法。第四节从市场、企业和政府角度出发，

从市场需求导向、产业链融合发展、产业集群、科技创新以及产业政策等具体的方面提出提高产业竞争力的路径。

本章案例

世界数字产业竞争力现状

根据《数字经济蓝皮书：全球数字经济竞争力发展报告（2020）》的评价结果（见表12-6），全球数字产业竞争力排名前五的分别是美国、新加坡、中国、韩国和英国。从分项指标得分来看，2020年美国数字产业竞争力得分较其他三个分项指标得分偏低，且该项指标也低于位居第三的中国。2020年中国数字产业竞争力得分较其他三个分项指标得分偏高，但数字创新得分较低。

表12-6　　　　　　　　2020年世界数字产业竞争力得分

排名	国家	数字产业	数字创新	数字设施	数字治理	总得分
1	美国	46.76	80.18	69.89	86.54	70.84
2	新加坡	27.55	82.18	50.53	67.43	56.92
3	中国	65.31	51.52	46.07	49.65	53.14
4	韩国	12.85	68.48	46.33	65.40	48.27
5	英国	20.32	20.32	65.37	33.42	47.98
6	日本	12.66	73.45	39.09	63.40	47.15
7	芬兰	3.07	85.54	33.51	63.77	46.47
8	瑞典	9.32	69.71	38.18	62.82	45.01
9	澳大利亚	9.99	60.56	37.55	68.06	44.04
10	荷兰	6.55	63.62	34.68	70.95	43.95
11	德国	19.13	70.87	28.52	57.26	43.94
12	以色列	18.43	72.97	24.00	58.57	43.49
13	丹麦	2.86	64.59	37.44	67.20	43.02
14	挪威	4.61	71.85	39.81	55.42	42.92
15	加拿大	7.41	59.17	32.77	69.47	42.14
16	奥地利	3.96	65.85	30.69	63.71	41.05
17	法国	13.70	62.83	25.99	60.97	40.87
18	瑞士	6.69	69.99	32.67	50.45	39.95
19	马来西亚	26.23	55.29	25.30	49.89	39.18
20	西班牙	11.98	41.89	31.74	63.97	37.39

资料来源：《数字经济蓝皮书：全球数字经济竞争力发展报告（2020）》。

复习思考题

1. 什么是产业竞争力?
2. 产业的寿命周期阶段将如何影响产业竞争力?
3. 产业竞争力研究与产业绩效研究的关系如何?
4. 如何在强调产业竞争力的同时注意资源的合理配置?
5. 如何提升我国数字产业竞争力水平?

延伸阅读

[1] 波特. 国家竞争力优势 [M]. 李明轩,邱如美,译. 北京:华夏出版社,2002.
[2] 高志刚. 产业经济学 [M]. 北京:中国人民大学出版社,2022.
[3] 金碚. 中国工业国际竞争力——理论、方法与实证研究 [M]. 北京:经济管理出版社,1997.

第五部分

产业管理篇

第十三章 产业政策

产业政策理论是产业经济学的重要组成部分。产业政策是由一国政府制定的，以调整和改善特定产业活动，引导国家产业发展方向，提高有效供给，促进产业结构优化升级，使国民经济健康协调增长的政策总和，本质是政府权力机构为了弥补市场失灵而对产业经济活动的主动干预。本章主要概论了产业政策的内涵、产业政策的理论基础、作用与局限性，论述了产业政策的实质与一般特征，并对产业政策评估的意义、产业政策效果及影响因素、产业政策效果评估体系进行分析，旨在通过本章学习了解产业政策的起源，掌握产业政策的演变规律和发展趋势，更好地理解产业政策的目标、手段和特征，理解产业政策评估的重要性和复杂性。

第一节 产业政策概述

一、产业政策的内涵

（一）产业政策的定义

产业政策（industrial policy）一词正式出现于1970年日本通产省（现经济产业省）代表在经济合作与发展组织（OECD）大会上所作的题为《日本的产业政策》的演讲中。此后，产业政策开始为世界各国或地区所关注和重视，有关产业政策的研究也不断扩展，产业政策理论体系也日渐丰富。

虽然在20世纪70年代以前，多数国家尚没有正式提出"产业政策"一词，但产业政策的雏形在很早以前就出现了。国家对产业活动的干预措施甚至可以追溯到人类文明的早期。我国的产业政策实践堪称源远流长。早在封建时代，影响封建社会经济运行的重要因素为政府行为，封建社会的君主专制制度给了中央政府对工农业生产进行干预的合理理由。例如，设专职官吏兴修水利工程、推广先进的农业耕种技术，三国时期曹魏"屯田"、北魏"均田"等政策的实施都是我国早期产业政策的具体实践，这类政府行为较好地发挥了政府的权能，为改善农业生产条件和促进农业发展提供了有力保障。严格意义上的产业政策是在西欧产业革命后开始工业化进程的资本主义国家中首先出现。例如，19世纪的美国和德国，为保护本国市场对民族工业实施了保护和扶持政策；欧美各国为维持竞争秩序，以法律形式出台相关反垄断政策等。

何谓产业政策？不同的研究者有不同的见解。有学者认为，产业政策就是计划，就是政府对产业结构调整及优化方向的干预行为；有学者从功能特征进行界定，认为产业政策是为了维护有效竞争、实现赶超战略等功能而对本国产业活动所采取的政策总和；有学者强调，产业政策是为了弥补"市场失灵"而对资源配置和企业活动实行政策性干预的各种政策；有学者总结，产业政策就是国家或政府采取的和产业有关的一切政策的总和。综合这些学者的观念，概括来说，产业政策是一个国家中央或地方政府为了其全局和长远利益而主动干预产业活动的各种政策的总和，其本质是对产业状况和产业活动实施的主动干预。

（二）产业政策的构成要素

1. 政策主体

政策主体是政策的制定者。由于各国在政治经济体制、历史文化传统等方面存在差异，产业政策的制定主体也有所不同。多数学者们认为，制定产业政策的主体在于政府。在实践中，产业政策的制定主体还包括政府各职能部门。产业政策代表了国家政府为促进市场机制发育、推动国民经济健康可持续发展而对产业活动的干预意图。产业政策的制定者在考虑全局利益的同时，也有其自身的利益取向。决策者的认知、偏好和决策习惯等都会对产业政策的制定产生一定的影响。

2. 政策实施机构

产业政策的具体实施需要组织机构通过制定计划、拟定措施、筹集资源、反馈信息、修正调整等行动将政策方案付诸实施。一般而言，产业政策的实施机构是一个由政府、企业和行业协会等单位构成的综合体，遵循严肃性原则、目标性原则、创造性原则、协调性原则、反馈性原则等，在维护政策的权威性和严肃性的基础上，积极主动、协同一致地贯彻和推行有关产业政策，并及时反馈信息以不断修正和完善政策。其中，企业是实施主力，企业按照产业政策的方向和要求，以及产业发展规划的程序内容，充分利用政府提供的补贴、优惠金融条件、放宽行政管制、技术支持和培训等支持和解决方案进行企业投资布局、生产经营、创新研发活动，以促进产业政策的有效落地。

3. 政策对象

政策对象是产业政策的客体，即产业政策所发生作用的对象或目标群体，以及实施的领域，包括产业或者产业活动。产业政策一般覆盖微观、中观和宏观各个层面。

4. 政策目标

政策目标是指政策预定要达到的目的，是政策制定的基础，为政策的执行提供指导方向。政府或相关部门总是为实现一定的经济目标而制定产业政策。根据产业政策实施的时间长短以及产业运行的状态，可以将目标分为三个层次：初级目标、中级目标和高级目标。初级目标也是产业政策的短期目标，目的在于促进或抑制特定产业的发展。比如，增强对新兴技术研发和成果产业化的资金投入、主导产业的选择，组织衰退产业有秩序的撤让、转移等。中级目标在于促进产业内部和产业间关系的优化。比如，加强国家技术创新基地建设；加强企业战略联盟与信息化建设与管理，提高产业的组织效能；促进技术开发和应用推广，提高产业效率。高级目标也是产业政策的长期目标，以实现产业全局性和长期性发展为总目标，推动生态经济社会协调发展，进而增强综合国力。比如，加大知识资本投资，促进经济持续增长；扩大国际科技交流合作，积极融入全球创新网络；在对外开放和经济全球化过程中要审时度势、维护国家经济安全等。产业政策的三个目标层层递进，前者是后者的前提和基础，后者是前者发展的结果。国家应根据本国所处的经济发展阶段，合理制定相应的目标。一个国家的产业政策不会停留在实现初级目标和中级目标上，实现产业全局性长期性发展进而增强综合国力这一高级目标才是根本意图。①

5. 政策手段与措施

政策手段是为了实现政策目标所采取的措施路径。产业政策实施的主要措施包括组织措施、财政措施、金融措施、外贸措施、法律措施、政府订购措施及国有化（或私有化）措施等。产业政策的实施手段一般分为直接干预、间接诱导和法律规制三大类型，具体如下。

（1）直接干预。直接干预是政府借助行政权力，运用行政方式，以配额制、许可证制、审批制、政府直接投资经营等方式直接影响市场资源配置和产业运行态势，以较强的约束力及时纠正各种违规行为，迅速扭转爆发性问题所带来的不利局面，以保障产业政策的顺利实施，确保政策预期目标的实现。

（2）间接诱导。间接诱导主要指政府通过行政指导、信息服务、税收减免、财政补贴、关税保护、出口退税等方式对市场主体经济行为提供指导和支持，引导企业的经济活动，对各方面的经济利益关系进行调整，调整产业的环境条件，以增强政策的效力。

（3）法律规制。法律规制是通过立法和司法的方式，运用法律手段来规范产业活动、保障政策措施的有效落实和政策的顺利推行。这种手段适用于较为成熟和稳定的产业政策。例如，欧美各国大多采用法律规制的手段来实现反垄断和反不正当竞争等产业组织政策的目标；日本的绝大多数产业政策都是以法律规制的形式出台等。随着法治原则的普及，法律规制日渐成为实现产业政策目标的重要手段之一。

---

① 许明强，唐浩. 产业政策研究若干基本问题的反思[J]. 社会科学家，2009（2）：63-64+72.

二、产业政策的理论基础

(一)市场失灵理论

该理论认为市场机制不是万能的。在现实经济中,由于非完全竞争、社会平等目标、公共产品和经济外在性的存在,以及市场在政治、分配、社会化过程、生态平衡和自身作用等方面存在的局限性,仅仅依靠市场机制,可能会导致资源配置失误、妨碍经济效率的提高、影响社会发展目标的实现。因此,需要通过产业政策的有效引导和干预来予以调节,解决市场竞争过度、环境污染等问题,以弥补市场机制的缺陷,提高资源优化配置效率,更好地维护市场秩序、保护生态环境。从功能学派的立场来看,只要"市场失灵"领域存在,产业政策所承担的弥补市场机制的不足、促进有效竞争等现实功能仍然符合社会进步和国家发展利益的需要。

(二)后发优势理论

后发优势理论从后发国家在劳动力成本、技术引进、规模经济等方面存在的"后发优势"出发,主张通过产业政策的运用来保护和培育本国产业发展,提高产业效率,促进一国经济增长,缩短追赶先进国家所需的时间。该理论强调产业政策是政府在市场机制基础上为实现经济发展过程的优化而进行的主动干预,是更有效地实施"赶超战略"的需要。

该理论较好地解释了后发国家在经济追赶过程中,为何比发达国家更多地运用产业政策的深层原因。19世纪德国、意大利等后发国家实现经济赶超的成功经验,第二次世界大战后日本经济的快速崛起和产业政策的演变都可靠地验证了后发优势的可行性。以日本为例,战后初期,在资源贫乏和科技水平远落后于欧美发达国家的情况下,日本通过借鉴先进国家的发展经验,积极引进国外先进技术和设备,凭借较低的劳动力生产成本,实施产业合理化、产业扶持等政策以形成规模经济,降低了工业成本,促进了对外贸易发展和国家经济高速增长。

(三)"国际竞争"理论

该理论是在20世纪90年代以后在各国普遍兴起的理论主张,其基本共识是支持产业政策存续和适度强化,并强调产业政策是各国适应新时代国际竞争的重要工具。在经济全球化局势下,国际分工格局和国际经济关系不断变化。面对经济全球化趋势带来的机遇和挑战,各国(无论是发达国家,还是发展中国家)政府都应该充分发挥政府的经济职能,以产业政策为基本工具优化资源配置,不断提升产业竞争力,突破贸易壁垒,拓展外贸发展空间,为本国产业在全世界的贸易格局中争取有利的产业地位。总之,产业政策作为一种有效的制度安排,拥有牢靠的存在基础,不会被其他经济政策所取代,也不可能轻易退出历史舞台。

三、产业政策的作用与局限

(一) 产业政策的作用

1. 弥补市场失灵的不足

实践经验表明,弥补市场失灵的不足是各国产业政策最普遍的作用。由于在现实经济活动中,市场机制的理性人假设、信息充分、市场的总体均衡等假设并不总能成立,以及市场在公共基础建设、收入分配、社会伦理、生态环境问题等方面作用的局限性,市场并不能完全地发挥调节作用,也不能解决一切问题。因此,有必要运用非市场调节手段进行干预,改善市场机制,以弥补市场失灵的不足,激发市场活力。在维护市场正常运转的过程中,产业政策可以在提供中长期的投资信息,减少直接经营者的盲目性,进一步提高市场竞争的透明度,避免不必要的过度竞争,以及加速产业基础设施建设,在推动产业发展等方面发挥重要作用,以弥补市场失灵的缺陷。

2. 实现超常规发展,缩短赶超时间

产业政策是贯彻国家经济发展战略、引导国家产业发展方向、保障产业安全、形成竞争优势的重要手段和工具。经济发展战略的一个重要任务就是要实现资源的合理配置,而产业政策在优化资源配置方面发挥着重要的作用。发展中国家或经济后发国家在经济"起飞"初期都需要加强基础设施建设,例如加强通信和能源建设,修建更多的港口、公路、铁路,加强基础科学研究等,同时,还会受到工业化初期的工业基础薄弱等发展瓶颈制约,这些行业"外部性"较强,是实现国家经济发展的主要力量,但长期发展项目具有的投资大、效益低、风险大以及投资回收期长等特点,使得其无法仅仅通过市场来调节,需要国家来承担或组织。

日本政府制定产业政策时注重与国家经济发展战略相结合,以产业政策为手段,用政府的力量推动产业结构的优化调整,更重视对未来 5~10 年国内外经济发展进行预测和展望。第二次世界大战后日本经济复苏阶段,每个时期都制定了明确的与经济发展战略目标相适应的产业政策,韩国正是仿效日本的做法,以产业政策为手段,"在短短二三十年的时间里就走完了老工业国用了一二百年才走完的历程"[①]。此外,通过有序稳定扩大对外开放,积极融入国际分工体系和全球产业链,提高企业创新能力,有助于进一步缩小与国际先进水平的差距。实践证明,产业政策是后发国家在市场机制基础上更有效实施"赶超战略"以实现经济超常规发展、缩短赶超时间的重要工具。

3. 促进产业结构合理化与高度化,实现资源优化配置

市场机制在资源配置过程中起基础性作用,但市场力量的盲目性、自发性以及事后调节作用,往往不可避免地会导致资源的闲置和浪费。而政府可以运用产

---

① 吴敬琏. 市场经济的培育和运作 [M]. 北京:中国发展出版社,1993:228.

业政策,通过市场信息为基础的科学预见来实现事前调节,促进产业内和产业间资源的合理配置和有效利用。以产业结构领域为例,政府可以通过产业调整政策、产业援助政策等政策措施,有效打破制约经济增长的瓶颈,优化产业资源配置,推动技术创新,提高产业素质,促进产业结构合理化和高度化。

4. 增强本国产业的国际竞争力

比较优势原理和竞争优势原理是产业竞争力的两大理论基础。产业国际竞争力是整合和利用国际创新资源、开拓国际市场的能力的体现。通过市场机制与产业政策相结合的方式可以优化政策环境,加强产业政策引导与实施,培育和强化新的竞争优势,增强国家产业链供应链自主可控能力,逐步转换和提升在全球价值链中的分工地位,有利于有效地应对国际市场竞争,进一步提升产业的国际竞争力。例如,美国政府制定和发布多项支持技术创新和高新技术产业化的计划和政策,以解决技术创新的市场失灵等问题,促进先进制造业发展和国际竞争力提升。因此,有效的产业政策有利于提高技术水平、发挥优势以提高本国产业的国际竞争力。

5. 在经济全球化中趋利避害,保障国家经济安全

在全球化背景下,外部经济环境复杂多变,经济危机极有可能对没有任何防备措施的国家经济造成深重的灾难,甚至是给全球经济带来巨大损失。所以,在经济全球化进程中,各国政府在制定国家经济发展战略时要重视产业政策这一工具的运用,统筹产业发展与安全,确保产业发展平稳有序,强化供应链韧性,提高产业链抗风险能力,强化国家经济安全保障,提高产业国际分工地位,推动产业发展质量提升。

(二) 产业政策的局限性

各国实践证明,产业政策在推动经济发展、加速产业国际化进程等方面发挥着重要的作用。但在各国经济发展过程中,产业政策的实践要受到多种客观因素的制约,产业政策也存在着一定的局限性。

1. 产业政策并非万能

产业政策的制定与实施要受到多种因素的制约。以日本成功产业为例,有研究者指出,实际上,"日本最大的成功产业,即汽车和家用电器产业,并没有得到政府太多的优惠。此外,日本的工业机器人尽管已处于先导产业地位,通产省对确保它的研究开发资金却并没有作过多关照……唯国内外激烈的竞争,才是真正使其获得成功的原因"[1]。由此可见,日本产业升级和经济迅速崛起并不能完全归功于产业政策。良好的工业基础、市场竞争、创新型企业家精神等条件都是促进日本产业政策成功实施的基础和条件。一国的基本经济制度、经济发展阶段和发展战略等环境因素都可能会影响产业政策的有效性和合理性。因此,产业政策并非万能的,不能够片面夸大和扭曲其作用而忽略其他要素的影响。

---

[1] 李泊溪,钱志深. 产业政策与各国经济 [M]. 上海:上海科学技术文献出版社,1990:135.

2. 实施产业政策存在失败的可能性

政府自身的局限性和外部因素影响等可能引起"政府失灵",导致无法有效发挥预定的经济调节作用,偏离产业政策的预期目标。导致产业政策失败的原因主要有:政府的有限信息、政府对私人市场反应的控制有限、企业对政府优惠的依赖性、公共决策的局限性、垄断导致寻租以及政府的官僚主义等。另外,政府在制定政策目标和措施时的决策判断也可能失误,导致出现政策目标背离经济规律、政策内容与具体国情和经济发展阶段不相适应、政策措施手段不合理、政策执行不力等问题。因此,保障产业政策的有效实施需要对症下药,及时纠偏,以确保政策落实到位,防止产业政策的失败,提高政策执行效率。

3. 产业政策并非对任何产业发展都具有同等作用

产业素质和发展潜力对产业政策效果具有重要的影响,在一定程度上决定产业发展的整体质量。有研究表明,产业政策只对那些所得弹性值高、生产效率好、在国际贸易上有发展前途的产业有明显效果,而对其他产业则并非如此。[①] 前者比如说矿业、纤维、化学、金融、机械、电子、信息等产业,政府的扶植起到了积极作用;后者如农林、水产、建筑、运输等,产业政策效果则不甚明显。由此说明,对于绝大多数产业来说,促进产业发展并不是完全依赖于产业政策,而是涉及产业是否具有发展基础和发展潜力,产业政策是否有利于产业内部各生产要素的合理组织和有效运行。

4. 实施产业政策需要一定的成本和代价

产业政策的实施成本包括有形成本(如政府机构日常运作成本、政府决策成本等)和无形成本(如政策决策失误或扼杀经济活力所导致的成本等)两大类。通常来说,产业政策的力度越大,就越需要资金、人力等政策投入作为保障。因此,应建立完善产业政策评估机制和体系,综合比较各种"成本"和"收益",以客观评估产业政策效果。

四、产业政策的分类

根据不同的分类标准可以对产业政策进行不同的分类。根据功能定位的不同,产业政策可以分为产业组织政策、产业结构政策、产业布局政策和产业技术政策。这四大类产业政策又包括多种不同的具体政策,详细内容在后续章节中分别加以介绍。

根据产业政策的主体,可以将产业政策划分为国家产业政策和地区产业政策。前者是中央政府从国家经济社会发展全局出发制定的,后者是地方政府制定的包括地区产业布局政策、地区产业结构政策等在内的经济政策的一部分。

按照生产要素标准,可以把产业政策划分为产业金融政策、产业资源政策、产业技术政策等。产业金融政策是产业内部或以产业群体为对象的金融政策,为

---

① 李泊溪,钱志深. 产业政策与各国经济 [M]. 上海:上海科学技术文献出版社,1990:135.

特定产业提供金融支持，如为发展薄弱产业实行的金融保护政策，对铁路、公路等基础产业实施特定的融资投资政策等。产业资源政策是指为促进或限制一定产业获得某些自然资源和能源的政策。产业技术政策是指国家制定的用以引导、鼓励、保障技术开发和技术进步的产业政策。

按照产业政策的作用方向，可以将产业政策划分为产业扶植政策、产业规范政策和产业抑制政策。产业扶植政策是指通过重点倾斜、经济、行政、法律等措施鼓励、扶植和保障特定产业发展的政策，如对主导产业、幼稚产业、支柱产业等进行优先扶持。产业规范政策是指对产业发展方向和方式进行规范以维护产业安全、保护战略资源和生态平衡等的政策总和。产业抑制政策是指为了实现供需平衡和保持国民经济健康发展而通过行政手段、提升市场准入门槛等手段对特定产业实施抑制性或禁止发展的产业政策，如淘汰落后产能等。在现实经济生活中，各种具体的产业政策大多是综合性的。例如，农业政策和中小企业政策就是常见的综合性产业政策。

第二节　产业政策的一般特征

产业政策的形成是经济发展到一定阶段的客观产物。产业政策的一般特征主要是建立在产业政策构成要素差异以及产业政策的实质的基础上。

一、产业政策的实质

产业政策的实质主要表现在以下几个方面。

（1）产业政策的目标是维护整个社会经济的长期稳定和可持续发展。一般来说，产业政策的制定和实施都应服务于社会资源配置的优化，以实现社会整体利益与长远利益的最大化为基本原则，而不是仅仅代表某个政府部门或利益集团的利益。

（2）产业政策是以市场机制的调节为依据的政策。尽管在有些情况下产业政策带有一定强制性的约束力，但它不同于政府对经济的直接控制和直接参与。产业政策的实施主要是通过产业政策影响微观经济主体的决策，是个别利益主体根据其自身利益的最大化进行的自主选择。产业政策是以市场自由竞争原理为基础的，并不是对市场功能的排斥和取代，其制定与实施主要以间接干预为主。

（3）产业政策是国家对经济发展过程的长期性的系统干预。从产业发展长期目标来说，产业政策的制定总是与实现国家经济振兴和经济追赶等发展战略相联系，具有事先、长期、动态、优化、整体协调的系统性特征。在现实经济活动中，不同的产业政策各自具有其独立的功能特性，具有特定的指向、作用方式，实现不同的实施效果。由于产业政策涉及多个方面，因此要想有效地实现产业政策的目标，需要各个相关部门之间积极配合，实现产业体系协调运行。

二、产业政策的特征

产业政策作为经济管理的一项经济政策,是宏观经济政策体系的一个重要组成部分,具有政策的客观性、权威性、预见性、指导性等共同特征。例如,客观性体现在产业政策必须遵循产业变化和发展的客观规律,其本身也是客观存在的,在各国发展过程中都存在关于产业发展的各种政策和法令。指导性体现在产业政策给企业指明了宏观经济的变化方向,也为相关部门(如财政、金融、外贸及法律部门等)提供明确的政策指导,以对各类不同产业和企业正确实施各种经济杠杆和法律措施,促进产业和社会经济发展。同时,产业政策具备以下一般特征。

(一) 时代性

从某种意义上说,产业政策是根据一定阶段的经济发展战略而制定的,随时代的发展而演变,在内容、目标和实施手段上具有鲜明的时代特征,与不同历史时期产业发展的实际需要和国内外经济形势变化相适应。工业化初期的产业政策必然有别于工业化时代或后工业化时代的产业政策。

不同时代的产业政策需要面对不同的课题。以日本为例,第二次世界大战后日本产业政策的演进大致经历了五个阶段,各时期产业政策的要点和政策效果存在一定的差异。[①] 在1946~1960年的经济复兴时期,产业政策的重点是倾斜生产方式,扶植钢铁、煤炭等产业,并推行"产业合理化政策",实施产业扶持与振兴等政策。在1961~1972年的高速增长时期,产业政策的重要目标转向发展重化学工业、提高产业竞争力。随后,重化学工业的迅速发展导致产业的公害和环境问题越来越严重,为此,日本政府在稳定增长时期提出了"创造性知识密集型"的产业扶植政策。此后,在经济萧条时期日本产业政策的重点是结构调整和产业优化升级,重点扶植新兴、成长型产业。2013年开始日本进入经济重振时期,产业政策实行进一步放松规制、促进竞争,强化产业组织政策。从日本的产业政策考察中可以发现,日本产业政策呈现出明显的渐进特征。针对经济发展不同阶段的市场基本特征、经济基础条件以及经济发展需要的不同,产业政策的实施重点和政策手段都进行了适当调整,并在不同时期显示出一定的有效性。

随着经济全球化和信息化进程的深化,产业政策正面临着一系列全新的课题,各国尤其是发展中国家都需要适应知识化、信息化和经济全球化的挑战,促进传统产业改造升级,加快新型能源体系建设,进一步推动产业政策向创新驱动、绿色环保、智能化转型,更好地参与国际分工与合作,提高本国产业的国际竞争力,维护国家经济安全。

---

① 陈建安. 产业政策的有效性:来自日本的实证 [J]. 现代日本经济, 2019, 38 (1):1-8.

(二) 民族性

与其他经济政策相比，产业政策具有浓厚的本国特色，更能反映本国的经济、政治、历史、地理、文化和传统等特点，并集中反映了一国经济在特定阶段和环境中的特殊性。产业政策的民族性主要体现在以下两个方面。

(1) 产业政策是维护国家经济和社会利益的工具，各国产业政策都旗帜鲜明地维护自身的民族利益。以保护主义政策为例，在第二次世界大战后，一些工业后发国家为了经济复苏和实现赶超目标，常采用直接规制、信贷支持、税收优惠、关税与非关税壁垒等政策手段对国内的幼小产业进行扶植和保护。即使到了今天，发达国家仍然一般将高能耗、高污染、低附加值的产业转移到欠发达地区，同时在高科技领域对欠发达国家实施技术封锁等。大量事实证明，产业政策是维护民族利益的工具，在适用范围上具有明显的地域性。

(2) 产业政策必须同本国具体国情相适应。具体而言：第一，产业政策要适应本国的经济发展阶段，充分考虑产业政策所处的历史现实来制定目标和措施，以发挥政策应有的作用。第二，本国具体国情和国际发展环境会制约产业政策的具体内容和实施效果。一国的产业政策必定是以国内外经济和政治环境、资源禀赋程度、市场发育程度、文化底蕴为基础，符合本国经济社会发展水平。第三，决策者的偏好、利益集团的力量关系等国情因素也会影响到政策的制定和执行，从而形成各国产业政策的独特性。

(三) 供给指向性

一般来说，财政政策和货币政策是政府运用相关政策工具，通过影响总需求而影响宏观经济运行，实现充分就业、国民收入、稳定物价等宏观经济目标的政策。与此不同的是，产业政策是通过调整产业结构来改善供给结构，引导有效供给的增加。产业政策的供给管理属性既可以通过对产业生产行为的影响，优化资源配置，拓展各产业部门生产可能性边界，又可以根据市场需求的发展趋势来调整各产业之间的相互关系、改造产业结构，提高产业效率，使一国供给能力增强，实现供给和需求的总量、结构的平衡。

(四) 政治性

产业政策的政治性主要体现在以下几个方面。

第一，产业政策属于政府行为范畴，是特定政治体制和政治过程的产物。尽管它的影响力总是超出政治范畴、指向经济领域的。

第二，产业政策在本质上是一种政治手段，属于政治性的制度安排，与自由放任理念下的一般制度安排不同。产业政策的制定和执行往往以行政主权为基础，由政府主导并致力于政府经济职能的发挥。例如，政府为了促进资源优化配置、推动经济发展而运用经济政策、经济法规以及必要的行政法律手段来影响主导产业选择，实施产业保护政策；为了引进先进技术、提高企业技术和管理水平，而利用外交权进行谈判和担保，降低技术贸易活动的成本与风险。

第三，产业政策的目标不仅仅考虑局部和眼前利益、经济利益，而是追求国家与国民的全局和长远利益、政治利益。产业政策要兼顾效率和公平，努力追求最大多数人的最大福利，统筹政治、经济、社会、环境等多目标动态平衡，推动国民经济健康可持续发展。

第四，产业政策总要体现政治家的意志和愿望，总要受到政治理性的支配，因而必然具有鲜明的政治性。

（五）市场功能弥补性

市场经济体制是产业政策的作用基础。产业政策的实施需要充分发挥企业的创造性，保持和提高企业的经济活力。强调产业政策的"市场功能弥补性"，是由于在现实的市场经济活动中，存在着市场失灵的可能性。产业政策的核心功能是对市场失灵的弥补，而不是排斥和否定市场机制。总结各国实践证明，违背市场经济规律的政策干预没有长久的生命力，其作用往往难以稳定和持久，最终难以获得预期的成功。在经济全球化发展和产业政策内容日渐系统的时代，强调"市场功能弥补性"是认为产业政策是建立在维护企业的经营自主权和发挥经济活力的市场功能基础上的。政府履行的经济职能不是对市场的替代，而是与市场机制之间的协调与互补，并以间接干预为主来激发市场活力。

（六）体系的协调性

产业政策是一个多方面多层次的政策体系，体系的协调性具有多层含义，主要体现在以下几个方面。

（1）各项产业政策之间相互关联和相互协调。产业政策的内容广泛，包含若干子政策，涉及生产、基本建设、对外贸易、技术改造、收入分配等多个领域，各项政策的实施目标、作用范围及调节手段应当相互配套和相互协调，要妥善处理好重点产业与一般产业协调发展的关系，加深产业的协同作用，推动跨产业融合，以促进产业的升级。

（2）产业政策涉及不同行为主体之间相互协调。产业政策涉及包括国家、部门、地区、企业、个人等不同层次行为主体的权力和利益。政府部门的利益导向、地区利益等是影响产业政策的重要因素。这就要求加强产业政策执行过程中的沟通，及时调整不同的权力和利益发挥作用，达到协调一致，维护社会稳定，解决资源配置的均衡与效率问题，从而保证整个产业政策系统的协调运转。

（3）产业政策要与其他宏观经济政策相协调。产业政策的制定和实施要依据整体观念和思维，发挥政策导向作用，与财政政策、货币政策、社会政策等多种政策工具相结合来影响社会经济活动，以维护经济运行良好环境，保证供给和需求总量、结构的平衡，提高社会总体效益。

第三节 产业政策效果评估

一、产业政策评估的意义

作为一项政府主动干预经济发展的措施，产业政策在全球范围内被广泛使用。"产业政策是否有效""产业政策如何更加有效"这两个问题也成为各国政府和学者们共同关心的课题。为适应经济发展和时代进步的要求，需对政策的决策和实施过程中出现的问题与失误给予足够的关注，对产业政策的成本、政策执行后的影响和收益进行客观、公正的判断和评估。

产业政策的评估是指在全面掌握信息的前提下，依据特定的标准和程序，对某项产业政策实施的影响和效果进行度量、分析和评价。一项产业政策能否成功实施与产业政策所处的经济发展阶段、实施区域的要素禀赋、产业政策的实施手段与执行方式等密切相关。大量实践表明，产业政策并不总是成功有效的，也不是所有的产业政策都能获得预期效果，带来积极的影响。违背市场经济规律的产业政策，不仅无法发挥优化产业资源配置、提高产业效率的作用，甚至会阻碍产业的正常发展。产业政策评估对于把握产业政策运行的整体过程、提供政策整体效益信息、为改进产业政策制定系统提供依据等方面具有重要作用。对于产业政策评估的意义，可以从以下几个方面来考察。

（1）产业政策评估是评价产业政策效果、检验政策质量的基本途径。一项产业政策的实施，究竟是否达到预期目标，获得何种影响，需要通过科学的评价才能有所了解。产业政策评估需要密切关注政策执行的动向，充分发挥政府、行业协会、企业、学者专家等多方协同作用，重视中立研究机构专项评估，全面系统收集相关数据和资料信息，加强政策实施过程监测和分析预测，多角度分析和评价产业政策的效果，得出可靠的结论，以避免单一评估主体可能存在的主观性和片面性，消除信息不足和立场分歧的影响，检验产业政策执行过程是否达到预期的效果以及它的效益所在，以判断政策的正确与否和质量高低。

（2）产业政策评估是政策过程中及时发现问题、纠正偏差的依据和前提。政策过程是一个复杂的过程，政策投入、政策人员的素质、政策环境等都可能会影响政策预期目标的实现。产业政策评估作为对政策执行过程中的可靠信息反馈，有助于决策者全面了解各个环节，认识发现问题的症结，及时纠正偏差，为修正和完善政策提供客观依据，以便减少政策失误的损失，减少资源浪费，实现政策受益最大化。

（3）产业政策评估是有效配置政策资源的基础和前提。政策资源的有限性，使得政策决策者和执行者需要认真考虑如何把有限的资源进行合理的配置，以获取最大的效率。通过产业政策评估，一方面可以使政策决策者了解资源配置的优先顺序是否正确,在不同阶段资源的使用是否恰当,从而决定政策的走向;另一方面可以使决策者站在整体利益的高度,平衡各方面的利益,合理地配置资源,使有限的人力、物力、资金资源等发挥最大的效益。

(4) 产业政策评估是实现决策科学化、民主化的必由之路。政策评估是推动政策科学化的重要手段之一。重视和完善产业政策评估制度是遵循民主与科学精神的标志,是实现传统经验型决策向现代科学化、民主化决策转变的重要一环。产业政策评估有助于综合各方面意见、全面考察和分析政策过程的各个阶段,优化决策程序,保障决策质量,从而维护政府威信和提高行政效率。

二、产业政策评估的类型

产业政策是一个复杂的过程,对其进行评估,可以依据不同的标准进行。以评估组织活动形式为标准,可分为正式评估和非正式评估;从评估机构的地位看,可分为内部评估和外部评估;从时间维度来看,可分为事前评估、事中评估和事后评估。在产业政策评估活动中,以事前评估、事中评估和事后评估这一类型较为常见。

1. 正式评估和非正式评估

正式评估是指事先制定出完整的评估方案,并严格按照规定的程序和内容执行,由专门的机构和人员有计划地进行政策评估。它在产业政策评估中占据主导地位,其结论是政府部门考察产业政策的主要依据。非正式评估是指对评估者、评估形式、评估程序、评估内容等没有严格规定,也不严格要求评估的最后结论,人们根据自己掌握的情况对产业政策作出评估。这种评估类型具有方式灵活、简便易行的特点,在日常工作中得到了大量运用,是正式评估的一种重要补充。

2. 内部评估和外部评估

内部评估是指由产业政策系统内的评估者所完成的评估,包括由操作人员自行评估和由专职评估者实施评估。因为评估者处于政策系统内部,有利于获得政策制定和执行的大量资料,促进评估活动的顺利开展。当政策存在问题时也能够及时反馈和调整。但内部评估容易受到利益牵制和人际关系的影响,从而可能影响评估的公正性和客观性。外部评估是由行政机构以外的评估者所完成的评估,通常由政府机构委托研究机构、学术团体、咨询机构、专家学者等进行的,或者由投资或立法机构组织,也可以由报纸、电视、民间团体等其他各种外部评估者组织进行。外部评估的评估者往往在决策体制和决策机构之外,掌握相关理论知识和技术方法,有利于客观、公正地开展评估工作,保证政策评估质量。但外部评估的评估者也可能因为受限于评估资料和评估经费,或者为了迎合委托人的要求,从而影响政策评估结论。内部评估和外部评估各有其利弊,为取得科学的评估结论,在实际政策评估中应综合运用评估方法、取长补短。

3. 事前评估、事中评估和事后评估

事前评估在政策执行之前进行，带有预测性质，旨在正确制定出新的产业政策。主要内容包括：(1) 预测产业政策实施对象的发展趋势；(2) 评价产业政策的可行性；(3) 对产业政策效果进行预测、判断和评价。事前评估是产业政策在制定时进行政策规划和优化的必要工作，是事前控制的有效工具。

事中评估是对政策执行过程进行评估。评估重点在于考察产业政策资源配置情况，动态监测政策方案的执行情况。通过事中评估可以准确地反映政策执行效果和影响，及时发现问题，提高快速响应能力，适时地进行目标调整和措施变更，以确保政策的有效运行。

事后评估是在政策执行完成以后发生，考察预期目标和效果是否实现，事后评估结论是政策价值的最终反映，旨在总结现有产业政策的经验教训，优化政策运行机制，改进政策系统，强化政策效果。在进行效果评估时，评估者必须注意区分产业政策效果的类型，判断政策对实施对象的影响程度和对确认问题的解决程度，以便全面而客观地评估产业政策的价值。

三、产业政策效果及其影响因素

(一) 产业政策效果

产业政策效果，一般是指产业政策执行后对政策客体及政策环境所产生的影响或结果。一项产业政策实施后，需要了解政策是否实现了预期目标，是否带来积极效应，对当前和未来环境的影响，以及是否需要进行优化调整。产业政策成败和价值合理性需要由效果来进行检验。政策效果主要有以下几种。

(1) 直接效果，即实施产业政策对实现预期目标的作用直接而显著的效果。要评价某项产业政策的直接效果，必须先确定政策预期达到的目标，以及政策的目标群体是哪些人或哪些组织。直接效果往往评估的是政策对特定的政策对象或情境的影响，以及政策目标的实现程度。

(2) 附带效果，即产业政策的实施过程可能产生的超出产业政策制定者预期目标或设想的一种效能，属于政策的副产品。某一项产业政策的执行，除了会对其特定目标发生影响外，其作用还会波及相关领域甚至整个社会。一项产业政策的附带效果有两种类型：一种是正面的影响；另一种是负面的、灾难性的影响。

(3) 意外效果，指在对一项产业政策进行评估时，有时会遇到这样的情况：一种情况是政策投入多，期望很高，但收效甚微；另一种情况是政策投入会产生出人意料的、高于期望值的效果。

(4) 潜在效果，即产业政策的潜在影响。有的产业政策可能在短期内有助于改善眼前状况，有些则在短期内不易被人们察觉，但两者都具有潜在的影响，可能会在今后一段时间内表现出来。这种潜在的效果虽然测定不容易，但绝对不

能忽视它的潜在结果，很值得评价者注意和思考。

（二）产业政策效果的影响因素

1. 产业政策本身的因素

一项产业政策能否取得预期效果，和政策目标是否明确、政策本身是否科学合理密切相关。一项科学合理的产业政策应符合事物发展的客观规律，符合大多数人民群众的愿望和要求，具有明确的政策目标、政策方案、政策措施和行动步骤，并且在一定时期内保持稳定性和连续性，才能为产业政策的有效执行提供基础。

2. 产业政策执行因素

产业政策执行的资源、执行机构、执行人员素质和执行对象对政策的态度在一定程度上影响产业政策的执行效果。首先，包括物质资源、人力资源、财力资源、信息资源、技术资源、权威资源等在内的政策资源是政策执行的必备条件。其中，对信息的掌握和有效利用度不仅是政策制定的重要依据，而且在很大程度上决定政策方案能否有效执行，政策效果能否顺利实现。其次，产业政策执行机构的组织结构是否健全合理会影响到产业政策执行效果。合理的组织结构要保证组织纵横结构布局的合理性，即正确处理好管理层级和管理幅度的关系；组织各部门之间不仅要分工明确，而且要密切配合、协调行动；明确组织结构中的权责关系，做到职权相称，这样才有利于产业政策的执行和政策目标的实现。再次，产业政策执行人员的素质，如法治观念、政策理论水平、知识水平、工作态度、执行能力、协调配合能力、感召力量等都是影响和决定产业政策活动能否顺利推行的重要因素。最后，执行对象对政策的态度是影响产业政策预期效果实现的关键性因素之一。政策执行活动和实施效果决定着政策目标群体的实际利益。利益获得者会对政策持积极支持的态度，而利益受损者会对政策持消极抑制的态度。同时，政策对象的行为方式要受到其价值观念、风俗习惯等影响，改变思想习惯往往使人们产生抵触情绪。因此，应加强政策宣传，在保障政策权威性的基础上，尽可能地扩大政策的社会支持度，并采取渐进的方式，才能提高目标群体对政策的接受度，保证产业政策的有效实施。

3. 政策环境因素

政策总是处于一定的社会环境中，产业政策的效果要受到其所处的政治环境、经济环境和社会心理环境的影响。第一，政治环境是影响政策执行和效果的重要因素，包括国家政治的安定与否、国际政治环境、政治文化、公共舆论的宣传导向等。第二，国家的经济发展水平、地区的市场化水平、产业发展阶段等经济环境是政策制定和执行的物质基础，也制约和影响着政策的实施效果。第三，社会心理作为一种潜在的社会力量，对人们的政治行为和政策的执行具有极大的影响力。政策执行人员应切实把握目标群众需求，努力提高人们对政策实施的心理承受力，营造和谐的社会心理环境，以加强政策落地效果。

四、产业政策效果评估体系

产业政策效果评估体系包括评估主体、评估对象、评估原则与标准、评估方法和评估结论等构成要素。一般来说，完备的产业政策评估体系，应该要在确定产业政策目标合理的条件下，具备一些基本要素，包括能够站在客观中立立场的评估主体、可靠完备的信息收集渠道、科学的评估工具和方法以及客观公正的评估结论等方面。

（一）评估主体

产业政策的评估主体应该遵循独立性、中立、客观性的原则，由上级授权委托的专门单位或者具有相应权威和独立性的中立机构组织开展评估活动，避免权责交叉，规避利益关系，防止不正当关联交易。以日本为例，日本产业政策评估主体具有多元化特征，评估主体包括各主管省厅所设的审议会、国会所设的各调查咨询机构和执政党下属的政策调查委员会。此外，四大经济团体、大众传媒和知名的政论家都会从各自立场对特定产业政策发表意见，并对政府的产业政策决策有较大的影响力。

（二）评估对象

开展产业政策评估需要准确分析和识别评估对象，即决定评估什么政策。选择评估对象时需要注意以下几点：第一，坚持必要性原则选择评估对象；第二，坚持可行性原则，选择经过实践检验、评估条件成熟，政策目标明确的产业政策；第三，坚持有效性原则，选择评估结论具有推广价值或者能够通过评估达到一定目的的政策。另外，在确定评估对象时还应考虑评估成本、政策相关人员是否抵制评估、是否能够获得有关人员的支持和帮助等因素。

（三）评估原则与标准

1. 福利经济学原则：最大多数人的最大福利

产业政策评估实质上是一种价值判断，需要有价值尺度衡量。产业政策评估的重要理论基础之一是福利经济学。新福利经济学的代表学家帕累托提出了判断社会经济福利最大与否的标准，即"帕累托最优状态"，即当资源在某种配置下不可能通过重新组合生产和分配，使一个人或多个人福利增加而其他人的福利不至于减少的状态。在现实生活中，真正的"帕累托最优状态"并不存在，任何产业政策都只能接近帕累托最优状态，也就是说只能达到"次优状态"。"帕累托最优状态"可以作为产业政策效果评估的重要原则。也就是说，判断某一产业政策是否成功的重要标准是看该政策是否符合最大多数人的最大福利。

长期以来，公平与效率的关系问题一直是福利经济学的核心问题。公平与效率是一个矛盾的统一体。产业政策在很多国家的实践证明，成功的产业政策通常是遵循"效率优先、兼顾公平"的原则,并以增进最大多数人的最大福利为宗旨的。另外,由于"公平"原则强调机会均等化,因而符合公共利益。在产业组织政策实践中,过分限制交易、抑制自由竞争和容忍垄断都违背了"公平"的原则,极可能会导致失去竞争活力和动力,降低产业整体效率,进而危及公众福利。

2. 生产力标准

生产力是社会发展的根本动力,是人类福利增长、生活质量提高和社会进步的物质基础。生产力水平的可比性决定了它可以成为产业政策评估的具有普遍意义的重要尺度之一。因为即使世界各国的政治经济体制和社会文化存在差异,都可以使用生产力的高低来进行度量。各国制定和推行产业政策的共同目标都与提高生产力水平密切相关。是否有利于提高生产力水平,应当成为衡量产业政策成败与优劣的重要标准。

当然,我们应该全面认识生产力标准。生产力既有量的区分,也有质的规定性。生产力的内核是科学技术,但科学技术的发达同人类福利的增长并不总是成正比。如果将高度发达的科技生产力用于制造高杀伤力的毁灭性武器,用于犯罪和非正义的战争,那么,这一部分科技生产力水平越高,人类的灾难可能就会越深重。因此,对生产力标准应当附加伦理尺度。

3. 综合效益标准

产业政策效益是指达到政策目标的程度。产业政策的制定和实施需要付出一定的成本,同时也在不同程度上获得收益。综合效益标准就是通过全面、综合地比较分析某项产业政策所涉及的各种"成本"和"收益",并通过政策总成本和政策总收益的比率对产业政策效果高低优劣进行评估。其中,"成本"一般包括企业成本和政府的代价,如企业直接的经济利益损失、产业政策执行环节中必需的交易费用、因产业较高的技术和规模壁垒所需付出的技术和管理代价、财政支出等。产业政策实施给企业和政府带来的"收益"一般包括:企业在产业优惠政策实施过程中获得的直接经济收益、更加优越的发展条件、企业知名度提高、产值增长、政府在产业政策实施过程中扩大管理权限以增加财政拨款、社会影响力扩大等。

从经济学的角度来看,评价一项产业政策的实施是否有效,应该对成本和收益进行对比。综合效益标准提示我们,成功的产业政策应该是以最小的投入获得最大的综合收益,或者在等量投入的情况下获得更大收益。在现实生活中,产业政策的实施不能仅仅对成本和收益进行简单对比,如果一项产业政策可能会对某些产业有利而会损害其他产业利益,或者是片面追求产值增长等经济效益而忽视环境和资源代价,都不符合"综合效益标准"。发展中国家应当纠正片面追求产值的传统发展理念,实行经济效益和生态环境效益协调发展的产业政策,限制高能耗、高污染的产业发展,以科技创新引领产业升级,提高综合效益。

4. 国际竞争力标准

有学者认为,冷战结束后,产业国际竞争力已经成为各国政府在关注经济安全的时候首要考虑的问题。随着经济全球化进程的深化，增强产业国际竞争力已经成为各国产业政策的核心目标。各国在未来评估产业政策的价值合理性和优劣成败时必须高度重视产业国际竞争力标准这一重要尺度。因此，产业政策的决策者在统筹安排产业政策体系时，不仅要注重保护和扶植民族工业，而且要更加自觉地从增强产业国际竞争力的角度出发充分考虑本国的资源禀赋，通过深度参与全球产业分工与合作，以高水平开放促进高质量发展，以发挥本国的比较优势，实现公众福利的最大化。总之，有利于增强本国产业国际竞争力的产业政策，才是适应时代要求的产业政策。

当然，上述原则和标准还只是进行产业政策效果评估的"一般标准"，在实际的评估工作中，还需要根据现实情况，运用相应的指标体系和计量分析技术来全面地、客观地对产业政策效果进行评估。

（四）评估方法

评估方法是评估者在政策评估中所采用的具体方法。它是产业政策评估赖以进行的工具和手段，也是政策评估科学性与否的关键因素之一，因此，评估方法的选择和使用也是评估系统的一个重要因素。具体的计算方法有层次分析法、统计抽样分析法、模糊综合分析法、灰色评价法、"成本—收益"分析法等。

（1）前后对比法，旨在通过对比产业政策执行前后的有关情况，对政策实施前后产生的变化进行衡量，以评估政策的效果与价值。前后对比法是政策评估的基本方法，包括简单"前—后"对比分析、"投射—实施后"对比分析、"有—无"政策对比分析、"控制对象—实验对象"对比分析四种基本方法。

（2）专家判断法，指通过组织专家对各项相关产业政策进行记录，对政策执行对象进行调查，考察政策的执行情况，并与执行人员及其工作人员交换意见，得出评估结论以鉴定政策的成效。

（3）对象评定法，指由产业政策执行对象亲身感受和了解，分析政策的贯彻和适应性问题，了解政策对象对政策的回应程度，来评定产业政策及其效果，以进一步改进政策。

（4）自评法，指由产业政策执行人员自行评估的方法，主要判断政策的影响和实施效果，评估预定政策目标的开展情况，以发现政策本身及执行中出现的问题，提高评估的准确性。

（五）评估结论

完整的产业政策评估体系还需要有客观公正的评估结论并被有关部门重视。评估结论应对评估流程和方法、产业政策的价值判断和效果、相关改进建议等进行说明，并将其以书面报告的形式反馈给有关领导或部门，以全面分析评估活动，总结经验，为优化政府决策机制、提高政策科学性和效力提供服务和保障。

应当指出，产业政策效果评估是一项十分复杂的工作，在实际评估过程中也会遇到很多困难。例如，政策问题的复杂性可能使政策评估目标出现不确定、多重目标发生矛盾等问题；政策涉及多个利益主体，在定性评估中难免会发生不同利益主体对同一产业政策的效果褒贬不一，出现结论的分歧；而在定量评估中可能会遇到无法准确测量或者许多客观效果难以合理量化的难题。因此，我们应当尽早建立一套科学的、适应时代要求的产业政策评估机制和体系。

本章小结

产业政策是伴随着国家政权的诞生，并开始具备履行经济职能、对产业活动进行主动干预而萌芽的。概括来说，产业政策是一个国家中央或地方政府为了其全局和长远利益而主动干预产业活动的各种政策的总和。从经济理论角度来说，产业政策的兴起与存续的理论依据主要来源于市场失灵理论、后发优势理论、国际竞争理论等方面。在各国经济发展过程中，产业政策在弥补市场失灵的缺陷、实现超常规发展、促进产业结构合理化与高度化、实现产业资源的优化配置、增强本国产业的国际竞争力以及在经济全球化过程中保障国家经济安全等方面都发挥了重要的作用，同时也应当认识到产业政策实践的局限性。

作为经济管理的一项经济政策，产业政策在具备政策的共同特征的基础上，还具备时代性、民族性、供给指向性、政治性、市场功能弥补性、体系的协调性等一般特征。当然，产业政策本身也有优劣之分，完整的产业政策过程除了合理制定和有效执行以外，还需要对政策实施的影响和效果进行判断分析，以确定政策的价值。产业政策效果评估一般应坚持福利经济学原则、生产力标准、综合效益标准和国际竞争力标准，具备中立的评估主体、界定评估对象、选择合格的评估机构和评估方法，以确保评估顺利进行。

本章案例

大变局下日本产业政策的新动向

在日本经济发展的不同阶段，支撑产业政策的理论依据不断调整变化。在20世纪50年代至70年代初期，日本政府主要依据"幼稚产业保护理论"，指导产业政策的实施，并对重点产业实施了制定合理化计划等措施以推动实现产业结构升级的目标。20世纪70年代初期以后，"市场失败理论"影响日趋显著，日本以产业调整政策为主，促进要素资源向新兴产业流动。进入20世纪90年代，"政府失败理论"成为主要指导力量，日本政府减少了其对市场的直接干预；同时，采用产业再生政策，推动企业经营业务调整。进入21世纪后，日本进一步推行结构改革，释放供给潜能，促进经济增长。

在国际政治经济形势日趋复杂的背景下，日本出现了再次重视产业政策的新动向，越发注重经济安全，"企业家型政府理论"成为当前日本产业政策的主要支持理论。2021年6月，日本经济产业省发布的《后疫情时代的经济产业政策》

指出，在新的国际政治经济形势下，需要重新审视第二次世界大战后日本经济发展过程中实施产业政策的经验和教训，构建产业政策新框架。

与以往相比，当前日本的产业政策表现出一系列新特点，具体如下：

1. 以解决经济社会发展问题为主要目标。受国际政治经济形势复杂变化、第四次产业革命兴起的影响，日本重新界定了产业政策，所涉及范围不再局限于产业发展，而是将绿色经济、经济安全、缩小社会贫富差距等问题均纳入了目标范围。

2. 将促进制造业发展与提升产业链供应链安全放在显著位置。例如，将半导体产业列为重点发展产业；持续强化在东南亚地区的布局，采取财政税收优惠措施实现生产基地的分散化等以提升产业链供应链安全等。

3. 构建供给与需求政策并举的产业政策实施新框架。在政策评价手法上，将采取更加准确的评价措施，给予政策实施更为坚实的实证基础。

资料来源：田正，杨功金. 大变局下日本产业政策的新动向［J］. 日本学刊，2022（6）：82-103+150.

复习思考题

1. 什么是产业政策？产业政策的理论基础是什么？
2. 如何理解产业政策的作用和局限性？
3. 产业政策有哪些一般特征？
4. 为什么要重视产业政策评估？
5. 产业政策评估的原则和一般标准是什么？
6. 产业政策效果评估体系主要包含哪些内容？
7. 以中国某一产业为例，简述该产业的政策情况。

延伸阅读

［1］高志刚. 产业经济学（第三版）［M］. 北京：中国人民大学出版社，2022.

［2］江飞涛，李晓萍. 改革开放四十年中国产业政策演进与发展——兼论中国产业政策体系的转型［J］. 管理世界，2018，34（10）：73-85.

［3］叶光亮，程龙，张晖. 竞争政策强化及产业政策转型影响市场效率的机理研究——兼论有效市场与有为政府［J］. 中国工业经济，2022（1）：74-92.

第十四章 产业政策类型

对于国家政府而言，为了促进市场机制发育、纠正市场机制存在的缺陷、干预和引导特定产业，常通过制定不同类型的产业政策以促进国民经济的快速协调增长。从类型划分来看，产业政策包括产业组织政策、产业结构政策、产业布局政策和产业技术政策四种类型，这是产业经济理论应用性及其价值的体现。产业政策并非简单地受产业经济理论的指导，二者之间存在着相互依存、相互促进的关系，产业经济理论对于产业政策具有理论指导作用，与此同时，产业政策的具体实践又不断丰富着产业经济理论，为其发展与完善持续提供着新的研究素材，并对产业经济理论提出了符合经济社会发展实际的更高标准和要求。本章围绕上述四种类型产业政策的概念内涵、发挥的作用及追求的目标等进行阐述，并结合我国经济发展实际情况阐述新时期我国产业选择的方向。

第一节 产业组织政策

产业组织理论认为，市场的完全竞争可使资源获得最优配置并促进其利用效率达到最大化，而垄断则会造成社会资源的浪费。与此同时，对适宜于自然垄断的产业而言，过度竞争会带来规模经济效益的丧失，这同样也会产生社会资源的浪费。那么，政府部门须依据社会经济发展实际状况以及产业组织发展所处阶段，制定出适合本国或区域的鼓励竞争、反对垄断政策，或限制竞争的政策。在这些政策中，产业组织政策事关企业的市场行为以及市场的有效性，并影响到社会资源配置的有效性，发挥着至关重要的作用。

一、产业组织政策含义

产业组织政策是指政府为获得理想的市场绩效，制定出用以调整产业市场结构和市场行为、调节企业之间关系的公共政策，其实质是协调竞争和规模经济之间的矛盾，从而维持正常的市场秩序，并促进形成有效的市场竞争态势。产业组织政策的主要任务是正确处理"马歇尔冲突"，努力实现既能够享受规模经济带来的效益，又可以维护市场的有效竞争，并通过协调市场经济规模和竞争效率之间的关系，建立正常的市场秩序，最终取得现实利益。

作为市场经济实践的产物，产业组织政策之所以产生，主要是由于市场本身并无法自发地避免过度竞争，也不能防止大规模企业凭借其垄断地位采用各种不正当手段来攫取高额利润，从而抑制竞争。在此背景下，政府需运用必要的手段进行干预，如通过立法的形式来制定市场规则，从而规范企业的市场行为、提高市场效果。由此，如何能够在享受规模经济效益的同时使经济保持竞争活力并持续发展，是各国在制定产业组织政策时所力图解决的重要问题。

二、产业组织政策目标

产业组织政策是现代市场经济国家政府政策体系中的重要组成部分，在维护市场秩序、促进市场竞争和推动经济增长等方面发挥着至关重要的作用，保证市场结构的竞争性是其核心任务。无论是计划经济体制还是市场经济体制，经济发展都面临着产业组织问题，需要找到解决问题的办法并制定相应的政策。

对于政府部门而言，制定产业组织政策的总目标是试图通过规范企业的市场行为、控制市场结构，以促进产业组织的有效竞争并获得良好的市场绩效。产业组织理论体系的创始人贝恩在其著作《产业组织论》中提出，产业组织政策的具体目标可概括为以下六个方面：（1）企业达到并有效地利用规模经济，市场的供给主要由达到一定经济规模的企业承担，企业具有较高的开工率。（2）避免出现某些产业或企业长期获得超额利润或长期处于亏损状态的情况，长期来看，各产业的资本利润率较为均等。（3）技术进步明显，主要体现在新技术与新产品研发、创新活动充分且有效。（4）无过多的销售成本。（5）为提高大众福利、迎合消费需求，产品质量及服务水平不断提高，且具有多样性。（6）自然资源能够得以充分利用。上述六项具体目标是产业组织政策总目标在不同时期、各项具体政策内容上的进一步细化和具体化。同时，也是各类产业组织政策制定和实施的出发点和归宿点。

实际上，作为政府经济政策的重要组成部分，产业组织政策目标与国家一定时期的经济政策目标是一致的。作为政府干预经济运行的一项准则性的措施，政府通过制定经济政策进行合理干预已成为保障和促进国家经济发展的有效手段，经济政策的根本指向是那些市场所不能达到的，或者是市场所不能轻易实现的方面。也就是说，作为对市场机制的补充，经济政策常用于帮助实现社会经济发展目标。从世界发达国家的经济发展轨迹及其实现经济赶超的过程来看，发达国家并非先天形成的，而是充分利用后发优势、学习借鉴先进经验实现经济赶超，其中的典型代表有德国、日本和韩国等。这些国家的赶超经验表明，产业组织政策能够有效地推动经济的快速增长。具体而言，德国产业组织政策的特点体现在大企业间的分工合作，极大地促进了产品创新和经济效益的增加；与德国不同，日本产业组织政策的最大特点是间接引导大企业、直接扶持小企业；而韩国产业组织政策的特点则表现为根据市场业绩奖励大企业并降低进入壁垒来促进小企业发展。

三、产业组织政策类型划分

在不同时期,各个国家的经济发展水平及产业特点各不相同,政府部门所采取的产业组织政策的侧重点亦存在较大差别。但总体而言,产业组织政策根据手段的不同可分为产业组织合理化政策和产业竞争政策。

1. 产业合理化政策

产业合理化主要体现在产业组织的合理化与高效化,其基础是流通过程的改组,产品的标准化、定型化及加工的专业化。产业合理化政策就是为促进规模经济的形成、进一步改善产业组织结构、建立大批量生产方式、增加产业利润、实现产业振兴而制定的产业政策,其主要包括规制政策、规模经济政策和企业兼并重组政策。

规制政策是指政府通过立法或政策对构成特定社会的个人或经济主体的活动进行限制的行为,这里主要是指经济性规制,即在自然垄断和不完全竞争以及信息不对称的领域,为防止发生资源配置的低效率和确保使用者对资源的公平使用,政府和社会公共机构用法律权限通过许可和认可等手段,对企业的进入和退出、服务的数量和质量以及价格、投资、财会等行为进行规范和制约。

规模经济政策和企业兼并重组政策指的是政府通过制定积极的政策措施来引导和支持骨干企业进行改组、联合与协作,不断扩大生产规模,增强专业化协作程度,从而提高国际竞争力。早在 21 世纪初,我国就陆续出台了相关政策,例如,"十五规划"纲要中提出,要按照专业化分工协作和规模经济的原则,依靠优胜劣汰的市场运行机制和宏观调控机制,实现产业内适度集中、企业间充分竞争,逐步形成大企业为主导、大中小企业协调发展的格局。鼓励企业通过兼并、联合、重组、上市等形式,形成一批品牌效应突出、自主创新能力强、综合实力雄厚的大公司和企业集团,最终实现产业集中度和产品开发能力的提升。

2. 产业竞争政策

产业竞争政策指的是为控制各种妨碍竞争和不公正交易行为发生,从市场行为的角度出发所采取的政策,主要包括反垄断和反不正当竞争政策、中小企业政策。

其中,反垄断和反不正当竞争政策是政府对具有垄断性的市场结构、市场行为及市场绩效所采取的一种法律制约和政策限制,它是产业竞争政策的重点,具体表现为制定和实施反垄断法、反托拉斯法以及反不正当竞争的规定。该政策的基本内容主要包括:分割已经形成的垄断企业;对企业的横向与纵向合并加以限制,防止由于生产过度集中而形成新的市场垄断;打击价格共谋行为,鼓励公平竞争;禁止非法的价格歧视;禁止搭配销售及排他性交易;严禁虚假广告、盗用商标名称等欺诈行为;加大对小企业的扶持力度,努力为小企业营造公平的竞争环境。

中小企业政策是政府根据中小企业的实际情况及相关产业发展的特点,为保持产业组织内部的竞争活力而制定的扶持性政策，其涉及金融、财政补贴、信息提供及产品采购等诸多方面。从内容来看，中小企业政策主要包括：以全体中小企业为对象的，为改善企业在资金、技术、劳动力、信息等方面的不利条件，以促进企业发展为目的的一般政策（如劳动政策、金融政策、指导政策等）；以特定产业或特定中小企业群为对象的特殊性政策；为防止大企业利用其有利地位或采取不正当手段与中小企业进行交易而在价格、支付货款、订货计划等方面采取限制措施的转包制政策。

四、新时期我国的产业组织政策

长期以来，我国产业组织政策的侧重点在于控制市场结构，常采用"关、停、并、转"等强制性行政手段，抑或是设置较高的行政壁垒，这当然能够产生明显的效果，但与此同时，也会衍生出诸如地方政府对经济活动随机进行干预、资源配置扭曲、大规模低水平竞争以及产能过剩、肆意扩张等诸多问题。我国的产业组织政策手段主要有法律手段、行政指导、财政税收政策（如财政补贴、倾斜性投资、出口退税、税收减免、外汇配额等）、金融政策（如低利息融资、区别性融资、择优融资等）、贸易政策（如关税保护、非关税壁垒和歧视性待遇等）和信息指导等。

当前，我国经济已由高速增长阶段转向高质量发展阶段，在此背景下，如何构建既能够与时俱进、扎根市场、措施灵动、维护竞争，又可以迎合国际规则、培育具有国际竞争力、践行高质量发展理念的产业组织政策体系，是我国必须深入思考和探索的重大议题。党的十八大以来，我国开启了全面深化改革的新时期，2013年，党的十八届三中全会提出，"使市场在资源配置中起决定性作用和更好发挥政府作用""坚持权利平等、机会平等、规则平等""加快形成企业自主经营、公平竞争，消费者自由选择、自主消费，商品和要素自由流动、平等交换的现代市场体系""建立公平开放透明的市场规则"等任务举措。相较于前期，新时期的产业组织政策更注重强调要从制度上建立统一开放、竞争有序的现代市场体系。

为全面优化政府和市场的关系，我国制定并实施了一系列积极有效的政策措施：（1）对于过去垄断行业改革不到位的情况，制定了行业准入负面清单制度，这在更大范围、更深层次上放宽了垄断行业的市场准入，例如，为充分撬动社会资本，2014年11月，国务院颁布实施了《关于创新重点领域投融资机制鼓励社会投资的指导意见》，从放宽市场准入及创新投融资方式等方面提出了吸引社会投资的政策措施。（2）为消除有碍市场公平竞争的制度性障碍，国家加大了对于公平竞争的监管和审查力度，出台了排除、限制竞争的政策措施，清理废除了妨碍统一市场和公平竞争的规定和做法。（3）为了解决我国多数行业长期存在的产业集中度低、恶性竞争现象严重等问题，重点出台了一系列政策措施促进行业内的企业兼并重组以提升产业集中度，切实消除企业跨区域、跨所有制兼并重组的制度性障碍。（4）为加大对小微企业的扶持力度，实施了多项普遍性降费政策，大幅度取消了多种行政事业性收费和政府性基金项目，并在财税、金融、商事制度、服务体系等方面提供了更多的政策支持，如 2014 年国务院印发了《关于扶持小型微型企业健康发展的意见》，2016 年颁布实施了《促进中小企业发展规划（2016—2020 年）》，2023 年国家税务总局出台了《关于进一步支持小微企业和个体工商户发展有关税费政策的公告》等。未来，我国的产业组织政策应以公平竞争制度建设为主线，逐步将政策着力点从市场准入和市场结构监管转向企业行为及其对市场绩效的影响，使其在培育世界一流企业、促进新兴产业成长和攻克核心技术等方面发挥更大作用。

第二节 产业结构政策

传统经济与现代经济的本质区别在于这两种经济发展阶段的专业化分工程度不同，技术基础不同，阶段中产业结构变动速度不同。要保持经济的持续稳定增长，必须推动产业结构的优化调整，尤其是在技术进步基础上加快实现产业结构高度化是现代经济发展的方向和主线。作为产业政策的核心内容，产业结构政策的制定与实施既是促进经济增长的内在要求，同时也是国家经济发展战略的重要体现。因此，积极制定和实施产业结构政策，有助于发展中国家实现赶超目标，也是发达国家保持其自身优势地位的重要途径。

一、产业结构政策含义

产业结构政策是在第二次世界大战后日本恢复国内经济时期的产物，日本政府通过产业结构高度化途径，确定不同时期带动整个国民经济起飞的"主导产业"，并且制定颁布与当期主导产业相适应的产业政策，诱导经济按照预期的道路行进。产业结构政策被认为是促进经济发展的良策而被广泛推广，产业结构也随着社会经济的发展而不断变动与优化。从历史的角度来看，产业结构政策是在一定的社会经济条件下形成并发挥成效的，这些条件包括经济条件、政治条件和历史条件。无论是发达国家还是后进国家，在其经济发展过程中都不同程度地运用了产业结构政策。

作为产业政策体系中的重要组成部分，产业结构政策是政府遵循产业结构演进规律、推动产业结构不断向高度化方向发展而制定的一系列政策。具体而言，产业结构政策是指在一定时期内，一国政府以本国产业结构的发展状况为基础条件，遵循产业结构演进的一般规律，规划制定产业结构演进的方向与目标，依据发展阶段确定重点发展的战略产业，并实现资源的重点配置，从而引导国家经济向新的广度和深度发展的政策总和。

从产业结构政策的实质来看，重点在于从推动产业结构的合理化演进中，实现经济增长和资源配置效率的提升。其含义有四个基本点：（1）目的是促进产业结构优化；（2）主要理论依据是产业结构演变规律；（3）制定主体是政府；（4）实施主力是企业。

产业结构政策的目标是在一定时期内，政府部门依据本国的自然地理环境、资源禀赋条件、经济发展阶段、科技创新水平、人口规模以及所处的国际经济政治条件，对产业结构进行动态调整与优化，以保持各产业向协调化和高度化方向发展。在此过程中，须在尊重市场功能的基础上，对市场不能调节或无力调节的领域进行政策性引导。具体体现在：通过制定和实施产业结构政策，提高自然资源和人力资源的利用效率，实现各产业之间以及各产业部门之间相互促进、协调发展的良性循环；同时，通过产业结构政策的调节，使各地区的资源能够得到合理配置，并充分发挥其优势，还可以促使现代科学技术不断得到推广和应用到产业发展中，以有效地实现产业升级。从产业发展的经验来看，技术进步是促进产业结构优化升级的根本动力，而产业结构政策的目标便是推动产业结构合理化和高度化。其中，产业结构合理化是指产业与产业之间协调能力的加强以及关联水平的提高，产业结构协调是合理化的重要保证条件；产业结构高度化指的是产业结构由低水平向高水平演进的过程，该过程一般是按照三次产业、附加值、加工度等的优势方向逐渐递进。产业结构合理化与高度化之间存在动态联系，并非产业结构演进的两种形式，合理化是高度化的基础，而高度化是合理化的表现。

二、产业结构政策类型划分

从整体的角度看，产业结构政策是一个庞杂的政策体系，该体系包括幼稚产业扶植政策、衰退产业调整政策、战略产业扶植政策、主导产业选择政策、产业可持续发展政策等。

（1）幼稚产业扶植政策。幼稚产业是一个相比较的概念，穆勒（Mill）认为，对幼稚产业的保护扶植是短暂性的，当该新兴优势产业发展成熟，能够独立参与市场竞争和承担风险时便撤销扶植。当然，并非所有的幼稚产业都需要扶植，或者在该产业中不存在潜在优势。需要扶植的产业通常是瓶颈产业或主导产业，一旦发展成熟，这些产业会对国民经济产生巨大的推动作用，存在扶植的潜在优势。主要扶植手段有保护性政策（如配额、关税和直接生产补贴）、扶植性政策（如国家直接财政补贴、税收减免优惠、金融融资等）。

（2）衰退产业调整政策。从产业生命周期的角度看，衰退产业处于整个周期的最后一个阶段，其主要特征表现为：产品的市场需求量及销量大幅度减少、产能过剩、技术进步缓慢且创新动力不足，所能承担社会责任能力降低，逐渐丧失在国民经济发展中的重要作用，且受到新兴替代产业的威胁。市场需求结构的变化和科技进步是造成产业衰退的关键因素。当然，产业的兴衰是产业生命周期演化以及产业结构有序变动的必然规律，对衰退产业实施调整政策和合理的退出政策是驱动产业结构向合理化和高度化转变的重要环节。对于衰退产业，可从产品结构、技术结构及组织结构等方面进行调整。对衰退产业调整政策要与市场需求为准，且需要借助政府的力量，为其提供适当的市场保护和技术支持。

（3）战略产业扶植政策。战略产业是能够在未来发展成为主导产业或支柱产业的新兴产业，其对国家经济安全有着至关重要的意义，战略产业的发展水平反映了国家的工业化水平，是决定国家整体经济实力的基础力量。通过对影响国民经济发展的战略产业发展的支持，优化国家产业结构，提升工业化水平，实现国家发展的阶段性目标，是后发国家普遍的发展战略。战略产业扶持政策的目标必须与产业结构优化升级的要求相一致，要以市场为依托，政策与市场作用相结合，充分利用发挥产业内的比较优势，提升产业竞争力，同时要与政府部门的资金支持和税收财政等优惠政策配套，继而发挥对关联产业的带动作用。战略产业扶植政策是通过政府的力量增加对相关生产要素的投入，同时借助于战略产业超常规发展所产生的辐射带动作用来推动产业结构的高度化发展，因此，战略产业扶植是非均衡发展路径。政府对战略产业的扶植一般包括三个方面：一是实施出口补贴、配额、歧视性公共采购等贸易保护政策；二是从经济、法律和行政措施多方面入手，维护正常的行业竞争秩序，创建有利的市场环境；三是结合政策与市场的力量，实现产业结构高度化。

（4）主导产业选择政策。主导产业是指处于主要的支配地位，综合效益高，有较为先进的生产技术，与其他产业的关联度高，对国民经济的驱动作用较大，且具有较大增长潜力的产业。主导产业选择政策通常是政府从实际经济水平出发，以整体经济发展目标为立足点，通过实施经济政策、法律法规等手段直接或间接地影响主导产业，从而引导和促进主导产业的合理快速发展的政策总和。

（5）产业可持续发展政策。可持续发展是一项注重长远发展的经济发展范式，主要包括经济可持续发展、社会可持续发展和生态可持续发展。从长远角度来看，实施可持续发展战略，有利于实现经济效益、社会效益和生态效益的有机统一。产业可持续发展政策就是从经济、社会和生态的角度综合考量产业政策的制定与实施，是协调产业政策与市场机制作用、促进产业可持续发展的重要手段。产业可持续发展政策属于产业政策的框架，却又高于产业政策的指导意义，是产业政策体系各子系统的指导与方向，因此，产业可持续发展政策是一项长期的战略政策。

此外，有学者从政府对市场的干预程度和方式的角度，提出可将产业结构政策分为纵向政策和横向政策。其中，纵向政策强调政府对市场的主动干预，即通过政府主导选择产业发展的优先顺序，并给予某些特定产业或产品以保护或扶持，最终实现产业结构的优化升级。相比之下，横向政策则不针对某一特定产业或企业，而是对所有产业和企业的发展均采取普适性政策。

三、产业结构政策功能作用

世界各国的经济发展实践表明，一个国家的政府对于产业结构的变迁并非无能为力，若能依据产业结构的演变规律，有效运用经济手段、法律手段以及必要的行政手段，制定和实施符合国情的产业结构政策，就有助于较好地减少结构性矛盾对经济发展的制约，从而促进产业结构和资源配置的调整与优化，继而推动整个产业持续、稳定、健康发展。产业结构政策的作用主要体现在以下几点。

1. 促进产业协调发展

协调产业之间的关系是产业结构政策的目标和作用，产业结构就是在一定社会经济发展阶段上，根据产业结构内各产业不同的发展程度和作用而划分产业内的企业，形成产业间不同层次和类别且有序的排列组合。产业结构政策要根据不同产业的发展现状、对经济的贡献作用、未来的发展趋势和成长潜力等，对产业进行科学合理的层次与结构划分，对未来具有发展空间和潜力的新兴产业按照主导产业进行培育，同时通过对衰退产业进行调整，对幼稚产业进行扶植等政策措施，建立不同层次产业间的关系网络，使产业间相互协调发展。

2. 促进产业结构转换

产业结构转换是产业结构在内外合力的作用下，根据产业性质向符合其发展规律的方向转换的动态过程，转化路径是从较低级型结构向较高级型结构演进。实现产业结构转换的内外力分别是市场力量和政府力量，前者借助市场机制中价格信号的反馈与调节作用，引起产业资源由低效率产业向高效率产业、由衰退产业向新兴产业的流动，从而逐步实现产业结构的优化与转换。后者是以政府干预为基本方式，以强有力的产业结构政策为依托和指导，通过调整、保护、扶植、退出等措施，有目的地加速产业结构的转换。实施产业结构政策不仅能够加快产业结构转换，还可以促进产业结构升级，提高产业的技术集约化水平，推进产业结构的高度化。

3. 提高产业技术水平

产业结构政策是以技术进步来不断促进产业结构的优化，世界经济发展的规律表明，凡是依靠科技进步，不断注意产业结构的转换，不断使产业结构合理化、高度化的国家和地区，经济就比较景气，也拥有更强的承受能力、适应能力和应变能力。产业结构政策的核心是推动技术创新，用高新技术来改造传统产业，通过大力发展高新技术产业，促使产业向技术集约化方向发展，并推动产业结构由以劳动密集型产业为主向以技术密集型、集约型产业为主转变，推动产业结构合理化和高度化发展，实现产业结构升级。产业结构的转换与优化，是以技术创新为先导的，技术创新也是产业结构政策的宗旨，以技术创新为主要内容的产业结构政策会推动产业技术水平提高，实现产业结构调整目标。

4. 引导资源配置结构合理化

产业资源（资本、劳动力、技术等）在不同产业间的配置与流动方向反映产业结构层次与效率的高低差别，这是市场经济发展的必然结果。市场本身的盲目性、自发性与滞后性，市场对资源配置的作用会因市场垄断、存在信息偏在、公共物品供给、外部经济效应而失灵，导致市场配置资源效率降低，此时，更加需要具有资源配置导向作用的产业结构政策。

四、我国新时期的产业结构政策

经济发展的历史经验表明,产业结构的演进与工业化发展阶段密切相关。随着经济发展水平的不断进步,产业结构逐步从低级阶段向高级阶段演进,不同的经济发展阶段对应着不同的产业结构。

1. "十三五"时期的产业结构政策

"十三五"时期,我国的产业结构政策重点关注于两个方面:一是致力于优化现代产业体系;二是作为供给侧结构性改革重点任务的"三去一降一补"政策。"十三五"规划纲要中指出,要围绕调整产业结构深度、振兴实体经济,推进供给侧结构性改革,培育壮大新兴产业,加快传统产业的改造提升,积极构建创新能力强、品质服务优、协作紧密、环境友好的现代产业新体系。衡量产业结构合理与否应该从产业结构引致的资源配置效应、环境效应、分配效应综合评价,能合理配置产业资源,经济环境友好型发展和有利于国民生活条件和贸易条件改善的产业结构政策就是符合社会经济发展要求的,产业结构也是相对合理的。实施"十三五"规划以来,我国产业结构得到了很大的调整,产业结构逐渐向较高层次转换,保证了经济快速增长与稳步发展,同时,也存在制约未来更好更快发展的问题。

2. "十四五"时期产业结构政策思路

国家"十四五"规划纲要提出,要坚持将实体经济作为发展经济的着力点,加快推进制造强国、质量强国建设,推动先进制造业和现代服务业的深度融合,强化基础设施的支撑引领作用,构建实体经济、科技创新、现代金融及人力资源等协同发展的现代产业体系。具体地,要推进产业基础高级化和产业链现代化,保持制造业占比基本稳定并增强其竞争优势,推动制造业高质量发展;积极培育先导性与支柱性产业,推动战略性新兴产业朝着融合化、集群化、生态化方向发展;聚焦于产业转型升级和居民消费升级需要,推进服务业有效供给,构建优质高效、结构优化、竞争力强的服务产业新体系。

就我国的产业结构演变规律来看,总体呈现出由"二一三"向"二三一",再向"三二一"的演变趋势。"十四五"时期,促进产业结构优化与转型升级仍是重点内容。优化产业结构需要企业、政府和市场三方合力,首先,产业要有较大的自主权和努力开拓市场的动力,相对政府部门而言,企业会较早感受到市场环境和竞争条件的变化,企业需要自主权改变经营方式和策略去适应市场,迎合市场需求的变化。市场也存在企业获利的激励机制,政府不能过多过深地干预或影响企业的决策。其次,产业结构的转换对政府而言是个挑战,需要从市场信息、市场环境、国家经济发展战略、国内外经济环境等方面综合考虑制定出与当前经济状态吻合的产业结构政策。我国产业结构进一步提升的关键基础就是技术进步,相应的还需要政府管理能力和政策创新。最后,市场是一个环境,其自主性弱而自动性强,在产业结构合理化与高度化发展的过程中需要政府和企业主动配合市场，而不是把这种主动关系变成被动适应，这就要求政府和企业之间协调配合好。

长期来看，中国产业结构调整升级的大趋势是基本确定的，即从中等收入国家向高收入国家的产业结构演变，但会表现出一些不同于一般产业结构模式的新特点。这主要是反映了新一轮技术革命的趋势，同时，也反映了作为特殊发展中大国的基本国情，以及中国体制改革和产业政策主导的特点。未来，产业结构调整升级的新趋势是：由于互联网、大数据、绿色低碳、人工智能、共享经济等新技术、新模式与实体产业的融合在不断加深，新经济从内容到形式快速发展，制造业与服务业的界限将在一定程度上趋于模糊，这将使得新经济的类型和比重持续增加。在新经济日益带动传统经济转型升级的背景下，会出现服务业主导制造业发展的新局面和新趋势。这将会使传统的产业结构统计和分析框架面临挑战，实践发展可能会促使一些新的经济部门从原有产业分类中分离出来，形成一些新的产业部门。

第三节 产业布局政策

产业布局政策是产业政策体系和区域政策体系中的重要组成部分，同时也是促进国民经济发展、解决区域问题的有效措施，制定并实施科学合理的产业布局政策对于推进资源的有效配置和产业的合理布局具有重要意义。

一、产业布局政策内涵

就内涵而言，产业布局政策指的是政府根据区域经济发展实际并遵循一定的原则和要求，对区域产业结构和产业组织进行调节或控制，以提高国民经济总体效率的一系列政策，具有地域性、层次性、综合性等特点。就本质而言，产业布局合理化的过程，是建立合理的地区分工关系的过程，二者分别是从纵向和横向两个角度来考察产业空间分布的两个具体方面。

从实施手段来看，产业布局政策主要是规划性的，其同时也包括一定的政府直接干预。在地区发展重点的选择方面，常用的产业布局手段主要有：（1）制定国家产业布局战略，规定在战略规划期内国家将重点扶持的地区，同时设计出重点发展地区的经济发展模式与基本思路；（2）以国家直接投资的方式，支持重点发展地区的交通、能源和通信等基础设施建设，或直接投资介入当地相关产业的发展；（3）充分利用经济杠杆形式的手段，对重点地区的发展进行刺激，加强此类地区的经济自我积累能力；（4）实施差别性的地区经济政策，凸显出重点发展地区投资环境的优越性，进而为该类地区吸引更多的资金和劳动力等生产要素。在产业集中发展战略方面，常采用的产业布局政策手段主要包括：通过政府规划的形式，确定具体产业集中布局的区域，以推动产业的区域分工协作，充分发挥由产业集中所带来的集聚经济效益;建立相关产业开发区,将规划中重点支持的产业集中于开发区内,使其既能产生规模集聚效益,又便于扶持政策的执行。

二、产业布局政策的目标

产业布局政策的总体目标是实现产业的合理布局和经济资源在空间上的有效配置,包括效率目标和公平目标。其中,效率目标追求较高的经济增长速度和良好的宏观经济效益,公平目标则要求不断缩小区域之间的经济发展水平和居民收入水平的差距。

从不同的发展角度看,产业布局政策的目标有不同体现:从经济发展角度看,其目标是实现经济增长和布局平衡;从社会发展角度看,其目标是实现民族团结,充分就业;从生态角度看,产业布局政策必须合理安排地区分工,适度分散产业布局,恰当调整地区产业结构,防治污染,维持生态平衡;从国家安全角度出发,产业布局政策应在综合考虑经济、社会、生态目标基础上,正确估计国际形势,制定和调整相关的产业布局政策。这些目标之间既存在矛盾,同时又是统一的,而协调好它们之间的关系,是成功实施产业布局政策的关键。

当国家处于经济不发达阶段,政府通常优先考虑产业布局的非均衡性,即强调优先发展某些地区,当这些地区的经济实现超常规增长,可以带动其他地区乃至整个国家经济的增长。同时,政府往往倾向于通过建立开发区或在某些地区实行特殊政策的形式,将某些在政府经济发展战略中具有重要功能的产业进行相对集中,以使其有较快的增长,最大限度地提高其对经济增长的贡献度。当经济发展到一定阶段时,政府需从维护经济公平与社会稳定的角度出发,侧重于强调地区经济发展的均衡性。在该阶段,除了少数特殊产业之外,政府不再致力于通过重点扶持某一地区的发展来带动整个国民经济的增长,而是对不发达地区经济给予更多的支持,甚至会在某些经济发达地区或产业高度集中的地区实行一定程度的限制进入政策。

三、产业布局政策类型划分

实施产业布局政策的主要任务是进行地区发展重点的选择和产业集中发展战略的制定,产业布局政策主要包括区域产业扶持政策、产业调整政策和产业保护政策。

(1) 区域产业扶持政策。在区域经济发展的各个阶段,一个地区总是存在着一个或者若干个具有比较优势的产业部门。对拥有相对优势的产业实施产业扶持政策,向重点产业倾斜,能充分发挥各地区的比较优势,加速地区经济增长,增强地区经济实力。区域产业扶持政策主要包括创造良好的投资和发展环境、直接投资、给予各种优惠等措施。

(2) 区域产业调整政策。区域经济发展到一定阶段，会出现产业结构不合理问题，这时就需要实施产业调整政策。例如，对衰退产业进行区域转移和行业转移、对污染环境的产业予以限制，对资源消耗过多的产业实行改造，逐步压缩长线产业并发展短线产业，以优化资源配置，推动区域产业结构合理化。

(3) 区域产业保护政策。在区域经济发展过程中，有些产业在发展初始阶段缺乏竞争力，但从长远来看，具有较好的发展前途，若不予以保护则不利于地区经济的持续发展，可能使地区经济运行缺乏稳定性，从而削弱地区经济对经济波动或其他不利影响的抗干扰能力。区域产业保护政策的一般做法是采取设置壁垒、排除竞争的措施，保护本地区的幼小产业。但保护政策必须适度，否则会形成地方保护主义，引起地区产业结构趋同化，不利于整个国民经济的协调高效发展。

四、中国新时期的产业布局政策

作为政府调控的重要手段，产业布局为新中国成立之初的国防战备、改革开放之后的东部率先发展、20 世纪末以来的区域协调发展等战略的实施发挥了极为关键的作用。从历史演变的角度来看，我国的产业布局经历了相对均衡、东部聚集、区域协调和海外布局等发展阶段。党的十八大以来，以习近平同志为核心的党中央高度重视产业布局，先后提出京津冀协同发展、长江经济带发展、粤港澳大湾区建设、长江三角洲区域一体化、成渝双城经济圈、黄河流域生态保护和高质量发展等国家战略，努力通过产业布局拓展发展新空间、兼顾东中西部及东北地区协同发展、解决大城市病与带动区域高质量一体化发展。2021 年 3 月，国家发布了《中华人民共和国国民经济和社会发展第十四个五年规划和 2035 年远景目标纲要》，纲要提出，要坚持把发展经济着力点放在实体经济上，加快推进制造强国、质量强国建设，促进先进制造业和现代服务业深度融合，强化基础设施支撑引领作用，构建实体经济、科技创新、现代金融、人力资源协同发展的现代产业体系，本节将对制造业、战略性新兴产业和服务业进行分析。

（一）制造业产业布局

推动制造业的有序转移，对于拓展制造业发展新空间、优化生产力空间布局、推动区域协调发展具有重要意义，同时也有助于保持产业链供应链稳定、维护产业体系完整性、加快构建新发展格局。2021 年 12 月，工信部、国家发改委等部门联合印发了《关于促进制造业有序转移的指导意见》，指出了进行制造业转移和承接的重点产业和模式路径，并提出到 2025 年要实现制造业布局进一步优化、区域协同显著增强的发展目标。具体而言，要推进产业梯度转移，逐步引导劳动密集型产业重点向中西部劳动力资源丰富、区位交通条件便利的地区转移；同时，引导各地发挥比较优势主动承接产业转移，鼓励特殊类型地区承接发展特色产业，推动中心城市和城市群高质量承接产业转移、促进产业转移国际合作、创新产业转移合作模式、完善支持产业转移的体制机制等；促进技术密集型产业向中西部和东北地区的中心城市、省域副中心城市等创新要素资源丰富、产业基础雄厚的地区转移；在满足区域产业、能源及碳排放等政策的前提条件下，支持符合生态环境分区管控要求以及环保、能效、安全生产等标准要求的高载能行业向西部具有清洁能源优势的地区集聚；引导软件开发、信息服务及工业设计等生产性服务业与制造业协同转移；引导有意愿的优质企业带动关联产业向中西部及东北地区有序转移。除了国家层面外，部分省市也结合区域发展情况制定了制造业产业发展规划，例如，广东省于2021年7月印发了《广东省制造业高质量发展"十四五"规划》，目标定位为努力打造世界先进水平的先进制造业基地、全球重要的制造业创新聚集地、制造业高水平开放合作先行地、国际一流的制造业发展环境高地。

（二）战略性新兴产业布局

战略性新兴产业指的是以重大前沿技术突破和重大发展需求为基础，对于经济社会全局及长远发展具有重大引领带动作用的产业。近年来，我国的战略性新兴产业发展迅速，新产业、新业态、新模式不断涌现，经济增长新动能作用不断增强。全国各省份结合发展实际制定，空间分布格局逐步显现。例如，北京市于2021年8月印发了《北京市"十四五"时期高精尖产业发展规划》，提出到2025年，以高精尖产业为代表的实体经济根基更加稳固，同时，基本形成以智能制造、产业互联网及医药健康等为新支柱产业的现代产业体系，将集成电路、智能网联汽车、区块链以及创新药等打造成为"北京智造""北京服务"的新名片，产业关键核心技术取得重大突破，国产化配套比重进一步提高，生产效率达到国际先进水平，绿色发展更加显著，京津冀产业协同发展和国际产能合作迈向更高层次。类似地，上海、天津、河北、山东、江苏等地均出台了战略性新兴产业发展规划文件。

（三）服务业产业布局

《中华人民共和国国民经济和社会发展第十四个五年规划和2035年远景目标纲要》提出，要聚焦产业转型升级和居民消费升级需要，扩大服务业有效供给，提高服务效率和服务品质，构建优质高效、结构优化、竞争力强的服务产业新体系。为促进地区服务业繁荣发展，浙江、江苏、四川、湖北、辽宁等多个省份均制定了服务业发展规划，对未来服务业的发展方向、目标、策略等提出了具体方案。例如，2021年10月，湖北省印发了《湖北省服务业发展"十四五"规划》，提出要努力建设全国重要的商贸物流中心、区域金融中心，着力打造具有全国影响力的研发设计基地和高端商务服务基地，加快建设世界知名文化旅游目的地、健康服务样板区，不断提升湖北在中部地区、长江经济带乃至全国服务网络中的支点功能。

第四节 产业技术政策

产业技术政策是产业政策体系的重要组成部分,是国家为促进产业发展、提高产业技术创新水平、促进产业技术进步而制定的一系列政策。从发展实际来看,随着技术进步和创新步伐的加快,产业技术政策在产业政策体系中的地位和作用也不断提高,其所涵盖的内容也在日益丰富。

一、产业技术政策含义

产业技术政策是指政府部门为促进产业技术进步、提高产业技术创新水平、优化产业结构、引导和规范产业关键技术以及共性技术发展而采取的一系列政策措施。它以产业技术为政策对象,对于保障产业技术适度与有效发展具有重要作用。

产业技术政策的概念最早是由日本通产省代表于 1970 年在经济合作与发展组织(OECD)大会上发表的关于日本产业政策的报告中提出。此后,政府机构及相关学者从不同的角度对产业技术政策的内涵进行了界定。我国政府文件中首次明确使用产业技术政策这一概念的是国务院于 1994 年发布的《90 年代国家产业政策纲要》,并将之归于产业政策的范畴,当时产业技术政策的重点是:促进应用技术开发,鼓励科研与生产相结合,加速科技成果的推广,推动引进和消化国外的先进技术,显著提高我国产品的质量、技术性能,大幅度降低能耗、物耗及生产成本,努力提高我国产业的技术水平。

二、产业技术政策的重要性

作为技术创新的一种外部支持工具,政府通过产业技术政策有助于解决市场失灵的问题,激励企业增加研发投入,弥补技术成果外溢给企业造成的利益损失,同时不断激发企业的创新潜力和热情。产业技术政策能够增加企业研发投入、降低创新过程的风险、提高创新效率,研发补贴、税收优惠和政府采购是最为常用的政策工具。一般认为,"市场缺陷"是政府制定产业技术政策的基本理论依据。

在现代社会中,技术是实现多种政策目标的重要手段。无论是国防与国家经济安全的保障,还是高附加值产业的培养、国民生活水平的提高,乃至生态环境的改善,都越来越依赖于技术进步。产业技术政策是政府为促进产业技术进步而制定的政策,是政府对于产业的技术进步、技术结构选择以及技术开发而进行预测、决策、规划、协调、监督及服务等方面的综合体现。从政府制定产业技术政策的必要性来看，其主要体现在以下四个方面：（1）政府是公共产品的主要提供者，对于政府而言，促进技术进步是其本身的职能要求；（2）若单纯依靠市场机制进行资源分配，难以满足技术发展的需要；（3）进行基础科学技术研究投资多、周期长、见效慢，难以成为直接获取收益的经济活动，这需要国家出面组织；（4）通过自主创新和引进创新可以迅速增强本国的技术力量，这需要政府制定正确的技术政策并采取相应的措施。

三、产业技术政策类型划分

在具体实践中，产业技术政策主要包括三个方面：技术引进政策、研究和开发援助政策、技术结构政策。

（1）技术引进政策。技术引进的全过程包括引进、消化、改进、扩散，技术引进政策必须鼓励适当引进，强调消化吸收，倡导改造创新。后起国家通过贸易或技术经济合作的途径，可以从其他国家获得先进的技术，从而促进本国某些产业的技术升级或换代。目前世界上通行的技术引进的手段或载体包括：许可证贸易、合作研究、技术咨询、合资经营等。我国电子消费品、汽车制造业、港口运输业等能够在短时间内得以实现产品的技术换代和生产规模的快速提升，很大程度上便是得益于技术引进。

（2）研究和开发援助政策。就目前而言，后起国家产业和产品普遍存在技术含量落后的状况，主要体现在工艺、设备、流程等表面层次，主要原因在于技术研究和开发能力的不足。由于技术研发活动具有公共产品的性质，且其投资金额巨大，风险极高，纯粹依靠市场机制会产生私人投资不足的问题，需要政府给予融资、税收或其他政策的支持。

（3）技术结构政策。实施技术结构政策，是为了处理好各种技术类型与技术层次之间的相互关系及数量比例，从而实现技术结构的合理化。产业技术从不同的角度可以划分出不同的层次与类型。从产业技术的发展水平来看，可划分为"尖端技术""先进技术""中等技术""初级技术"。从产业技术对要素吸收的状况来看，可划分为劳动密集型技术、资本密集型技术和知识密集型技术。从产业技术的主要功能和作用来看，可划分为：提高劳动生产率，促进经济增长的技术；节约原材料和能源消耗的技术；合成新的优质材料的技术；提高产品质量的技术；利用废弃物质和防治污染的技术等。要制定出合理的技术结构政策，就必须综合考量相应时期内本国的实际国情、资源状况及技术发展规律等各方面因素。

四、中国新时期的产业技术政策

改革开放以来，我国经济发展取得了巨大成就，产业技术体系逐步完善，产业技术结构不断优化,产业技术水平明显提高。但需要正视的是,我国的产业技术结构和技术水平与世界技术领先国家仍有较大差距,同时,资源环境约束日益趋紧、要素成本优势逐渐消失、全球新一轮科技革命和产业变革加速演进、颠覆性技术不断涌现等国内外形势使得我国的产业转向创新驱动发展模式迫在眉睫。在此背景下,我国要抓住和用好战略机遇期,不断提升技术创新水平,积极抢占未来产业制高点,加快技术创新驱动产业升级。

党的十八大报告首次提出了"五位一体"社会主义现代化总体布局,这标志着中国进入"全面现代化"时代,与此相适应的中国改革进程也进入"全面改革"时代。报告中指出,科技创新是提高社会生产力与综合国力的战略支撑,必须将其摆在国家发展全局的核心位置,并提出要实施创新驱动发展战略,深化科技体制改革,建设国家创新体系,实施国家科技专项,突破重大技术瓶颈。为此,党中央、国务院从顶层设计出发制定并出台了一系列政策措施(见表14-1)。党的十九大提出,"创新是引领发展的第一动力,是建设现代化经济体系的战略支撑",并强调要着力加快建设实体经济、科技创新、现代金融、人力资源协同发展的产业体系,坚定实施创新驱动发展战略,这是党中央在综合分析国内外大势、立足国家发展全局的基础上所作出的重大战略抉择。在一系列改革和创新驱动发展战略推动下,中国在科技创新事业上取得了历史性突破,例如,2022年世界知识产权组织(WIPO)发布的《全球创新指数报告(2022)》显示,中国创新指数全球排名已由2012年的第34位上升至2022年的第11位;中国的高新技术企业数从2012年的4.9万家增加到2021年的33万家;中国通信技术实现从"3G突破"到"4G同步"再走向"5G引领"等。未来,我国的产业技术政策应着手于如何形成以创新为主要引领和支撑的经济体系和发展模式,并制定和实施更加积极的政策以进一步强化企业技术创新主体地位,全面提升企业创新能力。

表14-1 党的十八大以来国家出台的主要科技创新政策

文件名称	印发时间	主要内容
《中共中央 国务院关于深化体制机制改革加快实施创新驱动发展战略的若干意见》	2015年3月	将科技体制改革范围扩大到经济社会领域,从营造激励创新的公平竞争环境等提出了30条改革意见
《深化科技体制改革实施方案》	2015年9月	围绕10个领域提出了32项改革举措和143项政策措施,突出内容的系统性、制度的可行性、措施的针对性
《国家创新驱动发展战略纲要》	2016年5月	对产业技术体系进行了系统部署,提出要加快构建结构合理、先进管用、开放兼容、自主可控、具有国际竞争力的现代产业技术体系,以技术的群体性突破支撑引领新兴产业集群发展,促进经济的转型升级

续表

文件名称	印发时间	主要内容
《关于推进国家技术创新中心建设的总体方案(暂行)》	2020年3月	突破制约我国产业安全的关键技术瓶颈,培育壮大一批具有核心创新能力的一流企业,催生若干以技术创新为引领、经济附加值高、带动作用强的重要产业,形成若干具有广泛辐射带动作用的区域创新高地
《国家新一代人工智能创新发展试验区建设工作指引(修订版)》	2020年9月	以促进人工智能与经济社会发展深度融合为主线,以解决人工智能科技和产业化重大问题为导向,创新体制机制,深化产学研用结合,促进科技、产业、金融集聚,构建有利于人工智能发展的良好生态,全面提升人工智能创新能力和水平
《企业技术创新能力提升行动方案(2022—2023年)》	2022年8月	充分发挥市场在资源配置中的决定性作用,更好发挥政府作用,聚焦企业创新能力关键环节,突出问题导向,强化精准施策,加大激励力度,引导支持各类企业将科技创新作为核心竞争力
《科技支撑碳达峰碳中和实施方案(2022—2030年)》	2022年8月	从低碳科技创新系统整体出发,根据不同技术的发展阶段和适用场景,有序推进能源、工业、交通、建筑等领域低碳科技创新
《科技成果赋智中小企业专项行动(2023—2025年)》	2023年5月	健全成果项目库和企业需求库,推动一批先进适用科技成果到中小企业落地转化;围绕培育更多专精特新中小企业,健全成果转化服务格局,形成闭环激励机制,持续增强中小企业核心竞争力

本章小结

产业政策在纠正市场失灵、弥补市场缺陷、调整产业结构、优化产业布局、促进国民经济发展等方面发挥着至关重要的作用,其中,产业组织政策、产业结构政策、产业布局政策及产业技术政策分别扮演着不同的角色。本章分别论述了产业组织政策、产业结构政策、产业布局政策及产业技术政策的概念、目标、作用等内容,同时,分析了我国对于各类型产业政策的实践效果,并就新时期我国制定产业组织政策、产业结构政策、产业布局政策和产业技术政策的趋势进行了分析,上述内容将有助于我们更好地掌握和理解产业政策的本质和特点。

本章案例

当前,我国经济已由高速增长阶段转向高质量发展阶段,正处在转变发展方式、优化经济结构、转换增长动力的攻关期,建设现代化经济体系是跨越关口的迫切要求和我国发展的战略目标。高质量发展是"十四五"乃至更长时期我国经济社会发展的主题,关系我国社会主义现代化建设全局。实践证明,产业政策在促进我国经济快速发展过程中扮演着重要角色,而产业政策的演进和发展受到时代发展变化的影响。那么,在新时代、新阶段、新变局下,需要实施怎样的产业政策?

高质量发展就是体现新发展理念的发展,是经济发展从"有没有"转向"好不好"。高质量发展阶段的产业政策或者说新产业政策,应该以支持高质量经济活动为目标。新产业政策扶植和支持的对象应该集中在价值链高端,而不能像传统产业政策那样笼统地将产业作为政策实施的对象,更不能将价值链低端作为产业政策的重点。同时,新产业政策的重点是包括研发政策在内的创新政策,并以掌握和广泛推广自主核心技术为核心。而且,高质量发展阶段仍然要求在价值链制造阶段实施产业政策,支持价值链制造阶段的高质量发展,并从根本上解决我国环境和生态友好发展的问题。

在高质量发展阶段,实施行之有效的产业政策将有利于促进社会资源有效配置、促进产业结构升级、提高经济结构效益、促进新兴产业发展、提高技术水平和市场效率。因此,我国需要对产业政策进行适应性调整、转型、升级和创新,并及时优化产业政策的实施方式,以适应产业战略目标的演变方向。

资料来源:贾根良. 高质量发展阶段需要怎样的产业政策[N]. 光明日报,2018-06-05(15).

复习思考题

1. 如何理解产业组织政策?
2. 产业结构政策主要包括哪些类型?
3. 进行产业布局时,如何平衡区域经济发展、生态环境及国家安全之间的关系?
4. 产业技术政策的重要性和必要性体现在哪些方面?
5. 中国产业布局政策的发展历程及未来趋势是什么?

延伸阅读

[1] 阿格尼丝·贝纳西-奎里,贝努瓦·科尔,皮埃尔·雅克,等. 经济政策:理论与实践[M]. 北京:中国人民大学出版社,2015.

[2] 郭克莎. 中国产业结构调整升级趋势与"十四五"时期政策思路[J]. 中国工业经济,2019(7):24-41.

[3] 郭旭,孙晓华,徐冉. 论产业技术政策的创新效应——需求拉动,还是供给推动?[J]. 科学学研究,2017,35(10):1469-1482.

[4] 郭振中,雷婷. 中国钢铁产业布局政策的价值取向辨析[J]. 东北大学学报(社会科学版),2012,14(6):516-520.

[5] 刘再兴，祝诚，周起业，等. 生产布局学原理 [M]. 北京：中国人民大学出版社，1984.

[6] 余明桂，范蕊，钟慧洁. 中国产业政策与企业技术创新 [J]. 中国工业经济，2016 (12)：5-22.

[7] 张卓元. 中国经济改革的两条主线 [J]. 中国社会科学，2018 (11)：12-29.

[8] 周建军. 美国产业政策的政治经济学：从产业技术政策到产业组织政策 [J]. 经济社会体制比较，2017 (1)：80-94.

[9] Kim W, Lee J D. Measuring the role of technology-push and demand-pull in the dynamic development of the semiconductor industry: The case of the global DRAM market [J]. Journal of Applied Economics, 2009, 12 (1): 83-108.

[10] Krugman P. Increasing returns and economic geography [J]. Journal of Political Economy, 1991, 99 (3): 483-499.

[11] Samuel K, Anaïs G V. The political economy of French industrial policymaking [J]. Review of Evolutionary Political Economy, 2022, 4 (1): 49-74.

第十五章 产业规制

产业规制是产业管理的重要内容和手段。尤其是随着中国特色社会主义市场经济体制的完善和发展,产业规制受到高度重视。本章主要介绍产业规制的概念、目标以及依据、产业规制的典型形式以及产业规制的成本和收益。

第一节 产业规制概述

一、产业规制的概念、目标及依据

(一) 产业规制的概念

产业规制是政府或社会为实现某些社会经济目标而对市场经济中的经济主体作出的各种直接的和间接的具有法律约束力或准法律约束力的限制、约束、规范,及由此引出的政府或社会为督促产业经济主体活动符合这些限制、约束、规范而采取的行动和措施。

简单地说,产业规制是政府或社会对产业经济主体及其行为的规制。其目的在于维持正当的市场经济秩序,提高资源配置效率,保护大多数社会公众的利益。

(二) 产业规制的依据

由于经济和社会两方面原因需要进行产业规制。经济原因主要是因为自然垄断、外部性、信息不对称、公共产品、不完全竞争等因素的存在而导致的市场失灵,而市场机制本身对此无能为力,因此产业规制就成为克服市场配置资源缺陷的一种不可或缺的制度安排。社会原因主要是指社会公平和意识形态方面需要由政府进行必要的干预、维护社会公平正义。

1. 自然垄断

1982年,美国著名经济学家鲍莫尔、潘泽和韦利格用部分可加性定义了自然垄断。假设在某个行业中有 X 种不同产品、Y 个生产厂商,其中任何一个企业可以生产任何一种或者多种产品。如果单一企业生产所有产品的成本小于多个企业分别生产这些产品的成本之和,该行业的成本就是部分可加的。如果在所有有关的产量上企业的成本都是部分可加的，该行业就是自然垄断的。换言之，即使平均成本上升只要单一企业生产所有产品的成本小于多个企业分别生产这些产品的成本之和，由单一企业垄断市场的社会成本依然最小，该行业就是自然垄断行业。

现代法学一般认为自然垄断是指由于市场的自然条件而产生的垄断，经营这些部门如果进行竞争，则可能导致社会资源的浪费或者市场秩序的混乱。法学上的自然垄断概念不仅涵盖了经济学上自然垄断的内容，还突出了现代竞争法的精髓。从自然垄断可以得出这样的产业规制政策，在成本劣加性的产量范围内，应该由一家企业生产，而超出此范围之外应该允许新企业进入。

2. 外部性

外部性是现代经济学研究的重要范畴。外部性是指一种产品或活动施加给社会的某些成本或效益，而这些成本或效益不能在该种产品或活动的市场价值中得到反映。当一个行为主体的行动直接、间接地影响另一个或另一些行为主体的福利时，我们就说前者的行动对后者具有外部性。

按照外部性产生的经济后果，可以将其划分为正的（积极的）外部性和负的（消极的）外部性两类。二者划分的依据在于私人成本与社会成本、私人收益与社会收益的对比关系。当一项产品或服务的私人收益大于社会收益时，我们就会观察这项产品或服务的过度供给，此时存在负的外部性，反之则会产生供给不足，此时存在正的外部性。外部性的例子很多，工厂向河道排放污水对下游的工厂和居民产生负的外部性，汽车尾气对路人也产生负的外部性；相反，在没有专利保护的情况下，发明专利对社会具有正的外部性，一户人家在自家院子里种养的花草树木对周围的邻居产生正的外部性。

外部性是由私人部门"生产"，在公共领域"生存"的，外部性的重要特征是独立于市场机制之外，它不通过市场发挥作用，不属于买者和卖者的关系范畴，即市场机制无力对产生外部性的厂商给予补偿或惩罚，这时就需要政府干预公共领域的经济，保护和维护市场，为市场机制有效配置资源提供条件。

3. 信息不对称

信息不对称（asymmetric information）是指在经济活动中，当事人双方除了共同掌握的信息外，还存在一部分信息只有一方知道而另一方并不知道的状况。

三位美国经济学家约瑟夫·斯蒂格利茨（J. E. Stigliz）、乔治·阿克尔洛夫（G. Akerlof）和迈克尔·斯彭斯（M. Spence）在20世纪70年代关注到了市场经济当中信息不对称现象，并提出信息不对称理论。该理论认为，市场中卖方比买方更了解有关商品的各种信息，掌握更多信息的一方可以通过向信息贫乏的一方传递可靠信息而在市场中获益，买卖双方中拥有信息较少的一方会努力从另一方获取信息。

掌握信息比较充分的人员，往往处于比较有利的地位，而信息贫乏的人员则处于比较不利的地位。不对称信息可能导致逆向选择（adverse selection）。一般而言，卖家比买家拥有更多关于交易物品的信息，但反例也可能存在。前者例子可见于二手车的买卖，卖主对该卖出的车辆比买方了解。后者例如医疗保险，买方通常拥有更多信息。

信息不对称是市场经济的弊病，要想减少信息不对称对经济产生的危害，政府应在市场体系中发挥强有力的作用。

（三）产业规制的目标

产业规制的目标就是要克服市场失灵，即致力于解决垄断、外部性、信息不对称等问题，保护和实现公共利益。

1. 确保社会资源的有效利用

由于垄断价格高于边际成本，不能使资源配置达到帕累托最优，所以必须对自然垄断产业中的企业进行规制，力求维护市场的公平竞争。

2. 促进企业收支平衡，以维护企业的发展潜力

自然垄断企业具有投资额大、投资回报期长的特点，而且随着国民经济的发展，对自然垄断产业的需求有一种加速增长的趋势，因此，政府规制时必须考虑使企业具有一定的自我积累、不断进行大规模投资的能力。

3. 解决外部性和信息不对称问题

对外部性，仅依靠市场机制和个人行为是难以解决的，必须依靠政府将其纳入产业规制目标。同时，对信息不对称的劣势方而言，由于信息优势方为实现自身利益最大化，可能会对信息劣势方构成威胁，使其应有的权益受侵害，如出现不安全、不健康等问题。因此，各国在产业规制过程中都将信息劣势方权益保护作为重要目标，以立法的形式规定产品服务的质量标准、从业人员的执业标准以及劳动场所的安全标准等，力求保障在交易双方的交易过程中，明确信息劣势群体的权益。

二、规制经济学的发展

产业规制理论是研究政府和社会如何实行产业规制以达到社会经济目标的理论，主要研究规制原因、规制方式、规制效果，以及在规制失灵的情况下如何应对等问题。产业规制理论的形成和发展与产业规制实践相辅相成，随着产业规制实践的发展，产业规制理论也在不断地发展。

（一）公共利益理论和规制俘获理论

公共利益规制理论在早期的规制理论中占据主导地位，该理论的直接基础是市场失灵。公共利益可以简单描述为尽可能地以最优的方式配置稀缺资源。由于存在着市场失灵，市场机制对资源的配置并不一定能够实现最优状态，这就需要政府进行规制，以提高资源配置效率增进社会经济福利。市场失灵表现在自然垄断、外部性、公共品、信息不对称等多方面，相应的政府规制的矫正措施也有多种，具体包括控制进入与退出、限制价格、确定企业回报率、规定质量和服务条件及对客户应尽的义务等，防止企业损害消费者的利益。

公共利益规制理论是一种建立在规范分析框架基础上的理论，把政府看成公共利益的代表，将矫正市场失灵作为政府规制的动因。当市场失灵出现时，从理论上来说规制有可能带来社会福利的提高，这就使得政府规制具有潜在的合理性。这里还有另外一层含义，政府保护的是公众利益而不是某些特定部门的利益，因而该理论在相当长的一段时间内一直以正统的规制理论居于主导地位。

不过，该理论也存在不足。首先，根据公共利益规制理论的推断，规制应该主要出现在集中度高和具有外部性的产业中，而现实生活中大量被规制的产业既不是自然垄断产业也不具备外部性。经济学家们进行了大量的理论和经验研究，结果表明规制与外部性以及垄断的市场结构并不正相关。其次，该理论缺乏对如何把公众利益最大化转换成立法行为的这样一种机制的说明。最后，该理论关于政府规制成本为零的假设显然不符合实际情况。

美国 19 世纪以来的规制史表明，规制和市场失灵之间并没有很强的相关关系，而规制总是对生产厂商有利，这种现象导致了规制俘获理论的产生，该理论是利益集团规制理论的雏形。规制俘获理论认为利益集团在规制中具有重大影响，代表社会某种特殊利益的集团能够促使政府进行规制。规制的整个过程最终会为被规制的产业服务，成为其获得更多利润的工具。简而言之，规制最终会为被规制的产业或相关利益集团服务。

规制俘获理论比公共利益规制理论在一定程度上更加符合美国的规制实践，能较好地解释自 19 世纪以来规制总是有利于生产厂商这一现象，因而具有一定的说服力。规制俘获理论在一定程度上具有反产业规制的倾向，这给政府如何制定和实施规制政策提出了警示。不过，规制俘获理论的假设条件并不完全符合实际，因而其结论的正确性必然会受到影响。同时，规制俘获理论没有说明利益集团如何控制或影响规制，也无法解释现实中不少规制维护的是消费者的利益而不是被规制企业的利益这一现象，也不能解释为什么有些产业最初是被规制的而后来又被放松规制。

（二）规制需求理论

规制需求理论在否定公共利益规制理论和扬弃规制俘获理论的基础上，运用经济学的供求分析方法来分析规制，解释利益集团如何对规制进行控制和影响。该理论认为，在资源由国家控制且各利益主体具有自身效用最大化理性的前提下，规制是应利益集团最大化自己的利益要求而产生的。

1971 年，美国经济学家乔治·斯蒂格勒发表了《经济规制理论》，提出了规制需求理论。该理论有两个假设条件：一是政府的基础性资源是强制权；二是规制的需求者和供给者都是理性经济人，可通过选择行为来谋求最大效用。在此基础上，斯蒂格勒从政府能够向某个产业提供多少利益和为了谋求有利于自己的立法所需付出的成本两方面,论述了政府规制是由对规制的需求和规制的供给共同作用的结果。该理论提出,社会对规制既有需求又有供给,企业和消费者是需求方,政府是供给方,各个利益集团要求政府作出符合它们各自利益的规制,被规制的企业与消费者集团争夺对政府的影响。该理论的推论结果是产业成员比数量更多的分散的消费者具有更强的组织起来影响政府的激励,因而规制可能被产业集团俘获。

萨姆·佩尔兹曼扩展了斯蒂格勒理论,形成最优规制政策模型。佩尔兹曼认为,控制规制政策的规制者会选择使其政治支持最大化的规制政策,因而各利益集团都将对规制者的规制决策造成影响,规制将不再仅仅偏向于某些产业集团,不会只为单独的一个经济利益主体服务。在竞争性产业规制中生产者将从中获得最大利益,而在垄断性产业规制中消费者将获得最大利益。因此,规制并不总是有利于生产者,有时也会有利于消费者。

(三) 利益集团理论

早期的规制理论认为市场失灵是规制的动因,规制是有效率的。不过,早期的规制理论并不能很好地解释规制实践,规制实践的结果也与规制理论推论不符。利益集团规制理论认为,利益集团的作用是规制产生的重要原因,利益集团往往通过寻求或影响规制以维护或增进自身的利益。

加里·贝克尔提出了利益集团为获得有利规制而展开竞争的理论。与斯蒂格勒和佩尔兹曼规制理论都是从规制者选择实现政治支持最大化的规制政策这一角度不同,贝克尔从利益集团之间的竞争这一全新视角研究规制。他认为,利益集团对规制部门总的影响力是固定的,规制活动由每个利益集团的相对影响来决定,各利益集团为提高影响力进行竞争,而规制主要是用来提高具有较大影响力的利益集团的福利。

(四) 可竞争市场理论

可竞争性市场理论是由美国著名经济学家鲍莫尔于 1981 年提出的,1982 年他和帕思查、伟利格共同出版了《可竞争市场与产业结构理论》一书,标志着可竞争市场理论的正式形成。可竞争市场是一个进入完全自由、退出完全无成本的市场。由于存在潜在进入者的压力,市场在位者不能够获得超额利润,其定价和生产资源配置都是有效率的。可竞争市场理论有三个假设条件:企业进入和退出市场或产业是完全自由的;潜在进入者与现有经营者处于平等的地位;面临的规制环境相同,拥有的市场知识相似。相对于现有企业,潜在进入者在生产技术、产品质量、成本等方面不存在劣势。潜在进入者能够根据现有企业的价格水平预测进入市场的盈利状况,并选择进入与否。进入和退出市场的成本为零,潜在进入者能够采取"打了就跑"的策略。鲍莫尔等认为,在可竞争市场中各厂商都是市场价格的接受者,对价格没有控制力。市场达到均衡时,均衡价格刚好等于平均成本,厂商不可能获得超额垄断利润。因为如果厂商获得了超额垄断利润，那么潜在的进入者就会进入到市场中来参与竞争，导致价格下降；而当价格下降到无利可图时，竞争者就会退出市场。也就是说，厂商具有快速进出市场的能力，且在退出市场时并不存在沉没成本，也不存在退出市场的其他障碍。由于潜在的进入者所造成的市场竞争性的影响，能够给垄断者很大的威胁，强迫其保持一个高水平的发展与研究，并且维持快速的革新，从而保护其对当前市场的垄断。潜在的竞争可能与实际的竞争具有同样的作用，只要市场是可竞争的，就完全可以依靠潜在的竞争力量达到社会资源的最优配置和经济效率的最大化。因此，规制机构无须对企业进行规制，只要减少或消除产业的进入和退出障碍，形成可竞争的市场环境。

显然，可竞争性市场理论对政府规制从理论上提出了挑战，为放松规制的规制实践提供了理论依据。在可竞争性市场理论看来，经济性规制不再是提高经济效益的唯一手段，规制部门应该做的不是限制进入，而是应该降低产业的进入壁垒，使产业能够自由进出，不过现实中符合可竞争市场理论假设的产业较少，沉没成本为零的假定也不符合实际，该理论具有一定的局限性。

（五）规制博弈理论

李立威（Lee）从博论的角度看待规制，认为规制的产生可以是一个增值的博弈。在这个博弈中，各方都是赢家。这之所以可能是因为具有强制性权力的政府能够迫使各方合作，监督合同的履行。只有政府具有特殊的法律权利和税收手段可以用远远很小的成本来促成这个联盟的形成。这样，在这个博弈中，消费者和垄断厂商都成了赢家，消费者因价格降低获得了好处，而垄断厂商则因此避免了残酷的竞争，由国家保护了它的专营权而不受竞争者的困扰，它所获得的利益远大于为消费者降低一点价格而带来的损失。李立威的规制博弈理论意味着由政府来监督私营法人之间合同的执行，能给它们节省非常多的成本。

（六）规制理论的新发展

虽然在实践中产业规制有所放松，但并不表示规制可以全部取消，在许多时候规制仍有存在的必要。随着规制实践和激励理论、委托代理理论、信息经济学等新理论和方法的迅速发展，激励性规制理论逐渐兴起。激励性规制理论作为一种新的规制理论，是委托代理理论、制度设计理论、信息经济学与规制理论研究相结合的成果，研究的重点是规制中的激励问题，目的是完善规制，提高规制的有效性。该理论认为规制问题实质上是一个"委托—代理"问题，规制者与被规制者之间存在着信息不对称，双方进行的是非对称信息博弈，解决问题的关键是设计出既能充分激励被规制者，又能有效约束其利用特殊信息优势谋取不正当利益的激励规制机制。激励性规制理论主要包含特许投标规制、区域间竞争规制、价格上限规制、延期偿付率规制、利润分享规制、菜单规制、联合回报率规制、社会契约制度等理论。

三、规制的分类

根据不同的标准可以对产业规制作出不同的分类。根据规制内容的不同,产业规制一般可以分为经济性规制和社会性规制两大类;根据规制主体的不同,产业规制可以分为政府规制、社会规制及行业自律规制;根据政府对市场活动主体行为的限制程度和方式的不同,产业规制可以分为直接规制和间接规制;根据政府运用的规制手段的不同,将产业规制划分为法律规制、行政规制等;根据规制目的的不同,产业规制可分为竞争性规制和保护性规制。

在实践中,行政规制在规制体系中越来越发挥着主导性作用。所以,现今经济学中规制的含义逐步演变为政府利用法规对其统治下的社会经济主体的活动和行为进行影响、干预及限制的综合表达,即政府规制(government regulation)。所以学术界使用较多的分类是日本学者植草益的分类方法。植草益将政府司法、行政及立法部门的规制称为公共规制。公共规制可以分为直接规制和间接规制,直接规制按规制内容又可再分为经济性规制和社会性规制。这里直接规制是指政府对于特性强烈的公共产品、外部性较大的产品、严重影响社会公益的经济活动等直接施以规制,参与企业的产品定价、投资决策、产品销售和原材料采购的决策过程。而间接规制是指通过法律法规等影响企业的决策行为。

第二节 经济性规制

一、经济性规制的含义和目标

(一) 经济性规制的含义

经济性规制(economic regulation)是政府机构在自然垄断行业和存在信息不对称行业领域中实施的以经济手段为主的规制措施。植草益认为,经济性规制就是指在自然垄断和存在信息偏差的领域,为了防止发生资源配置低效率和确保利用者的公平利用,政府机关用法律权限,通过许可和认可等手段,对企业的进入和退出、价格、服务的数量和质量、投资、财务会计等有关行为加以管制。[①]

经济性规制的典型产业是通信、铁路运输、电力、供水和燃气热力等产业,由于这些行业关系国计民生,并且考虑其经济性质、进入壁垒和资源利用效率等,通常由一家和极少数家企业提供产品和服务。因此,这类产业就会占有非常大的市场份额,具有相当大的市场垄断力量,由企业的盈利性特性决定,这类产业会凭借其垄断势力,采取非竞争或者违背市场原则的手段排挤竞争对手,制定垄

---

① 植草益. 微观规制经济学 [M]. 朱绍文,译. 北京:中国发展出版社,1992.

断高价,从而谋取垄断利润,使得社会资源配置发生扭曲,所以要借助市场之外的力量,运用经济手段对这类产业进行规制。

美国是最早实行经济管制的国家之一,19世纪70年代,美国铁路产业出现了非常明显的垄断力量,为保证社会分配效率,防止由于垄断势力为获取垄断利润而实行具有阻碍竞争作用的低效率手段,美国联邦政府首次对铁路产业实行经济型规制。到20世纪30~40年代,美国陆续颁布了《运输法》《电信法》等相关法律,范围涉及交通运输、金融行业、邮电通信等,但到了70年代,美国又放松了经济性规制的力度。

我国自20世纪90年代以来,在经济性规制方面取得了较大的进展,范围涉及公用事业、邮电广播、交通运输和金融,并颁布了《中华人民共和国电力法》《中华人民共和国邮政法》《中华人民共和国铁路法》《中华人民共和国民用航空法》《中华人民共和国商业银行法》《中华人民共和国保险法》以及一系列配套的管理办法和条例,包括地方性法规和具体实施细则。但是我国经济性规制的效率并没有得到保证或者提高,因为受规制企业多为国家垄断经营,这就使得有效的经济性规制手段无法完全发挥作用,政府机构实施的经济性规制退化为经济性规范。

(二) 经济性规制的目标

经济性规制的主要目的是在维护消费者利益的同时,防止资源配置的低效率,力求使产业能够健康发展。为实现这一目的,经济性规制主要有以下几个具体目标。

1. 实现资源的有效配置

在自然垄断产业中,垄断企业拥有市场的支配力。如果不对自然垄断产业实行有效的经济规制,那么垄断企业就可能会滥用这一市场的支配力,使资源利用难以实现有效配置,造成资源浪费。实现资源有效配置是经济性规制的首要目标。

2. 提高企业内部生产效率

自然垄断产业中的垄断企业,由于其垄断性特点和市场地位,很少受到强烈的外部压力,有可能造成提高内部生产效率积极性的退化。促使垄断企业提高内部生产效率是经济性规制的一个重要目标。企业内部效率主要包括四个方面:(1) 技术效率,指在现有可以利用的技术条件下,实现人力、财力、物力等投入要素的最优组合所形成的效率。(2) 生产效率,指以最优的生产规模组织生产所产生的生产效率。(3) 配送效率,指以最优的配送系统进行发送所带来的配送效率。(4) 设备利用效率,指实现尽可能高的设备利用率所带来的设备利用效率。对自然垄断产业的经济规制,可调动垄断企业提高内部生产效率的积极性。

3. 避免收入再分配

收入再分配,指企业把消费者剩余转化为生产者剩余或企业利润,或者通过内部相互补助把不同领域的消费者剩余相互转移,从而损害一部分消费者利益。收入再分配会使收入分配有失公正,必须加以规制。

4. 维护企业发展潜力

由于利润率、投资壁垒以及其他条件的制约,自然垄断产业中的有关企业不能从长期投资的观点出发进行适当的投资,不能保证供给的连续性而影响其成长。因此,政府在对垄断产业进行规制的同时,要考虑让企业实现收支平衡,稳定其财务状况,为企业的长期稳定发展提供充足的动力。

二、经济性规制的内容

(一) 进入规制

对于自然垄断产业,政府往往实行进入规制。进入规制是指在自然垄断产业中为确保企业的规模经济效益和提高其生产效率,由规制机构对企业的从业资格、产品及服务内容和标准进行审查、认证,从而确定一家或极少数几家企业获准享有特许经营权,并承担该产业的供给责任,不能自由退出。它主要实行许可制、注册制和申报制,但程度不一,目的是防止潜在竞争者进入该市场而产生低效率。对自然垄断行业的进入规制具有两重性:一方面,由于自然垄断行业技术经济特征的特殊性,政府需要对准备进入垄断行业的企业实施严格控制,以防止重复建设,造成过度竞争;另一方面,必须明确进入规制并不等于禁止进入,进入规制的关键是规制者对新企业的进入所设置的进入障碍,目的还是要通过直接或间接途径发挥竞争机制的积极作用。

进入规制不等于禁止进入。自然垄断产业资产专用性强、投资量大、较为固定的市场范围和消费群体等这些特征决定了一个具有普遍意义的事实:潜在进入者要进入该行业首先面临的就是在"硬件资产"(如厂房设备等)上的大量投资,在位企业已建成的发达的业务网络和市场分销渠道以及完善的经营管理体系等都是新进入者无法在短期内发展获得的。所以,即使潜在竞争者进入该行业与在位企业形成了竞争关系,这种竞争关系也是不对称的,双方竞争实力存在很大差距的。新进入者还必须有比在位企业更创新或者更能迎合消费市场的产品,以保证自身在该行业中有立足之地。为了鼓励新进入企业,培育和完善市场竞争机制,规制者就会对在位企业和新进入企业采取非对称规制手段。从短期看,这种规制手段是人为地干预了市场经济运行的公平性,从长期来看,这种做法有利于培育新生竞争力量,以实现在自然垄断行业中引入有效竞争机制的目标。

非对称规制的初衷是帮助新进企业渡过发展初期的难关,所以只是一种短期现象,当新进企业发展成熟或者具有一定的竞争力后,规制机构就应该由非对称规制转向对称规制了。

(二) 价格规制

价格规制是规制机构为实现资源的有效配置和服务的公平供给而对企业定价

行为作出限制。因此，政府价格规制的实际效应相当于竞争机制效应，对垄断企业或垄断业务实行价格规制会刺激企业改进生产技术，改善经营管理，优化生产要素投入组合，充分合理地利用规模经济。政府进行价格规制的目标已经明确，总之就是既要保证企业自我积累、不断扩大规模的能力，又要促进社会分配效率的提高，所以价格规制就是要在二者之间寻找一个利于双方的价格。不能把政府规制机构对价格的规制理解为政府对市场经济运行的干预，作为规制手段核心内容的价格规制是政府为实现一定的目标而对价格进行的适当调节。

1. 价格水平规制

自然垄断产业的价格水平规制主要有边际成本定价、平均成本定价和双重定价法。

（1）边际成本定价法。垄断程度越低，效率越高，完全竞争市场是最优效率的。为实现帕累托最优，对垄断企业就必须实行边际成本定价，但是自然垄断产业具有规模经济特性，表现为成本曲线向右下方倾斜，且边际成本曲线位于平均成本曲线之下。所以在成本递减的自然垄断行业采用边际成本定价法实施规制会使企业蒙受损失，但是能保证分配效率，这与政府实行价格水平规制的目标是相悖的。这样，政府规制机构就陷入两难境地，或者放弃边际成本定价法，或者对被规制企业进行某种形式的补贴，如果政府进行补贴，无疑会增重财政的负担，而这种负担又会通过财政来源渠道分散附加给税收等，使得政府被规制政策所"绑架"。所以，边际成本定价法的可实行度很低，但是可以作为实行价格水平规制的一个参照。

（2）平均成本定价法。上述分析指出边际成本定价法是不服务于规制目标的，那么采用高于边际成本，至少保证企业不发生亏损的定价方法是平均成本定价法，即 $P = AC$。此时企业不再亏损，会持续经营，但是利润为零。

（3）双重定价法。双重定价法是边际成本定价法和平均成本定价法的组合，定价方法类似于价格歧视。具体操作是，允许企业对一部分偏好该产品的消费者收取大于平均成本的价格，即 $P > AC$，这会让企业获得一定的利润。同时，企业对另一部分消费欲望较弱的消费者可收取较低的价格，即 $MC \leqslant P < AC$，这会让企业产生亏损。而双重定价法就是要求企业由制定较高价格而获得的利润来弥补较低价格带来的亏损，是一种平滑亏损的方法，尽管企业不会获得预期的利润，但至少会持续经营。

2. 价格结构规制

价格结构规制主要是针对同一产品或服务对不同的消费群体和不同需求弹性而制定不同的单价。价格结构规制的目标是监督企业把许多共同成本合理地分摊到各产品或服务之中，由不同类型消费阶层承担，是一种以需求结构为参照而形成的价格结构。根据这种特征，对需求量较大的消费群应该以较低的价格提供产品或服务，而对需求量较小的消费群制定较高的价格。我们可能会产生疑问，按照经济理论定价的合理性在此处是失效的，对需求量较小的消费群体制定较高的价格在此处不能得到解释，说明经济合理价格与价格管制中的价格并不存在严格的一致性。这是因为许多国家的政府规制者偏重自然垄断行业的公益性和社会福利性,对居民用户制定较低的规制价格。价格结构可以分为线性定价和非线性定价两种形式。

(1) 线性定价。线性定价方式又可分为定额价格和同一从量价格。定额价格制定一个固定的标准价格,并不随消费量的大小而调整,价格线是完全弹性的,即价格线与需求轴平行,但是这种定价方式会造成过度消费和浪费。

同一从量价格是按照同一的单位价格定价收费,与消费量没有关系。这种定价方式是最简单的平均成本定价方式,可以解决定额价格的一些问题,但这种定价方式没有很好地反映不同用户的需求差异,也没有体现为不同用户提供产品或服务时的成本差异。如果消费者使用量很少甚至为零,则难以收回供给设备所花费的费用。

(2) 非线性定价。非线性定价是比较复杂的定价方式。根据消费者的消费需求量、消费时间、使用的设备和为提供服务而对机器的利用状况等的不同,可制定出能最大限度反映需求与成本的价格结构,并且这些价格结构不是线性形式,所以统称为非线性定价,具体可分为单一产品定价和多产品定价。对于单一产品定价,常见的定价方法包括两部定价、价格歧视和高峰负荷定价。

两部定价:在自然垄断行业中,如供水、供电、供气等产品和服务,具有需求弹性小、成本差异很小的特征。我们假设这些提供给家庭用户的自然垄断产品或服务的需求弹性相同、成本相同,对这类产品和服务一般采取线性定价和非线性定价结合定价。

价格歧视:垄断企业在同一时间以同一产品或服务对不同购买者制定不同的价格,这种定价方式比单一定价方式相比会获得更多的利润。严格来说,价格歧视与差别定价是不同的,定义为价格歧视的前提是要求所出售的同一产品或服务具有相同的成本,而如果同一产品或服务由于成本不同而导致价格上的差异不是价格歧视,则属于差别定价,不是为了获得更多的利润,而是为了弥补成本。

高峰负荷定价:根据高峰和非高峰时的需求不同而定出的不同的价格水平称为高峰负荷定价,电力产业的需求状况决定了这一定价方法最适用于对电力产业的规制。高峰负荷定价是以不同负荷率对应不同的边际成本为基础,从而确定产品或服务的价格。

对于多产品定价,主要有静态定价、动态定价和内部交叉补贴行为等。[①]

(三) 投资规制

对投资回报率规制是一种传统的价格规制方法,理论上要求个别企业按照资本回报率作为定价标准。投资回报率定价标准是企业利润最大化的约束条件,企业只能通过提高投资回报率来提高价格水平,而在短期经济时期内,受常态的投

---

① 王俊豪. 政府管制经济学导论——基本理论及其在政府管制实践中的应用 [M]. 北京:商务印书馆, 2013:133-134.

资环境影响,企业只有尽可能地扩大资本基数。这样,为生产特定产品,企业会运用过多的资本投资以代替其他生产要素,结果造成生产的低效率。低效率生产是对生产要素的浪费,从全社会角度来讲也会给社会总供给造成影响,政府规制机构进行有效投资规制的主要目的是:第一,适当稳定企业投资量,防止因只偏向使用资本要素而引致要素市场的波动,防止因投资过多或过少而造成价格波动,维护平稳价格水平;第二,采取适当的投资规制时滞,让企业自觉进行生产要素的最佳组合,激励企业努力降低成本以提高生产效率;第三,当企业考虑投资规制的可信性与动态性时,受未来不确定投资环境的影响和企业风险规避的心理,企业会降低投资热情,投资不足就会影响到社会公共利益,所以规制机构要有灵活的投资规制约束,多大程度上能保证被规制企业未来取得的预期收益是维护被规制的企业对投资规制充满信心的关键。

（四）质量规制

质量规制是政府为保护消费者利益而要求垄断企业的产品或服务必须达到一定质量标准的规制。质量规制主要是针对自然垄断产业由于缺乏竞争而可能导致的产品和服务质量下降,当然也包括竞争性行业为了竞价而偷工减料、粗制滥造出现的低劣产品。质量规制涵盖的范围很广,其主要内容有:建立公开的质量标准体系和质量规范制度,涉及产品生产过程中的质量规范,特别是对环境的影响、产品本身的质量要求以及服务的质量标准等。规定有关产品和服务必须达到的最低限度的质量标准以维护消费者利益。建立有关产品和服务质量定期检查监督和消费者投诉制度,包括对产品和服务的检查和监督、严厉打击假冒伪劣产品、制定消费者权益保护法、公布有关产品和服务目录等一系列制度安排,对达不到标准的企业实施责任追究和必要的处罚,直至取消其执业资格。质量规制一方面是为了提高产品和服务的总体质量水平,提高资源配置效率;另一方面是为了维护人们的健康和安全,将一切质量不合格的产品和服务排除在外,提高人们的生活水平。

三、自然垄断产业的放松规制

（一）放松规制的含义

20世纪70年代后期,解除规制逐渐成为当时西方发达国家右派政治选举人的主要口号。美国在通信业、航空、能源、铁路等许多公用事业中开始进行规制改革。规制改革是对现有规制理论的改进和完善,以寻找一种不同传统命令式的规制模式。放松规制是指政府取消或放松对自然垄断产业或其他产业的进入、价格等方面直接的行政、法律法规,是对规制失灵的一种矫正。显然放松规制并不等同于取消规制,而是为了实现获取竞争性进入的收益、减少垄断的非效率、降低交易成本和防止规制所造成的低效率等目标。

具体来说，放松规制有两方面含义：一是完全撤销对受规制产业的价格、进入、投资、服务等各种限制，使企业自由竞争，因此也可以称之为取消规制；二是部分的取消规制，即取消某些方面的限制性规定，而有些规定继续保留，或者原来较为严格、烦琐、苛刻的规制条款变得较为宽松、开明，如在进入规制中，由原来的审批制改为登记制等。

(二) 放松规制的原因

政府退出现有的进入、价格以及投资等方面的规制，原因既有经济方面，也有政治上的考虑。一般来说，有以下几个方面的原因。

第一，生产技术的进步使得原有政府经济性规制的理论依据正在消失。政府进行经济性规制的主要理论根据是自然垄断，即市场上单个企业大规模生产经营比多个企业同时生产经营更有效率。但当市场需求扩大、生产技术变化，也会使原有的自然垄断的特点变弱。例如，光纤、计算机技术以及卫星通信技术等在通信领域的引入，大大降低了原有通信技术的成本，新技术的广泛使用就使通信不再具有自然垄断性质。提供通信，特别是长途通信、电信增值业务并不需要太大规模的投资，而且这部分固定资本也不是沉淀的，所有这些都使新企业加入电信领域变得容易。另外，从需求角度而言，随着经济全球化进程的加快，全球经济运作（如跨国公司国际金融资本投资等）业务量增加迅速，大大增加了对各类通信的需求。电信市场变得空前繁荣，业务量每年都成倍增长，市场的扩大使得一家企业垄断市场的局面不再是最具效率的，因此，放松这一市场的进入规制，吸引新的企业，扩大供给，满足不断增长的需求，是明智的选择。

第二，产业间替代竞争加剧，受规制产业的发展受到限制。产业是生产具有密切替代关系产品的企业的组合，在自然垄断产业中，垄断的一家企业可以代表一个产业。但是，由于市场上仍然存在替代品，垄断产业的市场势力并非无限制，因此，受规制产业面临替代竞争的压力，需要及时作出投资、生产、价格、服务决策和改变。但是由于政府规制的存在，企业所有的重要决策都要经过政府相关部门的批准，这个过程延缓了受规制企业的反应时间，因而使其在竞争的过程中，总是处于被动、迟钝的境地。在外部替代竞争日趋激烈的情况下，政府规制成为企业发展的掣肘，所以，受规制的企业也有要求放松规制的动力（对私营的自然垄断企业来说，这种愿望更为强烈）。

第三，规制引起的副作用逐渐显露，取消规制的要求日渐强烈。政府进行规制是为了纠正市场失灵，但也出现了政府和市场双重失灵。一方面政府部门为了强化规制，行政人员、费用不断上升，财政赤字增加；另一方面受规制的产业部门客观上受政府的保护（没有竞争者）可以稳定地得到收益，因而规制压制了创新，庇护了无效率。尤其是在技术进步迅速、人们的消费需求多样化的现代社会，僵化的行政流程越来越不受欢迎。由于西方选举制度的特点，各政党为了迎合选民，也会以减少财政赤字、缩小政府规模为选举纲领，推动了取消政府规制尤其是放松经济性的规制的进程。

第四,由于可竞争市场经济理论的出现和传播,经济性规制不再被认为是提高经济效率的唯一手段。该理论的核心内容是竞争,认为竞争是实现经济效率的最好方法。即使是在传统的被认为是自然垄断的产业内,只要是可竞争的,没有政府的外部干预,垄断者也只能获得平均利润(它不会制定垄断高价,而是制定可维持价格)。为此,政府部门应该做的不是限制进入、费尽心力去寻找最合理的定价方法,而是减少产业的进入壁垒,使产业能够自由进出,这足以形成对垄断者的竞争压力,而其成本和负面影响则是最小的。一些产业虽然有巨大的沉淀成本,但是当其面临其他产业的替代竞争时,其行为方式与可竞争市场行为方式是类似的,因而不需要政府规制。在这种理论的影响下,政府对一些结构性竞争产业放松了规制。

第五,经济全球化、国际经济交往的迅猛发展也迫切要求放松政府规制。国际贸易、跨国投资、战略联盟等国际合作必须有一个开放、公平自由的环境,但是政府规制是对经济运行的人为干预和限制,客观上是对国内市场的保护,不利于国际人、财、物、信息的交流。随着经济全球化的发展,形成全球市场是大势所趋,不可逆转,唯有消除人为的限制才能符合发展的潮流。WTO旨在促进各国(地区)之间的自由和公平贸易,并致力形成全球统一的市场。在它的倡导和努力下,世界各国(地区)签署了一系列的协议和公约,目的在于减少政府对市场的规制并开放国内市场。发达国家的跨国公司为了能到发展中国家占领市场,不遗余力地督促发展中国家取消经济性规制,允许外国公司进入。发达国家之间也在市场准入方面进行长期的磋商,最后达成妥协,共同放松规制,提倡公平的竞争。

第三节 社会性规制

一、社会性规制的概念及原因

(一)社会性规制的概念

社会性规制(social regulation)是以确保国民生命安全,防止灾害,防止公害和保护环境为目的的规制,是与对付经济活动中发生的外部不经济、提供公共性和准公共性物品有关的政策。[1] 植草益对社会性规制的定义是:以保障劳动者和消费者的安全、健康、卫生、环境保护、防止自然灾害为目的,对产品和服务的质量以及随之而产生的各种活动制定一定标准,并禁止、限制特定行为的规制。[2]

西方发达国家和经济理论界对社会性规制的重视开始于20世纪70年代,随

---

[1] 郑慧. 社会性规制述评[J]. 生产力研究,2009(9):165-169.
[2] 植草益. 微观规制经济学[M]. 朱绍文,译. 北京:中国发展出版社,1992.

着社会性规制的逐渐深入，把经济性规制中的价格和进入规制等称为传统规制，经济性规制手段也逐渐失去了原有的青睐。社会性规制的内容相当繁多，但是却不具有经济性规制那样系统的理论体系，其内容大致可以划分为四类：确保健康；确保安全；防止公害和保护环境；确保教育、文化和福利。美国的社会性规制通常包括健康、安全和环境三方面，这就是被称为与传统规制相对应的"HSE规制"（Health Safety and Environmental Regulation）。

自1978年以来，我国逐渐开始重视社会性规制，在消费者保护、健康与卫生、生命安全、公害防治等方面，具体涉及广告、房地产交易、药品食品、职业安全与卫生、大气污染、水污染等方面颁布了相关法律法规，比如《中华人民共和国消费者权益保护法》《中华人民共和国广告法》《中华人民共和国食品安全法》《中华人民共和国劳动法》《中华人民共和国环境保护法》等。

（二）社会性规制的原因

1. 外部性

外部性是指一个经济主体在自己的经济活动中对他人的福利产生了一种有利影响或不利影响，而造成外部性问题的经济主体却没有为此获得收益或承担成本。外部性是经济主体的经济活动对他人和社会造成的非市场化的影响，其实质是社会成本与私人成本的偏离，分为正外部性和负外部性。正外部性是某个经济行为主体的活动使他人或社会受益，而受益者无须花费代价，其私人成本大于社会成本，比如植树造林、退耕还林等。具有正外部性的产品或服务，因其价格不能充分反映该产品或服务所能带来的社会边际效益，在市场机制下无法得到有效供给。如果政府希望市场提高某些具有正外部性的产品的产出，就需要使用激励政策进行规制。负外部性是某个经济主体的活动使他人或社会受损，而造成负外部性的经济主体却没有为此承担成本，结果是其私人成本小于社会成本。环境污染是负外部性问题的典型例子，个体的经济活动污染了环境，但造成环境污染问题的人却不用为其造成的负外部性承担成本，所以需要政府对产生这种负外部性问题的经济活动进行规制。

2. 公共物品供给

公共物品是指社会公共生活需要，但私人不愿意或无法生产而必须由政府提供的物品或服务。公共物品是可以供社会成员共同享用的物品，在生产上具有不可分割性，因而具有消费的非排他性和非竞争性特征。公共物品消费的非竞争性和非排他性会导致市场失灵，人们对公共物品的消费不能由市场价格来决定，价格机制也无法如实地反映对公共物品的供求。因此，公共物品只能由政府根据社会成员的共同需要来提供，或由市场提供并由政府进行规制。

3. 非价值物品供给

非价值物品的存在也是政府进行社会性规制的原因之一。非价值物品是指人们不根据自己的最优利益消费的物品或消费会损害社会利益的物品，如毒品、麻药、核武器等。虽然非价值物品的生产与消费过程也可以通过竞争性市场机制来实现资源的有效配置，但是这种生产与消费可能会给社会带来严重危害。从社会道德伦理规范的角度来看，非价值物品的生产与消费行为并非社会所希望和倡导的，人们希望全面禁止或部分禁止此类产品的生产和销售。因此，这些产品的生产和销售需要政府进行规制。

4. 信息不对称

信息不对称在经济活动和社会活动中普遍存在，代表性信息不对称行业有银行、证券保险、医药卫生、食品生产等领域。这些行业存在对各种市场交易信息一定程度的垄断，使资源的有效配置难以实现，不仅影响经济效率，还会影响社会效果。信息不对称导致的健康、产品质量和安全等社会效果问题属于社会性规制的范围。

二、社会性规制的目标与特点

（一）社会性规制的目标

社会性规制的具体目标可以总结为：限制负的外部性活动，保障人类社会的可持续发展；激励正的外部性活动，促进社会的全面进步；保障信息劣势方的权益。

第一，限制负外部性活动。在经济活动过程中，经济主体的活动会对外部环境产生负面影响，致使环境、资源等难以再生的社会资源遭到了严重的破坏，危及人类社会的可持续发展，这种状况依靠市场机制和个人行为难以解决，从而成为政府社会性规制的重要目标。

第二，激励正外部性活动。经济主体的活动还可能对社会产生正的外部性，从而增进社会福利。但是如果这些具有正的外部性的私人活动不能得到相应的补偿和激励，就会使行为主体失去继续从事该项活动的动力，这样对社会而言便产生了损失。市场机制对激励正的外部性活动也是失灵的，需要依靠政府将其纳入社会性规制的目标中才可以实现。

第三，保障信息劣势方的权益。交易活动中如果存在信息不对称，那么信息优势方可能会对信息劣势方构成威胁，侵害劣势方权利，出现不安全、不健康的问题。因此，世界上的各个国家在社会性规制的过程中都将信息劣势方的权益保护作为重要目标，以立法的形式规定产品服务的质量标准、从业人员的职业标准以及劳动场所的安全标准等，保障信息劣势方的权益，确保他们的安全、卫生及健康。

（二）社会性规制与经济性规制的区别

社会性规制与经济性规制一样也属于政府直接规制行为，但它不同于经济性规制，这主要表现在以下几个方面。

第一，规制的依据不一样。经济性规制主要是针对自然垄断、信息不对称等问题；而社会性规制主要是针对负外部性、信息不对称和非价值物品问题。第二，规制的范围及方式不一样。经济性规制的对象是具有自然垄断、信息不对称特征的特定行业产业，如公用事业等部门；而社会性规制的对象比较广泛，但很少针对特定的产业，大多数针对具体的行为，社会性规制突破了产业的界限，主要规制方式有禁止特定行为、营业活动限制、资格制度等。第三，规制的目标不一样。经济性规制是政府为弥补自然垄断和信息不对称等市场失灵现象而采取的以维护公平竞争、提高资源配置效率、保护消费者利益和服务的公平供给为目的的一种干预方式；而社会性规制是以纠正在市场失灵条件下发生的资源配置的非效率性和分配的不公正性为目的，也还要维持包括治安在内的社会秩序及经济社会稳定，可以说社会性规制的目的是增进社会福利。第四，规制的内容不一样。经济性规制的内容主要是市场的进入和退出规制、价格规制、质量规制等，而社会性规制的主要内容是环境保护、医药卫生、安全生产等方面。

三、社会性规制的内容

（一）解决外部经济效应的政策措施

外部经济效应的存在破坏了完全竞争市场在资源配置中的优越性，消除或降低外部经济效应造成的效率损失是必要的。政府规制机构可以设计很多政策组合来解决外部经济效应问题。

1. 行政手段

（1）行政审批制度。行政审批制度的执行力具有强制约束力，一般是通过立法、颁布行政法规等禁止某些产生负外部经济效应的经济行为，凭借政府的特殊地位和权力规定或要求某些行为的作为与不作为。例如，工商行政部门可以通过经营许可证的审批限制某些产生负外部性企业的生产经营活动，比如某地有多家造纸企业，对该地河流造成了污染，从市场经济竞争的原则上讲，成立新的造纸企业是允许的，但综合考虑到它对环境、经济贡献等因素后，禁止新成立造纸企业会带来很大的社会收益，这样就可以完全通过行政审批的方法禁止新建造纸企业。当然，还有一种方法就是禁止特定行为，直接取缔对社会安全和人们健康造成重大影响的行为。通过行政审批或法律法规进行规制的前提是必须考虑现实状况，比如禁止排污一般是不可能的，最可能也就是用法律法规限制一个排放量区间。

（2）制定排污标准。制定排污标准是针对环境污染外部经济效应的对策，政府规制机构可以通过科学方法进行环境承载力的论证，量化环境自我净化能力和承载力能力，然后给各个企业规定定额污染物排放量，与此同时可以建立奖惩制度，对排放量超过定额的企业给予经济或法律的惩罚。制定排污标准的规制方法的优越性体现在，企业最高的排放额度是由外生力量指定的。

2. 市场手段

从效益和成本上来看，制定排污标准并不是完美的办法。有学者建议把市场机制引入到排污决策制定中，建立排污许可证市场。这样就会在企业之间形成排污许可证的市场交易，会提高排污效率。用一个例子来说明。假定A、B两家造纸厂每天各排3吨污染物，A、B的排污成本分别为3 000元/吨、5 000元/吨，A的边际成本为4 000元/吨。政府决定降低1/3排放量，给两家工厂各发两张排污许可证，每张许可证可排放1吨污染物，这样排污目标依然得到了实现。排污许可证可在市场上自由流动，每张市场价格为4 500元，B厂一定会购买一张许可证，这样它会降低500元的排污成本，而A厂也愿意出售一张许可证，因为它会获益500元，排污许可证的市场交易使社会成本降低到7 000元，读者可以用其他方法计算排污成本进行比较，会发现排污许可证会提高排污效率，降低排污社会成本。排污许可证把市场机制引入环境保护和规制政策，让市场机制自主分散决策，让每个企业根据自己的排污成本作出排污决策，从而避免了在制定排污标准中因信息偏差而引起的决策扭曲。但是因为市场交易无阻隔，许可证制度无法控制排污的地区分布，如果某地区因经济落后、污染物处理技术较低而使得排污成本很高，却低于许可证的市场价格，这会导致该地区污染物排放集中，造成更严重的环境问题，所以排污许可证也并非排污标准的完全替代品。

那么是否可以把行政手段和市场手段相结合来实行规制？其实这个方案在环境保护政策制定机构中酝酿已久，但具体实施的并不是很多。比如美国芝加哥交易所二氧化硫排放权的交易，允许发电厂积累没有用完的排放指标出售给其他厂，实际排放量超过额定指标的厂家必须购买排放权，否则将会受到重罚。这项措施一则可以鼓励发电厂降低污染物排放量；二则会对那些超额排放的厂商形成压力，促使它们提高污染物处理技术或改用清洁能源。排放权上市促进了交易的效率。

3. 经济手段

（1）税收和补贴。对产生负外部经济效应的经济行为征税和对正外部经济效应的经济行为补贴是一种常见的方法，方式是调整私人成本使之包含社会成本，调整私人收益使之包含社会收益。按照庇古的观点，如果对产生负外部经济效应的生产者征收相当于它所产生的外部经济效应价值的税额，那么该生产者的私人成本在数量上就会与社会成本相一致，即：社会成本 = 私人成本 + 庇古税。

征收庇古税可以有效地弥补负外部经济效应带来的损失，但是庇古税率的确定标准实属不易，理论上要求庇古税与"污染成本"相等，而由于信息偏差原因，一般情况政府很难量化确定"污染成本"的大小。

与此相适应，对产生正外部经济效应的经济行为，政府则要给予补贴或奖励，比如教育或植树造林，教育的最大受益者不仅是受教育者本身，受教育程度较高的人可以带给周围的人更多的启发或者良好的氛围。植树造林者不仅实现了自己美化环境或者得到木材的愿望，大片的林地也净化了空气，让别人受益。单靠市场机制来调节这种经济行为，会导致生产或消费不足，因为他们不会得到因为给社会带来好的影响而得到补偿。为了鼓励这种经济行为，政府应该给予相当于其所产生正外部经济效应的价值，即：社会收益 = 私人收益 + 政府补贴。

(2) 外部效应内部化。市场经济机制运行过程中没有把外部经济效应的影响纳入决策体系，这往往会导致生产者忽略社会成本，低估成本，从而引起产量过高。如果试图让生产者在组织生产过程中就把社会成本也纳入成本核算体系中，让生产者自己承担正的或负的外部经济效应，这会促使生产者纠正决策，优化配置。这个过程就是外部效应内部化，实质是一种有效的合并行为。[①]

4. 科斯定理

财产权利归属不明确也是引起外部经济效应、导致资源配置不合理的原因之一，如果财产权是完全明晰并存在完善的保障机制，那么有些外部经济效应就没有发生的条件。科斯定理指出，当产权清晰，交易成本很低甚至为零，无论最初的产权归属于谁，私人市场总能解决外部性问题，并且实现资源的帕累托有效配置。

我们回归现实来看科斯定理：第一，该定理的重要前提是产权明晰界定，但是由于测量技术等问题，无法对很多公共资源的产权进行明确的界定。第二，该定理假定交易成本很低甚至为零。交易成本就是双方在协议过程中发生的成本，诸如信息成本、协议成本和执行成本等，如果交易成本过高，就无法达成协议，外部经济效应就不会消除。但是双方谈判是不可能不产生成本的，即便是有明晰的产权也无法完全保证达到帕累托最优状态。第三，随着经济主体与参与者的多样化，会有越来越多的主体涉及外部经济效应，交易成本也会水涨船高，最可能出现"搭便车"行为，最后协议依然无法达成，社会还是处于低效率状态。所以明晰界定产权来消除外部经济效应的可操作性较低，现实中多数是依靠政府规制解决外部性问题的。

由此可见，解决外部经济效应的三类社会规制手段（行政、市场、经济）各有特点，各有优劣，也有交互。在现实中，政府所采取的规制政策并非有严格清晰的划分界线，在具体的规制过程中，应该根据国家经济发展水平，针对不同的问题采用相互结合的规制政策，运用三种政策手段时有所偏重，形成科学合理的规制体系。

（二）信息不对称的缓解[②]与规制

1. 市场机制对信息不对称的缓解

市场机制对信息不对称的缓解主要表现在事先的不对称上，即逆向选择方面。信号发送和信号筛选是实现信息沟通的基本途径，实施的具体方式有广告、产品质保、信誉等。

市场机制可以解决一些而不是全部信息不对称问题。现实中，企业为了阻止

[①] 周惠中. 微观经济学（第三版）[M]. 上海：格致出版社，上海三联书店，上海人民出版社，2012：395.
[②] 信息不对称是难以解决和消除的，只能尽可能地"缓解"经济交易主体之间信息不对称。引自：王俊豪. 政府管制经济学导论——基本理论及其在政府管制实践中的应用[M]. 北京：商务印书馆，2013：349.

潜在进入者与之构成竞争而采取非价格竞争手段，设置广告壁垒、发布虚假广告等，从而降低了广告传递真实产品信息的作用，广告的可信度逐渐降低。低质品的产品质保是为诱导消费者购买其产品所做的伪装承诺，其实是对消费者的"空头支票"，日渐增多的拒绝履行"三包"承诺的问题让产品质保在信息传递过程中大打折扣。

企业的信誉是通过优质产品建立起来的，优质产品又与品牌相联系，一般知名品牌的产品质量都可以得到保证。而低质品生产者会通过仿制、假冒伪劣等手段来冒充高质品，这就对真正的优质产品造成了影响。如果消费者事先不知道是仿制产品，一旦购买到假冒伪劣品后就会对正品不满意，从而影响正品品牌的信誉。另外，当市场上该产品鱼目混珠、真假难辨时，消费者为了自身的利益可能会改变消费偏好，转向其他品牌。

所以，市场机制并不能完全彻底缓解信息不对称问题，在这种情况下，政府有必要进行规制。

2. 信息不对称的政府规制

政府可以采取强制性手段，对虚假广告、假冒伪劣等行为给予惩罚，强制生产经营者向市场提供全面、有效、真实的信息，这些都有利于缓解交易主体之间的信息不对称问题。

（1）政府对广告的规制。广告本身是一种传递产品信息的重要途径，生产企业大量投资广告宣传除了起到劝说消费者作用外，还能提升产品的知名度。如果广告能为消费者提供关于产品质量足够的准确的信息，那么政府对广告的规制就是多余的。但是，存在一些企业为了推销其产品，往往会夸大产品的真实作用，甚至用虚假信息来欺骗消费者，而对多数消费者而言，虚假广告的辨别性又很低，这就需要政府对广告实行规制。

英国早在1907年就颁布了《广告法》，后于1925年又颁布了新的《广告法》，此后又颁布了一系列配套的法律法规，严格禁止各类虚假广告和不正当竞争广告。美国关于广告最早的法案是1911年的《普令泰因克广告法案》，后续又颁布了《正当包装与商标法》《消费者信贷保护法》等，都对广告作了严格的规定，把各种类型的虚假广告都列为禁止和制裁。日本政府于1940年颁布了《日本广告律会》，开始对广告实行规制，还有诸如《户外广告法》《滞销商品及其不正当宣传防治法》等，并于1974年成立了政府广告审查机构，以维护消费者利益为目标，督促和检查广告内容，对于违反相关法律和规定的广告采取相应的惩罚措施。

我国于1994年颁布了《中华人民共和国广告法》，在这之前有一系列广告规制法规。此外，还有很多管理办法和相关规定，内容涉及广告用语、药品行业、化妆品、烟草、酒类和食品等多个方面；建立了相对齐全的广告规章制度，对广告活动主体、广告内容和广告违法行为等都作了非常明细的规定。

（2）政府对产品质保（"三包"）的规制。高等品的生产企业向消费者提供较长质保期和售后"三包"服务，是为企业赢得信誉和信赖，传递产品质量信息的重要手段,但是低等品生产者会以次充好,效仿高质品生产者对消费者承诺售后"三包"服务,而消费者购买产品后,便会以种种理由拒绝为其提供服务。这就会引起消费者的怀疑心理,弱化"三包"服务在传递产品信息过程中的作用,这就对政府规制机构对产品"三包"实行规制提出了客观要求。

政府制定了包含销售者、生产者和修理者关系在内的一系列规章制度,对产品"三包"实行了全面、有效的规制,根据我国产品"三包"法规的相关规制,主要规章制度有①:第一,产品"三包"责任分工明确,要求销售者、生产者和修理者三方实行分类责任制;第二,由于消费者是与销售者直接发生交易关系的,并且为了避免销售者和生产者相互推卸责任,销售者对产品"三包"有先行负责的责任,销售者无法解决的由生产者负责为消费者调换产品;第三,产品"三包"也必须限制在一定的时期内,建立相应的产品"三包"时效制度;第四,在消费者、销售者、生产者和修理者之间建立有关产品"三包"的调解与申诉渠道,为各方的利益提供保障机制。

(3)政府对企业品牌的规制。要明确企业产品品牌与企业商标是完全不同的概念。一般意义上的名牌产品是高质量与高知名度的标签,是质检部门与广大消费者较为信赖的产品,是企业无形资产的重要组成部分,也是向市场传递产品质量信息的重要渠道。不可否认地存在这样一种现象,假冒伪劣产品的流入会导致名牌产品市场鱼龙混杂,混淆消费者视听,导致利用产品品牌传递质量信息的渠道被扭曲,发生"逆向选择"的低效率情况。所以,政府规制机构有必要对产品品牌实行规制。

政府对企业产品品牌的规制应该从两方面着手:其一,加大对"假冒伪劣"产品打击力度,降低仿制品对优质品牌的冲击;其二,加强对名牌产品本身的规制,保护名牌产品的专利权和商标权,增加仿制难度,提高"假冒伪劣"成本。

政府对"假冒伪劣"产品的打击应以行政手段为主,完备产品质量和加强产权保护的相关法律法规,加大对"假冒伪劣"产品制造商的处罚力度,营造良好的市场环境。政府对名牌产品品牌的规制主要涉及其注册商标、驰名商标和名牌产品专利等方面,加强对名牌产品知识产权的保护。

由上述讨论可见,与经济性规制有所不同,政府社会性规制更多采用的是行政手段,所以要更好地发挥社会性规制的功能作用,就需要政府进一步完善规制法规,建立完备的成本计算系统和独立性很强的专门执法机构,与此同时,要建立社会监督的反馈机制,要让社会监督起到强制的推动和促进作用。

四、社会性规制的成本—收益分析

对社会性规制进行成本—收益分析的目的是探索社会性规制的理论基础,也是政府社会性规制变革的理性选择,因此把成本—收益分析法引入社会性规

---

① 更多详细内容参阅《产品质量法》《消费者权益保护法》。

制中是必要的。通常成本—收益分析法与经济分析是相适应的，以"可用货币计量"为基准线，主要通过量化研究的方法。而在政府规制中，成本—收益分析法从制度面和方法两个方向出发，从经济、社会和环境三个维度着手，对规制政策或制度可能产生的成本和预期获得的收益进行实证分析和规范分析。一般性的原则是规制收益要大于成本，或证明规制成本的正当性（成本投入的合理），通过成本最小化和收益最大化带来的社会净福利最大化来评估规制政策或制度的影响或衡量规制实施的绩效。当然，成本—收益分析法并不是度量政府社会性规制政策的合理性与影响力的唯一标准，但却是规制绩效评估的最直观和有效的方法。

（一）社会性规制成本

1. 经济性成本

经济性成本是在制定规制政策过程中发生的可用货币单位度量的成本，具体指的是信息收集成本、规章制定成本和规制实施成本。在现代信息社会中，信息成本是整个决策成本的重要组成部分，政府规制机构在制定规制政策之前需要采集和收集大量的数据信息，为规制政策的制定提供实证论证基础，这个过程会产生成本。对数据信息进行分析后，要建立完备的信息资料库，制定相应的规制政策和制度，与此同时，新的制度机构和人事系统也必须建立起来，人力、物力和财力的投入就是规制政策的制定成本。同样，在社会性规制政策实施的过程中需要建立相关的规制绩效监督与反馈机制，也不排除规制机构的"寻租行为"带来的资源浪费，这不仅会增加规制成本，还会折扣规制政策的实施效果。

2. 社会性成本

社会性成本的实质是负外部经济效应对社会产生的负面影响的量化与转移。规制政策的实施使得部分社会性规制成本发生了转移，把负外部经济效应的社会成本转移给生产者，使生产者成为弥补经济、社会和环境损失的承担者，即构成社会性成本。我们可以得到这样的推理思路：政府规制具有双重性。一方面，政府实行社会性规制是对外部经济效应引致的市场失灵的纠正，是对不当资源配置的适时调整；另一方面，政府社会性规制是对风险成本的转移和再分配（环境保护、职业安全保障、消费保障是把外部性成本和风险成本从消费者、工人身上转移到生产厂商身上）。[1] 这只是成本承担角色的变化，让生产企业为经济、环境和社会付出代价。如果政府在实施社会性规制中采用经济手段，即征收排污费、税收、排污许可证等，通过经济措施增加负外部经济效应企业的成本，而企业为了保持超额利润或者收支平衡，就会努力降低污染物排放，研发或引进污染处理设备，且开发低污染或无污染生产线。社会性规制的经济手段主要就是为了解决负外部经济效应所带来的市场失灵和低效率问题，把负外部经济效应产生的成本转移到生产者身上，构成由生产企业承担的社会性成本。

---

[1] 何立胜，樊慧玲. 政府社会性规制的成本与收益分析 [J]. 中州学刊，2007（5）：51-53.

(二) 社会性规制收益

1. 社会福利的净增加

社会性规制的对象主要是负外部经济效应的经济行为和非市场物品供给,通过非市场手段增加非市场物品的供给。例如,政府规制机构可以通过行政手段制定某种非市场物品(清洁空气、无污染河流等)的生产,会对企业的生产技术和产品种类形成强制性规定。因此,社会性规制可以改变资源的配置,而且可以借助外力形成强制性变化,这种变化体现在市场物品供给的减少和非市场物品供给的增加,是市场力之外的两种类型产品在供给量上的替换,替换的必然结果是使企业的经济利益和福利减少,同时这部分减少的企业经济福利转化为社会福利,是社会福利的净增加。

2. 社会福利损失的减少

社会福利损失的减少与社会福利的净增加是不等同的,社会福利损失的减少是规制机构采取行政手段、经济手段和市场手段对负外部经济效应造成的损失的制止,是"止损"行为和过程。外部经济效应的实质是私人收益不等于社会收益,当某经济行为的私人收益大于社会收益时,则存在负外部经济效应,体现为该经济行为的过度供给;当私人收益小于社会收益时,则存在正外部经济效应,体现为该经济行为供给不足,这就导致社会福利受损。规制机构实行社会性规制增加对社会福利有利的经济行为而减少不利的经济行为,这是对外部经济效应损失的弥补,也是另一种层面的社会规制收益。社会性规制以牺牲市场物品为代价来增加非市场物品的供给,从而减少社会福利的损失,增加社会性规制的收益。

社会性规制的非经济性目的的显著特征使成本—收益分析法在社会性规制领域遭受了质疑。这主要是因为社会性规制政策的制定与反馈信息、以效用和偏好为基准的收益等难以量化,更难以被货币化,这就导致其与经济意义上的成本—收益分析之间的不可约。但是存在度量方法改进与定位修正的余地,就我国社会性规制成本—收益分析而言,应该加强社会性规制观念,达成共识;选择性借鉴其他国家社会性规制成本收益分析系统;构建成本收益分析机构,明晰规制实施步骤。[①]

本章小结

规制理论是一门新兴的经济学分支,主要研究政府是否以及如何对经济微观主体进行干预的问题。本章介绍了产业规制的概念、原因、理论发展以及分类。从经济性规制和社会性规制两方面,详细介绍了政府规制的主要内容。经济性规制是政府机构在自然垄断行业和存在信息不对称行业领域中实施的以经济手段为主的规制措施。主要措施包括进入规制、价格规制、投资规制和质量规制。社会

---

① 王红霞. 社会性规制成本分析必要与前瞻 [J]. 东方法学, 2013 (5): 85 - 86.

性规制是以确保国民生命安全，防止灾害、防止公害和保护环境为目的的规制，是与经济活动中发生的外部不经济、提供公共性和准公共性物品有关的政策，主要是为了限制负的外部性活动，激励正的外部性活动，保障信息劣势方的权益。解决外部性的社会性规制手段主要有行政手段、市场手段和经济手段。政府对信息不对称问题的规制较多采取行政法规手段，政府规制部门可以运用公共权力，制定和颁布相关法律法规，具有权威性和强制性，通过对虚假广告、假冒伪劣产品和产品质量等的规制弥补市场机制缺失的作用。

本章案例

平台经济规制

2020年12月，市场监管总局依据反垄断法对阿里巴巴集团控股有限公司（以下简称阿里巴巴集团）在中国境内网络零售平台服务市场滥用市场支配地位行为立案调查。经查，阿里巴巴集团在中国境内网络零售平台服务市场具有支配地位。自2015年以来，阿里巴巴集团滥用该市场支配地位，对平台内商家提出"二选一"要求，禁止平台内商家在其他竞争性平台开店或参加促销活动，并借助市场力量、平台规则和数据、算法等技术手段，采取多种奖惩措施保障"二选一"要求执行，维持、增强自身市场力量，获取不正当竞争优势。

调查表明，阿里巴巴集团实施"二选一"行为排除、限制了中国境内网络零售平台服务市场的竞争，妨碍了商品服务和资源要素自由流通，影响了平台经济创新发展，侵害了平台内商家的合法权益，损害了消费者利益，构成反垄断法第十七条第一款第（四）项禁止"没有正当理由，限定交易相对人只能与其进行交易"的滥用市场支配地位行为。

根据反垄断法第四十七条、第四十九条的规定，综合考虑阿里巴巴集团违法行为的性质、程度和持续时间等因素，2021年4月10日，市场监管总局依法作出行政处罚决定，责令阿里巴巴集团停止违法行为，并处以其2019年中国境内销售额4 557.12亿元4%的罚款，计182.28亿元。同时，按照行政处罚法坚持处罚与教育相结合的原则，向阿里巴巴集团发出《行政指导书》，要求其围绕严格落实平台企业主体责任、加强内控合规管理、维护公平竞争、保护平台内商家和消费者合法权益等方面进行全面整改，并连续三年向市场监管总局提交自查合规报告。

资料来源：市场监管总局依法对阿里巴巴集团控股有限公司在中国境内网络零售平台服务市场实施"二选一"垄断行为作出行政处罚 [N]. 人民日报，2021-04-11 (002).

复习思考题

1. 产业规制的概念及目标是什么？
2. 规制经济学的主要理论有哪些？
3. 自然垄断产业的特征是什么？为什么要对自然垄断产业实行规制？

4. 自然垄断产业放松规制的原因是什么？对中国当前的规制实践有哪些启示？

5. 社会性规制的特点是什么？

延伸阅读

［1］科林·斯科特. 规制、治理与法律前沿问题研究［M］. 安永康，译. 北京：清华大学出版社，2018.

［2］让—雅克·拉丰，让·梯若尔. 政府采购与规制中的激励理论［M］. 石磊，王永钦，译. 上海：上海三联书店，2004.

［3］让·梯若尔. 产业组织理论［M］. 张维迎，译. 北京：中国人民大学出版社，2015.

［4］王雅莉，毕乐强. 公共规制经济学（第三版）［M］. 北京：清华大学出版社，2011.

第十六章 产业安全

产业安全是国家经济安全的重要组成部分。伴随着经济全球化的深入发展，各国之间的产业竞争日益加剧，各种传统的民族产业面临国际市场的冲击，各国越来越重视本国的产业安全。本章主要介绍经济开放与产业安全的关系，产业安全的含义与基本特征，产业安全的分类，产业安全的影响因素，产业安全评价理论与方法，产业安全预警理论与方法，中国农业、工业、服务业的产业安全现状及提升对策等基本内容。

第一节 经济开放与产业安全

一、经济开放

经济开放作为一个词汇，最早出现在20世纪80年代初的比较政治经济学文献中；作为一种思想，它的历史则要长久得多，特别是在国际经济与贸易领域。当前，经济开放是指一个国家或地区的市场经济向世界市场经济开放，具体包括贸易、投资和金融等多个领域的开放。其中，国际贸易分为跨境商品贸易和跨境服务贸易两大类；投资包括跨境直接投资和跨境证券投资。不过，在第二次工业革命以前，经济开放主要是指贸易开放。其原因在于，虽然这时期的国际贸易快速增长，但由于受到贸易保护主义等因素的影响以及空间距离等客观条件的限制，全球跨境投资几乎为零，贸易开放水平自然就代表着经济开放水平。20世纪80年代以来，随着现代交通、现代通信信息等先进技术的快速发展，国际贸易、投资等领域相关法律制度的日趋完善，全球跨境商品贸易和跨境服务贸易迅速扩大，全球跨境直接投资和跨境证券投资快速增长，许多国家的金融市场也由封闭状态向开放状态转变。经济开放包括贸易开放、投资开放、金融开放等多个领域的开放也成了各界的共识。

经济开放使世界各国的经济紧密地联系在一起，加速了经济全球化进程。随着经济全球化进程的不断深入，国际贸易的持续自由化使得全球产业的竞争不断加剧，给许多本来就脆弱的传统的民族产业带来严重冲击。与此同时，生产全球化、市场全球化、资本全球化、信息生产和传播的全球化以及科技开发和应用的全球化正在加速重塑国际分工格局，使世界各个国家内部的分工模式、产业链以及相应的产业生态环境发生了巨大变化。经济全球化是一柄双刃剑。虽然经济全球化的发展能使包括许多发展中国家在内的国家获得大量的外资注入，从而加快了这些发展中国家的工业化进程；但是，也可能会导致一些国家（尤其是发展中国家）不仅丧失了经济发展所依赖的正常的产业链条和产业生态，还失去了对国计民生有着重大影响的重大产业和关键核心技术的控制权，更甚者沦为其他国家的附庸。在经济全球化愈演愈烈的背景下，产业安全问题日渐受到各界关注。

"逆全球化"是经济开放中另一个不可忽视的现象。2008年国际金融危机以来，受一些国家政治和经济形势等的影响，逆全球化思潮不断涌现。"逆全球化"是全球化的反转，在政治上表现为民粹主义抬头，在经济上表现为贸易保护主义增强，在社会政策上表现为反移民、排外主义等极端政治倾向加重。① "逆全球化"对世界经济、政治等各方面的影响非常大：第一，全球经济增长放缓。"逆全球化"会限制劳动力、技术、资本等生产要素在全球范围内的自由流动，阻碍各国或地区之间的交流与经济合作，导致世界经济增长放缓，国际经济贸易秩序受到挑战。第二，全球供应链中断风险增大。欧美主要发达国家推行的"再工业化"、产业链回流等战略使全球产业链和价值链在全球范围内收缩，全球供应链面临中断的风险，各国不得不重新思考把控关键产品产业链的重要性。第三，全球秩序遭受冲击。"逆全球化"对强调市场化和自由贸易的新自由主义秩序造成冲击，全球秩序遭遇重大危机。第四，"特朗普效应"使现有的国际贸易治理面临严重挑战。② 在"逆全球化"思潮涌现背景下，如何保障本国的产业安全稳定是许多国家十分关心的问题。

经济开放对我国产业安全有较大的影响。按照通行的国际标准，一般大国经济的贸易依存度在20%～25%。③ 国家统计局发布的数据显示，2022年我国对外贸易依存度为34.8%，实际使用外商直接投资金额为12 327亿元人民币，折合1 891亿美元。虽然我国已成为世界上制造业体系最完备的国家，但"大而不强"依然是影响我国制造业高质量发展的主要矛盾。我国在部分高端产品和关键领域核心技术受制于人的局面也尚未得到根本改变。2018年，工信部对全国30多家大型企业130多种关键基础材料调研结果显示，32%的关键材料在中国仍为空白，52%依赖进口，绝大多数计算机和服务器通用处理器95%的高端专用芯片，70%以上智能终端处理器以及绝大多数存储芯片依赖进口。④ 这意味着我国对发达国家的技术存在高度的依附。较高的外贸依存度、较高的外资依赖度和较低的自主创新率对我国的产业安全稳定有重大影响。在经济开放水平不断提升的

---

① 万广华，朱美华. "逆全球化"：特征、起因与前瞻［J］. 学术月刊，2020，52（7）：33－47.
② 夏梦真. "逆全球化"思潮的演进、影响及中国对策［J］. 五邑大学学报（社会科学版），2021，23（4）：75－79＋92.
③ 纪宝成，刘元春. 对我国产业安全若干问题的看法［J］. 经济理论与经济管理，2006（9）：5－11.
④ 工信部副部长：我国制造业要大力度"引进来"高水平"走出去"［J］. 变频器世界，2018（7）：38.

背景下，重新思考我国的产业安全问题，提前谋划，合理布局，尤为重要。

二、产业安全的含义

产业安全是国家经济安全的重要组成部分。国家经济安全是指经济全球化时代一国保持其经济存在和发展所需资源有效供给、经济体系独立稳定运行、整体经济福利不受恶意侵害和不可抗力损害的状态和能力。① 国家经济安全是从一国经济生活的宏观层面来研究的，与国家安全处于同一个范畴内的概念。产业安全以具体的产业为研究对象，因而产业意义上的安全研究属于中观层次。

目前，产业安全并无统一的定义。国内学者关于产业安全的界定主要有产业控制力论、产业竞争力论、国民产业权益论和产业抗风险能力论四种观点。产业控制力论的核心是强调本国资本对国计民生有着重要影响的战略产业的控制能力。产业竞争力论强调的是本国的产业竞争力或发展力对本国产业安全的影响。国民产业权益论认为产业安全归根结底是要使以国民为主体的产业权益在国际竞争中得到保证并不受损害，产业发展带来的收益由本国人民所拥有。② 产业抗风险能力论强调的是本国产业在面对国内外不利因素的冲击时具有足够的抵御和抗衡能力，并具备"自我修复"的能力。

基于上述四种观点，目前对产业安全的常见定义有：（1）产业安全是指在国际经济交往与竞争中，本国资本对关系国计民生的国内重要经济部门的控制，本国各个层次的经济利益主体在经济活动中的经济利益分配的充分体现以及政府产业政策在国民经济各行业中的彻底贯彻。③ （2）产业安全是指在市场开放的条件下，一个国家影响国民经济全局的重要产业的生存发展以及政府对这些产业的调整权或控制权受到威胁的状态。④ （3）产业安全是指一国拥有对于涉及国家安全的重大产业的控制力以及这些产业在国际比较意义下的发展力。控制力是对产业安全的静态描述，是表象特征；发展力是对产业安全的动态刻画，是产业安全的本质特征。⑤ （4）产业安全可分为宏观、中观两个层次。宏观的产业安全就是一国制度安排能够引致较合理的市场结构及市场行为，经济保持活力，在开放竞争中本国重要产业具有竞争力，多数产业能够生存并持续发展。中观的产业安全就是本国国民所控制的企业达到生存规模，具有持续发展的能力及较大的产业影响力，在开放竞争中具有一定优势。⑥ （5）国民产业安全是指一国国民既有的或潜在的产业权益免受危害的状态和能力。产业权益受到的危害可以来自自然、社会、经济、政治或军事等各方面。（6）产业安全是指一国对某一产业的

---

① 中国现代国际关系研究院经济安全研究中心. 国家经济安全 [M]. 北京：时事出版社，2005.
② 高志刚. 产业经济学（第三版）[M]. 北京：中国人民大学出版社，2022.
③ 杨公朴，夏大慰. 产业经济学教程 [M]. 上海：上海财经大学出版社，1998.
④ 何维达，等. 开放市场下的产业安全与政府规制 [M]. 南昌：江西人民出版社，2003.
⑤ 李连成，张玉波. FDI 对我国产业安全的影响和对策探讨 [J]. 云南财贸学院学报，2002（2）：7－11.
⑥ 景玉琴. 产业安全概念探析 [J]. 当代经济研究，2004（3）：29－31.

创始、调整和发展拥有相应的自主权或控制权。对产业是否拥有创始权、调整权和发展权是衡量产业安全与否的标准。①（7）产业安全是指一国产业对来自国内外不利因素具有足够的抵御和抗衡能力，能够保持各产业部门的均衡协调发展。②（8）产业安全是指特定行为体自主产业的生存和发展不受威胁的状态。③

本章所论述的产业安全，指一国在对外开放的环境里，在国际竞争的发展进程中，对影响国民经济全局的重要产业拥有自主权或控制权，使本国产业依靠自身的努力，在公平而激烈的竞争中能抵御和抗衡国内外不利因素的威胁，能够生存并获得发展的空间，从而保障国民经济和社会安全、稳定、协调和可持续发展。简言之，产业安全是指本国自主产业的生存和发展不受威胁的状态。

三、经济开放对产业安全的影响

随着经济全球化的不断发展，通过对外贸易、资本流动、技术转移、提供服务、人员交流等途径，世界各国经济联系日益加强和相互依赖程度日益提高，世界经济日益成为一个紧密联系的整体。经济开放所带来的国际资本流动、国际贸易政策变动等外部冲击对各国产业安全稳定发展的影响是客观存在的。这难免会使人产生一种错觉，即产业安全问题是由经济开放引起的。这种观点其实是错误的，这是因为，虽然经济开放所带来的国际资本流动、国际贸易摩擦、国际金融危机等是导致产业安全问题的重要原因，但是产业安全问题并不是在经济开放以后才产生的，即便在封闭市场条件下，产业安全问题也是可能产生的。纵观世界上许多国家的产业发展史，可以发现的确存在这样的事实：一国即使在未受外力作用的情况下，也可能会因该国内部产业结构失衡、需求收缩、政策制度不健全等而出现产业衰退或陷入经济萧条。因此比较合理的说法是，有些产业安全问题源于经济开放，比如国际金融危机冲击本国制造业的发展；有些产业安全问题则是由本国内部因素引起的，比如国内产业结构失衡影响本国产业的持续发展能力；但更多的是内外部因素共同作用的结果。④

产业安全就是要保障本国自主产业的生存和发展不受威胁。一国要想有效减轻或消除那些源自本国内部的或外部的，或者内外部共同产生的威胁，必须至少满足三个条件：一是拥有控制权，即对关系国计民生的重大产业和核心技术拥有控制权。二是具有较强发展能力，即本国自主产业能在激烈的竞争中获得发展的空间。三是具有较强抗风险能力，即本国自主产业具有较强的抵御内外部风险的能力和较强的韧性。从某种程度上讲，一个国家只有具备"一权两能力"，它的自主产业才有可能是安全的。然而，经济开放所带来的冲击会影响"一权两能

---

① 于新东. 中国加入 WTO 后产业保护和产业安全研究及对策 [J]. 学习与探索, 2000 (2): 4-12.
② 夏兴园, 王瑛. 国际投资自由化对我国产业安全的影响 [J]. 中南财经大学学报, 2001 (2): 37-41.
③ 李孟刚. 产业安全理论研究 [M]. 北京：经济科学出版社, 2006.
④ 高志刚. 产业经济学（第三版）[M]. 北京：中国人民大学出版社, 2022.

力"的稳定性，即可能会导致失去对重要产业的控制权及削弱自主产业的发展能力和抗风险能力，当然，情况也有可能相反。经济开放下的经济全球化是一把"双刃剑"，其对产业安全的影响可概括为两个方面：从负面影响看，在经济全球化的冲击和影响下，外资的流入特别是世界著名跨国公司对东道国自主产业的竞争威胁以及兼并、收购和控股的确会对东道国的自主产业发展产生威胁。纵观许多发展中国家的产业发展史，由于世界跨国公司的大举进入而导致它们民族产业的生存和发展空间受到挤压的案例屡见不鲜。从正面影响看，经济全球化带来的国际分工大发展、产业大转移、资本大流动和技术大外溢，对于发展中国家弥补国内资本、技术等生产要素缺口，实现产业升级、技术进步和经济赶超都是非常有利的。与此同时，近年来，单边主义、保护主义抬头，逆全球化思潮发酵，以世贸组织（WTO）为核心的多边贸易体制遭遇挑战。部分西方国家掀起的粮食战、贸易战、科技战、舆论战等给各国民族产业的发展蒙上了一层阴影。

对于中国而言，在面对经济开放与产业安全关系的问题时，既要吸取曾经因为闭关自守、过度保护民族产业而减缓工业化进程的教训，也绝不能走向完全放弃保护民族产业的极端，要充分利用国内国际两个市场、两种资源，不断增强民族产业发展的能源资源保障能力，助力中国的产业高质量发展。

第二节　产业安全的特征与影响因素

一、产业安全的基本特征

产业安全的特征有很多，归纳起来，主要有以下几个基本特征。[①]

1. 产业安全的战略性

产业安全关系到国计民生和一国经济的长远发展、关系到一国的经济权益和政治地位，是国家经济安全的重要基础和前提条件。要使国家经济利益不受严重侵害和威胁，就必须确保本国的产业安全发展，必须把产业安全战略纳入国家战略中，从战略高度重视产业安全问题的研究。

2. 产业安全的综合性

产业安全涉及国民经济中的各行各业，大至门类、部门，小至行业，比如农业、工业、制造业、金融业等部门或行业安全。由于产业之间是相互关联、相互制约和相互影响的，当某一产业的安全受到威胁时，必然会影响其相关产业的正常发展。比如，农业产业安全一旦丧失，势必影响制造业的产业安全。产业安全的综合性还表现在影响产业安全的因素是复杂性、全面性上。历史文化、政治体制、经济制度、自然环境、地理条件和人员素质等因素均对一国的产业安全产生影响。绝不能简单地将产业安全问题归结为某一方面因素作用的结果。应根据产

---

① 李孟刚. 产业安全理论研究 [M]. 北京：经济科学出版社，2006.

业安全的高度复杂性和综合性特点,在维护产业安全的手段上要复杂多样。

3. 产业安全的紧迫性

产业安全的紧迫性源于该问题的战略性和综合性。而发展中国家在经济全球化大背景下实行的对外开放政策使这一问题变得尤其紧迫。如果不高度重视产业安全问题的紧迫性并采取应对措施,必将给国民经济带来巨大损失,甚至危及国家安全。因此,社会各界应积极关注这一问题。

4. 产业安全的系统性

产业安全是一个有丰富内涵的政策系统。它既涉及产业内部问题,又涉及产业的外部环境。从产业内部来说,它涉及制度结构以及相关的技术问题和管理问题。要求政府采取一定的规制措施对此加以适当保护。产业外部的环境因素主要指的是国际市场条件、国外企业的组织制度、技术水平和竞争力,尤其是指国外企业进入中国市场的资本、技术、管理等状况。[1]

5. 产业安全的层次性

产业安全既包括一国某一产业的安全问题,也包括一国产业群的安全问题,这两个层次是个体与总体的关系。在经济全球化的条件下,按照国际分工和发挥国际比较优势的原则,一国总是会有一些产业的国际竞争力相对较强、安全度较高,而另外一些产业则相对较弱、安全度较低。而且由于一国的资源有限,任何一个国家都不可能在所有产业上都占有明显优势。这就要求在维护产业安全的过程中,必须妥善处理好不同层次的产业安全的关系。总的原则应该是:以宏观层次的产业群的安全为目标,以部分重要支柱产业的安全为支撑,以少部分产业的不安全为代价,由此换得参与经济全球化的主动权并获得最大化的比较利益。

6. 产业安全的动态性

产业安全的动态性具有两层含义:一是指产业本身而言,即有些产业在一定时期内是安全的,不需要政府规制或干预,而有些产业在一定时期内具有较大风险,需要政府规制或加以保护。二是指产业安全的政府保护是动态的。这意味着绝大多数的产业安全保护不是永久的,政府规制或干预的目的只是提供一个准备期,让本国产业经过此过渡期,站稳脚跟并逐步升级,形成较强的国际竞争力。

7. 产业安全的策略性

在利用外资方面,要按照本国产业实力和对外资利用的需要决定控制范围,不能放弃对控制权的争夺,在外资利用中创造条件壮大自己的实力,尽力保持自己的发展条件。在国际贸易方面,经济全球化条件下的国际贸易风险是客观存在的,这些风险对于本国外向型产业发展的影响是非常大的。本国应主动投身到国际贸易洪流中,积极主动与各国建立互利双赢的贸易合作关系;严厉打击贸易保护主义,切实维护本国贸易权益;高效整合国内国外两种资源,以此来形成贸易合力,增强本国民族产业抗风险能力。

---

[1] 何维达. 中国"入世"后的产业安全问题及其对策 [J]. 经济学动态, 2001 (11): 41-44.

二、产业安全的分类[①]

产业安全的分类并无统一的规范和标准,学者们出于研究的需要,从不同角度对产业安全进行了划分。目前,常见的产业安全分类归纳为两大类。

(一) 产业安全的一般分类

1. 产业生存安全和产业发展安全

可以将产业安全细分为产业的生存安全和产业的发展安全。产业生存安全是指产业的生存不受威胁的状态,即产业的市场或市场份额、利润率水平和产业资本这三个循环中的任何一个循环都不受威胁的状态。产业发展安全是指产业的发展不受威胁的状态,即产业价值或市场份额的提高、产业技术创新以及产业的赶超不受威胁的状态。这种分类方法的优点之一是,在很大程度上可以识别一个产业在生存阶段和发展阶段的安全程度,从而为政府实施必要的干预提供支持。

2. 静态产业安全和动态产业安全

根据产业安全动态性特征,可以将产业安全划分为静态产业安全和动态产业安全。这种分类强调了既要从当前的国家民族利益观点来看产业安全,也要从全局观点、前瞻观点来看产业安全问题。静态产业安全是指特定时点或时期内一国产业安全的总体态势,它反映了在特定时点或特定时期内影响一国产业安全的各种因素综合作用的结果。静态产业安全是动态产业安全研究的起点。动态产业安全是指在经济运行条件不断变化下的产业安全变化态势。随着经济全球化的深入发展,贸易自由化和投资便利化水平提高、科学技术日新月异、人员和资金等生产要素快速流动、产业组织变革、各国产业政策调整频繁等诸因素的持续变化,必将对一国产业的国际竞争力和成长状态产生持续影响。对此,政府要把握产业发展的客观规律,采取相机抉择的方法实现动态的产业安全。

3. 封闭产业安全和开放产业安全

根据市场条件不同,可以将产业安全划分为封闭产业安全和开放产业安全。这种分类强调了产业安全问题并不是开放市场条件下的新生产物,封闭市场条件下同样存在威胁产业安全的因素,一国要防范内外部不利因素对本国产业安全的威胁。封闭产业安全是指在封闭市场条件下的产业安全,而开放产业安全是指在开放市场条件下的产业安全。随着经济全球化的深入发展,世界各国的经济联系日益紧密,绝大部分国家都经历了由封闭市场向开放市场的转变,这种转变在不同程度上促进了各国的产业发展,但市场的开放也催生了很多新的产业安全问题,给各国维护本国产业安全带来了新的挑战。

4. 产业安全与产业不安全

产业安全是指产业的生产与发展不受威胁或威胁程度很轻以致可以忽略不计

[①] 李孟刚. 产业安全理论研究 [M]. 北京:经济科学出版社, 2006.

的状态。产业不安全意味着产业的生存和发展受到了严重威胁。对产业不安全进行分类和研究，有助于加深对产业安全内涵的理解。一般认为，产业不安全有四种类型，分别是产业缺失型不安全、产业脆弱型不安全、产业失控型不安全、产业滞后发展型不安全。其中，产业缺失型不安全是指本国没有某一产业，而该产业是国民经济未来发展中不可缺少的，它的缺失可能威胁国家经济安全。产业脆弱型不安全是指本国虽然拥有某一重要产业，但由于产业的规模较小，技术较薄弱，缺乏国际竞争力。产业失控型不安全是指一国谋求通过引进国外先进的同类产业及技术来提升本国某些"脆弱"的重要产业的竞争力，但由于诸多不可控因素的影响，反而被外国资本掌握该产业的命脉，威胁到了本国已有产业的生存和发展。产业滞后发展型不安全是指本国拥有某一产业，并且当前其与别国同类产业竞争力基本相当，就当前而言是安全的，但由于未来竞争以及由此产生的冲击的必然出现，导致该产业将来很有可能滞后发展并出现长期安全问题。

5. 宏观产业安全和中观产业安全

宏观产业安全强调的是本国产业整体或产业群不受威胁的状态。中观产业安全是指某个产业大类及其小项不受威胁的状态。例如，根据三次产业分类法，可以将产业安全分为第一产业的产业安全、第二产业的产业安全、第三产业的产业安全，也可以将产业安全分为农林牧渔业的产业安全、制造业的产业安全、建筑业的产业安全、金融保险业的产业安全、房地产及租赁业的产业安全等，还可以进一步细分为林业产业安全、集成电路产业安全、金融产业安全、房地产产业安全等。上述基于同一产业大类的分类，均属于中观产业安全范畴。

（二）产业安全的其他分类

产业经济学的理论体系主要包括产业组织理论、产业结构理论、产业布局理论和产业政策理论等具体的理论。李孟刚（2006）根据产业经济学的理论框架，将产业安全理论分为产业组织安全、产业结构安全、产业布局安全和产业政策安全四个类型。

三、产业安全的影响因素

产业安全的影响因素有很多，比如自然因素、生产要素因素、市场因素、外资因素、贸易壁垒、宏观经济政策、政治条件等。

（一）自然因素

自然因素包括自然条件和自然资源两个方面。由于自然条件和资源禀赋通常是人力因素难以改变的，同时资源禀赋又是一国经济发展的基础和前提，因而对一国的产业发展及产业结构变化有着重要影响。首先，自然资源禀赋对产业安全的影响。如果一个国家国土辽阔、自然资源丰富，那么该国很有可能形成资源开发、加工及利用全面发展的产业结构，这有助于保障该重要资源的供给安全，进而有助于促进该国产业持续稳健发展。相反,如果一国缺乏某一类重要资源,而该资源是某一产业发展所必需的,虽然其可以通过进口所缺资源来助力本国该产业的发展,但由于进口这类重要资源难免会面临诸多不确定性,这势必会影响该国该产业的持续稳健发展。其次,地形、气候等自然条件决定了某些产业的布局和发展,对产业安全具有重要影响。如果一个国家的自然条件优越,比如地势比较平坦、气温、降水和光照等气候比较适宜,那么该国产业很有可能呈多样化发展。产业多样化在降低经济风险、促进技术创新等方面具有积极作用。不过,虽然自然条件和自然资源对一国的产业发展的影响很大,但是许多国家的产业发展实践表明,受资源制约的国家也可以借助现代科技和贸易来克服其资源匮乏的弱点,并实现产业升级和经济赶超。

(二) 生产要素因素

劳动力、资本、技术、土地等生产要素是产业发展的必要条件,这些要素的数量、质量、成本及获取的难易程度等将直接影响产业内各企业的生产、管理及其产品或服务的质量与竞争力,而这是产业在激烈的市场竞争中获得发展空间的基础。下面主要分析前三项要素。

1. 劳动力因素

首先是劳动力禀赋。劳动力的数量及素质对产业的发展有很重要影响。在经济开放条件下,如果一个国家的劳动力数量规模庞大且综合素质比较高,这个国家可以先依托劳动力资源优势发展劳动密集型产业,然后依托丰富的人力资本优势并通过引进、吸收和消化国外先进知识与技术,促进该国知识密集型产业的发展,在此过程中逐步提升该国在国际分工中的地位。其次是劳动力成本。一国的劳动力资源优势能否得到充分发挥,在一定程度上还取决于该国劳动力成本的高低。一般而言,如果一个国家的劳动力资源丰富且成本低廉,这个国家就具备了发展劳动密集型产业的条件,从而能在市场竞争中获得产业发展机会,甚至还有可能成为世界工厂。中国就是这样一个典型的例子,依托丰富且低廉的人力资本优势,先通过承接国际劳动密集型产业转移,然后逐步发展资本密集型产业和知识密集型产业,最终建立起完整的工业体系,在很多领域实现了独立自主。

2. 资金供应状况

首先是资金充裕程度。资金的充裕程度在很大程度上影响着一国的固定资产水平,并影响该国的产业竞争力。以装备制造产业为例,固定资产投资和固定资产拥有情况,是装备制造产业得以正常经营和运转的基本要素所在。如果一国的装备制造产业的人均固定资产投资和人均固定资产拥有量长期低于全部产业的平均水平,必将直接制约该国装备制造产业核心竞争力的营造和提升,直接影响该国装备制造产业在国际分工中的地位,从而导致产业发展出现安全风险。[1] 其次

---

[1] 李孟刚. 中国产业安全指数研究 [M]. 北京:社会科学文献出版社, 2016.

是资金在不同产业部门的投向偏好。投资结构是资金投向偏好的主要体现。投资结构决定了资源向不同产业部门的配量和再配量,这将给不同产业部门的生存和发展带来不同的影响。如果一国的投资结构比较合理,比如资金主要流向一国的重要基础产业、支柱产业或战略产业,这对于提升该国的产业竞争力是有帮助的。如果投资结构不合理,比如对重要基础产业、支柱产业或战略产业的投资水平长期偏低,必将影响这些产业的竞争力,进而导致该国经济出现安全风险。

3. 科学技术因素

在科学技术是第一生产力和科技进步日新月异的今天,谁掌握了关键核心技术谁就更容易获得产业发展的领先优势,谁就能引领产业发展的潮流。在这种背景下,如果一国某一主导产业的科学技术研发经费支出增长过于缓慢以及其在整体科研研发总体中的比例持续下降,必将直接制约该国这一主导产业核心竞争力的营造和提升,直接影响该国这一主导产业在国际分工中的地位,从而导致该国产业发展出现安全风险。此外,随着经济全球化的深入发展,技术创新全球化成为当今世界技术创新的显著特征。面对跨国公司研发全球化与技术联盟,一国依靠自主创新当然有助于打破发达国家跨国公司的技术垄断,但是对于许多发展中国家而言,囿于自身条件的限制,很难进行自主研发,引进国外先进的产业及技术是提升它们的产业竞争力的重要途径。但如果引进外资和技术未能实现既定目标,反而被外资掌握该产业发展的命脉,则会威胁它们的国家经济安全。

(三)市场因素

1. 市场需求

随着一国市场对外开放程度的提高,该国产业所面临的市场容量和市场需求将会发生很大变化。一般而言,如果一国某一产业的市场由国内市场拓展到国际市场,实现市场容量扩大和需求增加,则该国这一产业可以在更大范围内利用国际资源进行生产销售,获得更宽松的发展空间和更大的发展余地。而如果一国某一产业面临的市场容量有限、需求明显不足,则可能出现两种情况:一是这一产业以本国市场为主,但它很难发展壮大;二是该产业内的企业很可能积极向国外市场拓展,成为影响东道国产业发展的外资因素。从吸引外资的角度来讲,根据产业布局的市场指向型原则,国际跨国公司更倾向于在市场容量较大、需求增长较快的国家投资设厂,对于东道国而言,虽然可以通过承接跨国公司的产业转移加快本国的工业化进程,但由于跨国公司转移的产业一般属于低端产业,因而东道国的产业发展也会面临陷入"低端锁定"陷阱的风险。

2. 市场竞争

随着经济全球化的深入发展,各国的产业竞争日趋激烈,优胜劣汰也愈加明显。市场的竞争程度,在很大程度上决定了一国产业的生存和发展空间,影响该国的产业安全。如果一个国家的企业在面对激烈的市场竞争时,选择通过进行技术创新或者积极向外部市场拓展以缓解竞争压力,那么该国的产业国内竞争程度的提高将有助于促进产业拓展其生存和发展空间。但如果某一国家的某一产业的规模较小,技术薄弱,且缺乏国际竞争力,则该国的这一产业将很难在激烈的市场竞争中获得生存和发展空间,对此可以认定为该产业是不安全的。根据产业安全的动态性特征,一国某一产业在当前与别国比较中处于并驾齐驱的水平,就当前来看该产业是安全的,但由于市场竞争态势随时间发展而变化,未来竞争以及由此产生的冲击的必然出现,可能会导致该产业处于不安全的状态。

(四) 外资因素

这里的外资是指外商直接投资(FDI)。大量外资的流入对东道国产业的生存和发展有着巨大影响。一方面,跨国公司先进的技术与管理对东道国经济产生了积极的示范效应,对提升东道国民族产业的国际竞争力起到一定的促进作用;另一方面,许多东道国,尤其是广大发展中国家在引进和利用外资过程中可能出现跨国公司凭借其在资本、技术、管理、营销等方面的优势,通过各种形式或手段实现对东道国的某些重要产业控制,进而影响东道国的产业安全。外商直接投资对东道国产业的控制,主要体现在对东道国某个重要企业的控制,以及对东道国的市场控制、股权控制、技术控制、品牌控制、经营决策权控制等。一般而言,如果外资市场控制率、股权控制率、技术控制率、品牌拥有率、经营决策权控制率越高,外资对一国产业安全的影响程度也就越大。不过,有时上述五个比率都不算高,但是外资控制了产业内某个重要企业,也可能对产业的发展安全产生重要影响。[1] 改革开放以来,我国民族工业通过吸收和利用外资的确取得了长足发展,我国也成为世界上工业体系最完备的国家。然而,一些国际跨国公司凭借在技术、资金等方面的优势,通过兼并、收购和新建企业,挤压我国民族企业的生存和发展空间,导致我国民族工业发展缺乏动态比较优势而成长乏力。更为严重的是,目前我国一些行业几乎被外资垄断,这种情况如果得不到改变,我国的民族工业很可能逐渐被跨国公司控制。

(五) 国际贸易壁垒

世界贸易组织(WTO)所倡导的全球贸易自由化是存在着适度保护的贸易自由化。一方面,WTO要求成员方逐步削减关税和非关税壁垒,开放市场,取消国际贸易中的歧视待遇;另一方面,又允许成员方适当使用贸易壁垒保护本国的产业和市场。从贸易实践看,在世界经济发展平稳、国际贸易增长迅速的时期,各国实行的贸易保护措施相对较少;在世界经济出现衰退、国际贸易增长速度放慢时,各国贸易政策都趋向严厉,贸易保护措施明显增加。常见的贸易壁垒有关税壁垒、配额管理、进出口许可证管理、歧视性政府采购政策、

---

[1] 马建会. 加入WTO后影响我国产业安全的八大因素[J]. 亚太经济, 2002 (4): 61-63+52.

动植物检验检疫措施、自愿出口限制、原产地规则、贸易救济措施滥用、技术性贸易壁垒、绿色贸易壁垒等，这些壁垒对国际贸易的正常运行构成了威胁。随着逆全球化思潮抬头，单边主义、保护主义上升，许多国家保护国内产业的形式多样，不再局限于使用反倾销、反补贴等贸易救济措施，甚至以知识产权保护、技术标准等非关税壁垒为武器，加大对本国市场和产业的保护力度。无论其形式如何变化多样，贸易壁垒的实质都是通过限制产品和服务进口，对出口国的产业安全构成威胁。当前对我国的贸易摩擦不断增多，一些国家试图采取反规避调查作为武器阻击我国企业进入国际市场。2008~2020年，我国出口产品共遭受84起反规避调查，作出终裁54起，裁决率达64.3%；肯定性裁决49起，肯定性裁决达90.74%。① 高频率的反规避调查可能会削弱我国企业应对反倾销、反补贴和特别关税措施的能力，不利于我国企业融入全球产业链供应链价值链。

（六）宏观经济政策

政府的宏观经济政策对产业发展具有重要影响，往往具有导向性的作用。有效的产业政策组合，既可以使产业市场趋向有效竞争的状态，减少产业过度竞争引起的产业安全问题，也可以促进产业结构的高度化，提升本国产业在国际产业分工中的地位。首先，政府的外资政策对产业安全影响明显。政府的外资政策一方面可以通过税收政策对外资的进入或退出产生影响，另一方面可以对外资进入的产业、地域、规模等作出限制性规定。合理的外资政策必定是既能达到鼓励外资进入的目的，又能防止外资大规模进入而引起过度竞争。与此同时，有效规范外资进入并加强对其监管可以起到减轻外商投资冲击本国产业、威胁本国产业安全的作用。② 其次，政府的主导产业发展政策对产业安全有重要影响。政府可以通过制定产业政策，选择主导产业和确定产业发展序列，促进本国产业结构的高度化。产业结构的高度化是主导产业及其群体不断更替、转换的一个历史演进过程。发达国家的实践表明，主导产业的转换和发展经历了五个历史阶段。③ 如果每个发展中国家都完全沿着发达国家的主导产业的演进路径，那它们的产业至少需要几十年甚至上百年才能达到发达国家当前的产业发展水平。然而，实际情况是，包括中国在内的许多发展中国家通过选择和确定主导产业及其群体，并给予政策支持，最终实现"跳跃式"发展，即在起点低、发展时点晚的情况下，用较短时间走完发达国家产业结构高度化所走过的漫长历程。在此过程中，我国建立起了独立而完整的工业体系，这极大地提升了我国产业安全的程度。

---

① 查贵勇. 2020年境外对华反规避调查趋势及典型案例评析 [J]. 中国海关，2021 (6)：48-52.
② 高志刚. 产业经济学（第三版）[M]. 北京：中国人民大学出版社，2022.
③ 苏东水，苏宗伟. 产业经济学（第五版）[M]. 北京：高等教育出版社，2021.

(七) 其他因素

产业安全水平除了受到上述各种因素的影响外，还受到国内、国际政治、产业金融环境等因素的影响。

国内、国际政治对产业安全的影响巨大。任何一个国家的产业发展都必须有一个良好的国内、国际政治环境。对于一个政局不稳、动荡不安的国家，其民族产业将很难获得发展，国际跨国公司也不会优先选择在这个国家投资设厂，其结果是这个国家的产业发展很滞后，甚至许多产业处于全球产业链的低端。这个国家的经济安全也就难以得到保证。此外，国内、国际政治条件还通过影响产业政策的稳定性、连续性对一国的产业安全产生影响。战略性产业和主导产业的培育不仅是一个漫长的过程，同时也离不开政府连续、精准的政策支持。然而，产业政策的稳定性、连续性很容易因政治条件变化而中断，这势必影响战略性产业和主导产业的培育成效。

产业金融环境对产业安全也有重要影响。随着贸易自由化和生产跨国化的发展，国际金融一体化趋势越发明显。金融一体化给一国的产业发展带来了机遇与挑战。一方面，金融一体化使得产业的融资环境更为宽松，增加了资本供给，有助于缓解生产、流通和建设资金的不足，使产业获得更大的发展空间。另一方面，金融一体化使资金流动更加迅速广泛，而各种金融衍生工具的创造为投机行为大开其门，一旦国家金融过快自由化和管理失控，很可能引发金融危机。金融危机将极大地伤害国家产业的发展，威胁到一国的产业安全。[①]

第三节 产业安全的评价与预警

一、产业安全评价的原则与指标体系

(一) 产业安全评价的原则

产业安全是一个综合的系统概念。仅以单一的指标很难反映产业安全实际状况，构建包含多个维度的综合指标体系可以更准确地评价产业安全的程度。设计产业安全评价指标体系需要遵循科学性与综合性原则、继承性和创新性原则、可测性和实用性原则、相关性与动态性相结合原则、系统性与层次性相结合原则、定量与定性分析相结合原则。

(二) 产业安全评价指标体系

随着经济全球化的深入发展，产业安全成为世界各国面临的共同问题。关

---

① 孙瑞华. 贸易自由化条件下影响我国产业安全的环境因素分析 [J]. 经济体制改革, 2005 (6): 16-20.

于产业安全评价的研究也越来越多。国外学者主要是基于对国家经济安全问题的研究思路，建立了经济安全评价指标，但对产业安全评价的直接研究相对较少。俄罗斯经济学家 B. K. 先恰戈夫在《经济安全——生产·财政·银行》一书中提出的经济安全"阈值标准"对产业安全内容有所涉及，但其主要目的是建立经济安全指标，他也没有提出一套评价产业安全的指标体系。国内学者尝试建立具有中国情景的产业安全评价指标体系。例如，何维达和何昌[1]、许铭[2]、景玉琴[3]、李孟刚[4]、朱钟棣和孙瑞华[5]、邵念荣和付春光[6]、朱建民和魏大鹏[7]等基于产业安全的内涵特征建立了产业安全评价指标体系。这些指标体系各有侧重，相互补充。

本部分主要借鉴朱钟棣和孙瑞华（2006）构建的产业安全评价体系。他们根据重点和准确相结合、科学性和可行性相结合、过程指标和状态指标相结合、系统性与层次性相结合、定量与定性分析相结合等原则，从产业生存环境等四个方面构建了产业安全评价指标体系，并设置了二级、三级子项指标，具体的评价指标体系见表 16 – 1。

表 16 – 1　　　　　　　　产业安全评价指标体系

总目标	一级指标	二级指标	编号	三级指标
产业安全状态	产业生存环境	产业融资环境	1	资本效率
			2	资本成本
			3	负债率
			4	资本结构
	产业国际竞争力	产业劳动力要素环境	5	劳动力素质
			6	技术发明和创新人员在专业人才中的比重
		产业市场需求环境	7	行业失业率
			8	劳动力成本
			9	国内市场需求规模
			10	国内市场需求增长速度
		产业技术要素环境	11	研究开发费用占生产总成本的比重
			12	申请专利技术项目的数量

---

[1] 何维达，何昌. 当前中国三大产业安全的初步估算 [J]. 中国工业经济，2002（2）：25 – 31.
[2] 许铭. 中国产业安全问题分析 [D]. 上海：复旦大学，2005.
[3] 景玉琴. 产业安全评价指标体系研究 [J]. 经济学家，2006（2）：70 – 76.
[4] 李孟刚. 产业安全理论研究 [M]. 北京：经济科学出版社，2006.
[5] 朱钟棣，孙瑞华. 入世后评价产业安全的指标体系 [J]. 世界贸易组织动态与研究，2006（5）：1 – 10.
[6] 邵念荣，付春光. 产业安全指标评价体系创新研究 [J]. 商业时代，2011（1）：102 – 104.
[7] 朱建民，魏大鹏. 我国产业安全评价指标体系的再构建与实证研究 [J]. 科研管理，2013，34（7）：146 – 153.

续表

总目标	一级指标	二级指标	编号	三级指标
产业安全状态	产业国际竞争力	产业市场竞争力	13	产业世界市场份额
			14	产业国内市场份额
			15	显示比较优势系数
			16	贸易竞争指数
		产业市场集中度	17	产业市场集中度
		产业效益效率	18	利润率
			19	劳动生产率
			20	产品增值率
			21	产品价格
		相关产业竞争力	22	相关产业竞争力
	产业对外依存度	产业进口对外依存度	23	产业进口对外依存度
		产业出口对外依存度	24	产业出口对外依存度
		产业资本对外依存度	25	产业资本对外依存度
		产业技术对外依存度	26	产业技术对外依存度
	产业控制力	外资市场控制率	27	外资市场控制率
		外资品牌控制率	28	外资品牌控制率
		外资股权控制率	29	外资股权控制率
		外资技术控制率	30	外资技术控制率
		外资经营决策权控制率	31	外资经营决策权控制率
		某重要企业受外资控制情况	32	某重要企业受外资控制情况
		某外国对产业的控制程度	33	某外国对产业的控制程度

资料来源：朱钟棣，孙瑞华. 入世后评价产业安全的指标体系 [J]. 世界贸易组织动态与研究，2006 (5)：1-10.

二、产业安全评价方法

常用的产业安全综合评价方法大致有以下几类。[①]

1. 定性评价方法

定性评价方法是根据评价者对评价对象平时的表现、现实和状态或文献资料的观察和分析，直接对评价对象作出定性结论的价值判断。定性研究侧重于使用语言文字描述、阐述以及探索事件、现象和问题。常用的定性评价方法包括专家会议法和 Delphi 法等。定性评价方法的优点是操作简单，可以利用专家（评价

---

① 彭张林，张强，杨善林. 综合评价理论与方法研究综述 [J]. 中国管理科学，2015，23 (S1)：245-256.

者）的知识、经验或直觉等对评价对象作出定性结论的价值判断。缺点是主观性比较强，多位专家评价时结论很难收敛。定性评价方法在战略层次的决策分析不能或难以量化的大系统以及对评价的精度要求不高的小系统中较常用。在实践中，如果想了解一国某一产业的安全状况，可组织相关领域的专家对该产业的安全状况打分，然后按照相应的流程处理，即可算出该产业的产业安全度。比如，史欣向等采用专家法等方法估算了中国高技术产业的产业安全度。①

2. 定量评价方法

定量评价方法是评价者围绕被评对象的特征，利用所收集的数据资料对被评对象进行综合评价分析并得出评价结论的方法。定量研究侧重于用统计数字来描述、阐述以及揭示事件、现象和问题。常用的定量评价方法包括熵权法、主成分分析法、因子分析法、层次分析法、灰色关联分析法等。定量评价方法的优点是较定性评价结果更为直观、简洁、准确，应用效果好。缺点是需要大量的统计数据，操作起来有一定困难，量化的标准可能过于简单和表面化，影响量化的准确度。定量评价方法比较适用于经济分析和统计分析。许多学者采用该类方法进行产业安全评价研究。朱建民和魏大鹏采用层次分析方法和熵权法测度了我国产业的产业安全度。② 李冬梅等采用灰色关联分析法测度了我国粮食产业的产业安全度。③ 史欣向等采用主成分分析法、专家法等方法估算了中国高技术产业的产业安全度。

3. 基于目标规划模型的评价方法

基于目标规划模型的评价方法，主要是基于多目标决策和多属性决策的思想，利用运筹学中的目标规划模型，对评价方案进行择优的方法。常用的方法包括数据包络分析法（DEA）、Topsis方法等。目前，许多学者采用DEA等分析方法进行产业安全评价研究。比如，高江涛等利用DEA模型评价了我国粮食产业安全的状态。④ 史晓红和李金霞采用DEA方法对我国装备制造业的产业安全进行了分析。⑤

4. 智能化评价方法

智能化是具有了某些拟人的智能特性或者采用了人工智能的理论、方法和技术。现代评价问题的研究已经向多属性、多主体、动态化、复杂化、智能化方向发展。智能化评价方法是现代评价理论与决策理论的研究课题之一。⑥ 主要的智能化评价方法包括遗传算法、人工神经网络等。就BP人工神经网络而言，其优

---

① 史欣向,李善民,王满四,等."新常态"下的产业安全评价体系重构与实证研究——以中国高技术产业为例 [J]. 中国软科学, 2015 (7): 111–126.
② 朱建民,魏大鹏. 我国产业安全评价指标体系的再构建与实证研究 [J]. 科研管理, 2013, 34 (7): 146–153.
③ 李冬梅,刘春泓,王竹玲. 基于灰色关联分析的粮食产业安全评价与比较 [J]. 科技管理研究, 2012, 32 (12): 118–121+133.
④ 高江涛,李红,邵金鸣. 基于DEA模型的中国粮食产业安全评估 [J]. 统计与决策, 2020, 36 (23): 61–65.
⑤ 史晓红,李金霞. 基于DEA方法的装备制造业产业安全综合评价 [J]. 统计与决策, 2016 (4): 60–62.
⑥ 杨勇. 智能化综合评价理论与方法研究 [D]. 杭州：浙江工商大学, 2015.

点是网络具有自适应能力、可容错性,能够处理非线性、非局域性与非凸性的大型复杂系统。缺点是容易陷入局部极小值,跳不出训练峰值;精度不高,需要大量的训练样本等。目前,有部分学者将神经网络等方法应用到产业安全评价的研究中。比如,杨林等采用模糊神经网络评价模型对中国电力装备制造产业的安全状态进行了综合评价。[①] 张业等构建 LSTM 神经网络预测模型对我国工业产业安全进行预测。[②]

三、产业安全评价模型

1. 综合评价模型

选择合适的产业安全评价模型是准确评估产业安全状态的前提和关键。学术界目前大多是借鉴或直接采用瑞士洛桑国际管理发展学院和世界经济论坛在整合国际竞争力的多指标体系时所采用的方法来构建产业安全评价模型。[③]

产业安全综合评价模型为:

$$S = \alpha X + \beta Y + \gamma Z + \delta W \tag{16-1}$$

$$\begin{cases} X = \sum a_i x_i \\ Y = \sum b_j y_j \\ Z = \sum c_k z_k \\ W = \sum d_l w_l \\ \alpha + \beta + \gamma + \delta = 1 \\ \sum a_i = \sum b_j = \sum c_k = \sum d_l = 1 \end{cases} \tag{16-2}$$

其中,S 为产业安全度;X 为产业生存环境评价得分;Y 为产业国际竞争力评价得分;Z 为产业对外依存度评价得分;W 为产业控制力评价得分;α、β、γ、δ 分别为各个一级指标的权重系数;x_i、y_j、z_k、w_l 分别为各一级指标下相应的二级指标;a_i、b_j、c_k、d_l 分别为二级指标所对应的权重。整理后可得:

$$S = \alpha X + \beta Y + \gamma Z + \delta W = \alpha \sum a_i x_i + \beta \sum b_j y_j + \gamma \sum c_k z_k + \delta \sum d_l w_l$$

$$= \alpha (x_1, \cdots, x_n) \begin{bmatrix} \alpha_1 \\ \vdots \\ \alpha_n \end{bmatrix} + \beta (y_1, \cdots, y_n) \begin{bmatrix} b_1 \\ \vdots \\ b_n \end{bmatrix} + \gamma (z_1, \cdots, z_n) \begin{bmatrix} c_1 \\ \vdots \\ c_n \end{bmatrix}$$

---

① 杨林,白玉慧,仝凤鸣,等. 基于模糊神经网络模型的中国电力装备制造产业安全评价研究 [J]. 电网与清洁能源,2015,31(2):1-8.
② 张业,郭艳芹,米热阿依·米吉提. 基于一维卷积神经网络的工业产业安全评价与预警研究 [J]. 西华大学学报(哲学社会科学版),2021,40(1):101-112.
③ 欧阳彪,王耀中. 开放经济下中国服务业产业安全的测度与评价 [J]. 湖南社会科学,2015,(2):130-133.

$$+\delta(w_1, \cdots, w_n)\begin{bmatrix} d_1 \\ \vdots \\ d_n \end{bmatrix} \qquad (16-3)$$

根据以上公式，结合产业发展的实际情况，合理对各个指标赋予权数，就可以定量计算出整个产业的产业安全度。

2. 指标的赋权方法

赋权是指对评价指标体系中的一级指标以及对反映相同一级指标的二级指标赋权。首先是一级指标赋权。学术界目前没有统一的赋权标准，研究者一般结合产业的实际情况，按照重要性程度对各个一级指标赋予相应的权重。比如，李孟刚（2006）在进行产业安全评价分析时，对产业安全评价指标体系的四个一级指标产业国内环境、产业国际竞争力、产业对外依存度和产业外资控制率分别赋权0.2、0.4、0.2、0.2。欧阳彪和王耀中（2015）在产业安全评价分析时，对产业生存环境、产业国际竞争力、产业对外依存度和产业控制力四个一级指标的赋权分别为0.3、0.3、0.2、0.2。其次是二级指标赋权。对于同一个一级指标下的所有二级指标，许多文献认为其重要性大致相同，因而赋予相同的权重，不过，同一个一级指标下的所有二级指标权重之和是1。

四、产业安全预警概述

随着预警理论的发展以及对国民经济运行监测分析的需要，近年来经济预警的应用逐渐增加。通过预警对关键能源资源、重点、敏感产品的进出口数量和价格进行监测，分析和评估其变化对本国产业的影响，为本国政府适时采取干预措施提供依据，实现保护产业安全工作的前置化和动态化，规避威胁产业安全的各种风险。为了积极应对经济全球化与逆全球化思潮带来的挑战，有效运用反倾销与反补贴、保障措施等法律政策武器保护我国的产业安全。2000年，我国开始了产业损害预警机制的建设工作，2003年以后，转由商务部产业损害调查局负责建设产业安全预警机制，目前该项工作已取得显著成效，先后在汽车、钢铁和化肥等行业建立了产业安全预警机制。与此同时，我国基本建立起了产业安全预警信息和应用平台。

（一）产业安全预警系统的建立[①]

所谓产业安全预警系统是依据对产业发展稳定状况的判断，采用定性定量相结合的方法，对产业安全发展态势进行过程刻画、追踪分析和警情预报。建立完善的产业安全预警系统须具备一定的前提条件，比如拥有健全的数据资料、进行科学的数据挖掘、拥有一定数量的系统分析人员。一套行之有效的产业安全预警系统包括预警指标体系的构建、预警界限的确定和预警结果的输出三个步骤。

---

① 李旻暾. 产业安全预警系统应用研究［D］. 福州：福州大学，2005.

1. 预警指标体系的构建

产业安全预警系统的一项重要内容就是选择和构建一套能够全面、动态、及时反映产业发展状况和趋势的预警指标体系。指标的选择必须遵循科学性、可操作性、灵敏性、整体完备性、稳定性与动态性相结合的原则。指标体系的构建除了选择合适的指标外，还需要确定各个指标对综合预警指数的影响程度，即确定指标的权重。由于各个指标的量纲不同，因而要根据其权重对指标进行标准化，形成一套规范的预警指标体系。但指标的选取不是固定不变的，而是随着经济形势的不断变化和运行经验的不断积累而"与时俱进"，逐步修改和完善。

2. 预警界限的确定

预警系统能够发挥作用其中一项关键工作就是指标预警界限的确定，即阈值的确定。预警界限确定是否合适，对于准确监测各项预警指标的变动情况，从而对我国产业的运行状况和趋势作出正确的判断影响很大。预警界限的确定是依据国际公认、历史经验、专家意见并结合各国产业发展的实际情况综合考虑而确定的。随着产业的发展，各个评价指标的评分值也会发生变动，因而阈值不是固定不变的，而是一个动态的数据。阈值的确定可以采用专家评定法、历史数据法、头脑风暴法等，也可以综合上述各种方法来确定。

3. 预警结果的输出

产业安全预警系统的最后一项工作就是预警结果的输出。预警系统建立的目的就是在警情出现时发出警报，而警报的发出正是借助预警结果的输出来实现的。预警系统运行效果的评价直接由预警结果的输出来体现，若预警结果的输出不能满足决策者的需要，不但会影响决策的制定，甚至会导致决策失误。

（二）产业安全预警的方法

数据分析方法的选择对产业安全监测预警研究至关重要，其直接决定了产业安全监测预警的效果。经济学领域中的监测与预警方法有很多，常见的有德尔菲法、判别分析法、人工神经网络法、景气预警信号系统方法等，各方法的适用范围、方式和效果各不相同。表16-2介绍了主要预警方法的基本内容及优缺点。

表16-2　　　　　　　　　各种预警方法对比

预警方法	方法简介	优点	缺点
德尔菲法	采用匿名发表意见的方式，通过多轮次调查专家对问卷所提问题的看法，经过反复征询、归纳、修改，最后汇总成专家基本一致的看法，作为预测的结果	具有广泛的代表性，较为可靠	无法反映非平稳动态发展的过程，对不确定性和随机性的处理不够好
灰色预测法	通过鉴别系统因素之间发展趋势的相异程度，即进行关联分析，并对原始数据进行生成处理来寻找系统变动的规律，生成有较强规律性的数据序列，然后建立相应的微分方程模型，从而预测事物未来发展趋势的状况	对原始数据长度要求不高，预测精度高、无须先验信息	需要对原始数据进行预处理，模型检验过程烦琐

续表

预警方法	方法简介	优点	缺点
多元回归分析法	该模型建立在累积概率函数的基础上,不需要自变量服从多元正态分布和两组间协方差相等的条件	不需要严格的假设条件,有广泛的适用范围	计算过程较复杂,有很多近似处理,影响预测精度
人工神经网络方法	人工神经网络对问题的求解方式与传统方法不同,它是经过训练来解答问题的。训练一个人工神经网络是把同一系列的输入和理想的输入作为训练的"样本",根据一定的训练算法对网络进行足够的训练,使人工神经网络能够学会包含在"解"中的基本原理	具有较好的模式识别能力,可以克服统计方法的局限,具有纠错能力,能更好地进行预测	理论基础比较薄弱,对人体大脑神经模拟的科学性、准确性还有待进一步提高
基于案例的模糊类比推理方法①	相似的问题具有相似的解决方案是基于案例推理的核心假设;历史上曾经发生过某一件事,如果在后来某个时段或其他地区,发现过去的条件又一次形成,那么就有理由认为"历史很可能重演"	能克服对专家的依赖性和专家的主观性;具有的"自我学习能力"为产业安全风险管理提供可行技术支持	学习时间长,需要不断对检索到的相似案例进行调整和修改等
景气预警信号系统方法	选择一组反映经济发展状况的敏感指标,运用有关的数据处理方法,将多项指标合并为一个综合性指标,通过一组类似于交通管制信号红、黄、绿灯的标识,利用这组指标和综合指标对当时的经济状况发出不同的信号,通过观察信号变动来判断未来经济增长的趋势	原理上清晰明确,形式上直观易理解;预测结果较准确,应用范围广	数据采集要求高,预警界限较难确定;预警指标和预警界限须不断修正

资料来源:汪立欢.产业安全评价预警系统研究——基于主成分分析和BP神经网络方法[D].北京:北京交通大学,2011.

(三) 产业安全评价预警结果的识别

产业安全预警系统的目的是预报警度,预测产业发展过程中可能的风险和损害程度,在完成对产业安全状况的监测和识别后,要利用指标体系和预测模型进行评估,以确定是否有警情出现。在这之前,应先确定警戒区间,产业安全预警系统就是根据预警模型的输出值在所对应的警戒区间来发出不同的警报。

关于警戒区间的界定,学术界在具体的区间数值上并没有形成统一的划分标准,现有研究大多出于不同的目的需要设置不同数值的警戒区间。许多文献将警戒区间设置为四个等级,即安全、基本安全、不安全、危险,或无警、轻警、中警、重警。例如,利用主成分分析等方法计算得出了相应的预警指数,并通过某种方法确定产业安全预警界限区间为:(80,100]、(50,80]、(20,50]、[0,20],其对应的产业安全状态依次为安全、基本安全、不安全、危险。又如,产业安全预警系统BP神经网络模型输出值落在区间[0,1]内,采用四等分法将所在

---

① 李旻暾.产业安全预警系统应用研究[D].福州:福州大学,2005.

[0, 1] 区间划分为 [0, 0.25]、[0.25, 0.5]、[0.5, 0.75]、[0.75, 1]，分别代表重警、中警、轻警、无警。相应的预警信号表见表 16-3。不过，也有许多文献将警戒区间设置为四级以上。

表 16-3　　　　　基于不同方法的四等级预警输出结果对照表

	安全状态	安全	基本安全	不安全	危险
基于主成分分析的警戒区间	对应分值区间（非四等分法）	(80, 100]	(50, 80]	(20, 50]	[0, 20]
	警灯	蓝色	绿色	黄色	红色
基于BP神经网络的警戒区间①	安全状态	无风险	低风险	风险较大	风险很大
	对应分值区间（四等分法）	[0.75, 1]	[0.5, 0.75]	[0.25, 0.5]	[0, 0.25]
	警报	无警	轻警	中警	重警

第四节　中国的产业安全

一、中国农业产业安全分析

农业产业安全是指一个国家的农业产业在受到内外部不利因素冲击时，能够基本不受威胁、干扰和破坏而正常运行的状态。农业产业安全是国家经济安全的重要组成部分，是保障国家粮食安全和重要农产品安全供给的题中应有之义。

（一）农业产业安全影响因素

1. 外部因素对我国农业产业安全的影响

跨国资本流入对中国农业产业安全的威胁。首先是跨国粮商布局的影响。2008年，随着中国粮食流通领域承诺的 WTO 保护期的结束，跨国粮商在中国粮食市场的布局步伐不断加快，对我国粮食安全有巨大影响。跨国公司凭借控制农产品的进口货源和期货价格，通过降低我国进口企业的谈判能力抬高进口价格达到对我国农业产生的影响，如目前国际四大粮商（ADM、邦吉、嘉吉、路易达孚）已控制了中国80%的大豆进口货源。② 其次是外资并购的影响。跨国垄断资本凭借其对粮食生产全链条的控制即从种子、种植、收储、加工、流通到消费者餐桌的控制，布局我国粮食收储、加工、流通等重要环节，形成对粮

---

① 李旻暾. 产业安全预警系统应用研究 [D]. 福州：福州大学, 2005.
② 董银果, 梁根, 尚慧琴. 加入 WTO 以来中国农业产业安全分析 [J]. 西北农林科技大学学报（社会科学版）, 2015, 15 (2)：62-68.

食消费市场供给的一定程度的垄断或高度垄断。2002年以来,中国农业产业的外向程度不断提高,农业外资的股权控制率已从2002年的76.24%持续提高至2010年的86.47%。① 过高的农业外资股权控制率给我国农业产业安全带来了新的挑战。

农产品国际贸易对农业产业安全的影响。2001年以来,随着农产品进口关税的逐步下降和贸易壁垒的逐步取消,国外农产品进入我国变得更加便利,我国农产品贸易也进入了快速发展的阶段。这对我国农业产生了巨大影响。积极影响方面,农产品国际贸易缓解了我国农业资源和环境压力,丰富和增加了农产品的有效供给,促进了我国农业比较优势的发挥。然而,农产品国际贸易也给我国农业安全带来了不利的影响。自2008年粮食危机以来,单边主义、贸易保护主义抬头,逆全球化思潮涌现和行动升级,给各国农业安全带来了巨大冲击。以美国为首的西方发达国家出于能源战略、政治因素的考虑,一方面采取加大农业补贴力度、限制粮食出口等措施保障本国农业安全;另一方面鼓励用玉米进行乙醇的生产,用生物能源替代石油,加之美元的贬值、期货市场对粮食的投机行为等,这些因素共同推动了粮食价格迅速上涨。粮食价格的大幅上涨给许多国家特别是粮食对外依存度高的国家造成了一定程度的危机。我国作为世界上最大的农产品进口大国,按全口径农产品进口数量来估计,我国农产品进口对外依存度达30%以上。因此,必须重视农业产业安全,尤其是要确保粮食产业安全。

农业产业安全并非只限于粮食安全,涉及的领域还有畜牧安全、大豆、玉米、棉花等产业安全。当前,我国在这些领域面临的问题与粮食产业安全面临的问题大同小异。需要注意的是,近年来一些与国际贸易并无直接关联的议题,比如知识产权保护、劳工标准、环保标准、动物福利等,也成为部分国家限制农产品进口的理由。这些都在不同程度上恶化了农产品国际贸易环境。

2. 内部因素对我国农业产业安全的影响②

从内部因素层面来说,农业的科技水平、农业资源状况、自然灾害、人力资本、财税金融政策、城镇化与工业化进程、市场规模等都会影响我国农业产业安全。我国农业产业安全特别是粮食安全,既面临短期矛盾,也有长期挑战。与产业安全所要求的多元需求相比,当前现实矛盾主要表现在三个方面:一是资源困境。中国人多地少水缺的基本国情农情客观存在,且后备农业资源不足,农户数量多,户均农业经营规模小,劳动生产率、土地产出率、资源配置效率都不高,大国小农的格局将长期持续。随着中国经济总量的增长,城乡居民收入提升,对农产品不仅有总量的需要,更有质量和多元化需要,反过来加大了对资源环境的压力。二是科技困境。中国粮食单产水平与发达国家和粮食产出强国相比还有差距,2019年水稻、小麦、玉米、大豆单产只有世界先进水平的63%、65%、54%和52%,尖端农业科技缺失,基础性农业科研水平距发达国家尚有明显差

---

① 董运来,谢作诗,刘志雄. 开放条件下中国农业安全面临的机遇与挑战 [J]. 亚太经济,2012 (5):117-121.
② 刘志杰. 突破三大困境 牢牢把握农业产业安全主动权 [N]. 四川日报,2021-03-01 (10).

距。三是市场困境。粮食生产成本高效益低,资源性农产品在全球缺乏竞争力,农民种粮积极性不高。此外,从农业发展内部看,由于资源禀赋先天不足,粮食产业与其他产业结构性矛盾突出,总量、质量、品种结构调整难以兼顾。

(二) 中国农业产业安全评价

农业产业安全的度量主要延续了产业安全评价指标体系的框架。比如,何维达和何昌(2002)从产业国际竞争力、产业对外依存和产业控制力三个方面构建了产业安全评价指标体系,并对我国农业、工业和服务业三大产业安全进行了评估。金赛美等(2011)选取农业国际竞争力指数、农业出口对外依存度、农业资本对外依存度和农业外资股权控制率来构建农业安全度评价指标体系,对我国农业安全度进行了测算。白澎(2010)从产业生存环境、产业国际竞争力、产业对外依存度和产业控制力四个方面构建了产业安全评价指标体系,并通过加权平均法计算得出我国的产业安全度。我国第一产业、第二产业、第三产业的产业安全度分别为47、48.67、55.67。当安全度评价值分别落在[85,100]、[65,85]、[45,65]、[25,45]、[0,25]区间时,将我国产业安全界定为很安全、安全、基本安全、不安全和很不安全。我国三次产业的安全状态均为基本安全。结果见表16-4。

表16-4　　　　　　　　　　我国三次产业安全度

产业类型	项目	产业国际竞争力	产业对外依存度	产业控制力	产业生存环境
第一产业	评价值	30	50	70	50
	权重	35%	25%	20%	20%
	安全度(状态)	47(基本安全)			
第二产业	评价值	50	36.67	60	50
	权重	35%	25%	20%	20%
	安全度(状态)	48.67(基本安全)			
第三产业	评价值	50	56.67	70	50
	权重	35%	25%	20%	20%
	安全度(状态)	55.67(基本安全)			

资料来源:白澎.中国产业安全的实证研究[J].山西财经大学学报,2010,32(8):65-76.

从三次产业的角度看,我国的三次产业均处于基本安全的状态。下面分析我国农业产业安全中的粮食产业安全状况。高江涛等(2020)从产业对外依存度、产业控制力、产业生存环境、产业国际竞争力四个方面构建了粮食产业安全评价指标体系,并估算了我国粮食产业的产业安全度。结果显示,2007年、2009年、2010年和2012年我国粮食产业安全度比较低,主要原因是2007年、2008年爆发全球粮食危机和全球经济危机以及国内自然灾害影响。2013~2018年我国粮食产业一直处于安全状态,这是政府高度重视"三农"工作和粮食产业安全的结果,同时在经历了全球粮食危机后采取了一系列措施来保障国内的粮食产业安全(见表16-5)。

表16-5 我国2001~2018年粮食产业安全DEA评价结果

年份	θ	$\sum \frac{\lambda}{\theta}$	安全状态
2001	1	1	安全
2002	1	1	安全
2003	0.9948	1.009926	基本安全
2004	1	1	安全
2005	0.9842	1.018456	基本安全
2006	1	1	安全
2007	0.9356	1.066678	临界安全
2008	1	1	安全
2009	0.9917	1.007665	基本安全
2010	0.9609	1.037655	基本安全
2011	1	1	安全
2012	0.9594	1.038921	基本安全
2013	1	1	安全
2014	1	1	安全
2015	1	1	安全
2016	1	1	安全
2017	1	1	安全
2018	1	1	安全

资料来源:高江涛,李红,邵金鸣. 基于DEA模型的中国粮食产业安全评估[J]. 统计与决策,2020,36(23):61-65.

(三)提升中国农业产业安全的对策

1. 优化农业产业制度供给,用制度保护农业产业安全

一是确立保护农业产业安全,就是保护农业生产力,发展农业生产力的理念。二是以安全风险控制和安全保障为中心,构建与农业产业安全发展要求相适应的保护性法规、政策、措施、行为,有效发挥法规、政策、措施行为的综合协同效应,为提高农业产业安全保障水平提供制度保证。三是确保农业产业安全提升安全保障水平应有合理预期,着力提高大豆、棉花、玉米等重要农产品的科技竞争力,实现重点农产品产业安全和恢复性增长都需要时间,不能操之过急。①

---

① 董银果,梁根,尚慧琴. 加入WTO以来中国农业产业安全分析[J]. 西北农林科技大学学报(社会科学版),2015,15(2):62-68.

2. 加快培育国际大粮商，提升粮食产业国际竞争力

一是加快制定、出台和落实各项惠农助农强农政策，促进国内农业发展，提升农民的生活水平。二是做大做强国内粮食龙头企业，支持和鼓励国内的粮食企业走出国门，多措并举开拓海外粮食种植基地，实施"粮食飞地战略"，加快国内粮食企业的国际化发展速度，提升其国际知名度和国际竞争力。三是立足我国具体国情，借鉴外国粮商发展经验，创新本国国际粮商的发展模式，并从战略规划到粮食研发、生产、加工等全产业链的经营战略，发展成为具有国际竞争力的中国粮食企业，以抗衡跨国粮商对国内粮食产业的垄断。四是构建粮食产业安全保障体系，从政策布局、法律制度、国际条约协定等方面，适当制约外资对国内粮食产业的控制，保护本土粮食企业及粮食产业的安全，保障国家粮食安全。[①]

3. 加大农业科技投入，加快培育高素质农业人才

农业科技水平对农业生产效率和农产品国际竞争力的提高具有决定性的作用，应加快建立和完善农业科技优先发展的政策体系，加大农业科技的经费、人员等投入，加强农业科研和技术推广，着力推进农业科技创新。支持各大农产品出口企业研发新产品新技术，积极开拓国际市场；参与国际认证等，扶持出口生产基地；同时，鼓励和支持各类农业企业申请省级、国家级研发、引进和推广资金等措施。通过加大对农业的科技投入和劳动力培训等方式来提升农业劳动力的素质；建立健全农业劳动力培训制度。

4. 完善外资监管机制，逐步提升农业产业控制力

一是结合当前世界农业发展新趋势及我国农业产业发展的特点，在积极引进外资、提高利用外资水平的同时，也要重视外资企业对我国农业产业的渗透和控制，避免外资企业控制我国的支柱农业，有针对性地制定一些措施。二是加快完善外资并购相关法律法规体系，完善外资在我国的投资政策，健全外资并购和涉农企业产业安全审查机制，细化外资并购的反垄断审查条件，合理利用负面清单制度、外资审批制度、并购审批制度等措施在外资进入、经营、退出等环节设置壁垒，对大宗重要农产品和重要畜禽产品，要制定外资并购的行业评价标准。三是立足比较优势，大力发展优势农业，提升农业产业的国际竞争能力。国际市场农产品竞争的核心是比较优势的竞争，通过产业扶持和适当的保护，提升我国农业产业的内生发展能力，有助于降低外国资本对我国农业产业的控制程度。

二、中国工业产业安全分析

（一）工业产业安全影响因素

1. 外部因素对我国工业产业安全的影响

外资对产业安全的影响最为明显，也是最直接的。当前我国利用外资包括直

---

① 高江涛，李红，邵金鸣. 基于 DEA 模型的中国粮食产业安全评估 [J]. 统计与决策，2020，36 (23)：61-65.

接利用和间接利用两种方式。直接利用就是外国直接投资（FDI）。间接利用包括各种方式的外币借款和进口商品、技术、劳务等。外资对工业产业安全的影响主要表现在外资进入挤占国内工业企业的市场空间、对关键核心技术的控制、品牌控制以及股权控制等方面。通常情况下，外资收购在短时期内不会给国内工业企业带来太大的压力，因为适应我国市场的消费习惯需要一定的时间，拓展我国市场也需要一定的时间。但从长远来看，外资可以凭借掌握核心技术、拥有丰富管理经验、拥有规模经济等优势，在与国内工业企业的竞争较量中占据优势，长期如此势必会挤占同行业本土企业的市场空间。国际上一般把30%视为外资市场占有率的警戒线。2007年我国39个工业行业中，有17个行业超过30%，其中有8个行业外资市场占有率超过40%，4个行业超过了50%，3个行业甚至超过了60%。从当前的发展水平来看，外资企业在中国市场上对关键核心技术的控制、品牌竞争力等都高于许多本土企业，对我国本土企业形成了较大的压力。[1]

国际贸易发展对我国工业产业安全也产生了巨大的影响。自"入世"以来，我国关税不断下调，各种配额限制等非关税壁垒逐步取消，国外产品进入中国市场的门槛大为降低。随着大量国外产品的进入，对我国企业生产的同类产品造成了巨大的冲击，尤其对原本缺乏竞争力的产品影响更为明显。与此同时，由于当前世界经济总体复苏较为缓慢，单边主义、贸易保护主义抬头，逆全球化思潮涌现和行动升级。一些国家以知识产权保护、技术标准等非关税壁垒和关税作为武器，发起了贸易战、科技战、舆论战。我国遭受反倾销的产品已经从以农产品为主逐步扩大到化工、服装、通信、机电、轻纺等工业品以及第三产业产品。其中的部分产品所涉及的产业大多是我国的支柱产业、战略性新兴产业，由于外国反倾销造成出口受阻，极大地影响了我国企业的发展空间，危及了我国的产业安全。频繁地应对反倾销案件诉讼，加重了国内企业负担，导致企业国际化战略受影响，使企业国际竞争力减弱。

2. 内部因素对我国工业产业安全的影响

从内部因素来说，科技水平、成本因素、人力资本、财税金融政策、市场集中度、市场需求、投资规模、城镇化与工业化发展等都会影响我国工业产业安全。首先，技术创新是工业实现高质量跨越发展的不竭动力。与西方的专利强国相比，我国的制造业核心技术发展仍然很落后。中国制造业的发展遭遇"专利天花板""技术封锁线"的新闻屡见不鲜，制造业自主创新能力不强是我国当前面临的突出问题之一。近年来，我国核心技术专利的申请主要集中在电子通信领域。据统计，2013~2017年我国"数字通信"专利技术申请数量位居第一，共28 463件，但是在药品、医学技术、生物技术、发动机等与战略性新兴产业相关的核心技术专利分布数量仍处于低位。从专利的层次和规模看，我国战略性新兴产业的技术创新能力不强，专利"含金量"不高，我国研发投入和强度低于世界制造强国3%左右的水平。其次，充裕而相对低廉的劳动力一直是我国制造业

---

[1] 高志刚. 产业经济学（第三版）[M]. 北京：中国人民大学出版社，2022.

国际竞争力的重要来源。然而，随着我国人口结构及产业结构的转型加快，我国制造业的发展正面临着劳动力供给总量下降，但劳动用工成本加快上升的困扰。随着我国劳动力工资水平的持续上升，欧美国家在部分制造业领域正变得更有优势。[①] 再次，市场集中度也是影响产业安全的重要因素。汽车产业作为我国国民经济的重要支柱产业，但长期以来，行业集中度过低是中国汽车产业的一个致命问题，与汽车工业发达国家相比差距大。过低的产业市场集中度更易引发竞争过度，不利于企业发展壮大，影响我国汽车企业的国际竞争力。在轻工业中，也存在市场集中度比较低，进而导致过度竞争的现象。最后，我国地方经济长期以来依赖扩张性的投资拉动，其积极作用无须赘述，但由于各工业行业投资规模差距巨大，部分产业出现产能过剩等问题越发明显，导致我国产业结构的合理化程度较低，影响我国的工业产业安全。

（二）中国工业产业安全评价

近年来，关于中国工业及其细分行业的产业安全评价文献不断增多。国内学者张业等（2021）从产业国际竞争力、产业对外依存、产业控制力和产业生存环境四个方面构建了工业产业安全评价指标体系，并运用熵权—灰色关联分析法评估了2000～2018年我国的工业产业安全度。主要结果见表16-6。在表中，如果某年的关联度越大，说明该年份工业产业越接近安全状态；反之亦然。整体而言，我国的工业产业安全度稳步提高。其中，2000～2004年，我国的工业产业安全度整体处于较低水平并波动变化。这时期的波动与我国加入WTO后大量外国工业产品、服务和投资进入中国市场有关，给我国工业产业安全造成一定程度的影响。2005～2015年，我国的工业产业安全度稳步提升，其中2008年出现小幅下降，时间上与国际金融危机发生的时间对应。2015～2018年，我国的工业产业安全度增速上升，这时期我国推进供给侧结构性改革。[②]

表16-6　　　　　2000～2018年我国工业产业安全关联度

年份	关联度	年份	关联度	年份	关联度
2000	0.42	2007	0.48	2014	0.59
2001	0.38	2008	0.47	2015	0.66
2002	0.39	2009	0.5	2016	0.71
2003	0.41	2010	0.53	2017	0.71
2004	0.4	2011	0.53	2018	0.79
2005	0.46	2012	0.56		
2006	0.46	2013	0.57		

资料来源：张业，郭艳芹，米热阿依·米吉提. 基于一维卷积神经网络的工业产业安全评价与预警研究 [J]. 西华大学学报（哲学社会科学版），2021，40（1）：101-112.

[①] 耿德伟，傅娟. 我国制造业高质量发展面临的挑战与对策 [J]. 中国经贸导刊，2021（3）：50-54.

[②] 张业，郭艳芹，米热阿依·米吉提. 基于一维卷积神经网络的工业产业安全评价与预警研究 [J]. 西华大学学报（哲学社会科学版），2021，40（1）：101-112.

制造业是工业的主体。下面来了解我国制造业的产业安全状况。赵驰等（2021）从产业发展环境、产业国际竞争力、产业对外依存度、产业控制力四个方面构建了制造业的产业安全评价指标体系，并估算了我国制造业的产业安全度。目前我国制造业的产业安全度为60.571。当安全度的评价值分别落在［0，25］、［25，45］、［45，65］、［65，85］、［85，100］区间时，将我国制造业的产业安全状况依次界定为很不安全、不安全、基本安全、安全、很安全。结果显示，我国制造业产业安全状态为基本安全。具体结果见表16-7。

表16-7　　　　　　　　　我国制造业产业安全度

项目	产业发展环境	产业国际竞争力	产业对外依存度	产业控制力
评价值	62.742	76.526	61.542	46.040
权重	23.86%	17.76%	33.1%	25.28%
安全度	60.571			
状态	基本安全			

资料来源：赵驰，戴阳晨. 绿色贸易壁垒抑制了发展中国家的产业安全吗？——中国制造业产业的视角［J］. 经济问题探索，2021（12）：83-103.

汽车产业是一个国家制造业竞争力的典型代表。下面来了解我国汽车产业的产业安全状况。阳结南（2022）从产业国内发展环境、产业国际竞争力、产业对外依存度、产业外资控制力四个方面构建了汽车产业安全评价指标体系，并测算了我国的汽车产业安全度。我国的汽车产业安全度为57.93。当安全度的评价值分别落在［0，20］、［20，40］、［40，60］、［60，80］、［80，100］区间时，将汽车产业安全界定为危机、不安全、不太安全、基本安全、安全。目前，中国汽车产业国际竞争力较弱，外资企业仍然对中国企业产业生存和发展拥有较大控制能力，中国汽车产业总体上处于不太安全的范围。结果见表16-8。①

表16-8　　　　　　　　　我国汽车产业安全度

项目	产业国内发展环境	产业国际竞争力	产业对外依存度	产业外资控制力
评价值	77.04	45.93	59.49	48.53
权重	35%	53%	7.4%	4.6%
安全度	57.93			
状态	不太安全			

资料来源：阳结南. 基于产业安全视角的中国汽车产业发展研究［J］. 科学决策，2022（2）：132-143.

（三）提升中国工业产业安全的对策

1. 强化工业产业安全思想意识

一是加强对外资企业并购内资企业的监控力度。要有意识地识别出可能会损

---

① 阳结南. 基于产业安全视角的中国汽车产业发展研究［J］. 科学决策，2022（2）：132-143.

害潜在产业安全的重大并购事项。要特别关注和限制那些试图并购我国需要限制或严格控制的工业特殊行业,以及试图获取重要产业控制权的行为。加快建立健全外资安全审查政策法规体系,建立常设性的外资安全审查机构,对涉及国家安全的外国投资进行审查。健全工业和制造业产业安全预警机制,对产业将要受到的威胁进行及时监控,定期发布预警指数,使其成为产业安全的重要晴雨表。二是强化对我国工业大数据保护意识。在数字经济时代,数据成为核心要素和战略资源。我国工业和制造业产业朝着智能化、信息化、服务化、全球化、专业化、绿色化方向发展,客观上要求高度重视数据安全问题。而我国信息系统和信息技术设施仍处于低水平防护,这无疑成为产业安全的一大隐患。应加快完善数据保护法律体系建设,数据收集渠道、谁利用数据、数据的用途、哪类数据应实施管制等问题要尽快通过立法加以明确。

2. 构建制造业的创新体系

创新是制造业高质量发展的"牛鼻子",要进一步完善创新投入机制、创新激励机制、创新保护机制,加强创新投入的连续性与创新规划的引导性,积极营造开放式创新生态环境。具体而言,一是根据高等院校、科研院所及企业的特点及优势,合理确定各自的定位,避免单打独斗、相互割裂,加快构建以企业为主体、产学研深度融合的协同创新体系。二是加强制造业创新中心建设,构建产学研用密切合作的行业共性技术平台,充分利用国内外创新资源,瞄准重点产业,加快突破关键核心技术,提高共性技术供给能力。三是因地制宜打造区域技术创新服务平台,促进各类主体协同创新,构建具有区域特色的优势制造业集群,完善制造业供应链。四是培育专业技术转移机构,完善知识产权交易市场,鼓励创新创业,促进创新成果转化。五是加强科技成果转化、示范项目和技术推广的投入,促进新技术产业化应用和推广。[①]

3. 加快推进技能人才队伍建设

人才是工业和制造业升级的关键和支撑。一是要加快出台或完善人才法规政策,为人才培养、引进等工作提供依据和指引。瞄准制造强国战略目标,建立灵活高效的人才机制,集聚一批先进制造技术、先进基础工艺、关键材料等领域的海内外领军人才、高层次紧缺人才和创新团队。建立健全技术移民制度,吸引全球领军人才及高层次紧缺人才来华工作,推进科技创新主力军队伍建设。二是创新教育和科研体制改革。构建科研院所与企业相结合的高端人才培养机制;加大职业教育和技能培训的力度和投入,健全职业教育和技能培训体系,探索推进网络化、开放式、自主型的职业教育和技能培训,切实解决当前我国熟练型技术工人紧缺问题。此外,出台更加普惠的个人所得税优惠政策。加强舆论引导,鼓励实干精神,吸引更多优秀人才加入推动制造业高质量发展事业。[②]

---

① 吕薇. 以创新引领制造业高质量发展 [J]. 商业文化, 2019 (23): 51 – 55.
② 耿德伟, 傅娟. 我国制造业高质量发展面临的挑战与对策 [J]. 中国经贸导刊, 2021 (3): 50 – 54.

4. 市场推动和政策引导双驱动

要推动制造业产业的良性发展，必须发挥市场机制的决定性作用。公平竞争是市场经济的基本原则，是市场机制高效运行的重要基础。应加快打破地方地区封锁、行业壁垒、企业垄断，推进全国统一大市场建设，维护市场竞争的有序性高效性，使制造业企业主要依靠技术创新而不是政策保护等其他因素获取竞争的优势。推动制造业产业的良性发展，同样需要政府的政策引导。要进一步理顺政府与市场的关系，充分发挥有效市场和有为政府的作用。政府应加快完善制造业产业保护和扶持政策体系，对尚未形成竞争优势的新兴战略性产业进行适当保护和政策扶持。利用现代数字技术精准识别需要保护和扶持的制造业行业。通过引导性和鼓励性财政税收政策推动技术创新，同时切实加大知识产权保护力度，使制造业企业成为创新活动真正的获益者。

5. 推动新一轮高水平对外开放

经济全球化是不可逆转的必然趋势，应大力推动新一轮高水平对外开放。一是要继续坚持引进来和走出去并重战略，充分利用国际、国内两个市场和两种资源，坚持引资、引技和引智并举，扩大外资规模和优化外资结构，提升我国在全球配置要素资源的能力。加快优化国际贸易和外商投资领域的制度供给，进一步放宽制造业等产业或领域的市场准入，着力打造优良的国际营商环境。二是要大力引进高质量外资。以九大国家中心城市为载体，打造吸引优质外资聚集的制度高地，优化外资在我国的分布格局，通过引进高质量外资来加快我国制造业转型升级的进程。三是要稳步拓展"一带一路"全球合作新领域。以基础设施建设和推进工业制造业合作为重点，继续加强与推动我国与"一带一路"共建国家跨境基础设施建设和产能合作。加快出台或健全相关法规政策，支持与鼓励国内制造业企业加强与世界著名跨国公司开展各领域合作，比如拓展在贸易投资、财政金融、研发创新和高技术等领域的合作，共同开拓"一带一路"共建国家第三方市场。

三、中国服务业产业安全分析

（一）服务业产业发展的影响因素

服务业产业发展的影响因素有很多，主要有经济发展水平、研发投入、城市化水平、国际化影响、人力资本、投资水平、服务业劳动生产率、政府政策等。这些因素均对服务业的产业安全度产生影响。下面分析前五个影响因素。[1][2]

1. 经济发展水平

经济发展是生产性服务业发展最有力的支持。生产性服务业体现在整体经济

---

[1] 李娟. 我国现代服务业发展影响因素分析 [J]. 商业研究，2010（2）：112–115.
[2] 李月. 工业化视角下我国生产性服务业发展水平的影响因素研究 [D]. 上海：上海社会科学院，2018.

运行的各个环节，作为国民经济体系中的主要支撑力量，工业产出需求是生产性服务业兴起的根本原因。随着经济发展水平的提高，生产部门需求增加及需求多样化，不仅对传统的生产性服务业（比如物流运输、金融、广告等）有较大的需求，而且对新兴的调查研究、咨询和管理服务的需求也比较巨大。这种对生产性服务业产生不同范围、不同层次的需求，促进了生产性服务业发展，但其关键前提是经济发展水平提高。

2. 人力资本

工业化往往意味着人力资本的集聚，这种集聚往往带来知识的碰撞和经验的交流等，进而产生较强的外部扩散效应。生产性服务业中的企业通过这种高频率的知识交流、共享与传递，使行业内部的从业者进行"集体共享风暴"，从而迅速扩散行业前沿的经验性知识、前沿性知识以及隐性知识，产生较为可观的行业溢出效应，通过这种人力资本集聚方式促进知识的创造、传播和积累，加速高级生产要素的快速流动，使得生产性服务业拓展升级加快，为企业供应链和价值链延伸提供了可能。

3. 研发投入

科学技术能够在减少人力劳动和缩短工序方面发挥巨大效用，进而改变行业的生产效率，同时也会给产业形态造成革命性的颠覆与再造。研发投入是技术进步的一个关键因素。技术进步对于不同产业的影响有所不同。但是，对于生产性服务业而言，技术投入主要能够在服务理念、服务流程等方面发挥巨大优势，因此，与之相关的研发投入就显得特别重要。总的来说，生产性服务业本身就是知识密集型的行业，提高研发投入的占比，能提高生产性服务业在整体经济中的影响力与辐射力。

4. 城市化水平

城市是服务业发展的空间载体，也是服务业的集聚地。人口规模决定商品潜在市场的大小。由于服务品的非储存性特点，即生产和消费的同时性要求大多数服务只能在当地的市场出售，因此，市场规模的大小成为服务业发展的首要影响因素。城市化发展的重要特征是大量人口向城市集中，而集中在城市的大量人口会产生巨大的服务需求。城市化为服务业创造了必要的生存条件，并推动服务业发展。从西方发达国家的经验来看，城市化为发达国家服务业的发展提供了需求基础，推动服务业新行业的形成和传统行业的发展。

5. 国际化影响因素

随着经济全球化的深入发展，扩大对外开放、全面融入世界经济体系是中国服务业发展的一个大背景，它在以下几个方面促进服务业发展：开放条件下市场从国内扩展到国际，市场规模的扩大可以促进分工深化和生产率提高；通过对外贸易和对外投资引起的知识和技术外溢，提升引进国技术水平，从而促进服务业增长；外商直接投资扩大了投资规模，对东道国服务业发展有直接推动作用。开放有利于竞争环境的形成，促使企业进行创新，提升服务业竞争力。

(二) 中国服务业产业安全评价

近年来,关于中国服务产业的产业安全评价的文献日益增多。其中,国内学者欧阳彪和王耀中从产业生存环境、产业国际竞争力、产业对外依存和产业控制力四个方面构建了服务产业的产业安全评价指标体系,并估算了我国服务产业的产业安全度。当产业安全度评价值落在 [0, 20]、[20, 40]、[40, 60]、[60, 80]、[80, 100] 区间时,可将我国服务产业的产业安全依次界定为:很不安全、不安全、基本安全、安全、很安全。2001~2012 年,我国服务业产业安全度评价得分位于 47~51,均落在 [40, 60] 区间,意味着我国服务产业总体上处于基本安全的状态。具体结果见表 16-9。[1]

表 16-9　　　　　　　　我国服务业产业安全度

年份	安全度	状态
2001	47.76	基本安全
2002	47.84	基本安全
2003	48.56	基本安全
2004	48.13	基本安全
2005	48.77	基本安全
2006	48.87	基本安全
2007	49.00	基本安全
2008	49.24	基本安全
2009	49.61	基本安全
2010	50.06	基本安全
2011	49.67	基本安全
2012	50.25	基本安全

资料来源:欧阳彪,王耀中. 开放经济下中国服务业产业安全的测度与评价 [J]. 湖南社会科学,2015 (2):130-133.

零售业是我国经济发展的支柱产业。下面来了解我国零售业产业安全状况(见表 16-10)。朱涛从竞争安全评价、零售业控制安全评价、零售业结构安全评价、零售业权益安全评价四个方面构建了零售业产业安全评价指标体系,并测算了我国的零售业产业安全度。当零售业安全度评价值分别落在 [90, 100]、[70, 90]、[60, 70]、[40, 60]、[0, 40] 区间时,可将零售业产业安全依次界定为:很安全、安全、基本安全、不安全、很不安全。研究结果显示,我国零售业的产业安全度为 49,评价值落在 [40, 60] 区间内,意味着我国零售业的产业安全度处于不安全状态。政府和企业界需要积极采取有效措施来维护我国零

---

[1]　欧阳彪,王耀中. 开放经济下中国服务业产业安全的测度与评价 [J]. 湖南社会科学,2015 (2):130-133.

售业产业安全。①

表16-10　我国零售业产业安全度

项目	产业竞争力安全	产业控制安全	产业结构安全	产业权益安全
评价值	37	57	35	70
权重	30%	30%	20%	20%
安全度	49			
状态	不安全			

资料来源：朱涛. 中国零售业的产业安全评价体系研究 [J]. 商业经济与管理，2010 (9)：12-18.

物流产业是我国国民经济的战略性产业。下面再来了解我国物流产业的产业安全状况。刘莉雪从物流服务贸易竞争力指数等方面构建了物流产业安全评价指标体系，并采用等权重方式测算得出我国物流产业的产业安全度。在2005~2014年，我国物流产业安全度评价值位于46~60。这意味着，我国物流产业安全度处于基本安全状态。具体结果见表16-11。②

表16-11　我国物流产业安全度

年份	安全度	状态
2005	46.3	基本安全
2006	47.4	基本安全
2007	48.5	基本安全
2008	58.1	基本安全
2009	54.9	基本安全
2010	51.4	基本安全
2011	54	基本安全
2012	51	基本安全
2013	52.5	基本安全
2014	53.1	基本安全

资料来源：刘莉雪. 我国物流产业安全指数设计与实证 [J]. 河南大学学报（社会科学版），2016，56 (3)：46-52.

（三）提升中国服务业产业安全的对策③

1. 完善服务业法规政策体系，夯实服务业发展基础

各有关部门应高度重视服务业产业安全问题，正确认识和处理服务业领域开

---

① 朱涛. 中国零售业的产业安全评价体系研究 [J]. 商业经济与管理，2010 (9)：12-18.
② 刘莉雪. 我国物流产业安全指数设计与实证 [J]. 河南大学学报（社会科学版），2016，56 (3)：46-52.
③ 欧阳彪. 开放经济下中国服务业产业安全的理论与实证研究 [D]. 长沙：湖南大学，2017.

放、发展与安全之间的辩证关系。服务业是扩大高水平对外开放的重点领域，高水平开放则是推动我国服务业发展的重要动力。在开放条件下，只有服务业的产业安全得到保障，服务业才能健康发展。在经济全球化愈演愈烈的背景下，我国的服务业发展受到深层次体制机制障碍的束缚。我国必须深化"放管服"改革，破除体制机制障碍，充分释放和激发服务业发展潜力，并加快建立健全保障服务业产业安全的支持体系。对于那些开放时间较早、影响面较大、安全性较弱的服务领域（如商贸服务、现代金融、商务服务、现代物流等），要加强安全性监控与政策引导。充分运用WTO规则的弹性，如市场准入原则运用中对市场准入程序的控制、准入范围和程度的把握等。对于商贸物流业，应加强对外资进入物流基础设施投资和对本土物流企业并购的监管，建立包括市场准入、流通结构、流通规模、经营业态、流通组织及流通秩序的市场监管体系。此外，对于流通业，要加快健全流通业的法律法规。一方面，依据相关法律法规及政策，甄别和约束外资零售企业运用垄断的渠道资源长期占用国内供应商货款，额外收取各种费用及掠夺性策略定价等市场势力滥用行为。另一方面，实施产业损害调查和反流通业倾销，打击不合理竞争行为。同时，依法限制恶意并购，实施反并购政策。

2. 明确服务业发展重点领域，提升服务业整体实力

我国服务业的整体竞争力还相对薄弱。为了维护国家经济安全，应优化调整服务业结构，大力发展现代服务业，增强承接国际服务业转移的能力。首先，立足我国实际国情，瞄准服务业高质量发展目标，加快制定或完善助力我国服务业高质量发展的中长期规划，颁布服务业发展指导目录，明确服务业发展的重点领域，聚力发展现代金融、商务服务、科技服务、文化旅游服务、教育健康服务等生产性与生活性服务业，从财政税收、投融资、社会保障等方面着手构建服务业高质量发展的支持体系。其次，加快制定与我国相适应的服务业标准体系，促进服务业高质量发展。一方面，在以现代科技为基础的现代服务领域（如现代金融、电子商务、现代物流、科技服务等），要加快构建标准化平台，促使这些服务领域形成规模经济；另一方面，在劳动密集型传统服务业中，要加快制定相应的服务标准体系，逐步放宽市场进入门槛，提高传统服务业企业专业化水平。最后，深化服务领域改革。加快推进垄断性服务业的市场化改革；建立健全统一的市场准入负面清单制度，鼓励民营资本作为社会资本进入（或参与）生活性与生产性服务领域，增加生活性与生产性服务的有效供给。

3. 加强服务业人才队伍建设，推动服务业高质量发展

随着服务业的快速发展，许多服务行业技术性越来越强，对人才要求也越来越高。从我国服务业的劳动力结构来看，拥有高等教育经历或具有高级技能的人数比例依然很低。从服务业的人才质量来看，与西方发达国家相比也存在一定的差距。我国服务业发展正面临着高端人才、专业服务人才和复合型人才严重缺乏的窘境。为此，应加大人力资源开发和培养的力度，为现代服务创造人力资本创建优势。教育、科技人事和劳动保障等相应部门要积极引导高等学校学科专业建设与现代服务业相适配。加强多层次人才培养，不仅仅是大学这类高等教育的人才培养，还有技术职业学校的培养。科学研究、信息技术、电子商务等部门需要高科技的专业性人才；设计、金融保险、管理咨询服务等行业需要更多管理和创意设计方面的人才。各行业要根据自身的需求特点，建立良好的激励机制和培养模式，吸引更多国内外优秀人才加入，行业协会可以建立职业资格认证制度，以便后续的职业教育能持续不断地提高从业人员的素质。总之，应积极拓宽人才培养途径，创新服务业的人才培养机制，提升专业化水平，坚持引才育才留才并重，打造一支结构合理、规模宏大、技艺精湛、素质优良的高技能人才队伍。

4. 进一步扩大对外开放，增强服务业产业国际竞争力

首先，实行更加积极主动的开放战略。进一步扩大对外开放，鼓励与支持服务业产业中的企业"走出去与引进来"。积极拓展对外开放合作新空间，在"一带一路"倡议背景下，大力推进服务业多层次的国际、区域合作。创新跨国产业合作模式，加强与新兴经济体在经贸、金融、技术服务等领域的合作。构筑服务业开放的战略支点，承接国内外产业转移，扩大加工贸易和服务外包。其次，加强服务业产业自主创新，提升服务业产业国际竞争力。这是保障我国服务业产业安全的关键。通过有效的政策引导与扶持，鼓励企业积极开展自主创新活动。同时，加大科技创新投入支持力度，加强企业研发机构与产学研创新载体建设，积极参与国际合作；大力引进和培育创新人才；建设适应自主创新的企业文化和激励创新的分配机制，调动和激发科技人员和经营管理者的积极性和创造性。

本章小结

随着经济全球化的深入发展，各国之间的产业竞争加剧，民族产业面临国际市场的冲击，产业安全问题受到各界的广泛关注。产业安全是国家经济安全的重要组成部分，指一国在对外开放的环境里，在国际竞争的发展进程中，对影响国民经济全局的重要产业拥有自主权或控制权，使本国产业依靠自身的努力，在公平而激烈的竞争中能抵御和抗衡国内外不利因素的威胁，能够生存并获得发展的空间，从而保障国民经济和社会安全、稳定、协调和可持续发展。产业安全有战略性、综合性、紧迫性、系统性、层次性、动态性、策略性等几个特征。产业安全可以划分为不同的类型。影响产业安全的因素有很多，包括自然因素、劳动力和资本等生产要素、市场因素、宏观经济政策、政治因素、外资对本国产业的控制、国际贸易中的反倾销和进口倾销对本国产业的影响等。当前，国内外诸多学者对中国的产业安全问题进行了大量研究，构建了产业安全的评价体系及产业安全预警模型。总体来看，我国的产业安全处于基本安全的状态，但不同细分行业的产业安全差异较大，有少部分服务业细分行业处于不安全状态。在今后的发展过程中，要对国民经济三次产业及其细分行业采取精准化的政策措施。

本章案例

美国芯片法案，拦不住"中国芯"

2022年8月9日，美国总统拜登正式签署《芯片和科学法案》。该法案主要涵盖三个方面内容：一是向半导体行业提供约527亿美元的补贴，并为企业提供价值240亿美元的投资税抵免，鼓励企业在美国研发和制造芯片；二是在未来几年提供约2 000亿美元的科研经费支持，重点支持人工智能、机器人技术、量子计算等前沿科技；三是禁止获得联邦资金的公司在中国大幅增产先进制程芯片，期限为10年。也就是说，美国立法胁迫国际芯片商在中美之间选边站队。对此，中国外交部表示严正斥责。

"芯片法案"的核心在于帮助美国重新获得在半导体制造领域的领先地位。然而，由于制造工艺日趋复杂，全球芯片企业普遍采用跨国合作方式降低生产成本，国际竞争已经与经济利益深度绑定。美国想将芯片生产强行拉回美国，并排斥中国这个全球最大芯片市场，属于逆势而为。

2021年全球芯片产能集中在亚洲，东亚地区半导体产能占全球73%，而美国占12%，欧洲占9%。在美国建芯片代工厂，电力、水源、基建、人力等成本均较高。业内估算，美国新工厂的十年总成本比亚洲高25%~50%。美国芯片法案向相关企业提供25%的投资税负抵免优惠，从增加的成本看，这点优惠得不偿失。

造出来的芯片还需要卖掉。2021年全球芯片销售额5 559亿美元，中国市场销售额达1 925亿美元，继续位列全球第一。据波士顿咨询公司等机构估算，如果美国采取对中国"技术硬脱钩"政策，可能会使美国半导体企业失去18%的全球市场份额和37%的收入，并减少1.5万个至4万个高技能工作岗位。

中国是全球产业配套最齐全、芯片市场规模最大的国家。自2018年以来，美国就对中国半导体产业采取了各类芯片"卡脖子"手段。但中国芯片扛住压力，发展更快。在过去四个季度里，世界上增长最快的20家芯片行业公司中，19家是中国大陆企业。

在美国的极限施压下，中国芯片业越来越重视自主替代和产业链安全。中国人已多次在重大项目上以自主创新突破他国封锁，大家耳熟能详的就有"两弹一星"、北斗导航、载人航天等。对芯片技术产业，我们既要看到差距奋起直追，也要看到优势满怀自信。

全球芯片产业正在迎来结构调整期，这是中国升级突破的重要机遇。中国具备庞大的市场规模、友好的招商环境、全球最大的工程师队伍、成熟的工业水平、完备的基础设施等，在经济全球化中不可替代。

资料来源：佘惠敏.芯片法案拦不住"中国芯"[N].经济日报，2022-08-14（005）.

复习思考题

1. 什么是产业安全？它有哪些特征？
2. 产业安全的影响因素有哪些？
3. 产业安全的评价体系包括哪些指标？试分析这些指标。
4. 产业安全评价的方法有哪些？举例说明不同方法的异同。
5. 谈谈你对中国服务业产业安全的认识。
6. 粮食安全至关重要，提升粮食产业安全的对策有哪些？

延伸阅读

[1] 冯昭奎. 日本半导体产业发展的赶超与创新——兼谈对加快中国芯片技术发展的思考 [J]. 日本学刊, 2018 (6): 1-29.

[2] 归泳涛. 日本与中美战略竞争——贸易战、科技战及印太战略 [J]. 国际论坛, 2020, 22 (3): 3-18+155.

[3] 卢超, 尤建新, 戎珂, 等. 新能源汽车产业政策的国际比较研究 [J]. 科研管理, 2014, 35 (12): 26-35.

[4] 吕勇斌. 外资并购与中国农业产业安全: 效应与政策 [J]. 农业经济问题, 2009, 31 (11): 67-71.

[5] 孙海泳. 论美国对华"科技战"中的联盟策略：以美欧对华科技施压为例 [J]. 国际观察, 2020 (5): 134-156.

[6] 王岚. 数字贸易壁垒的内涵、测度与国际治理 [J]. 国际经贸探索, 2021, 37 (11): 85-100.

[7] 吴晓波, 张馨月, 沈华杰. 商业模式创新视角下我国半导体产业"突围"之路 [J]. 管理世界, 2021, 37 (3): 123-136+9.

[8] 杨辉, 林嘉柏, 林佳. 外生冲击下中国大豆产业安全: 现状、挑战与机遇 [J]. 大豆科学, 2022, 41 (3): 352-357.

[9] 张辉, 张明哲. 数字经济全球化下我国集成电路产业安全与可持续发展 [J]. 人民论坛·学术前沿, 2022 (6): 97-100.

[10] 朱晶, 臧星月, 李天祥. 新发展格局下中国粮食安全风险及其防范 [J]. 中国农村经济, 2021 (9): 2-21.

主要参考文献

[1] 阿道夫·伯利,加德纳·米恩斯. 现代公司与私有财产 [M]. 甘华鸣,罗锐韧,蔡如海,译. 北京：商务印书馆,2005.

[2] 阿尔弗雷德·马歇尔. 经济学原理 [M]. 北京：商务印书馆,1981.

[3] 阿尔弗雷德·马歇尔,玛丽·佩利·马歇尔. 产业经济学 [M]. 肖卫东,译. 北京：商务印书馆,2015.

[4] 阿瑟·刘易斯. 经济增长理论 [M]. 北京：商务印书馆,1983.

[5] 爱德华·张伯伦. 垄断竞争理论 [M]. 周文,译. 北京：华夏出版社,2009.

[6] 白澎. 中国产业安全的实证研究 [J]. 山西财经大学学报,2010,32(8)：65-76.

[7] 白雪洁,宋培,艾阳,李琳. 中国构建自主可控现代产业体系的理论逻辑与实践路径 [J]. 经济学家,2022(6)：48-57.

[8] 鲍宏礼. 产业经济学 [M]. 北京：中国经济出版社,2018.

[9] 陈东林. 三线建设——备战时期的西部开发 [M]. 北京：中共中央党校出版社,2003.

[10] 陈东林. 中国共产党与三线建设 [M]. 北京：中共党史出版社,2014.

[11] 陈建安. 产业政策的有效性：来自日本的实证 [J]. 现代日本经济,2019,38(1)：1-8.

[12] 陈建军. 中国现阶段产业区域转移的实证研究——结合浙江105家企业的问卷调查报告的分析 [J]. 管理世界,2002(6)：64-74.

[13] 陈耀. 东西部合作互动集群迁移与承接策略 [J]. 天津师范大学学报（社会科学版）,2009(1)：14-20.

[14] 陈英武,孙文杰,张睿."结构—特征—支撑"：一个分析现代化产业体系的新框架 [J]. 经济学家,2023(4)：44-55.

[15] 陈映. 西部重点开发开放区承接产业转移的产业布局政策探析 [J]. 西南民族大学学报（人文社会科学版）,2014,35(6)：113-116.

[16] 戴宏伟,王云平. 产业转移与区域产业结构调整的关系分析 [J]. 当代财经,2008(2)：93-98.

[17] 董银果,梁根,尚慧琴. 加入WTO以来中国农业产业安全分析 [J]. 西北农林科技大学学报（社会科学版）,2015,15(2)：62-68.

[18] 董运来，谢作诗，刘志雄. 开放条件下中国农业安全面临的机遇与挑战 [J]. 亚太经济，2012(5)：117-121.

[19] 董志铠. 中国共产党与156项工程 [M]. 北京：中共党史出版社，2015.

[20] 杜传忠. 寡头垄断市场结构与经济效率 [M]. 北京：经济科学出版社，2003.

[21] 杜传忠. 我国现代化产业体系的特征及建设路径 [J]. 人民论坛，2022(24)：22-25.

[22] 多纳德·海，德里克·莫瑞斯. 产业经济学与组织 [M]. 北京：经济科学出版社，2001.

[23] 樊纲. 论竞争力 [J]. 管理世界，1998，16(3)：17-22.

[24] 范从来，袁静. 成长性、成熟性和衰退性产业上市公司并购绩效的实证分析 [J]. 中国工业经济，2002(8)：65-72.

[25] 方甲. 产业结构问题研究 [M]. 北京：中国人民大学出版社，1997.

[26] 费钟琳，魏巍. 扶持战略性新兴产业的政府政策——基于产业生命周期的考量 [J]. 科技进步与对策，2013，30(3)：104-107.

[27] 付春光，叶泽樱. 马克思产业安全思想研究 [J]. 学术界，2018(11)：151-161.

[28] 付彤杰. 经济赶超中的产业组织政策：经验借鉴与政策改进 [J]. 社会科学家，2007(2)：56-58.

[29] 干春晖. 并购经济学 [M]. 北京：清华大学出版社，2004.

[30] 干春晖. 产业经济学教程与案例（第2版）[M]. 北京：机械工业出版社，2021.

[31] 高江涛，李红，邵金鸣. 基于DEA模型的中国粮食产业安全评估 [J]. 统计与决策，2020，36(23)：61-65.

[32] 高志刚. 产业经济学（第二版）[M]. 北京：中国人民大学出版社，2020.

[33] 高志刚. 产业经济学（第三版）[M]. 北京：中国人民大学出版社，2022.

[34] 龚仰军. 产业经济学教程（第四版）[M]. 上海：上海财经大学出版社，2014.

[35] 龚仰军. 产业经济学教程（第五版）[M]. 上海：上海财经大学出版社，2020.

[36] 关鹏，王曰芬. 基于LDA主题模型和生命周期理论的科学文献主题挖掘 [J]. 情报学报，2015，34(3)：286-299.

[37] 关权. 中国工业发展70年 [J]. 经济理论与经济管理，2019(9)：4-17.

[38] 郭克莎. 中国产业结构调整升级趋势与"十四五"时期政策思路 [J]. 中国工业经济，2019(7)：24-41.

[39] 郭磊,周燕芳,蔡虹.基于机会窗口的后发国家产业追赶研究——中国智能手机产业的案例[J].管理学报,2016,13(3):359-365.

[40] 郝全洪.推进协同发展的现代产业体系建设的思考与建议——基于管理动力系统理论的视角[J].学术研究,2021(1):97-103.

[41] 何立胜,樊慧玲.政府社会性规制的成本与收益分析[J].中州学刊,2007(5):51-53.

[42] 何苗,任保平.数字经济时代我国新业态的形成机理与发展路径[J].经济体制改革,2022(5):14-20.

[43] 何维达,等.开放市场下的产业安全与政府规制[M].长沙:江西人民出版社,2003.

[44] 何维达,何昌.当前中国三大产业安全的初步估算[J].中国工业经济,2002(2):25-31.

[45] 何维达.中国"入世"后的产业安全问题及其对策[J].经济学动态,2001(11):41-44.

[46] 洪银兴.建设现代化经济体系的内涵和功能研究[J].求是学刊,2019(3):91-98.

[47] 胡安俊,孙久文.中国制造业转移的机制、次序与空间模式[J].经济学(季刊),2014,13(4):1533-1556.

[48] 胡安俊.中国的产业布局:演变逻辑、成就经验与未来方向[J].中国软科学,2020(12):45-55.

[49] 胡红安,常艳.西方产业结构理论的形成发展及其研究方法[J].生产力研究,2007(21):113-114+119.

[50] 胡俊文.国际产业转移的理论依据及变化趋势——对国际产业转移过程中比较优势动态变化规律的探讨[J].国际经贸探索,2004(3):15-19.

[51] 胡伟.高质量发展阶段我国产业组织政策的四个前沿问题[J].经济纵横,2019(1):76-82.

[52] 华尔特·惠特曼·罗斯托.经济成长的阶段[M].北京:中国社会科学出版社,2001.

[53] 黄泰岩,片飞.习近平关于产业链供应链现代化理论的逻辑体系[J].经济学家,2022(5):5-13.

[54] 黄永春,胡晓娟.后发企业进入战略性新兴产业赶超的路径选择研究:以智能手机产业为例[J].科学学与科学技术管理,2015,36(11):69-78.

[55] W.吉帕·维斯库斯,等.反垄断与管制经济学[M].北京:机械工业出版社,2004.

[56] 纪宝成,刘元春.对我国产业安全若干问题的看法[J].经济理论与经济管理,2006(9):5-11.

[57] 简新华,杨艳琳.产业经济学(第二版)[M].武汉:武汉大学出版社,2009.

[58] 姜倩倩. 产业政策、公司治理与技术创新 [D]. 武汉：中南财经政法大学，2021.

[59] 金赛美，曹秋菊. 开放经济下我国农业安全度测算与对策研究 [J]. 农业现代化研究，2011，32(3)：320-323.

[60] 井润田，王蕊，周家贵. 科研团队生命周期阶段特点研究——多案例比较研究 [J]. 科学学与科学技术管理，2011，32(4)：173-179.

[61] 景玉琴. 产业安全概念探析 [J]. 当代经济研究，2004(3)：29-31.

[62] 景玉琴. 产业安全评价指标体系研究 [J]. 经济学家，2006(2)：70-76.

[63] 景玉琴. 关于产业安全问题的经济思想钩沉 [J]. 江汉论坛，2005(10)：15-19.

[64] 柯士涛，夏玉华. 经济全球化条件下中国产业组织政策的调整和重构 [J]. 经济问题探索，2009(4)：40-43.

[65] 科斯. 企业的性质 [M]. 上海：上海三联书店，1994.

[66] 李丹，吴祖宏. 产业组织理论渊源、主要流派及新发展 [J]. 河北经贸大学学报，2005(3)：48-55.

[67] 李冬梅，刘春泓，王竹玲. 基于灰色关联分析的粮食产业安全评价与比较 [J]. 科技管理研究，2012，32(12)：118-121+133.

[68] 李娟. 我国现代服务业发展影响因素分析 [J]. 商业研究，2010(2)：112-115.

[69] 李凯，代丽华，韩爽. 产业生命周期与中国钢铁产业极值点 [J]. 产业经济研究，2005(4)：38-43.

[70] 李磊，冼国明，包群. "引进来"是否促进了"走出去"？——外商投资对中国企业对外直接投资的影响 [J]. 经济研究，2018，53(3)：142-156.

[71] 李连成，张玉波. FDI 对我国产业安全的影响和对策探讨 [J]. 云南财贸学院学报，2002(2)：7-11.

[72] 李孟刚. 产业安全理论研究 [M]. 北京：经济科学出版社，2006.

[73] 李孟刚. 中国产业安全指数研究 [M]. 北京：社会科学文献出版社，2016.

[74] 李旻暾. 产业安全预警系统应用研究 [D]. 福州：福州大学，2005.

[75] 李善明，等. 外国经济学家词典 [M]. 深圳：海天出版社，1993.

[76] 李斯特. 政治经济学的国民体系 [M]. 北京：商务印书馆，1961.

[77] 李娅，侯建翔. 现代化产业体系：从政策概念到理论建构 [J]. 云南社会科学，2023(5)：83-90.

[78] 李月. 工业化视角下我国生产性服务业发展水平的影响因素研究 [D]. 上海：上海社会科学院，2018.

[79] 李悦，钟云华. 产业经济学（第5版）[M]. 大连：东北财经大学出版社，2022.

[80] 林善浪. 建设现代化产业体系的核心任务和重要路径 [J]. 人民论

坛·学术前沿,2023(5):24-40.

[81] 林毅夫,张军,王勇,寇宗来.产业政策总结、反思与展望[M].北京:北京大学出版社,2018.

[82] 刘传江,李雪.西方产业组织理论的形成与发展[J].经济评论,2001(6):104-106+110.

[83] 刘和旺,王春梅.西方新产业组织理论述评[J].学习与实践,2013(7):47-55.

[84] 刘戒骄,张小筠.改革开放40年我国产业技术政策回顾与创新[J].经济问题,2018(12):1-7.

[85] 刘戒骄,张小筠,王文娜.新中国70年产业组织政策变革及展望[J].经济体制改革,2019(3):5-11.

[86] 刘莉雪.我国物流产业安全指数设计与实证[J].河南大学学报(社会科学版),2016,56(3):46-52.

[87] 刘起运,陈璋,苏汝劼.投入产出分析[M].北京:中国人民大学出版社,2020.

[88] 刘树林,等.产业经济学[M].北京:清华大学出版社,2012.

[89] 刘笑萍,黄晓薇,郭红玉.产业周期、并购类型与并购绩效的实证研究[J].金融研究,2009(3):135-153.

[90] 刘再兴,祝诚,周起业,等.生产布局学原理[M].北京:中国人民大学出版社,1984.

[91] 刘钊.现代产业体系的内涵与特征[J].山东社会科学,2011(5):160-162.

[92] 刘志彪.建设现代化经济体系:新时代经济建设的总纲领[J].山东大学学报(哲学社会科学版),2018(1):1-6.

[93] 刘志杰.突破三大困境 牢牢把握农业产业安全主动权[N].四川日报,2021-03-01(10).

[94] 卢福财,王自力,何小钢.产业经济学[M].北京:高等教育出版社,2022.

[95] 卢福财,吴昌南.产业经济学[M].上海:复旦大学出版社,2013.

[96] 陆大道.区位论及区域研究方法[M].北京:科学出版社,1991.

[97] 吕政,曹建海.国际产业转移与中国制造业发展[M].北京:经济管理出版社,2006.

[98] 罗纳德·哈里·科斯.论生产的制度结构[M].上海:上海三联书店,1994.

[99] 罗斯托.从起飞进入持续增长的经济学[M].成都:四川人民出版社,1988.

[100] 马建会.加入WTO后影响我国产业安全的八大因素[J].亚太经济,2002(4):61-63+52.

[101] 曼昆. 经济学原理（第6版）微观经济学分册［M］. 梁小民，梁砾，译. 北京：北京大学出版社，2012.

[102] 倪子靖. 规制俘获理论的变迁［J］. 制度经济学研究，2008(3)：94 - 119.

[103] 欧阳彪. 开放经济下中国服务业产业安全的理论与实证研究［D］. 长沙：湖南大学，2017.

[104] 欧阳彪，王耀中. 开放经济下中国服务业产业安全的测度与评价［J］. 湖南社会科学，2015(2)：130 - 133.

[105] 彭英，吴菲，Don - aymard Gatien Mackyta Ngitoukoulou. 从 USPTO 专利数据看中国手机产业技术优势——国际比较的视角［J］. 科技进步与对策，2016，33(15)：50 - 55.

[106] 钱纳里，谢尔曼·鲁宾逊，摩西·赛尔奎因. 工业化和经济增长的比较研究［M］. 上海：上海三联书店，1986.

[107] 乔治·J. 斯蒂格勒. 产业组织［M］. 上海：上海三联书店，上海人民出版社，2006.

[108] 乔治·J. 斯蒂格勒. 价格理论［M］. 北京：商务印书馆，1992.

[109] 琼·罗宾逊. 不完全竞争经济学［M］. 北京：华夏出版社，2012.

[110] 任保平，张倩. 新时代我国现代化产业体系构建的工业化逻辑及其实现路径［J］. 江苏行政学院学报，2020(1)：42 - 48.

[111] 芮明杰. 产业经济学［M］. 上海：上海财经大学出版社，2005.

[112] 芮明杰. 产业竞争力的"新钻石模型"［J］. 社会科学，2006(4)：68 - 73.

[113] 芮明杰. 构建现代产业体系的战略思路、目标与路径［J］. 中国工业经济，2018(9)：24 - 40.

[114] 商务部，国务院发展研究中心联合课题组. 跨国产业转移与产业结构升级：基于全球产业价值链的分析［M］. 北京：中国商务出版社，2007.

[115] 邵念荣，付春光. 产业安全指标评价体系创新研究［J］. 商业时代，2011(1)：102 - 104.

[116] 史丹. 中国工业70年发展与战略演进［N］. 经济日报，2019 - 10 - 09(12).

[117] 史晓红，李金霞. 基于 DEA 方法的装备制造业产业安全综合评价［J］. 统计与决策，2016(4)：60 - 62.

[118] 史欣向，李善民，王满四，等. "新常态"下的产业安全评价体系重构与实证研究——以中国高技术产业为例［J］. 中国软科学，2015(7)：111 - 126.

[119] 苏东水. 产业经济学（第四版）［M］. 北京：高等教育出版社，2015.

[120] 苏东水，苏宗伟. 产业经济学（第五版）［M］. 北京：高等教育出版社，2021.

[121] 苏贵光，路迹. 日本产业政策的演变及对我国的启示［J］. 国际经济

合作，2004(7)：14-16.

[122] 隋广军，陈和.产业演进下的企业组织问题探讨[J].广东社会科学，2007(2)：30-36.

[123] 孙久文，胡安俊.雁阵模式与中国区域空间格局演变[J].开发研究，2011(6)：1-4.

[124] 孙瑞华.贸易自由化条件下影响我国产业安全的环境因素分析[J].经济体制改革，2005(6)：16-20.

[125] 唐·E.沃德曼，伊丽莎白·J.詹森.产业组织：理论与实践[M].北京：机械工业出版社，2009：81-82.

[126] 唐晓华，王伟光.现代产业经济学导论[M].北京：经济管理出版，2011.

[127] 万广华，朱美华."逆全球化"：特征、起因与前瞻[J].学术月刊，2020，52(7)：33-47.

[128] 汪川.工业革命及其起源：统一增长理论的解释[J].当代经济研究，2010(12)：17-21.

[129] 汪立欢.产业安全评价预警系统研究——基于主成分分析和BP神经网络方法[D].北京：北京交通大学，2011.

[130] 汪小勤.二元经济结构理论发展述评[J].经济学动态，1998(1)：73-78.

[131] 王佃凯.比较优势陷阱与中国贸易战略选择[J].经济评论，2002(2)：28-31.

[132] 王发明.国外产业安全理论研究：脉络、前沿与启示[J].重庆大学学报（社会科学版），2008，14(6)：39-43.

[133] 王红霞.社会性规制成本分析必要性与前瞻[J].东方法学，2013(5)：76-86.

[134] 王辉堂，王琦.产业转移理论述评及其发展趋向[J].经济问题探索，2008(1)：45-48.

[135] 王俊豪.产业经济学[M].北京：高等教育出版社，2008.

[136] 王俊豪.产业经济学（第4版）[M].北京：高等教育出版社，2021.

[137] 王俊豪.产业经济学（第2版）[M].北京：高等教育出版社，2012.

[138] 王俊豪.政府管制经济学导论——基本理论及其在政府管制实践中的应用[M].北京：商务印书馆，2013.

[139] 王连芬，张少杰.产业竞争力的测度指标体系设计[J].统计与决策，2008(10)：49-50.

[140] 王倩倩.中国手机产业价值链的时空演化研究[D].上海：华东师范大学，2019.

[141] 王素丽.基于学科引文的文献生命周期模型探析[J].情报理论与实践，2012，35(3)：37-41.

[142] 王孝娣. 产业结构合理化是国民经济持续稳定协调发展的基础 [J]. 辽宁大学学报（哲学社会科学版），1991（1）：14-15.

[143] 王曰芬，李冬琼，余厚强. 生命周期阶段中的科学合作网络演化及高影响力学者成长特征研究 [J]. 情报学报，2018，37（2）：121-131.

[144] 王云，朱宇恩，张军营，等. 中国煤炭产业生命周期模型构建与发展阶段判定 [J]. 资源科学，2015，37（10）：1881-1890.

[145] 王志标，杨京圆. 中国新闻出版业关联效应分析——基于最新分类和2017年投入产出表的分析 [J]. 中国出版，2020（11）：47-51.

[146] 威廉·配第. 政治算术 [M]. 陈冬野，译. 北京：商务印书馆，1978.

[147]《我国产业结构政策研究》课题组. 产业结构政策的条件、背景及其特点 [J]. 中央财经大学学报，2003（5）：58-63.

[148] 沃西里·列昂惕夫. 投入产出经济学 [M]. 崔书香，译. 北京：中国统计出版社，1990.

[149] 西蒙·库兹涅茨. 各国的经济增长 [M]. 北京：商务印书馆，2005.

[150] 夏大慰. 产业组织与公共政策：新奥地利学派 [J]. 外国经济与管理，1999（10）：26-29.

[151] 夏大慰，等. 产业组织学 [M]. 上海：复旦大学出版社，1994.

[152] 夏梦真. "逆全球化"思潮的演进、影响及中国对策 [J]. 五邑大学学报（社会科学版），2021，23（4）：75-79+92.

[153] 夏明，张红霞. 投入产出分析：理论、方法与数据 [M]. 北京：中国人民大学出版社，2019.

[154] 夏兴园，王瑛. 国际投资自由化对我国产业安全的影响 [J]. 中南财经大学学报，2001（2）：37-41.

[155] 向吉英. 产业成长及其阶段特征——基于"S"型曲线的分析 [J]. 学术论坛，2007（5）：83-87.

[156] 小艾尔弗雷德·D. 钱德勒. 企业规模经济与范围经济 [M]. 北京：中国社会科学出版社，1999.

[157] 谢光亚. 技术创新 [M]. 长沙：湖南科学技术出版社，2000.

[158] 熊彼特. 经济发展理论 [M]. 北京：商务印书馆，1991.

[159] 许明强，唐浩. 产业政策研究若干基本问题的反思 [J]. 社会科学家，2009（2）：61-64+72.

[160] 许铭. 中国产业安全问题分析 [D]. 上海：复旦大学，2005.

[161] 亚当·斯密. 国民财富的性质和原因的研究 [M]. 北京：商务印书馆，1974.

[162] 阳结南. 基于产业安全视角的中国汽车产业发展研究 [J]. 科学决策，2022（2）：132-143.

[163] 杨公仆，夏大慰，龚仰军. 产业经济学教程 [M]. 上海：上海财经

大学出版社，2008.

[164] 杨公朴．产业经济学［M］．上海：复旦大学出版社，2005.

[165] 杨公朴，夏大慰．产业经济学教程［M］．上海：上海财经大学出版社，1998.

[166] 杨林，白玉慧，仝凤鸣，等．基于模糊神经网络模型的中国电力装备制造产业安全评价研究［J］．电网与清洁能源，2015，31(2)：1-8.

[167] 杨治．产业经济学导论［M］．北京：中国人民大学出版社，1985.

[168] 叶作义．中国经济的投入产出与一般均衡分析［M］．北京：中国经济出版社，2022.

[169] 于立宏，孔令丞．产业经济学［M］．北京：北京大学出版社，2017.

[170] 于立，王询．当代西方产业组织学［M］．大连：东北财经大学出版社，1996.

[171] 于潇宇，刘小鸽．新常态下中国产业政策的转型——日本工业化后期产业政策演变的经验启示［J］．现代经济探讨，2019(3)：108-115.

[172] 于新东．中国加入 WTO 后产业保护和产业安全研究及对策［J］．学习与探索，2000(2)：4-12.

[173] 臧旭恒，徐向艺，杨蕙馨．产业经济学（第 3 版）［M］．北京：经济科学出版社，2005.

[174] 张春香．基于钻石模型的区域文化旅游产业竞争力评价研究［J］．管理学报，2018，15(12)：1781-1788.

[175] 张红凤．规制经济学的变迁［J］．经济学动态，2005(8)：72-77.

[176] 张红凤．激励性规制理论的新进展［J］．经济理论与经济管理，2005(8)：63-68.

[177] 张红宇，张海阳，李伟毅，等．中国特色农业现代化：目标定位与改革创新［J］．中国农村经济，2015(1)：4-13.

[178] 张军，石烁．现代化产业体系的内涵、阐释和实践方针——兼论上海的探索实践［J］．新金融，2023(3)：4-9.

[179] 张岚东．特许经营权竞标理论的演进及新进展：一个理论综述［J］．云南财经大学学报，2007(5)：40-44.

[180] 张培刚．新发展经济学［M］．郑州：河南人民出版社，1999.

[181] 张少军．产业转移与区域协调发展：全球价值链视角下的对策研究［M］．北京：经济科学出版社，2016.

[182] 张文忠．经济区位论［M］．北京：科学出版社，2000.

[183] 张小筠，刘戒骄．改革开放 40 年产业结构政策回顾与展望［J］．改革，2018(9)：42-54.

[184] 张小梅，王进．产业经济学［M］．成都：电子科技大学出版社，2017.

[185] 赵驰，戴阳晨．绿色贸易壁垒抑制了发展中国家的产业安全吗？——

中国制造业产业的视角[J]. 经济问题探索, 2021(12): 83-103.

[186] 赵洪斌. 论产业竞争力——一个理论综述[J]. 当代财经, 2004(12): 67-70.

[187] 赵霄伟, 杨白冰. 顶级"全球城市"构建现代产业体系的国际经验及启示[J]. 经济学家, 2021(2): 120-128.

[188] 赵彦云, 等. 中国产业竞争力研究[M]. 北京: 经济科学出版社, 2009.

[189] 郑栅洁. 加快建设以实体经济为支撑的现代化产业体系[J]. 宏观经济管理, 2023(9): 1-3+10.

[190] 植草益. 微观规制经济学[M]. 朱绍文, 译. 北京: 中国发展出版社, 1992.

[191] 中国现代国际关系研究院经济安全研究中心. 国家经济安全[M]. 北京: 时事出版社, 2005.

[192] 周惠中. 微观经济学(第三版)[M]. 上海: 格致出版社, 2012.

[193] 周其仁. 改革的逻辑[M]. 北京: 中信出版社, 2013.

[194] 朱建民, 魏大鹏. 我国产业安全评价指标体系的再构建与实证研究[J]. 科研管理, 2013, 34(7): 146-153.

[195] 朱涛. 中国零售业的产业安全评价体系研究[J]. 商业经济与管理, 2010(9): 12-18.

[196] 朱钟棣, 孙瑞华. 入世后评价产业安全的指标体系[J]. 世界贸易组织动态与研究, 2006(5): 1-10.

[197] Bain. Industrial organization [M]. New York: John Wiley & Sons Inc., 1968.

[198] Balassa B A. Trade liberalization among industrial countries: Objectives and alternatives [M]. New York: McGraw-Hill, 1967.

[199] BAumol W J, Panzar J C, Willig R D. Contestable markets: An uprising in the theory of industry structure: Reply [J]. The American Economic Review, 1983, 73(3): 491-496.

[200] Becker G S. A theory of competition among pressure groups for political influence [J]. The quarterly journal of economics, 1983, 98(3): 371-400.

[201] Berg S V, Tschirhart J. Natural monopoly regulation: principles and practice [M]. New York: Cambridge University Press, 1988.

[202] Brouwer A E, Mariotti I, Van Ommeren J N. The firm relocation decision: An empirical investigation [J]. The Annals of Regional Science, 2004, 38(2): 335-347.

[203] Castellani D, Mariotti I, Piscitello L. The impact of outward investments on parent company's employment and skill composition: Evidence from the Italian case [J]. Structural Change & Economic Dynamics, 2008, 19(1): 81-94.

[204] Chesbrough H. GE's ecomagination Challenge: An Experiment in Open Innovation [J]. California Management Review, 2012, 54(3): 140-154.

[205] Cohen W M, Levinthal D A. Absorptive Capacity: A New Perspective on Learning and Innovation [J]. Administrative Science Quarterly, 1990, 35: 128-152.

[206] Dahlander L, Gann D M. How open is innovation? [J]. Research Policy, 2010, 39(6): 699-709.

[207] Dixit, Norman. Advertising and welfare [J]. The Bell journal of economics, 1978(9): 1-17.

[208] Dorfman, Steine. Optimal advertising and optimal quality [J]. American economic review, 1954(44): 826-836.

[209] Dunning J H. Internationalizing Porter's diamond [J]. Management International Review, 1993, 33(2): 8-15.

[210] Fred S. McChesney. Rent extraction and rent creation in the economic theory of regulation [J]. The Journal of Legal Studies, 1987, 16 (1): 101-118.

[211] Giuliani E, Arza V. What drives the formation of 'valuable' university-industry linkages?: Insights from the wine industry [J]. Research Policy, 2009, 38(6): 906-921.

[212] Golman R, Klepper S. Spinoffs and clustering [J]. The RAND Journal of Economics, 2016, 47(2): 341-365.

[213] Greer. Advertising and market concentration [J]. Southern economic journal, 1971(38): 19-32.

[214] Hill C, Jones G R. Strategic Management Theory [J]. Strategic Management An Integrated Approach, 2001.

[215] Kamien, Schwartz. Market structure and innovation [M]. Cambridge: Cambridge University Press, 1982.

[216] Klepper S. Entry, exit, growth, and innovation over the product life cycle [J]. The American economic review, 1996, 86(3): 562-583.

[217] Kling G, Weitzel U. The internationalization of Chinese companies: Firm characteristics, industry effects and corporate governance [J]. Research in International Business & Finance, 2011, 25(3): 357-372.

[218] Laffont J J, Tirole J. The politics of government decision-making: A theory of regulatory capture [J]. The quarterly journal of economics, 1991, 106(4): 1089-1127.

[219] Lee, L W. A Theory of Just Regulation [J]. American Economic Review, 1980, 70(5): 781-790.

[220] Maddisonangus. The World Economy: A Millennial Perspective [M]. Paris: Organization for Economic Co-operation and Development (OECD), 2001.

[221] Mancur Olson. The logic of collective action: public goods and the theory

of groups [M]. Cambridge, MA: Harvard University Press, 1965.

[222] Mans, Henning, Meehan. Advertising and concentration: an empirical investigation [J]. Journal of industrial economics, 1967(16): 34 -45.

[223] Nelson. Advertising an information [J]. Journal of political economy, 1974, 82(8): 729 -753.

[224] OECD. Main definitions and conventions for the measurement of research and experimental development [R]. Paris: Organization for Economic Co-operation and Development (OECD), 1994(4).

[225] Peltzman S. Toward a more general theory of regulation [J]. The Journal of Law and Economics, 1976, 19 (2): 211 -240.

[226] Pennings E, Sleuwaegen L. International relocation: firm and industry determinants [J]. Economics Letters, 2000, 67(2): 179 -186.

[227] Perkmann M, Tartari V, Mckelvey M, et al. Academic engagement and commercialisation: A review of the literature on university-industry relations [J]. Research Policy, 2013(2): 423 -442.

[228] Porter M E. The competitive advantage of nations [M]. New York: Free Press, 1990.

[229] Schmookiel. Invention and economic growth [M]. Cambridge: Harvard University Press, 1966.

[230] Viscusi W K, Harrington Jr J E, Sappington D E M. Economics of regulation and antitrust [M]. MIT Press, 2018.

[231] Vollrath T L, Vo D H. Investigating the nature of world agricultural competitiveness [M]. Washington, D. C.: U. S. Department of Agriculture, Economic Research Service, 1988: 4 -6.

[232] William J, Baumol W J, Panzar J, Willig R. Contestable market and the theory of industrial structure [M]. New York: Harcourt Brace Jovanovich Ltd, 1982.